학습자 중심의
국어사 교육

학습자 중심의
국어사 교육

양영희 저

전남대학교출판문화원

■ 머리말

우리말의 변천에 관심을 가진 지 적지 않은 시간이 흘렀다. 그리고 그것을 학생들에게 문법교육의 한 영역으로 가르친 지도 어느덧 10여년이 되어 간다. 그럼에도 불구하고 그에 대한 나의 식견은 여전히 불명확하고 가르쳐야 할 방향 또한 불투명하다. 전적으로 필자의 능력 부족에서 기인하겠지만 국어사, 특히 국어사 교육에 대한 요구와 필요성의 변화에서 비롯하는 면도 없지 않다. 주지하듯이 국어교육에서 국어사는 독립적인 교육 내용이 아닌 문법교육의 부분으로 간주되면서 고대부터 현대에 이르는 시대별 국어 현상을 이해하기보다 현 시점에서 '언어가 변화하는 실체'임을 인식하는 데 중점을 두고 있다. 여기에는 국어사 지식을 '박제된 언어'로 대하기보다 현재의 학습자들이 사용하는 언어가 앞으로 국어사 내용의 일부임을 깨닫게 하면서 과거보다 현재 자신들의 언어를 반성적 태도로 분석해 보는 시각을 형성시키기 위한 의도가 내재되어 있을 터이다. 본 저서는 국어사 교육에 대한 이와 같은 필자의 이해를 바탕으로 구성되었다.

제1부 '국어 변화와 쟁점'에서는 현재 학계의 논쟁점이 되는 주제에 대한 필자 나름의 생각을 정리하였다. 현재 고대·중세·근대·현대 국어로 나누는 국어사 시대를 세기별로 나눌 것을 중세국어 시기의 언어 자료로써 제언하였고 국어에서 재귀대명사, 보조사의 문법 범주 설정이 정당한가를 생각해보았으며 일반적으로 알려진 바와 달리 중세국어 시기에도 3인칭 대명사가 존재했음을 밝혀보고자 하였다. 제2부 '국어, 끊임없이 변하는

실체'에서는 과거에도 그러하였고 현재에도 끊임없이 변화하는 국어의 실체를 입증하고자 하였다. 익히 아는 대로 현재 가장 활발한 변화를 보이는 청자 존대 체계의 변천을 살펴보았으며 호칭어와 지칭어의 변천과 그에 관여하는 '-님, -씨'의 기능 변화를 밝혀보았다. 어휘가 문법 기능을 지닌 형식으로 변하는 되는 문법화와 그 반대 현상인 역문법화 역시 학습자의 관점에서 쉽게 인지할 수 있는 변천 과정인바 이에 대한 과정도 정리하였다. 이와 더불어 3인칭 (재귀)대명사가 2인칭으로 사용되는 과정을 추적하여 보기도 하였다. 제3부 '국어사 교육 방향 설계'에서는 1장과 2장의 논의 결과들을 국어사 교육의 내용으로 하여 어떻게 가르칠 것인가를 설계하였다. 먼저 문법 교육의 한 영역으로 간주되는 국어사 교육의 정당한 자리 매김을 논의하였고 그것의 효율적인 교수·학습법을 고안해 보고자 하였다. 그러면서 국어사 교육에 관여할 수 있는 자료를 구성하는 한편으로 「번역 박통사」, 「번역 노걸대」 등과 같은 대화체 자료를 바르게 읽기 위해 알아야 할 사항들을 점검하는 한편으로 이외의 국어사 자료를 교육 현장에서 활용하는 방안을 생각해보면서 몇 가지 실질적인 예를 제시하기도 하였다.

이상의 내용들은 필자가 그동안 학회지에 실었던 단편적인 논의들을 「국어사 교육」이라는 하나의 주제로 재정리한 것이다. 그 과정에서 필자의 부족한 부분이 선명하게 인식되었다. 부끄러울 따름이지만 이러한 기회에 스스로를 돌아보면서 앞으로 정진해야 할 면이 무엇이고, 어떤 부분을 더 채워야 하는가를 확인했다는 데에 만족하기로 한다. 이러한 자기반성은 자기발전이 있을 때 유의미할 것임은 자명하다.

2019년을 마감하면서 저자 씀

■ 차 례

제2부 국어, 끊임없이 변하는 실체

제1부

국어 변화와 쟁점

1

국어사 시대 구분*

일반적으로 국어사에서 15세기와 16세기는 중세국어 혹은 후기중세국어 시기로 일컬어지고 있다[1]. 이 글에서는 이러한 구분이 타당한가에 대해서 생각해보고자 한다. 이기문(1961/1998, 101)이나 홍윤표(1994, 25)에서 언급하고 있듯이 국어의 시대 구분은 언어 외적 사실이라 할 수 있는 '새로운 왕조의 출현'이나 '임진왜란'과 같은 사건에 의지해서가 아니라 언어 내적 사실인 '언어 체계의 변화'에 중점을 두어야 한다는 것이 학계의

* 이 장은 「한말연구 19」(2006)에 발표한 '중세국어 시기 설정에 대한 단상'을 재정리한 것이다.

1) 일반적으로 국어 연구는 '고대국어, 중세국어, 근대국어, 현대국어' 시기로 나누어 진행하거나, 여기에 더하여 중세국어를 '전기와 후기'로 이분하여 '고대국어, 전기중세국어·후기중세국어, 근대국어, 현대국어' 시기로 나누어 진행하기도 한다. 전자는 박병채(1989), 고영근(2006), 안병희(1992) 등이 대표적으로 '중세국어' 시기를 훈민정음이 창제된 이후로 보는 관점이다. 이에 비해 후자는 이기문(1961/1988), 김미형(1990) 등의 견해로, 중세국어 시기를 '전기'와 '후기'로 나누어서 전자에는 10세기말부터 13세기까지를 포함시키고, 후자에는 14세기부터 16세기말까지를 포함시키는 입장이다. 따라서 이 글의 관심 대상인 15세기와 16세기는 박병채(1989) 등에 의하면 '중세국어'에 해당하고 이기문(1990) 등에 의하면 후기중세국어에 해당한다고 할 수 있다.

보편적인 경향이다[2]. 그리고 이런 생각에서 결정된 시대 구분은 현재 대부분의 연구자들에 의해 수용되어 오고 있다. 필자 역시 예외는 아니었다.

그러나 존대법과 인칭대명사를 공부하는 동안, 과연 이 두 시기를 같은 연대로 묶을 수 있을 것인가에 대해 회의가 일기 시작하였다[3]. 최소한 두 문법 범주에 있어서만큼은 상당한 변화가 있었음을 깨달았기 때문이었다. 언어내적 사실이 이기문(1961/1988)이 14세기를 중세국어로 간주하면서 중시했던 '음운 체계'로만 한정되지는 않을진대, 존대법과 인칭대명사 등과 같은 문법적 사실들에 변화가 있었다면 이 역시 시대 구분에 반영되어야 하지 않겠느냐는 것이 현재 필자의 소박한 생각이다[4].

몇 가지 단편적인 문법 사실로 이미 상식화되어 있는 기존 관점에 의구심을 갖는 것이 어쩌면 무모할 수 있겠지만, 그러나 시대 구분은 국어 연구의 시발점이라 할 수 있고, 더욱이 홍윤표(1994) 등에서도 기존의 시대 구분에 이의를 제기하였음을 고려하면, 현 시점에서 한번쯤은 숙고해볼 사안이 아닌가 한다. 그리하여 연구자들이 이에 대한 어떤 공통된 의견을 모아 개개인의 편의나 필요에 따라 그것을 임의대로 구분하지 않고 서로 일관된 관점을 취할 수만 있다면 설명하는 편에서나 이해하는 편에 많은 도움을 줄 수 있을 듯하기 때문이다[5].

---

2) 이는 이기문(1961/1998, 101)가 14세기를 고대가 아닌 전기 중세국어로 상정하고 15세기와 16세기를 후기중세국어로 정하면서 그 이유를 '14세기에 국어 음운 체계가 현격하게 변화하였기' 때문으로 풀이한 데서 찾아볼 수 있다.

3) 이 같은 의문은, '15세기와 16세기를 중세국어로 칭할 것이냐 아니면 후기중세국어로 칭할 것이냐'와는 별개의 차원에서 다루어져야 할 것이다. 어차피 일컫는 이름만 다를 뿐이지 지칭 시기는 동일하기 때문이다.

4) 이는, 필자가 존대 형태소의 일종인 '습'이나 2인칭대명사의 체계에 관한 논지를 펼 경우에는 15세기와 16세기로 나누어서 살펴야 했던 경험에서 비롯한 것이기도 하다.

5) 김무림(2004, 28-29)를 참조하면 그동안 국어사의 시대 구분이 학자마다 같지 않다는 점을 알 수 있을 터인데, 여기서는 자세한 언급을 피하기로 한다. 자세한 논의는 김무

이런 맥락에서 지금부터는 존대법과 인칭대명사에 존재하는 15세기와 16세기의 기능상 차이를 점검하는 한편 후대에 들어 새롭게 출현한 어형들을 살펴보는 데에 초점을 맞추기로 한다. 그럼으로써 작게는 중세국어의 시기 구분에 대한 의문을 제기해 보려는 것이고 크게는 국어사 전반의 시대 구분에 대한 재검토의 필요성을 제언해 보려는 것이다.

1.1 존대법

15세기와 16세기에 차이를 보이는 문법 사실 가운데 하나는 존대법이다. 주지하다시피 15세기에서 존대 기능을 담당했던 형태소는 '시, 숩, 이'로 이들은 각각 '주체존대, 객체존대, 청자존대' 혹은 '존대, 겸양, 공손'의 표지로 간주되어 왔다. 그런데 이 가운데 '숩'은 16세기 들어 청자를 존대하는 기능으로 변하기 시작하였던 것으로 추정되는 만큼, 본 장에서는 이 점에 주목하고자 한다.

또 공손법은 15세기에는 'ᄂᆞ이다, ᄂᆡᆼ다, (시)니, ᄂᆞ다'체의 등급을 유지하고 있었는데[6], 16세기에 들어 'ᄂᆡᆼ다'체가 소멸하고 그 대신 'ᄂᆡ'체가 사용되기 시작하여 공손 체제에 변화를 유도하게 된 것으로 추정되는바, 이 점 역시 본장에서 주목해야 할 사안이라 생각한다.

림(2004)를 참조하기 바란다.

6) 여기서는 서정목(1983), 한동완(1988), 임홍빈(1986), 김영욱(1997) 등의 의견을 따라 각 공손형 등급의 기본형을 명령형이 아닌 평서형으로 간주하기로 한다. 이들은 '명령'의 행위 자체가 공손할 수 있겠느냐를 문제 삼지 않더라도, 'ᄒᆞ쇼셔, ᄒᆞ야쎠, ᄒᆞ라'와 같은 명령형에는 공손 표지 '이'가 없음을 주목해야 한다는 이유를 들어 '이'가 외현된 평서형을 대표형으로 삼아야 한다는 내용을 개진한 바 있다. 본고 역시 이와 생각을 같이하는바, 지금부터는 기존의 'ᄒᆞ쇼셔'체를 '-ᄂᆞ이다'형으로, 'ᄒᆞ야쎠'체를 '-ᄂᆡᆼ다'형으로, 반말을 '-니'형으로, 'ᄒᆞ라'체를 '-ᄂᆞ다'형으로 명명하기로 한다.

1.1.1 '숩'의 기능 변천

위에서 언급했다시피 '숩'은 15세기에는 객체와 관련한 존대 표지로 기능하였지만, 16세기에 들어서는 청자와 관련한 기능을 수행하게 되었던 것으로 추정되는데, 우선 15세기 기능부터 살펴보기로 하자[7].

(1) 가. 그저긧 燈照王이 普光佛을 請ᄒᆞᅀᆞ바 (월석 1, 9ㄱ)

나. 이 比丘ㅣ 주긇 時節에 虛空 中에 威音王佛이 아래 니르시던 法華經엣 二十千萬億 偈를 다 듣ᄌᆞᆸ고 (석상 19, 31ㄴ)

다. 그 쁴 善慧 부텻긔 가아 出家ᄒᆞ샤 世尊ㅅ긔 ᄉᆞᆯᄫᆞ샤ᄃᆡ (월석 1, 17ㄱ)

라. 그 쁴 忍辱太子ㅣ 깃거 어마닚긔 드러가 ᄉᆞᆯ보ᄃᆡ (석상 11, 20ㄱ)

마. (富樓那 彌多羅尼 子가 부처에게) "내 부텻 알ᄑᆡ 부텨 돕ᄉᆞ와 轉輪ᄒᆞ야 獅子吼를 因ᄒᆞ야 … 내 梵音으로 魔寃을 降伏호미 이 第一이로소이다" (능엄 5, 58ㄴ-59ㄱ)

바. (장자들이 부처에게) " '우리 … 부텻 敎化애 道 得호미 虛티 아니ᄒᆞ니라' ᄒᆞ야 '부텻 恩惠 갑ᄉᆞ오ᄆᆞᆯ ᄒᆞ마 得호미 ᄃᆞ외야라' ᄒᆞ다이다" (법화 2, 251ㄱ)

사. (석가가 아난과 위제희에게) (無量壽佛의) 光明이 하 盛ᄒᆞ야 … 百千 閻浮檀 金ㅅ 비치 (무량수불의 광명에) 몯 가ᄌᆞᆯ 비ᅀᆞᄫᆞ리러라 (월석 8, 17ㄱ)

위 (1. 가~라)는 주체가 객체보다 하위자란 점이 공통적이다. 예컨대 (1. 가)의 주체인 '등조왕'은 객체인 '보광불'보다 하위자이며, (1. 나)의 주체인 '비구'는 객체인 '위음왕불'보다 하위자이다. 그런데 주체의 행위를 나타내는 '청ᄒᆞ다, 듣다'에 '숩'을 연결하여 '청ᄒᆞᅀᆞ바, 듣ᄌᆞᆸ고'로 표현되어 있음이 주목된다. 이에 비해서 (1. 마~사)는 화자가 객체보다 하위자인데, 이 역

7) 15세기 '숩'에 대한 보다 더 많은 논의는 김형규(1947, 1948), 안병희(1961/1982), 허웅(1954, 1961, 1962, 1963), 이숭녕(1962, 1964) 등을 참조하기 바란다.

시 하위자인 화자의 행위나 상태를 진술하는 '돕다'나 '갑다'에 'ᄉᆞᆸ'을 연결하고 있다. 이런 정황을 참조하여 기존 연구자들은 'ᄉᆞᆸ'을 '상위자를 대하는 하위자의 태도'로 해석함으로써 종국에는 하위자인 주체나 화자가 상위자인 객체에게 보이는 존대 내지는 겸양의 표지로 이해했던 것이다[8]. 그런데 다음을 보다시피 이 'ᄉᆞᆸ'은 16세기에 이르러 청자에 대한 존대 혹은 겸양 표지로 기능이 전환한 것으로 예측된다.

(2) 가. (남동생이 누나에게) 안ᄒᆞᄋᆞᆸ고 요ᄉᆞ이ᄂᆞᆫ 엇더ᄒᆞ신고 온 후의ᄂᆞᆫ ᄀᆡ별 몰라 ᄒᆞᄋᆞᆸ뇌이다 (순천김씨 간찰, 191, 804)
나. (어머니가 송강에게) 뎌그시(니) 연신ᄒᆞ여 보ᄋᆞᆸ노이다 (송강 자당 편지 2)[9]
다. (상인들이 서로에게) 큰 형님 몬져 ᄒᆞᆫ ᄌᆞᆫ 자ᅀᅩ 큰 형님 몬져 례 받조 (노박 상, 64ㄱ)
라. (남편이 아내에게) 셸온 딕연 보내소 ... 막죵이 ᄒᆞ여 벼로예 인ᄂᆞᆫ 황모 붇 보내소 (순천김씨 간찰, 5, 58)
마. (남편이 아내에게) 슌녀니 가니 오래 무기디 마오 즉제 보내소 ... 슌녀니 올 제 어더 보내소 (송강 편지 1)

우선 (2. 가), (2. 나)의 밑줄친 부분에서는 'ᄉᆞᆸ'의 존재가 선명히 인지되지만 (2. 다~마)에서는 'ᅀᅩ, 조, 소'의 어형만이 확인되는데, 그럼에도 여기서 같은 유형으로 분류한 것은 장경희(1977), 이기갑(1978), 김정수(1984), 허웅(1989) 등이 이들을 'ᄉᆞᄫᆞ쇼셔〉 ᄉᆞ오쇼셔〉 ᄉᆞ오〉 소', '-ᄌᆞᆸ〉 ᄌᆞ오〉 조',

---

8) 양영희(2000)에서는 객체와 청자가 동일인 경우를 들어서 15세기 'ᄉᆞᆸ'이 청자에 대한 겸양 표지로 해석한 바 있다. 그러나 여기서는 객체와 청자가 동일인이지 않다는 점에서 차원을 달리하여 이해야 할 것으로 생각된다.

9) 이는 송강의 어머니가 송강에게 보낸 편지로 김일근(1991, 180)에서 재인용한 것이다. 이외 본문에 제시된 '송강 편지'와 '송강 부인의 편지'도 위에서 재인용한 것임을 밝혀 둔다.

'-ᄉᆞᆸ〉 ᅀᆞ오〉 ᅀᅩ'의 과정을 거쳐 형성된 어형으로 추정한 것을 그대로 수용한 결과이다[10]. 이보다 여기서 정작 주목해야 할 사항은 다음이다.

먼저 'ᄉᆞᆸ'이 'ᅌᅵ'와 더불어, 대화 종결부(문장 서술부)에 출현하고 있다는 점이다. 주지하다시피, 이 종결부는 청자에 대한 화자의 정서가 반영되는 부분이어서, 여기에 실현된 'ᄉᆞᆸ'이라면, 굳이 그것이 '청자 공손' 표지 'ᅌᅵ'와 결합한다는 사실을 거론치 않더라도 '청자'에게 활용되는 문법소임을 시사하기 때문이다. 둘째는 '소, ᅀᅩ, 조' 등이 '명령형 종결 어미'라는 점이다. '명령'의 대상은 청자뿐이라는 점을 감안하면 이 형의 근거가 되는 'ᄉᆞᆸ'은 청자에게 활용되는 표지라는 추론이 자연스레 도출되는 까닭이다.

이상을 고려할 때, 허웅(1989, 309)에서 언급하였듯이 'ᄉᆞᆸ'은 16세기에 이르러 '청자'와 관련한 '존대(겸양)' 표지로 활용한 것으로 추정되는데[11], 이를 알기 쉽게 정리하면 다음과 같다.

---

10) 서정목(1987), 한동완(1988) 등은 '소'를 '쇼셔〉 소서'의 단계를 거쳐 '서'가 단절된 형식으로 간주하기도 한다. 사실 필자로서는 어떤 입장이 더 타당한지를 판정할 능력이 없다. 이는, 면밀한 형태 분석을 통한 연구를 수행한 다음에야 갖추어질 터이기 때문이다. 따라서 그 문제는 차후를 약속하기로 하고, 여기서는 보편적인 논거를 제시한 것으로 판단되는 입장을 따르기로 하였다.

11) 그렇다고 해서 16세기 'ᄉᆞᆸ'이 모두 청자만을 존대한 것은 아니었다. 다음과 같이 여전히 객체를 존대할 경우도 있었다.

(가) (公父 文伯의 어머니가 공부 문백에게) 네 일로ᄡᅥ 님금 벼슬을 <u>받ᄌᆞ오면</u> (소학 4, 46ㄴ)
(나) 公父 文伯이 됴회로셔 믈러와 그 어미씌 뵈ᄋᆞ올시 (소학 4, 44ㄱ)
(다) (何曾이) 文帝씌 <u>엳ᄌᆞ오ᄃᆡ</u> (번소 7, 12ㄴ)
(라) (고윤이 임금에게) 내 崔浩와로 ᄒᆞᆫ가지로 <u>ᄒᆞᅀᆞ오니</u> (번소 9, 45ㄴ-46ㄱ)

예컨대 (가)는 주체인 '너'보다 객체인 '임금'이 상위자인 까닭에 'ᄉᆞᆸ'으로써 존대한 경우이고, (나)는 주체인 문백보다 객체인 어머니가 상위자이므로 'ᄉᆞᆸ'으로 존대한 경우이다. 따라서 이런 정황들을 참조하면 16세기 'ᄉᆞᆸ'은 존대 대상에 있어 과도기적 성격을 지닌 것으로 풀이된다.

(3) 〈표 1〉 15세기와 16세기 존대 표지의 존대 대상 변천

세기 / 존대 대상	15세기	16세기
시	주체	주체
습	객체	객체, 청자
이	청자	청자

그런데 존대법과 관련하여 비단 이와 같은 기능 변화만 있었던 것은 아니고, 16세기에 들어서 새로운 공손형이 출현하게 되었던바, 다음 항에서는 이에 대해 살펴보기로 하자.

1.1.2 공손형의 변화

15세기 'ᄂᆞᆼ다'체가 16세기에 들어 'ᄂᆡ'체로 바뀌었다는 점이 우선 지적되어야 할 것이다. 이 'ᄂᆞᆼ다'체는 일반적으로 'ᄂᆞ이다'체보다 낮고 'ᄂᆞ다'체보다 높은 대상에게 사용하는 공손형으로 이해되어 왔지만, 16세기에 들어 'ᄂᆡ'체가 이를 대신한 것으로 간주된다. 그러면 우선 15세기의 'ᄂᆞᆼ다'체부터 점검해보도록 하자.

(4) 가. (수달이 호미에게) "主人이 므슴 차바ᄂᆞᆯ 손ᅀᆞ ᄃᆞ녀 ᄆᆡᇰᄀᆞ노닛가 太子ᄅᆞᆯ 請ᄒᆞᅀᆞᄫᅡ 이받ᄌᆞᄫᆞ려ᄒᆞ노닛가 大臣ᄋᆞᆯ 請ᄒᆞ야 이바도려 ᄒᆞ노닛가" (석상 6, 16ㄱ)
(호미가 수달에게) "그리 아닝다" …" 그리 아니라 부텨와 즁과ᄅᆞᆯ 請ᄒᆞᅀᆞᄫᆞ려ᄒᆞᄂᆞᆼ다" (석상 6, 17ㄴ)
나. (아도세왕이 용왕에게) "내 그런 ᄠᅳ들 몰라ᄒᆞ댕다" (석상 24, 32ㄱ)
다. (바라문이 호미의 딸에게) "그듸 아바니미 잇ᄂᆞ닛가" … "내 보아져 ᄒᆞᄂᆞ다 ᄉᆞᆯᄫᅡ쎠"(석상 6, 14ㄴ)

위 밑줄친 부분의 'ᄂᆡᆺ가, ᄂᆡᆼ다, 어쎠' 등이 지금까지 'ᄂᆡᆼ다'체로 일컬어져 왔던 어말 형태들이다. 여기서 '-ᄉ, -ᆼ, -어쎠'와 같은 형태소들을 확인할 수 있는데, 고영근(1997), 허웅(1995), 박영준(1994) 등에 의하면 전자의 두 형태소는 15세기 공손표지 '-잇, -이'의 생략 혹은 축약형으로 이해된다. 문제는 '어쎠'를 어떻게 분석하느냐이다. 이에 대해서는 아직까지 의견 일치를 보지 못하였지만, 여기에 존대표지 '시'가 내재한다는 점에서는 의견 일치를 본 듯하다.

어떻든 위의 'ᄂᆡᆼ다'체에서 공손표지나 존대표지가 확인된 이상, 이 형을 존대 대상에게 사용하는 말씨, 즉 '공손형'으로 상정해도 무방할 터이다. 이 때 'ᄂᆞ이다'체와의 변별성이 문제시 된다. 이에 대해 고영근(2006), 안병희(1992) 등은 사회적 위상이 서로 대등한 사이에서 사용되거나 화자 자신보다 낮은 계층이지만 'ᄂᆞ다'체를 사용할 수 없는 상대에게 사용하였다는 점을 이유로 들어 'ᄂᆞ이다'체보다 낮고 'ᄂᆞ다'체보다 높은 등급으로 책정하였다. 즉 위의 (4. 가), (4. 나)의 화자와 청자는 각각 장자와 왕의 신분으로 대등하여서 'ᄂᆞ이다'체를 사용할 필요는 없고 그렇다고 해서 서로 'ᄂᆞ다'체를 사용할 수는 없어서 'ᄂᆡᆼ다'체를 사용하고, (4. 다)의 화자인 바라문은 청자인 호미의 딸보다 연장자이지만 그녀의 아버지를 상위자로 모시는 처지여서 그녀에게도 'ᄂᆞ다'체로 상대할 수 없어서 'ᄂᆡᆼ다'체를 사용하였다는 것이다. 그런데 이 형식은 16세기에 자취를 감추고, 위와 동일한 상황에서 'ᄂᆡ'체가 출현하고 있다.

(5) 가. (남편이 아내에게) 부ᄃᆞᆯ 사다가 ᄡᅳ고져 ᄒᆞ니 ᄎᆞᄡᆞ리나 뫼ᄡᆞ리나 다엿 되만 얻고져 ᄒᆞ뇌 (순천김씨 간찰 5, 58)

나. (남편이 아내에게) 바ᄂᆞᆯ 예셔 지으려 ᄒᆞ니 양식과 자바니나 보내소 힝긔 수져 보내소 (순천김씨 간찰 2, 39)

다. (남편이 아내에게) 필죵이 고티 바ᄃᆞ란 말 아니신가 (순천김씨 간찰 5, 58)

라. (남편이 아내에게) 나도 완ᄂᆞ니 타자기나 무ᄉᆞ히 ᄒᆞ여 가새 (순천김씨 간찰 49, 256)

마. (장모가 사위에게) 요ᄉᆞ이 긔별 하 모ᄅᆞ니 아ᄒᆡᄃᆞᆯ ᄒᆞ고 엇디 인ᄂᆞᆫ고 분별ᄒᆞ뇌 (순천김씨 간찰 48, 253)

바. (장모가 사위에게) 별시 급뎨ᄒᆡ여 오면 내 사랏다가 보고 주글가 ᄒᆞ뇌 (순천김씨 간찰 152, 675)

위에서 밑줄친 부분의 '뇌(평서형), 소(명령형), 신가(의문형), 새(청유형)' 등이 지금까지 'ᄂᆡ'체로 일컬어 왔던 어말 형태들이다. 먼저 (5. 가)의 '뇌'와 (5. 라)의 '새'를 각각 '노이다〉 뇌이다〉 뇌', '사이다〉 새이다〉 새'의 과정에서 형성된 '이'의 축약형[12]으로, (5. 나)의 '소'는 위에서 살폈듯이 'ᄉᆞᄫᆞ쇼셔〉 ᄉᆞ오쇼셔〉 ᄉᆞ오〉 소'의 과정을 거쳐 형성된 어형으로 추정할 때, 이는 앞서 살핀 (4)의 'ᄂᆡᇰ다'체가 형성된 과정과 동일하다[13]. 이런 점에 주목하여 황문환(2002) 등은 'ᄂᆡ'체를 'ᄂᆡᇰ다'체의 대체형으로 간주하였을 듯한데, 여기에 더하여 이 'ᄂᆡ'체가 'ᄂᆡᇰ다'체와 동일한 조건에서 사용되었다는 점도 주목해야 할 것이다. 즉 위에서 보다시피 'ᄂᆡ'체는 남편이 아내(5. 가~라)에게 사용하였던지 아니면 장모가 사위(5. 마, 5. 바)에게 사용

12) 이러한 입장은 허웅(1989: 143-144), 김정수(1984: 161), 황문환(2002: 140)에서 확인된다. 그러나 황문환(2002: 223)에서는 '노이다〉 뇌ᇰ다〉 뇌다〉 뇌'의 변천 과정을 제시하고, '노이다〉 뇌ᇰ다'의 과정에서 '이'의 축약이 먼저 이루어졌고, 이후 '뇌다〉 뇌'에서는 '다'의 생략이 이루어진 것으로 간주하였다. 기존 연구에 비해 '뇌다'를 '뇌ᇰ다' 류에 소급시켰다는 점과 '뇌다'에서 '다'의 생략을 주시했다는 점이 주목된다. 그러나 그 역시 '뇌'에 존재하는 공손형 '이'를 부인하지 않았다는 점에서 다른 연구자들과 다르지 않다고 판단하여, 본문에서는 보다 보편적인 생각으로 간주되는 입장을 제시하였다.

13) 위에서 우리는 'ᄂᆡᇰ다'체를 'ᄂᆞ이다'체에서 '이'가 생략되었거나 축약된 형태로 간주했었음을 기억할 것이다.

하였던 것으로 확인되는 만큼 이 말씨 역시 'ᅌᅵ다'체처럼 'ᄂᆞ이다'체로 상대할 대상은 아니고 그렇다고 해서 'ᄂᆞ다'체로 상대하기는 어려운 대상에게 사용되었던 것으로 추정되는 까닭이다. 이러한 추론이 어느 정도 타당하다면 황문환(2002, 33)이나 허웅(1989, 311)에서 지적했던 대로 15세기 'ᅌᅵ다'체는 16세기에 'ᄂᆡ'체로 대체된 것으로 보아도 무방할 터이다.

어쨌든 여기서 우리는 15세기와 16세기의 공손형이 동일하지 않다는 것은 확인할 수 있는바, 여기에 더하여 16세기에 존재했던 다음과 같은 어형도 주목할 필요가 있다.

(6) 가. (남편이 아내에게) 필죵이 고티 바ᄃᆞ란 말 아니신가 (순천김씨 간찰 5, 58)

나. (이웃 동생이 형에게) 어듸 녀러 오시ᄂᆞᆫ고 (번박 6, 27)

다. (이웃의 동생이 형에게) 小人이 예와 널이ᄉᆞ오ᄃᆡ 셩도 묻ᄌᆞᆸ디 아니ᄒᆞ얏다니 큰형님 셩이 므스거신고 (번노 상 8, 43ㄱ-44ㄴ)

라. (왕오가 영공에게) 네 몃히 멧화를 ᄆᆡᆼ글이고져 ᄒᆞ시ᄂᆞᆫ고 (번박 상 30, 118-119)

위에서 밑줄친 부분의 '-신가, -신고'는 15세기에 보지 못한 어형이다. 만약 이들이 'ᄂᆞ이다'체에 해당한다면 15세기에는 '-시ᄂᆞ잇가, -시ᄂᆞ잇고'로 실현되어야 할 것이고, 'ᅌᅵ다'체에 해당한다면 '어쎠'로 실현되어야 할 것이다. 그런데 이와 같은 형식이 위에서 보듯이 부부나 친근한 형, 동생 사이에 사용된 것으로 보아서 16세기에는 (5)의 상황 즉 'ᄂᆡ'체에 해당하는 의문형이었을 것으로 추정되는 만큼, 15세기 '어쎠'와의 관련선상에서 이해해야 할 것으로 생각되지만, 현재로서는 이를 밝히기가 쉽지 않다[14].

14) 이에 대해 허웅(1989, 311)에서는 3인칭 물음꼴이 2인칭으로 유용된 것으로 해석하고, 황문환(2002, 160)에서는 '주체=청자'가 전제되는 2인칭 주어문에서 '-시-'가 개재한

그러나 우리의 기본 논지를 생각한다면 이점은 크게 문제되지 않을 듯하다. 다만 우리는 지금까지 살핀 'ᄉᆞᆸ'의 기능 변화나 'ᄂᆡᆼ다체〉 ᄂᆡ'체의 전이와 더불어서 위처럼 15세기에 없던 공손형이 16세기에 확인되므로 이들을 동시대로 간주하기는 무리가 있다는 점만을 설득력 있게 제시하면 되기 때문이다. 이런 이유에서라면 다음과 같은 공손형도 함께 주목해야 할 것이다.

(7) 가. (어머니가 딸에게) 요ᄉᆞ이ᄂᆞᆫ 긔오니 엇더ᄒᆞ니 동ᄉᆡᆼ들도 다 ᄂᆞ려 오소셔방님도 나가다 ᄒᆞ니 더 근심ᄒᆞ노라 (순천김씨 간찰 36, 205)

나. (어머니가 딸에게) 아바님 갈 제 유무호리라 너히 누에ᄃᆞᆯ 다 치더라 터니 엇더니 (순천김씨 간찰 57, 294)

다. (아버지가 딸에게) 민셔방 안해ᄂᆞᆫ ᄇᆞ리더니 ᄯᅩ 엇ᄶᅵ ᄃᆞ려 가ᄂᆞ니 (청주 61, 313)

위의 밑줄친 '니'체는 15세기의 '(시)니'체에서 존대 표지 '시'가 탈락한 어형인 듯한데, 16세기에는 'ᄂᆞ다'체의 의문형으로 사용되고 있다. 이를 두고 황문환(2002, 33)은 15세기에 '므스게 ᄡᅳ시리, 므슴호려 ᄒᆞ시ᄂᆞ니' 등에서 사용되었던 '(시)니'체는 중간 등급 'ᄂᆡᆼ다'체와 가까웠지만 16세기에 들어서는 'ᄂᆞ다'체로 '대우 가치가 하락'하여 사용된 것으로 풀이하였는데, 이는 위 예문에서 사실로 판명된다. 즉 위에서 보다시피 이 체는 어머니나 아버지가 딸에게 사용한 것으로 확인될 뿐 아니라 'ᄂᆞ다'체와 혼용하였던 것으로 간주되는 까닭이다. 지금까지 개진한 내용을 알기 쉽게 정리하면 다음과 같다.

것으로 해석하고 있다.

(8) 〈표 2〉 15세기와 16세기 공손형의 차이

공손형 \ 세기		15세기	16세기
ᄂᆡᆼ다체	평서형	ᄂᆡᆼ다	ᄂᆡ/뇌
	의문형	ᄂᆡᆺ가	신가
	명령형	어쎠	소
(시)니체	의문형	시니	니

'ᄂᆞ이다'체와 'ᄂᆞ다'체는 변동이 없어서 위의 표에서는 생략하였다. 이를 전제로 하면, 'ᄂᆡᆼ다'체는 모든 종결어미의 어형이 변화된 상태이고, (시)니체는 15세기에 존대의 자질을 보유하였지만, 16세기에 들어서는 'ᄂᆞ다'체로 대우의 가치가 하락한 경우이다.

이상을 종합해 볼 때, 15세기와 16세기의 존대법은 상당한 변화가 있었다는 결론에 도달한다. 먼저 'ᄉᆞᆸ'의 기능이 객체 존대 표지로 활용되다가 청자 존대 표지로 활용되었다는 점에서 그러하고, 공손형에서는 'ᄂᆡᆼ다'체의 어형이 전반적으로 변화를 입었다는 점과, '(시)니'체의 존대 등급이 하락했다는 점에서 그러하다.

1.2 인칭대명사

인칭대명사는 상대방의 위상에 따라 사용 양상이 달라진다는 점에서 공손법과 무관할 수 없는 문법 범주라 할 수 있는데, 이 역시 15세기와 16세기에 상당한 차이가 있었던 것으로 생각된다. 예컨대 15세기의 기능이 16세기에 들어서 변했는가 하면 16세기에 들어 새로운 어형이 등장하기도 했다. 여기서는 이러한 상황을 구체적으로 입증함으로써 본 논지의 정당성에 힘을 실어주기로 한다.

1.2.1 '자내'의 기능 변천

주지하다시피 15세기 인칭대명사는 '나(1인칭), 너/그듸(2인칭), 자내, ᄌᆞ갸(재귀적 3인칭)[15], 아모(부정칭)' 등으로, 이 가운데 '자내'는 16세기에 들어서 2인칭대명사로 기능을 전이한 것으로 추정된다. 그러면 우선 15세기의 '자내'에 대한 용례부터 점검하기로 하자.

(9) 가. 그ᄢᅴ 波斯匿 王이 제 父王 爲ᄒᆞ야 업슨 나래 齋 ᄆᆡᇰᄀᆞ오 부텨를 宮掖애 請ᄒᆞᅀᆞ와 자내 如來ᄅᆞᆯ 마ᄍᆞᆸ고 貴ᄒᆞᆫ 차반 우 업슨 됴ᄒᆞᆫ 마ᄉᆞᆯ 만히 노ᄊᆞᆸ고 (능엄 1, 31ㄱ)

나. (神)秀ㅣ ᄉᆞ랑호ᄃᆡ … 이 밤 三更에 사ᄅᆞᆷ으로 아디 몯게 ᄒᆞ야 자내 블 잡고 偈ᄅᆞᆯ 南廊壁間애서 ᄆᆞᅀᆞᄆᆡ 所見을 呈ᄒᆞ니 (육조 상 15ㄱ-ㄴ)

다. 하ᄂᆞᆯ콰 ᄶᅡᆨ ᄉᆞᅀᅵ예 오직 師ㅣ ᄒᆞ오ᅀᅡ 恩을 아도다 佼을 ᄎᆞᆷ다가 禁止몯ᄒᆞ야 우수믈 呵呵ᄒᆞ고 ᄆᆞᅀᆞ매 즐겨 자내 許ᄒᆞ야 닐오ᄃᆡ (금삼 3, 38ㄴ 함허당 주)

라. 그ᄢᅴ 舍利弗이 四衆中의 疑心도 알며 자내도 몰라 부텻긔 ᄉᆞᆯ보ᄃᆡ (월석 11, 104ㄱ-ㄴ)

마. 舍利弗도 자내 毗沙門王이 ᄃᆞ외니 (석상 6, 32ㄴ-33ㄱ)

위에 소개한 '자내'를 재귀대명사로 간주하든지, 3인칭대명사로 간주하든지 간에 이들이 지시하는 대상이 2인칭이 아닌 3인칭이라는 사실은 자명하다[16]. 예컨대 (9. 가)의 '자내'는 '바사익 왕'을 (9. 나)는 '수'를, (9. 다)

---

15) 자내와 ᄌᆞ갸는 일반적으로 재귀칭으로 간주하는데, 고영근(2006, 86)에서 이들의 상위범주를 3인칭으로 간주하고 있어, 이를 채택하였다.

16) 그런데 '자내'는 이기문(1991, 49) 등에서는 格形을 보여 주지 않는다는 이유에서 '부사'로 처리하려는 견해가 있었다. 그러나 이와 같은 입장은 이호권(1998 : 119), 황문환(2001 : 201~202) 등이 반례를 제시함으로써 부정되기에 이르렀다. 곧 '자내'는 주격이나 속격, 여격 등과 같은 격조사는 물론이거니와 '도, ᄲᅮᆫ' 등의 보조사를 취할 수

는 '사'를 지시하므로, 이들은 모두 문장의 주어로 실현된 3인칭인 것이다. 그런데 다음을 보면 이들은 16세기에 들어서 2인칭을 지시하고 있음을 알게 된다.

(10) 가. 이제란 원간 겨집죵으란 내ᄇᆞ려 두어ᄃᆞᆫ 자내 브리소 (순천김씨 간찰 6, 61)

나. ᄇᆡ 지믄 스믈서나ᄒᆞᆯ ᄉᆞ이 내려니와 자내 부모ᄂᆞᆫ 일뎡 스므이ᄐᆞᆫ날 나시ᄂᆞᆫ가 머흐리 나완ᄂᆞᆫ가 보기ᄂᆞᆫ 여테 아니 와시면 ᄀᆞ장 슈샹ᄒᆞ도쇠 (순천김씨 간찰 20, 133)

다. 나도 완ᄂᆞ니 타자기나 무ᄉᆞ히 ᄒᆞ여 가새 나ᄂᆞᆫ 됴히 완뇌마ᄂᆞᆫ 자내ᄅᆞᆯ 그리 셩티 몯ᄒᆞᆫ거ᄉᆞᆯ 두고 와 이시니 ᄒᆞᄅᆞ도 ᄆᆞᄋᆞᆷ 편ᄒᆞᆫ 저기 업세 (순천김씨 간찰 49, 256)

라. 자내 죵긔도 아ᄆᆞ라ᄒᆞᆫ 줄 모ᄅᆞ고 나도 수이 가고져 ᄒᆞ여 보기ᄅᆞᆯ 기두리다가 몯ᄒᆞ니 먼 ᄃᆡ 연고ᄂᆞᆫ 아ᄆᆞ라ᄒᆞᆫ 줄 모ᄅᆞ거니와 하 슈샹ᄒᆞ니 기두리다가 몯ᄒᆞ여 ᄒᆞ뇌(순천김씨 간찰 72, 372)

위는 채무이가 그의 아내 순천김씨에게 보낸 내용으로, 여기서 '자내'는 황문환(2001: 208), 양영희(2005, 132)의 지적처럼, 청자인 순천 김씨를 지칭하고 있어, 2인칭대명사로 해석된다. 즉 (10. 가)에서는 순천김씨에게 "계집종은 당신이 부리라"는 당부를, (10. 나)에서는 "당신 부모는 스무날에 나가시는가"를 질문하는 맥락으로 보아 2인칭대명사라는 것이다. 그런데 이 자내는 위에서 보다시피 'ᄂᆡ'체와 호응하였던바, 이를 감안하면 존대의 대상을 지칭했다고 할 수 있을 것이다[17].

도 있다는 것이다. 이에 비해 김미형(1990, 60)에서는 자내가 인칭대명사로 사용되었다는 것에 동의를 하면서도 이런 예가 많지 않아서 단정할 수 없다는 다소 중립적인 입장을 취하고 있다. 이런 점들을 감안하여 본고에서는 '자내'를 부사가 아닌 인칭대명사로 간주하고자 한다.

그런데 정작 중요한 사실은 '자내'의 기능이 이처럼 변화함으로써 15세기와 16세기의 2인칭대명사 체계 역시 다음과 같은 변화를 경험하였다는 것이다.

(11) 15세기와 16세기 2인칭대명사 체계 변화

(ㄱ) 15세기: ┌ 비존대 - 너
　　　　　　　└ 존대 - 그듸

(ㄴ) 16세기: ┌ 비존대 - 너
　　　　　　　└ 존대 ┌ 그듸
　　　　　　　　　　　└ 자내[18]

곧 15세기에는 '너/ 그듸'가 비존대와 존대의 기능을 양분하여 담당하였지만, 16세기에 자내가 2인칭으로 편입함으로써 이 같은 이분형의 균형은 깨지는 대신 존대 대상을 지칭하는 인칭대명사가 늘게 된 것으로 결론된다. 이에 더하여 16세기에는 새로운 어형도 출현하게 되었던바, 지금부터는 이에 대해 살펴보기로 한다.

---

17) 다음처럼 자내는 16세기에도 여전히 3인칭을 지시하였던 것으로 확인된다.

(가) 음식 아니 머그면 죵ᄃᆞ리나 긔별ᄒᆞᆯ가 됴셔글 바다ᄂᆞᆫ 보노라. 영그미 년도 날로 몯 가ᄂᆞᆫ가? 하 과시미 굴고 자내도 보내라 ᄒᆞᆯᄉᆡ (순천김씨 간찰 41, 228)

(나) … 제 ᄌᆞ식도 하 귀ᄒᆞ니 ᄃᆞ리고 ᄃᆞᆫ니기 어렵고 싀지ᄇᆡ셔도 아니 ᄂᆡ도히 ᄒᆞᆯ가 여려 오마. 자내도 그저 혼자 아ᄒᆡ 죵이나 ᄃᆞ리고 업더여 시라 호모로 ᄃᆞ려 올 겨규ᄅᆞᆯ 아닌ᄂᆞ니라(순천김씨 간찰, 42, 236)[1]

위 편지는 어머니가 시집 간 딸에게 보낸 내용인데, 여기서의 '자내'는 남편을 지칭한 것으로 추정된다. 따라서 본문 (9)와 위 예문을 참조하면, '자내'는 16세기에 3인칭을 지시하던 기능이 2인칭을 지시하는 기능으로 전이하는 과도기에 해당한다고 할 수 있겠다.

18) 이때 '그듸'와 '자내'의 변별성이 의문시 되는데, 본고의 주된 논지에서 벗어나므로 이에 대해서는 양영희(2005)로 미루기로 한다.

1.2.2 새로운 형식 등장

여기에 해당하는 인칭대명사는 '소인, 자기, 당신' 등으로 '소인'은 1인칭 대명사로 '자기, 당신'은 '재귀적 기능을 지닌 3인칭대명사'로서 한자 형식으로 등장하였다는 점이 공통적이다. 그러면 먼저 '소인'의 예부터 살펴보기로 하자.

(12) 가. ᄆᆞᄉᆞᆷ 됴ᄒᆞ신 얼우신하 어듸 브리여 겨신고 小人이 뎌 동녁 져제 모욕탕ᄌᆞ 잇ᄂᆞᆫ 집 ᄇᆞ롬 ᄉᆞ싄 지븨 와 브리여 잇노이다(번박 상, 58ㄱ)

나. 령공하 므슴 마리 겨신고 小人ᄃᆞ려 니ᄅᆞ쇼셔(번박 상, 59ㄴ)

다. 쥬싄 형아 허믈 마ᄅᆞ쇼셔 小人ᄃᆞᆯ히 예 와 해자ᄒᆞ고 널이과이다 (번노 상 41ㄴ)

라. 小人이 ᄆᆡ실 지븨 잇디 아니ᄒᆞ다니 얼우시니 어제 ᄒᆞᆫ 디위 쇽졀업시 ᄃᆞᆫ니시도쇠이다(번박 상, 59ㄱ)

먼저 문맥을 고려할 때, 소인은 화자 자신을 지칭하는 1인칭대명사였다는 사실과 함께 상위자를 상대로 하는 겸양 표현이었음이 확인된다. 상대를 '얼우신, 령공, 형'으로 호칭하면서 'ᄂᆞ이다'체나 'ᄂᆡ'체를 사용하면서 스스로를 소인으로 칭하였다는 점을 고려할 때 그러하다. 이는 인칭대명사의 사적 고찰에서는 간과할 수 없는 중요한 사실로 인식된다. 주지하다시피 15세기에는 1인칭에 대한 겸양 표현이 존재하지 않았지만, 16세기에 들어 비록 한자의 영향에 의해서일지라도 겸양 표현이 사용되었음을 말해주는 까닭이다.

어쨌든 우리 입장에서는 이 소인이 16세기에 새롭게 등장한 어형이라는 점이 더 중요한 것은 사실이다[19]. 그러므로 15세기와 16세기를 동시대

19) 그런데 소인은 16세기에 '군자'와 상반되는 의미로도 사용되었음이 다음 예문에서 확

로 간주하는 것은 재고해야 한다는 우리의 기본 논지를 뒷받침해 줄 수 있기 때문이다. 그런데 다음의 '자기'도 이와 같은 맥락에서 살펴야 할 대명사이다.

(13) 가. 靈利ᄒᆞᆫ 사ᄅᆞ미 바ᄅᆞ 드위텨 自己ᄅᆞᆯ 훤히 ᄇᆞᆯ겨 趙州ᄅᆞᆯ 자ᄇᆞ며 부텨와 祖師왜 사ᄅᆞ믹게 믜이샨 고ᄃᆞᆯ ᄀᆞᆺ 알면 네 大藏敎ㅣ 瘡腫 스저 ᄇᆞ룐 죠ᄒᆡ라 닐오ᄆᆞᆯ 올타 호리라(몽산법, 고, 47ㄱ)

나. 우희 法語ᄂᆞᆫ 사ᄅᆞ미ᄅᆞᆯ 마슈매ᄎᆞ며 더우ᄆᆞᆯ 제 아ᄃᆞᆺᄒᆞ니 聰明이 能히 業을 對敵디 몯ᄒᆞ며 乾慧이 苦輪을 免티 몯ᄒᆞᄂᆞ니 各各 모로미 ᄉᆞᆯ펴 혜아려 媕婀로ᄡᅥ 自己ᄅᆞᆯ 소기디 마롤디어다(선가귀, 22ㄱ)

다. 媕婀ᄂᆞᆫ 音ㅣ 菴阿ㅣ니 疑心 가져 明決티 몯ᄒᆞᄂᆞᆫ ᄌᆞ시라 이ᄂᆞᆫ 慢法人ㅣ 自眼이 分明티 몯호ᄃᆡ ᄒᆞᆫ갓 聰明과 乾慧ᄅᆞᆯ 미더 上來 法語엣 程節ᄋᆞᆯ 越分過度ᄒᆞᆫ 말ᄉᆞᆷ 닐어 얼픠시 自己ᄅᆞᆯ 소길ᄉᆡ 各各 返照게 警策ᄒᆞ샷다(선가귀, 22ㄴ)

위의 밑줄친 '자기'는 『몽산화상법어약어록』에서 한자 형식으로 나타나기 시작했는데, (13. 가)에서는 '영리한 사람'이라는 3인칭을, (13. 나, 다)에서는 '수행하는 일반 사람'이라는 3인칭을 지시하고 있다. 그런데 이 자기는 당시에는 비존대의 대상을 지시했던 것으로 확인된다. 보다시피 자기와 호응하는 서술어 '자ᄇᆞ며, 소기디 마롤디어다, 소길ᄉᆡ' 등에 존대 표

인된다. 그러나 이 경우는 인칭대명사로보다 보통명사로 간주해야 할 듯하다.

(가) ᄒᆞᆫ갓 君子 **小人**이 이에 와 갈아 날ᄉᆡᆼ이 아니라 또 귀ᄒᆞ며 쳔ᄒᆞ며 댱슈ᄒᆞ며 단명호미 일로브터 일뎡ᄒᆞᄂᆞ니라 (번소 8, 14ㄴ)

(나) 이런 故로 君子ᄂᆞᆫ 禮ᄅᆞᆯ 브즈러니 ᄒᆞ고 **小人**ᄋᆞᆫ 힘ᄋᆞᆯ 다ᄒᆞᄂᆞ니 禮ᄅᆞᆯ 브즈러니 홈은 공경을 닐윔만 ᄀᆞᄐᆞ니 업고 힘을 다홈ᄋᆞᆫ 敦篤홈만 ᄀᆞᄐᆞ니 업ᄉᆞᆫ디라 (소언 4, 51ㄴ)

(다) 우리ᄂᆞᆫ **小人**이라 可히 ᄡᅥ 君子의 ᄠᅳ들 ᄇᆞᆰ디 몯ᄒᆞᆯ 거시라 ᄒᆞ고 서ᄅᆞ ᄉᆞ양ᄒᆞ야 (소언 4, 39ㄴ)

지 '시'가 개입되어 있지 않기 때문이다. 이에 대해 김미형(1990, 58)에서는 16세기 들어 예사말로 격하된 'ᄌᆞ갸'를 이 형이 대신한 것으로 해석하고 있다. 어떻든 자기가 16세기에 와서 새롭게 등장한 어형이라는 점과[20], 16세기 이후부터 본격적으로 사용된 대명사라는 점만은 확실하여서 15세기와 16세기의 대명사 체계는 상당히 다를 것이라는 결론에 도달하게 된다. 이제 마지막으로 '당신'을 살펴보기로 하자.

(14) 당신과 아ᄃᆞᆯ 네희 녹이 각각 이쳔 셕식이모로 만셕군이라 ᄒᆞ니라(소학 6, 77ㄱ)

사실 '당신'이 16세기에 사용한 용례는 위 예문이 전부이다. 여기서 당신이 '만석군'이라는 3인칭을 지시한다는 점과 '만석군이라 하다'처럼 존대 표지 '시'와 호응하지 않는다는 점 등을 고려할 때 (13)에서 살핀 '자기'와 같은 기능을 지녔지만 그것보다 쓰임이 그리 활발하지 않았다는 사실을 추정하게 된다[21].

이처럼 16세기에는 15세기와 다른 새로운 인칭대명사가 출현하기도

---

20) 자기와 ᄌᆞ갸의 관련성, 그리고 자기의 위상에 대해서는 김미형(1990)을 참조하기 바란다.

21) 이는 다음 예문에서 확인된다.

(가) 통ᄉᆞ랑 송문은 안음현 사ᄅᆞᆷ이라 나히 겨유 열둘헤 아비ᄅᆞᆯ 일코 장ᄉᆞ며 졔ᄉᆞᄂᆞᆯ … **당신**의 어ᄃᆞᆫ 거ᄉᆞ로ᄡᅧ 쪽히 주다(동국신, 동삼효 3, 77ㄴ)

(나) 공쥬 아기시도 일변 ᄌᆞ손이오시니 비록 ᄯᆞ님이오시나 ᄇᆞ리고 죽ᄉᆞ오시면… **당신**이 ᄌᆞ라신ᄃᆞᆯ 어ᄃᆡ가 눌을 의지ᄒᆞ야 사ᄅᆞ시며(계축일기 상, 38ㄱ)

(다) 공쥬 ᄌᆞ가도 일변 ᄌᆞ손이시오니 비록 ᄯᆞ님이시나 … **당신**이 ᄌᆞ라신들(서궁록 28ㄴ)

위의 당신은 '송문' 혹은 '공쥬'를 지칭하는데, 이처럼 근대국어에서는 3인칭을 지시하는 기능으로 비교적 활발하게 사용된 것으로 추정된다.

하고 그 기능이 바뀐 대명사도 있어서 두시기의 대명사 체계는 상당한 변화가 있었을 것으로 예측되므로 이를 표로 정리하면 다음과 같다.

(15) 15세기와 16세기 인칭대명사의 체계 변천

인칭 \ 세기	15세기	16세기
1인칭	나	나, 소인(겸칭)
2인칭	너(−존칭)/ 그듸(+존칭)	너(−존칭)/ 그듸, 자내(+존칭)
3인칭(재귀칭)	저, ᄌᆞ갸, 자내	저, 자기, 당신(−존칭)/ ᄌᆞ갸(+존칭)

위 표에서 보이는 '나, 너, ᄌᆞ갸, 그듸'의 경우는 15세기와 16세기의 기능이 같아서 본문에서는 다루지 않았다. 이를 전제할 때, 먼저 16세기는 15세기에 없던 1인칭 겸칭이 '소인'의 어형으로 사용되었고, 15세기에는 3인칭을 지시하던 '자내'가 16세기에 2인칭을 지시하는 기능으로 전이함으로써 2인칭대명사의 체계가 변화를 경험한 시기로 간주된다. 이에 더하여 '자기, 당신'과 같은 새로운 어형이 생겨서 3인칭을 지시하였다는 사실도 주목할 만하다.

1.3 제언

지금까지 우리는 존대법과 인칭대명사의 측면에서 15세기와 16세기의 다른 양상을 살펴보았는데, 그것은 이 두 시기를 국어사에서 중세국어 혹은 후기 중세국어라는 이름으로 동일시해야 하는가를 다시 한 번 생각해 보기 위함이었다. 이미 확인했듯이 필자는 이에 대해 회의적인 입장이었다. 여기서 이기문(1998)의 다음과 같은 언급을 참조할 필요가 있겠다.

(16) 가. 음운사상의 제 변화뿐 아니라 문법 사상의 여러 중요한 변화가 이미 16세기말 임란 이전에 일어났던 것이다. (이기문 1998, 176)

나. 중세국어 시기는 … 14세기를 경계로 전기와 후기로 양분된다. … 왕조 변혁이나 훈민정음의 창제가 이 하위 구분과 직접적인 관련을 가지는 것은 아니다. … 국어사의 중세 단계를 전기와 후기로 양분하는 것은 14세기에 그 음운체계에 현저한 변화가 일어난 것으로 믿어지기 때문이다. 특히 모음체계에 있어서의 변화는 현저한 바 있다. (이기문 1998, 100~101)

위에서는 국어사 시대 구분은 음운체계 변화와 같은 언어적 사실에 근간을 두어야 한다는 점이 지적되어 있다. 이 점 때문에 국어사 시대 구분이 비록 한국사나 국문학의 시대 구분과 달랐을지라도 그동안 용인되어 왔던 것이다[22]. 이런 취지에서라면 16세기는 15세기보다는 근대와 같은 범주로 묶이는 것이 더 타당할 수 있다. 지금까지 우리가 살핀 바나 (16. 가)를 참조할 때, 16세기의 국어 특징은 15세기보다 근대에 더 가까울 수 있기 때문이다.

여하튼 현재 우리의 관심사인 15세기와 16세기에 다시 주목하면 이들을 같은 시기로 간주하는 것은 재고해야 하지 않을까 한다. 필자의 경험에 비추어 볼 때, 이들을 '중세국어(후기 중세국어)'라는 동 시대로 아우르면 문법 현상을 설명하거나 기술하는 데 적잖은 어려움을 겪었던 것이 사실이다. 예컨대 지금까지 살핀 체제상의 변화로 호칭이나 대명사 전반의 체계를 논할 때에는 두 시대를 구분해야 하는 번거로움이 있었다. 그렇지 않으면 '자내'가 왜 갑자기 2인칭 대명사의 체계에 들어와 있는지, '당신, 자

22) 예컨대 국문학에서의 근대는 개화기인 1900년대 이후를 의미하지만, 국어사에서는 임진왜란 직후의 17세기를 의미하는 것과 같은 경우이다. 이에 대한 보다 자세한 내용은 홍윤표(1994, 29)를 참조하기 바란다.

기' 등이 어떻게 '자내, ᄌᆞ갸'와 같은 범주로 묶일 수 있는지 등을 설명하기가 쉽지 않기 때문이다. 이 점은 존대법에서도 마찬가지여서, 두 시기를 구분하지 않으면 동 시대에 'ᄉᆞᆸ'은 청자와 객체를 아울러 존대하는 것으로 기술해야 할 뿐 아니라, 'ᄂᆡᆼ다'와 'ᄂᆡ'체의 변별성은 도저히 설명할 길이 없게 된다. 앞서 언급했다시피 전자가 소멸한 후에 그 자리를 후자가 계승한 것으로 간주되는 만큼 이를 공시적으로는 설명하기가 어려운 까닭이다. 이와 같은 경험은 비단 필자만의 것은 아닐 듯하다. 한재영(1996), 김송룡(1985) 등이 존대법과 인칭대명사를 연구하면서 16세기만으로 한정한 것이라든지, 황문환(2002)가 상대경어법을 연구하면서 16세기와 17세기를 아우른 점 등은 이를 반증한다고 하겠다.

그렇다고 해서 현재 필자에게 뚜렷한 대안이 있는 것은 아니다. 비단 이 두 시대뿐 아니라, 고대부터 현대까지라는 연장선상에서 그 해결점을 모색해야 할 것이기 때문이다. 그러나 시대구분은 국어사 연구의 시발점에 해당하는 만큼, 만약 여기서 제기한 문제점들이 음운이나 어휘상의 분야에서도 발견된다면 기존의 시대 구분을 관습적으로 수용하는 대신 이를 재고하려는 의지는 있어야 할 듯하고, 그리고 연구자 간의 통일성도 있어야 할 듯하다. 사실 현재는 연구자들 편의에 따라 시대를 구분하는 경향이 있기 때문이다. 따라서 이점을 다시 한 번 생각해보자는 것이 본 저서의 취지이다.

현재로서는 '고대국어-중세국어(전기·후기)-근대국어'와 같은 구분보다는 세기별 구분이 어떠할까 하는 생각을 해 본다. 어차피 현재 지금 위치에서 현대 국어는 미래 어느 시점에서는 근대국어에 해당할 수도 있을 터이기 때문이다. 이때, 문제는 언어 체계 변화와 이 같은 세기의 구분이 일치하느냐일 터인데, 만약 이 방식을 취한다면 굳이 언어 사실의 변화에 민감할 필요는 없을 듯하다. 우리가 한 두 세기를 같은 연대로 묶으려 해서 거기에 합당한 이유를 언어 내적 변화에서 찾으려 했던 것이지 만약 세기별로 시대를 구분한다면 15세기의 어떤 언어적 사실이 16세기에는 어떻게 바뀌었다는 식으로 기술하면 되므로 그에 합당한 어떤 당위성을 찾지 않아도 될 듯하기 때문이다.

그러나 이에 대해서는 더 많은 논의가 있어야 할 것이다. 현재로서는 그저 간과하기 쉬운 문제를 제기해 봄으로써 여러 학자들의 의견을 구하는 데에 만족하고, 이 같은 문제들을 차분히 정리해 나가다가 필자의 식견이 쌓이면 비로소 그때 나름대로의 생각을 정립해도 늦지 않겠다는 생각에서이다.

2

재귀대명사 범주*

본 장에서는 중세 국어 '인칭대명사'의 범주로 인식되어 온 '재귀대명사'의 당위성에 대해 생각해 보고자 한다. 필자는 그동안 중세 국어 인칭대명사 '자내, ᄌᆞ갸, 저' 등에 주목하였는데, 이 과정에서 지속적으로 제기되었던 의문은 과연 '재귀대명사'를 중세 국어 문법 범주로 인정하여 우리 연구자들이 확보할 수 있었던 이점이 무엇인가였다. 주지하다시피 위에 열거한 세 대명사들은 그동안 '재귀대명사'로 일컬어져 왔던바[1], 그러한 개

---

* 이 장은 「한글 273」(2006)에 발표한 '중세국어 재귀대명사 설정에 대한 재고'를 재정리한 것이다.

1) 이에 대한 기존 입장은 다음과 같다.

가. 중세 국어 재귀대명사로는 '저, 저희'와 'ᄌᆞ갸(ᄌᆞ개)'가 있으며, 이들은 각각 평칭과 존칭으로 구별된다(김정아 1984 : 33).

나. 'ᄌᆞ갸'은 'ᄌᆞ갸'의 관형격형이다. … '저'와 같이 재귀대명사에 속하지마는 높임말이라는 차이가 있다(고영근 1988 : 68).

다. 중세 국어 '자내'의 기능은 … 종래의 용어 체계에 따른다면 '재귀대명사'로 규정하여 무방할 것이다(황문환 2001 : 203).

설명의 편의와 기술의 번거로움을 피하기 위하여, 해당 항목의 대표적 입장만을 기술하였다. 그런데 '자내'에 대해서는 다음과 같은 견해도 제기되었다.

념으로써는 모든 용례들을 수용하기가 쉽지 않다는 결론에 도달하였기 때문이었다.

이런 취지에서 필자는 그간 정의되었던 '재귀대명사'의 개념들을 면밀히 살펴보고자 하였는데, 그 과정에서 또 다시 과연 '재귀성'이란 어떤 자질일까라는 의문이 제기되었다. 결국 이 자질이 여타 대명사와 그것을 변별해 주는 관건일 터인데, 비단 '1인칭·2인칭·3인칭대명사' 등의 '인칭성'과 대등한 자질로 평가받을 수 있겠는가라는 회의가 들었기 때문이다. 차후에 자세히 정리하겠지만, 일반적으로 생각하는 '재귀성'이 "동사로 나타나는 주체어의 동작 또는 행위가 어떤 다른 목적어에 미치지 않고 주체어에 재귀하는 속성(성광수 1981 : 31)"이라면, 그것만을 중시하여 여타 대명사와 변별되는 독립적인 문법 범주로 인정하는 태도는 재고의 여지가 있는 듯하다. 그러한 '재귀성'은 다른 인칭대명사에서도 발견되는 까닭이다.

결국 본 장의 논지는, 최소한 중세 국어 문법 체계에서의 '재귀대명사' 설정은 그리 타당하지 못하다는 것이다. 그렇다면 그 대안은 무엇인가? 이미 예견했겠지만, 필자는 '재귀성'을 자립적인 변별 자질로서보다 인칭대명사의 활용 기능으로 간주하고자 한다. 곧 어떤 인칭대명사이든지 주체를 지시할 경우에는 '재귀적 기능'을 보유하게 된다는 뜻이다.

라. 중세어에서 '자내'는 格形을 보여 주지 않으므로 부사라고 할 수밖에 없는데, 이것이 근대에 와서 격형을 가지게 되고 2인칭으로 쓰이게 된 것이다(이 기문 1991 : 49).

즉, '자내'는 '곡용'을 하지 않기 때문에 대명사로 규정할 수 없다는 것이다. 그러나 이 입장은 이호권(1998 : 119), 황문환(2001 : 201~202) 등이 반례를 제시함으로써 부정되기에 이르렀다. 곧 '자내'는 주격이나 속격, 여격 등과 같은 격조사는 물론이거니와 '도, 쁜' 등의 보조사를 취할 수도 있다는 것이다(자세한 설명과 용례는 이들을 참조하기 바람). 이 부분에 관한 한, 필자 역시 이들에 동의하는바, 위에서 '자내'에 대한 기존 입장을 '재귀대명사'설로 정리한 것은 이런 맥락에서이다.

이런 생각이 정당함을 입증하기 위해, 여기서는 지금까지 정의되어 온 '재귀대명사'의 개념들을 종합·정리하여, 그것으로써는 그동안 재귀대명사로 인정했던 용례들을 일관되게 설명할 수 없음을 입증한 후, 이들을 동일 범주로 수용할 만한 방안을 모색하기로 한다.

2.1 중세국어 문법 범주로서의 '재귀대명사' 당위성 여부

이 장에서는 '재귀대명사'를 중세 국어 문법 범주로 간주해야 하는 당위성에 대해 생각하기로 한다. 그러기 위해서는 이에 대한 기존 입장부터 살필 필요가 있겠고, 지금까지 중세 국어 재귀대명사로 간주해왔던 용례들을 점검할 필요가 있겠다.

2.1.1 기존 개념 정리

다음이 바로 재귀대명사에 대한 기존 견해들로서, 양 영희(2004ㄴ, 83)에서 재인용하면 다음과 같다.

(1) 가. 재귀대명사는 앞에 나온 제3인칭 **주어가 되풀이됨을 피할 때** 쓰인다(고영근 1988 : 68).
　　나. 재귀대명사는 동사로 나타나는 주체어의 동작 또는 행위가 어떤 다른 목적어에 미치지 않고 **주체어에 재귀하는** 대명사이다(성광수 1981 : 31).
　　다. 앞에서 언급된 것, 대부분의 경우 **주어와의 동일성**을 나타낸다(Jespersen 1924 : 221).
　　라. 그것과 동일시되는 문장이나 절의 어떤 명사구로 대부분의 경우 **주어를 '반사(reflect)'하는 것**(Quirk et al 1985 : 356).[2)]

---

2) 임홍빈(1987 : 102) 재인용.

마. 주어에서 나온 행동이 **다시 주어로 돌아가는 것**이다(Marouzeau 1951 : 197).[3]

위에 의하면, 그간 연구자들이 주장하는 재귀대명사의 요건은 '문장'과 '주어'로 요약된다. 설명과 이해의 편의를 도모하기 위해, 그들이 이러한 조건을 내세우게 된 배경부터 이해하기로 하자.

(2) 가. 한 아이를 두고 두 여자가 서로 **자기가** 어머니라고 법정에서 다투게 되었다.

나. 그래서 아버지는 **자기** 자식이 염상진과 호형호제하는 것을 당연한 것으로 여겼는지 모른다(조정래 1995 : 58).

다. 설사 동정심이라 해도 그건 어머니 **자기** 위안일 뿐 그의 노모에게 해당되는 건 아닐 터이다(박완서 2005 : 41).

(3) 가. ***자기**는 당대 최고의 선지식인이었고 삼엄한 논객이었지만, 그보다 앞서 ***자기는** 아무도 따를 수 없는 멋쟁이 승려였다. ***자기는** 이 세상의 모든 색깔과 모양과 맛과 냄새의 아름다움을 색즉시공의 이름으로 부정하지 않았다(이훈 2000 : 106).

나. 그러나 말이 하인이지, ***자기**는 강모의 조모 청암부인이 신행 올 때 청암의 친정에서부터 교전비와 함께 데리고 온 사람이라, 그만치 이 집과는 숙연이 깊다 할 처지였다. … 그의 나이는 육십 중반을 벗어나고 있는 것처럼 보였다(최명희 2001 : 54).

다. ***자기가** 아이의 등에 감긴 전깃줄을 떼어내고 다시 다리에 감긴 부분까지 떼어냈는데, 이번에는 아이를 떼어내자마자 뒤로 넘어졌다. 전선이 그의 온몸을 휘감아버린 것이다. 그는 고무 튜브를 손에 쥐고 허우적거렸다(황석영 2002 : 43).

---

3) 임홍빈(1987 : 102) 재인용.

예문 (2)와 (3)은 일반적으로 재귀대명사로 일컬어지는 '자기'를 지시어로 사용한다는 점에서 공통되지만, 전자는 '정당한 문'으로, 후자는 '비문'으로 간주된다는 점에서 차이를 보인다[4]. 이들에서 두드러진 차이는 전자의 '자기'는 지시 대상이 문장 안에 존재함에 비하여, 후자의 그것은 그렇지 않다는 것이다. 여기서 우리는 지금까지 연구자들이 문장을 재귀대명사의 주요 조건으로 내세운 이유를 다음처럼 추정하기에 이른다.

그들의 주장대로 '서술어가 (대명사가 아닌) 주어로 되돌아가는 것'이 '재귀성'이라면, '주어'와 '서술어'의 위치가 가까울수록 재귀성이 실현될 확률은 높을 터인데, 통사 구조상 그것은 문장으로 간주된다. 예문 (3)은 이런 조건이 형성되지 못할 경우에는 '자기'와 같은 재귀대명사를 사용할 수 없음을 잘 보여주고 있다. 곧 ㄱ의 서술어인 '선지식인이었다'가 재귀할 대상이 문장 이상의 단위에 존재하므로 재귀대명사를 사용하지 못하고, 3인칭대명사를 사용하였다는 것이다. 요컨대 그들의 입장에서 보자면, 재귀적 속성은 '재귀자(서술어)'와 '피재귀자(주어)'가 가장 밀접한 관계를 유지할 수 있는 문장 단위 안에서 가장 강력한 효력을 발휘한다는 것이다.

그들이 재귀대명사의 지시 대상을 '주어'로 한정시킨 이유 역시 이와 맥을 같이한다. 주지하다시피 '서술어'는 '주어의 상태나 동작에 대한 진술'로 이해되는 만큼, 그것이 호응하려는(재귀하려는) 대상의 우선 순위는 주어일 수밖에 없다. 이를 역으로 이해하면, 서술어가 주어에 대한 진술이 아닐 경우에는 재귀대명사를 사용할 수 없다는 논리로 통한다. 따라서 이런 제약을 어기면, 다음과 같은 비문이 생성된다.

---

4) 예문 (3)은 원문에는 '그'로 실현된 것을 필자가 설명의 편의를 위하여 '자기'로 바꾸었음을 밝혀 둔다.

(4) 가. 그녀는 철수를 사랑하는데, *자기(그)는 그것을 전혀 알지 못한다.
나. 그 날 이후, 윤근이는 채린에게 더 많은 열정을 쏟았지만, *자기(그녀)는 여전히 냉담했다.
다. 이 선생은 선후로부터 따뜻한 선물을 받고 *자기(그)의 정성에 눈물을 흘렸다.

예컨대 위에서 밑줄 친 '알지 못한다'나 '냉담했다'는 주어인 '그녀'나 '윤근이'에 대한 진술이 아니라, 목적격이나 부사격으로 실현된 '철수'나 '채린이'에 대한 진술이어서 재귀대명사를 사용할 환경이 아님에도 '자기'를 사용한 까닭에 비문이 될 수밖에 없었는데, 기존 연구자들 역시 이 점들을 놓치지 않았던 것이다[5]. 이로써 우리는, 지금까지 '문장을 단위로 한 주어'를 재귀대명사의 지시 조건으로 내세웠던 이유를 생각해보았던바, 그들의 입장에서 재귀대명사는 다음처럼 정의된다.

(5) 재귀대명사
재귀대명사는 문장의 주어를 지시하는 대명사로, 서술된 동사의 행위가 다시 주어로 돌아가는 특성을 지닌다.

5) 여기서 '자기'가 다음처럼 목적격이나 관형격을 지시할 수도 있다는 점을 참조할 필요가 있겠다.
가. 내가 오늘 **철수를** 만났더니, 자기가 어제 무슨 말을 했는지 기억을 못하더라.
나. **철수의** 손이 자기의 이마를 때리고 말았다.
다. **걸인을** 근본적으로 그 걸식 상태에서 구하지 않고 자기에게 고통을 주지 않은 한도 안에서 푼전 척리를 급여하는 것은(김광희 1997 : 71 재인용).

위와 같은 예문은, 기존 재귀대명사의 정의 자체를 문제 삼을 수 있지만, 그러나 본 논의에서는 그런 태도를 유보하기로 한다. 여기서는 재귀대명사를 설정했던 기존 연구자들을 최대한 이해하는 입장에서 '즈갸, 자내, 저' 등을 살펴, 그럼에도 불구하고, 해결할 수 없는 용례가 있음을 밝히는 것이 궁극적인 목표이기 때문이다.

2.1.2 기존 중세국어 재귀대명사 용례

만약 기존의 입장처럼 '자내, 저, ᄌᆞ갸' 등이 '재귀대명사'라면, 이들은 (5)의 정의에 부합되어야 할 것이다. 다시 말하면, 이들은 '문장의 주어'를 지칭할 때, 비로소 '재귀대명사'로 명명될 수 있다는 뜻이다.

(6) 가. 그ᄢᅴ 如來 三昧로셔 나거시ᄂᆞᆯ 彌勒菩薩이 모ᄃᆞᆫ ᄆᆞᅀᆞᄆᆡ 疑心ᄋᆞᆯ 보며 **ᄌᆞ개**도 모ᄅᆞ샤 座애 니러 부텻 알ᄑᆡ 나ᅀᅡ 드르샤 禮數ᄒᆞᅀᆞᆸ고 ᄉᆞᆯᄫᆞ샤ᄃᆡ (석상 11, 17ㄱ)

나. 그저긔 釋迦菩薩ᄋᆞᆫ 衆生 濟渡ᄒᆞᆯ ᄆᆞᅀᆞ미 하실ᄊᆡ 弟子ᄃᆞᆯ히 ᄆᆞᅀᆞ미 닉고 彌勒菩薩ᄋᆞᆫ **ᄌᆞ개** 爲ᄒᆞᆫ ᄆᆞᅀᆞ미 하실ᄊᆡ ᄌᆞ갸 ᄆᆞᅀᆞ미 닉더시니라 (월석 1, 52ㄴ, 협주)

다. 一切 迷人이 自性을 아라ᅀᅡ 바르 서 부톄 **ᄌᆞ갸** 相ᄋᆞᆯ 보디 아니ᄒᆞ시며 **ᄌᆞ갸** 智ᄅᆞᆯ 두디 아니커시니 엇뎨 일쯕 衆生ᄋᆞᆯ 濟度ᄒᆞ시리오 (금강 19ㄴ 협주)

라. 그ᄢᅴ 舍利弗이 四衆中의 疑心도 알며 자내도 몰라 부텻긔 ᄉᆞᆯ보ᄃᆡ (월석 11, 104ㄱ–ㄴ)

마. 勞度差ㅣ ᄒᆞ다가 몯ᄒᆞ야 제 모미 夜叉ㅣ ᄃᆞ외야 모미 길오 머리 우희 블 븓고 누니 핏무적 ᄀᆞᆮ고 톱과 엄괘 ᄂᆞᆯ캅고 이베 블 吐ᄒᆞ며 ᄃᆞ라 오거늘 舍利弗도 자내 毗沙門王이 ᄃᆞ외니 (석상 6, 32ㄴ–33ㄱ)

바. 그ᄢᅴ 波斯匿 王이 제 父王 爲ᄒᆞ야 업슨 나래 齋 ᄆᆡᇰᄀᆞ로 부텨를 宮掖애 請ᄒᆞᅀᆞ와 자내 如來ᄅᆞᆯ 마ᄍᆞᆸ고 貴ᄒᆞᆫ 차반 우 업슨 됴ᄒᆞᆫ 마ᄉᆞᆯ 만히 노ᅕᆞᆸ고 ᄯᅩ 親히 諸 大菩薩ᄋᆞᆯ 조쳐 마ᄍᆞᆸ더라 (능엄 1, 31ㄱ)

사. 祖ㅣ ᄇᆞᆯ셔 神秀ㅣ 門에 드디 몯ᄒᆞ며 제 性 보디 몯호ᄆᆞᆯ 아ᄅᆞ시고 (육조 상, 17ㄱ)

아. 有情ᄃᆞᆯ히 貪ᄒᆞ고 새옴ᄇᆞᆯ라 제 모ᄆᆞᆯ 기리고 ᄂᆞᄆᆞᆯ 허러 三惡趣예 ᄠᅥ러디여 無量 千歲ᄅᆞᆯ ᄀᆞ장 受苦ᄒᆞ다가 (월석 9, 33ㄱ)

자. 魔王이 제 모ᄀᆡᆺ 주거믈 앗다가 몯ᄒᆞ야 大怒ᄒᆞ야 (월석 4, 22ㄱ)

위에서 소개한 'ᄌᆞ갸, 자내, 저' 등은 문장의 주어를 지시하고, 진술된 행위가 다시 주어로 돌아간다는 점에서 기존의 관점에 부합하는 재귀대명사라 할 만하다. 즉, ㄱ과 ㄴ은 [미륵보살이 자기도 모르셔서]와 [미륵보살은 자기를 위한 마음이 많으셔서]처럼 해석되어, '자기(ᄌᆞ갸)'와 호응하는 '모르다, 많다'라는 서술어가 주어인 '미륵보살'과 다시 호응하는(재귀하는) 양상을 띄운다는 뜻이다. 따라서 이 점만을 주목하면, 재귀대명사를 자립적인 문법 범주로 인정한 기존 태도는 정당하게 평가될 수 있다. 그러나 중세 국어 자료에는 다음과 같은 유형도 존재한다는 사실을 유념해야 한다.

(7) 가. 王이 닐오ᄃᆡ **ᄌᆞ걋** 모미 비록 智慧 <u>블ᄀᆞ신ᄃᆞᆯ</u> 世間애 므스기 有益ᄒᆞ료 ᄒᆞ더라 (석상 24, 39ㄱ-40ㄱ)

나. 이 밤 三更에 사ᄅᆞᆷ으로 아디 몯게 ᄒᆞ야 **자내** 블 <u>잡고</u> 偈ᄅᆞᆯ 南廊壁間애 서 ᄆᆞᅀᆞᄆᆡ 所見을 뵈ᄒᆞ니 (육조 상 15ㄱ-ㄴ)

다. (문수사리가 대중에게) 그ᄢᅴ 四部 神通力 나토샤ᄆᆞᆯ 보ᅀᆞᆸ고 그 ᄆᆞᅀᆞ미 다 歡喜ᄒᆞ야 각각 **제** 서르 <u>무로ᄃᆡ</u> (법화 1, 120ㄱ)

먼저, 위에서 강조한 'ᄌᆞ갸, 자내, 저' 등은 해당 문장의 대상을 지시하지 않는다는 점에서 주목을 요한다. 예컨대 ㄱ의 'ᄌᆞ갸'는 주어인 '왕'이 아니라 이전 문맥에 등장하는 '박구라 존자'를 지시하고, ㄴ의 '자내' 역시 앞선 문맥에 등장하는 '수'를 지시하고 있다. 따라서 이들은 앞서 살핀 재귀대명사의 '주어를 지시해야 한다'는 조건에 위배되어 재귀대명사로 판정되기 어려운 경우들이다. 문제는 중세 국어 자료에서 이 유형들이 차지하는 비중이 상당하다는 것이다.

여기서 이에 대한 우리의 입장 정리가 필요할 듯한데, 예문 (6)을 중시하여, 지금처럼 재귀대명사를 독립된 문법 범주로 인정할 것인가, 아니면

(6), (7)의 모든 용례를 수용할 수 있는 새로운 방안을 마련할 것인가가 바로 그것이다. 이미 예견했겠지만 우리는 후자를 지지하기로 한다. 전자의 관점을 취하면 예문 (7)의 유형들을 예외로 간주하거나 비문으로 처리해야 하지만, 후자의 입장을 취하면 보다 많은 예들을 일관된 범주로 수용할 수 있을 것으로 기대되는 까닭이다. 이에 지금까지와 다른 발상의 전환이 요구된다.

2.2 새로운 방안 모색

그렇다면 우리의 대안은 무엇인가. 필자는 잠시 'ᄌᆞ갸, 자내, 저' 등에 대한 기존 입장을 유보하고, 실제 자료에 충실할 것을 제안하는데, 우선 다음 예문부터 보도록 하자.

(8) 가. 王이 닐오ᄃᆡ ᄌᆞ갸 모미 비록 智慧 ᄇᆞᆯᄀᆞ신ᄃᆞᆯ 世間에 므스기 有益ᄒᆞ료 ᄒᆞ더라 (석상 24 39ㄱ-40ㄱ)

나. 行ᄋᆞᆫ 힝뎌기니 ᄒᆞ마 智慧ᄅᆞᆯ ᄇᆞ터 부텨 住ᄒᆞ시ᄂᆞᆫᄃᆡ 住ᄒᆞ고 이제 微妙ᄒᆞᆫ 힝뎌글 만히 니ᄅᆞ와 다 ᄌᆞ개 利ᄒᆞ고 向ᄒᆞᆯ씨니 (월석 2, 59ㄴ-60ㄴ)

다. 虛空ᄋᆞᆯ 모로기 ᄌᆞ갯 모ᄆᆞᆯ 사ᄆᆞ시며 大地ᄅᆞᆯ 다 안ᄌᆞᆯ 그릇 사ᄆᆞ샤 千差ᄅᆞᆯ 그치텨 안ᄌᆞ샤 (금삼 2, 3ㄴ)

라. 그ᄢᅴ … ᄒᆞᆫ 菩薩이 겨샤ᄃᆡ 妙音이러시니 … 여러 굴근 三昧를 得ᄒᆞ얫더시다. … 釋迦牟尼ㅅ 光明이 자내 모매 비취어 시ᄂᆞᆯ 즉자히 淨華宿王智佛ᄭᅴ ᄉᆞᆯᄫᆞ샤ᄃᆡ (석상 20, 33ㄴ-36ㄱ)

마. 그리코ᅀᅡ 또 ᄒᆞᆫ 누늘 ᄆᆞᄌᆞ ᄈᆡᅘᅧ 그 獅子ᄅᆞᆯ 맛디고 자내 妃子와 서르 븓드러 城 밧긔 거러 나니 길 녏 사ᄅᆞ미 울오 닐오ᄃᆡ (석상 24 51ㄴ)

바. (문수사리가 대중에게) 그ᄢᅴ 四部 神通力 나토샤ᄆᆞᆯ 보ᅀᆞᆸ고 그 ᄆᆞᅀᆞ미 다 歡喜ᄒᆞ야 각각 제 서르 무로ᄃᆡ (법화 1, 120ㄱ)

사. (부처가 수보리에게) 제 ᄆᆞᅀᆞ매 이 經을 외오며 제 ᄆᆞᅀᆞ매 經ㅅ ᄠᅳ들

알며 제 ᄆᆞᅀᆞ매 無着 無相ㅅ 理ᄅᆞᆯ 體得ᄒᆞ야 잇ᄂᆞᆫ 고대 샹녜 부텻 行ᄋᆞᆯ 닷가 念念에 ᄆᆞᅀᆞ미 그쳐 歇홈 업스면 제 ᄆᆞᅀᆞ미 이 부톄론 젼ᄎᆞ로 니ᄅᆞ샤ᄃᆡ 잇ᄂᆞᆫ 고ᄃᆡ 부텨이슈미라 ᄒᆞ시니라 (금강 65ㄴ)

아. 三十二相淸淨行ᄋᆞᆯ 닷디 아니ᄒᆞ면 ᄆᆞᄎᆞᆷ내 成佛 몯ᄒᆞ리니 오직 如來ㅅ 三十二相ᄋᆞᆯ ᄃᆞᅀᅡ 着ᄒᆞᅀᆞᆸ고 제 三十二行ᄋᆞᆯ 닷디 아니ᄒᆞ면 ᄆᆞᄎᆞᆷ내 如來ᄅᆞᆯ 시러 보ᅀᆞᆸ디 몯ᄒᆞᅀᆞ오리라 (금강 70ㄴ)

(8. 가)의 ‘ᄌᆞ갸’는, 그 자체가 ‘주어’로 실현된 까닭에, 지시 대상이 문장에 존재할 수 없음을 전제하고 있다. 따라서 그 대상을 정확히 파악하려면, 다음에 소개한, 그 이전 문맥까지를 고려해야만 한다.

(9) 尊者ㅣ 또 닐오ᄃᆡ “이ᄂᆞᆫ **薄拘羅ㅅ** 塔이니이다” 王이 또 功德을 무른대 對答호ᄃᆡ “無病이 第一이러시니 ᄂᆞᆷ 위ᄒᆞ야 ᄒᆞᆫ 句ㅅ 法도 니르신 저기 업고 샹녜 말 업더시니이다” 王이 다ᄆᆞᆫ 돈 ᄒᆞᆫ 나ᄐᆞ로 供養ᄒᆞᆫ대 臣下ᄃᆞᆯ히 닐오ᄃᆡ “功德이 녀느 ᄀᆞᆮ거시ᄂᆞᆯ 엇뎨 다ᄆᆞᆫ 돈 ᄒᆞᆫ 나ᄐᆞ로 供養ᄒᆞ시ᄂᆞ니잇고 王이 닐오ᄃᆡ **ᄌᆞ걋** 모미 비록 智慧 ᄇᆞᆯᄀᆞ신ᄃᆞᆯ 世間에 므스기 有益ᄒᆞ료” ᄒᆞ더라 (석상 24 39ㄱ-40ㄱ)

여기는, ‘아육왕’이 ‘존자’와 더불어 ‘십대 제자의 탑’을 돌아다니며 공양하는 장면으로, 그가 ‘박구라’의 탑에 이르러 존자에게 ‘여기가 누구의 탑이냐’고 물으니, 존자가 ‘박구라의 탑’이라 대답하였다. 이에 왕은 또다시 그에게 박구라가 쌓은 생전의 업적을 물어본 후, 그 탑에 적은 돈을 공양하였다. 신하들이 왕에게 그 연유를 묻자, “**ᄌᆞ걋** 모미 비록 智慧 ᄇᆞᆯᄀᆞ신ᄃᆞᆯ 世間에 므스기 有益ᄒᆞ료?”로 반문하였다. 즉 [그(박구라)가 비록 지혜는 밝지만 세상에 이로운 일을 하지 않아서]로 답한 것이다.

여기에 이르러 우리는 비로소 ‘ᄌᆞ갸’의 지시 대상이 서두에 거론되었던 ‘박구라’임을 깨닫는 한편, ‘지혜가 밝다’라는 서술어도 ‘주어’에 재귀하는 것이 아니라, 제삼자인 '박구라'에 대한 진술임을 알게 된다. 결국 예문 (8. 가)의 'ᄌᆞ갸'는 재귀대명사로 판정하기 어려운 경우이다.

그렇다면 그것을 어떻게 명명해야 하는가. 우리 입장에서는 '3인칭대명사'로 자명하다. '화자'와 '청자' 이외의 제삼자를 지시할 경우, '3인칭대명사'를 사용한다는 사실을 익히 알고 있음은 물론, 이런 상황에서 재귀대명사를 사용하면 비문이 된다는 사실(예문 2) 또한 확인한 터이기 때문이다.

예문 (7. 나) "行ᄋᆞᆫ 횡뎌기니 ᄒᆞ마 智慧ᄅᆞᆯ ᄡᅳ터 **부텨** 住ᄒᆞ시ᄂᆞᆫᄃᆡ 住ᄒᆞ고 이제 微妙ᄒᆞᆫ 횡뎌글 만히 니ᄅᆞ와 다 **ᄌᆞ개** 利ᄒᆞ고 向ᄒᆞᆯ씨니"는 'ᄌᆞ갸'를 어떤 관점에서 보느냐에 따라 비문 여부가 판가름되는 경우이다. 보다시피 '利하다'와 '向하다'에는 존대 표지 '시'가 연결되어 있지 않으므로, 이것과 호응하는 'ᄌᆞ갸'가 '부처'를 지시하는 경우로 해석하면 비문이 되지만, 다음에 소개할 문맥에 등장하는 '불자'를 지시하는 것으로 간주하면 정당한 문이 되는 까닭이다.

(10) [十地ᄂᆞᆫ 부텨 ᄃᆞ외시ᄂᆞᆫ 層이 열ᄒᆞ로 ᄒᆞ야 닐굽 찻 層이니 ᄆᆞᆺ 처ᅀᅥ믄 乾慧地오 … 네차힌 十行이오 … 열차힌 妙覺이라]1 [乾慧地ᄂᆞᆫ ᄆᆞᄅᆞᆫ 智慧ㅅ 地位이니 欲愛 ᄆᆞᆯ라 업고 … 行ᄋᆞᆫ 횡뎌기니 ᄒᆞ마 智慧ᄅᆞᆯ ᄡᅳ터 부텨 住ᄒᆞ시ᄂᆞᆫᄃᆡ 住ᄒᆞ고 이제 微妙ᄒᆞᆫ 횡뎌글 만히 니ᄅᆞ와 다 **ᄌᆞ개** 利ᄒᆞ고 向ᄒᆞᆯ씨니]$_2$ (월석 2, 59ㄴ-60ㄴ)

위는 부처에 도달하는 과정을 개략적으로 소개한 [ ]$_1$ 부분과 그것을 다시 세심하게 풀어 설명한 [ ]$_2$ 부분으로 나뉜다. 예문 (7. 나)가 포함된 후자 부분은, "행이라고 하는 것은 행적이니 (**불자가**) 지혜를 사용하여 [부처가 주하시는데] 주하고 미묘한 행적을 많이 일으켜 **자기(ᄌᆞ갸: 불자)**에게 이롭고 그 곳(부처가 되는 단계)을 지향하게 할 것이니"로 풀이된다. 이런 내용을 참조하면, 밑줄 친 부분의 'ᄌᆞ갸'는 주어인 '부처'를 지시하는 것이 아니라 ‘불자’를 지시하는 것으로 판명된다. 그러므로 ‘利하다’와 ‘向하다’에 존대 표지 ‘시’를 실현시킬 까닭이 없었던 것이다. 그렇다면 여기의 ‘ᄌᆞ갸’ 역시 ‘재귀대명사’가 아닌 ‘3인칭대명사’로 규정된다.

이상의 나머지 예문들도 이처럼 문장을 벗어난 대상을 지시한다는 점에서 ‘3인칭대명사’로 정의된다. 그러면 이번에는 다음 예문들을 살펴보기로 하자.

(11) 가. ᄀᆞᅀᆞᆶᄃᆞᆯ와 ᄇᆞᇝ 고ᄌᆡ 그지 업슨 ᄠᅳ들 이 가온ᄃᆡ 오직 <u>**ᄌᆞ개**</u> 아로ᄆᆞᆯ 허ᄒᆞ노라 (금삼 2, 5ㄴ-6ㄱ, 冶夫 頌)

나. 내 간고ᄒᆞ던 일도 혜댜니먀 유공ᄒᆞᆫ 줄도 혜댜니ᄒᆞᆫ다 ᄌᆞ시기 다 모ᄅᆞ거든 ᄆᆞᄉᆞ미 다ᄅᆞ거니 알랴 샹시 날 ᄃᆞ려 ᄒᆞ던 이리 제 긔신 업서 나ᄅᆞᆯ 의지코 사노라 그리토라 (순천김씨묘출토 간찰, 4, 54)

다. … 내 인ᄉᆡᆼ 셜웨라 내 겨지비 사ᄅᆞᆷ가 ᄂᆞᆷ ᄀᆞᆯ와 ᄃᆞᆫ니랴 제 지ᄇᆡ 더뎌 두리라 ᄒᆞ고 누의ᄃᆞᄅᆞᆯ 슈샹히 맛당이 아니 너기고 날 새옴ᄒᆞᄂᆞᆫ가 너겨 ᄆᆞᆸ씨 너기고 ᄒᆞ니 … (순천김씨묘출토간찰, 28, 162)

라. … 이 ᄉᆡᆼ도 편ᄒᆞᆫ 나리 업ᄉᆞ니 쉬 죽고져 〃 ᄒᆞ노라 이 아기사 제 싀앗뉘/ᄅᆞ니 ᄂᆡ도히 혜고 바미라도 제 /// 나지라도 제곰 마치 며느리/// ᄃᆞᆫ니〃하 셔올 ᄆᆞᆫ 가 ᄒᆞ니 (순천김씨묘출토간찰 92, 461)

마. 내 ᄒᆞ마 發心호니 엇뎨 住ᄒᆞ며 降ᄒᆞ리잇고 ᄒᆞ야 니ᄅᆞ디 아니 ᄒᆞ고 善男善女로ᄡᅥ 닐오ᄆᆞᆫ 자내 아로ᄆᆞᆯ ᄀᆞᇫ이도다 (금삼 2, 4ㄴ, 함허당 주)

위의 ‘자내’는 문장은 물론이거니와 문맥을 벗어난 대상을 지시한다는 점에서 앞선 예문들과 또 다른 위형으로 간주된다. 예컨대 ㄱ은 『금강경』의 한 구절을 찬탄한 시의 일부분으로, 전문을 소개하면 다음과 같다.

(12) 가. 너ᄂᆞᆫ 깃거도 나ᄂᆞᆫ 깃디 아니ᄒᆞ며 그듸ᄂᆞᆫ 슬허도 나ᄂᆞᆫ 슬티 아니ᄒᆞ노라. 그려기ᄂᆞᆫ 塞北에 ᄂᆞ로ᄆᆞᆯ ᄉᆞ랑ᄒᆞ고 져비ᄂᆞᆫ 녯 기세 도라오ᄆᆞᆯ ᄉᆡᇰ각ᄒᆞᄂᆞᆺ

다. ᄀᆞᅀᆳ ᄃᆞᆯ와 봆 고ᄌᆡ 그지 업슨 ᄠᅳ들 이 가온ᄃᆡ 오직 **ᄌᆞ개** 아로ᄆᆞᆯ 허ᄒᆞ노라.

나. 너는 기뻐도 나는 기쁘지 아니하며, 그대는 슬퍼도 나는 슬프지 아니하노라. 기러기는 변방의 북쪽에 나는 것을 생각하고 제비는 옛 둥지에 돌아올 것을 생각하는구나. 가을 달과 봄 꽃이 그지 없은 뜻을 이 가운데 오직 **자기**만 알 수 있도록 허락하노라.

다. ‘너(그대), 나’와 ‘제비, 기러기’는 속세의 감정에 흔들리고, 날아가야 할 곳과 도착해야 할 곳을 아는 중생일 뿐이어서 영원 불멸한 자연 현상의 깊은 이치를 터득하기 어렵지만, **‘아뇩다라삼먁삼보리’를 깨달은 ‘그’**만은 이러한 이치를 터득할 수 있음을 허락받았다.

(12. 가)의 밑줄 친 부분이 우리가 주목하는 문장이다. 그런데 이미 언급했듯이, 이 부분만으로는 ‘ᄌᆞ걔’의 지시 대상을 찾기가 쉽지 않다. 그러므로 만약 그 대상을 알고자 한다면 이전 문맥을 참고해야만 하는데, 이해를 돕기 위해 현대문으로 재해석한 ㄴ을 보기로 하자. 그러면 그 지시 대상은 먼저 ‘너(그대)’가 지목된다. 여기서 인칭대명사로 지칭할 만한 대상은 ‘너(그대)’와 ‘나’뿐인데, 후자를 ‘자기’로 지시하지는 않을 것이기 때문이다. 그러나 좀더 생각하면, ‘너(그대)’ 역시 그 대상이 아님을 깨닫는다. 만약 그리할 의도였다면, 저자는 ‘가을달과 봄꽃이 그지없음을 헤아릴 수 있는 이는 오직 **너(그대)**일 뿐이다’로 표현했을 것이기 때문이다. 그래서 결국 여기 ‘자기’는 앞선 문맥에도 존재하지 않은, 전혀 새로운 대상을 지시할 수 있다는 생각에 도달한다. [가을달과 봄꽃이 그지없는 뜻을 아는 이는 우리 가운데 오직 그일 뿐이다]라는 뜻으로 해석할 여지가 충분하다는 것이다.

필자로서는 이편이 훨씬 자연스럽게 보이는데, 그것은 시의 출전인 『금강경 삼가해』는 『금강경』의 내용에 근거하고 있음을 잘 알고 있기 때문이다. 주지하다시피 『금강경 삼가해』는 '야부천 선사', '예장경 선사', '함허당 득통' 등 3인이 『금강경』 내용을 압축하여 시 또는 간략한 산문으로 재 표현한 것이다. 따라서 『금강경 삼가해』의 표현을 제대로 이해하기 위해서는 그에 해당하는 『금강경』의 내용을 정확히 파악하고 있어야 한다. 여하튼 위 (12)의 내용들은 『금강경』에서 '아뇩다라삼먁삼보리'의 경지에 도달한 '선남자 선여인'들이 누릴 수 있는 혜택을 설명하고 있는 부분을 시로 표현한 것인데, 이에 의하면 '세상에 티끌과 여러 가지 번다한 일에 구애받기 쉬운 자신의 마음에 항복하지 않은' 정서를 갖추는 것 또한 그러한 깨달음을 얻은 사람들이 누릴 수 있는 혜택 가운데 하나이다. 이런 전후 사정을 고려하여 ㄱ을 현대어로 재해석한 것이 위의 ㄷ이다.

이런 일련의 이해 단계를 거쳐 우리는 비로소 (11. 가)의 'ᄌᆞ갸'는 '아뇩다라삼먁삼보리의 경지에 이른 그'를 지시하는 3인칭대명사임을 깨닫게 된다. 주지하다시피 화자와 청자의 관념에 존재하는 대상을 지시할 수 있는 것은 재귀대명사가 아니라 3인칭대명사인 까닭이다. 예컨대 발화 장면에 존재하지 않은 '철수'를 생각하면서, '어제 그가 왔었다'로 표현할 수 있지만, '어제 자기가 왔었다'로 표현할 수는 없다는 점을 상기하면 쉽게 이해할 수 있을 것이다.

어머니가 시집 간 딸에게 보낸 편지인 예문 (11. 다~마)의 '자내' 역시 같은 맥락에서 3인칭대명사로 규정된다. 즉 이 곳의 '자내'는 남편을 지시하는 대명사인데, 그는 편지 전문 어디에도 직접 거론된 적이 없는, 그야말로 아내와 딸의 생각에만 존재하는 대상이다. 그런데 그런 그를 '자내'로 지칭할 수 있었던 것은 그것이 3인칭대명사였기에 가능했을 것이다.

지금까지 우리는 조금 장황하다싶게 'ᄌᆞ갸, 자내, 저' 등에서 드러난 3인칭대명사의 속성들을 살펴보았다. 그리하여 지금까지처럼 '재귀대명사'를 중세 국어 문법 범주로 인정하는 것은 재고의 여지가 있다는 결론에 도달하였다. 이에 더하여 다음에 소개한 김 광희(1997)의 견해를 참조할 필요가 있을 듯하다.

(13) 국어의 재귀 표현[6]에 대한 인식은 우리 손으로 행한 연구에서 자생적으로 얻어진 것이 아니다. 국어 연구의 처음 몇 년 동안 서양인들에 의해서 국어가 연구되던 시기가 있었다. 선교사, 외교관들이었던 그들은 자신들의 필요에 의해 국어 문법과 회화의 단편들을 기록한 책을 출간하였다. 이 책들에서는 국어의 문법범주 중의 하나로 대개 재귀사를 설정하였는데 이들 문법서가 그 후 국어학자들의 재귀 표현에 대한 인식의 매개체가 되었다고도 볼 수 있다(김광희 1997 : 67).

요컨대 재귀대명사는 모국어 화자의 자생적인 문법 범주가 아니라는 것이다. 재귀대명사를 자립적인 범주로 인정하기를 주저하는 우리 입장에서는 매우 의미 있는 견해임에 틀림없다. 만약 이것이 사실이라면, 우리 주장은 어느 정도의 객관적 타당성을 부여 받을 수 있기 때문이다.

그럼에도 불구하고 '재귀대명사'을 정당한 문법 범주로 인정하는 기존 입장을 지지한다면, 그것은 재귀적 기능을 지닌 예문 (6)과 같은 용례들을 강하게 인식한 때문일 터이다. 그러나 이 점은 크게 생각하지 않아도 될 듯하다. 이들을 '재귀적 기능을 지닌 3인칭대명사'로 간주하는 방법도 있을 수 있기 때문이다. 즉 이들 역시 3인칭대명사인데, 문장의 주어를 지시하다 보니, 서술어가 다시 주어에 재귀하는 기능을 보유하게 된 것으로 간주할 수 있다는 뜻이다. 이런 태도를 취해야 하는 이유는, 'ᄌᆞ갸, 자내, 저'

6) 김광희(1997)는 기존의 재귀대명사로 간주되었던 '자기' 등이 대명사의 기능뿐 아니라 '명사성'까지를 갖추고 있는 것으로 판단하여, 그것을 '재귀대명사' 대신 '재귀사'로 지칭하고, 그러한 '재귀성'을 지닌 모든 명사를 대신하여 '재귀 표현'으로 총칭한다.

등을 기존 관점에서 해석하면, (6)을 제외한 모든 용례들을 비문 혹은 예외로 처리해야 하지만, 우리 관점을 수용하면, 지금까지 살핀 모든 예문을 3인칭대명사라는 일관된 범주로 포괄할 수 있기 때문이다. 그래야 다음에서 파악되는 'ᄌᆞ갸, 자내, 저' 등의 또 다른 기능을 수용할 여지도 있을 것이다.

(14) 가. 부텨 드르시고 **ᄌᆞ개** 阿難이 ᄃᆞ리시고 難陁ᄋᆡ그에 가신대 難陁ㅣ 구쳐 갓ᄀᆞ니라 (월석 7)

나. 二月 初 닐웻 낤 바ᄆᆡ 太子ㅣ 出家ᄒᆞᇙ 時節이 다ᄃᆞᆮ고 **ᄌᆞ개** 너기샤ᄃᆡ (석상 3, 26ㄴ-27ㄱ)

다. 그ᄢᅴ에 ᄒᆞᆫ 菩薩이 겨샤ᄃᆡ 일후미 妙音이러시니 釋迦牟尼佛ㅅ 光明이 **자내** 모매 비취어시ᄂᆞᆯ 즉자히 淨華宿王子佛ᄭᅴ ᄉᆞᆯᄫᆞ샤ᄃᆡ (석상 20, 33ㄴ-36ㄱ)

라. 六祖ㅣ 惠能으로 ᄇᆡ예 오ᄅᆞ게 ᄒᆞ시고 五祖ㅣ 빗 자바 **자내** 저ᅀᅳ신대 (육조 상 33ㄱ)

마. 廣熾 깃거 **제** 가져가아 (참기름을 부처에게) ᄇᆞᄅᆞᅀᆞᄫᆞ니 됴커시ᄂᆞᆯ (월석2, 9ㄱ 협주)

바. ᄯᅩ 比丘ᄃᆞᆯ히 東南方 五百萬 國土앳 諸大梵王이 各各 宮殿에 光明 비취요미 녜 잇디 아니호ᄆᆞᆯ **제** 보고 歡喜踊躍ᄒᆞ야 (법화 3, 112ㄱ)

위의 밑줄 친 부분과 강조한 부분을 살피면, 'ᄌᆞ갸'와 '자내'는 존대자를, '저'는 비존대자를 지시하는 대명사임을 알게 된다. 그런데 '자내'와 '저'는 다음처럼 동일 대상을 지시하기도 하였다.

(15) 가. 그ᄢᅴ 波斯匿 王이 **제** 父王 爲ᄒᆞ야 업슨 나래 齋 ᄆᆡᇰᄀᆞᆯ오 부텨를 宮掖애 請ᄒᆞᅀᆞ와 **자내** 如來ᄅᆞᆯ 마ᄍᆞᆸ고 貴ᄒᆞᆫ 차반 우 업슨 됴ᄒᆞᆫ 마ᅀᆞᆯ 만히 노ᄊᆞᆸ고 ᄯᅩ 親히 諸 大菩薩ᄋᆞᆯ 조쳐 마ᄍᆞᆸ더라 (능엄 1, 31ㄱ)

나. (神)秀ㅣ ᄉᆞ랑호ᄃᆡ … 이 밤 三更에 사ᄅᆞᆷ으로 아디 몯게 ᄒᆞ야 **자내** 블 잡고 偈ᄅᆞᆯ 南廊壁間애서 ᄆᆞᅀᆞᄆᆡ 所見을 뎡ᄒᆞ니 (육조 상 15ㄱ-ㄴ)

나'. (六)祖ㅣ ᄇᆞᆯ셔 神秀ㅣ 門에 드디 몯ᄒᆞ며 **제** 性 보디 몯호ᄆᆞᆯ 아ᄅᆞ시고 (육조 상 17ㄱ)

예컨대 (15. 가)에서는 '파사닉 왕'을 '저'로 지칭하다가 '자내'로 지칭하고 있으며, (15. 나)에서는 '수'를 '자내'로 지칭하지만 (15. 나')에서는 '저'로 지칭하고 있다. 여기서 우리는 'ᄌᆞ갸〉자내〉저'와 같은 순차적인 서열 등급을 도출해 낼 수 있다. 보다시피 'ᄌᆞ갸'는 '존대자'만을 지시하고, '저'는 '비존대자'만을 지시함에 비하여 '자내'는 '존대자'와 '비존대자' 모두를 지시한다는 사실을 감안할 때, 'ᄌᆞ갸'와 '저'가 양극에 위치하고 그 중간에 '자내'가 위치한다는 사실을 쉽게 추정할 수 있기 때문이다.

이는 현대국어 대명사와 차별되는 중요한 특성으로 간주되는 만큼, 개념 정의에도 반영되면 좋을 터인데, 그러기에는 재귀대명사라는 명칭은 부족한 감이 없지 않다. 여기에는 '재귀성'만이 강하게 드러나 있기 때문이다. 그러나 3인칭대명사라는 명칭을 선택하면 상황은 달라진다. 그렇게 하면, 몇몇 예에서 확인되는 '재귀적 용법'과 위에서 확인된 '서열 표지적 기능'을 동시에 하위 용법으로 부속시키는 여유를 얻을 수 있기 때문이다. 요컨대 중세 국어 3인칭 대명사는 다음과 같은 구조와 개념으로 이해된다.

(16) 'ᄌᆞ갸, 자내, 저'의 기능

가. 구조

3인칭대명사

재귀적 기능 　　　　 서열 표지적 기능

나. 개념

‘ᄌᆞ갸, 자내, 저’ 등은 3인칭 대명사로, 지시하려는 대상의 존대 정도에 따라 선택적으로 사용되며, 그 대상이 문장의 주어일 경우에는 재귀적 기능을 수반한다.

이상과 같은 논리를 수용할 경우, ‘ᄌᆞ갸, 자내, 저’ 등은 3인칭대명사로 규정되므로, 중세 국어 문법 범주에서 재귀대명사가 차지하는 위상은 그만큼 좁아지기 마련이다.

논의를 마치는 시점에서 다음과 같은 몇 가지 문제를 생각해 볼 필요가 있겠다. 첫째, 본고와 같은 입장은 이기문(1979/1991)로 대표되는 ‘중세 국어 3인칭대명사의 부재설[7]’에 배치된다는 것이다. 그러나 이에 대해서는 다음처럼 생각하기로 한다. 즉 지금까지 펼친 본고의 논지가 어느 정도 타당하다면, 역으로 중세 국어에도 3인칭대명사가 존재했던 것으로 생각할 수도 있다는 것이다. 기존 연구자들이 서양 문법의 영향을 받아 ‘재귀대명사’를 우리 문법 성분으로 인정한 까닭에 ‘ᄌᆞ갸, 자내, 저’ 등을 지금까지 재귀대명사로 일컬어 왔다면, 이제는 그들을 3인칭대명사로 명명해도 무방하지 않겠느냐는 것이다.

둘째, 최현배(1929/1987, 232~234)의 다음과 같은 인칭대명사 분류 체계이다.

7) 이러한 입장은 학계의 지배적인 생각으로, 고영근(1988), 안병희·이광호(1992), 김정아(1984) 등이 대표적이다. 여기서는 고영근(1988 : 67)의 설명을 그대로 옮겨 봄으로써 이해의 편의를 도모하기로 한다.
“중세 국어 인칭대명사는 제 1인칭에 ‘나(우리)’, 제2인칭에 ‘너(너희), 그듸’ 정도만 보이고 현대국어에 나타나는 ‘이이, 그이, 저이나 그'와 같은 제3인칭대명사는 확인되지 않는다.”

(17) 최현배(1929/1987) 인칭대명사의 분류 체계

유 형	용 례
첫째 가리킴	나, 저/ 우리 우리들, 우리네 저희 저희들
두째 가리킴	너, 자네, 그대 당신/ 너희, 자네들, 자네네, 당신들, 당신네 당신네들
셋째 가리킴	잡힌 셋째 : 이분, 이이(근칭), 그분, 그이(중칭), 저분 저이(근칭)
	안잡힌 셋째 : 누, 아무, 어떤이(똑똑하지 아니함), 누구(모름)
두루 가리킴	저, 남, 자기

위 표에서는 그동안 '재귀대명사'로 간주되었던 '자기'나 '저' 등이 '두루 가리킴'으로 규정된바, 우리 역시 이 입장을 수용함이 어떻겠느냐는 제의가 있을 수 있다. 곧 우리가 'ᄌᆞ갸, 자내, 저' 등을 '재귀대명사'로 인정할 수 없다면, 위처럼 '통칭 대명사'로 규정지어도 무방하지 않겠느냐는 것이다. 최현배(1929/1987, 234)에서 소개한 다음 예문을 참조하면, 충분히 공감할 만한 제언이다.

(18) 가. 너도 자기의 조처를 좀 해야 하겠다.
나. 너도 자기의 허물을 좀 생각하여라.
다. 그는 자기의 생각만 하것다.
라. 누구든지 먼저 자기를 알라.

위는 '자기'가 인칭에 상관하지 않고 지시할 수 있음을 보여주는 자료로, 이 때문에 최현배(1929/1987)는 '두루가리킴'으로 명명하였을 터이다. 따라서 '재귀대명사'라는 용어에 회의적인 우리로서도 'ᄌᆞ갸, 자내, 저' 등을 '통칭 대명사' 정도로 해석하여 최현배의 인칭대명사 분류 체계를 수용할 법도 하다. 그럼에도 필자는 이들을 '3인칭대명사'로 규정짓기로 한다. 그것은, 지금까지 논지에서 확인했다시피, 중세 문헌에서 이들은 한결같이 '3인칭'만을 지시한 것으로 확인되는 까닭이다. 그렇다고 해서 필자가

(18)과 같은 현대국어 예문에서 인지되는 통칭적 기능까지를 도외시하려는 것은 아니다. 다만 중세 국어에서는 3인칭대명사로만 사용되었던 만큼, 당대에서는 3인칭대명사로 규정함이 타당하겠다는 생각이다.

요컨대 본 논지는, 중세 국어 'ᄌᆞ갸, 자내, 저' 등은 3인칭대명사로 간주되므로 지금까지처럼 이들을 재귀대명사로 규정하여, 자립적인 문법 범주로 설정하는 것은 재고해 보아야 한다는 것이다[8].

---

8) 반복하지만 본 저서와 같은 입장을 취한다고 해서 'ᄌᆞ갸, 자내, 저' 등에서 인지되는 재귀적 기능을 부정하려는 것은 아니다. 다만 글쓴이는, 이들이 무엇보다 3인칭대명사를 지시한다는 점에 주목하여, 우선적으로 3인칭대명사로 규정한 후에, 다시 재귀적 기능을 지닌 것으로 파악하는 것이 좋겠다는 것이다. 그 이유는 누차 언급했다시피 '3인칭 지시'의 기능이 '재귀적' 기능보다 상위의 개념으로 파악되는 까닭이다. 이와 관련하여 다음과 같은 현대국어 예문을 살펴볼 필요가 있다.

1. (가) 자기가 뭔데 나서!
   (나) 자기 일은 스스로 하자.
   (다) 자기에 대한 확신이 있는 사람은 성공하기 마련이다.

우선, 위의 '자기'가 지시하는 대상이 문장의 주어일 수 없음에도 정당한 문으로 사용되고 있음이 주목된다. 그러므로 일견 지금까지 우리가 펼친 논지의 반례로 보일 염려가 있다. 본 논의에서 재귀대명사로 인정되어 온 'ᄌᆞ갸, 자내, 저' 등이 문장의 주어가 아닌 화맥에 존재하는 대상을 지시하기 때문에 '재귀대명사'일 수 없다는 주장을 하였는데, 그렇다면 위에 소개한 '자기' 역시 3인칭대명사로 보아야 하는가라는 의문이 제기될 법하기 때문이다(주지하다시피, 현대국어 '자기'는 [자기 자신]을 뜻하는 재귀대명사로 인지되고 있다.).

필자의 직관으로는 그러하다고 생각한다. 즉 위 가)의 '자기'는 화자가 생각하고 있는 '3인칭을 지시하는 대명사'로, 나)와 다)의 '자기'는 '일반 대중을 3인칭으로 지칭하는 대명사'로 인지되는 까닭이다. 이때 다시 제기되는 예가 바로 다음이다.

2. 가) 철수는 자기를 자랑스럽게 생각한다.
   나) 미란은 자기에 대한 기대가 많은 사람이다.

위의 '자기'에는 재귀적 기능이 분명히 존재하기 때문이다. 반복하지만, 필자 역시 그와 같은 기능을 부정하지는 않는다. 다만 여기서 언급한 예문 1)과 2)의 '자기'를 아울러 설명하기 위해서는 이들을 단적으로 '재귀대명사'로 규정함은 재고의 여지가 있다는 것이다. 그러면 2)의 '자기'만을 설명할 수 있기 때문이다. 하지만 우리의 관점을 취하면, 1)과 2)의 '자기'를 3인칭대명사로 아울러 규정하고, 그런 후에 2)의 '자기'를 '재귀적 용법'으로 풀이할 수 있는데, 필자는 이 편이 문법 기술의 간결성에 부합한다고 생각한다.

본 장에서는 재귀대명사를 중세 국어 문법 범주로 설정하는 데에 회의적인 시각에서 출발하여, 이런 생각의 정당성을 '자내, ᄌᆞ갸, 저' 등을 통해서 입증하고자 하였다. 그 과정에서 행한 논리적 절차는 다음과 같다. 먼저 우리는 지금까지 정의되었던 '재귀대명사'의 개념들을 종합하여, "서술된 동사의 행위가 다시 주어로 돌아가는 특성을 지닌 대명사"로 정리함과 동시에, 그 자체가 모국어 화자의 자생적 언어관에서 비롯하지도 않았음을 확인하였다.

그런 후에는 지금까지 재귀대명사로 규정해왔던 'ᄌᆞ갸, 자내, 저' 등이 위의 정의에 완전히 부합하지 않는다는 사실을 예증하였다. 물론 그 가운데에는 '재귀성'을 보이는 경우도 있었지만, 그 범주에서 벗어나는 용례가 훨씬 많음을 예증함으로써, 지금까지와 다른 관점에서 이들을 해석할 필요가 있음을 제언하였다. 이상을 전제로, 'ᄌᆞ갸, 자내, 저' 등을 아우를 만한 새로운 방안을 모색하고자 하였다. 이에 본고는 그간의 견해를 잠시 유보하고, 출현 상황을 충실히 살펴 공통 기능을 추출하는 방식을 취하기로 하였다. 그리하여 이들을 '3인칭대명사'로 결론짓고, 그것을 상위개념으로, '재귀적 기능'과 '서열 표지적 기능'을 하위 범주로 규정짓기에 이르렀다. 문제는, 이 같은 우리 입장이 기존 '중세 국어의 3인칭대명사 부재설'에 배치된다는 것인데, 이에 대해서는 오히려 중세 국어에도 3인칭대명사가 존재했었음을 고려해보는 계기로 삼기로 하였다.

물론 위 2)와 관련하여 '자기'를 '그'로 대체할 경우의 의미는 완전히 같지 않다. 예컨대 '철수'를 '자기'로 지시하면, 화자가 철수의 입장에서 그의 심정을 진술하는 듯이 생각되지만, '철수'를 '그'로 지시하면 화자는 객관적인 제 삼자의 입장에서 철수에 대해 진술하는 것으로 풀이되기 때문이다. 그렇다고 해서 '그'나 '자기'가 지시하는 대상이 달라지지는 않는다는 점을 유념할 필요가 있을 듯하다. 따라서 이들을 공히 3인칭대명사로 규정하고, 전자를 화자가 기술의 시점을 제삼자의 입장으로 이동한 것으로 풀이함이 더 타당하지 않을까 한다.

3

중세국어 3인칭 대명사의 설정*

앞서 살핀 '재귀대명사' 설정의 부당성은 본 장에서 논의하려는 3인칭 대명사의 설정으로 통한다. 3인칭 대명사에 대한 그동안의 견해는, 고영근(1988)으로 대표되는 '부재설'과 유창돈(1978)으로 대표되는 '존재설'로 요약된다. 전자는 중세국어는 '1인칭과 2인칭대명사는 있어도 3인칭대명사는 존재하지 않았다'는 입장이고, 후자는 '3인칭을 지시하는 고유한 어형은 존재하지 않았지만, 지시대명사로써 그 기능을 대신하였다'는 입장이다[1].

---

* 이 장은 「우리말글 3319」(2005)에 발표한 '중세국어 3인칭 대명사의 존재와 기능 검증'을 재정리한 것이다.

1) 먼저 '부재설'은 고영근(1988) 이외에도 안병희·이광호(1992), 김정아(1984) 등이 대표적인데, 여기서는 고영근(1988: 67)의 설명을 그대로 옮겨 봄으로써 이해의 편의를 도모하기로 한다.

"중세국어 인칭대명사는 제 1인칭에 '나(우리)', 제2인칭에 '너(너희), 그듸' 정도만 보이고 현대국어에 나타나는 '이이, 그이, 저이나 그'와 같은 제3인칭 대명사는 확인되지 않는다."

이에 비하여 '존재설'은 이기문(1979/1991), 유창돈(1978), 김형철(1981), 김미형(1990)

여기서는 부분적으로 후자의 관점에서 논의를 진행하기로 하는데, 이는 중세국어에도 3인칭을 지시하는 기능이 존재하였다는 시각에는 동의하지만, 그것의 고유한 어형이 존재하지 않았다는 점에 대해서는 재고할 것임을 뜻한다. 이에 더하여 필자는 중세국어 3인칭대명사는 '재귀적' 기능이 강한 부류와, 단순히 3인칭을 '지시'하는 것을 주 기능으로 하는 부류로 나누어진다는 사실까지를 입증하고자 하는바, 이후부터는 전자를 '제1류'로 명명하고, 후자를 '제2류'로 명명하기로 한다[2].

3.1 3인칭 대명사의 부류

서두에서 언급했듯이, 본고는 중세국어에도 고유한 기능을 지닌 두 부류의 3인칭대명사가 존재했었다는 입장이어서, 무엇보다 그 어형을 확인하는 작업이 선행되어야 할 것이다. 이에 대한 보다 많은 용례와 구체적인 설명은 다음 항으로 미루고, 우선은 다음의 몇 예만을 주목하기로 한다.

(1) 가. 그ᄢᅴ 如來 三昧로셔 나거시ᄂᆞᆯ 彌勒菩薩이 모ᄃᆞᆫ ᄆᆞᅀᆞ미 疑心ᄋᆞᆯ 보며

등이 대표적으로, 이들의 대의는 다음에 소개한 이기문(1979/1991)을 참조하면 알 수 있다.

"국어에 고유한 3인칭 대명사가 있는가. 적어도 오늘날 우리가 알고 있는 범위 안에서는 국어의 어느 단계에서도 3인칭 대명사는 발견되지 않는다 ... 국어에서 고대의 경우는 자세히 모르지만, 적어도 중세에는 지시 대명사를 3인칭 대명사로 사용한 흔적은 보인다."

2) 이후에 자세한 논의가 이루어지겠지만, '제1류'는 지금까지 '재귀대명사'로 간주했던 'ᄌᆞ갸, 자내, 저, 당신'과 같은 어형을 뜻하고, '제2류'는 '이, 그, 뎌'와 같은 어형을 뜻한다.

현재 '이, 그, 저' 등은 '이 사람·저 사람·그 사람, 이 것·저 것·그 것'과 같이 자립 명사와 함께 사용되는 관형사로 이해되는데, 중세국어에서는 '뎨·뎌의·뎌를·뎌도, 이ᄂᆞᆫ·이의, 그ᄂᆞᆫ 그를' 등과 같이 곡용형으로 앞선 명사를 지시했던 것으로 확인된다.

ᄌᆞ**개**도 모ᄅᆞ샤 座애 니러 부텻 알ᄑᆡ 나ᅀᅡ 드르샤 禮數ᄒᆞᅀᆞᆸ고 ᄉᆞᆯᄫᆞ샤ᄃᆡ (석상 11, 17ㄱ)

나. 그ᄢᅴ 舍利弗이 四衆中의 疑心도 알며 **자내도** 몰라 부텻긔 ᄉᆞᆯ보ᄃᆡ (월석 11, 104ㄱ-ㄴ)

다. (문수사리가 대중에게) 그ᄢᅴ 四部 神通力 나토샤ᄆᆞᆯ 보ᅀᆞᆸ고 그 ᄆᆞᅀᆞ미 다 歡喜ᄒᆞ야 각각 **제** 서르 무로ᄃᆡ (법화 1, 120ㄱ)

라. 靈利ᄒᆞᆫ 사ᄅᆞ미 바ᄅᆞ 드위텨 **自己**ᄅᆞᆯ 훤히 ᄇᆞᆯ겨 趙州ᄅᆞᆯ 자ᄇᆞ며 부텨와 祖師왜 사ᄅᆞᄆᆡ게 ᄆᆡ이샨 고ᄃᆞᆯ 긋 알면 네 大藏敎ㅣ 瘡腫 스저 ᄇᆞ룐 죠히라 닐오ᄆᆞᆯ 올타 호리라(몽산법, 고, 47ㄱ)

마. **당신**과 아ᄃᆞᆯ 네희 녹이 각각 이쳔 셕식이모로 만셕군이라 ᄒᆞ니라(소학 6, 77ㄱ)

(2) 가. (왕이 존자에게) **뎌** 엇던 功德을 뒷더신고(석상 24, 37ㄴ)

나. (A가 B에게) 아ᄎᆞᄆᆡ 지븨 손 오나ᄂᆞᆯ **그**를 ᄃᆡ졉ᄒᆞ야 보내오 ᄀᆞᆺ 오라(번박 상, 64ㄴ)

다. (존자가 왕에게) **이**ᄂᆞᆫ 부텻 侍奉이러시니 多聞이 第一이시고 부텻 經을 ᄆᆡᇰᄀᆞ라시니이다(석 24, 40ㄴ)

위에 소개한 예문 (1)과 (2)에서 강조한 어형이 바로 중세국어 3인칭대명사로 추정되는 것들인데, 지금까지 전자는 '재귀대명사'로, 후자는 '지시대명사에서 전용한 어형'으로 간주되어 왔다. 그러나 여기서는 이러한 관점을 잠시 유보하고 해당 발화 상황이나 문장에서 이들이 담당하는 역할이 무엇인지부터 점검하기로 하자.

먼저 예문 (1)의 'ᄌᆞ갸, 자내, 저, 자기, 당신' 등은 서술어로 표현된 상태나 동작의 주체라는 점에서 공통된다. 예컨대 (1. 가, 나)의 'ᄌᆞ갸'와 '자내'는 서술어 '모르다'의 주체이고, (1. 다)의 '저'는 '묻다'의 주체이며, (1. 라)의 '자기'는 '조주를 잡으며'라는 서술어의 주체이다. 그리고 마지막으로

(1. 마)의 ‘당신’은 ‘(녹이 각각) 이쳔 셕식이다’의 ‘주체’라 할 수 있다. 그런데 이들은 서술어와 호응하는 실질적인 대상이 아니라, 앞서 이름으로 표현된 대상을 지시(대신)한다는 점에서 대명사로 분류된다.

다시말하면 (1. 가)의 ‘ᄌᆞ갸’는 앞서 거명된 ‘미륵보살’을 지시하고, (1. 나)의 ‘자내’는 ‘사리불’을 지시하며, (1. 라)의 ‘자기’는 영리한 사람을 지시한다는 점에서 지시대명사라 할 수 있다. 이에 더하여 이들이 지시하는 대상이 미륵이나 사리불 등과 같은 인물이라는 점에서 인칭대명사로 한정되고, 그 가운데에서도 화자나 청자가 아닌 발화 맥락에 등장하는 제삼자를 지시한다는 점에서 3인칭대명사로 결론된다[3].

(2)에 소개한 ‘뎌, 그, 이’ 등도 위와 같은 맥락에서 ‘3인칭대명사’라 할 수 있겠는데, 우선 (2. 가)의 ‘뎌’는 해당 문장에 나타나지 않은 ‘사리불’이라는 3인칭을 지시한다는 점에서, (2. 나)의 ‘그’는 ‘아침에 집에 온 손님’이라는 3인칭을 지시한다는 점에서, 마지막으로 (2. 다)의 ‘이’는 앞선 문맥의 3인칭인 ‘아난’을 지칭한다는 점에서 그러하다.

이상의 설명에 무리가 없다면, 중세국어에도 3인칭대명사가 존재했었다는 본고의 가설 역시 타당한 것으로 보아도 좋을 듯하다. 다만 지금까지는 예문 (1)에서 소개한 어형들을 ‘재귀대명사’로, 예문 (2)의 유형들을 ‘지시대명사’의 한 전용으로 규정해온 터여서, 이에 대한 우리 입장을 분명하게 개진해야 할 것으로 생각되는바, 이후부터는 예문 (1)의 유형을 ‘제1류’로, 예문 (2)의 유형을 ‘제2류’로 명명하고서 본격적인 논의를 시작하도록 하자.

---

3) 여기에는 이러한 사실을 인정한 후에, 지금까지의 시각처럼 이들의 또 다른 특성을 ‘재귀성’으로 규정지음이 온당하다는 의미가 내포되어 있다. 이에 대한 보다 자세한 논의는 다음 장에서 이루어질 것이다.

3.1.1 제1류

위에서 언급했듯이 '제1류'는 'ᄌᆞ갸, 자내, 저, 자기, 당신'과 같은 어형으로, 기존에는 재귀대명사로 명명해왔지만, 본고에서는 그보다 3인칭대명사라는 사실에 초점을 맞추어 이해하고자 하는 유형들이다. 요컨대 '제1류'에 해당하는 어형들은 일관되게 3인칭을 지시하였던바, 이를 대표 기능으로 삼고, 일부 자료에서 인지되는 '재귀성'을 하위 용법으로 상정하자는 것이다.

최현배(1929/1987: 233)에서 지적했듯이 재귀대명사는 "이미 한번 들어난 사람 그 이를 돌이켜 가리키는 말"이어서 비단 그것은 어떤 특정 대명사의 고유한 자질이라기보다, 다음과 같이 모든 인칭대명사에서 실현될 수 있는 용법으로 이해된다.

(3) 가. 윤근이는 <u>자기</u>가 오늘 한 행동을 돌이켜 보았다.
나. 너는 <u>자기</u>만 생각하는 욕심쟁이다.
다. 나는 <u>자기</u> 중심적인 생각이 강한 사람이다.[4]

즉 예문 (3)의 밑줄친 '자기'는 현재 재귀대명사로 간주함이 예사인데, 보다시피 그것은 3인칭은 물론이고 2인칭 혹은 1인칭까지 대신할 수 있다[5]. 따라서 만약 우리의 관심 대상인 'ᄌᆞ갸, 자내, 저, 당신, 자기' 등이

4) 참고로 최현배(1929/1987: 234)의 예문을 소개하면 다음과 같다.

(가) 너도 자기의 조처를 좀 해야 하겠다.
(나) 너도 자기의 허물을 좀 생각하여라.
(다) 그는 자기의 생각만 하것다.
(라) 누구든지 먼저 자기를 알라.

이런 연유에서 최현배(1929/1987)는 '자기'를 '두루가리킴'으로 명명하였을 터이다.

5) 재귀대명사로 규정해 왔던 형식들이 일정한 인칭에 한정되어 쓰이지 않았다는 견해는

'재귀대명사'라면 이들 역시 위처럼 다양한 인칭을 지시해야 하겠지만, 당대 자료에서는 3인칭만을 일관되게 지시하고 있다는 점이 문제로 지적될 수 있겠다. 지금까지 연구자들도 이런 현상을 도외시하지 않은 까닭에, 위의 유형들을 '3인칭을 지시하는 재귀대명사'로 규정했을 터이다.

여기서 우리는 소위 '제1류'를 3인칭대명사로 간주함이 우선이겠는가, 아니면 위처럼 모든 인칭대명사의 일부 용법으로 이해되는 재귀성에 주목하여 '재귀대명사'로 규정해야 할 것인가를 숙고할 필요가 있을 듯하다. 물론 필자는 전자를 지지하는 입장이다. 만약 '제1류'를 재귀대명사로 규정할 경우, 다음과 같은 예문을 설명하기가 쉽지 않다는 생각이 지배적이기 때문이다.

(4) 가. 王이 닐오ᄃᆡ ᄌᆞ걋 모미 비록 智慧 ᄇᆞᆯᄀᆞ신ᄃᆞᆯ 世間에 므스기 有益ᄒᆞ료 ᄒᆞ더라 (석상 24 39ㄱ-40ㄱ)

나. 行ᄋᆞᆫ 힝뎌기니 ᄒᆞ마 智慧ᄅᆞᆯ 브터 부텨 住ᄒᆞ시ᄂᆞᆫᄃᆡ 住ᄒᆞ고 이제 微妙ᄒᆞᆫ 힝뎌글 만히 니ᄅᆞ와 다 ᄌᆞ개 利ᄒᆞ고 向ᄒᆞᆯ씨니 (월석 2, 59ㄴ-60ㄴ)

다. 虛空ᄋᆞᆯ 모로기 ᄌᆞ갯 모ᄆᆞᆯ 사ᄆᆞ시며 大地ᄅᆞᆯ 다 안ᄌᆞᆯ 그릇 사ᄆᆞ샤 千差ᄅᆞᆯ 그치텨 안ᄌᆞ샤 (금삼 2, 3ㄴ)

라. 그ᄢᅴ … ᄒᆞᆫ 菩薩이 겨샤ᄃᆡ 妙音이러시니 … 여러 굴근 三昧를 得ᄒᆞ앳더시다. … 釋迦牟尼ㅅ 光明이 자내 모매 비취어시ᄂᆞᆯ 즉자히 淨華宿王智佛ᄭᅴ ᄉᆞᆯᄫᆞ샤ᄃᆡ(석상 20, 33ㄴ-36ㄱ)

(5) 가. 그ᄢᅴ … ᄒᆞᆫ 菩薩이 겨샤ᄃᆡ 妙音이러시니 … 여러 굴근 三昧를 得ᄒᆞ앳더시다. … 釋迦牟尼ㅅ 光明이 **자내** 모매 비취어시ᄂᆞᆯ 즉자히 淨華宿王智佛ᄭᅴ ᄉᆞᆯᄫᆞ샤ᄃᆡ(석상 20, 33ㄴ-36ㄱ)

나. 善男 善女로ᄡᅥ 닐오ᄆᆞᆫ 자내 아로ᄆᆞᆯ 긇이도다(금삼 2, 4ㄱ-ㄴ 함허당 주)

김미형(1990: 25)에서도 제기된 바 있다.

다. (神)秀ㅣ ᄉᆞ랑호ᄃᆡ … 이 밤 三更에 사ᄅᆞᆷ으로 아디 몯게ᄒᆞ야 **자내** 블 잡고 偈ᄅᆞᆯ 南廊壁間애셔 ᄆᆞᅀᆞᄆᆡ 所見을 呈ᄒᆞ니(육조 상 15ㄱ-ㄴ)

(6) 가. (부처가 수보리에게) <u>제</u> ᄆᆞᅀᆞ매 이 經을 외오며 제 ᄆᆞᅀᆞ매 經ㅅ ᄠᅳ들 알며 제 ᄆᆞᅀᆞ매 無着 無相ㅅ 理ᄅᆞᆯ 體得ᄒᆞ야 잇논 고대 샹녜 부텻 行ᄋᆞᆯ 닷가 念念에 ᄆᆞᅀᆞ미 그쳐 歇홈 업스면 제 ᄆᆞᅀᆞ미 이 부톄론 젼ᄎᆞ로 니ᄅᆞ샤ᄃᆡ 잇논 고디 부텨이슈미라 ᄒᆞ시니라 (금강 65ㄴ)

나. 三十二相淸淨行ᄋᆞᆯ 닷디 아니ᄒᆞ면 ᄆᆞᄎᆞᆷ내 成佛 몯ᄒᆞ리니 오직 如來ㅅ 三十二相ᄋᆞᆯ ᄃᆞ사 着ᄒᆞᅀᆞᆸ고 <u>제</u> 三十二行ᄋᆞᆯ 닷디 아니ᄒᆞ면 ᄆᆞᄎᆞᆷ내 如來ᄅᆞᆯ 시러 보ᅀᆞᆸ디 몯ᄒᆞᅀᆞ오리라 (금강 70ㄴ)

(7) 가. 우희 法語ᄂᆞᆫ 사ᄅᆞ미믈 마슈매ᄎᆞ며 더우믈 제 아ᄃᆞᆺᄒᆞ니 聰明이 能히 業을 對敵디 몯ᄒᆞ며 乾慧이 苦輪을 免티 몯ᄒᆞᄂᆞ니 各各 모로미 ᄉᆞᆯ펴 혜아려 媕婯로ᄡᅥ **自己**ᄅᆞᆯ 소기디 마롤디어다(선가귀, 22ㄱ)

나. 媕婯ᄂᆞᆫ 音ㅣ 菴阿ㅣ니 疑心 가져 明決티 몯ᄒᆞᄂᆞᆫ ᄌᆞ시라 이ᄂᆞᆫ 慢法人ㅣ 自眼이 分明티 몯호ᄃᆡ ᄒᆞᆫ갓 聰明과 乾慧ᄅᆞᆯ 미더 上來 法語옛 程節ᄋᆞᆯ 越分過度ᄒᆞᆫ 말ᄉᆞᆷ 닐어 얼픠시 **自己**ᄅᆞᆯ 소길ᄉᆡ 各各 返照게 警策ᄒᆞ샷다 (선가귀, 22ㄴ)

(8) <u>당신</u>과 아ᄃᆞᆯ 네희 녹이 각각 이쳔 셕식이모로 만셕군이라 ᄒᆞ니라(소학 6, 77ㄱ)

먼저 위 예문들의 'ᄌᆞ갸, 자내, 저, 자기, 당신' 등은 문장 단위를 넘어선 화맥(문맥)이나 상맥(conceptual context)에 존재하는 대상을 지시하거나(예문 5~7), 후술된 대상을 지시한다(예문 8)는 점이 주목된다. 예컨대 예문(4. 가)의 'ᄌᆞ갸'는 스스로가 문장의 '주어'로 실현된 경우여서 지시 대상이 문장에 존재할 수 없음을 전제하는데, 예상대로 앞선 화맥의 '박구라'를 지칭하고, (4. 나)의 'ᄌᆞ갸' 역시 해당 문장에 제시된 '부처'가 아니라 2페이지 이전에 거론된 '불자'를 지칭하고 있다. 그리고 예문 (5. 가)의 '자내'는 해당 문장의 주어로 인식되는 '석가모니불'을 지시하는 것이 아니라 3페이지 이전에 등장하는 '묘음보살'을 지시하며, (5. 나)의 '자내'는 화자와 청자의 상맥에 존재하는 '수보리'를 지시하고 있다. 이와 같은 상황은 예문 (6)과 (7)도 마찬가지여서 각각 (6. 가)와 (7. 나)의 '자기'와 '제'는 문장에 드러나지도 않은 '수행하는 일반 사람'을 지시하고 있다. 마지막으로 예문 (8)에서 소개한 '당신'은 후술된 '만석군'을 지칭하고 있다는 점에서 여타 예문과 구별된다고 하겠다.

여하튼 예문 (8)을 제외한 위의 'ᄌᆞ갸, 자내, 저, 자기' 등이 지시하는 대상이 해당 문장에 존재하지 않는다는 점에서는 공통되는바, 필자가 아는 한에 있어서 이러한 기능을 수행하는 대명사는 3인칭 대명사이지, 재귀대명사는 아니다. 이는 다음 예문을 참조하면 쉽게 이해될 터인데,

(9) 가. **그(*자기)**는 당대 최고의 선지식인이었고 삼엄한 논객이었지만, 그보다 앞서 **그(*자기)**는 아무도 따를 수 없는 멋쟁이 승려였다. **그(*자기)**는 이 세상의 모든 색깔과 모양과 맛과 냄새의 아름다움을 색즉시공의 이름으로 부정하지 않았다(이훈 2000: 106).

나. 그러나 말이 하인이지, **그(*자기)**는 강모의 조모 청암부인이 신행 올 때 청암의 친정에서부터 교전비와 함께 데리고 온 사람이라, 그만치 이 집과는 숙연이 깊다 할 처지였다. … 그의 나이는 육십 중반을 벗어나고 있는 것처럼 보였다(최명희 2001: 54).

다. **그(*자기)**는 아이의 등에 감긴 전깃줄을 떼어내고 다시 다리에 감긴 부분까지 떼어냈는데, 이번에는 아이를 떼어내자마자 뒤로 넘어졌다. 전선이 그의 온몸을 휘감아버린 것이다. 그는 고무 튜브를 손에 쥐고 허우적거렸다(황석영 2002: 43).

라. 그녀(*자기)가 걸어오고 있다

위에서 보다시피 '그(그녀)'라는 3인칭대명사는 앞선 화맥에 등장하는 제삼자를 지칭하기도 하고(9. 가~다), 화자만의 화맥에 존재하는 대상(라)을 지시하는 데도 사용되지만, 그렇다고 해서 비문이 되지는 않는다. 그러나 현대국어에서 '재귀 대명사'로 규정되는 ( ) 안의 '자기'를 같은 맥락에 적용할 경우에는 비문이 된다. 여기서 우리는 예문 (4)~(8)의 'ᄌᆞ갸, 자내, 저, 자기, 당신' 등은 위의 '그'와 같은 자격, 즉 문장의 서두에 와서 앞선 화맥의 대상을 지칭하기도 하고, 후술하는 대상 등을 지칭할 수도 있는 3인칭대명사로 이해되어야 할 성분이지, 현재 재귀대명사로 대표되는 '자기'와 동일시할 성분은 아니라는 사실을 깨닫게 된다. 기존 연구자들도 이러한 사실을 간과하지 않았기 때문에 '재귀대명사'의 지시 범주를 다음처럼 한정하였을 것이다.

(10) 가. 재귀대명사는 앞에 나온 제 3인칭 **주어**가 **되풀이됨을 피할 때** 쓰인다 (고영근 1988: 68).

나. 재귀대명사는 동사로 나타나는 주체어의 동작 또는 행위가 어떤 다른 목적어에 미치지 않고 **주체어에 재귀하는** 대명사이다 (성광수 1981: 31).

다. 앞에서 언급된 것, 대부분의 경우 **주어와의 동일성**을 나타낸다 (Jespersen 1924: 221)

라. 그것과 동일시되는 문장이나 절의 어떤 명사구로 대부분의 경우 **주어를 '반사(reflect)'하는 것** (Quirk et al 1985: 356)[6]

마. 주어에서 나온 행동이 **다시 주어로 돌아가는 것**이다 (Marouzeau 1951: 197)[7]

재귀대명사의 '재귀성'은 대명사와 일차적으로 호응한 서술어가 다시

---

6) 임홍빈(1987: 102) 재인용.

7) 임홍빈(1987: 102) 재인용.

주어와 호응하는 양상을 문법적으로 기술한 용어여서, 대명사와 주어가 동일인일 경우에 실현되는 문법 장치라 할 수 있다. 예컨대 '철수는 자기만 사랑한다'의 경우, 여기의 '사랑한다'는 일차적으로 '자기'와 호응하지만, 결국 '자기'는 주어인 '철수'와 동일인이어서 '사랑한다'는 다시 '주어'와 호응하는 양상을 띠는데, 이를 연구자들은 '재귀한다'로 표현하고, 이때 사용된 '자기'라는 대명사를 '재귀대명사'로 명명한 것이다. 만약 '사랑한다'는 서술어가 주어인 '철수'가 아니라 제삼자와 관련될 경우에는 통상적으로 '자기' 대신 '그녀(그)'라는 3인칭 대명사를 사용하는데, 그렇게 되면 이 상황에서의 지시 대상은 문장을 벗어난 화맥의 '주어'일 수도 있고 '목적어'일 수도 있다(예문 9 참조).

어찌됐든 중세국어 'ᄌᆞ갸, 자내, 저, 자기' 등이 지금까지 살핀 재귀대명사의 개념에 부합하려면 문장의 주어만을 지시해야 할 것이다. 그러나 예문 (4)~(8)에 나타난 이들은 전혀 그렇지 않았던바, 이쯤에서 우리는 기존 입장처럼 'ᄌᆞ갸, 자기, 저, 자내, 당신' 등을 재귀대명사로 규정하고서 예문 (4)~(8)에서 사용된 유형들을 예외로 처리할 것인가, 아니면 차후에 살필 '재귀대명사'의 기능을 수행하는 용례는 물론이고, 위의 용례까지를 전부 포괄할 만한 새로운 방안을 마련해야 할 것인가를 결정해야 할 듯하다. 만약 이론적으로 뒷받침할 수만 있다면 후자의 관점을 취해야 하고, 이들을 '3인칭대명사'로 규정하는 것이 하나의 대안일 수 있다는 것이 본고의 입장이다. 앞서도 언급했지만, 어차피 중세국어 자료에서 발견되는 'ᄌᆞ갸, 자내, 저, 자기' 등이 지시하는 대상이 3인칭임이 분명한 바에는 무엇보다 먼저 이들을 3인칭대명사로 규정한 후에, 일부에서 인지되는 재귀적 기능을 하위 기능으로 수용하는 것이 보다 합리적일 듯하기 때문이다.

예문 (3)을 통해서도 깨닫게 되었지만, 재귀대명사의 '재귀성'이라는 것이 특정 인칭대명사에만 국한되어 나타나는 속성이 아니라는 점까지를 유념한다면, 그와 같은 기능을 '1인칭·2인칭·3인칭 대명사'와 대등한 개념으로 파악하기보다 상황에 따라서 실현되는 인칭대명사의 하위 기능으로 이해하는 것이 문법 기술의 간결성에도 일조할 것으로 생각된다.이와 같은 논지가 정당하다면 'ᄌᆞ갸, 자내, 저, 자기, 당신' 등은 일단 고유한 어형을 지닌 중세국어 3인칭 대명사로 정리되는데, 당대 3인칭대명사에는 비단 이들만이 아니라 다음 항에서 소개할 유형들도 존재했던 것으로 추정된다.

3.1.2 제2류

이는 '이, 그, 뎌'의 형식으로 3인칭을 지시하던 기능을 지닌 어형을 명명한 것으로, 지금까지는 [+인칭]을 부여받은 3인칭대명사로 규정되기보다 [+지시성]을 지닌 지시대명사의 한 유형으로 간주되어 왔던바, 그것은 이들이 다음처럼 사람뿐만 아니라 사물을 지시하는 데에도 사용되었음을 주목한 결과가 아닌가 한다.

(11) 가. 그러나 **이ᄂᆞᆫ** 오직 覺明의 妄이라 本覺ᄋᆡ 妄이 아닐ᄊᆡ 이런ᄃᆞ로 니ᄅᆞ샤ᄃᆡ 本覺明心이 緣 아ᄂᆞᆫ 거슨 眚 아니라(능엄 2, 91ㄱ)

나. 내 즉재 函을 여러 여러 가짓 奇特ᄒᆞᆫ **이ᄅᆞᆯ** 보니 큰 毗尼와 修多羅藏과 迦葉 遺敎ㅅ 다 그 가온ᄃᆡ 이시며(월석 25, 42ㄴ)

다. 優婆吉ᄋᆞᆫ 舍利 되ᅀᆞᆸ던 독 안해 ᄀᆞ마니 ᄢᅮ를 ᄇᆞᄅᆞ니 **그**에 브ᄐᆞᆫ 舍利를 뫼셔다가 독 조쳐 七寶塔 셰ᅀᆞᄫᆞ니라(석상 23, 57ㄱ)

라. 世尊이 니ᄅᆞ샤ᄃᆡ 出家ᄒᆞᆫ 사ᄅᆞᄆᆞᆫ 쇼히 ᄀᆞᆮ디 아니ᄒᆞ니 **그**에 精舍ㅅ 업거니 어드리 가료(석상 6, 22ㄴ)

마. 그 粥이 가마애셔 열 자콤 소사올아 아니 담기거늘 虛空애셔 닐오ᄃᆡ 큰 菩薩이 **뎌**에 겨시니(석상 3, 40ㄴ)

바. 與는 이와 **뎌**와 ᄒᆞᄂᆞᆫ 겨체 ᄡᅳᄂᆞᆫ 字ㅣ라(훈언, 2ㄱ)

우선 위에서 강조한 '이, 그, 뎌' 등이 앞선 사물이나 특정 장소를 지시하는 데 사용되었음이 주목된다. 예컨대 (11. 가)의 '이'는 앞선 문장의 '무명의 근원'을 지시하며 (11. 나)의 '이'는 '함에 든 여러 가지 물건'을 그리고 (11. 다~바)의 '그'와 '뎌'는 특정 장소를 지칭하고 있다. 여기서 우리는, 중세국어에는 현재 관형사로 분류되는 '이, 그, 뎌(〉저)'가 자립형으로서 지시대명사로 사용되었음을 깨닫게 된다. 하지만 이와 동일한 어형이 다음처럼 사람을 지시하기도 하였다는 사실 또한 유념해야 할 것이다.

(12) 가. (왕이 존자에게) **뎨** 얻던 功德을 뒷더신고(석상 24, 37ㄴ)
나. (육사가 왕에게) 우리 모다 ᄌᆡ조를 겻고아 **뎌**옷 이그면 짓게ᄒᆞ고 몯 이긔면 몯짓게 ᄒᆞ야지이다(석상 6, 26ㄴ)
다. (부처가 문수에게) 귓것 부려 **뎌**의 목수믈 긋긔ᄒᆞ거든 아모나 이 약사 유리광여래ㅅ 일후믈 듣ᄌᆞᄫᆞ면(석상 9, 17ㄴ)
라. (고려 상인이 중국 상인에게) 소인은 아븨 누의게 나니오 **뎌**ᄂᆞᆫ 어믜 오라븨게 나니이다(번노 상, 16ㄴ)
마. (여관 주인이 고려 상인에게) 네 **뎌**ᄅᆞᆯ ᄎᆞ자 므슴ᄒᆞᆯ다(번노 하, 1ㄱ)
바. (A가 舍人에게) 그 솽애 드르신 부톄 광명을 도ᄅᆞ혀 샤보히 즁의 모매 비취여시ᄂᆞᆯ ᄀᆞ장 훤츠리 블가 ᄭᆡᄃᆞ로믈 어더 **그**를 절ᄒᆞ야 스승 사마 法衣 法鉢를 뎐슈ᄒᆞ야 도라와 (번 박 상, 75ㄱ)
사. (A가 B에게) 아ᄎᆞᄆᆡ 지븨 손 오나ᄂᆞᆯ **그**를 ᄃᆡ졉ᄒᆞ야 보내오 ᄀᆞᆺ 오라(번 박 상, 64ㄴ)
아. (존자가 왕에게) **이**ᄂᆞᆫ 부텻 侍奉이러시니 多聞이 第一이시고 부텻 經을 ᄆᆡᆼᄀᆞ라시니이다(석 24, 40)
자. (고려 상인이 중국상인에게) **이**ᄂᆞᆫ 셩이 金개니 **이**ᄂᆞᆫ 내 아븨 동ᄉᆡᆼ 누의와 어미 동ᄉᆡᆼ 오라븨게 난 형이오(번노 상, 15ㄱ)
차. (고려 상인이 중국 상인에게) **이**ᄂᆞᆫ 성이 趙개니 **이** 내 이우지라(번노 상, 16ㄴ)

먼저 (12. 가)의 '뎌'는 앞선 화맥에 존재하는 '박구라 존자'를, (12. 나)에서는 '사리불'을, (12. 다)에서는 '불교를 믿지 않는 일반인'을 지칭하고 있으며, 나머지도 같은 맥락에서 이해된다는 점에서 이들이 3인칭을 지시했었음이 확실하다. 따라서 여기에만 초점을 맞추어 곧바로 '이, 뎌, 그' 등을 중세국어에서 '나와 너'가 아닌 '제삼자'인 대상을 지칭하는 3인칭대명사로 규정할 수도 있겠지만, 이 기회에 지시대명사와 3인칭대명사 간의 관계를 정립하는 것도 의미가 있을 듯하다. 기존 연구자들이 예문 (12)의 '이, 그, 뎌'와 같은 용법들을 '사물 대명사에서 전용한 것으로 보인다'라든지 '제 3인칭은 본시 고정된 것이 없지만'으로 표현한 이면에는 이들을 우선적으로 지시대명사로 인정하고, [+인칭]성을 그것의 하위 기능으로 간주하려는 의도가 내재된 것으로 풀이되는 까닭이다[8].

이에 관한 한, 본고는 고영근(1987)의 관점에 입각하여, 예문 (11)과 같은 '이, 그, 뎌' 등은 '지시대명사'로 간주하고 예문 (12)에서 보이는 그것들은 '1·2인칭대명사'와 대등한 범주인 '3인칭대명사'로 규정하기로 한다[9].

---

8) 전자는 유창돈(1973: 270) 견해이며, 후자는 이숭녕(1961: 164)의 견해로, 이들은 각각 "사물대명사 「뎌」에서 3인칭대명사로 전용한 것으로 보인다"라는 표현을 쓰거나 "제3인칭은 고정된 것이 없지만 흔히 「뎌」로 쓰인다"라는 표현을 사용하고 있다.

9) 3인칭대명사와 지시대명사의 관련성에 대해서는 크게 다음과 같은 두 가지 입장으로 정리된다.

가) 사람을 가리키는 것은 3인칭대명사이고 사물을 가리키는 것은 지시대명사이다(고영근, 1987).

나) 지시대명사는 하위 범주이고 그 상위 범주는 3인칭대명사이다. 사람을 지시하든 사물을 지시하든 3인칭대명사이다(이익섭·임홍빈, 1983)

먼저 가)는 고영근(1987)을 중시한 대부분의 연구자들이 취하는 일반적인 견해이고, 나)는 임홍빈(1983) 이외에도 김미형(1992) 등이 취하는 태도이다. 가)는 지시대명사가 '사람'을 지시하느냐 그렇지 않느냐에 따라 2분한 경우이고, 나)는 지시대명사가 갖는 [+지시성]을 부각한 경우로 이해되는데, 본문에서 언급했듯이 필자는 가)의 입장을 취하기로 한다. 무엇보다 '인칭'이라는 용어에는 '사람을 지칭한다'는 의미가 강하

대부분의 연구자가 지시대명사를 다시 '인칭대명사'와 '사물이나 장소'를 지시하는 '지시대명사'로 구분한다는 사실을 고려하지 않더라도 우리와 같은 입장을 취해야 대명사 전반의 체계를 이해하는 데에도 도움이 될 듯하기 때문이다. 다시말하면 서로 외형이 같다는 이유로 이들을 아울러 '지시대명사'로 처리하면 국어 인칭대명사는 '1·2인칭'과 '3인칭'이 각기 다른 범주로 이분되는 현상을 피할 수 없다는 것이다[10].

이상과 같은 논리에 의지하면 중세국어는 고유한 어형을 보유한 제1류와 제2류의 3인칭대명사가 존재했었다는 결론에 도달한다. 그러면 이 두 부류의 기능상 차이는 없었던 것일까. 다음 항에서는 이점을 살펴보기로 한다.

3.2 기능

'제1류'와 '제2류'가 3인칭 대명사라는 사실을 인정한다면, 이들의 공통적인 기본 기능은 '3인칭 지시성'이라 할 수 있다. 이에 대해서는 앞 장에서 비교적 상세하게 입증하였으므로, 여기서는 그 이외의 기능들을 살핌

게 내포되어 있다는 점을 고려해서이다.

여하튼 이 같은 입장에 동의하면, 나)의 관점은 모순을 안고 있다는 사실을 깨닫게 되는데, 만약 그들처럼 '지시대명사'의 '지시성'을 부각하고자 한다면, 오히려 '3인칭대명사'보다 '지시대명사'를 상위 개념으로 파악함이 옳을 듯하기 때문이다. 필자로서는 '인칭대명사'는 '지시대명사 가운데 사람만을 지시하는 대명사'로 간주됨에 비하여 '지시대명사'는 '지시하는 대명사'로서 사람을 포함한 모든 사물을 포괄하는 개념으로 이해되는 바이다.

10) 그러나 여전히 문제는 남는다. 다른 인칭대명사와 달리 이들은 지시대명사와 외형이 동일하기 때문이다. 만약 본고와 같은 입장을 취한다면 예문 11)과 12)에서 강조한 어형들을 비유컨대 '동음이의'적인 현상으로 간주해야 할 터이다. 그러나 그렇게 이해하기에는 이들의 상위 기능이 [지시성]으로 같아서, 단순하게 '이의'로 처리하기도 쉽지 않은 것이 사실이다.

으로써 기술의 간결성을 도모하기로 하자.

3.2.1 제1류의 기능

3.2.1.1 재귀성

전항에서 '제1류'에 해당하는 'ᄌᆞ갸, 자내, 저, 자기, 당신' 등의 주된 기능이 3인칭을 지시하는 데에 있었음에도 불구하고 지금까지 재귀대명사로 규정해 왔던 점을 반성하는 기회를 가졌었다. 그러나 필자는 한편으로 그렇게 생각했던 기존 관점들을 이해하는데, 그것은 이들이 사용된 일부 용례에서는 분명히 재귀성이 인지되기도 한다는 사실을 잘 알고 있기 때문이다.

(13) 가. 그ᄢᅴ 如來 三昧로셔 나거시늘 彌勒菩薩이 모ᄃᆞᆫ ᄆᆞᅀᆞᄆᆡ 疑心ᄋᆞᆯ 보며 **ᄌᆞ개**도 모ᄅᆞ샤 座애 니러 부텻 알ᄑᆡ 나ᅀᅡ 드르샤 禮數ᄒᆞᅀᆞᆸ고 ᄉᆞᆯᄫᆞ샤ᄃᆡ (석상 11, 17ㄱ)

나. 그저긔 釋迦菩薩ᄋᆞᆫ 衆生 濟渡ᄒᆞᆯ ᄆᆞᅀᆞ미 하실ᄊᆡ 弟子ᄃᆞᆯ히 ᄆᆞᅀᆞ미 닉고 彌勒菩薩ᄋᆞᆫ **ᄌᆞ개** 爲ᄒᆞᆫ ᄆᆞᅀᆞ미 하실ᄊᆡ **ᄌᆞ갸** ᄆᆞᅀᆞ미 닉더시니라 (월석 1, 52ㄴ, 협주)

다. 一切 迷人이 自性을 아라ᅀᅡ 바르 서 부톄 **ᄌᆞ갸** 相ᄋᆞᆯ 보디 아니ᄒᆞ시며 **ᄌᆞ갸** 智ᄅᆞᆯ 두디 아니커시니 엇뎨 일쯕 衆生ᄋᆞᆯ 濟度ᄒᆞ시리오 (금강 19ㄴ 협주)

라. 그ᄢᅴ 舍利弗이 四衆中의 疑心도 알며 **자내도** 몰라 부텻긔 ᄉᆞᆯ보ᄃᆡ(월석 11, 104ㄱ-ㄴ)

마. 勞度差ㅣ ᄒᆞ다가 몯ᄒᆞ야 제 모미 夜叉ㅣ ᄃᆞ외야 모미 길오 머리 우희 블 븓고 누니 핏무적 ᄀᆞᆮ고 톱과 엄괘 ᄂᆞᆯ캅고 이베 블 吐ᄒᆞ며 ᄃᆞ라 오거늘 舍利弗도 **자내** 毗沙門王이 ᄃᆞ외니(석상 6, 32ㄴ-33ㄱ)

바. 그ᄢᅴ 波斯匿 王이 제 父王 爲ᄒᆞ야 업슨 나래 齋 ᄆᆡᆼᄀᆞᆯ오 부텨를 宮掖애 請ᄒᆞᅀᆞ와 **자내** 如來ᄅᆞᆯ 마ᄌᆞᆸ고 貴ᄒᆞᆫ 차반 우 업슨 됴ᄒᆞᆫ 마ᄉᆞᆯ 만히 노ᄌᆞᆸ

고 또 親히 諸 大菩薩올 조차 마쫍더라(능엄 1, 31ㄱ)

사. 祖ㅣ 블셔 神秀ㅣ 門에 드디 몯ᄒᆞ며 **제** 性 보디 몯호ᄆᆞᆯ 아ᄅᆞ시고 (육조 상, 17ㄱ)

아. 有情ᄃᆞᆯ히 貪ᄒᆞ고 새옴블라 **제** 모ᄆᆞᆯ 기리고 ᄂᆞᄆᆞᆯ 허러 三惡趣예 떠러디여 無量 千歲ᄅᆞᆯ ᄀᆞ장 受苦ᄒᆞ다가(월석 9, 33ㄱ)

자. 魔王이 **제** 모ᄀᆡᆺ 주거믈 앗다가 몯ᄒᆞ야 大怒ᄒᆞ야 (월석 4, 22ㄱ)

차. 靈利ᄒᆞᆫ 사ᄅᆞ미 바ᄅᆞ 드위텨 **自己**ᄅᆞᆯ 훤히 ᄇᆞᆯ겨 趙州ᄅᆞᆯ 자ᄇᆞ며 부텨와 祖師왜 사ᄅᆞᄆᆡ게 ᄆᆡ이샨 고ᄃᆞᆯ 곳 알면 네 大藏敎ㅣ 瘡腫 스저 ᄇᆞ룐 죠ᄒᆡ라 닐오ᄆᆞᆯ 올타 호리라(몽산법,고,47ㄱ)

인용문 (10)에서 확인하였듯이, 재귀성이란 서술어의 행위나 상태가 일차적으로는 대명사와 호응하지만, 결국에는 다시 문장의 주어와 호응하는 현상으로, 위에 등장하는 'ᄌᆞ갸, 자내, 저, 자기' 등이 여기에 해당한다. 예컨대 (13. 가)의 '모르다'는 먼저 'ᄌᆞ갸'와 호응하여 'ᄌᆞ갸가 모르다'로 이해되지만, 궁극적으로는 그것의 지시 대상인 '미륵보살'과 호응하여 '미륵보살이 모르다'로 해석되는 한편, (13. 마)의 '(비사문왕이) 되다'는 일차적으로 '자내'와 호응하지만 결국에는 문장의 주어인 '사리불'과 호응하여 '사리불이 (비사문왕이) 되다'로 해석된다. (13. 아)의 '저'와 차)의 '자기' 역시 위와 같은 맥락으로 이해되는 까닭에 예문 (11)의 'ᄌᆞ갸, 자내, 저, 자기' 등은 재귀성을 지닌 대명사라 할 수 있다[11].

3.2.1.2 주관성

제1류 3인칭대명사의 또 다른 기능은 '주관성'이라 할 수 있을 듯하다.

11) 논리 전개와 설명의 간결성을 도모하기 위하여, 각 유형 가운데 하나만을 설명하는 형식을 취하였다. 그런데 여기서는 '제1류' 가운데 '당신'에 대한 예문을 제시하지 않았는데, 그 이유는 중세국어 자료에서 발견되는 그것의 용례는 예문 8)이 전부이어서 이에 의하면 재귀성보다 3인칭지시성이 강한 유형으로 해석되는 까닭이다.

이와 같은 기능은 차후에 살필 '제2류'와 비교해 볼 때, 서술자(화자)가 서술어로 표현된 어떤 사건이나 생각을 다만 서술자의 위치에서 기술하지 않고 주체(주어)의 관점으로 이동하여 서술한 데서 비롯한 것이 아닌가 한다[12]. 다시말하면 서술자가 주체를 제삼자로 인식하지 않고 그 스스로가 주체와 동일시하여 서술하고자 할 때 주로 '제1류'를 사용한 것으로 추정된다는 것이다. 이해의 편의를 도모하기 위하여 다음과 같은 현대국어 예문을 생각해보도록 하자.

(14) 가. 철수는 영수에게 영이를 미워하면 안 된다고 하고서는 **자기(그)**가 영이를 미워했다.
나. 철수는 영이에게는 못하게 하고 **자기(그)**가 A와 B의 구조를 분석한다[13].

위에서 우리는 주체(철수)를 '자기'로 진술한 경우에는 서술자가 '철수'의 관점에서 서술하는 듯하고, '그'로 진술한 경우에는 서술자가 관찰자의 입장에서 서술한 것으로 이해하게 된다. 같은 맥락에서 예문 (13)의 몇 예를 살피면, (13. 가)는 서술자가 '미륵보살'의 관점에서 '여래가 삼매로부터 나온 이유를 묻고자'하는 상황을 기술하고 있으며, (13. 라) 역시 주체인 '사리불'의 입장에서 '대중을 대신해서 여래에게 질문하고자 하는 그의 의도'를 서술한 것으로 이해된다. 만약 이런 생각이 어느 정도 타당하다면, '재귀성'은 다분히 주관적인 기능이라 할 수 있겠다. 주지하다시피 서술자는 제삼자의 위치에서 어떤 사건이나 상황 등을 객관적으로 기술해야 하

12) 이와 같은 생각은 김정아(1984, 64)의 '시점 이동'이나 김미형(1990, 111~116)의 '능동성'이나 '서술 대상자 관점'과 맥을 같이 하는 개념이라 할 수 있다.

13) 이 예문은 김미형(2000: 115)의 것으로, 여기에 필자가 3인칭 대명사를 대비시켜 본 것이다.

는데, 스스로가 서술의 대상 가운데 하나인 주체의 관점에 입각했다는 점을 감안할 때 그러하다.

3.2.1.3 위계의 표지

필자가 생각하는 '제1류' 3인칭대명사의 또 다른 기능은 '위계의 표지'이다. 이는 제삼자의 위상에 따라 'ᄌᆞ갸, 자내, 저' 가운데 한 형식을 선택한다는 뜻으로, 지금까지 살핀 '3인칭 지시성'과 '재귀성'이 제1류 대명사의 공통 속성이라면, '위계의 표지'는 각각을 구별해주는 변별적 속성으로 이해된다. 먼저 위계가 가장 선명하게 대립되는 'ᄌᆞ갸'와 '저'의 경우를 보기로 하자.

(15) 가. 부톄 드르시고 **ᄌᆞ개** 阿難이 ᄃᆞ리시고 難陁ᄋᆡ그에 가신대 難陁ㅣ 구쳐 갓ᄀᆞ니라 (월석7)

나. 二月 初 닐웻 낤 바ᄆᆡ 太子ㅣ 出家ᄒᆞ싫 時節이 다ᄃᆞᆮ고 **ᄌᆞ개** 너기샤ᄃᆡ (석상 3, 26ㄴ-27ㄱ)

다. 世尊이 **ᄌᆞ개** 呪ᄅᆞᆯ 니르디 아니 ᄒᆞ시고 頂光化佛에 니ᄅᆞ샤ᄆᆞᆫ (능엄 1, 39ㄱ 협주)

라. 如來ㅣ **ᄌᆞ개** 녯 因을 니ᄅᆞ샤ᄆᆞᆫ (금강 81ㄴ 협주)

마. (여래가) 쟝ᄎᆞ 菩薩ᄋᆡ 相 여희여 發心호ᄆᆞᆯ 勸호리라 ᄒᆞ샤 몬져 **ᄌᆞ개** 菩薩道行ᄒᆞ실제 難ᄋᆞᆯ 맛나 便安히 ᄎᆞᄆᆞ샤 相 여희샨 자최ᄅᆞᆯ 드르시니라 (금삼 3 28ㄴ, 函虛堂 註)

(16) 가. 廣熾 깃거 **제** 가져가아 (참기름을 부처에게) ᄇᆞᄅᆞᅀᆞᄫᆞ니 됴커시ᄂᆞᆯ (월석2, 9ㄱ 협주)

나. ᄯᅩ 比丘ᄃᆞᆯ히 東南方 五百萬 國土앳 諸大梵王이 各各 宮殿에 光明 비취요미 녜 잇디 아니호ᄆᆞᆯ **제** 보고 歡喜踊躍ᄒᆞ야 (법화 3, 112ㄱ)

다. (혜능이 일반 대중에게) 오라 善知識아 이 이른 … 그 ᄆᆞᅀᆞᄆᆞᆯ **제** 조히와 **제** 닷ᄀᆞ며 제 行ᄒᆞ야 (육조 중, 19ㄴ)

라. (부처가 수보리에게) **제** ᄆᆞᅀᆞ매 이 經을 외오며 **제** ᄆᆞᅀᆞ매 經ㅅ ᄠᅳ들 알며 **제** ᄆᆞᅀᆞ매 無着 無相ㅅ 理ᄅᆞᆯ 體得ᄒᆞ야 잇논 고대 샹녜 부텻 行ᄋᆞᆯ 닷가 念念에 ᄆᆞᅀᆞ미 그쳐 歇홈 업스면 제 ᄆᆞᅀᆞ미 이 부톄론 젼ᄎᆞ로 니ᄅᆞ샤ᄃᆡ 잇논 고디 부텨이슈미라ᄒᆞ시니라 (금강 65ㄴ)

마. 活ᄋᆞᆫ 살씨니 **제** 손토비 쇠 ᄃᆞ외야 **제** 모ᄆᆞᆯ ᄧᅵ야 ᄇᆞ려 죽고져호ᄃᆡ 몯ᄒᆞ니라 (월석 1, 29ㄱ 협주)

예문 (15)와 (16)의 밑줄친 부분과 강조한 부분을 비교하면, 일관되게 'ᄌᆞ갸'는 존대자를, '저'는 비존대자를 지시하는 대명사임을 알 수 있다. 이 같은 사실은, 중세국어는 발화 장면에 존재하지 않은 제삼자를 지칭할 경우에도 그 위상에 따라 대명사를 선택적으로 사용하였음을 암시하는 것으로, 여기서 더 나아가 '자내'의 용례까지를 살피면 다음과 같다.

(17) 가. 그ᄢᅴ에 ᄒᆞᆫ 菩薩이 겨샤ᄃᆡ 일후미 妙音이러시니 釋迦牟尼佛ㅅ 光明이 **자내** 모매 비취어시ᄂᆞᆯ 즉자히 淨華宿王子佛ᄭᅴ ᄉᆞᆯᄫᅡ샤ᄃᆡ (석상 20, 33ㄴ-36ㄱ)

나. 六祖ㅣ 惠能으로 ᄇᆡ예 오ᄅᆞ게 ᄒᆞ시고 五祖ㅣ 빗 자바 **자내** 저ᅀᅳ신대 (육조 상 33ㄱ)

다. (永嘉玄覺禪師가 惠能 禪師에게) "仁者ㅣ **자내** 分別ᄋᆞᆯ 내시ᄂᆞ이다" (육조 중 101ㄴ)

라. 가ᄌᆞᆯ비건댄 大藏經이 엇뎨 이 世尊이 **자내** 지ᅀᅳ시리오 (금강 후서 15ㄴ)

우선 위에서 '자내' 역시 존대자를 지시하는 대명사로 간주되는바, 일차적으로 '저'와의 차이는 분명해진다. 하지만 'ᄌᆞ갸'와의 차이는 선명하게 다가오지 않는다. 앞서 살폈듯이 'ᄌᆞ갸'도 존대자를 지시했던 까닭이다. 여하튼 이쯤에서 우리는 일단 '저〉 자내·ᄌᆞ갸'와 같은 등식을 성립시킬 수 있는데, 다음까지를 고려하면 'ᄌᆞ갸'와 '자내'의 위상도 판정할 수 있을 것으로 기대된다.

(18) 가. 그쁴 波斯匿 王이 **제** 父王 爲ᄒᆞ야 업슨 나래 齋 ᄆᆡᆼᄀᆞᆯ오 부텨를 宮掖애 請ᄒᆞᅀᆞ와 **자내** 如來ᄅᆞᆯ 마ᄍᆞᆸ고 貴ᄒᆞᆫ 차반 우 업슨 됴ᄒᆞᆫ 마ᄉᆞᆯ 만히 노ᄊᆞᆸ고 ᄯᅩ 親히 諸 大菩薩ᄋᆞᆯ 조쳐 마ᄍᆞᆸ더라 (능엄 1, 31ㄱ)

나. (神)秀ㅣ ᄉᆞ랑호ᄃᆡ … 이 밤 三更에 사ᄅᆞᆷ으로 아디 몯게 ᄒᆞ야 **자내** 블 잡고 偈ᄅᆞᆯ 南廊壁間애서 ᄆᆞᅀᆞᄆᆡ 所見을 呈ᄒᆞ니 (육조 상 15ㄱ-ㄴ)

나'. (六)祖ㅣ 블셔 神秀ㅣ 門에 드디 몯ᄒᆞ며 **제** 性 보디 몯호ᄆᆞᆯ 아ᄅᆞ시고 (육조 상 17ㄱ)

다. … 내 인ᄉᆡᆼ 셜웨라 내 겨지비 사ᄅᆞᆷ가 ᄂᆞᆷ 글와 ᄃᆞᆫ니랴 **제** 지ᄇᆡ 더뎌 두리라 ᄒᆞ고 누의ᄃᆞᄅᆞᆯ 슈샹히 맛당이 아니 너기고 날 새옴ᄒᆞᄂᆞᆫ가 너겨 몹ᄡᅵ 너기고 ᄒᆞ니 …(순천김씨묘출토간찰, 28, 162)

다'. … 져ᄂᆡ도 유무ᄒᆞ니 네 형이 뎐티 아념 ᄇᆞ리더라 ᄒᆞᆯᄉᆡ 네게 졍을 서 보내노라. … 제 ᄌᆞ식도 하 귀ᄒᆞ니 ᄃᆞ리고 ᄃᆞᆫ니기 어렵고 ᄉᆡ지ᄇᆡ셔도 아니 ᄂᆡ도히 ᄒᆞᆯ가 여려 오먀. **자내**도 그저 혼자 아히 죵이나 ᄃᆞ리고 업더여시라 호모로 ᄃᆞ려 올 겨규ᄅᆞᆯ 아닌ᄂᆞ니라(순천김씨 간찰, 42, 236)

무엇보다 '저'와 '자내'가 동일 대상을 지시하고 있다는 사실이 주목된다. 예컨대 (18. 가)의 '저'와 '자내'는 공히 '야사익 왕'을, (18. 나)와 (18. 나')에서는 '수'라는 동일인을, 그리고 (18. 다)와 (18. 다')에서는 수신자의 아버지를 지시하고 있다. 그러나 필자가 조사한 한에 있어서는 '저'와 'ᄌᆞ갸'는 이처럼 동일 대상을 지시한 경우는 없는 듯하다. 이런 점들을 감안할 때, '자내'의 위상은 'ᄌᆞ갸'와 '저'의 중간 정도에 해당할 것으로 예측된다. 먼저 '자내'는 위에서 살핀 예문 (18)처럼 '저'와 함께 동일 대상을 지시할 수 있지만, 항상 비존대자를 지시하는 '저'와 달리 존대자를 지시한 경우가 많다는 점에서 '저'보다 높은 등급으로 상정된다. 그리고 한편으로는 항상 존대자만을 지시하는 'ᄌᆞ갸'와 달리 비존대자를 지시하기도 한다는 점에서 'ᄌᆞ갸'보다 낮은 등급으로 파악되기 때문이다[14].

그리하여 중세국어 3인칭 대명사는 'ᄌᆞ갸〉 자내〉 저'와 같은 서열을 지녔던 것으로 결론되는데[15], 이는 현대국어의 3인칭대명사의 기능과 대비되는 특징이 아닌가 한다. 주지하다시피 "현대국어의 3인칭 대명사는 고유한 형태가 없고 '이, 그, 저'와 같은 지시 관형사와 '분, 이, 사람' 등과 같은 '(의존) 명사'의 합성으로 이루어진 것(고영근 1993, 83)"임에 비하여, 지금까지 전개한 논지가 타당함을 전제할 때 중세국어는 자립 형식으로서 지시 대상의 위상에 따라 선별적으로 사용되었던 것으로 추정되는 까닭이다.

3.2.2 제2류의 기능

그러면 '이, 그, 뎌' 등도 지시대상의 위상에 따라 차등적으로 사용되었을까. 그러나 이들은 다음과 같이 존대자와 비존대자 모두를 지시하였던 것으로 확인된다.

(19) 가. 文殊ㅣ 對答호ᄃᆡ **이ᄂᆞᆫ** 賢劫中 第四釋迦佛이 <u>出世ᄒᆞ시니라</u> ᄒᆞ야ᄂᆞᆯ 뎌 세 比丘ㅣ 다 와 (월석 25, 53ㄴ)

나. **이ᄂᆞᆫ** 拘留孫佛ㅅ 四牙印塔 <u>이시니</u> 올ᄆᆞ며 올마 서르 <u>付囑ᄒᆞ샤</u> 婁至佛에 니르르시리이다 (월석 25, 50ㄴ)

---

14) 'ᄌᆞ갸'와 '자내'의 위상에 대해서는 황문환(2001: 205~206)에서도 언급된 바 있다. 그는 여기서 '저'와 'ᄌᆞ갸, 자내' 등이 존대 표지 '-시'와 호응하는 양상 등을 비교하여, '저 〈 자내 〈 ᄌᆞ갸'의 어휘적 위계를 설정하고, 자내는 저보다 존귀하나 ᄌᆞ갸보다 낮은 존비상 중간 대우의 성격을 지닌 것으로 추정하였다.

15) 16세기 후반에 출현하기 시작한 '자기, 당신' 등까지를 고려함이 옳겠지만, 우선 이들의 용례가 앞서 살핀 예문 (7),(8) 등이 전부이다시피 한 상황이어서 본 논의에서는 제외시켰지만, 현재 목격된 용례들을 볼 때, 이들은 '저'와 같이 '비존대자'를 지시하였던 것으로 추정된다.

다. **이**ᄂᆞᆫ 舍利弗ㅅ 塔이니이다 … 버근 法王이시니 轉法을 조차 ᄒᆞ더시니이다(석상 24, 38ㄱ)

라. **이**ᄂᆞᆫ 부텻 侍者ㅣ러니 多聞이 第一이니 佛經 撰集ᄒᆞ니이다 (월석 25, 113ㄱ)

마. 이제 이 죵을 보내여 네 나모 ᄒᆞ며 믈 기로매 잇부믈 돕노니 **이도** ᄯᅩ 사ᄅᆞᆷ의 ᄌᆞ식이니 됴히 ᄃᆡ졉호미 맛당ᄒᆞ니라(번소 9, 92ㄴ)

바. **이**ᄂᆞᆫ 내 늘근 벋디오 뎨ᄌᆞ의 류에 두디 몯ᄒᆞ로다(이륜 초, 48ㄱ)

사. **이**ᄂᆞᆫ 百丈ㅅ 히ᄆᆞᆯ 得ᄒᆞ니야 馬祖ㅅ 히믈 得ᄒᆞ니야(몽산법 빙, 24ㄱ)

(20) 가. 王이 ᄃᆞ외야 閻浮提ᄅᆞᆯ 거느려 일후미 阿育이리니 내 舍利ᄅᆞᆯ 너비 펴 ᄒᆞᄅᆞᆺ 內예 八萬四千 塔ᄋᆞᆯ 셰리라 ᄒᆞ시니 이제 王 모미 **긔**시니이다(월석 25, 123ㄱ)

나. (귀가 말하기를) 나ᄂᆞᆫ 사ᄅᆞᄆᆞᆯ 먹고져 ᄒᆞ노니 百姓곳 앗기거시든 沙門ᄃᆞᆯ히 받 아니 갈오 머그며 軍士 아니 ᄃᆞ외며 臣下 아니 ᄃᆞ외ᄂᆞᆫ 無益ᄒᆞᆫ 거시니 **그를** 내 차바내 주쇼셔(월석 25, 85ㄱ)

다. 그 ᄢᅴ 常不輕菩薩ᄋᆞᆫ 다ᄅᆞᆫ 사ᄅᆞ미리여 내 모미 **긔**라(월석 25, 85ㄴ)

라. 比丘 比丘尼와 思佛 等 五百 優婆塞 優婆夷 다 阿耨多羅 三藐三菩提예 므르디 아니ᄒᆞᄂᆞᆫ 사ᄅᆞ미 **긔**라(석상 19, 35ㄴ)

마. 그 죵이 우연ᄒᆞᆫ 죵인가 **그**옷 주그면 우리 이리 배ᄂᆞᆫ 쟈기니 요ᄉᆞ이ᄂᆞᆫ 글로 더 분별ᄒᆞ뇌(순천김씨 간찰 51)

바. **그**ᄂᆞᆫ 샹녜 이웃 사괴욤 주를 모로ᄆᆞ로 그러ᄒᆞ니라 (정속 13ㄱ)

(21) 가. 王이 무로ᄃᆡ **뎌** 엇던 功德을 뒷더신고 … 버근 法王이시니 轉法을 조차 ᄒᆞ더시니이다(석상 24, 37ㄴ)

나. 王이 닐오ᄃᆡ **뎌** 엇던 功德이 겨시더니잇고(월석 25, 104ㄴ)

다. 이제 言辭相이 寂ᄒᆞᆫ 法을 알오져 홇딘댄 반ᄃᆞ기 말 아니ᄒᆞᄂᆞᆫ 信을 브터 모매 信홀 ᄯᆞᄅᆞ미니 곧 華嚴 五位 처ᅀᅥᆷ엣 十信이 이니 **뎌** ᄌᆞᄀᆡᆺ **性** 뮈디 아니 ᄒᆞᄂᆞᆫ 智ᄅᆞᆯ 브트샤 信體ᄅᆞᆯ 셰샤(법화 2, 160ㄴ)

라. ᄒᆞ다가 ᄯᅩ 사ᄅᆞ미 주규려 홇 時節을 當ᄒᆞ야도 觀世音菩薩ㅅ 일후믈

일ᄏᆞᄅᆞ면 **뎌**의 자본 갈콰 막다히왜 동도이 버허디여(석상 21, 4ㄱ)

마. 尊者ㅅ 너교ᄃᆡ 魔王이 ᄌᆞ조 내 說法을 어즈리ᄂᆞ니 부톄 엇뎨 **뎌를** 降服히디 아니ᄒᆞ시돗던고(월석 04, 20ㄴ)

바. 뎌 사ᄅᆞᄆᆡ 我ㅅ 아니라 ᄯᅩ 自와 **뎌에** 我와 人과를 혜디 아니홀 시 **뎌와** 我왜 아닌 ᄃᆞᆯ 나토시니라(원각 9하3-1,32ㄱ)

사. 이 쟉도ᄂᆞᆫ 이 우리 아ᄉᆞ믜 짓 거시니 **뎨** 즐겨 주디 아니커늘(번노 상, 19ㄱ)

아. 서ᄅᆞ 읍ᄒᆞ고 디나가ᄃᆡ 뎨 거러가다가 몯 미처 피ᄒᆞ야든 ᄆᆞᆯ 브려 읍ᄒᆞ고(여향언, 23ㄱ)

위에서 보다시피 이들은 존대자와 비존대자를 불문하고 지시 대상이 3인칭인 경우에는 모두 사용되었던 것으로 보인다. 예를 들어 예문 (19. 가~다)에서는 '석가모니불, 구루손불, 사리불' 등과 같은 존대자를 '이'로써 지시하면서도 (19. 라~사)에서는 '석가의 심부름꾼, 하인, 친구, 평민' 등을 지시하기도 하였다. (20)이나 (21)에 소개한 '그, 뎌' 등도 이와 다르지 않아서 이 점은 앞서 살핀 제1류의 대명사들이 'ᄌᆞ갸〉 자내〉 저'처럼 위계 질서를 가지고 사용되었던 점과 비교되는 기능이라 할 만하다.

그러나 이보다 더 뚜렷하게 비교되는 것은 제1류 대명사의 '주관성'에 대비되는 '객관성'이 제2류에는 존재한다는 것이다. 이미 예문 (14)에서 살폈다시피 '재귀성'을 지닌 '제1류'를 사용할 경우에는 서술자가 주체의 입장에서 어떤 사건이나 생각을 서술하는 것처럼 이해되지만, '이, 그, 뎌'와 같은 '제2류'를 사용할 경우에는 서술자가 제삼자의 입장에서 사건이나 생각 등을 객관적으로 진술하는 것처럼 인식된다는 뜻이다.

(22) 가. 이러틋ᄒᆞᆫ … **제** 맛드논 거슬 다 주ᄃᆡ (석상 19, 3ㄱ)

가-1. 이트렛 … **그** 欲을 조차 즐길 거슬 다 주ᄃᆡ (월석 17, 46ㄴ)

가-2. 이러틋ᄒᆞᆫ … **제** 欲조차 즐길 꺼슬 다 주ᄃᆡ (법화 6, 6ㄴ)

가-3. 如是等在 … 隨其所欲ᄒᆞ야 (법화 6, 6ㄴ)

나. 이 經이 … **제** 願이 ᄎᆞ게ᄒᆞ며 淸淨ᄒᆞᆫ 모시 ᄀᆞᆮᄒᆞ야 (월석 18, 51ㄱ)
나-1. 이 經은 … **그** 願이 ᄎᆞ게 ᄒᆞ며 (법화 6, 170ㄱ)
나-2. 此經은 … 充滿 **其** 願 (법화 6, 5ㄴ-6ㄱ)

위에 제시한 (22. 가), (11. 나) 각 항에 해당하는 일련의 자료들을 비교하면, 흥미로운 사실이 발견되는데, 첫째는 같은 맥락에서 사용된 '저'와 '그'가 혼용되고 있다는 점이고, 둘째는 이들의 해당 한자가 '其'로 공통된다는 점이다. 『월석』이나 『석상』, 『법화』 등이 한문본을 저경으로 언해하였음을 감안한다면, (22. 가)부터 (22. 가-2)와 (22. 나)부터 (22. 나-1)에서 관찰되는 '저'나 '그'는 (22. 가-3)과 (22. 나-2)에서 강조된 '其'와 기능은 같은데, 언해자에 따라 '저'나 '그'로 번역하였다는 뜻으로 해석된다.

그렇다면 그 선택의 기준은 무엇인가가 궁금하지 않을 수 없다. 현재 우리 입장에서는 그것을 명쾌하게 알아내기란 쉽지 않다. 다만 위 예문들의 비교를 통해서 결과론적인 차이만을 추측할 수 있을 듯한데, 이미 우리는 예문 (14)에서 '자기'와 '그'의 사용상 차이를 서술 태도의 주관성과 객관성으로 규정지은 터여서, 그러한 논리에 기대면 위의 선택 기준은 서술자의 서술적 태도라 할 수 있을 것이다. 즉 서술자가 다만 서술자의 위치에서 객관적으로 기술할 경우에는 '그'를 사용하지만, 주체와 동일시하여 서술할 경우에는 '저'를 사용했던 것으로 추정할 수 있다는 것이다. 만약 이 같은 추론이 가능하다면, '제2류' 3인칭대명사는 '제1류'에 비하여 다분히 '객관적인 기능'을 수행한 것으로 해석된다[16]. 본고가 '제2류'의 기능을

16) 이와 같은 사실은 다음 예문의 비교에서도 인지되는 듯하다.

가. **이**ᄂᆞᆫ 박구라ㅅ 탑이니이다.(석상 24, 39ㄱ)

'객관성'으로 명명해 보았던 것은 이런 맥락에서 출발한 것으로, 지금까지의 논지를 표로 정리하면 다음과 같다.

(23) 〈표 1〉 중세국어 3인칭대명사의 기능

기능 \ 유형	제1류	제2류
	ᄌᆞ갸, 자내, 저, 자기, 당신	이, 그, 저
3인칭 지시성	+	+
재귀성	+	−
주관성	+	−
위계의 표지	+	−

위에서 보다시피 제1류와 제2류는 '3인칭 지시성'을 제외한 모든 기능이 대조적이라 할 수 있다. 여기에 이들이 동시대에 존재할 수 있었던 근거가 있었던 것으로 추정된다. 현재의 대명사 체계와 비교할 때 유독 중세국어 3인칭대명사만 위처럼 많은 수가 존재했었다는 점이 쉽게 납득되지 않았었는데, 〈표 1〉처럼 정리하고 보니, 최소한 이 두 부류의 기능이 서로

가' 王이 닐오ᄃᆡ **ᄌᆞ걋** 모미 비록 智慧 ᄇᆞᆯᄀᆞ신ᄃᆞᆯ (석상 24, 40ㄱ)

나. 이제 言辭相이 寂ᄒᆞᆫ 法을 알오져 홀딘댄 반ᄃᆞ기 말 아니ᄒᆞᄂᆞᆫ 信을 브터 모매 信홀 ᄯᆞᄅᆞ미니 곧 華嚴 五位 처ᅀᅥᆷ엣 十信이 이니 **뎨 ᄌᆞ갯** 性 뮈디 아니 ᄒᆞᄂᆞᆫ 智ᄅᆞᆯ 브트샤 信體ᄅᆞᆯ 세샤(법화 2, 160ㄴ)

가)는 '박구라'를 같은 맥락 안에서 'ᄌᆞ갸'와 '이'로 지시하고 있고, 나)에서는 '부처'를 '뎌'와 'ᄌᆞ개'로 동시에 지칭하고 있는데, 만약 이들이 차별되는 기능을 갖고 있지 않았다면, 굳이 동일 대상을 다른 언어형식으로써 지칭할 필요는 없었을 듯하다. 이 같은 관점에서 위 예문들을 살피면, '이, 뎌'는 앞선 화맥에 등장하는 제삼자를 단순히 지시하는 차원에 중점을 두고, 'ᄌᆞ갸'는 김정아(1984), 김미형(1990)에서 언급한 대로, 서술자가 제삼자의 시점으로 옮겨가 그의 입장에서 서술하는 것으로 해석된다. 본고는 이 같은 관점에서 '뎌, 이'를 포함한 '제2류'를 '제1류'에 비해 [객관성]이 강한 3인칭대명사로 규정짓고자 하였다.

분명하게 구별되었기에 공존할 수 있었던 것이 아닌가 한다.

지금까지 중세국어 3인칭대명사의 부류와 그 기능을 탐색하려는 데 목적을 두고 논의한 결과를 정리하면 다음과 같다. 중세국어에서 3인칭을 지시하는 대명사로는 ‘ᄌᆞ갸, 자내, 자기, 저, 당신’과 ‘이, 그, 뎌’ 등이 존재했던 것으로 확인되는바, 이 글에서는 전자들을 ‘제1류’로, 후자들을 ‘제2류’로 명명하였다. 그리고 이 두 부류는 3인칭을 지시한다는 점에서는 공통되지만, 다음과 같은 점에서 차이를 보이는 것으로 해석하기에 이르렀다. 즉 제1류는 문장의 주어를 다시 지시하거나([+재귀성]) 서술자가 대명사로 지칭된 주체의 관점에서 사건이나 행위를 서술하고자 할 경우([+주관성])에 사용하면서 주체의 위상에 따라 ‘ᄌᆞ갸〉 자내〉 저’ 가운데 하나를 선택하지만([+위계의 표지]), ‘제2류’는 서술자가 객관적인 관점에서 제삼자와 관련된 사건이나 행위를 서술할 경우([−재귀성, −주관성]), 주체의 위상에 상관없이 ‘이, 그, 뎌’ 가운데 하나를 선택한다([−위계의 표지])는 것이다.

그런데 지금까지는 본고에서 제1류로 분류한 3인칭대명사를 재귀대명사로 규정하는 한편, 제2류의 3인칭대명사를 인칭대명사가 아닌 지시대명사로 이해하려는 입장이 지배적이어서, 이에 대한 우리 생각을 분명히 해야 할 필요성이 제기되었다. 그래서 먼저 재귀대명사와 3인칭대명사의 문제에 대해서는 전자를 후자의 하위 기능으로 간주하기로 하였는데, 이는 제1류의 주된 기능은 3인칭을 지시하는 것이지만 경우에 따라 재귀적 기능을 수행한 것으로 해석하였음을 뜻한다. 다음으로 ‘3인칭대명사’와 ‘지시대명사’의 관련성에 있어서는 이들이 ‘사물이나 장소’가 아닌 ‘사람’을 지시한다는 사실이 분명한 이상, 단순히 지시대명사로서 이해하기보다 인칭대명사로 인정해야 한다는 태도를 취하였다.

이상과 같은 논의를 진행시키는 과정에서 그러면 중세국어 3인칭대명사는 어느 시기에 현대국어와 같은 기능 전이를 경험하였을까라는 의문이 제기되었다. 다시말하면 제1류의 '자기, 자내, 당신'은 현재 '2인칭대명사'로 간주되고 있고, 제2류는 현재 자립 형식이 아니라 관형사로서 작용하고 있는데, 이와 같은 기능은 언제부터 생성되었을까라는 의문이 들지 않을 수 없었다는 것이다. 그러나 현 시점에서는 의문을 제기하는 것으로 만족해야 할 듯하여, 이에 대해서는 차후를 기약하기로 하였다. 이와 같은 사실을 규명하기 위해서는 3인칭〉 2인칭대명사의 기능 전이라는 국어사적 천착이 이루어진 후에야 가능할 것으로 생각되는 까닭이다.

4

의문 보조사의 문법 범주*

일반적으로 의문보조사로 일컫는 '명사+가/고' 형[1])의 '가/고'는 다음의 밑줄친 부분에 해당하는 문법소를 지칭한다.

(1) 가. (부처가 대중에게) 이 일후미 므스고 (능엄 5, 18ㄴ)
나. (여관 주인이 상인에게) 너희 대되 몃 사ᄅᆞ매 몃 ᄆᆞ리오 (번노 상 67ㄱ)
다. (장자가 사라수국왕에게) 이 ᄯᅡ리 너희 죵가 (월석 8, 94ㄴ)
라. (부처가 아난에게) 내 주머귓 理를 견주건댄 그 ᄠᅳ디 ᄒᆞᆫ 가지아 아니아 (능엄 1, 99ㄱ)

지금까지 이들은 명사를 선행하고 있다는 점에서 '첨사'나 '조사' 혹은

* 이 장은 「한국언어문학 63」(2007)에 발표한 '중세국어 의문보조사의 문법 범주'를 재정리한 것이다.

1) 그러나 반드시 명사와 결합하는 것만은 아니다. 본문에 소개한 예문 (1)의 (라)를 보다시피 '아니아'처럼 부사와도 결합하기도 하였는데, 이 글에서는 설명과 이해의 편의상 이들을 총괄하여 '명사+가/고'의 유형으로 간주하기로 한다. 예문 (3)~(5)에 소개한 유형들을 보면 알겠지만, '가/고'에 선행하는 부사는 '아니'뿐인데, 이 점이 본 논지를 전개하는 데에 별다른 영향력을 행사하지 못하기 때문이다.

'보조사'로 명명되면서[2], 상대방에게 특정한 정보를 요구하거나 가부(可否)의 대답을 요구하는 이른바 의문문을 형성하는 데 관여하는 문법소로 알려져 있다. 이 글에서는 이런 관점에 문제를 제기하고자 한다. 기존 입장대로라면 국어 문장이 어미가 아닌 조사로 종결될 수도 있음을 인정해야 하는 까닭이다[3].

이에 대해 이기문(1961/1998: 189), 이승욱(1963: 186)은 알타이 제어가 명사형 문장이었을 가능성을 제시하고 문제의 문법소를 '첨사'로 규정하였다. 그런데 이러한 논리가 성립되려면 왜 명사로 종결되는 유형이 유독 위와 같은 의문문에서만 발견되고 다른 유형, 즉 평서문이나 명령문 혹은 감탄문과 같은 문장에서는 발견되지 않는가에 대한 해명이 있어야 할 듯하다.

본 항에서는 이상과 같은 의문점에서 출발하여, '명사+가/고'의 '가/고'를 종결어미로 상정할 가능성에 대해 논의해 보고자 한다. 지금까지의 입장들이 앞서 언급한 바와 같은 관점을 취한 이유는 '가/고'가 명사라는 자립 형식 뒤에 연결된다는 점에 주목한 결과인 듯한데, 만약 이보다 그것의 기능을 중시한다면 조사보다는 종결어미로 이해하는 편이 훨씬 합리적이지 않을까 한다. 차후에 알게 되겠지만, 이들이 의문법과 공손법을 만드는 데 참여하는 것으로 확인되는 만큼, 무엇보다 이와 같은 역할은 조사가 아닌 어미가 담당해야 할 몫으로 판단되기 때문이다. 이에 더하여 국어 문장의 일반적인 짜임새를 생각할 때에 대부분의 모국어 화자라

2) 고영근(2006), 안병희(1992) 등은 이들을 '의문보조사'로 규정하고, 허웅(1995), 김진형(1995) 등은 의문조사(토씨)로 간주하였으며, 이기문(1961/1998), 이승욱(1963) 등은 의문첨사로 간주하였다. 그런데 이 글에서는 우리 입장을 분명하게 제시하기 전에는 설명의 편의상 '의문보조사'란 명칭을 사용하기로 한다.

3) 이후 논의 되겠지만, 첨사는 보조사에 해당하고, 보조사는 조사에 해당한다는 점을 고려하면 '명사+가/고'의 '가/고'를 어떤 문법소로 규정하든지 간에 이러한 결과에 도달한다고 할 수 있다.

면 문장은 종결어미로 끝나야 한다는 생각이 지배적이리라는 점도 고려해야 할 것이다.

이러한 주장이 어느 정도 타당함을 입증하기 위해서는 먼저 기존 논의들의 견해를 살펴 거기에 나타나는 장점과 단점을 파악하여 우리가 취할 방향을 제시하는 데 역점을 두어야 할 것이다. 그리고 이를 전제로 하여 이들을 중세국어의 의문법이나 공손법이라는 체계 속에서 여타의 다른 문법소들과 통합할 만한 방안은 무엇인가를 놓고 고심해야 할 것이다. 국어 문법소들이 서로 유기적인 관련을 맺고 있다고 할 때, 우리가 주목하는 '가/고' 역시 이러한 대의에서 이탈하기는 어려울 것이기 때문이다.

4.1 의문 보조사의 문법 범주 검토

4.1.1 기존 논의

본 장의 서두에서 소개한 예문 (1)과 같은 문법소를 보다 정확하게 이해하기 위해서는 많은 용례를 접하는 것이 도움이 될 듯하여 여기서 다음과 같은 용례들을 추가하여 살펴보기로 한다.

(2) 가. (태자가 대신에게) 얻논 藥이 므스 것고 (월석 21, 215ㄴ)
나. (부처가 아난에게) 阿難아 一切 衆生이 … 業을 當ᄒᆞ야 그우ᄂᆞ니 엇뎨 두 봄고(능엄 2, 97ㄱ)
다. (정반왕이 백반왕 등에게) 이 엇던 光明고 (월석 10, 7ㄴ)
라. (부처가 대중에게) 큰 브릐 ᄉᆞ로매 이 싸ᄒᆞᆫ 便安ᄒᆞ샤ᄆᆞᆫ 그 엇던 싸코 (법화 5, 165ㄱ)

(3) 가. (대구담이 소구담에게) 그듸 子息 업더니 므슷 罪오 (월석 1, 7ㄱ)
나. (금강경 언해자가 일반인에게) 엇뎨 일후미 반야오 (금강 서, 8ㄴ)

다. (부처가 아난에게) 봄과 相과는 어루 골힐 거시니 섯근 거시 므슴 얼굴오 (능엄 2, 97ㄱ)

라. (부처가 아난에게) 이 여러 變化ㅣ 블고믄 日輪에 도라가ᄂᆞ니 엇뎨오 (능엄 2, 99ㄱ)

(4) 가. (장자가 왕과 비구에게) 이 ᄯᆞ리 너희 죵가 (월석 8, 94ㄴ)

나. (부처가 아난에게) 이 밦 燈 블고매 나타난 두려운 光은 이 燈ㅅ 빗가 반ᄃᆞ기 보ᄆᆡ 빗가 (능엄 2, 80ㄴ)

다. (조주가 스님에게) 이ᄂᆞᆫ 賞가 罰아 (몽산 53ㄴ)

라. (부처가 아난에게) 네 반ᄃᆞ기 이 見聞覺知ᄅᆞᆯ 보라 生가 滅가 同가 異아 生滅이 아니가 同異이 아니가 (능엄 3, 98ㄱ)

(5) 가. (부처가 아난에게) 네 보미 이디 몯ᄒᆞ리니 네 眼根ᄋᆞ로 내 주머귀 理ᄅᆞᆯ 견주건댄 그 ᄠᅳ디 ᄒᆞᆫ 가지아 아니아 (능엄 1, 99ㄱ)

나. (조주가 스님에게) 이ᄂᆞᆫ 賞가 罰아 (몽산 53ㄴ)

다. (인종이 혜능에게) 黃梅ㅅ衣 法이 남녀그로 오다 호ᄆᆞᆯ 오래 듣노니 아니 이 行者 아니아 (육조 상 41ㄴ-42ㄱ)

예문 (2)와 (3)은 '설명의문문' 혹은 '고-물음법'으로 불리는 문장이고, (4)와 (5)는 '판정의문문' 혹은 '가-물음법'으로 불리는 문장으로[4] (3)과 (5)는 'ㄹ'과 '모음' 뒤에서 'ㄱ'이 'ㅇ'으로 바뀌는 현상을 반영한 유형이다. 그런데 보다시피 밑줄친 부분의 문법소에 선행하는 대부분의 성분이 명사에 해당한다.

위의 유형들을 이처럼 규정한 이후, 이에 대해서는 별다른 논의가 없었던 것이 사실이다. 그러나 그렇게 규정했을 때, 국어 문법 체계에 미치는

4) 고영근(2006)에서는 '설명의문문/판정의문문'으로 허웅(1995)에서는 '고-물음법/가-물음법'으로 일컫고 있다.

영향을 한 번쯤 생각해 보는 것도 의의가 있을 듯하다. 이에 대한 우리 입장은 머리말에서 대략 밝혔으므로 지금부터는 이들에 대한 기존 논의를 검토하여 거기서 드러나는 장·단점을 파악해보기로 하자.

4.1.1.1 첨사설

기존 입장 가운데에는 이기문(1961/1998), 이승욱(1963), 이승희(1996) 등으로 대표되는 '첨사설'이 있는데, 다음에 제시한 인용문에서 그 대의를 살필 수 있다.

(6) 가. 중세국어에서는 두 가지 의문문이 형태상으로 대체로 구별되었다. 즉 가부의 판정을 요구하는 의문문과 의문사가 있어 그에 대한 설명을 요구하는 의문문이 첨사 '가'와 '고'로 구별되었다. … 중세어의 매우 특수한 의문법 어미에 동명사 어미 '-ㄴ', '-ㄹ'에 첨사 '다'가 연결된 형태가 있었다. (이기문 1961/1998, 179)

나. 알타이제어에서 있어서 기원적으로 명사문이 매우 중요하였다. 중세국어의 문장들을 분석해 보면 문장의 서술어는 체언이나 동명사에 첨사가 연결된 것이 많이 있다. 이것은 특히 의문문에서 현저하게 드러난다. … 이 문장들은 용언은 없고 의문의 첨사가 체언에 연결되어 있다. 서술어가 용언인 경우에도 같은 예를 얼마든지 볼 수가 있다. … 각각 '우ᄂᆞᆫ', '부르ᄂᆞᆫ' 등의 동명사이며 여기에 첨사 '다'가 연결되어 있는 것이다. (이기문 1961/1998, 289)

필자가 임의적으로 밑줄친 부분을 중심으로 위에 소개한 인용문을 보면, (6. 가)에서는 예문 (1)~(5)의 밑줄친 문법소들을 '첨사'로 간주한다는 입장을 알 수 있고, (6. 나)에서는 왜 이들을 그렇게 규정했는가를 파악할 수 있는데, 결국 국어를 포함한 알타이 제어에서 명사문이 중요한 위치를 점하고 있다는 관점에서 비롯한다고 할 수 있다. 이쯤에서 다음과 같은 용례를 아울러 살피는 것이 위에서 인용한 (6)의 내용을 이해하는 데에나 앞으로 논지를 이해하는 데에 도움이 될 듯하다.

(7) 가. 九羅帝여 네 命終ᄒᆞᆫ다 (월석 9, 36상)
나. 이 이ᄅᆞᆫ 엇던 인연으로 이런 상이 현ᄒᆞᆫ고 (법화 3, 112)
다. 인연과 자연이 ᄀᆞᆮᄒᆞᆫ가 의심ᄒᆞᆯᄊᆡ (능엄 2, 96)

중세국어에서 의문법을 만드는 문법소에는 위의 밑줄친 'ㄴ다, ㄴ고, ㄴ가' 등이 존재한다. (6)에서 언급된 "'ㄴ', 'ㄹ'에 첨사 '다'가 연결된 형태"는 이들을 일컫는 것으로, 이기문(1961/1998)은 여기 '다/고/가'를 '명사+가/고'의 '가/고'와 마찬가지인 첨사로 규정한 것이다[5]. 이런 입장에 대해 필자는 이렇다할 의견을 제시할 만한 준비가 전혀 되어 있지 않다. 다만 만약 이 관점을 취하게 되면 '우ᄂᆞᆫ다/ 부르ᄂᆞᆫ다'에서 인지되는 '다'와 '울다 / 부르다'에서 인지되는 '다'를 각각 '첨사'와 '(종결) 어미'로 달리 분류해야 함으로써 종국에는 종결어미의 유기적 상관성을 저해할 우려가 있겠다는 생각을 해본다.

사실 이보다 우리는, 이 입장이 '명사+가/고' 유형과 'ㄴ다' 유형을 명사(동명사)에 첨사가 결합한 동일한 구조로 파악하고 있다는 사실에 더 주목하고자 한다. 이는 국어 문장이 기원적으로는 명사형도 존재했었을 것으로 이해하는 시각에서 출발하였겠지만, 결국 이들이 '의문법'이라는 공통된 기능을 수행한다는 사실 또한 중요하게 의식해서였을 것으로 추정되는 까닭이다. 즉 '가/고'나 '-다'가 어떤 선행 성분에 연결되든지 결국은 상대에게 질문하는 기능을 한다는 점에서는 동일하므로 이점에 이끌려 이들을 같은 범주로 처리하려다 보니, '선행 형식에 구애 받지 않고 두루 붙어 어

5) 지금부터는 설명과 기술의 편의를 위해 이들의 대표형을 'ㄴ다'로 상정하기로 한다.

떤 뜻을 더한다.'는 의미의 '첨사'로 규정하지 않았나 한다. 그러나 다음에서 살필 고영근(2006), 안병희(1965/1992) 등은 이 두 유형을 구별하여 각각 다른 문법 범주로 설정하였다.

4.1.1.2 의문보조사설

이 입장은 고영근(2006), 안병희(1965/1992)[6]가 대표적인데, 앞서 살핀 '첨사설'과 달리 '명사+가/고'형의 '가/고'를 '의문보조사'로, 'ㄴ다'형을 종결어미로 구분하는 태도를 취한다. 그러나 사실 왜 이들이 앞서 소개한 '첨사설'을 수용하지 않고, 이러한 관점을 취하게 되었는지에 대해서 구체적으로 언급하지 않아 필자로서는 그 자세한 이유를 파악하기가 쉽지 않았다[7]. 다만 그 대신 다음과 같은 진술만을 확인할 수 있었다.

(8) 가. 중세국어 보조사에는 의문문을 만드는 것이 있다. … '고/오'와 '가/아'가 서술격조사를 매개로 하여 체언에 붙는다면 어미가 될 수 있으나 명사에 직접 붙어 의문문을 만들고 있다는 점에 근거하여 보조사의 테두리에 넣기로 하였다. (고영근 2006: 110)

6) 그런데 이와 같은 유형을 안병희(1965/1992: 144-145)에서는 의문조사로 규정하고 있고, 안병희(1992: 204)에서는 의문보조사로 규정하고 있다. 보조사가 어차피 조사의 범주인 점을 고려하면 굳이 이들을 다른 관점으로 간주해야 할 필요가 있겠는가라는 의문을 제기할 수 있다. 그러나 김진형(1995: 38-39), 허웅(369-370) 등에서 보조사와 달리 조사로 규정하고, 특히 전자에서는 그 이유를 비교적 자세하게 개진한 바 있어, 기존 입장을 개관하는 우리도 이들을 나누어 살필 필요가 있을 듯하다.

7) 그럼에도 불구하고 고영근(2006: 152), 안병희(1965/1992: 149), 안병희(1992: 243) 등에서는 'ㄴ다'를 'ㄴ+다'로 분석한 후, 'ㄴ'을 동명사형 어미(1992) 혹은 관형사형 어미(1965/1992)로 해석하고 여기에 '다'가 연결되어 있는 것으로 설명하고 있다. 이로 볼 때, 기본적으로는 이기문(1961/1998) 등의 입장을 취하고 '고/가/다'의 명칭을 첨사 대신 의문보조사로 대치한 것으로 추정된다.

그러나 고영근(2006: 151), 안병희(1965/1992: 149), 안병희(1992: 244)에서는 'ㄴ다' 전체를 종결어미로 간주하고 있는 점을 고려한다면, 이기문(1961/1998) 등이 '-다'를 첨사로 분류한 것과는 결과적으로 다른 관점을 취한 것으로 해석된다.

나. 중세국어와 근대국어에 걸쳐 나타나는 의문을 뜻하는 조사에 '가, 고'가 있다. 직접 해답이나 설명을 요구하는 의문문의 서술어로 체언이 나타날 경우에 계사 없이 직접 이 '가, 고'가 그 체언에 연결된다. (안병희 1992: 204)

(9) 가. 종결어미

…. (2)는 ᄒᆞ라체의 의문형이다.

(2) 가. -녀, 나. -ㄴ다 다. -ㄴ가 (고영근 2006: 150-151)

나. ᄒᆞ라체의 의문법 어미

… 한편 'ᄒᆞ라'체의 의문법에 동명사어미 '-ㄴ, -ㅭ'과 결합된 '-가, -고' 및 '-다'의 의문문이 있다. (안병희 1992: 243)

먼저 (8)에서는 이들이 '명사+가/고'의 '가/고'를 보조사로 규정한 이유가 '체언'과 결합한다는 점에 주목한 결과였음이, (9)에서는 'ㄴ다' 등을 어미로 간주하고 있음이 확인된다. 위의 견해를 앞서 살핀 '첨사설'과 비교할 때, 안병희(1992), 고영근(2006) 등이 '명사+가/고'의 '가/고'를 'ㄴ다' 유형과 분리하여 각각 다른 문법 범주로 상정하고 있다는 사실에 주의해야 할 것이다. 그럼으로써 종국에는 같은 기능을 지닌 문법소를 '보조사'와 '종결어미'로 달리 책정하는 결과를 낳았기 때문이다. 이는 다음에 살필 '의문조사설'에도 동일하게 적용되는 문제점으로, 지금부터는 이에 대해 살펴보기로 하자.

4.1.1.3 의문조사설

이러한 관점은 허웅(1995: 367-370), 김진형(1995: 39), 이현희(1994: 102) 등이 대표적으로, '가/고'가 체언에 연결된다는 데에 초점을 맞춘 태도는 앞서 살핀 '의문보조사설'과 맥을 같이 한다. 하지만 이들을 '조사'로 규정한 점에서 차이를 보이는데, 다음에 진술한 김진형(1995)에서 그 이유를 찾을 수 있다.

(10) 그러나 보조사라는 범주에 문장 전체를 의문문으로 만드는 기능을 부여하는 것은 너무 부담스럽다. … '가, 고'의 기능은 서법적인 것이며, 분명 통사론적인 기능이라 할 수 있다. **그리고 그러한 기능은 국어에서 어미가 담당하고 있는 것이 일반적이다.** 이 때문에 필자의 생각으로는 조사로서의 특이한 기능을 지녔지만 조사적인 성격을 존중하여 … '가, 고'를 이른바 의문조사로 보아두는 것이 합리적일 듯하다.

요컨대 이들은 '명사+가/고'의 '가/고'가 문장 전체를 의문문으로 만드는 기능을 한다는 점에 초점을 맞추고, 이러한 기능을 보조사가 담당하는 것으로 간주하기에는 무리가 있으므로 의문조사로 보아야 한다는 취지이다. 이는 일반적으로 조사는 통사적 기능을 담당함에 비하여 보조사는 의미·화용론적인 기능만을 지녔다는 생각에 입각한 결과로 추측된다. 비유하면 '가/고'를 서술격 조사와 같은 성격으로 이해하자는 것일 터이다.

앞서 살핀 예문 (1)~(5)를 참조하여 이들이 출현한 분포나 그 기능을 생각하면 일견 타당하게 생각된다. 그러나 이들을 조사로 규정하는 태도는 여전히 '조사'에 부담을 안겨주는 셈이 된다. 이 '명사+가/고'의 '가/고'는 일반적으로 알고 있는 서술격 조사 '(이)다'와 달리 의문법을 만드는 데 관여하고 있음은 물론 공손법에도 관여하고 있어 만약 이들을 조사로 취급할 경우 조사에 의문법과 공손법이라는 두 기능을 부여해야 한다는 문제에 봉착하기는 마찬가지이기 때문이다. 김진형(1995)도 이와 같은 점을 놓치지 않았음이 위에서 강조한 부분에 드러난다. 거기서도 언급했듯이 의문법이나 공손법은 조사가 아니라 어미가 담당하는 기능인 것이다.

이상으로 '명사+가/고' 형의 '가/고'와 관련한 지금까지의 견해들을 정리해보았다. 그러면 이제부터는 각각의 입장에서 관찰되는 장·단점들을 종합하는 기회를 가져서 이 유형에 대한 우리의 안목을 넓히도록 하자.

<표 1> 기존 입장 정리

입장 \ 장·단점	장점	단점
첨사설	'명사+가/고'의 '가/고'와 'ㄴ다, ㄴ가, ㄴ고' 등의 '가, 고'를 모두 '첨사'로 처리함.	평서문의 '다'와 의문문의 '다'를 각기 다른 문법 범주로 설정함.
보조사설	'명사+가/고'의 '가/고'와 'ㄴ다, ㄴ가, ㄴ고' 등을 분리하여 전자를 보조사로, 후자를 어미로 규정함.	의문법이라는 동일한 기능을 수행하는 문법소들을 각기 다른 범주로 설정함.
조사설	보조사설과 기본적으로 같은 입장이지만, 보조사는 통사적 기능을 담당하지 않은 점에 주목하여 조사로 처리함.	조사에 공손법이라는 기능을 부여해야 함.

그러면 우리는 어떤 입장을 취해야 하는가. 가장 최상의 방안은 기존 입장에서 제기된 문제점들을 보완하고, 그들의 장점을 수용하는 것일 터인데, 그러기 위해서는 다음과 같은 조건을 충족시켜야 할 것이다.

(11) 가. '고/가'와 'ㄴ다' 유형의 기능이 같다는 점을 고려하여 가능하면 동일한 문법 범주에 소속시킨다. 그럼으로써 다른 종결어미와의 상관성을 높인다.

나. 이들에게서 확실하게 인지되는 의문문과 공손법의 기능을 동시에 충족할 만한 문법 범주를 생각해 본다.

4.2 새로운 문법 범주 설정

위에서 우리는 '명사+가/고'의 '가/고'에 대해서 두 가지 방안을 제시하였던바, 여기서는 그것을 바탕으로 이들에 대한 새로운 이해를 시도해 보기로 한다. 이런 맥락에서 먼저 이들과 같은 기능을 수행하는 것으로 확인된 'ㄴ다' 유형들과 연계할 만한 방안부터 모색해 보기로 하자.

4.2.1 'ㄴ다' 유형과의 연계성

이 조건을 충족시킬 목적이라면 기존의 '첨사설'을 수용하면 될 것이다. 〈표 1〉에 정리된 대로 이 입장은 '명사+가/고'의 '가/고'와 'ㄴ다' 유형을 첨사라는 단일한 범주로 설정하고 있기 때문이다. 그럼에도 불구하고 이 글은 이런 입장에 대해 회의적임을 이미 밝힌 터여서, 그에 대한 합당한 이유를 제시할 수 있어야 할 것이다.

그러나 필자는 국어 첨사를 분명하게 정의 내린 바를 아직까지 찾지 못하였다. 다만 대부분의 연구자들이 그것을 '특수조사(보조사)'의 범주로 인정하고 그 특성을 "통사적으로 출현 위치가 고정되어 있지 않는(임동훈 2004: 126)" 것으로 이해하고 있다는 점만을 확인할 수 있었다.[8] 만약 기왕의 '첨사설'이 첨사를 이처럼 이해하였다면 우리가 주목하는 유형들은 여기에 해당하지 않는다. 먼저 제시한 예문 (1)~(5)와 (7)를 다시 보면 알 수 있듯이 이들의 통사적 위치는 언제나 어말로 한정되어 있는 까닭이다. 여기서 '첨사'를 후치사와 함께 특수조사의 한 부류로 규정한 임동훈(2004: 126)의 다음과 같은 의견이 참조된다.

8) 사실 '첨사'를 국어 문법 범주로 인정할 것인가에 대한 논의도 적지 않다. 김진형(1995), 이현희(1994) 등은 이를 독자적인 범주로 설정하기를 주저하고, 임동훈(2004), 최동주(1997) 등은 '후치사'와 함께 특수조사로 간주하지만 서로 구별되는 범주로 인정하고 있다. 그러나 이 글에서는 이에 대해서는 관심을 두지 않기로 한다. 현재 우리가 해결해야 할 문제는 기왕에 존재하는 '첨사설'이 정당한가만을 밝히면 되는 까닭이다.

(12) 특수조사는 주어 위치에도 나타날 수 있고, 목적어나 부사어의 위치에도 나타날 수 있어, 즉 어느 문장 성분과도 결합할 수 있어 통사적 관계의 표시와 무관하다. 또 특수조사는 선행어의 통사범주가 명사구로 제한되지 않는다는 특징이 있다. 특수조사는 명사뿐만 아니라 일부의 동사 활용형이나 부사, 심지어는 어근에도 결합할 수 있기 때문이다.

비록 표면에는 '첨사'라는 용어가 드러나지 않지만, 임동훈(2004)는 '첨사'를 '후치사'와 함께 특수조사로 간주하고, 이들을 구별하려는 맥락에서 위와 같은 의견을 개진하였으므로 (12)를 첨사에 대한 특징으로 간주하여도 무방하리라 생각한다. 첨사에 대한 이런 관점은 최동주(1997)에서도 살펴진다.

여하튼 이에 의하면 이기문(1961/1998), 이승욱(1963) 등에서 제기했던 대로 '명사+가/고'의 '가/고'와 'ㄴ다' 유형의 '고/가/다'를 첨사로 간주하기에는 어려움이 따른다. 첫째는 이들의 위치가 어말로 고정되어 있어서[9]이고, 둘째는 이들이 의문법을 형성하는 데 깊게 관여하고 있는 이상, '통사적 관계의 표시와도 무관한 것'으로 이해하기 어렵기 때문이고, 셋째는 기존의 첨사설에서는 선행어의 통사 범주를 명사의 기능을 지닌 것(동명사형)으로 규정하고 있는 이상, 위의 입장과는 처음부터 상치되는 것으로 이

9) 이와 관련하여 다음 예문이 참조된다.

가. 幾見雪霜ᄋᆡ 凋萬木마ᄅᆞᆫ 盤空聳檻ᄒᆞ야 更靑靑ᄒᆞ도다 (남명 하, 72)
나. 幾度江風이 連日起오마ᄅᆞᆫ 未聞沉却釣魚船호라 (남명 상, 40)

위 예문은 허웅(1995: 404)에서 '한문토에서만 보이는 것'으로 소개한 것이다. 그런데 여기를 보면 '명사+고'형 뒤에 '마ᄅᆞᆫ'이라는 연결어미가 결합하여서 '어말'에만 사용된다는 우리 생각과 배치되는 것처럼 보일 수도 있다. 하지만 이 경우는 허웅(1995)에서 언급했다시피 '…오'로 문장이 종결된 후에 '마ᄅᆞᆫ'이 연결된 것으로 해석해야 할 듯하다.

해되는 까닭이다. 다시 (7)를 보면 알겠지만, '첨사설'이 'ㄴ다' 유형의 '다/고/가'까지를 첨사로 간주한 이유는 그에 선행하는 'ㄴ'을 동명사어미로 처리함으로써 기원적으로 볼 때 국어에 명사문이 존재했을 가능성에 무게를 둔 생각이어서 이에 의하면 '첨사설'의 첨사는 체언과 명사적 기능을 하는 어형에만 연결되어야 하는 형식이다. 그러나 첨사는 조사와 달리 '동사 어간'에도 연결된다는 것이 일반적인 경향이어서 기존의 '첨사설'과는 다소 거리가 있다는 뜻이다.

이와 관련하여 기존의 '첨사설'에서는 예문 (5)의 (가), (다)에 보이는 '… 아니아'의 '아'에 대해 설명하기가 쉽지 않다는 사실도 고려되어야 할 것이다. '아니'를 부사로 보든지 아니면 '아니다'의 어간으로 보든지 간에 명사형이 아닌 것만은 분명하기 때문이다.

만약 이윤하(1999)의 견해를 수용하여 '다/고/가'의 문법소들을 '문말첨사'로 규정할 가능성도 있지만, 그러나 그러기 위해서는 이 역시 '다'에 선행하는 유형을 명사의 기능을 지닌 동명사형으로 보는 기본적인 입장을 포기해야만 한다. 이윤하(1999: 69)는 '문종결 형식 뒤에 다시 연결되는 형태를 문말첨사'로 간주한다는 전제 아래, '-느-, -더-, -삽-'과 같은 선어말어미가 연결된 형태 즉, '-ㄴ다, -(느)냐, -는가, -더라' 등을 포함시킨 까닭이다.

이로써 현재 우리 입장으로서는 기존 '첨사설'의 '첨사'를 이 글에서 주목하는 '명사+가/고'의 '가/고'와 'ㄴ다'의 유형에 적용하여 이해하려는 데에 실패하였다고 할 수 있다. 그렇다고 해서, 위의 유형들을 동일한 범주로 간주하려는 그들의 기본 생각에까지 회의적인 것은 아니다. 다만 이들을 첨사로 일컫기에는 여러 가지 문제가 예상된다는 것이다.

같은 맥락에서 다음으로 생각해 볼 만한 기존 입장은 '의문보조사'와 '의문조사'인데, 전자의 경우는 '명사+가/고'의 '가/고'와 'ㄴ다' 류를 '첨사'

로 명명하기 어려운 똑 같은 이유에서 회의적일 수밖에 없다. 다시말하면 예문 (1)~(5)의 유형들을 보조사로 일컫기에는 여러 가지 점에서 합당하지 않다는 것이다. 혹시 남기심·고영근(2002: 105)가 '-요'를 종결보조사로 처리한 것에 착안하여 이들을 '종결보조사'로 규정할 여지가 있는지를 생각해 보아야 하지만, 그러기에는 '가/고'의 통사적 성격이 무시할 수 없을 정도로 강하다는 사실이 문제로 작용한다. 즉 '요'가 문말에 오는 경우가 많기는 하지만, 대부분은 문장이 완결된 후에 연결되어서 그것이 독자적으로 수행하는 통사적 기능은 없는 것으로 이해된다[10]. 그러나 '명사+가/고'의 경우 '가/고'가 없으면 문장 자체가 성립되지 않으므로 이 '요'에 이끌려 그들을 '종결보조사'로 규정하기에도 어려움이 따르는 것이 사실이다.

이에 비하여 후자의 관점, 즉 이들을 '조사'로 간주할 여지는 아직 남아있는 셈이다. 격조사는 첨사를 포함하는 특수조사나 보조사와 달리 통사적 관계를 표시해주므로 이 입장을 수용하면 우선 예문 (1)~(5)의 '명사+가/고'의 '가/고'를 서술격 조사로 인정할 수가 있을 것이다[11]. 하지만 이

---

10) 이에 대해서는 많은 논의가 있었지만, '요'를 어떤 범주로 보느냐와는 달리 그것을 통사적 기능이 아닌 화자와 청자의 상황 맥락에 따른 기능으로 보는 데에는 의견 일치를 보이는 듯하다. 여기서는 최규일(2003: 219)의 다음과 같은 언급을 소개하는 것으로 그치기로 한다.

> … '요'의 의미 기능은 '요'가 갖는 형태소의 의미 기능에 따르기보다는 화용적인 화자와 청자의 상황·맥락에 따른 의미 기능으로 보아야 할 것이다. … '-요'의 이러한 여러 가지 의미기능(구실/직능)은 필수적이 아니고 부차적이다. 다시 말해서 '-요'의 언어적[형태적/통사적] 차이인 형태소의 차이가 아니라 화자[필자]의 담화 시 상황/맥락과 스타일의 차이로 보아야 한다.

11) 이런 맥락에서 이현희(1994: 123)의 다음과 같은 입장을 고려해 볼 필요가 있다. 거기서 그는 'NP_1이 NP_2'의 구성은 계사 '이'를 매개로 하여 지정구문을 형성하는 것으로 간주하고, 이 글에서 관심을 보이는 '명사+가/고'의 '가/고'에 의해서도 그와 같은 지정구문이 형성된다는 논지를 펼치고 있다. 즉 이 '가/고'가 NP_2에만 통합되는 것이 아

역시 조사에 '공손의 기능'까지를 부여해야 한다는 부담을 피하기 어렵고, 의문법과 공손법이라는 동일한 기능을 지닌 예문 (7)의 'ㄴ다' 유형과 다른 문법 범주로 상정해야 한다는 어려움도 무시할 수 없는 장애로 작용한다. 주지하다시피 이들 입장에서는 예문 (7)의 유형을 어말어미로 간주하기 때문이다.

이상을 정리할 때, 지금까지 관점으로는 이 글에서 주목하는 유형들의 특성을 만족할 만하게 설명하기가 쉽지 않다는 결론에 도달한다. 그러면 이 시점에서 고려해 볼 만한 또 다른 방안은 없는가. 생각해 보면, 애초에 필자는 '명사+가/고'의 문장에만 관심을 기울였었다. 그러다가 결국 이들이 의문법과 공손법에 관여한다는 사실을 깨닫고 'ㄴ다' 유형들과 연계하여 이해해야 한다는 생각에 도달하였다. 사고의 흐름이 이와 같다면 애초 우리의 관심사인 '명사+가/고'의 '가/고'를 종결어미로 이해할 여지는 없겠는가를 타진해 볼 만도 하다. 그럼으로써 '명사+가/고'의 '가/고'를 'ㄴ다' 유형의 '다/고/가'와 연계하여, 이 두 형에서 인지되는 문말에 위치하면서 의문문과 공손법을 만드는 데 관여한다는 사실을 드러내 줄 가능성을 모색할 수도 있을 터이기 때문이다[12].

니라 'NP₁이 NP₂라는 구성 전체에 통합되는 것으로 이해한 것이다. 필자가 잘못 이해하지 않았다면 요컨대 그는 여기의 '가/고'와 계사 '이'기능을 동일한 것으로 파악했다는 말인데, 그러나 여기에는 착오가 있는 듯하다. 그가 '이'를 '조사' 혹은 '지정사'로 일컫지 않고 '계사'로 일컬은 것은 그것의 기능을 '주어부'와 '서술부'를 이어주는 매개체의 역할로 이해했다는 것일 터이다. 계사 뒤에는 반드시 종결어미가 온다는 점을 참조할 때 충분히 개연성이 있는 생각이라 할 수 있다. 그러나 그러기에 '명사+가/고'의 '가/고'를 단순히 계사적 성격을 지닌 것으로만 해석할 수 없는 것이다. 모든 예문에서 관찰되다시피 그들은 주어부와 서술부를 이어주는 매개체가 아니라 서술부를 존재하게 하는 요소이기 때문이다.

12) 물론 '명사+가/고' 유형에만 관심의 초점을 두더라도 기존 입장으로 설명하기가 쉽지 않음이 사실이다. 그러므로 이에 대한 이해의 폭을 넓히기 위해서라도 새로운 관점이 있어야 하는데, 그렇다면 이와 동일한 기능을 지닌 'ㄴ다' 유형들에 이들을 흡수하는

4.2.2 의문형 종결어미로 수용

만약 '명사+가/고'의 '가/고'를 의문형 종결어미로 상정할 수만 있다면 전항에서 제시한 (11)의 조건을 모두 충족시키게 되지 않을까 한다. '어미'와 '조사'를 구별하려는 지금까지의 생각을 조금만 양보한다면 이와 같은 기대는 현실로 실현될 수도 있을 듯한데, 이런 맥락에서 서태룡(2006)이나 최현배(1929/1987)의 다음과 같은 의견을 참조하는 것도 의미가 있을 듯하다.

(13) 일정한 의미를 가지는 일정한 형식의 국어 문법형태소가 조사와 어미라는 차이에 관계없이 형식과 의미에서 동일성을 보이므로 조사와 어미를 구별하는 것은 문제가 있는 셈이다. ... 국어에서 조사와 어미는 한반도 남쪽의 한국에서 최 현배(1937/1971: 177−182, 197−204) 이후 현재까지 규범문법에서 구별되어 왔다. 그 이전에는 조사와 어미를 구별하지 않고, '토'라고 불렀고 현재 한반도 북쪽의 조선에서도 어미를 구별하지 않고 함께 '토'라고 부른다. ... 왜 전통적으로 조사와 어미를 구별하지 않고 토, 구결, 입겿으로 불러왔는지 생각해 보아야 한다. 서양 문법과 일본 문법에서 영향을 받은 조사와 어미의 구별이 해방 이후 반세기가 넘게 한국의 규범문법에 영향을 미치고 있다. 조사와 어미의 구별은 국어 문법의 전통에도 맞지 않고 국어 현상에도 맞지 않다. (서태룡 2006: 66−67)

(14) 이른바 "덧붙는 말"에는, 으뜸되는 말에 여러 가지의 종속적 조각인 씨가지가 더덕더덕 붙어서, 더러는 뜻을 더하고 더러는 말의 말본스런 관계를 나타내는 구실을 한다. 그런데 이 토씨도 결국은 더러는 뜻을 더하고, 더러는 말본스런 관계를 나타내는 씨가지에 지나지 아니하는 것이다. 그러한 즉, 토씨는 결국 아주 넓게 뜻잡은 씨가지−뒷가지로 봄이 옳다. (최현배 1929/1987: 199)

방안을 생각해 볼 수도 있다는 것이다.

조금 길다 싶게 인용하였지만, (13)은 조사와 어미를 구별하려 함은 국어 문법 전통에 맞지 않고 서양 문법과 일본 문법의 영향 하에 이루어진 것이어서 재고의 여지가 있다는 주장이다. 그리고 (14)는 토씨(조사)가 문장에서 하는 역할을 볼 때, '씨가지(어미)'의 일종이라는 것이다. 솔직히 필자는 이러한 생각 전반에 대해 이렇다할 의견을 제시할 만한 식견이 전혀 없다. 하지만 최소한 이 글의 관심사인 '명사+가/고'의 '가/고'와 관련하여서는 많은 문제점을 해결해 주리라는 기대가 없지는 않다. 그런 의미에서 다음 예문을 보도록 하자.

(15) 가. 일 ᄆᆞᄌᆞ 일우ᅀᆞᄫᆞᆯ 몬져 홇디니 萬幾 비록 하나 엇뎨 겨르리 업스리오 (월석 서, 17ㄱ)
나. (부처가 아난에게) ᄒᆞ다가 ᄯᅩ 솑가라ᄀᆞᆯ 보아 ᄃᆞᄅᆡ 體ᄅᆞᆯ 사ᄆᆞ면 이 사ᄅᆞᄆᆞᆫ 엇뎨 月輪 일훔 ᄯᆞᄅᆞ미리오 (능엄 2, 23ㄱ)
다. 이제 와 이셔 尊奉ᄒᆞᅀᆞᄫᆞᆯ 엇뎨 누기리오 (월석 서, 14ㄱ)
라. (부처가 아난에게) 네 봃 時節에 이 네라 나 아닌댄 見性이 周徧커니 너 아니라 뉘리오 (능엄2, 038ㄴ)

(16) 가. 슬후미 이어긔 잇디 아니ᄒᆞ니아 (두언 7, 14)
나. 시러곰 아니 玄圃山이 ᄆᆡ여뎌 왓ᄂᆞ니아 아니 소상이 드위텻ᄂᆞ니아 (두언 15, 29)
다. 닙소갯 블근 여르믄 시로 떠러덤직 ᄒᆞ니아 (두언 6, 16)[13)]

위에서 밑줄친 부분은 중세국어의 의문형 어미인 '오'와 '아'이다. 그런데 이들이 각각 앞서 살핀 예문 가운데 '가/고'가 음운변화를 입은 '아/오'(앞서 살핀 예문 3과 5)의 유형과 일치한다는 것을 깨닫게 되는바, 여기서

13) (16)의 예문은 허웅(1995: 509)에서 필자가 임의로 가려 뽑은 것이다.

우리는 이 두 유형의 관련성을 유추하게 된다. 누구나 위에 소개한 (15), (16)의 ‘아/오’와 앞서 살핀 예문 (3), (5)의 ‘아/오’가 같은 형식으로써 의문법이라는 동일한 기능을 수행하는 것으로 판단할 터이기 때문이다. 더 나아가 중세국어 의문형에는 다음과 같은 유형들도 존재한다는 사실까지를 참고해야 할 듯하다.

(17) 가. (부처가 사리불에게) 舍利弗아 … 다시 니르디 마라ᅀᅡ ᄒᆞ리니 엇뎨어<u>뇨</u> (석상 13: 40ㄴ)
나. (장자가 바라문에게) 어듸ᅀᅡ 됴ᄒᆞᆫ ᄯᆞ리 양ᄌᆞ ᄀᆞ자니 잇거<u>뇨</u> (석상 6, 13ㄴ)
다. (부처가 수달에게) 그에 精舍ㅣ 업거니 어드리 가<u>료</u> (석상 6, 22 ㄱ)
라. (부처가 아난에게) 어드우미 알ᄑᆡ 잇거니 엇뎨 안히 ᄃᆞ외<u>료</u> (능엄 1: 60ㄱ)

(18) 가. (부처가 아난에게) 이 香ᄋᆞᆫ ᄯᅩ 栴檀木애 나ᄂᆞ녀 네 고해 나ᄂᆞ녀 虛空애 나ᄂᆞ<u>녀</u> (능엄 3, 24ㄱ)
나. (부처가 비구에게) 내 니ᄅᆞ던 九羅帝 진실로 그러터녀 아니터<u>녀</u> (월석 9, 36중)
다. (부처가 선남자에게) 이 良醫의 虛妄ᄒᆞᆫ 罪ᄅᆞᆯ 니ᄅᆞ리 이시려 업스<u>려</u> (법화 5, 159ㄱ)
라. (부처가 아난에게) ᄇᆞᆰ고ᄆᆞ로 저를 사ᄆᆞ려 어드우ᄆᆞ로 저를 사ᄆᆞ<u>려</u> (능엄 2, 66ㄱ)

먼저 (17)의 ‘뇨/료’와 (18)의 ‘녀/려’는 안병희(1965/1992: 147-148) 등에서 ‘니/리’에 의문법 어미 ‘어/오’가 연결된 것으로 이해하는바, 여기서의 ‘어/오’는 방금 살핀 (15), (16)과 동일한 형태여서, 결국 우리가 주목하는 ‘명사+가/고’의 ‘가/고’와 맞닿아 있다고 할 수 있다[14]. 위의 ‘뇨/료’는 ‘니/

14) 이러한 입장은 고영근(2006: 151-152), 허웅(1995: 505-509) 등에서도 발견된다. 한편 예문 (18)의 ‘려’에서 분석되는 ‘어’는 ‘아’의 이형태이므로 예문 (16)의 ‘아’와 같은

리+오 〈고'로, '녀/려'는 '니/리+어 〈가'로 재구할 수 있는 까닭이다. 그런데 이보다 이러한 계연성이 비단 형식에서만 찾아지지 않고, '고'가 의문사를 동반하여 어떤 사실에 대해 설명을 요구하고, '가'가 가부의 판정을 요구하는 기능까지를 수반한다는 사실에 더 유의해야 한다.

일련의 이와 같은 현상을 볼 때, 지금까지 살핀 '명사+가/고'의 '가/고'와 '-ㄴ다, -ㄴ가, -ㄴ고'의 '다/가/고' 그리고 선어말 어미에 연결된 '오/아', '뇨/료, 녀/려' 등은 동일한 범주로 책정함이 문법 범주를 체계화하거나 기술할 때에도 도움이 되리라 생각한다. 보다시피 이들은 결국 '가/고'의 기능에서 변형된 형태로 이해되는데, 굳이 '명사+가/고'의 '가/고'만을 조사로 보고, 나머지를 어미로 간주할 필요는 없을 듯하기 때문이다. 그럼에도 불구하고 이들을 '첨사' 혹은 '(보)조사'와 종결어미로 이분해야 한다는 생각을 떨치기 어렵다면, 그것은 아마도 이들에 선행하는 자립성 여부를 강하게 인식해서일 터인데, 다음과 같은 현대문을 고려해봄직하다.

(19) 가. 그 일을 한 사람은 너거든.
나. 누구게?
다. 나무 중에 가장 단단한 것은 참나무지.
라. 호랑이 목에 방울을 단 용감한 녀석은 바로 토끼야.
마. 채린에게 공을 던진 놈이 바로 철수야?
바. 어떤 경우요?

위의 밑줄친 부분이 종결어미임은 말할 나위도 없는데, 바로 (대)명사에 연결되어 있음이 주목된다. 물론 이들을 계사 혹은 지정사 '이'가 생략된 것으로 이해할 수 있지만, 일상 대화에서는 위처럼 '이'를 생략하여 사용

어미로 보아도 무방하다. 이에 대한 자세한 논의는 안병희(1965/1992: 148)을 참조 바란다.

하는 경우가 많다는 사실을 감안하면 '명사+조사'라는 규칙이 현재의 생각처럼 그리 강력하지 않을 것이라는 유추도 가능할 듯하다. 만약 그렇게 절대적이라면 어떤 경우라도 '너이거든, 누구이게, 참나무이지, 토끼이야, 경우이요' 등처럼 '이'를 생략하지 않으려 할 것이기 때문이다. 여기에 더하여 '꼴답다, 정답다, 꽃답다' 등과 같이 명사 뒤에는 조사가 아닌 '답'과 같은 파생접사가 올 수도 있다(안명철 1995: 40)는 사실도 고려해보아야 할 듯하다. 여하튼 이런 정황들을 참조하면 '명사+조사'가 반드시 지켜져야 할 법칙은 아니지 않나 한다. 그런데 중세국어에는 다음과 같은 용례도 존재한다는 사실에 주목할 필요가 있겠다.

(20) 가. (정반왕이 신하들에게) 이 아니 내 鹿母夫人ᄋᆡ 나ᄒᆞᆫ 고진가 (석상 11, 32)

나. (원왕부인이 비구엑) 내 몸도 좃ᄌᆞ바 값 싸힌가 몯 값 싸힌가 (월석 8, 93ㄱ)

다. 어드메이 셔울힌고 (두시 15, p.100)

라. 이 經을 불어 닐오ᄃᆡ 엇뎨 모로매 상ᄋᆞᆯ 취티 아니ᄒᆞ야 여여ᄒᆞ야 뮈디 아니ᄒᆞ욤고 (금삼 5, 35ㄱ)

마. 이 이슘가 이 업솜가 (금삼 3, 39ㄱ)

바. 엇뎨 일후미 한 선근 심굼고 버거 아래 략히 니ᄅᆞ노니 (금강 35)

우선 (가)~(다)의 밑줄친 부분은 '곶+이+ㄴ가, 싸ㅎ+이+ㄴ가, 셔울ㅎ+이+ㄴ고' 등으로 분석되어 이승희(1996: 255)의 견해처럼 '명사+가/고' 사이에 '이'가 개입하여 이루어진 어형으로 이해된다[15]. 만약 이러한 분석

15) 사실 우리는 이와 유사한 어형을 예문 (7)에서 확인하였었다. 기억하겠지만, '현ᄒᆞᆫ가, 가ᄐᆞᆫ가'와 같은 용례로, 그러나 이는 동사 어간에 바로 'ㄴ가'가 연결되어서 '명사'에 '이'를 개입하여 형성된 (가), (나)와는 다른 구조로 이해해야 할 것이다.

이 타당하다면, 앞서 살핀 예문 (2)~(5)의 '명사+가/고'에서 '이'가 생략되었을 가능성에 대해서도 타진해 볼 수 있을 듯하다. 그들을 다시 상기할 때 거기에 출현하는 모든 명사는 모음이나 유음으로 끝났는데, 일반적으로 이와 같은 환경에서는 '이'가 생략되는 까닭이다. 현대문의 '철수다/준하다: 채린이다/윤근이다'를 생각하면 쉽게 이해될 것이다.

여하튼 여기의 '이'를 계사(이현희 1995, 김광해 1983)로 보든지 아니면 통사적 및 어휘적 파생 접사(안명철 1995)로 이해하든지, 그렇지 않으면 일반적인 경향대로 지정사 혹은 서술격조사로 보든지 간에 그것에 연결되는 문법소는 종결어미이지 조사가 아님은 분명하다. "이것은 책이다, 이것이 책이냐"와 같은 현대문에서, 강조한 '이' 다음에 연결된 문법소가 무엇인지를 생각하면 쉽게 이해될 터인데, 만약 이를 받아들인다면 '곳인가, 짜힌가' 등의 '이'에 연결된 'ㄴ가' 역시 조사가 아닌 종결어미로 해석해야 정당할 것이다. 이때 'ㄴ가/ㄴ고'의 'ㄴ'을 동명사형 어미로 볼 것인가, 아니면 관형사형 어미로 볼 것인가를 놓고 지나치게 고심할 필요는 없을 듯하다. 현재로서는 '이'를 어떻게 이해하든지 간에 그것에 연결되는 문법소는 어미이지 조사가 아니라는 사실만을 유념하면 될 터이기 때문이다.

이와 더불어 하귀녀(2004: 38~40)이 다음과 같은 예문에 보인 태도를 주목해야 할 듯한데,

(21) 가. 寂滅은 사도 아니ᄒᆞ며 죽도 아니ᄒᆞᆯ씨니 (월석 2, 16ㄱ)
나. ᄇᆡ 골ᄑᆞ고 목 ᄆᆞᆯ라 사도 몯ᄒᆞ며 죽도 몯ᄒᆞ야 (월석 22, 50ㄴ)
다. 比丘ㅣ 보고 너교ᄃᆡ 고ᄅᆞᆸ도 고ᄅᆞ빌쎠 (석상 24, 15ㄴ)
라. 님의게 보내오려 님 겨신 ᄃᆡ ᄇᆞ라보니 산인가 구름인가 머흐도 머흘시고 (사미인곡)

거기서는 '도'를 '보조사'가 아닌 '어미'로 간주하면서 이현희(2002: 10)

의 "중세국어 한국어 이전의 시기에서는 보조사와 어말어미가 미분화된 상태로 존재했었다."는 생각을 그 근거로 들고 있다. 이현희(2002)는 'NP1 이ᅀᅡ' 등에서 보이는 'ᅀᅡ'가 계사 '이'를 매개하여 출현하였다는 이유를 들어 'ᅀᅡ'를 보조사가 아닌 어미로 보아야 한다는 생각을 피력하고 있다. 그런데 우리가 방금 살핀 (20)의 (가)~(다)도 이와 동일한 구조라는 사실을 잊지 말아야 할 것이다. 즉 이들 역시 '계사+이/고'로 이해되는 만큼, 'ᅀᅡ'가 그러한 이유에서 어미여야 한다면 여기서 주목하는 '가/고' 역시 어미로 규정해야 한다는 것이다[16].

지금까지 살핀 정황으로 보아, '명사+가/고'의 '가/고' 형식이 어미이냐 아니면 조사이냐를 놓고 고민하기보다는 이들이 실제 문장 안에서 하는 역할이 무엇이냐를 밝히는 데 초점을 두는 것이 더 타당하지 않나 한다[17]. 이러한 취지에 동의한다면, 이들을 '(보)조사'보다는 '종결어미'로 규정하는 편이 더 합리적이라 생각한다. 만약 전자의 관점을 취한다면 지금까지에서 밝혀진 문제점들을 그대로 이어받아야 하지만, 후자의 관점을 취하면 '조사'나 '보조사'에 서법에서 담당해야 할 기능으로 인식되는 의문법을 무리하게 부여하지 않아도 될 뿐 아니라 이후부터 살필 다른 공손법과도

16) 그러나 하귀녀(2004)는 '도'를 '어미의 기능'을 지닌 것과 '보조사의 기능'을 지닌 것으로 구분하여 (20)처럼 동사 어간에 연결된 '도'는 전자로 '명사'에 연결된 '도'는 후자로 일컫고 있다. 그리고 정작 이현희(1995) 에서는 여기서 주목하는 '명사+가/고'형의 '가/고'는 서술격 조사로 규정하고 있다는 사실도 아울러 알아 두어야 할 것이다. 한편 (20)의 용례는 필자가 하 귀녀(2004)에서 임의적으로 발췌한 것임을 밝혀둔다.

17) 서태룡(206: 76)에서는 자립과 비자립성 여부가 조사와 어미를 구별하는 기준이 될 수 없다는 견해를 제시하기도 하였다. 그의 기본 생각은 '-이, -가, -을, -아, -고, -도'처럼 형식과 의미가 같은 경우에는 이들이 조사냐 아니면 어미냐를 구별하기 어려우므로 '교착어미'로 간주하자는 입장이다. 위에서도 언급했지만, 필자는 이에 대해 이렇다할 의견을 제시할 만한 능력이 없다. 하지만 우리의 논지를 전개하는 데에는 많은 도움이 되는 것은 사실이다.

자연스레 연계할 고리를 확보할 터이기 때문이다. 그러면 지금부터는 '명사+가/고'유형이 어떻게 공손법에 관여하는 지를 살펴보기로 하자.

(22) 가. (부처가 대중에게) 이 일후미 므스고 (능엄 5, 18ㄴ)
나. (부처가 아난에게) 이 밦 燈 블고매 나타난 두려운 光은 이 燈ㅅ 빗가 반ᄃᆞ기 보ᄆᆡ 빗가 (능엄 2, 80ㄴ)
다. (부처가 아난에게) ᄒᆞ다가 또 솏가라ᄀᆞᆯ 보아 ᄃᆞ릐 體ᄅᆞᆯ 사ᄆᆞ면 이 사ᄅᆞ믄 엇뎨 月輪 일훔 ᄯᆞᄅᆞ미리오 (능엄 2, 23ㄱ)
라. (부처가 사리불에게) 舍利弗아 … 다시 니르디 마라ᅀᅡ ᄒᆞ리니 엇뎨어뇨 (석상 13: 40ㄴ)
마. (부처가 수달에게) 그에 精舍ㅣ 업거니 어드리 가료 (석상 6, 22 ㄱ)
바. (부처가 아난에게) 이 香ᄋᆞᆫ 또 栴檀木애 나ᄂᆞ녀 네 고해 나ᄂᆞ녀 虛空애 나ᄂᆞ녀 (능엄 3, 24ㄱ)
사. (부처가 선남자에게) 良醫의 虛妄ᄒᆞᆫ 罪ᄅᆞᆯ 니ᄅᆞ리 이시려 업스려 (법화 5, 159ㄱ)

위 예문은 설명과 이해의 편의를 위해 지금까지 살핀 예문들에서 하나씩만을 다시 제시한 것으로, 이들을 보면 '명사+가/고'형이 비단 의문법에만 관여하는 것에 그치지 않고, 'ᄒᆞ라'체를 형성하는 데에도 관여한다는 사실을 깨닫게 된다. 여기에 등장하는 화자와 청자는 상위자와 하위자로 파악되는데, 상위자인 전자가 하위자인 후자에게 질문하면서 이러한 형식을 취하는 것으로 이해되는 까닭이다.

예컨대 (가)~(사)의 화자로 등장하는 부처는 각각의 청자에 해당하는 '대중, 아난, 사리불, 수달, 선남자' 등보다 상위자임은 재론의 여지가 없다. 그런데 그런 그가 상대에게 질문하면서 이러한 형식을 활용한 것으로 보아, 이들이 'ᄒᆞ라'체와도 밀접히 관련되어 있음은 충분히 유추할 수 있다. 이처럼 우리가 주목하는 '명사+가/고' 형은 상위자인 화자가 하위자인 청자에게 어떤 사안에 대해 설명을 요구하거나 답을 요구할 때 사용되는 공손법의 기능을 지니고 있다. 다시 말하지만 이러한 기능은 조사가 아닌 종결어미가 담당해야 할 몫이 아닌가 한다.

사실 이 유형을 '의문보조사'로 간주했던 기존 입장들도 우리와 같은 맥락에 있음이 확인되는데, 고영근(2006: 335)이나 안병희(1965/1992: 143-144) 등에서도 이들을 'ᄒᆞ라'체의 의문형 종결어미로 분류하고 있다는 점이 바로 그것이다[18]. 앞서 살핀 대로 고영근(2006), 안병희(1965/1992) 등은 '명사+가/고'의 '가/고'가 명사에 후치한다는 사실을 중시하여 의문보조사나 의문조사로 분류하였지만, 그 주된 기능이 화자 자신보다 하위자에게 답을 요구하는 의문형 종결어미라는 사실을 놓치지 않았던 까닭에 그와 같은 태도를 취한 것으로 이해된다. 이에 더하여 유창돈(1987)에서 '고'는 '토'로 분류하고, 음운 변화를 입은 '오'는 어미로 분류하는 혼동까지 빚고 있다는 사실도 참고해야 할 것이다[19].

이쯤에서 지금까지의 논의를 정리하자면 '명사+가/고'의 '가/고'는 (보)조사보다 종결어미로 보아야 한다는 것이다. 그 이유는 간단하다. 이들이

---

18) 먼저 고영근(2006: 335)에서는 '명사+가/고' 유형을 '(가) 얻논 藥이 므스 것고, (나) 이 엇던 光明고'의 예로써 소개하고, 이에 대해 "(가)는 태자가 대신들에게 하는 말이니 ᄒᆞ라체에 해당하며, (나)는 정반왕이 주위의 신하들에게 독백조로 하는 말이니 이 역시 'ᄒᆞ라'체에 속한다."로 설명하고 있다.
그리고 안병희(1965/1992: 143-144)에서는 'ᄒᆞ라'체의 의문법을 (가) 체언에 직접 연결된 조사 '고/오'와 '가/아', (나) 어미 '-뇨/-녀', (다) 어미 '-료/-리오'와 '-려/-리여', (라) 어미 '-ㄴ다' 등으로 분류하고 이에 대해 각기 설명하는 방식을 취하고 있는데, 이때도 물론 (가)의 유형이 포함되어 있다. (여기서는 고영근(2006)와 안병희(1965/1992)에서 사용한 번호와 기술 방식 등을 필자의 편의에 따라 선택하고 재 조정하였음을 밝혀둔다.)

19) 그 예를 보이면 다음과 같다.
고 : (토) 니ᄅᆞ샤ᄃᆡ 이 엇던 光明고 (月十 7)
오 : (어미) 엇뎨 일후미 般若오 (金剛序 8)

‘ᄒᆞ라’체라는 공손법의 의문형을 만드는 데 관여하는 이상, 조사보다는 어미로 보는 것이 타당하겠기 때문이다. 이런 관점에 설 때, 다음에 제시한 ‘ᄒᆞ쇼셔’체와 일관되게 설명할 길이 열리는 것도 사실이다.

(23) 가. (사리불이 부처에게) 세존하 엇던 인 엇던 연으로 .... 찬탄ᄒᆞ시니잇고 (법화 1, 161ㄴ)

나. (보현보살이 세존에게) ... 므슴 方便을 지ᅀᅥ 漸漸次第로 닷가 니겨ᅀᅡ 한 衆生ᄋᆞ로 한 幻ᄋᆞᆯ 永히 여희에 ᄒᆞ리잇고 (원각 상 2-1, 11ㄱ)

다. (대변 장자가 지장보살에게) 大士하 이 南閻浮提 衆生이 命終ᄒᆞᆫ 후에 ... 큰 利益과 解脫ᄋᆞᆯ 得ᄒᆞ리잇가 몯ᄒᆞ리잇가 (월석 21, 107ㄱ-ㄴ)

라. (녹모부인이 파라날 대왕에게) ᄒᆞᆫ 태자ᄅᆞᆯ ᄒᆞᆫ 부인곰 맛디샤 젓 머거 기르라 ᄒᆞ시면 아ᄃᆞ리 아니리잇가 (석상 11, 33ㄴ)

주지하다시피 위의 밑줄친 부분의 ‘잇고’와 ‘잇가’는 ‘ᄒᆞ쇼셔’체의 의문형 종결어미로, 여기서도 ‘가/고’가 발견되는데 그 기능 또한 ‘명사+가/고’의 ‘가/고’와 같은 것으로 파악된다. 즉 ‘고’는 의문사를 동반한 설명의문문의 기능을, ‘가’는 가부에 대한 답을 요구하는 판정의문문의 기능을 한다는 것이다. 따라서 이들을 동일한 범주로 규정함이 문법을 체계적이면서 간결하게 기술하는 한 방법이라 생각하고, 그렇다면 조사보다 어미로 보는 것이 어떠하겠느냐는 것이 필자의 기본 생각이다.

여기에 더하여 비록 현대문이긴 하지만 예문 (19)처럼 명사에 곧바로 종결어미를 결합시켜 사용하는 양상을 고려하거나, 예문 (21)처럼 중세국어에도 ‘가/고’가 지정사 혹은 계사로 간주되는 ‘이’ 뒤에 연결되었다는 점 등을 참작할 때도 ‘명사+가/고’의 ‘가/고’를 종결어미로 규정해도 무방할 듯하다. 여기에는 ‘도/ᅀᅡ’처럼 현재 보조사로 간주되는 어형들이 중세국어 시기에는 ‘어미’로 기능하였다는 사실을 참작할 때 ‘어미’와 ‘조사’는 중세

이전 시기뿐 아니라 당시에도 정확하게 분화되지 않았을 가능성도 배제하기 어렵다는 생각이 전제되어 있다. 이런 맥락이라면 어미가 아닌 '조사'로 명명할 수도 있겠지만, 의문법과 공손법을 만드는데 기여하는 문법소는 어미이므로 조사보다는 종결어미로 결정함이 국어 문법 체계 전반을 고려할 때 이로운 태도라 생각한다.

이상으로 우리는 '명사+가/고'의 '가/고'를 기존 입장과 달리 종결어미로 볼 것을 제안하였는데, 그 과정에서 논의된 내용을 간단히 정리하면 다음과 같다. 먼저 이 유형의 '가/고'를 첨사로 간주하는 입장에서는 이 외에도 'ㄴ다, ㄴ가, ㄴ고' 등의 '다/가/고'를 모두 첨사로 본다는 것인데, 이럴 경우 평서문의 '다'는 '종결어미'로, 의문문의 '다'는 첨사로 간주하는 식이 되어 종결어미 간의 연계성을 확보하기가 어려울 뿐 아니라 특수조사의 일종인 첨사에 의문법과 공손법의 기능을 부여해야 한다는 부담이 따르는 것으로 이해하였다.

이 점은 이들을 '보조사'로 간주하는 입장이나 '조사'로 간주하는 입장 모두에 적용되는바, 이 가운데 '조사'의 경우는 '명사+가/고'의 '가/고'에서 인지되는 통사적 기능을 인정한다는 점에서 여타의 입장과 구별되는 점이 없지 않지만, 그래도 여전히 조사에 의문법이나 공손법 등의 기능을 부여해야 한다는 문제에 봉착하기 마련이다. 본 항에서는 이 같은 문제점을 해결하기 위하여 이들을 종결어미로 규정하고자 하였다. 만약 우리가 주목하는 유형의 '가/고'가 조사이냐 종결어미이냐를 판별하기보다 그것이 문장 안에서 하는 역할이 무엇인가에 초점을 둔다면 먼저 화자 자신보다 하위자인 상대에게 어떤 것에 대한 설명을 요구하거나 대답을 요구하는 것으로 해석함이 정당한데, 그러면 이것은 조사보다는 종결어미로 보아야 하지 않겠느냐는 것이 우리 입장이다. 주지하다시피 공손법과 의문법은 조사가 아닌 어미가 담당하는 기능이기 때문이다.

그럼에도 불구하고 어미는 명사와 바로 결합할 수 없다는 의견이 제시될 수도 있는데, 이에 대해서는 '명사+가/고'가 계사를 매개로 하여 출현하기도 하였다는 사실과 함께, 현재 보조사로 이해하는 '도, 야' 등을 중세 혹은 그 이전 시기에서 '어미'로 추정한 이현희(2002), 하귀녀(2004) 등이 '중세 이전의 시기에는 어미와 보조사가 미분화되었을 것'으로 추정한 견해를 참조하기로 하였다. 물론 이러한 생각의 기저에는 국어가 "실질적인 의미를 가진 단어 또는 어간에 문법적인 기능을 가진 요소가 차례로 결합함으로써 문장 속에서의 문법적인 역할이나 관계의 차이를 나타내는 언어"인 교착어라는 사실이 전제되어 있다.

여하튼 이글에서 주목한 문법소를 (보)조사나 첨사로 규정한다면 중세국어 문장이 (보)조사로 종결될 수 있음을 인정해야 하지만, 어미로 간주할 경우에는 그와 같은 무리수를 두지 않아도 될 뿐 아니라, 'ᄒᆞ라'체의 다른 의문형 종결어미와의 계열성을 확보할 수 있을 것으로 기대한다. 그럼으로써 종국에는 'ᄒᆞ쇼셔'체와도 자연스레 관련할 수 있게 되어서 공손법 전반을 체계적으로 설명할 수 있다는 장점이 있지 않나 한다.

제2부

국어, 끊임없이 변화하는 실체

5

하위자 중심의 청자 존대 등급 분화*

국어 청자 존대 등급은 15세기에 'ᄒᆞ쇼셔〉 ᄒᆞ야써〉 (니: 반말)〉 ᄒᆞ라'체로 출발하여 '합쇼〉 해요〉 하오〉 하게〉 해〉 하라'체로 완성된 것으로 간주된다. 요컨대 국어 청자 존대 등급은 3~4등급에서[1] 6등급으로 분화되어 왔다고 할 수 있다. 물론 세부적인 사안에 대한 연구자들의 이견이 없지 않지만[2], 존대법은 국어 문법의 주요 특징으로 인정되는 만큼 그에 관여

* 이 장은 「한글 286」(2009)에 발표한 '국어 청자 존대 등급의 분화 과정 고찰'을 재정리한 것이다.

1) 주지하다시피 '-니'체에 대한 연구자들의 입장은 차이를 보이는바, 고영근(2006)·안병희·이광호(1992)·김영욱(1997)·장윤희(1998) 등은 독립된 말투로 인정하지만, 허웅(1995)·이승희(2004) 등은 독립된 말투로 인정하지 않는다. 전자의 관점을 취하더라도 존대 정도나 명칭 등에 대한 의견이 일치하지도 않는다.
   이 글은 이 같은 입장 차이에 특별한 의미를 두지 않고 15세기부터 일관되게 사용되었던 말투라는 사실만을 주목하여 논의의 대상에 포함하기로 한다.

2) 청자 존대법으로 명명해야 하는가, 아니면 공손법으로 명명해야 하는가라는 기본적인 문제에서부터 '해요'와 '해'체를 존대 체계 안으로 간주하여 존대법을 일원 체계로 구축할 것인가, 아니면 등외로 처리하여 이원 체계로 해석할 것인가와 같은 결정적인 문제들이 아직 의견일치를 찾지 못한 채로 남아있다. 이러한 문제적 사안과 그에 대한 입장 차이는 이경우(1998)·이상복(1984) 등에서 자세히 정리되어 있다.

하는 문법적 사실들은 다른 문법 범주와 밀접히 관련되면서 다양한 어형과 기능들을 보유하고 있다. 이런 여러 현상을 정리하여, 선학들은 위와 같은 공통된 체제를 수립한바, 그 노고는 높이 인정해도 지나침이 없다. 그것은 문헌으로밖에 존재하지 않은 언어적 사실들을 시기별로 면면히 검토한 후 사적으로 접근하는 노력이 선행될 때 가능하기 때문이다.

그럼에도 불구하고 필자는 청자 존대 등급의 분화 과정을 일목요연하게 정리한 논문을 쉽게 찾아볼 수 없었다. 물론 전적으로 필자가 과문한 탓이겠지만, 지금까지는 각 시대별 공손법 체계를 수립하는 데에 많은 역점을 두었던 것이 사실이다[3]. 위에서 언급했던 대로 사실 중세나 근대의 공손법은 전적으로 문헌에 의지하여 그 문법 사실을 규명해야 하는 터여서, 한 시대의 공손 체계를 수립해야 하는 자체만으로도 충분히 힘들고 고된 작업이었다. 하지만 이제는 그간 업적을 바탕으로 등급별 변천 양상을 정리하는 작업이 있어야 하지 않을까 한다. 이런 작업이 중요시 되는 까닭은 그동안의 업적으로서는 다음과 같은 의문점들을 해결할 수 없기 때문이다.

(1) 가. 현대국어 청자 존대 등급에 관여하는 어형들은 어떤 과정을 거쳐 현대에 이르게 되었는가?

나. 소위 중간 등급으로 이해되는 현대국어의 '하오·하게·해요·해'체는 어떤 대상을 위한 종결어미인가?

3) 청자 존대법에 대한 사적 고찰은 이기갑(1978), 이승희(2004), 박양규(1991), 서정목(1983), 최기호(1981) 등에서 치밀하고 상세하게 이루어졌다. 그러나 이들은 각 시기별 청자 존대법의 체계 수립을 중요시하여서, 종결어미별 변천 과정을 정리하지는 않은 듯하다. 예컨대 지금까지는 15, 16, 17세기와 같이 먼저 시대를 구분하여 각 시기에 활용되었던 종결어미들의 기능을 추적하는 데 역점을 두었지, 각 종결어미들의 사적 변천 과정에 초점을 두어, 그들의 변천 양상을 추적하지는 않은 듯하다.

현대국어 청자 존대 체계를 제대로 이해하기 위해서는 현재의 존대형 어미가 과거 어떤 존대형 어미에서 비롯하였으며, 중간에 새롭게 형성된 존대형이 있다면, 그 형성 동인은 무엇인가 등에 대한 정확한 이해가 선행되어야 한다는 점에서 (1.나)의 의문은 정당하다. (1. 나) 역시 같은 맥락에서 검토해야 할 문법 사실이다. 청자에 대한 존대 정도가 15세기에서 현대로 오는 동안 세분되었다는 것은, 존대해야 할 대상의 위상이 그만큼 세분되었거나 동일 대상에 대한 화자의 존대의 태도가 세분되었다는 뜻일 터인데, 상식적으로 전자는 이치에 맞지 않다. 화자의 상대는 상위자와 하위자, 그리고 동위자로 압축되는데, 이러한 등급 설정 기준은 상황에 따라 유동적으로 조정되거나 임의적으로 판정될 수 있는 성질의 것이 아니기 때문이다. 그런 의미에서 후자의 관점에서 이해함이 타당한데, 지금까지는 이들을 중간 등급이라는 애매모호한 개념으로 총괄하거나,[4] '아주높임, 예사높임, 예사낮춤,아주낮춤' 등으로 분류한 후, 청자의 등급을 거기에 맞춰 이해하는 방식을 취하였다.

필자의 생각으로는 화자의 상대는 하위자와 상위자로 이분하면 될 듯하고[5], 현재 청자 존대에 관여하는 종결어미들의 기능들은 이 두 범주 안에서 결정되어야 할 듯하다[6]. 이런 생각이 타당함을 전제할 때, 그렇다면 합쇼체와 하라체 이외의 종결어미들은 상위자와 하위자 가운데 어떤 대상을

4) 청자 존대법을 사적으로 접근하거나 현대 이전 시기를 연구 대상으로 하는 대부분의 논문은 이 같은 개념을 사용한다(이승희 2004, 이영경 1992, 황문환 2002, 서정목 1983 등). 존대 등급이 현대처럼 확실하게 분화되지 않은 점을 고려한 입장으로 생각되는데, 그러나 존대 정도가 중간에 해당하는 등급이 과연 무엇일까를 생각하면 제고의 여지가 있는 듯하다.

5) 이와 비슷한 논의가 남정미(2007)에서 이루어졌다.

6) 동위자는 서로 대등한 어형을 취하면 되고, 의도적이지 않다면 사실 또 그렇게 함으로 청자 존대법에서는 이들의 사용 양상에 관심을 두지 않아도 될 듯하다. 이런 맥락에서 이후 논지에서는 이 층위에 대해서는 언급하지 않기로 한다.

위해 생성되었으며, 그 이유는 무엇인가라는 의문이 제기된다. 이 장의 논의는 이런 의문에 대한 답을 제시하고자 하는바, 그러기 위해서는 국어 청자 존대법에 관여한 종결어미들을 사적으로 조망하면서 그 분화 과정을 추적해야 할 것이다.

앞으로 전개될 논지를 더욱 수월하게 이해하기 위해서는 국어 청자 존대 등급을 시기별로 정리할 필요가 있다. 이런 취지에서 고영근(2006), 허웅(1995·1989), 이기갑(1978), 이승희(2004), 황문환(2002), 강규선(1997) 등을 참조하여 청자 존대 등급의 대표형을 표로 제시하면 다음과 같다.

(2) 〈표 1〉 시기별 청자 존대 종결어미

현대	근대			중세	
20세기	19세기	18세기	17세기	16세기	15세기
합쇼	ᄒᆞ쇼셔	ᄒᆞ쇼셔	ᄒᆞ쇼셔	ᄒᆞ쇼셔	ᄒᆞ쇼셔
해요	ᄒᆡ요	ᄒᆞ오	ᄒᆞᄂᆡ	ᄒᆞ야쎠	ᄒᆞ야쎠
하오	ᄒᆞ오	ᄒᆞᄂᆡ	니	ᄒᆞᄂᆡ	니
하게	ᄒᆞ게	니		니	
해	ᄒᆡ				
하라	ᄒᆞ라	ᄒᆞ라	ᄒᆞ라	ᄒᆞ라	ᄒᆞ라

국어 청자 존대법 체계는 15세기 청자 존대 표지 '이'의 유무에 따라 'ᄒᆞ쇼셔'체를 상위자에 대한 존대형으로, 'ᄒᆞ라'체를 하위자에 대한 비존대형으로 양분한 후에, 이들과 다른 형식을 지닌 'ᄒᆞ야쎠'체를 전자보다 낮고 후자보다 높은 중간 단계로 규정한 데서 출발한다. 그리하여 이후에 등장한 종결어미들을 기존 종결어미의 대체형으로 해석하거나(ᄒᆞ야쎠 → ᄒᆞᄂᆡ) '합쇼'체보다 어느 정도 낮은지, 그리고 '하라'체보다 어느 정도 높은지를 판정하는 방식을 취해왔다.

요컨대 위 표에서 강조한 종결어미들을 청자 존대 등급을 세분하는 데 기여하는 어형으로 간주해 왔던 것이다. 그리고 이들을 중간 단계로 명명해 왔다. 일단 기존의 이런 태도를 수용한다고 할 때, 이 중간 등급은 어떤 대상을 위해, 그리고 무엇 때문에 이처럼 분화되어 왔을까 하는 의문이 제기된다. 지금부터는 이에 대한 궁금증을 해결하기로 한다.

5.1 사용 대상

서두에서 언급했듯이, 우리 관점에서 청자 존대법에 관여하는 종결어미들은 상위자와 하위자에 대한 대우 태도로 이해되므로 그 분화 과정 역시 이 두 대상에 대한 사용 양상을 중심으로 살펴야 할 것이다[7]. 이런 맥락에서 지금부터는 위에서 강조한 종결어미들의 변천사를 사용 대상자 중심으로 살피기로 한다.

5.1.1 하위자

화자가 하위자에게 사용했던 청자 존대법은 'ᄒᆞ라·ᄒᆞ야쎠·니·ᄒᆞᄂᆡ·ᄒᆡ' 체등인데, 'ᄒᆞ라'체는 사용 양상이 분명하므로 이 등급을 제외한 나머지 용례만을 살피기로 한다.

---

7) 이런 논지는 청자 존대의 객관적 등급은 존대와 비존대의 등급으로 이분된다는 필자의 평소 생각과 일맥상통한다. 본 논의를 위해서는 이와 같은 관점이 우선적으로 분명하게 제시되어야 하지만, 이에 대해서는 양영희(2000·2007) 등으로 미루기로 한다. 이미 논의하였기도 하거니와 이 부분까지를 이 글에서 다루면 논지 전개가 지루해질 뿐 아니라 논의의 초점이 분명하지 않을 우려가 있기 때문이다.
여하튼 이런 관점에서 보면 〈표 2〉의 '합쇼·하오·해요'체는 존대형으로 간주되며, '하라·하게·해'체는 비존대형으로 간주된다. 그리고 각각의 유형들은 상대에 대한 정서 관계에 따라 사용 양상을 달리하는 것으로 이해된다.

5.1.1.1 'ᄒᆞ야쎠'체

16세기 후반에 소멸한 것으로 추정하는 'ᄒᆞ야쎠'체는 다음과 같이 하위자에게 사용했던 말투(speech style)였다.

(3) 가. (바라문이 호미의 딸에게) "그딋 아바니미 잇ᄂᆞ닛가 …… 내 보아져 ᄒᆞᄂᆞ다 ᄉᆞᆯᄫᆞ쎠" (석상 6, 14ㄴ)
나. (이사발이 선우에게) 엇더닛가 그듸 나ᄅᆞᆯ 미드시ᄂᆞ니 몯 미드시ᄂᆞ니 (월석 22, 58)
다. (장모가 사위에게) ᄉᆞ실 시 모ᄅᆞ고 ᄑᆞ디 몯ᄒᆞᆯ가 초 올려 보내ᄂᆡᆼ다 (순천김씨 간찰 189)
라. (왕이 왕비에게) 올ᄒᆡᆼ다 내 ᄒᆞ마 친왕과 부마와 대학생과로 다 강론ᄒᆞ녀 닑게 ᄒᆡᆼ다 (내훈 2, 100ㄱ-ㄴ)
마. (태자가 바라문에게) 엇뎨 아니 더브러 가시ᄂᆞ니 …… 그듸 ᄃᆞ려 가면 내 깃구링다 (월석 20, 85ㄱ)

(3. 가~나)의 '-닛가'는 의문형이고, (3. 다~마)의 '-닝다'는 평서형이다. 그런데 이런 종결어미는 모두 상위자가 하위자에게 사용하였다는 점에서 공통된다. 예컨대 (3. 가)의 바라문과 호미의 딸은 전자가 후자에 비해 연장자이고, (3. 나)의 이사발과 선우는 공주와 거지 사이로 전자가 후자에 비해 신분상 상위자이며, (3. 마)의 장모와 사위 역시 전자가 후자에 비해 상위자이다. (3. 라)의 왕과 왕비는 대등한 신분이라 할 수 있지만, 부부 사이에서 남편이 부인보다 상위자의 대우를 받았던 과거 관행을 따른다면 이 역시 전자가 후자에 비해 상위자라 할 수 있다.

5.1.1.2 '니'체

'니'체를 독립된 등분으로 설정해야 하는지에 대한 입장에는 차이가 있지만, 일단 15세기에 사용된 점을 중시하여 그 용례를 간략히 살피면 다음과 같다. 여기에 더하여 이 말투는 15세기에는 매우 제한된 환경에서 존대 표지 '시'를 개입한 '시니'의 형태로써 상위자에게 사용되었다가 16세기 이후 하위자에게 사용되었다는 점에 주의할 필요가 있다. 예컨대

(4) 가. (迦葉이 婆羅門에게) 그듸는 어드러셔 오시ᄂᆞ니 (석상 23, 40ㄴ)
　　나. (선우태자가 옥녀에게) 그듸 龍王ㅅ 각시 아니시니 (월석 22, 43ㄴ)
　　다. (구이가 선혜에게) 부텻긔 받ᄌᆞ바 므슴 호려 ᄒᆞ시ᄂᆞ니 (월석 1, 10ㄴ)
　　라. (선우가 이사발에게) 그듸ᄂᆞᆫ 王ㄱ ᄯᆞ리오 나ᄂᆞᆫ 빌머긇 사ᄅᆞ미어니 어듸쩐 서르 恭敬ᄒᆞ시리 (월석 22, 55ㄴ-56ㄱ)
　　마. (엄마가 딸에게) 요ᄉᆞ이는 긔오니 엇더ᄒᆞ니 (순천김씨 간찰 58)
　　바. (선조가 후궁에게) 어ᄃᆡ 가 어ᄃᆞ리 …… 보낸 것 출화라 (언간 15)

15세기에는 평신도가 사제에게(4. 가), 혹은 인간이 용왕을 모시고 있는 시녀(4. 나)나 서로 대등한 입장(4. 다)에서 사용하였지만, 16세기에 들어서는 부모가 자식을 대할 때(4. 마)나, 왕이 후궁을 대하는 상황(4. 바)에서 사용했다. 이 같은 용법은 현대국어 의문형 종결어미 '니'에서도 확인할 수 있다.

5.1.1.3 'ᄒᆞᄂᆡ'체

'ᄒᆞᄂᆡ'체는 16세기 중반부터 다음과 같은 용례로 사용하였다.

(5) 가. (남편이 부인에게) 오직 옷츨 쟈기 주실가 ᄒᆞ뇌 엇디 편지를 아기 ᄒᆞ여 쓰여 보내신고 (순천김씨 간찰 108)
　　나. (남편이 부인에게) …그를 민망ᄒᆞ여 ᄒᆞ뇌 귀소ᄂᆡ 지븨 무러 보와 가부ᄒᆞ소 (순천김씨 간찰 52)
　　다. (정철이 부인에게) 오늘 졔를 ᄒᆞ옵도ᄯᆞᆫ가 더욱〃 쳐창ᄒᆞ여 ᄒᆞᄂᆡ (언간 6)
　　라. (시누이가 손아래 올케에게) 동싱님네씌 대되 요ᄉᆞ이 엇디 겨신고 …우리ᄂᆞᆫ 대되 무ᄉᆞ히 뫼ᄋᆞ와 인뇌 (순천김씨 간찰 53)

마. (장모가 사위에게) 요ᄉᆞ이 긔별 하 모ᄅᆞ니 아ᄒᆡ들ᄒᆞ고 엇디 인ᄂᆞᆫ고 분별ᄒᆞ뇌 (순천김씨 간찰 48)

이 'ᄒᆞᄂᆡ'체는 16세기에 소멸된 'ᄒᆞ야쎠'체의 용도를 대신한 말투로 'ᄒᆞ쇼셔'체와 'ᄒᆞ아쎠'체의 중간 등급(이승희 2004 : 66, 황문환 2002 : 32, 이영경 1992 : 38) 혹은 반말(허웅 1989 : 287, 김영욱 1995 : 184~185[8]), 남미정 2007 : 183), 예사높임(최명옥 1997 : 20) 등으로 인식되어 왔다. 현재 우리에게는, 어떤 입장이 정당한가에 대한 논의보다 위의 사용 양상으로 추정해 볼 때, 이 유형은 주로 가족 관계에서 상위자가 하위자에게 사용하였다는 사실이 더 중요하다. 요컨대 'ᄒᆞᄂᆡ'체는 남편이 아내에게(5. 가~다), 장모가 사위에게(5. 라), 혹은 시누가 손아래 올케에게(5. 다) 사용하였던 종결어미인 것이다. 이로 볼 때, 'ᄒᆞᄂᆡ'체는 16세기에 하위자에게 사용했던 말투임은 분명하다.

'ᄒᆞᄂᆡ'체의 이런 용도는 17·18세기에도 이어지면서 현대의 'ᄒᆞ게'체로 계승되었다고 할 수 있다.

(6) 가. (남편이 아내에게) 츈세 오나ᄂᆞᆯ 아기네 ᄃᆞ리고 편히 겨신 긔별 듣고 깃거 ᄒᆞ뇌 (진주하씨간찰 67)

나. (남편이 아내에게) 안쥬란 념통 산뎍과 ᄉᆡᆼ치 다리 둘 돕지 둘 네ᄒᆞᆯ 구워셔 겻드려 ᄒᆞᆫ 그ᄅᆞ세 노케 ᄒᆞ소 (진주하씨간찰 35)

다. (손위시누가 손아래올케에게) 세 대ᄅᆞᆯ 셜되 주매 인뇌 아ᄆᆞ리나 젼ᄒᆞ심 ᄇᆞ라뇌 ᄀᆞ업서 이만 ᄒᆞ뇌 (진주하씨간찰 115)

라. (시아버지가 며느리에게) 무ᄉᆞ히 ᄒᆡ산을 ᄒᆞ다 ᄒᆞ니 깃버ᄒᆞᄂᆡ …… 아ᄒᆡ 일홈으란 남여라 ᄒᆞ소 (언간 보3)

8) 김영욱(1995)은 'ᄒᆞᄂᆡ'체가 형태상 완전하지 못한 말투라는 의미에서 반말로 규정하지만, 실제 존대 정도는 예사높임으로 파악하고 있다는 사실에 주의해야 한다.

마. (동궁이 신하들에게) 자ᄂᆡ네로 하여 우리 집이 다 죽게 되엿ᄂᆡ (산성 80)

바. (사도세자가 혜경궁 홍씨에게) ᄌᆞᄂᆡᄂᆞᆫ 못 ᄉᆡᆼ각ᄒᆞᄂᆡ …… 셰손은 효쟝세ᄌᆞ의 양ᄌᆞᄅᆞᆯ 삼으면 엇디ᄒᆞᆯ가 본고 (한중 260)

사. (시숙모가 조카 며느리에게) 극한의 뫼요셔 평안ᄒᆞ오신 일 아ᄋᆞᆸ고 든든히 …… 년ᄒᆞ여 뫼오셔 평안ᄒᆞᆷ 바ᄅᆞᄂᆡ (언간 190)

아. (김승지 부인이 침모에게) 자네 눈우슘만 ᄒᆞ여도 사람 여럿 굿칠쥴 아랏네 (귀의성 상 27)

자. (강동지가 아내에게) 술잔이 ᄡᅥ날 ᄣᅢ가 업셧네 (귀의성 상 5)

먼저 (6. 가~마)는 'ᄒᆞᄂᆡ'체가 17세기에도 여전히 가족 관계를 중심으로 하위자에게 사용되었음을 보인 용례이다. 예컨대 남편이 아내에게 혹은 손위 시누가 손아래 올케에게 사용하였던 것이다. 다만 (6. 라)의 경우, 시아버지가 며느리에게 사용하였다는 점이 특이하지만, 어떻든 이 관계 역시 상위자가 하위자에게 사용하였다는 점에서는 다른 용례와 다르지 않다. 그리고 (6. 마) 역시 나이 어린 동궁이 신하들을 상대로 이 말투를 사용하였다는 점에서 여타 예문과 일맥상통한다. 이러한 용법이 18세기에도 이어졌음이, 남편이 부인을 대하는 태도(6. 바)에서나 시숙모가 조카를 대하는 태도(6. 사)를 통해서 확인된다. (6. 아, 자)는 신소설에 사용된 'ᄒᆞᄂᆡ'체로, 이 역시 앞선 시기와 같은 기능으로 사용하고 있다.

요컨대 'ᄒᆞᄂᆡ'체는 하위자에 대한 종결어미로 현대의 '하게'체로 계승하였다고 할 수 있다[9].

---

9) 이 형과 관련하여 살필 말투가 바로 다음에 소개한 'ᄒᆞᄋᆞᆸᄂᆡ'체이다.

가. (문정관이 통사왜에게) 네 代官의 가 내말로 그적긔 여긔 ᄂᆞ려와 어제라도 오올거ᄉᆞᆯ 路次의 ᄀᆞᆺ브매 이제야 門ᄭᆞ지 왓ᄉᆞᆸᄂᆡ (첩해 1, 1ㄱ)

나. (문정관이 도선주에게) 우리ᄂᆞᆫ 어음을 ᄡᅥ 무사히 왓ᄉᆞᆸ거니와 ᄇᆡ ᄒᆞᆫ ᄎᆡᆨ이 ᄣᅥ뎟ᄉᆞ오

5.1.1.4 'ᄒᆡ'체

다음에 소개한 'ᄒᆡ'체의 위상에 대해서 그간 적지 않은 논의가 있었지만, 대체적으로 하위자에게 사용하는 '반말'체로 규정하는 데 동의하는 듯하다[10].

(9) 가. (어사가 농부에게) 셩엣장 다랏시면 응당 ᄎᆞ지 (남원 4, 28ㄴ)
  나. (어사가 월매에게) 집으로 가지 (남원 5, 14ㄱ)
  다. (강동지가 아내에게) 우리 길순이를 첩으로 ᄃᆞᆯ라ᄒᆞ니 참 농쌈 ᄭᅮ엇지 (귀 상 4)[11]
  라. (이시종이 처남에게) ᄇᆡ혼 것이 잇셔야 ᄉᆡ집을 가지 (추월색 29)
  마. (궁의 부인이 하녀에게) 남의 자식을 위하야 이 고ᄉᆡᆼ을 ᄒᆞ고 잇ᄂᆞᆫ 것이 ᄂᆡ가 병신이지. (혈의누 51)

위에 소개한 'ᄒᆡ'체는 19세기부터 사용되기 시작하여(9. 가, 나) 20세기

니 글로 ᄒᆞ여 근심ᄒᆞᄋᆞᆸᄂᆡ (첩해 1, 8ㄴ)
다. (보모 나인이 영창대군에게) 사나흘만 피졉 나갓다가 올 거시니 보션 신고 웃옷 닙고 날 조차 가ᄋᆞᆸ새 (서궁 26ㄱ)
라. (어린 나인이 상궁 정순에게) 공쥬 ᄌᆞ계 역질 긔휘ᄋᆞᆸ도쇠 (서궁 17ㄱ)

이 말투에 대해서는 'ᄒᆞᄂᆡ'체보다 높은 등급으로 간주하여 다음에 살필 'ᄒᆞ오'체의 전신으로 간주하는 입장(장경희 1977, 김정수 1984, 이유기 1997, 남미정 2007, 이태영 1999)과 ᄒᆞᄂᆡ'체와 대등한 등급으로 간주하는 입장(이기갑 1978, 이영경 1992, 황문환 2002)이 있는데, 여기서는 후자의 관점을 취하여 더 이상의 논의를 하지 않기로 한다. 이승희(2004 : 175)에서 언급했던 대로 이 어형은 19세기에 들어 소멸되었음은 물론이고 19세기에도 여전히 하위자를 상대로 하는 말투로 확인되는 만큼, 'ᄒᆞᄂᆡ'체와 같은 용법을 지닌 것으로 규정해도 무방하리라 생각하기 때문이다.

10) 이 유형을 정당한 공손법의 한 등급으로 보아야 하는지, 아니면 등분 외로 보아야 하는지에 대한 이견도 만만치 않지만, '반말'에 대한 정의도 학자들마다 같지 않다. 그러나 여기서는 이에 대해 자세히 다루지 않고, 박재연(2004), 박영준(1996) 등으로 미루기로 한다.

11) 이 글은 한국학문헌연구소 편, 아세아문화사(1978)에서 발간한 『한국 개화기 문학총서, 신소설·번안(역)소설』을 연구 대상으로 삼았다.

초 신소설(9. 다~라)를 거쳐 현대에 이르러서는 매우 활발히 사용하는 종결어미로, 보다시피 상위자가 하위자에게 사용하였다. 예컨대 (9. 가)의 이 몽룡이 농부를 대한다든지 비록 장모이지만 자신보다 신분이 낮은 기생을 상대할 때, 혹은 남편이 아내를 대하거나 매부가 처남 등을 대할 때 사용하였다.

이상 15세기부터 현대에 이르는 동안 하위자를 대하는 데 사용하였던 청자 존대 등급은 'ᄒᆞ라·ᄒᆞ야쎠·니·ᄒᆞᄂᆡ·ᄒᆡ(해)체' 등으로 정리된다. 이 가운데 'ᄒᆞ야쎠'체가 16세기 들어 가장 먼저 소멸하였고, '니'체는 상위자를 상대하는 의문형으로 출발하였지만, 16세기에 하위자에 대한 종결어미로 바뀌었으며, 'ᄒᆞᄂᆡ'체는 현대의 '하게'체로 계승되는 한편, 19세기에 사용하기 시작했던 'ᄒᆡ'체는 '해'체의 모습으로 현재 가장 활발히 사용하고 있다. 그러면 상위자를 상대로 하는 종결어미는 어떤 유형들이 존재할까. 지금부터는 이에 대해 살펴보기로 한다.

5.1.2 상위자

이미 예상했겠지만, 여기에는 '합쇼·하오·해요'체가 해당되는바, 이 논의에서는 'ᄒᆞ라'체와 같은 맥락에서 'ᄒᆞ쇼셔'체〉 '합쇼'체의 변천 과정은 살피지 않기로 한다. 다만 현재의 'ㅂ니까, ㅂ니다'가 신소설에서 '-습니다, -십듸다, -습닛가'의 형식으로 사용되기 시작하였다(민 현식 1984 : 134~147, 이 승희 2004 : 179 참조)는 사실만을 언급해 두기로 한다.

5.1.2.1 'ᄒᆞ오'체

'ᄒᆞ오'체는 18세기부터 다음과 같은 용례로 사용하기 시작한다.

(10) 가. (김인겸이 사상에게) 문ᄉᆞ들과 명무 군관 죽을 죄 잇사오니 ᄉᆞ획ᄒᆞ여 쳐치ᄒᆞ오 (일동 4, 15ㄴ)

나. (혜경궁이 사도세자에게) 어이 뭇디 아니ᄒᆞ시ᄂᆞᆫ 사ᄅᆞᆷ 죽이오신 말을 ᄒᆞ야 겨오시오 (한중 196)

다. (화완옹주가 정조에게) 그 일을 그ᄃᆡ도록 ᄒᆞᆯ일이오 져리 요란이 ᄒᆞ야 세상의 모ᄅᆞ리 업ᄉᆞ니 마노라 무ᄉᆞᆫ 사ᄅᆞᆷ이 되게소 (한중 404)

라. (혜경궁이 정조에게) 과연 다힝이오 …… 그 집의셔 날을 원망을 오죽히 ᄒᆞᆯ가 보오 (한중 408)

이승희(2004 : 160)에 의하면 'ᄒᆞ오'체가 처음 등장한 『일동장유가』에서는 위처럼 하위자인 화자가 상위자인 청자를 대할 때 'ᄒᆞᄂᆞ이다'체와 혼용하였으며, 『한중록』에서는 어머니가 왕이 된 아들을 상대하거나(10. 라), 아내가 남편(10. 나), 혹은 고모가 왕이 된 조카를 대하면서(10. 다) 사용하였다고 한다.

이런 용도로 사용하던 'ᄒᆞ오'체는 그동안 앞서 살핀 'ᄒᆞᄂᆡ'체와 연관되어 많은 논의가 있었는데, 'ᄒᆞᄂᆡ'체의 계승형으로 간주하는 입장과 'ᄒᆞ오이다'의 절단형으로 해석하는 입장들이 바로 그것이다[12]. 그러나 이 논의에서는 'ᄒᆞ오'체가 상위자에게 사용하였던 종결어미라는 사실에 초점을 두기로 하자. 여하튼 이런 기능은 19세기를 경유하여 현대에 이어지고 있음이 다음 예문을 통해 확인된다.

(11) 가. (향단이 이도령에게) 셔방님 시장ᄒᆞᆫᄃᆡ 어셔 요긔나 ᄒᆞ옵시오 (남원 4, 39ㄱ)

나. (방자가 이도령에게) 도련님 여러 말솜 그만ᄒᆞ오 (남원 1, 16ㄴ)

다. (춘향이 관속에게) 나ᄂᆞᆫ 읍ᄂᆡ 츈향이오 (남원 4, 41ㄴ)

라. (옥련이가 양어머니에게) 어머니 ᄂᆞ는 졸업장 맛탓소 (홍도화 48)

12) 최명옥(1976), 이기갑(1978) 등에서는 'ᄒᆞ오'체를 'ᄒᆞᄂᆡ'체의 간소형으로 해석하고, 서정목(1993), 남미정(2007) 등은 'ᄒᆞ오이다'류의 절단형으로 간주하고 있다. 그러나 어떤 관점에 있든지 그것이 '숩'으로부터 형성되었다는 점에서는 의견 일치를 보인다.

마. (강동지 부인이 남편에게) 나는 우리 길순의 싱갓을 ᄒᆞ면 뼈가 녹는듯 ᄒᆞ오 (귀의성 상 3)

바. (옥련이 서생에게) ᄂᆡ가 그ᄃᆡ의 은혜를 바다셔 오늘 이럿케 공부를 하얏스니 심히 곰압소 (혈의누 71)

(11. 가~다)는 19세기에 이 말투가 상위자에게 사용했음을 보여주고, (11. 라~바)는 20세기에 가족(11. 라, 마) 또는 사회적으로 상위자에게 사용했음을 보여주고 있다.

5.1.2.2 'ᄒᆡ요'체

마지막으로 살필 상위자에 대한 청자 존대 종결어미는 'ᄒᆡ요'체로 다음과 같은 용법으로 사용되었다.

(12) 가. (하녀가 상전에게) 엇지 ᄋᆡ가 더럭 쓰이는지 별싱각을 다 ᄒᆡ 보았셔요 (빈상설 21)

나. (영창이 아내에게) 이는 우리 황식인종도 차차 진흥되는 조짐이지오 (추월색 96)

다. (김승지가 박참봉에게) 여보 어제 ᄃᆡᆨ에 사름 ᄒᆞ나 보ᄂᆡᆺ지오 (귀의성 상 45)

라. (춘향이 이도령에게) 나는 ᄂᆡ 셰간 다 가지고 삿갓가마 타고 도련님 뒤흘 ᄯᆞ라 가지오 (남원 2, 25ㄱ)

마. (춘향이 월매에게) 그리면 어더 드리지오 (남원 5, 4ㄱ)

현대의 '해요'체가 분명히 인식되는 용례는 (12. 가)이고, 그 외는 '지오'의 형식을 취하고 있다. 이로 볼 때, '해요'체는 고영근(1974)의 지적처럼 20세기 중반에 들어 본격적으로 사용하였다고 할 수 있다. 여하튼 'ᄒᆡ요'체는 위에서 확인되듯이 사회적인 관계나 가족 관계에서 하위자가 상위자에게 사용하였다.

지금까지 우리는 청자 존대 종결어미의 사용 대상을 상위자와 하위자로 나누어 시기별 용례를 검토하였는데, 이런 논의들은 다음과 같이 정리된다.

(13) 〈표 2〉 청자 존대 종결어미의 변천 과정

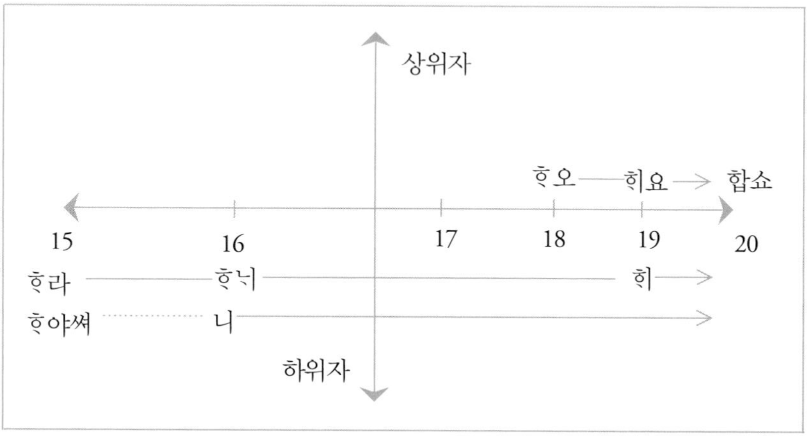

이로 볼 때, 국어 청자 존대법은 하위자 중심형으로 규정된다. 상위자에 대한 종결어미는 18세기의 'ᄒᆞ오'체를 시작으로 분화하였지만, 하위자에 대한 종결어미는 15세기의 'ᄒᆞ야쎠'체를 시작으로 먼저 분화되기 시작했다는 점이나, 전자는 'ᄒᆞ오'체 이후 비교적 단순한 어형 변화를 보였지만, 후자는 'ᄒᆞ야쎠'체 이후 'ᄒᆞᄂᆡ, 하게' 등처럼 어형이 자주 변하였다는 사실들을 고려할 때 그러하다. 더 나아가 위의 표에서 보다시피 후대에 이르러 하위자에 대한 등급의 수가 더 많다는 점을 볼 때도 그러하다. 어쨌든 어형 변화가 많았다는 것은 그만큼 언중들이 그 어형을 자주 사용했음을 방증하는 것으로 이해할 만하기 때문이다. 이와 같은 사실을, 우리는 국어 청자 존대법을 '하위자 중심'형으로 명명하기로 한다.

5.2 등급의 분화 과정

만약 우리 추정대로 국어 청자 존대법이 하위자 중심으로 발달하였다면, 그 명칭은 공손법이 아니라 '청자 존대법' 혹은 '상대 존대법'이라 해야 옳다. 주지하는 대로 자신을 낮추는 태도를 '공손'이라 하므로, 만약 이 용어를 취하면 하위자에게 'ᄒᆞᄂᆡ·ᄒᆞ라·ᄒᆞ야쎠'체 등을 사용한 경우를 상위자인 화자가 하위자인 청자에게 자신을 낮춘 것으로 이해해야 하는데, 이와 같은 해석은 상식에 부합하지 않는다. 화자가 특별한 이유에서 의도적으로 자신을 낮추려 하지 않는 한, 하위자에게 자신을 낮출 필요는 없기 때문이다.

그러나 존대는 '높여 대접함'을 뜻하므로 그러한 태도는 자신을 낮추지 않고도 얼마든지 취할 수 있다. 따라서 위에 언급한 종결어미들을 존대의 등급에 관여하는 말투로 규정하면 하위자인 상대를 높여 대접할 때 사용하는 말투로 이해된다. 필자는 이 관점이 훨씬 자연스럽다고 생각한다. 비단 이런 이해가 하위자에게만 유효한 것은 아니다. 상위자는 상위자이므로 그에 상응하는 태도로써 높여 대접할 수 있는 것이다.

이러한 해석이 새삼 여기서 거론되어야 하는 까닭은, 새로운 어형을 만든 언중들의 의도를 정확히 파악하는 것이, 이 항의 목표인 등급 분화 과정에 대한 이해를 돕는 관건으로 생각하기 때문이다. 곧 하위자와 상위자에 대한 말투가 'ᄒᆞ쇼셔, ᄒᆞ라'체로 분명히 존재했음에도 언중들이 어형을 창출한 데에는 그만한 이유가 있었을 터여서 그것을 정확하게 이해할 때, 등급 분화 과정도 자연스레 파악되리라는 뜻이다.

현재로서는 '하위자 중심'에서 '관계 중심'으로 등급이 분화되지 않았을까 한다. 앞서 언급했듯이 하위자에 대한 종결어미가 먼저 분화되었다는 점이나, 동일 대상에 대한 존대 방식이 비단 신분상의 상하 관계로만 한정되지 않는다는 점 등을 고려할 때 그러하다. 이제 이에 대한 논의를 본격적으로 시작하도록 하자.

5.2.1 하위자 중심

등급 분화가 하위자 중심으로 진행되었다는 점은 앞서 살핀 변천 과정을 통해 어느 정도 개진되었다는 판단 아래, 더 이상 자세한 언급을 피하기로 한다. 그러나 'ᄒᆡ'체와 'ᄒᆡ요'체의 형성 과정은 이 같은 우리 주장을 보강해 주므로 이에 대해 잠시 살필 필요가 있다.

(14) 가. (어사가 노인에게) ᄇᆡᆨ셩드리 만세불만 션졍비ᄅᆞᆯ 세운다 ᄒᆞ니 그러ᄒᆞᆯ시 분명ᄒᆞᆫ지 (남원 4, 17ㄱ)
나. (사또가 이 도령에게) 무어시 엇지ᄒᆞ여 (춘향전 96)
다. (사또가 이방에게) 네 골의 춘향리란 계집이 ᄆᆡ우 ᄉᆡᆨ이라지 (춘향전 178)
라. (복단 어미가 금분에게) 열흘 불근 ᄭᅩᆺ시 업고 십년 가ᄂᆞᆫ 셰도가 업셔 (빈상설, 12)
마. (리 진각이 딸에게) 진작 ᄂᆡ손으로 쥭어 버리고 말지 (홍도화 상 12)

'ᄒᆡ'체의 사용이 확인된 문헌은 19세기의 『남원고사』로 한정되는 것으로 보아 당시에는 그리 활발하게 사용되었던 종결어미는 아니었던 듯하다. 이후 신소설에서 비교적 활발히 사용되다가 20세기 중반에 이르러 본격적으로 사용한 것으로 추정된다. 그리고 현재 '반말'로 명명되고 있다. 이 반말에 대한 정의는 이견이 있지만, 종결어미로 끝을 맺지 않은 형식이라는 점에서는 대체적으로 공감하는 듯하다[13]. 고영근(1973, 1974)이 '해'체를 '요 통합 가능형'으로 규정한 것이라든지, 김정대(1983), 서정목(1983) 등이 그 기원을 부사형이나 접속어미에서 찾으려는 시도 등이 이를 입증한다.

박영준(1996)은 이러한 반말은 신라의 향가 때부터 사용되었다고 주장

13) 일반적으로 '반말'은 존대법의 측면에서는 청자를 분명하게 높이지는 않지만, 이를 드러내지 않은 말(이승희 2004 : 180)로, 형태적 측면에서는 '말을 그저 어물어물하며 끝을 아물리지 않는 말(박영준 1996 : 98)'로 간주하는 듯하다.

한다. 곧 향가의 '伊波'나 16세기 『번역노걸대』의 '이바, 두워' 등과 같은 감탄사를 종결어미를 사용하지 않는 반말로 해석한 것이다[14]. 이를 수용한다면, 반말의 형식은 최소한 15세기부터 존재하여 '니-ᄒᆞ닉>하게-히>해'체로 변천하여 오늘까지 계승된 것으로 보아도 무리가 없을 듯하다. 그런데 다음에 살필 '히요'체는 그렇지 않다.

(15) 가. (책방이 사또에게) 사또 그ᄉᆡ 심심ᄒᆞ지요? (춘향전 81)
　나. (춘향이 이도령에게) 나를 어버건이와 나는 무거워 엇찌 어버요? (춘향전 90)
　다. (향단이 어사또에게) 엇쪠ᄉᆞ나요 엇쪠ᄉᆞ나요? (춘향전 286)
　라. (금분이가 상전에게) 엇지 ᄋᆡ가 더럭 쓰이ᄂᆞᆫ지 별ᄉᆡᆼ각을 다 ᄒᆡ 보았셔요 (빈상설 21)

앞서 살핀 '히'체가 1864년경의 『남원고사』부터 사용되었지만 그 기원은 최소 15세기로 추적됨에 비하여 위의 '히요'체는 그보다 늦은 시기에 사용하였다. 신창순(1984 : 256~263)에서 '해요'체를 19세기 초에 성립된 종결어미로 간주하면서도 '-요'의 존대법 참여 시기를 1940년대로 결정한 것이나, 고영근(1974 : 83)에서 '해요'체 사용 시기를 20세기 중반으로 보고 있는 점 등은 바로 '히요'체가 19세기에 이르러 사용되기 시작하다가 20세기에야 하나의 종결어미로 정착되었음을 말해준다.

요컨대 현재 형식면이나 기능면에서 같은 범주로 인식하는 '히'체와 '히요'체의 형성 시기는 상당한 차이가 있다는 것이다. 이런 사실이 우리에게 중요한 의미를 지니는 까닭은, 같은 범주로 인식되는 최근의 청자 존대 등

14) 종결어미를 생략하거나 절단하여 형성한 어형이라는 면을 중시하여 '반말'로 규정한 입장은 김영욱(1997), 허 웅(1989), 고영근(2006) 등에서도 찾아진다. 비록 이들이 반말로 지칭하는 형식이 '니·ᄒᆞ닉'체 등으로 같지 않더라도,이런 형식을 반말로 명명한 점에서는 의견 일치를 보인다.

급의 생성도 결국은 하위자에 대한 태도부터 시작되었음을 시사하고, 이러한 결론은 앞서의 논의와 맥이 통하면서 국어를 하위자 중심의 존대 체계로 명명하려는 본 논지에 힘을 실어주는 것으로 이해되는 까닭이다.

5.2.2 관계 중심

지금까지 우리는, 동급자는 상호 대등한 존대 양상을 취하면 되는 까닭에 정작 대우 태도와 관련하여 고려해야 할 사항은, 상위자와 하위자가 서로를 상대하면서 사용하는 말투의 사용 양상임을 전제로, 국어 청자 존대법은, 하위자 중심으로 발달·분화되었음을 입증하고자 하였다. 이런 과정에서 필연적으로 제기되는 의문은 존대 대상이 상위자와 하위자로만 이분된다면 언중들이 왜 굳이 새로운 어형을 만들어 등분을 분화시키는 수고를 감수했겠느냐는 것이다. 이제는 이에 대해 생각할 차례이다.

이런 맥락에서 고려할 만한 관점이 바로 사회에서의 '정서적 관계'이다. 상대의 직함이나 연령 등과 같은 객관적 지표는 변할 수 없지만, 정서적 관계는 얼마든지 변할 수 있다. 즉 어떤 계기를 통해서 서로가 친근해지기도 하고 소원해지기도 한다. 상대에 대한 화자의 이러한 정서는 말투에 반영되기 마련인데, 거기에 존대를 표하는 종결어미가 이미 형성되어 있다면, 이를 반영하기가 쉽지 않을 터여서, 언중들은 이런 상황에서 기존의 종결어미를 이용하여 새로운 어형을 만들지 않나 한다.

이 같은 생각이 어느 정도 타당하다면, 이때 하위자 등급에는 [+존중]의 정서가, 상위자 등급에는 [+친밀]의 정서가 분화 기제로 작용한 듯하다. 그러면 먼저 'ᄒᆞ닉(ᄒᆞ게)'체의 용례에서 그 가능성을 타진해 보자.

5.2.2.1 [+존중]

위에서 언급했듯이, 이와 같은 기제는 다음에 소개한 'ᄒᆞ닉〉하게'체와

‘ᄒᆡ’체의 형성 배경으로 관여했을 가능성이 크다.

(16) 가. (남편이 아내에게) 춘세 오나ᄂᆞᆯ 아기네 ᄃᆞ리고 편히 겨신 긔별 듣고 깃거 ᄒᆞᄂᆈ (진주하씨간찰 67)

나. (시아버지가 며느리에게) 무ᄉᆞ히 ᄒᆡ산을 ᄒᆞ다 ᄒᆞ니 깃버ᄒᆞᄂᆡ …… 아ᄒᆡ 일홈으란 남여라 ᄒᆞ소 (언간 보3)

다. (사도세자가 혜경궁 홍씨에게) ᄌᆞᄂᆡᄂᆞᆫ 못 ᄉᆡᆼ각ᄒᆞᄂᆡ …… 셰손은 효쟝세ᄌᆞ의 양ᄌᆞᄅᆞᆯ 삼으면 엇디ᄒᆞᆯ가 본고 (한중 260)

라. (강동지가 아내에게) 술잔이 쩌날 ᄶᅴ가 업셧네 (귀의성 상 5)

이 말투들은 생성할 때부터 주로 가족 관계에서 하위자에게 사용되었음을 기억할 것이다. 만약 이들이 객관적인 상하 관계만을 고려했다면 기존에 있었던 ‘ᄒᆞ라’체를 사용하면 되었을 것이다. 그러나 어떤 이유에서든지 상대를 존중하려는 정서가 형성될 수 있는데, 그렇다고 해서 상위자에게 사용하는 ‘ᄒᆞ쇼셔’체를 사용할 수는 없었을 것이다. 상황이 이러할 때, 언중들은 ‘ᄒᆞ쇼셔’체의 어형을 축약 또는 절단하여 그와 구별되는 새로운 말투를 만들었지 않나 한다. 그럼으로써 ‘ᄒᆞ쇼셔’체를 사용하지 않으면서도 상대에 대한 [존중]의 감정을 표현했을 것이다[15].

그런데 비단 이런 정서가 가족 관계만으로 한정될 이유는 없을 터여서, 비록 사회적 상하 관계일지라도 가족 같은 친밀한 관계가 형성되어 상대를 존중하려는 의지가 있다면 다음처럼 ‘ᄒᆞᄂᆡ(하게)’체를 사용했던 것으로 추정된다.

(17) 가. (동궁이 신하들에게) 자ᄂᆡ네로 하여 우리 집이 다 죽게 되엿ᄂᆡ (산성 80)

15) 청자 존대 표지가 제대로 실현된 어형보다 그렇지 않은 어형이 존대 정도가 약하다는 사실은 한동완(1988), 남미정(2007), 서정목(1983) 등에서 이미 밝혀진 바 있다.

나. (김 승지 부인이 침모에게) 자네 눈우숨만 ᄒᆞ여도 사람 여럿 굿칠줄 아랏네 (귀의성 상 27)
다. (서씨 부인이 하인에게) 네가 무엇이라고 힛노? (목단화 288)

먼저 (17. 가~다)는 사회적 신분의 상하 관계가 분명하여서 '하라'체를 사용해도 하등 문제가 되지 않는다. 그럼에도 'ᄒᆞᄂᆡ'체를 사용한 까닭은 앞선 맥락과 같이, 오랜 세월을 같이 하여서 가족처럼 친밀하게 되어 객관적 상하 관계 이외에, 인격적으로 대우를 해 주거나 혹은 상대방의 나이를 인정해 주고 싶을 경우에 그에 대한 대접으로 이해된다.[16] 요컨대 'ᄒᆞᄂᆡ〉하게'체는 하위자에 대한 존중의 감정을 표현하기 위해 분화된 청자 존대 종결어미인 것이다.

한편 19세기에 본격적으로 사용하기 시작한 '히〉해'체 역시 이런 기능을 지녔다고 할 수 있다. 예컨대

(18) 가. (어사가 월매에게) 집으로 가지 (남원 5, 14ㄱ)
나. (이 시종이 처남에게) ᄇᆡ혼 것이 잇셔야 싀집을 가지 (추월색 29)
다. (복단 어미가 금분에게) 열흘 불근 쏫시 업고 십년 가는 셰도가 업셔 (빈상설 12)

보다시피 '히'체는 친밀감을 지닐 법한 관계에서 상위자가 하위자를 대하는 말투로 그 사용 환경이 'ᄒᆞᄂᆡ'체와 동일하다. 필자는 현대의 '하게'체가 쇠퇴하고 있는 원인을 이에서 찾는다. 즉 20세기 전까지는 'ᄒᆞᄂᆡ'체가

16) 이와 같은 용법은 현대에서도 찾아진다.

(교수가 학생에게) "자네 지금 어디 가는가?"

교수와 학생은 연령이나 사회적 관계를 참작하더라도 전자가 후자를 '하라'체로 상대할 수 있지만, 어떤 이유에서든지 상대를 존중하고자 한다면 위와 같이 하게체로 상대한다.

독립적인 기능으로 'ᄒᆞ라'체의 기능을 보완했지만, 이후 '해'체가 활발히 사용됨으로써 기능이 같은 두 어형이 존재하게 되었을 것이다. 친밀한 관계의 하위자를 존중하려는 기능을 지닌 'ᄒᆞ닉'체와 '히'체가 19세기 후반부터 공존하게 되었다는 뜻이다. 이에 따라 이들은 생존을 위한 갈등을 빚게 된 듯한데, 젊은 층을 중심으로 '해'체가 세력을 확장하게 되니 '하닉〉하게'체는 자연히 쇠락해 가고 있는 것으로 추정된다.

5.2.2.2 [+친밀]

다음에 소개한 'ᄒᆞ오'체는 정서적 관계를 표지하기 위해 형성되었다는 점에서는 앞서 살핀 'ᄒᆞ닉'체와 맥을 같이 하지만, 이 경우는 상위자에게 친밀함을 표현하기 위해 만들어졌다는 점에서 차이를 보인다[17].

(19) 가. (혜경궁이 사도세자에게) 어이 뭇디 아니ᄒᆞ시ᄂᆞᆫ 사ᄅᆞᆷ 죽이오신 말을 ᄒᆞ야 겨오시오 (한중 196)

나. (화완옹주가 정조에게) 그 일을 그ᄃᆡ도록 홀일이오 져리 요란이 ᄒᆞ야 셰상의 모ᄅᆞ리 업ᄉᆞ니 마노라 무ᄉᆞᆫ 사ᄅᆞᆷ이 되게소 (한중 404)

---

17) 사실 청자 존대 등급 설정에서 [±존중]이나 [±친밀]의 자질을 부여하는 것이 다소 임의적으로 보일 소지도 있다. 문헌으로 존재하는 담화 상황에서 상대와의 주관적 정서를 분명하게 밝히는 데에는 한계가 있기 때문이다. 그러나 객관적인 상위자와 하위자에 대한 말투가 전자는 '합쇼'체로 후자는 '하라'체로 분명한데, '하라'체를 사용할 하위자에게 전자를 활용한 말투(ᄒᆞ닉〉하게, 히〉해)로써 대하였다는 것은 그를 객관적인 상하 관계 안에서 [+존대]로 대하기보다 [+존중]의 차원으로 대하는 것으로 해석할 여지도 있는 듯하다.

같은 맥락에서 객관적으로 '합쇼'체로 상대할 대상에게 그것을 활용한 새로운 말투(하오, 해요)를 사용하였다는 것은, 그만큼 상대를 [+친밀]하게 대하는 것으로 이해할 수 있다. 한동완(1998) 등에서 언급하고 있듯이 존대형을 완전하게 사용하는 것이 생략하거나 축약한 것보다 존대의 의미가 더 분명한데, 그것을 완전히 사용하지 않은 '하오, 해요'체를 상대에게 사용했다고 해서 그 상대를 [-존대]하는 것으로 해석하기보다 그만큼 [+친밀]하게 생각하는 것으로 해석하는 편이 더 타당할 수 있기 때문이다.

다. (향단이 이 도령에게) 셔방님 시장ᄒᆞᆫ듸 어셔 요긔나 ᄒᆞ옵시오 (남원 4, 39ㄱ)

라. (옥련이 서생에게) ᄂᆡ가 그ᄃᆡ의 은혜를 바다셔 오ᄂᆞᆯ 이럿케 공부를 하얏스니 심히 곰압소 (혈의누 71)

마. (옥련이가 양엄마에게) 어머니 ᄂᆞ는 졸업장 맛탓소 (홍도화 48)

18세기에 생성된 'ᄒᆞ오'체는 위처럼 가족 관계에서 하위자가 상위자를 대할 때 주로 사용되었다. 만약 객관적 상하 관계만을 고려한다면 여기의 화자들은 청자들에게 'ᄒᆞ쇼셔'체를 사용해야 마땅하다. 이들은 세자 혹은 임금 등과 같은 지존의 신분(19. 가, 나)이거나, 신분 격차가 심한 상전(19. 다, 라) 혹은 의붓어머니 등이기 때문이다. 그런데 단순한 상하 관계 이전에 가족이거나 혹은 그에 버금가는 친분이 형성된 사이임을 고려하면, 상황은 달라질 수 있다. 즉 화자로서는 상대에 대한 친밀감을 표현하려는 욕구가 있을 수 있고, 나아가 이런 정서를 언어에 반영하려 할 것이다. 이때 언중들은 기존의 존대 등급에 사용되었던 말투를 축약 혹은 절단해서 'ᄒᆞ오'라는 종결어미를 생성하지 않았나 한다.[18] 화자의 이런 의도가 상위자 등급을 분화하는 데로 이어졌다는 것이 필자의 생각이다.

그런데 19세기에 등장한 'ᄒᆡ요'체도 다음과 같이 친밀한 관계에서 하위자가 상위자를 대할 때 사용하였다. 그러다보니 방금 살핀 'ᄒᆞ오'체와 기능이 중복될 수밖에 없을 터인데, 젊은 층과 여성층을 중심으로 'ᄒᆡ요'체를 많이 사용하다보니,[19] 전자가 쇠퇴의 과정을 겪고 후자가 세력을 확장

18) 일반적으로 '하오'는 '숩'을 기원으로 하는 'ᄒᆞ오이다'체에서 형성된 것으로 추정한다. 다만 축약형(최명옥 1976, 이기갑 1978)으로 인정해야 하느냐, 아니면 절단형(서영목 1993, 이승희 2004, 남미정 2007)으로 인정해야 하느냐라는 점에서 차이를 보일 뿐이다.

19) 고영근(1974)에서는 '해요'체를 20세기 중반부터 여성들을 중심으로 사용되기 시작한

해 가고 있는 듯하다.

(20) 가. (영창이 아내에게) 이ᄂᆞᆫ 우리 황ᄉᆡᆨ인종도 차차 진흥되는 조짐이지오 (추월색 96)

나. (춘향이 이도령에게) 나를 어버건이와 나는 무거워 엇찌 어버요? (춘향전 90)

다. (향단이 어사또에게) 엇쪠ᄉᆞ나요 엇쪠ᄉᆞ나요? (춘향전 286)

흥미로운 점은, '하오 : 해요'체의 이런 역학 관계가 앞서 살핀 'ᄒᆞᄂᆡ : 해'체와 동일 선상에서 이해될 만하다는 사실이다. 이들은 객관적 상하 관계가 아닌 정서적 관계를 표현할 목적에서 생성된 종결어미이지만, 각각 후에 출현한 말투에 밀려 먼저 생성된 말투가 쇠퇴의 과정을 겪고 있다는 점이 바로 그것이다. 즉 'ᄒᆞ오'체와 '해요'체는 공히 상위자에 대한 말투이지만, 후에 출현한 '해요'체에 밀려 먼저 생성된 'ᄒᆞ오'체가 쇠퇴하는 과정이, 'ᄒᆞᄂᆡ'체와 '해'체에도 그대로 적용된다는 것이다. 다만 이 말투들이 하위자에 대한 말투라는 점에서 'ᄒᆞ오/해요'체와 차이를 보인다.

이상을 종합할 때, 청자 존대의 등급 분화는 객관적 상하 관계 이외의 정서적 관계까지를 표현하려는 언중들의 의도에서 기인한 것으로 풀이된다. 다시 말하면 상위자에 대한 'ᄒᆞ쇼셔'체와 하위자에 대한 'ᄒᆞ라'체로써는 상대에 대한 자신의 정서를 반영하기 어려워 전자를 다시 'ᄒᆞ오'와 '해요'체로 분화하고, 후자를 다시 'ᄒᆞᄂᆡ〉하게'체와 'ᄒᆡ〉해'체로 분화하였다는 것이다. 그런데 후에 출현한 '해요'체와 '해'체가 먼저 생성된 'ᄒᆞ오'체와 'ᄒᆞᄂᆡ'체를 밀어내고 세력을 확장하고 있다는 의미이다[20]. 등급의 분화 과

종결어미로 간주하고 있다.

20) 이러한 관계적 자질이 상대에 대한 말투에 반영되는 현상은 다음 예문의 비교에서 명료해진다.

정이 이러하므로, 다음과 같이 등급 간의 말투의 혼용도 가능했을 터이다.

(21) 가. 아이고 설운댜 부모 동ᄉᆡᆼ 니벼ᄅᆞᆫ 무ᄉᆞ 일고 …… 동셔남브글 ᄉᆞ방을 도라 보리 뉘 내의 졍 알리 이실고 혜아리거ᄃᆞᆫ ᄉᆞᆯ〃 셜워ᄒᆞ뇌 (순천김씨 간찰 191)

나. (아버지가 딸에게) 유무 보고 이시니 깃게라 나도 사라ᄂᆞᆫ 인노라 …… 그리 다 하ᄂᆞᆯ히 그리 삼기니 과그리 사ᄅᆞ미 샹ᄒᆞ여 엇디 ᄒᆞ뇌 (순천김씨 간찰 54)

다. (박 동선이 아들에게) 민망ᄒᆞᆫ 이리로다 덕동이ᄂᆞᆫ 보낸가 부듸 ᄎᆞᆺ도록 ᄒᆞ여라 (언간 34)

라. (신 광수가 첩에게) ᄂᆞ려 간 후 됴히 잇ᄂᆞᆫ다 간 후 ᄒᆞᆫ 번도 고목 아니〃그 언일고 (언간 152)

(22) 가. (김인겸이 사상에게) 그러치 아니ᄒᆞ오 ……ᄒᆞ딕ᄒᆞ고 가ᄂᆞ이다 (일동 1, 26ㄴ)

나. (혜경궁 홍씨가 정조에게) 병환이 겨시오니잇가 …… 이 무ᄉᆞᆫ 일이오

가. (셔병신이 하인인 자근돌에게) 엇덧케 ᄒᆞᆯ 것이 무엇 잇나? (목단화 280)
나. (셔병신이 하녀인 금년에게) 나ᄂᆞᆫ 모양 안보는 ᄉᆞ롬일다. (목단화 265)

위의 화자와 청자의 객관적 상하 관계는 주인과 하인으로 동일하다. 그런데 동일한 화자가 (가)의 하인에게는 '하게'체를 사용하고 (나)의 하인에게는 '하라'체를 사용하고 있음이 주목된다. 이는 전자의 경우는 나이가 40이 넘은 성인임에 비하여 후자는 10대의 미성년이기 때문으로 풀이되는바, 그만큼 후자에 비해 전자를 [+존중]의 태도로 대하려는 화자의 의도가 반영된 것이 아닌가 한다. 다음 자료 역시 같은 맥락으로 이해된다.

가. (옥돌이가 심과장 모에게) 마님 소인 불너 계심닛가? (홍도화 상 21)
나. (룡네가 심과장 모에게) 령감님게 드렷셔요. (홍도화 하 52)

위에서 보다시피 동일한 청자에게 (가)의 화자는 '합쇼'체를 사용함에 비하여 (나)의 화자는 '해요'체를 사용하는데, 그렇다고 해서 이들이 청자를 더 존대하거나 덜 존대하는 것이 아니라 상대에 대한 친밀도가 다른 것으로 해석된다.

(한중 460)

다. (혜경궁 홍씨가 사도세자에게) 어이 뭇디 아니ᄒᆞ시는 사ᄅᆞᆷ 죽이오신 말을 ᄒᆞ야 겨오시오 …… 냐죵은 남을 타슬 삼으시니 아니 답답ᄒᆞ오니잇가 (한중 196)

(21)은 'ᄒᆞᄂᆡ'체가 'ᄒᆞ라'체와 혼용한 용례이고, (22)는 'ᄒᆞ오'체가 'ᄒᆞ쇼셔'체와 혼용한 용례이다. 이러한 혼용이 비단 위의 두 말투에만 드러나지는 않지만(정준영 1995 참조), 만약 'ᄒᆞᄂᆡ·해'체와 'ᄒᆞ라'체 그리고 'ᄒᆞ오·해요'체와 'ᄒᆞ쇼셔'체가 객관적인 등급의 차이를 보인다면 이런 양상은 존재하기 어렵지 않나 한다. 그렇다면 객관적 상하 관계는 'ᄒᆞ라체'와 'ᄒᆞ쇼셔'체가 담당하고 그에 따른 정서적 관계는 'ᄒᆞᄂᆡ〉하게·ᄒᆡ〉해'체와 'ᄒᆞ오〉하오·ᄒᆡ요〉해요'체가 담당한다는 결론에 도달한다. 이런 내용은 다음처럼 정리된다.

(23) 청자 존대 등급 분화 양상

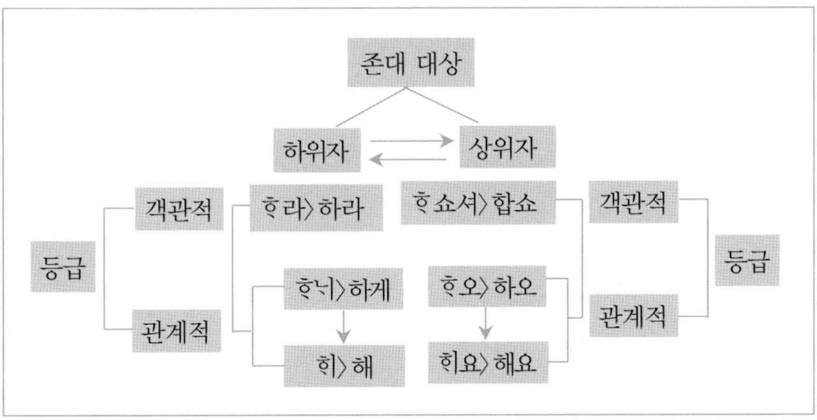

곧 존대 대상이 상위자와 하위자로 이분될 때, 상·하위자의 객관적 등급은 'ᄒᆞ라〉하라'체와 'ᄒᆞ쇼셔〉합쇼'체로 이분되고, 각각의 등급은 청자와의

관계적 정서를 고려하여 다시 전자는 'ᄒᆞᄂᆡ>하게'체로 분화되며, 후자는 'ᄒᆞ오>하오'체로 분화된다. 그런데 이런 정서적 분화는 19세기 이후로 'ᄒᆡ>해'체와 'ᄒᆡ요>해요'체로 대체되어 가고 있는 것으로 추정된다.

여기서는 청자 존대법에 관여하는 종결어미의 변천 양상을 정리하여, 등급의 분화 과정을 규명하는 데 목적을 두었다. 이 과정에서 논의된 내용은 다음과 같다. 먼저 존대 대상은 하위자와 상위자로 이분되고, 전자는 'ᄒᆞ라'체로써, 후자는 'ᄒᆞ쇼셔'체로써 대하는 것으로 간주하였다. 그리고 이런 말투를 사용한 등급을 객관적 등급으로 해석하였다. 이후 각각의 등급은 청자와의 관계에 따라 분화되었는데, 하위자에게는 [+존중]의 정서를 표현할 목적에서 기존 청자 존대 종결어미를 축약 또는 단절시켜 'ᄒᆞᄂᆡ'체를 형성하여 이를 사용하고, 상위자에게는 [+친밀]의 정서를 표현할 목적에서 이 역시 기존 종결어미를 이용하여 'ᄒᆞ오'체를 형성하여 사용한 것으로 이해하였다. 그런데 이런 정서적 표현은 19세기에 들어서면서 전자는 'ᄒᆡ> 해'체로, 후자는 'ᄒᆡ요> 해요'체로 대체되어 가는 과정에 있는 것으로 결론하였다.

이런 양상을 본 논의에서는, 청자 존대의 등급이 화자와 청자의 정서적 관계를 반영하기 위해 세분하는 것으로 이해하였다. 곧, 상위자와 하위자라는 객관적 사실에 근거하여 존대 등급과 비존대 등급으로 분화된 이후에는 줄곧 청자에 대한 화자의 정서적 관계를 표현하기 위해 등급이 분화되었다는 것이다.

이와 더불어, 국어 청자 존대 등급은 하위자 중심으로 분화되었다는 결론에 도달하였다. 상위자에 대한 종결어미는 18세기의 'ᄒᆞ오'체를 시작으로 분화하였지만, 하위자에 대한 종결어미는 15세기의 'ᄒᆞ야쎠'체를 시작으로 먼저 분화되기 시작했다는 점이나, 전자는 'ᄒᆞ오'체 이후 비교적 단순한 어형의 변화를 보였지만, 후자는 'ᄒᆞ야쎠'체 이후 'ᄒᆞᄂᆡ, 하게' 등처럼 어형이 자주 변하였다는 사실들을 고려한 것이다. 여기에 더하여 하위자에 대한 등급이 상위자에 대한 등급보다 다양하다는 점도 유념하였다. 여하튼 어형 변화가 많았다는 것은 언중들이 그만큼 그 어형을 자주 사용했음을 방증하는 것으로 이해할 만하다.

이 같은 작업은 선행 연구에 힘입은 바 크지만, 그동안의 단선적인 사적 고찰을 반성하여 존대 등급의 분화 과정을 체계화할 수 있었다는 점에서 어느 정도 의의를 찾을 수 있지 않나 한다.

6

하라체의 의문형 변천 양상*

주지하다시피, 15세기 'ᄒᆞ라'체 의문형에는 다음과 같은 종결어미들이 존재하였다.

(1) 가. (왕이 태자에게) ᄌᆡ조ᄅᆞᆯ 어루 홇다 (석상 3, 12ㄱ)

나. (부처가 아난에게) 阿難아 一切 衆生이 … 業을 當ᄒᆞ야 그우ᄂᆞ니 엇뎨 두 봄고 (능엄 2, 79ㄱ)

다. (장자가 왕과 비구에게) 이 ᄯᆞ리 너희 죵가 (월석 8, 94ㄴ)

라. (미륵보살이 문수보살에게) 부톄 道場애 안ᄌᆞ샤 得ᄒᆞ샨 妙法을 닐오려 ᄒᆞ시ᄂᆞᆫ가 授記ᄅᆞᆯ 호려 ᄒᆞ시ᄂᆞᆫ가 (석상 13, 25ㄴ-26ㄱ)

마. (부처가 아난에게) 이 이ᄅᆞᆫ 엇던 因緣으로 이런 相이 現ᄒᆞᆫ고 (법화 3, 112ㄱ)

바. (선공이 마야에게) 부텨는 이 常住法身이어시니 엇뎨 國土ᄅᆞᆯ ᄡᅳ시리오 (원각 상 2-2, 160ㄴ)

사. (태자가 수달에게) 앗가ᄫᆞᆫ ᄠᅳ디 잇ᄂᆞ니여 (석상 6, 25ㄴ)

* 이 장은 「언어와 언어학 46」(2009)에 발표한 '15세기 ᄒᆞ라체 의문형 종결어미의 변천 양상'을 재정리한 것이다.

아. (오조 연 화상이 유정 상좌에게) 이는 百丈ㅅ히믈 得ᄒᆞ니야 馬祖ㅅ히믈 得ᄒᆞ니야 (몽산 31ㄱ)

자. (석가가 난타에게) 네 겨지븨 고보미 天女와 엇더ᄒᆞ더뇨 (월석 7, 12ㄴ)

차. (불자가 대중에게 설법하기를) 이 道ᄅᆞᆯ 便安히 行ᄒᆞ시면 뉘 ᄃᆞ사 恭敬 아니ᄒᆞᅀᆞ오료 (법화 5, 50ㄱ)

카. (석가가 문수에게) 一切 諸佛 菩薩와 (13ㄴ)… 忉利天에 모댓 ᄂᆞ니ᄅᆞᆯ 네 數ᄅᆞᆯ 알리로소녀 (월석 21, 14ㄱ)

그런데 이런 유형들이 현대국어에서 '-니, -냐'로 정리된 바, 여기서 우리는 '하라'체 의문형 종결어미들은 15세기에서 현대로 오는 동안 적지 않은 변화를 거쳤음을 추정할 수 있다[1]. 위에 소개된 '-ㄴ다, -여/야, -녀/뇨' 등은 현대국어 '하라'체 의문형 종결어미로는 사용되지 않은 유형들이며, '명사+가/고'형은 경상도 방언에서만 화석화되어 남아 있는 것으로 추정되는 한편, '-ㄴ고/가'형은 현재 'ᄒᆞ라'체 이상의 등급에서 사용되고 있다.

본 장에서는 이런 사실에 주목하여 'ᄒᆞ라'체 의문형의 변천 양상을 살펴보고자 한다. 15세기 존대법이나 의문형에 관심을 가진 연구자라면 이렇

1) 논의를 시작하기 전에 본고에서는 '-니' 형을 연구 대상에서 제외함을 미리 알려둔다. 주지하다시피 이 유형은 15세기에 '-시니'의 형태로서, 'ᄒᆞ라'체보다 높은 등급에 속해 있었으므로 처음부터 우리의 연구 대상에서 제외되기 때문이다. 그런데 황문환(2002: 157), 장윤희(1998: 227) 등을 참조할 때, 이 형이 현대의 '하라'체의 의문형 기능을 갖게 된 시기는 16세기 이후로 집작된다. 차후에 논의하겠지만, 이 시기는 우리가 주목하는 '-ㄴ가/고'계가 'ᄒᆞ라'체 이상의 등급으로 상승한 시기이다. 그러므로 이들은 같은 시기인 16세기에 '-니'형은 'ᄒᆞ라'체 이상의 등급에서 'ᄒᆞ라'체 의문형으로 하향되었고, '-ㄴ가/고'계는 역으로 'ᄒᆞ라'체 등급에서 'ᄒᆞ뇌'체의 의문형으로 상향된 것으로 이해된다. 이런 역방향적 이동이 서로의 영향 아래 이루어진 것인지, 아니면 개별적인 이동인 것인지에 대해서도 관심을 가져볼 사안이다. 그러나 여기서 이런 논의까지를 진행할 경우, 논지가 흐트러질 염려가 있어, 이에 대해서는 차후를 기약하기로 한다.

게 다양한 형태를 지닌 어형에 흥미를 보이지 않을 수 없어 그동안 'ᄒᆞ라'체 의문형 종결어미에 대한 연구는 적지 않게 이루어져 왔다. 15세기 의문형 종결어미의 개별 기능에 대한 논의는 이승욱(1963)부터 시작하여 안병희(1965), 김정아(1985) 등에서 활발하게 이루어졌고, 김정수(1984), 장윤희(1998), 이승희(2004) 등에서는 'ᄒᆞ라'체의 여타 종결어미를 살피는 과정에서 의문형 종결어미의 통시적 접근을 시도하여 변천 양상을 시대별로 정리하였다. 특히, 이현희(1982), 이현규(1978), 허재영(2000)은 의문형 종결어미만의 통시적 연구를 수행하여 본 논지를 정리하는 데 많은 도움을 주었다. 그러나 이들 역시 주요 관심사는 의문형 종결어미의 개별 기능을 기술하는 데 있었다. 즉 위에 소개한 의문형 종결어미의 사용 대상이 2인칭인지 아니면 3인칭인지, 직접의문형인지, 아니면 간접의문형인지를 결정하는 데 주력하여 왔다. 이런 논의는 15세기 의문형 종결어미에서 간과할 수 없을 정도로 주요한 사안임은 분명하고, 그런 만큼 그에 대한 논의도 활발하게 진행되어서, 이제는 학계의 의견도 어느 정도 정리된 듯하다.

6.1 소멸

서두에서 잠깐 언급했듯이 15세기 'ᄒᆞ라'체 의문형은 다양한 종결어미 형식만큼이나 그 기능에 대한 연구자의 의견도 다양하였다.[2] 그럼에도 불구하고 그 기능을 다음과 같이 분류하는 데에는 이견이 없는 듯하다.

(2) 가. '-ㄴ다'계: -ㄴ다, -ㄹ다
    나. '명사+가/고'계: 명사+가/고

2) 'ᄒᆞ라'체 의문형 종결어미에 대한 그동안 학계 의견에 대해서는 장윤희(1998), 양영희(2007)을 참조하기 바란다.

다. '-ㄴ가'계: -ㄴ가/고, -ㄹ가/고

라. '-녀'계: -녀/니여/니어/니아, -려/리여/리어/리아, -뇨/니오, -료/리오

우선 (가)와 (다)에서 소개한 '-ㄴ다'계와 '-ㄴ가'계는 의문 표지 '-다/가'에 시제 표지가 결합하여 이루어진 종결어미이다[3]. 라)의 '-녀'계도 이와 다르지 않아 '-녀/뇨'에 시제 표지 '-ᄂᆞ, -더, -리'와 결합하여 이루어진 종결어미이다[4]. 이에 비하여 나)는 명사에 곧바로 의문을 표지하는 '-가/고'가 결합한 형식이다.

본 장에서는 (2)와 같은 분류를 기준으로 하여, 이들이 현대국어에 이르기까지의 변천 과정과 함께 그 원인을 생각해 보기로 한다. 이상의 맥락에서 우선적으로 살필 유형이 바로 (가)의 '-ㄴ다'계와 (나)의 '명사+가/고'계로, 이들은 현대에 이르기 전에 소멸한 것으로 추정된다.

6.1.1 '-ㄴ다'계

우선 '-ㄴ다'계에 해당하는 용례부터 살피기로 하자.

(3) 가. (부처가 대왕에게) 네 일즉 업디 아니ᄒᆞ야셔 엇뎨 업수믈 아ᄂᆞᆫ다 (능엄 2, 4ㄴ)

나. (육사가 대중에게) 너희 이 供養 ᄆᆡᇰᄀᆞ라 國王ᄋᆞᆯ 請ᄒᆞᅀᆞᄫᅩ려 ᄒᆞᄂᆞᆫ다 王

3) 이에 대한 구체적인 용례는 본격적인 논의가 시작되면서 소개될 것이다.

4) 사실 '-녀'의 분석이나 기원에 대한 문제는 그리 간단하지 않다. 일례로 안병희(1965=1992: 147)에서는 '-녀'계를 선어말 접미사 '-니'와 의문조사 '가~아/ 고~오'에서 전환한 '-어(아·야·여), -오'의 연결로 해석함에 비하여 고영근(2006: 151)에서는 '-녀'를 기본형으로 보고 이 '-녀'의 '어'가 '오'로 교체된 후에 실현되는 형태를 '-료'로 해석한다. 따라서 이에 대한 본격적인 연구가 있어야 할 것이지만, 본고에서는 크게 관심을 두지 않기로 한다. 우리의 주된 목적은 15세기에 실현되는 의문형 종결어미를 그대로 인정하면서 그것들이 현대에 이르면서 상대 존대법의 등급이 어떻게 달라졌는가를 밝히는 것이기 때문이다.

子를 請ᄒᆞᅀᆞ보려 ᄒᆞᄂᆞ다 大臣을 請ᄒᆞᇙ다 아ᅀᆞᄅᆞᆯ 모ᄃᆞᇙ다 (월석 21, 194ㄴ-195ㄱ)

다. (공자가 제자에게) 네 사ᄅᆞᆷ을 어던ᄂᆞ다 (소학 4, 41ㄱ)

라. (어머니가 딸에게) 네조차 나ᄅᆞᆯ 소기ᄂᆞ다 (순천김씨 간찰 187)

'-ㄴ다'계의 'ㄴ'이 지니는 문법 성분에 대해서는 이견이 없지 않지만[5], 그 소멸 시기에 대해서는 16세기 후반으로 의견 일치를 보이는데, 그러나 다음 예문을 보면 반드시 그렇지도 않은 듯하다.[6]

(4) 가. (손님이 상인에게) 네 이런 갑슬 닐러 므슴ᄒᆞ려 ᄒᆞᄂᆞ다 (노걸언 하, 09ㄴ)

나. 그듸ᄂᆞᆫ 東吳앳 顧文學ᄋᆞᆯ 보디 아니ᄒᆞᄂᆞ다(두시 중 25, 49ㄴ)

다. (주자가 양씨에게) 君子ㅣ 終身喪이 잇다 홈을 듯디 아년ᄂᆞ다 (가례해 10 43ㄱ)

라. (혹자가 실혜에게) 그ᄃᆡ 한어버이로브터 튱셩으로ᄡᅥ 시져릐 들리다가 이제 아당ᄒᆞᄂᆞᆫ 신하의 훼호미 되야 멀리 듁녕 밧긔 벼슬ᄒᆞ니 엇디 고ᄃᆞᆫ 말ᄒᆞ야 스스로 변졍 아니ᄒᆞᄂᆞ다 (동국 동삼충 1,05ㄴ)

마. (상공이 죄인에게) 너 이 놈아 이믜 朝命을 바다 官員이 되여시니 님금의 祿을 먹으면 맛당히 職事에 盡心ᄒᆞᆯ 써시오 또 ᄉᆡᆼ각디 못ᄒᆞᄂᆞ다 (오륜전 1, 43ㄱ)

바. (조선 상인이 중국 상인에게) 네 엇지 우리 朝鮮 사ᄅᆞᆷ을 업슈이 너기ᄂᆞ다 (박신 2, 8ㄴ)

사. (隣女가 女에게) 네 무어슬 슬허ᄒᆞᄂᆞ다 셔방 못마즘을 근심ᄒᆞᄂᆞ다 (여

5) 안병희(1965=1992), 고영근(2006), 박형우(1996) 등은 '-ㄴ다/'의 'ㄴ'을 관형사형 어미로 해석하며, 이현규(1978)는 시제표지 선어말 어미로, 이숭욱(1963), 이기문(1961=1998) 등은 동명사형 어미로 이해한다. 여기서는 주된 논지를 감안하여, 이러한 이견에 특별한 의미를 두지 않고 'ㄴ다' 자체를 'ᄒᆞ라'체의 의문형 종결어미로 간주하기로 한다.

6) 안병희(1965=1992), 이현규(1978), 이승희(1996), 장윤희(1998) 등이 대표적이다. 그러나 필자는 의견을 달리하는데, 이에 대한 생각이 곧바로 이어질 것이다.

사서 4, 58ㄴ)

아. (천연자상이 김진옥에게) 혹 글이나 ᄇᆡ왓ᄂᆞᆫ다 〈김진옥젼, 69)

자. (양상군이 공주에게) 네 엇지 그 진위를 자셔이 아ᄂᆞᆫ다 (김진옥젼,119)

차. (최부인이 영춘에게) 무삼 일노 왓ᄂᆞᆫ다 (김희경젼, 298)

카. (부사가 이방에게) 이 고을의 ᄇᆡ좌슈라 ᄒᆞᄂᆞᆫ ᄉᆞᄅᆞᆷ이 잇ᄂᆞᆫ다 (장화홍년뎐, 18ㄴ)

보다시피 '-ㄴ다'계는 17·18세기(예문 가~사)의 『외국어 학습서』뿐 아니라 『두시언해』, 『경전』 등과 같은 다양한 문헌에서 사용되었을 뿐 아니라 19세기(예문 아~카)에도 사용되었던 것으로 확인된다. 그동안 연구자들이 이 같은 사용 양상을 간과하지 않았을 터임에도 불구하고 이 의문형 종결어미의 소멸 시기를 16세기 후반으로 상정한 데에는 그만한 이유가 있었을 것이다.

우선은 위에 소개한 17~19세기의 용례들을 표기의 보수성을 반영한 현상으로 간주한 데에서 그 이유를 찾아볼 수 있다. 즉 실제 구어에서는 사용하지 않았지만, 『박통사』류와 같은 『외국어 학습서』에 한해서 전래에 오던 표기를 그대로 반영한 것으로 해석한 것이다. 그러나 보다 근본적인 이유는 다음과 같은 관점에서 비롯한 것으로 간주된다.

(5) 이 기능 상실은 설명법 어미 '-ᄂᆞ다'가 '-ㄴ다'로 축약되어 의문법 어미 '-ㄴ다'와 같은 형식으로 변화(일정의 동음 충돌)한 것, 그리고 의도법 접미사 '-오/-우'의 기능 상실과 연관되어 있을 것으로 생각된다. 사실 그것은 거의 동시에 일어났다. 접미사 '-오/우-'의 기능 상실은 대체로 16세기 후반으로 추정함이 통설로 되어 있고…… (안병희 1965=1992: 162)

'-ㄴ다'계의 소멸을 의도법 '오/우'와 관련지은 경우는 위에 인용한 안병희(1965=1992)가 전부이고, 설명법 어미와 관련지으려는 입장은 이현희

(1982), 이현규(1978) 등에서도 찾아진다. 여기서 안병희(1965=1992)가 전자의 입장을 취하게 된 저변에는 '-ㄴ다'계를 2인칭대명사와 호응하는 '-뇨'형과의 변별하기 위한 한 방식(안병희 1965=1992: 152 참조)으로, 이현희(1982: 41~43)에서는 여러 문례를 들어 이런 의견에 회의적 입장을 취하였다. 요컨대 '-오/우'가 확실히 실현된 '-뇨'형에서도 화자의 의도를 파악하기가 쉽지 않다는 사실과 일단 '-ㄴ다'형에서는 '-오/우'가 외현되지 않았으므로 이 형 자체에 의도가 내재해 있는 것으로 볼 수 없다는 것이 그 이유이다.

한편 '-ㄴ다'계의 소멸을 설명문 '-ㄴ다'와의 동음 충돌을 피하기 위한 방편으로 해석하는 견해는 이승희(1996: 262)에서 다음과 같은 이유로 부정되었다. 즉 설명형 '-ㄴ다'는 1·3인칭을 주어로 하고 의문형 '-ㄴ다'는 2인칭을 주어로 하는 경향이 많아서 동일 환경에서 동음 충돌을 일으킬 가능성이 적을 뿐 아니라 후자의 이형태인 '-ㄹ다'와는 그 형식이 달라 이것의 소멸 현상까지를 설명하기는 무리라는 것이다.

'-ㄴ다'계의 소멸 원인에 대해서는 필자 역시 이현희(1982), 이승희(1996) 등과 맥을 같이 하여, (5)에 제시된 입장과는 다른 방향에서 접근해야 한다고 생각한다. 그러나 '-ㄴ다'계의 소멸 시기는 16세기가 아닌 19세기로 상정함이 타당할 듯하다. 이 의문형의 소멸 시기를 16세기로 추정하는 주된 원인이 (5)와 같은 관점에서 비롯되었다면, 그러한 관점이 그리 타당하지 않음이 여러 측면에서 입증된 데다가 객관적인 자료(예문 4)에서 19세기까지 사용된 것으로 확인된 이상, 소멸 시기를 굳이 16세기로 고수할 필요는 없겠다는 생각에서이다[7].

7) 이와 관련하여, 이현희(1982: 90~91)에서는 다음과 같은 용례를 '-ㄴ다'계가 17세기에 붕괴되어가는 자료로 해석하였다는 점을 생각해 볼 필요가 있다.

이 같은 추정 시기가 우리에게 중요한 이유는 다음에 살필 '-녀'계와의 관련성 때문이다. 이후 차분하게 논의하겠지만, 필자로서는 '-ㄴ다'계의 소멸은 설명문 '-ㄴ다'형과의 동음 충돌을 피하기 위한 전략이라기보다[8] '-녀'계와의 세력 다툼에서 밀려난 것으로 해석하고자 한다. 곧 이 두 의문형은 19세기까지 혼재하면서 생존 경쟁을 벌이다가 20세기에 들어서 '-녀'계만이 살아남은 것으로 풀이하고자 한다는 뜻이다. 필자의 조사에 의하면, 20세기부터 'ᄂᆞᆫ다(〉는다)'는 더 이상 의문형 종결어미로 사용되지 않고 설명법 종결어미로만 사용된 듯하다. 이상을 종합할 때, '-ㄴ다'계 의문형 종결어미는 현대에 이르기 전인 19세기까지 존재하다가 소멸되었다고 할 수 있다.

가. ᄆᆞᄋᆞᆷ아 너는 어이 ᄆᆡ양 져멋ᄂᆞᆫ다 (서경덕 고시조, 청구영언)
나. 뉘손ᄃᆡ 타나관ᄃᆡ 양ᄌᆞ조차 ᄀᆞᄐᆞᄉᆞᆫ다 (정철, 고시조 송강가사)
다. 곳기ᄂᆞᆫ 뉘 시기며 속은 어니 뷔엿ᄂᆞᆫ다 (윤선도, 오우가, 고산 유고)
라. 너 무슨 약을 먹고 마리 좃차 검엇는다 (고시조, 해동가요)

곧 이현희(1982)는, '-ㄴ다'계의 경우, 15·16세기에는 서술어가 형용사인 경우에는 사용되지 않았는데, 위와 같이 17·18세기에 들어 형용사에 사용되고 있음을 지적하면서, 이런 현상을 '-ㄴ다'계가 의문형으로서의 기능을 상실해 가는 과정으로 해석하고 있다. 자세한 이유를 설명하지 않아 속단할 수 없지만, 이런 생각은, 위와 같은 사용을 '-ㄴ다'계의 원칙에서 벗어난 활용으로 해석한 결과가 아닌가 한다. 원칙이 아닌 변칙으로 사용되는 경우가 많음을 그 자체 고유한 기능을 잃어가는 현상으로 해석한 것일 터이다.

그러나 또 다른 관점에서 보면 위와 같은 사용 양상을 '-ㄴ다'계의 사용 범위 확대로 볼 수 있다. 그러면 그것의 사용이 쇠퇴한 것이 아니라 최소한 17·18세기까지는 이 종결어미가 건재하고 있었던 것으로 해석할 여지도 충분하다고 생각한다.

8) 필자도 '-ㄴ다'계 의문형 소멸이 설명문 '-ㄴ다'와의 동음 충돌에 원인이 있었음에 동의한다. 그러나 이 원인이 절대적이라 생각하지 않고 '-녀'계와의 충돌이 주요 원인인데, 여기서 '-ㄴ다'계가 밀려나는 데 한 요인으로 작용한 것으로 보고자 한다. 이에 대한 자세한 논의는 '-녀'계에서 이루어질 것이다.

6.1.2 '명사+가/고'계

현대에 이르기 전에 소멸한 다른 의문형 종결어미는 다음에 소개할 '명사+가/고'계이다.

(6) 가. (정반왕이 백반왕 등에게) 이 엇던 光明고 (월석 10, 7ㄴ)
나. (조주가 스님에게) 이는 賞가 罪아 (몽산 53ㄴ)
다. (어머니가 딸에게) 찰방이 그더도록 귀코 빋슨 일가 (순천김씨 간찰 4)
라. (어머니가 딸에게) 나도 잘 몯ᄒᆞ먀 자내도 그리 되어 가니 오로 맛디고 잇고쟈 너기니 엇딜 일고 (순천김씨 간찰 146)
마. (정순 상궁이 어린 나인에게) 무슴 기후고 (서궁일, 62ㄱ)
바. (영이 평노에게) 우리 리 평일에 ᄇᆡ호던 배 므스 일고 (동국신, 동삼충 1, 47ㄴ)
사. (랑군이 송씨에게) 므슨 종요로은 일고 (왕랑반혼전, 1ㄴ)
아. (승상이 막부인에게) 막부인아 이 엇딘 일고 (낙선사, 152)
자. (학세가 소제에게) 니 무삼 일고 (양현문1, 149)
차. (수죄가 정한담에게) 조고만ᄒᆞᆫ 유심의 이ᄅᆡ 복지ᄒᆞ기난 무삼 일고 네 죄를 네 아난야 (유충열完 86,하 28ㄴ)

'가/고'의 문법 성분에 대해서는 주지하는 대로 여러 이견이 있다. '첨사설'과 '의문보조사설', '의문조사설'이 그것으로[9], 본 논의에서는 이보다 이 형식이 15·16세기에는 상당히 생산적으로 의문문에 관여하고(예문 가~라), 이후 17·18세기(예문 마~아)를 거쳐 19세기(예문 자~차)까지 관여하였다는 점에 더 많은 관심을 두기로 한다. 그러나 17세기 이후에는 그 전

9) '가·고'를 첨사로 간주하는 대표적인 입장은 이기문(1961=1998), 이승욱(1996) 등이고, 의문보조사로 간주하는 입장은 고영근(2006), 안병희(1965=1992), 장윤희(1998) 등이다. 그리고 의문조사로 해석하는 관점은 허웅(1995), 김진형(1995), 이현희(1994) 등이다.

시기보다 그 사용이 활발하지 않았던 것으로 추정된다.

여하튼 현재는 경상 방언에서 드물게 사용되는 것임이 분명하다(장윤희 1998: 143 참조). 이처럼 15·16세기에 매우 생산적이었던 의문형이 17세기부터 그리 생산적이지 못하다가 현대에는 소멸된 이유는, 15세기에도 존재했던 '명사+계사+의문법 어미 ㄴ가/고'의 형에 흡수되었기 때문이 아닐까 한다. 이와 같은 형식은 현대에도 활발하게 사용되고 있음은 물론이다(예: 이 꽃이 무슨 꽃인가?, 어떤 것이 네 것인가?).

(7) 가. (왕이 신하에게) 이 아니 내 鹿母夫人의 나흔 고진가 (석상 11, 32ㄴ)
나. 녯 赤松子라 듣논 듯ᄒᆞ니 저흔든 이 漢代 옛 韓國 張良인가 ᄒᆞ노라 (두시초19, 19ㄱ)
다. (장자가 아들들에게) 어늬 모미며 어늬 貪인고 몰라 오직 모ᄆᆞᆯ 몰라 物을 조차 도라오디 아니 ᄒᆞ야 (월석 12, 26ㄴ)
라. (원앙부인이 비구에게) 내 몸조 ᄌᆞᄌᆞ바 값 싸힌가 못 값 싸힌가 (월석 8, 93ㄱ)
마. (남편이 아내에게) 그 죵이 우연ᄒᆞᆫ 죵인가 (순천김씨 간찰, 52)
바. 님금과 아비와 ᄒᆞᆫ가진가 너겨 호라 ᄒᆞ고 從容히 죽거늘 모다 슬허 ᄒᆞ더라 (속삼강 효, 33ㄴ)
사. (여본중이 말하길) 大抵ᄒᆞᆫ디 後生이 學을 호ᄃᆡ 몬져 모롬이 뻐 學을 ᄒᆞᄂᆞᆫ 배 므스 일인고 (소학언 5, 112ㄱ)

그리하여 현재는 다음에 살필 '-ㄴ가/고'계와 같은 유형으로 간주되고 있다. 그럼으로써 '하라(ᄒᆞ라)체' 의문형 종결어미의 단순화를 도모하였다고 할 것이다. 이상, 15세기에 생산적이었던 의문형 종결어미가 19세기 이전에 소멸된 어형으로는 '-ㄴ다'계와 '명사+가/고'계로서, 그 원인은 다음에 살필 '-려'계와 '-ㄴ가/고'와 관련 하에 찾아질 것이다.

그런데 이러한 단순화는 사실 '-ㄴ가/고'계에서부터 시작되었다고 할 수 있다. 이 의문형은 16세기 후반에 'ᄒᆞ라'체보다 더 높은 등급의 의문형 종결어미로 상승하여서 일찍이 'ᄒᆞ라(하라)'체 의문형에서 탈퇴하였기 때문이다. 지금부터는 이에 대해 살펴보기로 한다.

6.2 상승 이동

방금 언급했던 대로 15세기 'ᄒᆞ라'체 의문형 종결어미 가운데 하나인 '-ㄴ가/고'계는 현대에 이르면서 청자 존대 등급이 상승한 경우이다. 여기서는 이런 현상을 '상승 이동'으로 명명하여 그 원인을 밝혀보기로 한다. 이 형식의 'ㄴ'과 '가/고'를 어떻게 규정할 것인가의 문제는 앞서 살핀 '-ㄴ다'와 같은 맥락에서 다양한 논의가 있었는데[10], 해당 용례를 살피면 다음과 같다.

(8) 가. (부처가 대중에게) 너희 이 브를 보고 '더븐가' 너기건마ᄅᆞᆫ 믈윗 브리 이 블라와 더으니라 (월석 10, 14ㄱ-ㄴ)
   나. '감격ᄒᆞ야 거리치디 몯ᄒᆞ논가' ᄉᆞ랑ᄒᆞ더라 (두시 21, 28)
   다. (원앙부인이 비구에게) 내 몸조 좃ᄌᆞ방 값 싸힌가 못 값 싸힌가 (월석 8, 93ㄱ)

익히 알려졌듯이 15세기 '-ㄴ가/고'계는 청자의 의향을 직접 질문하기(예문 다)보다 청자나 화자의 마음 속 의심을 표현하는 데(예문 가, 나) 주로 사용되었다. 그리고 위 예문에서 확인되듯이 존대 등급 상 'ᄒᆞ라'체에

10) 즉 'ㄴ'에 대해서는 동명사어미(황문환 2002, 이기문 1998) 혹은 관형사형어미(고영근 2006, 안병희 1965=1992, 허웅 1989)로 간주하는 입장 등이 있고, '가/고'에 대해서는 첨사(황문환 2002, 이기문 1998, 이승욱 1963, 김정아 1985) 혹은 의문보조사(고영근 2006, 안병희 1965=1992,) 그리고 의문조사(허웅 1989, 김진형 1995) 등이 있다,

속하는 의문형이었다. 그러나 16세기 후반부터는 상대에게 직접 질문하는 데에도 적극적으로 사용되었음은 물론 'ᄒᆞ라'체 이상을 구사해야 할 대상에게 사용되었던 것으로 확인된다.

(9) 가. (고려 상인이 중국 상인에게) 네 이리 간대로 갑슬 바도려커든 내 너를 언메나 주워사올고 (번노 하, 22ㄴ)
나. 네 이 ᄃᆞᆯ 그믐씌 북경의 갈가 가디 몯ᄒᆞᆯ가 (번노 상 2ㄱ)
다. ᄆᆞᄉᆞᆷ 됴ᄒᆞ신 얼우신하 어듸 브리여 겨신고 (번박 상 115)
라. (남편이 부인에게) 나죄 가 필죵이ᄃᆞ려 모릐 갈 양으로 일오라 ᄒᆞ소 어ᄃᆡ 가 바ᄃᆞᆯ고 숙소ᄂᆡ 집 근쳬 가 바ᄃᆞᆯ가 (순천김씨 간찰 1)
마. (남편이 부인에게) 내야 아니 됴히 ᄃᆞᆫ녀 갈가 ᄌᆞ셕ᄃᆞ릐손ᄃᆡ 다 됴시 오노라 니ᄅᆞ소 (순천김씨 간찰 49)
바. (장모가 사위에게) 요ᄉᆞ이 긔별 하 모ᄅᆞ니 아히ᄃᆞᆯᄒᆞ고 엇디 인ᄂᆞᆫ고 분별ᄒᆞ뇌 (순천김씨 간찰 48)
사. (장모가 사위에게) 내 사연을 모르고 왼데서야 무정하게 아니 여기겠는가 하네. (순천김씨 간찰 189)
아. (조선 관인이 일본 관인에게) 어와 그러ᄒᆞ온가(첩해신 1, 8ㄴ-9ㄱ)
자. (남편이 부인에게) 걔의 말 지어 내ᄂᆞᆫ ᄆᆞᄋᆞᆷ이 우연이 흉악ᄒᆞᆫ가 엇디 그런 사ᄅᆞᆷ과 ᄒᆞᆯ린ᄃᆞᆯ ᄒᆞᆫ 집안해 잘 살고 (달성하씨 간찰 59)
차. (양생이 집사에게) 엇던 녀ᄌᆞ완ᄃᆡ 두 셔울 ᄉᆞ이의 이러ᄐᆞ시 일홈을 어더ᄂᆞᆫ고……뎡시 녀ᄌᆞᄅᆞᆯ ᄉᆞ뷔 일즉 보시니잇가 (구운몽 1, 46ㄴ)
카. (세자가 최상궁에게) ᄌᆞᄂᆡ 감히 말을 ᄒᆞᆯ가 시븐고 물너가소 (한중 152)
타. (사조세자가 혜경궁에게) ᄌᆞᄂᆡᄂᆞᆫ 못 ᄉᆡᆼ각ᄒᆞᄂᆡ… 세손은 효쟝셰ᄌᆞ의 양ᄌᆞᄅᆞᆯ 삼으면 엇디ᄒᆞᆯ가 본고(한중 230)
파. (교수가 학생에게) 자네 어제 내 방에 왔었는가?
하. (교수가 조교에게) 그 일 마치고 언제쯤 나를 볼 수 있는가?

예문 (9. 가~다)는 '-ㄴ가/고'가 상대의 의향을 직접 묻는데 사용되는 양상을 보인 것이고, (9. 라~사)는 이 유형이 'ᄒᆞ라'체 이상으로 대할 대상의 의향을 물을 때 사용되는 양상을 보인 것이다. 우선 (9. 라, 마)는 남편이 부인에게 'ᄒᆞ뇌'체와 함께 '-ㄴ가'체를 사용한 것으로 이로써 우리는 '-ㄴ가/고'계가 16세기 후반부터 'ᄒᆞ라'체보다 높은 존대 등급을 획득하게 되었음을 확인하게 된다. 일반적으로 16세기 존대 체계를 'ᄒᆞ라〉 ᄒᆞ뇌〉 ᄒᆞ쇼셔'체로 등분할 때[11], 이 '-ㄴ가/고'계가 'ᄒᆞ뇌'체의 다른 종결형(설명법, 명령법)과 함께 사용되었다는 사실이나, 그 당시 남편이 부인을 'ᄒᆞ쇼셔'체로 상대하지는 않았지만, 그렇다고 'ᄒᆞ라'체로 상대하지도 않았던 것으로 추정되는데[12], 이런 관계에서 전자가 후자에게 '-ㄴ가/고'형으로 질문하고 있다는 점 등을 참조할 때 그러하다. 이 같은 개연성은 장모가 사위를 대하는 (9. 바, 사)의 태도에서도 확인할 수 있다. 보다시피 이때도 장모는 사위에게 'ᄒᆞ뇌'체와 함께 '-ㄴ가/고'형을 사용하는데, 현대에도 장모

11) 16세기 존대 등분에 대해서는 다음과 같은 견해가 있다. 먼저 황문환(2004), 양영희(2007)은 'ᄒᆞᄂᆞ이다〉 ᄒᆞ뇌〉 ᄒᆞ라'로 등분하지만, 허웅(1989)은 '아주높임(-으이다)〉 높임(-ㅇ다)〉 반말(-의/-오)〉 낮춤(-다)'으로, 최명옥(1997)은 '높임(ᄒᆞᄂᆞ이다)〉 반말(ᄒᆞᄂᆡ)〉 낮춤(ᄒᆞ다)'로 등분한다.

그런데 여기서 관심을 보이는 '-ㄴ가'계를 어느 등급으로 볼 것인가에 대해서 또다시 이견을 보이는바, 먼저 황문환(2004), 허웅(1989)는 이 유형에 '시'가 연결된 '-신가/고'만을 'ᄒᆞ뇌' 혹은 반말로 인정하고 그렇지 않은 유형은 'ᄒᆞ라' 혹은 낮춤으로 간주한다. 이에 비하여 최명옥(1997)은 '-시-'가 없는 '-ㄴ가/고'형을 반말로 인정한다. 이 같은 혼란은 16세기 후반부터 '-ㄴ가/고'가 새로운 기능을 보유하게 되는 과정에서 겪는 혼란이 아닌가 한다. 이현희(1982: 77)에서 '-ㄴ가/고'계가 근대국어에서 'ᄒᆞ라'체의 공손법 등분을 가지면서 'ᄒᆞ소'체의 공손법 등분도 가지게 되었다는 의견을 참조할 필요가 있겠다.

요컨대 '-ㄴ가/고'는 최소한 16세기말부터는 'ᄒᆞ라'체보다 높은 등급의 의문형 종결어미로 사용되기 시작하였다는 것이다.

12) 이승희(2004: 86)에서 부부간의 대화 양상에 관심을 보이면서, 확언하기는 이르다는 전제 아래, "15세기에서도 볼 수 있었듯이 남편이 아내에게 'ᄒᆞᄂᆞ이다'체를 사용하지 않은 경우라도 'ᄒᆞᇰ다'체나 '-시#니, -#리' 의문문을 통해 'ᄒᆞᄂᆞ다'체보다 높여서 대우하는 현상은 존재하고 있었다."는 의견을 보이고 있다.

나 장인이 사위에게 '하라'체보다 높은 등급인 '하게'체를 사용한다는 사실과 맥이 통한다고 할 수 있다.

요컨대 '-ㄴ가/고'계는 16세기 후반부터 직접의문문의 형식으로 '합쇼'체로 상대할 수 없지만 'ᄒᆞ라'체로 상대하기도 어려운 대상, 즉 현대의 '하오'체로 상대할 대상에 대한 의문형으로 그 등급이 격상되었다는 것이다. 그럼으로써 'ᄒᆞ라'체 의문형은 처음으로 체계의 단순화를 경험하게 되었다고 할 수 있다.

그러면 왜 이런 기능 변화를 겪게 되었을까. 그것은, 16세기의 새로운 등급 출현에 따른 새로운 어형의 필요성에 대한 언중들의 대응으로 해석된다. 앞서 언급했듯이 16세기는 'ᄒᆞ야쎠'체가 소멸하면서 'ᄒᆞ뇌'체가 등장한 시기이다. 이들의 계승 여부는 우리의 관심사가 아니므로 일단 논외로 하더라도, 새로 출현한 등급의 종결형을 담당할 새로운 어형이 필요할 것임은 쉽게 짐작할 수 있다. 이 때 언중들은 그에 해당하는 의문형을 'ᄒᆞ라'체의 '-ㄴ가/고'계를 견인해서 대응한 것으로 이해된다. 양영희(2006)에서 지적하였듯이 언중들 입장에서는 새로운 형식을 창안하기보다 기존 언어 형식을 사용하는 편이 최소의 노력으로 최대의 효과를 누리는 경제적 효과를 기대할 수 있기 때문이다. 기존 15세기 의문형은 다른 종결형인 서술형, 명령형과 비교되지 않을 정도로 매우 많은 형식을 보유하고 있어, 언중들이 그 가운데 하나를 선택하여 새로운 어형의 필요성을 충당하더라도 당시 의문을 표현하는 데에는 아무런 문제가 없었을 것이다.

그렇다면 왜 많은 의문형 가운데 '-ㄴ가/고'계가 위 등급으로 선택된 이유는 무엇일까. 그 해답의 실마리는 이 형의 주요 용법에서 찾을 수 있다. 안병희(1965=1992) 등을 비롯한 대부분의 연구자들은 이 의문형이 15세기에 주로 간접 의문문으로 사용되다가 16세기 말 17세기에 이르면서 직접 의문문에 사용된 것으로 추정하였다. 즉 이 형은 16세기 이전에는

‘너기다, ᄉᆞ랑하다, 식브다’와 같은 ‘마음 속 의심의 내용을 표현(김정아 1985: 283)’하는 데 주로 사용되었다.

그런데 이와 같은 형식을 상대에게 직접 질문하는 상황에서 사용하게 되면, 질문의 강도나 의문은 훨씬 낮아지면서 공손한 표현으로 보일 가능성이 많다. 그것은 상대에게 질문하면서 ‘~할까 생각된다, ~그렇지 않을까 싶다’ 등으로 표현하면 그에 선행하는 의문이나 질문 자체에 화자가 자신의 생각을 직접적으로 드러내기보다 많이 생각하여 망설이고 주저하다가 상대의 의향을 물어보는 듯한 태도로 보일 가능성이 크기 때문이다.

이런 성향을 ‘-ㄴ다’계와 비교해 보면 그 차이가 더욱 선명하게 부각되는데, ‘네 가ᄂᆞᆫ다, 아니 가ᄂᆞᆫ다’로 물었을 때와 ‘네 간가, 아니 간가’와 물었을 때에 전이되는 의미는 사뭇 다르지 않나 한다. 전자는 ‘-다’가 지니는 ‘관념적·객관적·사전적’ 기능으로 인해 ‘강한 통보성’을 지니지만(장윤희 1998: 115~116), 후자의 경우는 그동안 ‘싶다, 생각한다’와 같은 표현과 자주 사용된 결과 자신의 생각을 간접적으로 드러내는 듯한 표현을 지니게 됨으로써 공손한 태도를 취하는 효과가 있을 터이기 때문이다.

이런 맥락에서 안병희(1965=1992), 장윤희(1998) 등에서 지적한 대로 ‘-ㄴ가/고’계가 본격적으로 직접 의문문에 사용되기 시작하던 시점과 새로운 ‘ᄒᆞ뇌’체가 형성되기 시작한 시점이 16세기 후반으로 동일하다는 사실에도 관심을 가질 필요가 있다. 이 ‘-ㄴ가/고’계가 주로 추측하고 주저하는 상황에서 사용되고 있었으므로 다른 ‘ᄒᆞ라’체 의문형보다 공손한 표현으로 인지되어 가고 있던 터에 ‘ᄒᆞ뇌’체의 새로운 출현으로 이에 합당한 의문형을 창출해야 하는 상황에 이르니, 언중들은 이 의문형을 견인해서 필요 욕구를 충당했던 것으로 추정되는 까닭이다.

요컨대 ‘-ㄴ가/고’계가 상승 이동을 하게 된 주요 요인은 그것이 주로 간접 의문문에 사용되면서 화자 자신의 의향을 우회적이고 간접적으로 표현하는 것처럼 인식된 결과에 있다고 할 수 있다. 지금까지 논의를 종합해서 표로 정리하여 보면 다음과 같다.

(10) 〈표 1〉 15세기 'ᄒᆞ라'체 의문형의 변천 과정

<table>
<tr><th>유형 \ 시기</th><th>15세기</th><th>16세기</th><th>17세기</th><th>18세기</th><th>19세기</th><th>20세기</th></tr>
<tr><td>-ㄴ다</td><td colspan="3"></td><td colspan="2">쇠퇴</td><td>소멸</td></tr>
<tr><td>명사+가/고</td><td colspan="3"></td><td colspan="2">쇠퇴</td><td>소멸</td></tr>
<tr><td>-ㄴ가/고</td><td colspan="2"></td><td colspan="3">상승 이동</td><td>하게체</td></tr>
</table>

즉 '-ㄴ가/고'계가 16세기 후반에 등급 상승을 함으로써 제일 먼저 15세기 'ᄒᆞ라'체 의문형 종결어미 체계에서 탈퇴하였으며, '-ㄴ다'계와 '명사+가/고'계는 17세기까지 비교적 활발하게 사용되다가 18세기 이후에는 쇠퇴의 길을 걸으면서 20세기 이전에 소멸하였다고 할 수 있다[13]. 이런 변천 과정을 거쳐서 15세기 'ᄒᆞ라'체 의문형은 현대에 이르러 '-니, -냐'의 유형을 갖추게 된 것이다.

이제 우리에게 남은 과제는 15세기 '-려'계의 변천 양상을 살피는 것이다. 이 유형은 안병희(1965=1992: 156)에서 현대국어의 의문형 종결어미 '-냐'의 전신으로 추정한 이래 대부분 이에 동의하는 입장을 취한다. 그렇다면 '-려'계는 15세기부터 현대에 이르는 동안 소멸하거나 변화의 과정을 거치지 않고 현대로 이어지는 유일한 의문형 종결어미로 간주된다. 결국 '-ㄴ다·명사+가/고'계와의 경쟁에서 살아남았다는 뜻인데, 그 이유는 무엇일까. 지금부터는 이에 대해 살펴보기로 한다.

13) 물론 '명사+가/고'계는 경상 방언에 남아 있지만, 이는 고어의 잔재로 보는 것이 좋을 듯하다. 경상도라는 특정 방언권에서 60대 이상에서만 사용된다는 점을 고려해서이다.

6.3 세력 확장

다음 용례에서 확인되듯이 '-려'계는 15세기 다른 'ᄒᆞ라'체 의문형 종결어미와 달리 그 자체에 많은 이형태가 존재했었다.

(11) 가. (태자가 수달에게) 앗가ᄫᅳᆫ ᄠᅳ디 잇ᄂᆞ니여 (석상 6, 25ㄴ)
나. (태자가 대신에게) 내그에 마ᄌᆞᆫ 화리 잇ᄂᆞ니여 (석상 3, 13ㄴ)
다. (오조 연 화상이 유정 상좌에게) 이ᄂᆞᆫ 百丈ㅅ히ᄆᆞᆯ 得ᄒᆞ니야 馬祖ㅅ히ᄆᆞᆯ 得ᄒᆞ니야 (몽산 31ㄱ)
라. (종경선사가 말하기를) 般若ᄅᆞᆯ 닐오려 ᄒᆞ샤ᄃᆡ 일로ᄡᅥ 여러 뵈샤미 아니 긔 올ᄒᆞ시니야 (금삼 1, 31ㄱ)
마. (현각 존자가 말하기를) 位次ㅣ 너뭄 업스나 사리 엇뎨 다ᄅᆞ리오 (영가상 2ㄴ)
바. (야부가 말하기를) 거츤 마ᅀᆞ미 本來 뷔며 듣글 境이 本來 괴오ᄒᆞᆫᄃᆞᆯ 엇뎨 아디 몯 ᄒᆞ리오 ᄒᆞ다가 果然 아론딘댄 엇뎨 가ᄇᆡ야이 이 무루ᄆᆞᆯ 發ᄒᆞ야 오니오 (금삼 2, 5ㄱ-ㄴ)
사. (부처가 문수사리에게) 네 수ᄅᆞᆯ 알리로소녀 (월석 21, 14ㄱ)
아. (부처가 보살들에게) 이 良醫의 虛妄ᄒᆞᆫ 罪ᄅᆞᆯ 能히 니ᄅᆞ려 몯 니ᄅᆞ려 (월석 17, 22ㄱ)
자. (부처가 보살들에게) 善男子ᄃᆞᆯ하 ᄠᅳ데 엇더뇨(월석 17, 22ㄱ)
차. (태자가 신하들에게) 아바ᇝ 병이 기프시니 엇뎨ᄒᆞ료 (월석 21 14ㄴ)
카. (부처가 아난에게) 믈읫 어루 돌아보냃 거슨 自然히 네 아니어니와 내 돌아보내디 몯홇 거슨 너 아녀 뉘류 (능엄 2, 30ㄴ)

언뜻 혼란스러울 정도로 다양하게 보이는 어형들이지만 '-여/야/오(예문 가~바)'에 시제 표지 '-리/니'와 결합한 '-녀/뇨/료'형으로 정리되고, 주로 1인칭과 3인칭을 주어로 하는 의문형에 사용되었다. 그러다가 16세기에 이르러 이 '-려'계는 2인칭에게 곧바로 질문하는 기능을 보유하게 된 것으로 보이는데, 이는 우리에게 중요한 의미로 간주되는 바, 우선 2인칭을 상대로 하는 16세기 이후의 용례들부터 확인하기로 하자.

(12) 가. (중국 상인이 고려 상인에게) 너ᄂᆞᆫ 高麗ㅅ 사ᄅᆞ미어시니 ᄯᅩ 엇디 漢語 닐오미 잘ᄒᆞᄂᆞ뇨 (번노 상, 2)
나. (절효서 선생이 제자들에게) 그ᄃᆡ네ᄂᆞᆫ 엇디 군자ㅣ 되디 아니ᄒᆞᄂᆞ뇨 (소학 5, 30ㄴ)
다. (고려 상인이 동료에게) 하나한 디플 어느제 사ᄒᆞᆯ료 (노걸 상, 19)
라. (어머니가 딸에게) 져기 호화히 되니 쳡 ᄆᆞᅀᆞ미 나 뎌런 쳐블 ᄒᆞ니 내 이리 아니 어엿브고 셜오냐 (순천김씨 간찰 154)
마. (어머니가 딸에게) 션그미 년도 이제ᄂᆞᆫ 반ᄒᆞ고 영그미도 하 어업시 되여시니 바비나 네 유뮤 보고 오냐 (순천김씨 간찰 164)
바. (정조가 정후겸에게) 무슴 블형ᄒᆞᆫ 일이 잇ᄂᆞ냐 (명의 상 44ㄴ)

이 어형은 현대에도 사용되는 만큼 많은 용례를 제시할 필요는 없으리라 생각한다. 다만 위에서 16세기 후반으로 추정되는 『순천김씨 묘 출토 간찰』에서 현대 '하라'체의 의문형 형태인 '-냐'가 사용되기 시작했다는 사실과 함께 안병희(1965=1992), 이현희(1982), 이승희(1996, 2004), 장윤희(1998) 등에서 이 형이 17세기에 이르러 2인칭의 직접의문문의 형태로 매우 활발하게 사용되었음을 입증하고 있다는 사실은 주목하기로 하자. 이 후 이 변이형들은 '-냐/료'로 축약되는 과정을 거쳐 오늘에 이른다. 여하튼 위에 소개한 16세기 유형들과 기존 논의들을 종합해 보면, '-려'계는 16세기에 이르러 2인칭 직접 존대형으로 사용되다가 17세기에 매우 적극적으로 의문형에 관여하였던 것으로 추정된다.

여기서 필자가 서두에서 '-ㄴ다'계의 소멸 시기를 19세기로 간주하고 그 원인을 '-녀'계와의 경쟁에서 밀려난 것으로 이해함으로써 기존 논의와 다른 관점을 취하고자 했던 사실을 상기할 필요가 있다. 이제 그렇게 추정한 이유를 제시해야 할 차례이다.

먼저 '-ㄴ다'계의 소멸 시기는, 예문 (4)에서 사용 양상을 객관적으로 입증했던 만큼 대체로 우리의 추정 시기에 동의하리라 생각한다. 이를 전제할 때, '-ㄴ다'와 '-려'계는 후자가 2인칭 직접 의문문으로 사용되기 시작했던 16세기부터 전자가 소멸되었던 19세기까지 오랜 기간 동안 생존 경쟁을 벌였을 것으로 짐작된다. 그 결과 '-려'계가 '-냐'형으로써 생존하게 된 것이다. 그 저력은 어디에 있었던 것일까. 장윤희(1998)을 비롯한 대부분의 연구자들은 '-ㄴ다'계의 쇠퇴가 '-려'계의 세력 확장을 유도한 것으로 풀이하였다. 그러나 역으로 '-려'계의 세력 확장이 '-ㄴ다'계의 쇠퇴 원인이 되었을 가능성도 배제하기 어렵다. 기존 입장과 다르게, '-ㄴ다'는 '려'계가 활발히 사용되기 시작하던 16세기에 소멸한 것이 아니기 때문이다.

필자는, 이에 대한 해답의 실마리가 '-려'계와 '-ㄴ다'계의 종결어미에 있는 것으로 이해하고자 한다. '-려'계는 '오/아 ← *고/가'를 기본으로 하여 형성된 의문형임은 재론의 여지가 없고, 이 형은 다른 존대 등급의 의문형이나 'ᄒᆞ라'체의 다른 의문형들에도 일관되게 존재하는 국어의 가장 기본적인 의문형 어미(혹은 첨사)라는 사실 또한 주지하는 바이다. 다시 말하면 'ᄒᆞ쇼셔'체의 의문형 'ᄒᆞᄂᆞ잇가/고', 'ᄒᆞ야쎠'체의 의문형 'ᄒᆞᆫ닛가/고' 등에서도 일관되게 '가/고'형이 존재하고 'ᄒᆞ라'체의 의문형 '명사+가/고', '-ㄴ가/고' 등에서도 모두 '가/고'형이 존재하는 만큼 15세기 국어에서 의문의 기능을 담당하는 문법소는 '가/고'라 할 수 있는데, 이 문법소를 '-려'계는 보유하였지만, '-ㄴ다'계는 보유하지 않았다는 것이다. 이는 '-려'계는 의문법 체계의 한 구성 성분으로서의 결속력을 지녔지만, '-ㄴ다'계는 의문법에 관한한 그러한 결속력을 지니지 못했음을 의미한다. 곧 15세기

의문 체계는 다음과 같은 양상이었던 것이다.

(13) 15세기 의문형 종결어미 체계

위에서 확인되듯이 '-ㄴ다'류는 의문법 체계에서 다른 의문형 종결어미와 완전히 고립되어 있었음에 비하여 '-려'계는 '-가/고'의 하위 분야로서 같은 등급은 물론 다른 등급의 의문형들과도 체계적으로 결합되어 있었다. 그만큼 '-ㄴ다'계보다 '-려'계의 [의문] 자질이 강했음을 의미한다. 그러나 한편으로는 같은 등급인 'ᄒᆞ라'체 안에서는 생존 경쟁을 벌여야 했을 것이다. 언어 경제의 측면에서 볼 때, 언중들은 한 기능을 많은 어형들로 표현하는 데서 오는 번다함을 가능한 피하려 할 터이기 때문이다.

이와 같은 상황에서 간접 표현으로 사용됨으로써 [+공손]의 의미를 부여 받은 '-ㄴ가/고'계가 16세기 후반에 위 등급으로 이동함으로써 '-ㄴ가/고'계와의 불필요한 갈등은 해소되고, '명사+가/고'형은 '명사+계사+ㄴ가/고'형으로 흡수되어서 종국에는 '-ㄴ다'계와 '-려'계만 남게 되었다. 그럼으로써 이 두 형식은 생존 경쟁을 벌여야 하는 상황에 직면하게 되었는데, 이 때 언중들은 '-려'계를 선택한 것이다. 그것은 (13)의 표와 같이, '-려'

계가 의문형 표지 '가/고'를 보유함으로써 다른 의문형들과의 결속력도 강하고, '-ㄴ다'계보다 [의문]의 문법적 기능을 더 많이 보유하고 있었기 때문이 아닌가 한다.

여기에는 안병희(1965=1992), 이승희(1996), 장윤희(1998) 등의 생각처럼 평서문 '-ᄂᆞ다'가 'ᄂᆞᆫ다'형을 취하게 됨으로써 의문형 'ᄂᆞ다'와 동음 충돌을 일으키게 되는 원인도 작용했을 것이다. 언중들은, 의문법의 체계에서도 고립되어 있고 거기에다 평서형과 동일한 형식을 취하게 되어서 사용에 주의를 기울여야 하는 의문형을 굳이 고집할 필요가 없었지 않나 한다. 이에 비하여 '-려'계는 [의문] 기능도 확실하고 16세기부터 1·3인칭뿐 아니라 2인칭을 상대로 의문이나 의심을 표현할 수 있게 되었을 뿐 아니라 '리/니'와 같은 어미와의 결합도 매우 자유로웠다. 상황이 이러다 보니 '-려'계가 '-ㄴ다'계와의 경쟁에서 이길 수 있었던 것으로 짐작된다.

이상의 과정을 통해서, 15세기의 다양한 'ᄒᆞ라'체의 의문형 종결어미는 19세기를 기점으로 '-려'계인 '-냐'의 형식으로써 단일화 되었다고 할 수 있다. 이런 현상을 앞서 〈표 1〉을 근거로 다시 정리하면 다음과 같다.

(14) 〈표 3〉 'ᄒᆞ라'체 의문형의 변천 과정 정리

유형 \ 시기	15세기	16세기	17세기	18세기	19세기	20세기
-ㄴ다				쇠퇴		소멸
명사+가/고				쇠퇴		소멸
-ㄴ가/고			상승 이동			하게체
-려	1·3인칭	1·2·3인칭 의문형 종결어미				

이는 위에서 반복했듯이 의문법 체계를 될 수 있는 한 단순화하여 적은 수의 형태로 모든 의문법을 표지하고자 하는 언중들의 '단일화의 경향'[14]

에 기인한다고 할 수 있다.

본 장에서는 15세기 'ᄒᆞ라'체 의문형 종결어미인 '-ㄴ다·명사+가/고·-ㄴ가/고·-려'계 등이 어떤 과정을 거쳐 현대에 이르렀는가를 밝히는 데 목적을 두었다. 그리하여, 이 유형들은 19세기를 전후로 소멸하거나 다른 등급으로 상승 이동하는 과정을 거쳐 현대에는 '-냐'의 형식으로 압축되었다는 결론에 도달하였다. 이를 정리하면 다음과 같다.

먼저 '-ㄴ가/고'계가 16세기에 'ᄒᆞ라'체 이상의 등급에 대한 의문형 종결어미로 전환하였다. 이는, 이 형식이 15세기에 주로 '~시븨다, ~너기다, ~사랑하다'를 상위문으로 하여 어떤 사건에 대한 화자의 생각이나 의문을 전달하는 데 주로 사용되었기 때문이 아닌가 한다. 다시말하면, 이런 표현은 자신의 생각을 직설적으로 나타내지 않고 우회적이고 간접적으로 나타내는 효과가 있어, 결과적으로는 공손한 표현으로 인식될 가능성이 많다. 그런데 16세기 후반에 'ᄒᆞ라'체 보다 높은 새로운 등급이 출현하니, 언중들은 'ᄒᆞ라'체의 많은 의문형 가운데 공손한 표현으로 인지되는 '-ㄴ가/고'형을 그에 해당하는 의문형 종결어미로 선택한 것으로 추정된다는 뜻이다.

이에 비하여 '-ㄴ다'계와 '명사+가/고'계는 19세기에 소멸하였는데, 전자는 '-려'계와의 생존 경쟁에 밀려서, 후자는 '명사+계사+가/고'계에 흡수된 결과로 이해된다. '-려'계는 '리+아/오←*리+가/고'의 결합형으로 국어 의문 표지로 일컬어지는 '-가/고'를 보유하고 있어서 'ᄒᆞ쇼셔'체나 'ᄒᆞ야쎠'체의 의문형(ᄒᆞᄂᆞ잇가/잇고: ᄒᆞ닛가/닛고)들과 형식적인 면에서나 기능적인 면에서 강한 결속력을 바탕으로 존재한다. 그러나 '-ㄴ다'계는 '-가/고'와 전혀 무관한 형식으로, 출발부터 다른 의문형 종결어미와 고립되

14) 이러한 입장은 이승희(1996)에서도 취하고 있다.

어 있는데다 16세기에 서술형 종결어미 '-ᄂᆞᆫ다'와 동음 충돌까지 빚게 된다. 이에 언중들은 '-ㄴ다'계가 아닌 '-려'계를 'ᄒᆞ라'체 의문형의 대표형으로 선택한 것으로 간주된다.

15세기 'ᄒᆞ라'체 의문형 종결어미들은 이와 같은 소멸과 상승 이동, 그리고 생존 경쟁의 과정을 통해 현대에 이르러 '냐(뇨)'로 의문 형식을 단순화하기에 이르렀다고 할 수 있다. 이러한 과정은 결국 적은 수의 형태로 모든 의문법을 표지하려는 언중들의 '언어의 경제성 추구'에 바탕을 둔 것이라 할 수 있다.

7

인칭대명사의 기능 변화*

본 장에서는 소위 중세국어 재귀대명사로 간주되어온 '자내, 당신, 자기'가 현대국어에서 2인칭대명사로 활용되는 점에 주목하여, 그 변화 양상과 원인을 구명하는 것을 목적으로 한다. 이들의 변화에 대해서는 안병희(1963/1992), 이기문(1979/1991), 유창돈(1978), 김미형(2000), 황문환(2001)[1] 등도 주목한 바 있지만, 개별 대명사에 대한 단편적인 언급에 그치고 있어 아쉬움을 남긴다.

'자내, 당신, 자기' 등이 한때 같은 범주에 속해 있다가 함께 다시 다른

---

* 이 장은 「우리말글 38」(2006)에 발표한 '인칭대명사의 기능 변화 유형과 원인'을 재정리한 것이다.

1) 안병희(1963/1992, 20)은 15세기 'ᄌᆞ갸'를 현대국어의 '자기'에 해당하는 것으로 간주하는 일반적인 입장을 전제로, 'ᄌᆞ갸'에 내포된 존칭성을 다각도에서 검증하였고, 이기문(1979/1991, 49)에서는 현대의 '자네'를 중세국어 '자내'에서 기원한 것으로, 유창돈(1978, 271)에서는 현대어의 '당신'을 16세기 '당신'에서 기원한 것으로 간주하고 있다.
이에 비해 김미형(200)은 '자내, 자기, 당신'을 포함한 국어 대명사의 전반적인 체계와 발달 과정을 다루었다는 점에서 기존 연구와 차이를 보인다. 그러나 이 논문은 대명사에 대한 사적 조감과 체계 구축을 목적으로 하는 만큼, 이들의 변화 유형과 상호 관련성에 대해서는 주목하지 않았다는 점이 한계로 지적될 수 있겠다.

범주로 전환했음을 감안하면, 이들의 특성은 개별적으로 접근할 때보다 상호 관련 아래서 접근할 때 보다 선명하게 부각될 것으로 기대한다. 어차피 개별 기능은 그들이 속한 상위 범주 안에서 서로 밀접하게 관련되어 있을 터이기 때문이다. 예컨대 '자내'와 '당신' 혹은 '당신'과 '자기'의 기능이 전혀 무관하다면 이들이 인칭대명사라는 단일 범주로 묶일 이유도 없을 것이며, 역으로 그 기능이 완전히 일치한다면 같은 시대에 공존할 이유도, 더 나아가 단체로 다른 대명사로 전환할 이유도 없었을 것이다.

생각이 여기에 미치면, "'자기, 자내, 당신'은 왜 2인칭으로 전환하였으며, 그로 인해 다른 인칭대명사 체계가 손상되거나 혼란을 겪지 않았을까?"라는 의문이 제기된다. 중세국어에 '너'와 '그듸'라는 2인칭대명사가 엄연히 존재했음에도 불구하고 뒤늦게 그 범주에 합류한 이유가 궁금하지 않을 수 없으며, 이렇게 전환하면 그동안 이들이 담당했던 범주는 어떻게 유지될 것인가라는 의문과 함께, 그로써 2인칭대명사 체계는 혼란을 겪지 않았을까라는 의혹이 증폭되는 까닭이다. 본고는 이점을 규명하려는 것이다.

그런데 필자는 '자기, 자내, 당신'을 재귀대명사가 아닌 3인칭대명사로 간주하는 입장이어서, 무엇보다 이에 대한 검증이 우선되어야 할 것이다. 그런 후에는 본격적으로 3인칭〉 2인칭대명사의 변화 양상과 원인을 규명하는 데 주력하여야 할 것이다. 현재로서는 중세에서 현대에 이르는 동안 진행되었던 화계 분화 양상과 밀접하게 관련되어 있을 듯하고, 그 당시에는 현재와 다른 3인칭대명사 체계가 형성되어 있을 것으로 예측되는데, 그렇게 생각할 수밖에 없는 이유는 이들이 모두 2인칭대명사로 전환하더라도 그 체계를 유지할 만한 또 다른 대명사가 존재했기에 그와 같은 기능 전환이 가능했을 것으로 생각되기 때문이다.

이상과 같은 생각이 보편·타당함을 보장받기 위해서는 먼저 15세기 이후 현대에 오면서 화계가 분화하였고, 그에 따라 새로운 대명사가 출현했음을 규명할 수 있어야 할 것이며, 한편으로는 15세기에는 '자기, 당신, 자내' 이외의 다른 3인칭대명사도 존재하여서 이들을 2인칭 대명사 체계로 넘겨주어도 3인칭대명사의 체계를 유지하는 데 별다른 문제가 없었음을 입증할 수 있어야 할 것이다.

7.1 '3인칭 〉 2인칭' 대명사로의 변화 양상

여기서는 중세국어에서 3인칭대명사였던 '자내, 자기, 당신'이 2인칭대명사로 전환하는 과정에서 나타나는 기능 변화를 '수평 이동'과 '상승 이동'의 측면에서 고찰하기로 한다.

7.1.1. 수평 이동

'수평이동'이라 함은 3인칭대명사로서의 기능이 2인칭대명사로 전환 후에도 그대로 전승된 양상을 말하는 것으로, '자내'가 여기에 해당한다. 즉 상위자와 하위자의 중간 등급에 해당하는 대상을 지시했던 3인칭대명사로서의 '자내' 기능이 2인칭대명사로 전환한 이후에도 변함없이 지속되었음을 의미하는바, 이를 검증하기 위해서는 당시 존재했던 3인칭대명사들을 살펴서 그것의 정확한 위상을 점검할 필요가 있겠다.

(1) 가. 부톄 드르시고 ᄌᆞ개 阿難이 ᄃᆞ리시고 難陁ᄋᆡ그에 가신대 難陁ㅣ 구쳐 갓ᄀᆞ니라 (월석7)

나. 二月 初 닐웻 낤 바ᄆᆡ 太子ㅣ 出家ᄒᆞᇙ 時節이 다ᄃᆞᆮ고 ᄌᆞ개 너기샤ᄃᆡ (석상 3, 26ㄴ-27ㄱ)

다. 廣熾 깃거 제 가져가아 (참기름을 부처에게) ᄇᆞᄅᆞᅀᆞᄫᆞ니 됴커시ᄂᆞᆯ (월석2, 9ㄱ 협주)

라. 또 比丘들히 東南方 五百萬 國土앳 諸大梵王이 各各 宮殿에 光明 비취요미 녜 잇디 아니호ᄆᆞᆯ 제 보고 歡喜踊躍ᄒᆞ야 (법화 3, 112ㄱ)

예문 (1)의 밑줄친 부분과 강조한 부분을 살펴보면, 'ᄌᆞ갸'는 존대자를, '저'는 하위자를 지시하는 대명사임을 알 수 있다. 이는, 중세국어는 발화 장면에 존재하지 않은 제삼자를 지칭할 경우에도 존대 정도에 따라 그 형식을 달리 했음을 뜻한다. 그런데 다음 예문을 보면 '자내'는 이들과 달리 존대자와 하위자를 모두 지시하였음을 알 수 있다.

(2) 가. 그ᄢᅴ에 ᄒᆞᆫ 菩薩이 겨샤ᄃᆡ 일후미 妙音이러시니 釋迦牟尼佛ㅅ 光明이 자내 모매 비취어시ᄂᆞᆯ 즉자히 淨華宿王子佛ᄭᅴ ᄉᆞᆯᄫᆞ샤ᄃᆡ (석상 20, 33ㄴ-36ㄱ)

나. 六祖ㅣ 惠能으로 ᄇᆡ예 오ᄅᆞ게 ᄒᆞ시고 五祖ㅣ ᄇᆡᆺ 자바 자내 저ᅀᅳ신대 (육조 상 33ㄱ)

다. 그ᄢᅴ 波斯匿 王이 제 父王 爲ᄒᆞ야 업슨 나래 齋 ᄆᆡᆼᄀᆞ로 부텨를 宮掖애 請ᄒᆞᅀᆞ와 자내 如來ᄅᆞᆯ 마ᄍᆞᆸ고 貴ᄒᆞᆫ 차반 우 업슨 됴ᄒᆞᆫ 마ᄉᆞᆯ 만히 노ᄊᆞᆸ고 (능엄 1, 31ㄱ)

라. (神)秀ㅣ ᄉᆞ랑호ᄃᆡ … 이 밤 三更에 사ᄅᆞᆷ으로 아디 몯게 ᄒᆞ야 자내 블 잡고 偈ᄅᆞᆯ 南廊壁間애서 ᄆᆞᅀᆞᄆᆡ 所見을 모ᄒᆞ니 (육조 상 15ㄱ-ㄴ)

보다시피 (2. 가), (2. 나)에서는 존대자를 지시하지만, 다), 라)에서는 하위자를 지시한다. 그러므로 전자에서는 서술어에 존대표지 '시'를 개입하였을 터이고, 후자에서는 그렇지 않았을 것이다. 여기서 우리는, '자내'의 위상을 'ᄌᆞ갸'와 '저'의 중간으로 추정하게 된다. 먼저 '자내'는 (2. 다, 라) 처럼 하위자를 지시하기도 하지만, 항상 하위자만을 지시하는 '저'와 달리 존대자를 지시한 경우가 많다는 점에서 '저'보다 높은 등급으로 상정되고, 한편으로는 항상 존대자만을 지시하는 'ᄌᆞ갸'와 달리 하위자를 지시하기도 한다는 점에서 'ᄌᆞ갸'보다 낮은 등급으로 판정되는 까닭이다. 이를 종결어미와 관련지어 이해하면, '자내'는 'ᄒᆞ쇼셔'체보다 낮고 'ᄒᆞ라'체보다 높은 말씨와 호응하였을 것으로 유추할 수 있다. 'ᄌᆞ갸'는 존대자에 대한 지시어이므로 'ᄒᆞ쇼셔'체와 호응하였고, '저'는 하위자에 대한 지시어여서 'ᄒᆞ라'체와 호응하였음을 감안할 때, 이들의 중간 등급에 해당하는 '자내'가 호응하는 종결어미 역시 'ᄒᆞ쇼셔'체와 'ᄒᆞ라'체의 중간에 해당할 것이라는 추측이 가능하기 때문이다.

그런데 다음을 보면 자내의 이러한 존대법상 특징은 2인칭대명사로 전환한 다음에도 계속 이어지는 것으로 확인된다.

(3) 가. (남편이 아내에게) 이제란 원간 겨집죵으란 내ᄇᆞ려 두어ᄃᆞᆫ 자내 브리소 (순천김씨 간찰 6, 61)
나. (남편이 아내에게) ᄇᆡ 지믄 스믈서나홀 ᄉᆞ이 내려니와 자내 부모ᄂᆞᆫ 일뎡 스므이튼날 나시ᄂᆞᆫ가 머흐리 나완ᄂᆞᆫ가 보기ᄂᆞᆫ 여테 아니 와시면 ᄀᆞ장 슈샹ᄒᆞ도쇠 (순천김씨 간찰 20, 133)
다. (남편이 아내에게) 나도 완ᄂᆞ니 타자기나 무ᄉᆞ히 ᄒᆞ여 가새 나ᄂᆞᆫ 됴히 완뇌마ᄂᆞᆫ 자내ᄅᆞᆯ 그리 셩티 몯ᄒᆞᆫ거ᄉᆞᆯ 두고 와 이시니 ᄒᆞᄅᆞ도 ᄆᆞᄋᆞᆷ 편ᄒᆞᆫ 저기 업세 (순천김씨 간찰 49, 256)
라. (남편이 아내에게) 자내 죵긔도 아ᄆᆞ라ᄒᆞᆫ 줄 모ᄅᆞ고 나도 수이 가고져 ᄒᆞ여 보기ᄅᆞᆯ 기두리다가 몯ᄒᆞ니 먼 ᄃᆡ 연고ᄂᆞᆫ 아ᄆᆞ라ᄒᆞᆫ 줄 모ᄅᆞ거니와 하 슈샹ᄒᆞ니 기두리다가 몯ᄒᆞ여 ᄒᆞ뇌(순천김씨 간찰 72, 372)
마. (장모가 사위에게) 자내나 도도니 ᄀᆞ올로사 아모 거시나 ᄒᆞ로쇠 (순천김씨 간찰 48, 253)

(3. 가~라)는 채무이가 그의 아내 순천김씨에게, 마)는 순천김씨가 사위에게 보낸 내용으로, 상대를 '자내'로 지칭하고 있음이 강조된 부분에서 확인된다. 예컨대 (3. 가)에서는 "계집종은 자네가 부리라"는 당부를, (3.

나)에서는 “자네 부모는 스무날에 나가시는가”를 질문하는 맥락으로 보아, ‘자내’는 수신자인 순천김씨에 대한 지칭어로 해석된다. 그렇다면 여기의 ‘자내’는 황문환(2001: 208)의 지적처럼 2인칭대명사로 규정된다.

이런 사실을 받아들일 때, ‘자내’가 2인칭대명사로 전용된 시기는 「순천김씨간찰(1570~1580년)」이 쓰여진 16세기 후반으로 추정된다. 그러나 우리가 정작 관심을 두어야 할 사실은 여기의 ‘자내’가 일관되게 ‘ᄒᆞ소’체와 호응하고 있다는 점이다. 주지하다시피 16세기 공손형은 ‘ᄒᆞ라’체〉 ‘ᄒᆞ소’체〉 ‘ᄒᆞ쇼셔’체로 등분되는데, 이 가운데 ‘ᄒᆞ소’체와 호응한다는 것은 2인칭대명사로서의 ‘자내’는 ‘ᄒᆞ라’체보다 높고 ‘ᄒᆞ쇼셔’체보다 낮은 대상을 지칭하였음을 시사하는 까닭이다.

여기서 우리는 자내의 2인칭대명사로서의 기능이 3인칭대명사와 동일하다는 생각에 도달한다. 앞서 살폈듯이, 그것이 3인칭대명사로 기능한 경우에도 ‘ᄒᆞ쇼셔’체와 ‘ᄒᆞ라’체의 중간 등급에 해당하는 대상을 지시하였기 때문이다. 우리가 자내의 변화 양상을 ‘수평 이동’으로 규정한 이유는 이런 맥락에 근거한 것이었다.

7.1.2 상승 이동

‘상승 이동’은 3인칭대명사로서의 기능이 2인칭대명사로 전환하면서 상승된 경우를 일컫는 것으로, ‘자기’와 ‘당신’이 이에 해당한다. 곧 이들은 3인칭대명사일 때는 ‘ᄒᆞ라’체에 대응하는 하위자를 지시하였지만, 2인칭대명사로 전환한 후에는 전자는 ‘해’체에, 후자는 ‘하오(하소)’체 이상의 대상을 지칭함을 뜻하는 것으로 먼저 ‘자기’의 변화 양상부터 살피기로 하자.

(4) 가. 靈利ᄒᆞᆫ 사ᄅᆞ미 바ᄅᆞ 드위텨 自己ᄅᆞᆯ 훤히 ᄇᆞᆯ겨 趙州ᄅᆞᆯ 자ᄇᆞ며 부텨와 祖師왜 사ᄅᆞᄆᆡ게 ᄆᆡ이샨 고ᄃᆞᆯ ᄀᆞᆺ 알면 네 大藏敎ㅣ 瘡腫 스저 ᄇᆞ룐

죠히라 닐오믈 올타 호리라(몽산법,고,47ㄱ)

나. 우희 法語ᄂᆞᆫ 사ᄅᆞ미믈 마슈매ᄎᆞ며 더우믈 제 아ᄃᆞᆺᄒᆞ니 聰明이 能히 業을 對敵디 몯ᄒᆞ며 乾慧이 苦輪을 免티 몯ᄒᆞᄂᆞ니 各各 모로미 술펴 혜아려 媕婴로뻐 自己를 소기디 마롤디어다(선가귀, 22ㄱ)

다. 媕婴ᄂᆞᆫ 音ㅣ 菴阿ㅣ니 疑心 가져 明決티 몯ᄒᆞᄂᆞᆫ ᄌᆞ시라 이ᄂᆞᆫ 慢法人ㅣ 自眼이 分明티 몯호ᄃᆡ ᄒᆞᆫ갓 聰明과 乾慧를 미더 上來 法語옛 程節올 越分過度ᄒᆞᆫ 말ᄉᆞᆷ 닐어 얼픠시 自己를 소길ᄉᆡ 各各 返照게 警策ᄒᆞ샷다(선가귀, 22ㄴ)

위의 밑줄친 부분에 존대표지 '시'가 연결되지 않았다는 사실에서 '자기'가 'ᄒᆞ라'체와 호응하는 하위자를 지시하는 대명사임이 판명된다. (4. 가)의 「몽산화상법어약록언해」는 '몽산 화상'의 법어를 '혜각 존자'가 초록한 것으로, 여기의 '자기'는 '몽산 화상'이 불교에 뜻을 두고 수행하는 일반인을 지칭하는 것이어서, 이들의 상하 관계는 상위자와 하위자로 자못 분명하다. (4. 나, 다)의 「선가귀감」에 나타난 '자기' 역시 같은 맥락으로 이해해야 할 대명사로, 이들은 상위자로 간주되는 서산대사가 하위자인 일반대중을 지칭하는 대명사라는 점에서 그러하다[2]. 이상을 감안할 때, 16세기 자기는 'ᄒᆞ라'체로 상대할 하위자를 지시하는 대명사로 요약된다[3]. 그러나 그

2) 이런 맥락에서 '자기'를 15세기 'ᄌᆞ갸'에 대응한 것으로 해석한 기존 연구들은 재고의 여지가 있지 않나 한다. 안병희(1963/1992, 20), 김정아(1984, 63), 김미형(1990 72) 등에서는 현대어의 '자기'가 16세기 이후에 평칭어화 한 'ᄌᆞ갸'를 대신한 것으로 간주하고, 그 이유를 '음상이 비슷하기 때문'으로 풀이하고 있다.

그러나 예문 7)에서 16세기에 이미 '자기'가 존재하였음을 확인한 이상, 현대어의 '자기'는 'ᄌᆞ갸'가 아닌 16세기 '자기'에서부터 비롯한 것으로 보아야 할 듯하다. 안병희(1963/1992, 30)에서도 지적했듯이 경상도 방언에서 아직도 그 어형이 존재한다는 점을 고려할 때나, 'ᄌᆞ갸〉 자기'로의 음운 변화를 매끄럽게 설명할 수 없다는 점을 고려할 때 그러하다.

3) 그러나 16세기 당시 '자기'는 [-높임, -낮춤]과 같은 대상을 지칭할 경우도 배제할 수는 없을 듯하다. 본문에서 소개한 예문 7)에서 살핀 대로 '자기'가 16세기에는 '시'

것이 2인칭대명사로 전환한 후에는 상황을 달리한다는 사실이 다음 인용문에서 드러난다.

(5) 가. … 원래 3인칭대명사로 사용되던 자기가 2인칭대명사로 그 기능이 확장되어 가고 있다. … 대명사 자기에 대한 기존의 연구들은 자기의 3인칭 재귀대명사적 기능에 초점이 맞춰져 있었고, 그러한 연구들 중 일부에서는 연인들 사이에서 자기가 2인칭 대명사로 사용되기도 한다는 것은 간단히 언급하는 정도였다(박정운·채서영 2005, 213~214).

나. 사용조건

동등하거나 조금이라도 윗사람에 쓸 것이다, 동등한 친구나 직장동료 관계가 많다, 어느 정도 가까워야 쓸 것이다(아주 가까우면 너를 쓸 것이므로), 화자와 청자의 연령 차이가 크지 않을 것이다(박정운·채서영 2005, 219).

(5. 가)에서는 '자기'가 최근에 2인칭대명사로 전용되었다는 사실이, (5. 나)에서는 신분이나 연령차가 거의 나지 않으면서 친분 관계가 있는 사이에서 사용되는 대명사라는 사실이 확인된다. 후자의 이런 속성 때문에 '자기'는 다음과 같이 '해'체와 호응할 것이다.

와 결합하지 않은 것이 분명하지만, 그렇다고 해서 그러한 현상이 무조건 '하위자'를 지칭하는 것으로 해석하는 것은 무리일 수 있다. 이와 같은 사실을 잘 알고 있음에도 불구하고 필자가 위와 같은 논지를 펼 수밖에 없었던 것은 전적으로 필자의 공부가 부족한 탓이겠지만, 서술자와 그의 이야기에 등장하는 3인칭으로서의 인물 간의 위상이 대등한 용례를 찾을 수 없었기 때문이었다. 이미 설명했다시피 이들은 상위자와 하위자로서 비교적 분명한 관계로 이해된다.

그러나 여기서 필자는 16세기 '자기'가 위와 같은 대상을 지칭했을 가능성을 열어두고자 한다. 그럴 때 그것이 현대에 '하오'체나 '해'체와 같은 대상을 지칭할 경우에도 사용되는 특성을 설명하는 데에도 용이할 듯하기 때문이다. 이는 다음에서 살필 '당신'도 맥을 같이 하는 것으로 생각된다. 차후에 알겠지만, 이 경우는 당시에 발견된 용례가 극히 적다는 점을 고려할 때 더욱 그러하다. 따라서 필자는 '당신 역시 위와 같은 입장을 취할 것임을 미리 밝혀둔다.

(6) 가. 자기 언제 왔어(*냐)?
나. 자기가 해(라), 나는 못하겠어(다).
다. 자기 어머님이시대(*이시냐)?
라. 자기는 언제나 그 사람 편이지(*다).
마. 자기 어디 갔다 왔어(*냐). 지금까지 찾았잖아(*다).

(6. 나)처럼 '해라'체와 어울릴 경우는 상대에게 부탁하면서 친밀함을 강조하려는 전략적 차원으로 이해되는데, 어찌됐든 '자기'는 '해'체와 호응함이 자연스러운 듯하다. 이런 맥락에서 보면, 현재의 '자기'는 '반말'체에 대응하는 위상을 보유한 것으로 보인다. 따라서 '자기'는 '3인칭〉 2인칭대명사'의 과정을 거치는 동안 'ᄒᆞ라'체〉 '해'체로의 기능 상승을 경험하였다고 할 수 있다.

'당신' 역시 같은 맥락에서 이해해야 할 대명사이다. 다음의 예문 11과 12에서 알 수 있듯이 이 역시 3인칭대명사로서는 'ᄒᆞ라'체에 대응하는 하위자를 지시했지만, 2인칭대명사로 전환하면서는 '하오(하소), 해요, 합쇼'체에 대응하는 인물을 지칭하게 되어 상승 이동한 경우로 간주되는 까닭이다. 그러나 그 폭이 자기와 비교되지 않을 정도로 크다는 점에서 차이를 보인다.

그러면 먼저 당신이 3인칭대명사로 사용된 용례부터 살피기로 하자.

(7) 당신과 아ᄃᆞᆯ 네희 녹이 각각 이쳔 셕식이모로 만셕군이라 ᄒᆞ니라(소학 6, 77ㄱ)

16세기 문헌에서 목격할 수 있는 '당신'은 위 예가 전부이다. 여하튼 밑줄친 부분을 참조할 때, 그것은 존대 표지 '시'를 연결시키지 않아도 되는, 즉 'ᄒᆞ라'체와 호응하는 대상을 지시하는 대명사인 듯한데, 이는 다음에서 분명해진다.

(8) 萬石君 石奮이 도라와 집의셔 늙더니 대궐문을 디날ᄉᆡ 반ᄃᆞ시 술위예 ᄂᆞᆯ여 ᄃᆞᆮ으며 路馬ᄅᆞᆯ 보고 반ᄃᆞ시 軾ᄒᆞ더라 子孫이 효근 벼슬ᄒᆞ연ᄂᆞᆫ디라 와 뵈여ᄃᆞᆫ 萬石君이 반ᄃᆞ시 朝服 닙어보고 일홈 블으디 아니ᄒᆞ며 子孫이 過失이 잇거든 ᄭᅮ짓디 아니ᄒᆞ고 위ᄒᆞ야 ᄒᆞᆫ ᄀᆞ애 안자 반상을 對ᄒᆞ여셔 먹디 아니 ᄒᆞ거든 그린 후에ᅀᅡ 모ᄃᆞᆫ ᄌᆞ식ᄃᆞᆯ히 서르 責ᄒᆞ야 얼운을 因ᄒᆞ야 ᄉᆞᆯ나게 메왓고 ᄀᆞ장 謝罪ᄒᆞ야 고텨지라 ᄒᆞ여ᅀᅣ 許ᄒᆞ더라(소학 6, 77ㄱ-ㄴ)

위는 예문 (7)에서 당신으로 지칭된 만석군에 대한 일화를 소개한 본문으로, 어디에서도 존대표지 '시'를 찾아볼 수 없다. 그런 그를 '당신'으로 대용한 것이 예문 (7)이다. 이런 점들을 감안할 때, 3인칭 대명사로서의 '당신'은 현재와 달리 결코 경칭의 의미를 보유하지 않았던 것으로 추정된다[4]. 그러면 그것이 2인칭대명사로 전용된 이후에서는 어떠한가.

(9) 가. 나도 져 당신ᄂᆡ와 ᄒᆞᆫ번의 發程ᄒᆞᆯ 양으로 ᄒᆞ엳ᄉᆞᆸ더니 行具未備ᄒᆞᆫ 거시 읻ᄉᆞ와 이리 落後하여 계요 이ᄌᆡ야 ᄂᆞ려왇ᄉᆞᆸᄂᆡ(인어대 3, 26ㄴ)
나. 져 당신은 ᄂᆞᆷ의 大事ᄅᆞᆯ 秋月春風으로 아ᄅᆞ시니 이런 답답ᄒᆞᆫ 일은 업ᄉᆞ외(인어대 3, 29ㄱ)
다. 이런 일은 너모 누누히 ᄉᆞᆯ아셔 혹 當身이 未安이 너기ᄋᆞᆸ시거나 … 百姓들이 셜워 ᄒᆞᄋᆞᆸᄂᆡ(인어대 6, 15ㄱ)

주지하다시피 「인어대방」은 1790년에 최기령이 편찬한 일본어 학습서로, 여기서 비로소 '당신'이 2인칭대명사로 사용된 용례가 목격된다. 그러나 당시에는 현대의 '하소'체에 해당하는 상대만을 지칭하였고, 정작 '해

4) 그러나 기존의 안병희(1963/1992, 29), 김정아(1984, 62~63), 김송룡(1985, 66), 김미형(1990, 60) 등에서는 '당신'을 극존칭 또는 높임의 대상으로 규정하고 있는데, 이는 근·현대의 용례에 이끌린 잘못된 판단이 아닌가 한다. 16세기 '당신'의 용례는 11)이 전부이다. 따라서 그것은 결코 존대자에 대한 지시어로 간주하기 어려운 형편이어서 재고를 요한다.

요, 합쇼'체의 대상을 지칭하기 시작한 시점은 20세기로 추정된다.

(10) 가. 춘우 씨! 저는 당신을 사랑합니다(어머니 1, 84)
나. 나는 결코 당신의 사랑이 완전한 열매를 맺지 못할 것을 압니다. 영숙씨는 영숙씨의 주인이 있습니다(어머니 1, 85)
다. 선생이시어 저는 하나를 여쭈어보노니 당신에게 기쁨이 있나이까(생의 반려, 250)
라. 춘우 씨! 당신은 그 죄를 용서하여 주시겠지요. 제가 애 아버지를 보러 가려 할 때처럼 마음이 괴로워 보기는 처음이었어요.(어머니 2, 282)
마. 선생님도 어젯밤에는 참 당신을 보이셨지요.(흙 2, 236)

이상을 참조할 때, '당신'은 16세기에 'ᄒᆞ라'체로 상대할 대상을 지시하는 3인칭대명사로 출발하여, 20세기에 이르러 'ᄒᆞ쇼셔'체에 해당하는 지위를 확보한 것으로 정리된다. 이런 맥락에서 보면 그것의 기능은 상승했다고 할 수 있어, 일견 '자기'와 공통되는 양상으로 간주되지만, 상승 폭에 있어서는 차이를 보인다. 지금까지 전개한 내용을 정리하면 다음과 같다.

(11) 〈표 1〉 '자내, 당신, 자기'의 기능 변화 추이

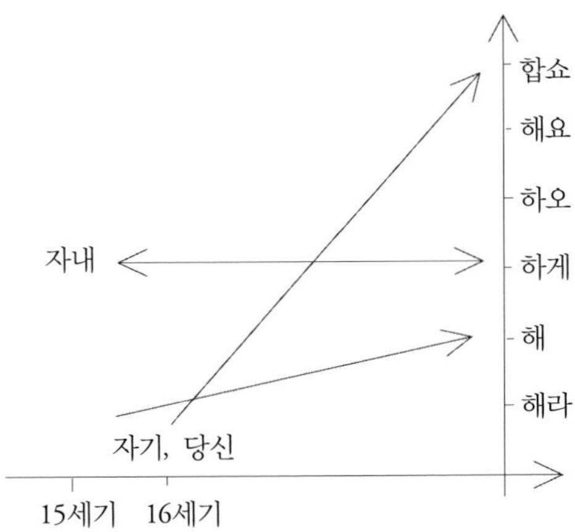

곧 '자내'는 'ᄌᆞ갸'와 '저'의 중간 등급을 지시하던 3인칭대명사로서의 기능이 2인칭대명사로 전환한 후에도 그대로 계승되었음을 뜻하고 '자기'는 3인칭 대명사로서는 하위자를 지시하다가 2인칭대명사로 전환하면서 '해'체의 대상을 지칭할 정도로 기능이 상승했다는 뜻이다. 이에 비해 '당신'은 3인칭대명사로서는 '자기'와 마찬가지로 하위자를 지시하였지만, 2인칭대명사로 전환하면서부터는 '하소·해요·합쇼'체의 대상을 지칭하게 되어, '자기'와 비교할 수 없을 정도로 기능이 상승하였음을 뜻하다.

지금까지 펼친 우리 입장에 대해, '자기, 자내, 당신' 등을 3인칭대명사가 아닌 재귀대명사로 규정하는 것이 더 타당할 수 있다는 의견이 개진될 수 있다. 이 같은 생각은, 재귀대명사는 1인칭, 2인칭, 3인칭을 다 아우를 수 있는 대명사이므로, 이로부터 2인칭 대명사로 전이했다고 보는 편이 논지 전개에 더 유리하리라는 관점에 입각한 듯하다. 필자로서도 공감할 만한 의견이라 생각한다. 그런데 필자는 도리어 '재귀대명사'의 그와 같은 성격 때문에 이것을 '1, 2, 3인칭'과 대등한 범주로 간주하기보다 이들의 하위 기능으로 보려 했던 것이다. 다시 말하면 모든 대명사에 두루 나타나는 기능을 그것만이 지닌 고유한 기능으로 간주하여 국어 인칭대명사 체계를 '1인칭, 2인칭, 3인칭, 재귀대명사'로 분류하기보다 지시 대상이 몇 인칭이냐에 근거하여 먼저 그 체계를 '1인칭, 2인칭, 3인칭'으로 나누어 이를 상위 범주로 책정한 후에, 상황에 따라 재귀적 기능을 수행하는 것으로 보는 것이 더 타당하지 않겠느냐는 것이다.

생각을 이렇게 정리할 때, 현대 국어의 '자기'는 재귀대명사의 성격이 강하다는 것이 문제로 대두된다. 만약 우리 논지대로라면 '3인칭대명사〉2인칭대명사, 재귀대명사'로 전이한 것으로 보아야 하는데, 이보다는 '재귀대명사〉 2인칭대명사, 재귀대명사'로 전이한 것으로 보는 편이 본고의 주장을 펼치는 데도 용이할 수도 있을 것이다. 그럼에도 불구하고 필자가 본 논지와 같은 주장을 펼친 이유는 김광희(1990)에서 지적했듯이 현대의 '자기'는 '자기 할 일은 자기가 하자. 자기가 무엇인데, 나서냐?'와 같은 맥락에서는 재귀대명사보다 3인칭대명사로 보아야 한다는 의견을 고려해서이기도 하지만 무엇보다 위에서 언급한 바와 같이 '재귀대명사'를 여타의 대명사와 대등한 위상으로 간주해야 할 것인지에 대해 회의적인 입장이기 때문이다.

7.2 기능 변화 원인

본장에서는 지금까지의 논의를 바탕으로, '자내, 당신, 자기'의 3인칭대명사〉 2인칭대명사로의 기능 변화 요인을 '화계 분화'와 '중세국어 3인칭대명사의 발달'이라는 두 측면에서 접근하고자 한다.

7.2.1 화계의 분화

'자내, 당신, 자기'가 3인칭대명사〉 2인칭대명사로 기능을 바꾸게 된 첫 번째 이유는 15세기부터 20세기에 이르는 동안 미세하게 분화해온 화계와 직접적인 관련이 있을 것으로 추정된다. 사회 구조가 복잡해지면 인간관계도 복잡해지기 마련인데, 그런 현상을 가장 예민하게 수용하는 문법 요소는 '대명사'와 '화계'가 아닌가 한다. 결국 이들은 '상대를 어느 정도로 어떻게 대우할 것인가'를 규정하는 분야인 까닭에 인간 관계가 복잡해지면 그들 역시 이에 상응하여 복잡해질 것으로 추정되는 까닭이다. 이런 맥락에서 연대별 화계를 정리·비교하면 다음과 같다.

(12) 〈표 2〉 세기별 화계 분화 양상[5)]

세 기	화 계	용 례
16~17	ᄒᆞ라체	너ᄒᆡ ᄂᆞᆫ화 머그라(순천김씨 간찰 178)
	ᄒᆞ소체	아ᄆᆞ려나 다ᄅᆞᆫ 기ᄅᆞᆷ을 수이 길우게 ᄒᆞ소(달성 16)
	ᄒᆞ쇼셔체	무명을 세 피나히나 주거ᄃᆞᆫ 바ᄃᆞ쇼셔(달성 116)
18~19	ᄒᆞ라체	天氣 樣子 일정 順風이 이실든ᄒᆞ다(개첩해 5, 19ㄱ)
	ᄒᆞ소체	부ᄃᆡ 시졀을 혜아려 됴홈 구즘을 군말업시 잡ᄉᆞᆸ소(개첩해 4, 25ㄴ)
	ᄒᆞ게체	운온슬 ᄒᆞ여 닙피려 ᄒᆞ오니 그리 아ᄅᆞ시게(개첩해 5, 35ㄴ)
	ᄒᆞ쇼셔체	오ᄂᆞᆯ은 看品에브터 처음으로 보ᄋᆞᆸ고 아ᄅᆞᆷ다이 너기ᄂᆞ이다(개첩해 4,2ㄱ)
20	해라체	ᄂᆞᆫ 술이나 먹깃다(혈의누 26)
	해체체	ᄇᆡ혼 것이 잇셔야 싀집을 가지(추월색 29)
	하게체	자네 눈우숨만 ᄒᆞ여도 사람 여럿 굿칠쥴 아랏네(귀곡성 상, 27)
	해요체	별ᄉᆡᆼ각을 다 ᄒᆡ 보았셔요(빈상설 21)
	하소체	어머니 ᄂᆞ는 졸업장 맛탓소(혈의누 48)
	합쇼체	셔울 당겨와셔 ᄯᅩ 뵈옵깃습니다(귀곡성 상, 15)

보다시피 16세기에서 20세기에 이르는 동안 화계는 분화를 거듭해 왔다. 이는 과거에서 현대로 오면서 대우 방식이나 절차가 다양해진 현상을 반영한 결과로 해석되는데, 어찌됐든 그에 따라 상대를 대신하거나 지칭할 새로운 형식도 필요했을 터이다. 그런데 이 과정에서 언중들은 그것을 창안하기보다 기존 대명사를 이용하는 방식을 취함으로써 번거로움을 피한 듯하고, 이런 취지에서 선택된 형식이 바로 3인칭대명사가 아닌가 한다. 1인칭은 주체인 '나'를 표지하는 만큼 그것을 2인칭대명사로 전용할 수는 없었을 것이다. 여기에 더하여 대화 장면에서 2인칭과 공존한다는 사실도 무시할 수 없는 요인으로 작용했을 것이다.

5) 이 표는 황문환(2002), 이경우(1998) 이광호 외(2005) 등을 참조하여 정리한 것이다. 그런데 '자내, 자기, 당신'이 동시에 사용된 시기가 16세기인 점을 고려하여 15세기 화계는 참조하지 않았다.

이상의 생각을 전제로, 화계 분화 양상과 대명사의 상관성을 본격적으로 검토해 보기로 하자. 먼저 '자내'는 '자기'나 '당신'이 3인칭대명사로 출현한 16세기 후반부터 2인칭대명사로 쓰이기 시작했다는 점에서 가장 먼저 변화를 경험한 대명사로 간주된다. 여기서 '너, 그듸'라는 2인칭대명사가 엄연히 존재했었음에도 불구하고 '자내'까지 2인칭대명사에 가담해야 할 필요가 있었을까라는 의문이 제기되는데, 현재로서는 기존 인칭대명사로는 감당하기 어려운 어떤 기능이 존재해서 그것을 보완할 목적에서 전환했을 것이라는 추정이 그나마 합당할 듯하다. 우선 '너'를 대신할 요량은 아니었을 것이다. 주지하다시피 '너'는 'ᄒᆞ라'체만을, '자내'는 'ᄒᆞ소'체만을 지칭했으므로 이들은 처음부터 상호 보완해야 할 기능은 없어 보이기 때문이다.

그러나 '그듸'와는 사정이 다르지 않나 한다. 그것은 '자내'가 2인칭대명사로 전환하기 전부터 'ᄒᆞ소'체의 대상을 지칭해온 터여서, 각자의 역할이 분명하지 않다면 어느 하나는 소멸되어야 했을 터인데, 현재까지 같이 생존하고 있는 것으로 보아 이들은 서로 경쟁해야 할 관계가 아니라 상호 보완해야 할 부분이 있는 관계로 추정되는 까닭이다. 이 점에 주목하여 필자는 이들의 관계를 '유대'의 층위에서 구하고자 한 바 있었다. 요컨대 '그듸'는 '처음 만난 사이'나 '객관적 신분 차가 뚜렷한 관계' 혹은 '적대시되는 대상' 사이에서 사용되지만[6], '자내'는 '남편과 아내', '장모와 사위'처럼

6) 이에 대한 자세한 논의는 양영희(2005ㄴ)으로 미루고 여기서는 다음의 몇 예만을 제시하기로 한다.

가. (한 선비가 니면에게) **그디** 이 은늘 날 송장애 쓰고 남거든 **그듸** <u>가져셔</u>(이륜 38ㄱ)
나. (이천 선생이 양시와 유작기에게) **그디**내 그저 겨시더니 오늘리 졈그니 가 <u>쉬어샤</u>(이륜 47ㄱ)
다. (양진이 왕밀에게) 나는 **그듸를** 알어늘 그듸는 나를 몰로믄 <u>엇디오</u> (번소 10, 5ㄱ-ㄴ)
라. (장흥이 사사명에게) 쥬샹이 록산이 듸졉ᄒᆞ샤미 부ᄌᆞᄀᆞ티 ᄒᆞ샤 군신이 미츠리 업

친밀한 사이에서 사용된다(예문 6 참조)는 논지였다. 만약 이 같은 생각이 어느 정도 타당하다면, '자내'는 '그듸'로써 표현하기 어려운 친밀감을 표현할 목적에서 기능 변화를 도모한 것으로 추정할 수 있겠다.

'당신'은 18세기의 화계 분화와 밀접한 관련 아래 전환한 대명사로 이해된다. 〈표 2〉를 참조하면, 17세기까지는 'ᄒᆞ라'체와 'ᄒᆞ쇼셔'체로 상대할 대상을 제외한 나머지는 'ᄒᆞ소'체가 감당하다가 18세기에 비로소 'ᄒᆞ소'체와 'ᄒᆞ게'체가 분화된 것으로 추정된다. 예컨대 이 시기에 이르러 "점심하셨소?"로 물어야 할 상대와 "점심했는가?"로 물어야 할 상대가 구별되었다는 뜻이다.

그런데 우리는 전항에서 이 무렵에 '당신'이 2인칭대명사로 전환하였다는 사실을 확인하였는데, 이는 우리에게 시사하는 바가 자못 크다고 생각된다. 필자는 그것을 'ᄒᆞ소'체의 대상을 지칭할 목적에서 전환한 것으로 풀이하는 까닭이다. 상대에 대한 종결어미가 새롭게 등장하였는데, 이와 호응할 만한 대명사가 존재하지 않을 경우 언중들이 취할 수 있는 방식은 두 가지라 생각한다. 즉 새로운 어형을 창출하거나 아니면 이미 존재하는 어형을 사용하는 것일 터인데, 후자가 전자보다 더 쉬운 방식이 아닐까 한다. 만약 이와 같은 생각을 수용한다면, 언중들이 새롭게 출현한 'ᄒᆞ소'체에 대응하는 인칭대명사를 찾기 위해 당시 3인칭으로 존재하던 '당신'을 2인칭대명사로 전환시켰을 가능성 또한 배제하기는 어려울 듯하다. 여하

> 거늘 은덕 갑ᄉᆞ올 줄란 모ᄅᆞ고 병마 니ᄅᆞ와다 대궐로 가니 … **그ᄃᆡ** 도ᄌᆞᆨ 조초ᄆᆞᆫ 부귀 구ᄒᆞᆯ ᄡᅢ니니 가ᄌᆞᆯ비건대 져비 쟈일애 샷기치ᄃᆞᆺ ᄒᆞ니 엇디 오래 편안ᄒᆞ료(삼강행 충, 15a-ㄴ)

(가)~(다)의 화자와 청자는 위 장면에서 처음 만났고, 라)는 적장이라는 점에서 친밀하기 어려운 사이로 간주된다. 그런데 위에서 보다시피 상대를 'ᄒᆞ소'체와 함께 '그듸'로 지칭하고 있다.

튼 지금까지의 내용을 표로 정리하면 다음과 같다.

13. 〈표 3〉 '자내, 당신, 자기'의 기능변화시기와 대응 화계

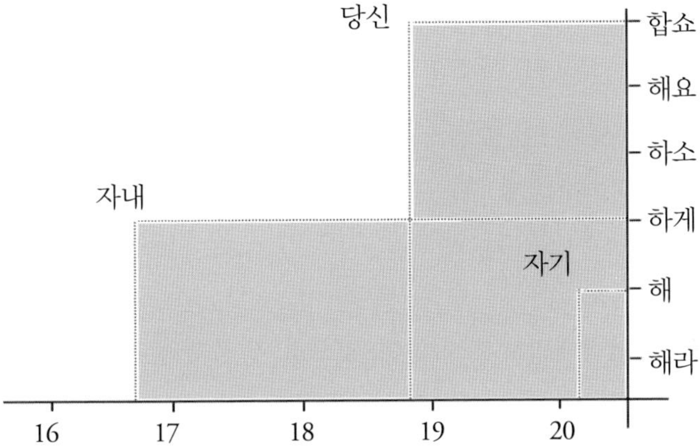

즉 16세기 중반까지 3인칭대명사였던 '자내'는 후반에 이르러 '하소(게)'체의 대상을 지칭하는 2인칭대명사로 전환하였고, 3인칭을 지시할 목적에서 16세기 말에 등장한 '당신'은 18세기 후반부터 '하소·해요·합쇼'체와 호응하는 2인칭대명사로 전환하였으며, 같은 시기에 3인칭대명사 자격으로 등장한 '자기'는 20세기 후반에 2인칭대명사로 전환하였다는 것이다.

이렇게 정리하고 보니, 각 종결어미와 호응하는 지시 대명사가 중복되지 않는다는 새로운 사실을 깨닫게 되는데, '3인칭〉 2인칭대명사'로의 기능 전환은 이 같은 당위성을 전제로 이루어진 것이 아닌가 한다. 즉 이들은 3인칭에서 2인칭대명사로 전환하는 시대가 달라서 어차피 인칭대명사 체계 안에서 고유한 영역을 담당하였겠지만, 그럴지라도 만약 서로의 기능이 겹친다면 생존 경쟁을 피할 수 없었을 터인데, 다행이 이들이 호응하는 종결어미가 겹치지 않아서 모두 현재까지 생존할 수 있었을 것이란 뜻이다.

7.2.2 중세국어 3인칭 대명사의 발달

지금까지 논지를 받아들일 때, 다음과 같은 의문이 자연스레 제기된다. 즉 이들이 세기를 달리하여 2인칭대명사로 전환하는 동안 3인칭대명사의 기능은 어떻게 유지되어 왔느냐는 것이다. 3인칭을 지시해야 할 상황이 갑자기 없어지지 않는 한, 그것은 존속되었어야 할 것이고, 현재까지도 이어지고 있음을 고려할 때, 중세국어시기에는 이들 외에도 그 기능을 담당했던 문법 형식이 충분했을 것으로 짐작된다. '3인칭대명사〉 2인칭대명사'로의 기능 변화는 이러한 사정에 힘입은 바 컸을 터여서, 이 역시 기능 변화의 한 요인으로 간주될 수 있겠다.

중세에서는 3인칭대명사가 없었던 것으로 생각했던 때가 있었다[7]. 그러나 만약 지금까지 논의가 어느 정도 타당하다면 당시 3인칭대명사 체계는 현재보다 훨씬 다양한 구성원으로 이루어졌을 것을 가능성이 크다[8]. 사실 다음에서 확인되다시피 '자기, 당신, 자내' 이 외에도 3인칭대명사로 간주되는 형식들이 있었는데,

(14) 가. (왕이 존자에게) 뎨 엇던 功德을 뒷더신고(석상 24, 37ㄴ)
나. (육사가 왕에게) 우리 모다 ᄌᆡ조를 겻고아 뎌옷 이그면 짓게ᄒᆞ고 몯 이긔면 몯짓게 ᄒᆞ야지이다(석상 6, 26ㄴ)
다. (부처가 문수에게) 귓것 부려 뎌의 목수믈 긋긔ᄒᆞ거든 아모나 이 약사

---

7) 이러한 입장으로는 이기문(1991), 고영근(1988), 안병희·이광호(1992), 김정아(1984) 등이 대표적이다. 여기서는 고영근(1988: 67)의 설명을 그대로 옮겨 봄으로써 이해의 편의를 도모하기로 한다.
"중세국어 인칭대명사는 제1인칭에 '나(우리)', 제2인칭에 '너(너희), 그듸' 정도만 보이고 현대국어에 나타나는 '이이, 그이, 저이나 그'와 같은 <u>제3인칭 대명사는 확인되지 않는다.</u>"

8) 이에 대해서는 김형철(1981), 김미형(1990), 김송룡(1985) 등이 이미 확인시켜 준 바 있다.

유리광여래ㅅ 일후믈 듣ᄌᆞᄫᆞ면(석상 9, 17ㄴ)

라. (고려 상인이 중국 상인에게) 소인은 아븨 누의게 나니오 뎌는 어믜 오라븨게 나니이다(번노 상, 16ㄴ)

마. 여관 주인이 고려 상인에게) 네 뎌를 ᄎᆞ자 므슴홀다(번노 하, 1ㄱ)

바. (A가 舍人에게) 그 쇼애 드르신 부톄 광명을 도ᄅᆞ혀 샤보히 즁의 모매 비취여시늘 ᄀᆞ장 흰츠리 블가 씌ᄃᆞ로믈 어더 그를 절ᄒᆞ야 스승 사마 法衣 法鉢를 뎐슈ᄒᆞ야 도라와 (번 박 상, 75ㄱ)

사. (A가 B에게) 아ᄎᆞᄆᆡ 지븨 손 오나늘 그를 ᄃᆡ졉ᄒᆞ야 보내오 ᄀᆺ 오라(번 박 상, 64ㄴ)

아. (존자가 왕에게) 이는 부텻 侍奉이러시니 多聞이 第一이시고 부텻 經을 ᄆᆡᇰᄀᆞ라시니이다(석 24, 40)

자. (고려 상인이 중국상인에게) 이는 셩이 金개니 이는 내 아븨 동ᄉᆡᆼ 누의와 어미 동ᄉᆡᆼ 오라븨게 난 형이오(번노 상, 15ㄱ)

차. (고려 상인이 중국 상인에게) 이는 셩이 趙개니 이 내 이우지라(번노 상, 16ㄴ)

위의 '이, 그, 뎌'들이 바로 이들이다. 일반적으로 이들은 지시관형사로서 '분, 사람'과 같은 명사와 결합하여 인칭대명사가 되는 것으로 이해되어 왔다. 물론 중세국어에도 그러한 용법은 존재했었다. 그러나 위 상황에서는 앞서 거론된 3인칭을 지시하는 대명사로 인지될 따름이다. 예컨대 (14. 가)의 '뎌'는 앞선 화맥에 존재하는 '박구라 존자'를, (14. 나)에서는 '사리불'을, (14. 다)에서는 '불교를 믿지 않는 일반인'을 지칭하고 있으며, 나머지도 같은 맥락으로 이해되는 만큼 이들은 중세국어의 3인칭대명사로 이해되는 까닭이다. 여기에 '뎌를, 그를, 이는'처럼 곡용이 가능하다는 사실까지를 더하면 이들을 자립적인 품사로 인정해도 손색이 없을 터이다.

그렇다면, 중세국어 3인칭대명사는 '자내, 자기, 당신'류와 '이, 그, 뎌'류가 공존했다는 뜻으로 풀이되는 만큼, 이들의 차이가 사뭇 궁금해지겠지만, 여기서 논할 성질은 아닌 듯하다[9]. 다만 중세국어 인칭대명사는 우리가 생각했던 것보다 훨씬 많았다는 사실과 함께, '자내, 자기, 당신' 등은 16세기 말부터 2인칭대명사로 전환하기 시작하지만, '이, 그, 뎌' 등은 이후 세력을 확장하여 현재는 3인칭대명사로서의 자격을 공고히 하였다는 사실만을 유념하면 되고, 이를 근거로 하여 현재 우리는, 이처럼 중세국어에는 3인칭대명사가 많았으므로 그 일부가 2인칭대명사로 전환할 수 있었을 것이라는 사안만을 규명하면 되기 때문이다.

논의를 마치는 시점에서, '자내'를 제외한 '자기, 당신'이 2인칭대명사로 전환하면서 어떻게 하여 '경칭'의 기능을 부여받게 되었을까를 생각해 볼 필요가 있겠다. 이는 결국 언중들이 왜 3인칭대명사를 2인칭대명사로 전용시켰는가라는 질문과 무관하지 않기 때문이다. 그것은 김미형(1990)에서 지적했듯이, 우회적인 표현이 가지는 공손의 특성에서 비롯한 것이 아닌가 한다. 일반적으로 직설적인 표현보다 우회적인 표현이 더 공손하게 간주되는데, 이런 사실을 잘 알고 있는 언중들이 대명사에 적용시킨 결과로 해석된다는 뜻이다.

다시 말하면 새로운 화계가 등장하면 거기에 합당한 대명사의 필요성도 절실해질 수밖에 없는데, 이 때 언중들은 가능한 기존의 언어 형식에 의존함으로써 새로운 형식을 창안할 때의 번거로움을 피하려 할 것이다. 그런데 새롭게 형성된 대부분의 화계는 'ᄒᆞ라'체보다 높아서 이에 호응하는 대명사 역시 '경칭'의 자질이 내포된 것이어야 하는데, 언중들은 이를 충족시킬 방안으로 3인칭대명사를 2인칭 상대에 적용시킨 듯하다. 예컨대 2인칭인 상대에게 2인칭대명사를 사용하여 "너 어제 어디 갔었어?"로 말하기

9) 현재 우리의 주된 논지는 3인칭에서 2인칭대명사로 전환한 대명사들을 확인하여, 그 원인을 규명하는 것이기 때문이다. 따라서 이에 대해서는 다른 기회를 이용하여 밝혀 보고자 한다.

보다 "순영이는 어제 어디 갔었어?"로 말하는 편이 더 조심스럽게 생각되는데, 이는 상대를 2인칭으로 지시하지 않고 '순영'이라는 이름으로 지시함으로써 화자 자신의 상대가 아닌 제삼의 인물로 간주하는 것처럼 표현한 데서 따르는 효과일 터이기 때문이다.

여기서는 중세국어 '자내, 당신, 자기'가 현대국어에서 2인칭대명사로 활용되는 점을 주목하여, 그 변화 양상과 원인을 구명하고자 하였다. 지금까지 논의한 내용을 정리하면 다음과 같다.

먼저 '자내, 당신, 자기'를 3인칭대명사로 규정지었다. 이와 같은 결론은 이들을 재귀대명사로 간주해온 기존 입장과 다른 태도로, 무엇보다 '3인칭을 지시한다'는 사실을 중시한 결과이다. 이를 전제로 하여 이 글에서는 3인칭〉2인칭대명사로의 전환 양상을 '수평 이동', '상승 이동', '급상승 이동'으로 구분하였다.

여기서 '수평 이동'은 '자내'의 변화 양상을 일컫는 것으로, 3인칭대명사의 기능이 2인칭대명사에 그대로 계승된 경우를 말한다. 이는 15세기에 3인칭대명사였던 '자내'는 '저'보다 높고 'ᄌᆞ갸'보다 낮은 대상을 지칭하였는데, 16세기에 들어 2인칭대명사로 전환하였음에도 그와 비슷한 정도의 위상을 지닌 대상을 지칭하는 현상을 일컬은 것이다. 이에 비하여 '상승 이동'은 '자기'의 변화 양상을 일컫는 것으로, 3인칭에서 2인칭대명사로 전환하는 과정에서 하위자를 지시하던 기능이 '해'체의 대상을 지시하는 기능으로 상승되었음을 뜻한다. 이 같은 변화에는 '당신'처럼 '급상승 이동'으로 명명할 만한 현상도 존재하는데, 이는 3인칭대명사로서는 하위자를 지시하던 것이 2인칭대명사로 전환하면서부터 '합쇼'체의 대상을 지칭하게 되었음을 뜻한다.

마지막으로 3인칭〉2인칭대명사로 전환한 이유를 '화계의 분화'와 '중세국어 3인칭대명사의 발달'이라는 측면으로 풀이하였다. 요컨대 '자내, 당신, 자기'의 3인칭대명사〉 2인칭대명사로의 변화 원인은 15세기부터 20세기에 이르는 동안 미세하게 분화해온 화계와 밀접하게 관련되고, '자내, 자기, 당신'과 같은 대명사 이외에도 '그, 뎌, 이'가 3인칭대명사의 기능을 제대로 수행하였기에 가능했다는 것이다.

8

어휘에서 문법 기능으로: 문법화*

주지하듯이 문법화는 '어휘의미를 가지고 자립적으로 기능을 하던 것이 문법기능을 하는 것으로 바뀌는 것(안주호 1997: 15)'을 말한다. 이러한 문법화는 범언어적인 현상인 만큼 그동안 국어학에서도 많은 논의가 있어온 바, 그 대부분은 어떤 언어 형식이 어떤 문법적 기능을 갖게 되었는가를 파악하는 데 주력하여왔다. 가령 특정 문법 형태들에 초점을 맞춰 '조차'나 '마저'가 어떤 경로로써 조사가 되었는가를 통시적으로 추적하여 동사인 '좇다'와 '맞다'에서 기원한 것으로 해석하거나 이렇게 개별적으로 추적한 문법화를 품사 단위로 정리하는 데에 많은 노력을 기울여 왔다고 할 수 있다.[1)] 극단적으로 문법화는 '문법적 기능으로의 변화'로 정의되므로,

---

* 이 장은 「용봉인문논총 48」(2016)에 발표한 '현대 한국어 명사의 문법화 유형 고찰'을 재정리한 것이다.

1) 문법화의 연구는 유창돈(1962)부터 시작된 것으로 추정된다. 여기서는 '허사화'라는 용어를 사용하였지만 결국 실사가 허사화 되는 과정을 다룬 것으로 문법화에 대한 연구로 간주해도 무리가 없다. 이후 이러한 연구는 이태영(1993), 고영진(1997), 안주호(1997), 박근영(2001)등과 같이 동사나 (대)명사에 대한 문법화 전반을 총체적으로 접근하는 방향에서 진행되거나 특정 언어 형식의 문법화에 초점을 맞추는 방향에서

이런 맥락에서 지금까지 연구 경향은 지극히 자연스럽고 타당한 것으로 평가된다.

그럼에도 불구하고 문법화라는 사적 변화를 이끌어 가는 부분들에 대해서는 소홀하였다는 아쉬움을 남긴다. 더 정확히는 일정 기간 동안 어떤 언어 현상이 왜 발생하여 어떻게 진행되는가를 공시적으로 접근하려는 노력이 그리 많지 않았다는 점이 아쉬움으로 남는다는 것이다.[2] 변화는 부분들의 총합으로 이해된다. 그러므로 부분들의 언어적 특성들이 밝혀질 때 국어 문법화는 보다 많은 정보를 보유하게 될 것이다. 다만 그 부분들이 분절적이고 단절적이 아니라 연쇄적이고 연속적으로 이어지는데 어떻게 특정 기간(단계)을 나눌 수 있겠느냐가 문제로 작용될 수 있다. 그러나 역설적이게도 변화된 언어 사실이 기간 구분의 필요성을 제기하기도 한다. 따라서 변화의 이런 특성을 잘 활용하면 연속적이고 연쇄적인 과정 속에서 일정 단계를 구획할 수 있는 언어 현상을 포착할 수 있을 터이다.

이런 관점에 입각하여 본고는 ① 명사 문법화를 세 단계로 나누어 그 가운데 ② 2단계에서 진행되는 문법화 방향을 유형별로 제시하고자 한다.[3] 그럼으로써 명사 문법화의 진행 방향과 특징들을 규명하는 데 작으나마 기여하려는 것이다. 다만 여기서는 위에서 방점을 둔 '왜 발생하였는

진행되었다. 특수조사 -(이나마)의 문법화를 논한 이승연(2010), 높임조사 '요'를 생성과 변화과정에서 논의한 허재영(2008) 등이 여기에 해당한다. 이 외에도 시정곤(2010), 안주호(1997), 임동훈(2006), 이정민(2011) 등이 있다.

2) 이러한 연구로는 15·16세기의 '두다', 개화기 보조사의 문법화에 관심을 둔 허재영(2000, 2007)과 15세기 국어 문법형태소와 문법화의 상관성을 고찰한 김유범(2003) 등을 들 수 있다. 그러나 이들은 그러한 단계 설정을 문법화의 측면에서 구하지 않고 일반적인 국어사의 시기 구분에서 근거하였다는 점에서 본고와 차이를 보인다.

3) 일부 연구자는 변화 과정에 초점을 둔 문법화는 'Grammaticization'라는 용어로, 변화의 결과에 주목하는 문법화는 'Grammaticalization'라는 용어로 구별하는바, 이에 의하면 본고는 전자에 해당한다.

가'라는 문법화의 발생 동기나 기제 등은 고려하지 않기로 한다. 이는 본고에서 함께 아우르기보다 다른 기회에 심도 있게 접근해야 할 주제로 판단되는 까닭이다.

8.1 문법화 과정

다음이 바로 지금까지 논의된 '문법화 과정'이다.

(1) 문법화
가. Bybee et al(1994, 이 성하 1998: 193)
의미: 구체적〉 추상적/ 음운: 자립적〉 의존적/ 범주: 어휘적〉 문법적
나. Hopper 외(1993, 안주호 1997: 39)
내용어(contend word)〉 문법적 단어(grammatical word)〉 접어(clitic)〉 굴절접사(inflctional affix)
다. 안주호(1997)
자립적 어휘소〉 의존적 어휘소〉 접어〉 어미·조사·접미사
라. 안정아(2000: 419)
어휘소(명사, 동사)〉 의존 구성(접어)〉 문법소(조사, 어미, 접사)
마. 고영진(1997)
독립한 하나의 어휘〉 어휘적 성격과 문법적 성격의 공존〉 문법적 요소

(1. 가)는 이른바 단일방향성 가설(unidirectionality hypothesis)로 문법화는 위와 같이 '구체적인 의미에서 일반화 혹은 의미 약화의 과정을 거쳐 추상적인 의미로 되고 음운은 본래 자립적이던 것이 축약되어 의존적인 것으로 변하며, 범주는 어휘적인 범주에서 문법적인 범주로 변하는 탈범주화를 경험하게 되는데(박근영 2001: 27)', 이런 과정은 역방향으로 일어나지 않는다는 것이 주요 내용이다. (1. 나)는 문법화를 자립 어휘가 문법

요소로 변하는 과정으로 이해하는 입장으로, 이를 국어에 적용한 관점이 바로 (1. 다, 라)이다. (1. 마) 역시 (1. 나)의 기본 생각을 취한다는 점에서는 이들과 맥을 같이 하지만 '접어'를 인정하지 않았다는 점에서 차이를 보인다. 그리고 문법화 단계에서 어휘적 성격과 문법적 성격이 공존하는 과정을 명시적으로 설정한 점에서는 여타 입장과 구별된다.

본장에서는 (1. 가)와 (1. 마)의 기본 생각을 취하기로 한다. 먼저 (1. 가)로써는 문법화를 보편·타당하게 설명할 수 있겠다는 기대에서이고, (1. 나)로써는 중간 단계의 설정 취지를 본 논지에 활용할 수 있겠다는 의미에서이다. 이에 비하여 (1. 나~라)는 '접어' 설정에 재고의 여지가 있는 것으로 판단되어 수용을 유보하기로 한다.[4)]

8.2 명사 문법화의 단계 설정

이상의 맥락에서 본고는 명사의 문법화를 다음 (2)처럼 정의하는 한편 (3)과 같은 단계를 거쳐 진행되는 것으로 간주하고자 한다. 그러나 이런 단계는 논의를 진행해 가는 과정에서 수정될 것이고 정밀하게 다듬어질 것이다.

4) (다)의 안주호(1997: 40)는 '접어'를 '자립적 어휘소에서 문법소로 넘어가는 중간 단계'로 규정하여 '-는 법이다, -기 마련이다, -ㄹ 뿐이다, -ㄹ 따름'과 같은 통사적 구성을 포함시켰다. 필자로서는 이런 언어 형식을 '접어'라는 새로운 범주를 설정하여 수용할 필요가 있을까라는 의문을 하게 된다. 이런 표현들은 현재 문법 체계 안에서 '구(phrase)' 혹은 '연어(collocation)'라는 개념으로 수용되고 있는데 문법화를 위해 굳이 새로운 범주를 설정해야 할 당위성을 구할 수 없기 때문이다. 여기에 더하여 '명사화'는 자립 명사에서 문법소로 변하는 과정으로 이해되는데, 명사 이상의 단위를 문법화가 더 진행된 단위로 설정해야 하는 이유도 이해하기 힘든 부분이 있다. 이런 맥락에서 본고에서는 '접사' 설정을 유보하고자 한다.

(2) 명사의 문법화 정의
어휘적 의미를 가지고 자립적 기능을 하는 자립 명사가 문법적 기능을 하는 조사나, 어미, 접사 등으로 바뀌는 과정

(3) 명사의 문법화 단계
1단계 : 명사〉 의존명사의 문법화 완료
2단계 : 의존명사〉 조사, 어미, 접미사화
3단계 : 의존명사〉 조사, 어미, 접미사의 문법화 완료

여기서 1단계는 명사가 의존명사로의 문법화를 완성한 단계이고 2단계는 이런 의존명사가 조사나 어미 또는 접미사로 바뀌는 과정이며 3단계는 2단계의 문법화가 완성되는 단계이다. 이러한 과정을 개략적으로 표현하면 다음 [그림 1]과 같다.

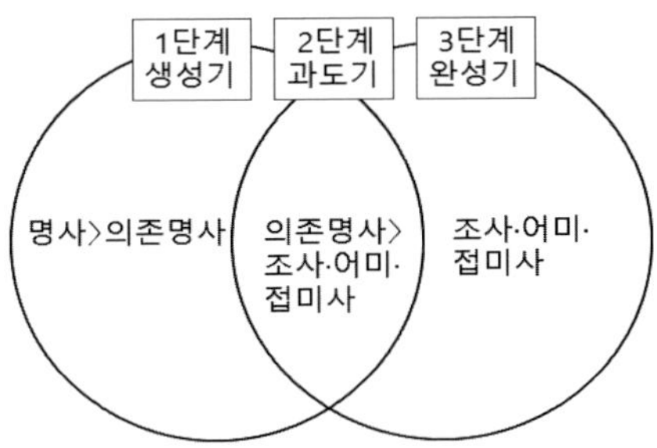

[그림 1] 문법화 과정

즉 문법화는 연쇄적이고 연속적으로 진행되는 과정에서 2단계와 같은 과도기를 필수적으로 경험한다는 것이다.[5] 이는 이성하(1998: 211)에서

5) 이는 Heine(1994)의 '중복(overlap)' 가설과 맥이 닿는 것으로, 즉 '하나의 개념에서 다른 개념으로 전이될 때 분절적인 방식으로 이동하는 것이 아니라 중간 단계로 두 개념이 공존하는 현상(이성하 1998: 209)'을 거친다는 것이다.

소개한 [A〉 AB〉 B〉 C]라는 문법화의 연쇄 과정과 일맥상통한 면이 없지 않다. 여하튼 지금까지 국어 문법화 논의에서는 이와 같은 중간 단계를 심도 있게 고려하지 않은 것만은 사실이다. 다만 앞서 살핀 대로 고영진(1997)에서 언급되기는 하였으나, 거기서는 이 단계를 1단계에서 3단계로 진행하는 과정에서 거쳐 가는 정도로 파악하였을 따름이다. 이런 이유에서 고영진(1997)의 입장을 고려하되 기본 생각만을 취하기로 한 것이다.

그러면 우리는 왜 이 2단계를 주목하고자 하는가. 그것은 다음과 같은 이유에서이다. 즉 이 단계는 전 단계에서 완성된 문법화와 이를 바탕으로 새롭게 형성되기 시작한 문법화가 층위(Layering)를 이루어 복합적으로 진행되는 과정이어서,[6] 이런 현상들을 분석하면 국어 문법화의 진행 방향과 그 과정에 있는 문법 형태들의 구성 원리를 규명하는 계기가 되어 궁극적으로는 국어 문법화의 특성을 밝혀내는 데 중요한 단서를 제공할 것으로 기대하는 까닭이다. 이런 맥락에서 2단계를 조금 더 세밀하게 관찰해보면, 다음과 같은 두 방향에서의 변화가 진행되는 것으로 추정된다.

(4) 2단계 문법화 진행 방향
　가. 의존명사〉 조사·어미·접미사
　나. 의존명사〉 조사≶ 어미: 의존명사〉 접미사≶ 조사

곧 2단계는 위의 (가)처럼 의존명사가 조사·어미·접미사 가운데 하나로 변하거나 (나)처럼 의존명사가 조사에서 어미로 혹은 조사에서 접미사로 진행하는 과정에 있다는 것이다. 다시 말하면 전자는 의존명사가 개별적인 문법 형태로만 변함에 비하여 후자는 의존명사에서 조사 그리고 어미

6) Hopper(1991)에 의하면 기존의 개념과 새로운 개념이 공존하는 '층위화(Layering)'가 형성되는 단계라 할 수 있다.

등처럼 일련의 변화를 거치고 있다는 것이다. 이런 과정을 초점화하면 2단계는 다음 [그림 2]처럼 표현되고, 그리하여 [그림 1]은 [그림 3]처럼 수정된다.

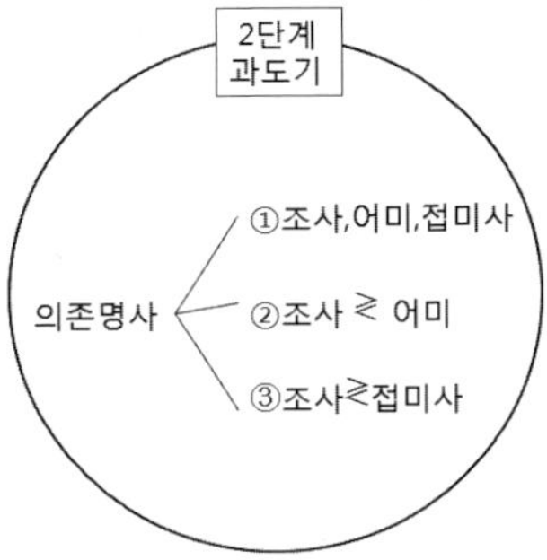

[그림 2] 문법화의 2단계

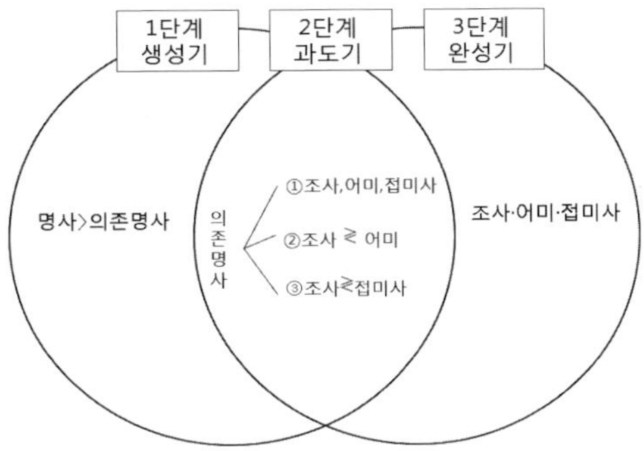

[그림 3] 명사의 문법화 과정

문법화가 이처럼 두 방향으로 진행됨을 확인한 필자는 (1.가)의 단일방향 가설을 온전히 수용하지 않지 않고 그 기본 생각만을 취하기로 한 것이다.

8.3 2단계의 명사 문법화 유형

그러면 2단계에 해당하는 문법 형태는 무엇인가? 안 주호(1997), 안정아(2000), 고영진(1997), 시정곤(2010) 등은 나름대로의 기준으로 명사 문법화 목록을 제시하였다. 여기서는 이들에 공통되는 문법 형태를 수용하되, 앞선 장에서 기존 입장들을 점검하여 취하기로 한 우리의 태도를 반영하여 다음 (5)와 같이 결정하고자 한다.[7]

7) 이는 문법화에 대한 기존 입장들을 점검하면서 '접어' 설정에 회의적인 입장을 취하기

(5) 2단계 문법 형태 목록

가. 의존명사〉 조사: 만, 대로, 만큼, 만치, 뿐, 밖에, 들, 든지, 나마

나. 의존명사〉 어미: 걸(←것+을), 데, 듯, 듯이, 바, 망정, 지, 든지, 나마, 밖에, 뿐더러, 리만큼, 리만치

다. 의존명사〉 접미사: 들, 님, 씨

그러니까 위에 제시된 문법 형태들은 현재 의존명사의 기능과 조사·어미·접미사의 기능을 공유하고 있어서 언중들은 이들의 띄어쓰기를 혼란스러워하고 범주 설정에서도 사전 간에 의견 차이를 보이는 것으로 이해된다.[8] 그러나 문법화 관점에서는 의존명사가 문법화 하는 과정에서 자연스레 발생하는 과도기적 양상으로 이해될 따름이다.[9]

그런데 우리는 2단계의 문법화 과정을 두 방향으로 해석한 바 있다([그림 2], 4 참조). 이에 따라 지금부터는 위에 제시한 문법 형태를 두 유형으

로 한 데에 따른 결정이다. 그러한 이유에서 '-기 때문이다, -법이다' 등과 같은 유형들을 제외하기로 한다.

8) 이들의 띄어쓰기 혼란 양상에 대해서는 굳이 언급할 필요를 느끼지 못한다. 대부분의 『한글맞춤법 해설서』에서 이들에 대한 띄어쓰기를 문제 삼고 있으며, 국립국어원의 '묻고 답하기'란에 '띄어쓰기'에 대한 질문이 상당한 비중을 차지한다는 사실을 우리는 익히 인식하고 있기 때문이다.

9) 이런 현상에 주목하면 2단계의 설정 근거를 다음처럼 생각해볼 수도 있다.

2단계 문법화의 구체적인 증거

가. 의미의 유관성: A와 B의 의미에 공통된 것이 있어야 함

나. 띄어쓰기 혼란: 변화의 과정에 수반되는 언중들의 혼란

다. 음운 축약: A에서 B로 변화 시 음운 축약

라. 사전의 품사 처리: A와 B를 각각 다른 품사로 처리

이는, 기존 입장에서 문법화 기준으로 설정한 '음운의 축약화, 의미의 추상화, 범주의 문법화' 등을 어떻게 구체적으로 입증할 수 있겠는가라는 의문을 제기한 데서 비롯한 것이다. 그러나 정작 본 논의에서는 이를 수용하지 않았다. 그것은 위와 같은 검증을 거친 후의 결과가 본문 (5)와 다르지 않음을 확인하였기 때문이다.

로 분류하여 '단선 방향'과 '복선 방향'으로 명명하여 구성 방식을 살펴보고자 한다. 전자는 의존명사가 조사·어미·접미사 가운데 하나의 문법 형태로 변하는 점에 주목하여, 후자는 의존명사가 '조사와 어미' 혹은 '조사와 접미사'로 분화하여 변하는 점에 주목하여 붙인 명칭이다.

8.3.1 단선 방향

단선방향 문법화는 의존명사에서 조사·어미·접미사 가운데 하나의 범주로 변하는 과정에 있는 유형을 일컫는다. 여기에는 '대로, 만, 만큼, 만치, 뿐; 것(←걸), 데, 듯, 듯이, 망정, 지, 든지, 나마, 뿐더러, 리만큼, 리만치; 쯤' 등이 포함된다.

8.3.1.1 의존명사 〉 조사

이는 현재 의존명사와 조사의 기능을 공유하는 유형으로, 다음에서 밑줄 친 문법 형태가 여기에 해당한다.

(6) 가. 예상했던 대로 시험 문제는 까다로웠다.
가'. 처벌하려면 법대로 해라.
나. 그가 화를 낼 만도 하다.
나'. 너무 피곤해서 눈만 감아도 잠이 올 것 같다.
다. 노력한 만큼(만치) 대가를 얻다.
다'. 집을 대궐만큼(만치) 크게 짓다.
라. 소문으로만 들었을 뿐이네.
라'. 이제 믿을 것은 오직 실력뿐이다. (이상 『표준국어대사전』에서 인용)[10]

---

10) 여기서는 국립국어원 『표준국어대사전』의 용례를 기본으로 인용하고, 여기에 더하여 세종 말뭉치를 활용하고자 한다. 따라서 이후부터는 『표준국어대사전』의 경우 굳이 인용표기를 하지 않기로 한다. 다만 언급해야 할 필요가 있을 경우에만 『표준』이라는

문법화 관점에서는 두 방향으로 유추가 가능하다. 하나는 의존명사에서 조사 혹은 어미로 변하든지 아니면 이 단계에서 문법화를 마무리하든지 하는 것이다. 만약 전자의 방향으로 진행된다면 이들은 3단계로 진입하는 것이다. 그럼으로써 이들에 대한 띄어쓰기 혼란도 자연 소멸될 터이다. 현재는 이러한 두 기능이 공존하여서 의존명사로서는 띄어 쓰고 조사로서는 붙여 써야 하는 단계에 있으므로 언중들은 혼란스러워 하는 것이다.

일견 억측으로 간주될 공산이 높아서 조심스럽지만, 이들이 3단계로 진입할 가능성이 전혀 없어 보이지는 않는다. 그럴 가능성은 다음에서 살필 '의존명사와 어미'로 공존하는 문법 형태들을 점검하는 과정에서 확인 될 터이다.

8.3.1.2 의존명사 〉 어미

의존명사와 어미가 공존하는 유형으로, 다시 단일 형태소로 구성된 문법 형태와 둘 이상의 형태소로 구성된 문법 형태로 구분된다. 전자를 '단일형태소 구성'으로 후자를 '복합형태소 구성'으로 명명하여 구체적인 용례를 살펴보기로 한다.

1) 단일형태소 구성

여기에는 '것·데·지·듯·바·망정' 등이 해당되는데, 그 용례를 살펴보면 다음과 같다.

(7) 가. 저 얘기는 아마도 열 번도 더 했을 것이다.
가'. 차는 이미 떠난걸.
나. 그 책을 다 읽는 데 삼일이 걸렸다.

약호를 사용하기로 한다.

나'. 여기가 우리 고향인데 인심 좋고 경치 좋은 곳이지.

나''. 나무가 정말 큰데.

다. 그를 만난 지도 꽤 오래되었다.

다'. 얼마나 부지런한지 세 사람 몫의 일을 해낸다.

다''. 아버님, 어머님께서도 안녕하신지.

라. 아기는 아버지를 빼다 박은 듯 닮았다.

라'. 땀이 비오듯 쏟아졌다.

라''. 어미가 나를 버렸다고 생각하듯. (「세종말뭉치」[11])

마. 이왕 산 중턱까지 온 바에 꼭대기까지 올라갑시다.

마'. 서류를 검토한바 몇 가지 미비한 사항이 발견되었다.

위의 (7. 가~마)가 의존명사이며 각각의 나머지는 어미이다. 그런데 이 어미는 다시 연결어미(7. 나'~마')와 종결어미(7. 가', 나'', 다'', 라'')로 나뉜다. 곧 같은 문법 형태에 두 기능이 공존하고 있는 것이다. 다시 말하면 '지·듯·데'라는 하나의 문법 형태가 연결어미와 종결어미의 기능을 동시에 하고 있는 것이다. 그런데 이런 현상을 문법화 관점에서 보면 다음과 같은 두 방향으로의 해석이 가능하다. 먼저 의존명사에서 종결어미 혹은 연결어미로만 변하는 것이고, 다음이 '의존명사〉 종결어미〉 연결어미'의 순으로 변하거나 혹은 '의존명사〉 연결어미〉 종결어미'의 순으로 변하는 것이다.

어떤 문법 형태가 이처럼 동일 범주 내의 다른 기능으로 변하는 것도 문법화로 간주한다면[12] 위와 같은 두 과정은 공히 현재 2단계라는 공시적

---

11) 이하 「세종」으로 칭한다.

12) 이는 최형용(1997 ㄱ·ㄴ), 황병순(2008), 안정아(2000), 김문기(2007) 등을 비롯한 많은 연구자들이 취한 견해이다. 여기서는 참고로 최형용(1997ㄱ)의 문법화 과정을 제시하고자 한다.

상황에서 문법화를 진행하는 것으로 인정해도 무방하다. 그런데 필자는 이들의 문법화가 '의존명사〉 연결어미〉 종결어미' 방향으로 진행될 가능성이 많다고 생각한다. 그 이유는, 먼저 연결어미의 생략형 문장이 종결어미로 될 가능성이 많다는 생각 때문이다. 가령 '여기가 우리 고향인데 인심 좋고 경치 좋은 곳이지'에서 '인심 좋고 경치 좋은 곳이지'를 생략하고서 '여기가 우리 고향인데.'로 끝맺게 되면 이때의 '데'는 종결어미로서 작용하게 된다. '지'와 '듯', '걸'도 같은 이치로 설명될 수 있는바, 그렇다면 연결어미로서의 문법화가 진행된 이후에 종결어미로서의 문법화가 진행될 가능성이 높다는 추론이 성립된다.

다음으로 '듯'에 대한 현재의 인식을 고려해서이다. 사실 『표준』에서는 '듯'을 연결어미로만 인정하였다. 그런데 『세종』에서 위와 같은 용례로써 '종결어미'로 규정한바, 여기서는 이에 근거하여 (7다")를 용례로 제시하였다. 그것은 『표준』과 『세종』의 이 같은 관점의 차이를, '듯'이 종결어미의 기능을 이제 막 얻기 시작한 것으로 해석하기 위함이었다. 이상과 같은 추론에서 어느 정도의 개연성이 찾아진다면 2단계에서 어미의 문법화는 '연결어미〉 종결어미'로 진행되며, 현 단계에서도 진행 중이라는 결론에 도달한다.

한편 (7)의 유형에는 이 외에도 '것을'의 축약형 '걸'[13]과 '바'가 있다는 사실을 간과하지 말아야 할 것이다. 이때 전자는 종결어미로만 변하였고,

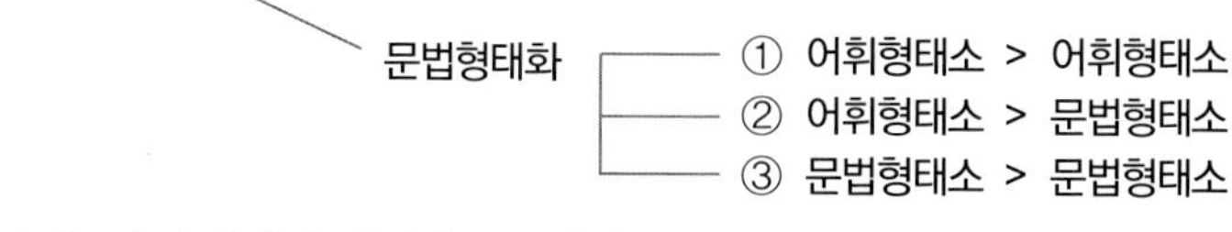

13) '것〉 걸'의 축약에 대해서는 고영진(1997), 안주호(1997), 안정화(2000), 최대희(2012), 허재영(2002) 등을 참조 바란다.

후자는 연결어미로만 변하였다.[14]

2) 복합형태소 구성

둘 이상의 형태소가 하나의 어미를 구성한 유형으로, '뿐더러·리만큼·리만치·듯이' 등이 있다. 우선 그 용례부터 확인하도록 하자.

(8) 가. 이름이 나지 않았다 뿐이지 참 성실한 사람이다.
가'. 새 일꾼이 일도 잘할뿐더러 성격도 좋다.
나. 어른이 심하게 다그친 만큼(만치) 그의 행동도 달라져 있었다.
나'. 한 걸음도 걷지 못하리만큼(만치) 지쳤었다.
다. 돌탑이 무너질 듯 말 듯 위태로워 보였다.
다'. 내가 전에도 말했듯이 저 앤 정말 공을 잘 차.

사실 공시적인 관점에서는 이러한 분석이 허용되지 않을 수 있다. 그러나 의미나 형태가 각각의 의존명사와 무관하지 않음을 현 시점의 모국어 화자들이 인식하는 바이라면 위처럼 분석하는 것이 무리만은 아닐 터이다. 그런데 흥미롭게도 우리는 이런 복합 구성에서 '뿐, 만큼(만치), 듯'의 문법화 과정을 추적할 수 있게 된다. 이런 의미에서 이들을 국어 조어 방식에 따라 분석하면 다음과 같은 몇 가지 경우가 상정된다.[15]

---

14) 본 논의에서 문법화로 간주한 '걸, 데, 지 듯'은 이들이 연결어미로 변한 것이 아니라 'ㄴ걸, ㄴ데, ㄴ지' 등이 연결어미로 변한 것으로 생각할 수 있다. 물론 결과론적으로 보면 타당한 생각이다. 그러나 이들은 'ㄴ+걸, ㄴ+데, ㄴ+지' 등으로 분석되는데, 그렇다면 '걸, 지, 데' 등이 연결어미로 보아야 한다는 입장인 것이다.

15) 일견 이런 분석이 본 논지에 무슨 의미가 있는가라는 의문이 제기될 수 있다. 필자는 이런 과정을 통해서 어설프게나마 국어 문법화의 원리를 가늠할 수 있다고 생각한다. 다시 말하면 본문 (7)의 단일 구조 어미에서 동일 범주 내에서도 문법화가 진행됨을 확인하는 한편으로 거기에는 일정한 순서가 있음을 추정했는데, 이러한 현상이 복합 구조의 어미에서도 동일하게 확인된다면 그것은 문법화를 이끌어가는 원리로 인정할

(9) 가. 뿐더러: 의존명사+격조사/ 보조사+격조사
나. 리만큼: 어미+보조사[16]
다. 듯이: 의존명사+조사+접미사/ 의존명사+조사: 연결어미+조사

여기서 선택의 관건은 '뿐·만큼·듯'을 의존명사로 이해해야 하는가 아니면 문법화가 진행된 '보조사·어미'로 이해해야 하는가이다. 우리는 후자의 입장을 취하여 '뿐더러'는 보조사+격조사로, '리만큼'은 어미+보조사로, '듯이'는 연결어미+조사의 구성으로 이해하기로 한다. 그것은 이들의 의미적 관련성을 고려한 것으로 다음 (10)을 보기로 하자.

(10) 뿐더러: 어떤 일이 그것만으로 그치지 않고 나아가 다른 일이 더 있음
뿐: 다만 어떠하거나 어찌할 따름이라는 뜻을 나타내는 말. (의존명사)
'그것만이고 더는 없음' 또는 '오직 그렇게 하거나 그러하다는 것'을 나타내는 말. (보조사)

(11) 리만큼: [-ㄹ 정도로]를 뜻하는 말
만큼: 앞의 내용에 상당한 수량이나 정도임을 나타내는 말. (의존명사)
앞말의 정도나 한도임을 나타내는 말.(보조사)

(12) 듯이: 뒤 절의 내용이 앞 절의 내용과 거의 같음
듯: 그런 것 같기도 하고 그러니 않은 것 같기도 함(의존명사)
뒤 절의 내용이 앞 절의 내용과 거의 같음을 나타냄 (연결어미)

수 있다는 것이다. 그러나 명사만을 대상으로 한 현재의 분석으로써 그렇게 단정하는 것은 무리일 수 있다. 그럼에도 불구하고 이들의 결합 양상을 분석하는 작업이 국어 문법화 연구에 시사하는 바가 적지 않음은 분명한 사실인 듯하다.

16) 만큼은 '격조사'로 분류됨이 일반이지만, 임동훈(2006)에서는 보조사로 처리해야 한다는 견해를 피력하였다. 필자는 이런 관점에 동의하여 '보조사'로 간주하기로 한다.

여기서 '뿐더러·리만큼·듯이'의 의미는 의존명사보다 보조사나 연결어미의 뜻에 가깝다는 사실이 확인된다. 가령 '듯이'는 연결어미 '듯'과 완전히 일치되고 '리만큼' 역시 '보조사'의 의미와 비슷함을 깨닫게 된다. 다만 '뿐더러'는 이 두 경우에 비하여 의미의 유연성이 떨어지긴 하지만 그래도 이 역시 의존명사보다 보조사의 의미에 더 가깝게 파악되는 것이 사실이다. [그것으로만 그치지 않고 다른 일이 더 있음]이라는 '뿐더러'의 뜻은 보조사 '뿐'의 [그것만이다]는 뜻을 근간으로 이루어진 것이지 [어찌할 따름]이라는 의존명사의 뜻을 근간으로 해서 이루어진 것은 아니라는 생각이 들기 때문이다.

이로써 '뿐더러'는 '보조사+격조사'의 구조로, '리만큼, 듯이'는 '어미+(보)조사'의 구조로써 현재는 (8)과 같이 단일한 어미로 기능하고 있음을 파악하게 된다. 이를 문법화의 관점에서 다시 이해하면, '뿐'과 '만큼'은 의존명사에서 출발하여 현재 조사로 공존하면서 복합구조로서는 어미로 기능하며, '듯'은 의존명사에서 출발하여 현재 어미로 공존하면서 그 기능을 복합구조에도 그대로 유지하게 되었다는 것이다. 이런 과정을 간략하게 정리하면 다음과 같다.

(13) 가. 의존명사(뿐)〉 조사(뿐)〉 어미(뿐더러)
나. 의존명사(만큼)〉 조사(만큼)〉 어미(리만큼)
다. 의존명사(듯)〉 어미(듯)〉 어미(듯이)

여기서 우리는 '조사〉 어미'로의 문법화 방향을 예측하는 한편으로, 3.1.1에서 의존명사와 조사가 공존하는 유형을 살피면서 이들이 앞으로 3단계로 진입할 가능성이 있음을 조심스럽게 추정한 바도 떠올리게 된다. 요컨대 필자는 조사의 위와 같은 문법화 과정을 고려하여 그렇게 추정하였던 것이다. 즉 필자는 위와 같은 문법화 과정을 확인하면서 '뿐, 만, 만큼, 대로' 등도 언젠가는 선행 어미 '-ㄴ, -ㄹ'과 한 단위로 인식되면서 연결어미의 기능을 보유할 수도 있다는 추정을 하기에 이른 것이다. 가령 '그럴 만도 하다'는 '*그럴만도 하다'로 '그럴 뿐 아니라'는 '*그럴뿐 아니라'와 같은 형태의 연결어미로 변할 가능성도 없지 않다는 것이다. 현재 '그런 대로'는 이미 '그런대로'라는 부사로 굳어졌고 'ㄹ 수록'이 '-ㄹ수록'으로써 연결어미화 한 점 등을 고려할 때 억측으로만 단정할 이유는 없을 듯하다.

지금까지 논의한, 의존명사〉 어미의 2단계 문법화는 다음과 같이 정리된다. ① 의존명사와 어미가 공존하고, ② 어미는 단일 형태소로 구성되거나 2개 이상의 형태소로 구성되어 있다. 그리고 ③ 이들은 현재 의존명사〉 조사〉 연결어미〉 종결어미의 방향으로 문법화가 진행 중이다.

8.3.1.3 의존명사 〉 접미사

여기에는 '님, 씨' 등이 포함되는데, 다음과 같은 용법으로써 의존명사와 접미사로 공존하고 있다.

(14) 가. 홍길동 님/길동 님/홍 님.
가'. 사장님/총장님
나. 김 씨/길동 씨/홍길동 씨/그 일은 김 씨가 맡기로 했네.
나'. 김씨/이씨/박씨 부인/최씨 문중/희빈 장씨/혜경궁 홍씨/민씨 일파

『표준』에서는 위와 같은 용례를 제시하면서 이들을 의존명사와 접미사로 규정하였음에 비하여 『세종』에서는 '씨'는 접미사가 아닌 의존명사로만 간주하였음이 주목된다. 여기서는 전자의 관점을 취하여 의존명사와 접미사가 공존하는 유형으로 인정하기로 한다.17)

여하튼 언중들이 이러한 유형(군, 양을 포함하여)의 띄어쓰기를 매우 혼

란스러워 한다는 것은 주지의 사실이다. 그리고 그 이유를 일반적으로 이들에 대한 문법 범주의 인식 차이에서 구하곤 한다. 즉 이들을 의존명사로 파악하느냐 아니면 접미사로 파악느냐에 따라 띄어쓰기를 달리 한다는 것이다.[18] 그런데 문법화의 관점에서 보면 이런 혼란 양상은 '의존명사〉 접미사'로 변하는 과정에 따른 과도기적 현상으로 해석된다.

그런데 이런 과정은 지금까지 살핀 '조사〉 연결어미〉 종결어미'와 괘를 달리해서 이해해야 할 듯하다. 접미사와 조사의 공존은 파악되었지만 접미사와 어미의 공존은 일단 파악되지 않아서 전자 쌍방 간의 문법화는 예측 가능하지만 후자 쌍방 간의 문법화는 그럴 수 없는 까닭이다. 다시 말하면 현재로서는 '조사〉 접미사' 혹은 '접미사〉 조사'로의 문법화는 예측 가능하지만 '접미사〉 어미' 또는 '어미〉 접미사'로의 문법화는 예측하기 어렵다는 것이다. 그렇다면 전자의 두 방향 가운데 어느 방향으로 문법화가 진행된 것으로 보아야 할까. 이에 대해서는 '들'에서 다시 논의하기로 하자.

'단선 방향'의 문법화에 대한 지금까지 논의를 표로 정리하면 다음과 같다.[19]

---

17) 이들과 같은 기능을 하는 형식으로 '군'과 '양'이 있음은 주지의 사실이다. 그런데 『표준』과 『세종』에서 공히 의존명사로만 규정하여 본 논의에서는 제외하기로 하였다. 한편으로 고영근(1991)은 이들을 포함하여 '님'과 '씨' 모두를 접미사로 인정하였으며 구본관(1993)은 의존명사로 인정하기도 하였다. 그만큼 '님, 씨, 군, 양' 등에 대한 문법 의식이 다르다는 것이다. 이런 관점의 차이는 이들에 대한 언중들의 띄어쓰기 혼란과 무관하지 않을 듯하다. 본고에서는 이런 면에는 관심을 두지 않기로 한다.

18) 물론 고영근(1991)은 이런 문법 형태들을 공히 접미사로 규정하고 구 본관(1993)은 의존명사로 규정해야 한다는 입장을 보이기도 하였다. 범주 설정에 관해서는 필자는 후자의 관점을 취한다. 그런데 명사의 문법화 과정에 초점을 둔 본 논의에서는 (14)와 같은 일반적인 인식에 의지하기로 한다.

19) 이상의 논의에서 우리는 흥미로운 사실을 발견한다. 지금까지의 논지가 어느 정도 타당하다면, 문법화는 구어의 사용에서부터 비롯된다는 것이다. 필자가 현재 문법화 단

(15) 2단계 단선 방향의 명사 문법화 과정

가. 체계

- 의존명사 〉 조사(만, 뿐, 만큼, 대로)
- 의존명사 〉 어미 ─ 단일형태소구성(것, 데, 지, 듯, 바, 망정)
  - ─ 복합형태소구성(뿐더러, 리만큼, 리만치, 듯이)
- 의존명사 〉 접미사 〉 (님, 씨)

나. 과정

- 의존명사 〉 조사, 연결어미, 종결어미, 접미사
- 의존명사 〉 조사 〉 연결어미 〉 종결어미
- 의존명사 〉 접미사 〉 조사

8.3.2 복선 방향

이는 '어떤 하나의 문법형태가 하나 이상의 문법화 연쇄를 형성하게 되는 경우(Craig 1991/ 이성하 1998: 141)'를 뜻하는 것으로 일반적으로는 '다중문법화(Polygrammaticalization)'로 일컬어진다. 그런데 여기서는 전장의 '단선 방향'과 대치되는 의미로서 '복선 방향'이란 용어를 사용하기로 한다. 여하튼 이 문법 형태에는 '들, 든지, 나마, 밖에' 등이 있는데, 공시적 관점에서는 어떤 문법 형태에서 문법화 하였는지를 정확하게 파악하기가 쉽지 않다. 이런 의미에서 원어를 X로 가정하여, 'X〉 조사·어미' 형과 'X〉 조사·접미사' 형으로 나누어 각각의 용례를 살피기로 한다.

계에 있는 것으로 간주한 대부분의 문법화는 『표준』이 아닌 『세종』에서 찾아진다. 주지하는 대로 전자는 언중들에게 어느 정도 인정받은 규범적인 용례를 제시함에 비하여 후자는 구어나 문어 모두에 사용된 용례를 제시하고 있다. 그러므로 전자에 실리지 않은 용례가 후자에는 실릴 수 있는 것이다.

사실 문법화의 특성을 고려한다면, 이는 언중들이 일상적인 사용이나 관습 등에서 비롯한 것으로 이러한 사용이 어느 정도 공인되면 그 때 비로소 규범 사전에 실릴 수 있는 것으로 추정된다.

8.3.2.1 X 〉 조사·어미

여기에는 '든지, 나마, 밖에'가 해당되는데, 다음과 같은 용법으로써 현재 조사와 어미로 공존하고 있다.

(16) 가. 사과든지 배든지 다 좋다./공부를 잘한다든지 운동을 잘한다든지 무엇이든 하나는 잘해야 한다.
가'. 집에 가든지 학교에 가든지 해라./계속 가든지 여기서 있다가 굶어 죽든지 네가 결정해라.
나. 너나마 와 주어서 다행이다./먼발치로나마 보게 되어 기뻤다.
나'. 변변치는 못하나마 많이 잡수십시오./여자의 뺨에는 희미하나마 눈물이 흐른 자국까지 있었다.
다. 공부밖에 모르는 학생/하나밖에 남지 않았다./나를 알아주는 사람은 너밖에 없다.
다'. 주인이 내놓으라면 내놓을밖에./약을 먹으니 나을밖에

보다시피 위의 (16. 가~다)는 '든지·나마·밖에'가 조사로 사용된 용례이고 (16. 가'~다')는 이들이 각각 어미로 사용된 용례이다. 사실 '든지'의 원어만 파악할 수 없을 뿐 '나마'와 '밖에'는 의존명사 '나마'와 명사 '밖'으로의 파악이 가능하다. 이런 맥락에서 보면 '나마'는 전항의 '의존명사〉 조사〉 어미'의 단일 단선구조로, '밖에'는 '밖+에'로 분석하여 '명사〉 조사〉 어미'의 복합 단선구조로 간주할 수도 있다. 그러나 단선 방향의 문법 형태들은 2단계에서 어미나 조사 가운데 하나의 범주로만 기능함에 비하여, 이들은 동시에 두 범주로 기능한다는 점에서 차이를 보인다.

필자는 이러한 다중문법화를 '조사〉 어미', 더 나아가 '조사〉 연결어미〉 종결어미'로 진행하는 과정의 과도기적 현상으로 풀이하고자 한다. (16. 다)의 '밖에'는 이런 생각의 타당성을 뒷받침해 주는 결정적인 자료로 간주된다. 즉 어미로서의 '밖에(16. 다'')'는 허재영(2002)에서까지만 해도 띄

어쓰기가 잘못된 용례로 언급되었으며 현 한글맞춤법이 사용되기 이전에 편찬된 사전들(예를 들면 『민중국어사전』)에서는 '조사'로만 처리하였다. 하지만 현재 『표준』에서는 위와 같이 어미로도 인정하고 있다. 이런 점들은 '밖에'가 어미 기능을 획득한 것은 최근의 일임을 시사해준다고 하겠다.

이상과 같은 점들을 고려하면, 현재 완료된 연결어미의 기능을 보유한 '든지'는 앞으로 종결어미의 기능을 확보하게 될 가능성이 높다. 사실 이미 『세종』에서는 '어디 여행이라도 잠깐 다녀오든지'와 같은 용례를 제시하면서 '종결어미'로 처리하고 있기도 하다. 즉 앞서 살핀 '듯'과 같은 상황인 것이다. 여기서 우리는 결국 '의존명사〉 조사〉 연결어미〉 종결어미'로의 문법화 과정을 다시 확인하게 된 셈이다.

그렇다고 해서 모든 문법 형태들이 이러한 단선 방향으로 진행되지는 않을 것이다. 어떤 경우는 '의존명사와 조사' 혹은 '의존명사와 어미'로 공존하는 단계에서 머무르기도 할 것이고 어떤 경우는 다중문법화의 양상으로 완결되기도 할 것이다.

8.3.2.2 X 〉 조사·접미사

여기에는 '들'이 해당하는데, 다음과 같은 용법으로써 조사와 접미사로 공존하고 있다.

(17) 가. 책상 위에 놓인 공책, 신문, 지갑 들을 가방에 넣다/과일에는 사과, 배, 감 들이 있다.(의존명사)
나. 이 방에서 텔레비전을 보고들 있어라./다들 떠나갔구나.(보조사)
다. 사람들/그들/너희들/사건들(접미사)

주지하는 대로 (17. 가)는 의존명사이고 (17. 나)는 보조사이며 (17. 다)는 접미사이다. 즉 이들은 현재 [복수]의 의미로써 이와 같이 다른 범주로 공존하고 있는 것이다. 그런데 『표준』에서는 이것의 결합 방식에 초점을 두어 위와 같이 3가지 범주로 규정하였으나 고영근(1991: 515)에서는 '접미사'로만 간주하면서 김계곤(1969)이 보조사로만 인정하는 관점에 대해 회의적인 입장을 견지하였다. 문제는 어떤 입장을 취하느냐에 따라 '들'의 문법화에 대한 설명 방식이 달라질 수 있다는 것이다. 즉 고영근(1991)이나 김계곤(1969)처럼 하나의 범주로만 인정한다면 이 문법 형태는 애초부터 문법화 목록에 포함될 수 없다. 그러나 『표준』의 관점을 취한다면 '의존명사〉 보조사·접미사'로 분화된 것으로 이해되어 복선방향의 문법화로 규정된다. 우리는 이 입장을 선택하기로 한다.

그러했을 때 지금까지 이끌어온 우리의 관점에서 이 단계는 앞으로 '보조사〉 접미사' 혹은 '접미사〉 보조사'의 방향으로 진행할 가능성이 있다. 여기서 단언하긴 어렵지만 후자의 방향을 예측해 볼 수 있다. '들'이 중세국어시기에 접미사였다는 사실과 함께 보조사가 접미사보다 사용 영역이 훨씬 넓다는 점 등을 고려해서이다. 언어 사용의 경제성을 고려한다면 하나의 형식으로써 그것의 쓰임이 많은 방향으로 진행될 가능성이 그 반대의 경우보다 높을 터이다. 이런 관점에 입각하면 한정된 환경에만 사용되는 접미사가 거의 모든 문장 성분과 결합할 수 있는 보조사로 변할 가능성이 그 반대의 상황보다 높아 보이는 것이 사실이다. 지금까지 살핀 복선방향의 명사 문법화 과정을 정리해 보면 다음과 같다.

(18) 2단계 단선 방향의 명사 문법화 과정

가. 체계

복선방향 ┌ ×〉조사·어미(든지, 나마, 밖에)
　　　　　└ ×〉조사·접미사(들)

나. 과정:

×〉조사, 접미사, 어미
×〉접미사 〉 어미

본 논의는 문법화 과정을 '생성기(1단계)〉 과도기(2단계)〉 완성기(3단계)'로 나누어 2단계인 과도기의 문법화를 유형별로 정리하고자 하였다. 그리하여 논의한 결과를 표로 정리해보면 다음과 같다.

(19) 문법화 체계

- 단선방향
  - 의존명사〉조사(만, 뿐, 만큼, 대로)
  - 의존명사〉어미
    - 단일형태소구성(것, 데 지, 듯, 바, 망정)
    - 복합형태소구성(뿐더러, 리만큼, 리만치, 듯이)
  - 의존명사〉접미사〉(님, 씨)
- 복선방향
  - ×〉조사·어미(든지, 나마, 밖에)
  - ×〉조사·접미사(들)

(20) 과정

- 의존명사〉조사, 연결어미, 종결어미, 접미사
- 의존명사〉조사〉연결어미〉종결어미
- 의존명사〉접미사〉조사

즉 2단계에서의 명사 문법화는 ① 하나의 문법 형태가 다른 하나의 문법 형태로 변하거나(단선 방향) ② 어떤 하나의 문법 형태가 하나 이상의 문법화 연쇄를 형성하면서(복선 방향) 변하기도 한다. 이때 단선 방향은 의존명사에서 조사·어미·접미사 가운데 하나의 문법형태로 변하며 복선 방향은 어떤 문법 형태에서 조사나 어미 혹은 조사와 접미사로 분화하여 변한 것으로 확인된다.

이와 같은 문법화는 의존명사〉 조사, 의존명사〉 연결어미, 의존명사〉 접미사 등으로 변하기도 하며, '의존명사〉 조사〉 (연결어미)〉 종결어미' 등의 순서를 거쳐 변하는 과정으로 나누어진다.

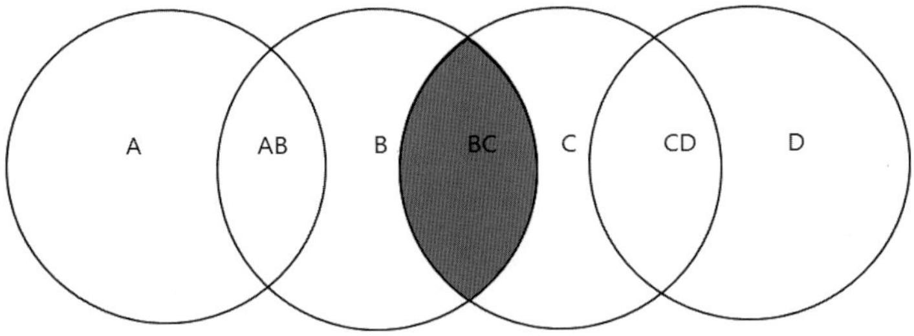

A : 명사
B : 의존명사
C : 조사〉어미, 접미사
조사〉(연결어미)〉종결어미
접미사〉조사
D : 조사, 어미, 접미사

[그림 4] 국어 명사의 문법화 과정

즉 2단계인 과도기 단계에서는 1단계에서 진행되던 문법화가 완결되는 한편으로 새로운 문법화가 다양한 방향으로 진행되면서 3단계의 문법화로의 진입을 준비하는 것으로 판단된다. 그런데 이러한 과정은 분절적이고 단절적이 아니라 위의 그림과 같이 연쇄적으로 연속적으로 이루어지고 있다는 것이 문법화에 대한 필자의 관점이다.

9

문법 기능에서 어휘로: 역문법화*

역문법화(degrammaticalization)[1]는 일반적으로 '문법화의 반대 과정'으로 규정하는바, 범박하게 정의하면 '문법적 기능을 하는 언어 형식이 어휘적 의미를 지닌 자립어로 변하는 과정'이다. 주지하듯이 문법화는 범언어적

---

* 이 장은 「우리말글 68」(2016)에 발표한 '현대국어의 역문법화 유형 고찰'을 재정리한 것이다.

1) 'degrammaticalization'는 역문법화, 탈문법화, 반문법화, 비문법화 등으로 변역되어 오고 있다. 사실 이들의 의미는 다음과 같은 차이를 지닌다.
(가) 역문법화: 문법화와 반대 방향으로 진행되는 현상
(나) 탈문법화: 문법화에서 벗어나는 현상
(다) 반문법화: 문법화에 반하는 현상
(라) 비문법화: 문법화가 아닌 현상
역문법화의 경우는 '어휘 단위에서 문법 단위'로 진행되는 문법화와 반대 방향으로 진행되는 면에 초점을 두지만 탈문법화는 이러한 진행 방향뿐 아니라 그 외의 속성인 자립성과 실체성을 획득하는 데에 초점을 둔다. 반면 반문법화와 비문법화는 문법화의 관점에서 '문법화가 아니다'라는 의미이다. 국어학계에서는 특별한 의미를 부여하지 않고 (가)와 (나)를 임의적으로 선택하는 경향이다. 그런데 본고는 역문법화를 선택하기로 한다. 'degrammaticalization'의 주요 특성은 '문법화의 반대 방향성'이라는 생각과 함께 '탈문법화'에서 중요시하는 '자립성'과 '실체성' 역시 문법화 반대 방향으로 진행하는 과정에서 획득되어지는 특성으로 간주되는 까닭이다.

현상으로서 국어 문법화에 대해서도 그동안 적지 않은 논의가 있어왔다. 그에 비하여 역문법화의 연구 성과는 미비하여서 '연구 대상으로 고려하지도 않았다'는 표현이 어색하지 않을 정도이다.[2] 문법화가 일반적이고 보편적인 현상으로 인식되는 데다 그것이 단일 방향으로 진행된다는 이른바 단일방향성 가설(unidirectionality hypothesis)[3]이 학계에 지배적이었던 경향이 주요 원인으로 작용한 듯하다. 여기에 국어에서 문법화는 중세국어 시기부터 비교적 활발히 진행되어 왔지만 역문법화는 그러하지 않았다는 언어적 사실이 더하여진 결과가 아닌가 한다. 가령 '부터·까지·조차'는 이미 중세국어 시기에 '븥다·가장·좇다'라는 명사나 동사에서 조사로의 문법화를 경험하였다. 그리고 이와 같은 문법화는 다른 언어 형식에서도 살펴짐은 물론이고 현재 진행 중이기도 하다.[4] 그러나 역문법화는 접미사 혹은 의존명사로 규정되는 '님'이 근래에 '2인칭 대명사'로 사용되기 시작했다는 점이 비교적 널리 알려진 정도이다.

필자가 역문법화에 관심을 보이는 이유는 비록 적으나마 역문법화가 진

2) 국어 역문법화 연구는 고영근(1970/1989)가 '접미사의 비문법화'에 관심을 보이는 데서 출발한 것으로 보인다. 즉 1970년대에 접미사가 자립적인 기능으로 사용되는 동요를 간파하여 이를 '비문법화'로 명명한 것이다. 그러나 문법화의 반대되는 현상으로서 역문법화를 접근하기 시작한 논문은 안주호(2002)가 처음이 아닌가 한다. 이후 강희숙(2012), 노명희(2013), 김유범(2006) 등에서 집중적으로 논의되었으며, 시정곤(2010)에서는 문법화를 논하면서 단편적인 관심을 보이기도 하였다. 이정도면 굳이 문법화와 비교하지 않더라도 충분히 미비한 것으로 평가할 수 있다.

3) 문법화는 '구체적인 의미에서 일반화 혹은 의미 약화의 과정을 거쳐 추상적인 의미로 되고 음운은 본래 자립적이던 것이 축약되어 의존적인 것으로 변하며, 범주는 어휘적인 범주에서 문법적인 범주로 변하는 탈범주화를 경험하게 되는'(박근영 2001: 27) 과정으로만 진행되지 그 반대 방향으로 진행되지 않는 것으로 보는 관점이다.

4) 예컨대 '밖에, -걸(← 것을), 뿐' 등으로 대략 '명사〉 조사, 어미' 등으로 변하는 것으로 간주된다. 그러나 이 외에도 문법화를 경험하고 있는 언어 형식이 상당하다. 이에 대해서는 안주호(1997), 이태영(1993), 고영진(1997) 등을 참고 바란다.

행되었거나 진행되기 시작한 언어 형식이 관찰되므로 이들을 유형별로 정리할 필요가 있겠다는 생각에서이다. 그럼으로써 그것의 진행 방향과 본질을 가늠하고 파악하게 되리라는 기대 때문이다. 여기에는 선행 연구들에서 살펴지는 아쉬운 면을 보강 혹은 보충하려는 의도가 내재해 있기도 하다. 그동안은 어떤 특정 언어를 역문법화로 규정하는 데에 중점을 두었을 뿐, 그것의 진행 방향이나 과정들을 체계적으로 정리하려는 노력은 없었던 것으로 보인다(각주 2 참조). 역문법화 자체가 주요 연구 대상이 아니었음을 감안할 때 이런 경향은 당연하고 그럼에도 국어 역문법화에 관심을 보였던 선학들의 노력은 인정되어야 마땅하다고 생각한다. 그러나 아쉬운 면이 없지 않다는 것이 필자의 생각이다.

이상과 같은 취지에서 출발하는 본 논의는 먼저 선행 연구를 반성적으로 검토하여 역문법화 과정을 범주별로 제시하고, 이를 근거로 유형화 작업을 하고자 한다. 그러는 과정에서 문법화와 대비되는 역문법화의 특징들을 단편적으로나마 확인할 수도 있을 것이다.

9.1 역문법화의 진행

국어 역문법화의 진행 방향에 대한 견해는 다음이 전부이다시피 한다.

(1) 역문법화 진행 방향
가. 문법 범주별
㉠ 자립적 어휘소〉 의존적 어휘소〉 접어〉 어미·조사·접미사 (안주호 1997: 39)
㉡ 자립어(free word)〉 접어(clitic)〉 접사(affix) (노명희 2013: 140)
㉢ 주범주(명사, 동사) 중간범주(형용사, 부사)〉 소범주(접사, 접속사, 관사, 조동사)〉 접어〉 굴절접사 (강희숙 2012: 66)

나. 의미 변화

문법적 기능〉 어휘적 기능/ 추상적 의미〉 구체적 의미/ 의존적 요소〉 자립적인 요소 (안주호 2002: 28)

(1.가)는 역문법화 진행 과정을 국어 문법 범주에 따라 보였으며 (1.나)는 의미나 문법적 기능에 초점을 맞춰 보인 것이다. (1. 나)보다는 (1. 가)의 방식이 설명과 이해를 도모하는 데 편하지 않을까 한다. (1. 나)의 경우는 의미론 분야에서 태생적으로 안고 있는 의미의 '추상성: 구체성', '문법적 기능: 어휘적 기능'을 객관적으로 측정할 수 없다는 한계를 고스란히 드러내지만 (1. 가)는 문법 범주로써 그것을 보여줌으로써 객관적인 검증이 가능한 까닭이다. 이런 맥락에서 본고는 (1. 가)와 같은 방식을 우선시하고 (1. 나)를 참조하여 역문법화를 유형화하고자 한다. 그런데 (1. 가)는 다음에 제시한 (2)의 문법화를 역방향으로 이해한 것이라는 점을 참조할 필요가 있다.

(2) 문법화의 진행 방향(Hopper& Traugott 1993)

content item(내용어) 〉 grammatical word(문법어) 〉 clitic(접어) 〉 inflectional affix(굴절접사)

즉 (2)의 용어나 개념을 그대로 국어 역문법화에 수용하여서 그것을 세분하거나 간략하게 제시한 것이 위 (1. 가)인 것이다. 그러다보니 국어 범주와 맞지 않은 '접어·굴절접사·관사·조동사' 등과 같은 개념이 그대로 사용되기도 하고 접어(clitic)라는 개념이 어떤 연구자에게는 접두사와 접미사를 아우르는 개념(1. 가 ㉡)으로, 어떤 연구자에게는 연어(1. 가 ㉠,㉢)로 수용되는 등의 혼란을 보이고 있다. 국어 문법화에 대한 연구가 1970년대 후반부터 본격적으로 진행되었음에 비하여 서구에서는 이미 1910년

초반에 이루어지기 시작하였음을 감안하면 우리가 서구 이론을 우선적으로 참조하는 것은 일견 당연하게 여겨질 수 있다. 그러나 국어의 관점에 맞게 비판적으로 수용하려는 노력은 없었던 듯하다. 이점이 아쉬움으로 남는다.

따라서 본장은 역문법화를 처음부터 새로운 관점에서 이해해 보고자 한다. 그러기 위해서는 (1.가)와 같은 기존의 관점을 배제한 채로 (2)의 문법화 방향만을 역으로 살펴보는 데서부터 출발해야 할 것이다. 어차피 역문법화는 문법화의 역방향성으로 규정되므로 문법화 진행 방향이 우선적으로 결정되어야 하는데, 현재로서는 (2)가 전형적인 방향으로 간주되고 있어서 이를 부정할 만한 논리적인 근거가 없다면 일반적인 관점을 취하는 것이 안정적이라는 판단에 의해서이다. 이런 맥락에서 (2)를 역방향으로 제시해 보이면 다음 (3.가)와 같다[5].

(3) 역문법화의 진행 방향

가. Hopper& Traugott(1993)

nflectional affix(굴절접사) 〉 clitic(접어) 〉 grammatical word(문법어) 〉 content item(내용어)

나. 국어 단위 대응

㉠ 내용어: 명사, 동사, 형용사, 부사

㉡ 문법어: 의존명사, 보조동사, 대명사, 관형사, 접두(미)사

㉢ 굴절접사: 어미, 조사

Hopper& Traugott(1993)은 (2)와 같은 문법화 방향을 설정하였지만 각

5) 이러한 논의를 위해서는 필자 나름의 역문법화 정의가 이루어져야 할 것이다. 그러나 이에 대해서는 다른 기회를 통해서 밝히고자 한다. 사실 어떤 언어 현상의 정의는 그것의 특성이나 성질 등이 명확하게 밝혀진 후에 이들을 종합적으로 정리해야 할 것이기 때문이다.

단위에 해당하는 문법 범주가 무엇인지를 밝히지 않았다. 그런 까닭에 국어 연구자들이 접어를 각각 달리 해석하는 등의 혼란을 보인 듯하다. 그런데 이성하(1998)에서 각 단위에 해당하는 영어 범주를 설명하면서 국어와 대비시키고 있어 본 논의에 참조된다. 이성하(1988)에서는 언어 단위를 '내용어: 문법어'로 이분하고 문법어를 다시 자립문법소와 의존문법소로 나누었다. 이때 자립문법소가 (3. 가)의 문법어에 해당하며 의존문법소가 접어와 굴절접사에 해당한다.[6] 이러한 체계와 용례, 그리고 국어의 대응 범주 등을 종합하면 (3. 나)와 같은 결과에 도달한다.

우선 (3. 가)에 존재하는 접어가 (3. 나)에서는 제외되었다는 점이 주목된다. 이성하(1998)는 접어를, 영어 I'm, you're의 'm, 're 등을 예로 들면서 'am, are'가 축약하여 앞의 대명사에 종속되어 강세를 받지 않는 한편 앞 형태에 의존적이고 특정 대명사와만 연결되는 통사적 의존성이 있는 언어 형식으로 정의하였다. 형태적 독립성이 부족하다는 면에서는 국어의 접두사나 접미사와 유사하다. 조금 넓게 해석하면 의존명사와 보조동사와도 비슷한 면이 없지 않다. 접어를 노명희(2013)에서는 국어의 접두(미)사에 대응시키고 안주호(1997) 등에서는 연어에 대응시킨 점은 이런 측면을 각각 다르게 해석한 데서 비롯한 것이다. 하지만 국어 의존명사, 보조동사는 'm, 're등에 비하여 비교적 자립적이라는 점에서 영어의 접어와 차이를 보이며 접두(미)사는 비록 의존적이긴 하지만 특정 대명사에만 연결되는 등의 통사적 제약은 받지 않는다는 점에서 차이를 보인다. 가령 '개'는 [야생,

6) 이를 도식화하면 다음과 같다.

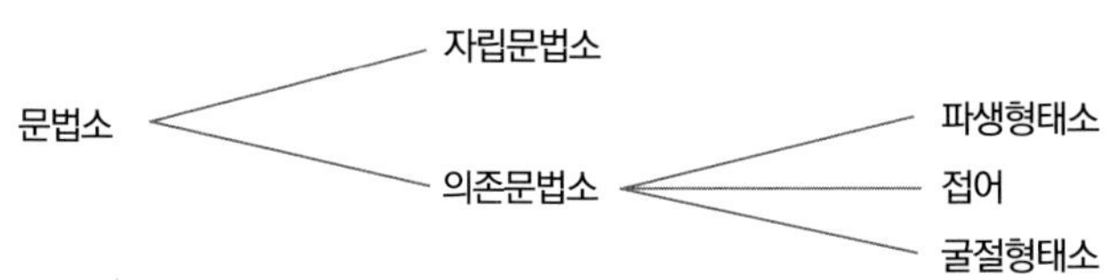

혹은 거친]이라는 고유한 의미로써 '살구·복숭아·떡' 등과만 결합하지만 이러한 제약이 통사적이라고는 할 수 없다는 것이다.

이상의 점들을 고려한다면 (역)문법화라는 특정 언어 현상을 설명하기 위해 국어에 존재하지 않는 접어 범주를 따로 설정해야 할 당위성은 미약해 보인다. 다만 그동안 접어를 국어의 의존명사, 보조동사 혹은 접두(미)사로 간주했던 입장에서는 선뜻 동의하기 어렵겠지만 이들을 (2), (3. 가)의 범주 안으로만 수용할 수 있다면 그리 큰 문제는 없어 보인다. 이런 관점에서라면 이들은 일단 (3. 가)의 문법어 범주에 해당되게 된다. (2), (3. 가)의 굴절접사는 국어의 조사와 어미에 해당하고 내용어는 명사·동사·형용사·부사 등에 해당하므로(이성하 1998 참조) 여기서 제외된 범주는 우선은 문법어로 처리할 수밖에 없는 까닭이다.[7] 이성하(1998)에서도 국어의 의존명사를 문법어에 대응시켰음을 참조할 필요도 있겠다. 위 (3. 나)는 이런 맥락에서 도달한 결과이다. 그러면 국어 역문법화의 범주별 진행 양상은 일차적으로 다음처럼 정리된다.

(4) 국어역문법화의 범주별 과정(1차)
[어미·조사] 〉 [의존명사·보조동사·대명사·접(두)미사·관형사] 〉 명사·동사·형용사·부사

9.2 범주 설정

앞서도 언급했지만 위 (4)의 궁극적인 틀은 (2)에 근거함은 물론이다. 서구의 이론을 비판 없이 수용한 기존 태도들을 문제시한 필자가 결국은 서

7) 필자는 다른 기회에 (3.나)와 같은 결과를 도출하게 된 이유를 비교적 자세하게 밝힌 바 있다. 따라서 여기서는 간략하게 주된 내용만을 언급함으로써 논의의 중복을 피하기로 한다. 심사가 종료되면 출처를 밝히기로 한다.

구 이론에 의지하여 위와 같은 결론에 도달하였다는 것은 일견 모순으로 해석될 가능성이 크다. 그러나 (2)의 과정을 대신할 만한 필자의 견해가 있거나 또 논리적으로 개연성을 갖춘 기존 견해를 찾기 어려운 현 상황에서는 보편적이고 일반적으로 인정되는 입장을 수용한 후에, 거기서 관찰되는 문제를 최소화하는 것이 합리적으로 생각된다.

필자의 이 같은 견해를 이해할지라도 위의 (4)와 같은 범주 구분은 문제의 여지가 있는 것이 사실이다. 보다시피 문법어가 '의존명사·보조동사·대명사·접두(미)사, 관형사' 등으로 광범위하여서 이로써 역문법화를 정치하게 설명할 수 있을까라는 우려가 제기되는 까닭이다. (1. 가 ㉢)에 언급한 강희숙(2014)가 '주범주-중간 범주-소범주'로 세분한 것이나, 최형용(1997 ㄱ·ㄴ), 안정아(2000), 김문기(2007) 등이 조사와 어미 등을 더 문법적인 것으로 세분한 이유도 이러한 문제를 최소화하려는 노력으로 읽혀진다. 예컨대 최형용(1997ㄱ)은 동일한 범주 안에서도 문법화가 더 진행된다는 견해를 밝히면서 다음 (5)처럼 요약·정리하고 있다.

(5) 문법화의 세분화

문법화 ─ 문법범주화
문법화 ─ 문법형태화 ─ ① 어휘형태소 〉 어휘형태소
　　　　　　　　　 ─ ② 어휘형태소 〉 문법형태소
　　　　　　　　　 ─ ③ 문법형태소 〉 문법형태소

곧 동일한 어휘 형태소 단위나 문법형태소 단위 안에서도 '문법적〉 더 문법적'으로 진행된다는 것이다. 필자도 이러한 견해에 동의한다. 객관성을 보장 받기 위하여 (2), (3. 가)를 기본으로 하여 (4)의 결과를 도출하였지만, 가령 자립도의 측면에서 보면 의존명사와 접두(미)사는 구별되고 [+의미성]의 면에서는 의존명사·접두(미)사와 대명사는 구별되는 면이 없지 않은 것으로 이해되는 까닭이다. 그런데 관형사와 접두사의 구별 문제가 형태론 분야에서 아직까지 의견 일치를 보지 못하고 조사와 어미의 품사 인정 여부에 대한 이견이 여전히 많은 상황에서 이처럼 판단하기에는 위험한 면이 없지 않다. 여기서 섣부르게 단정하기보다 다른 기회에 독립적인 주제로 삼아 심도 있는 논의를 거쳐야 할 것으로 판단되는 까닭이다.

그럼에도 불구하고 어설프게나마 생각의 실마리를 풀어보면, 형태와 의미의 독립성을 하나의 기준으로 삼을 수 있을 듯하다. 즉 의존명사·보조동사·대명사·관형사는 접두(미)사에 비하여 형태적 독립성을 갖추고 있으므로 접두(미)사가 더 문법화가 진행된 단위로 간주할 수 있으며, 대명사와 관형사는 의존명사, 보조동사에 비하여 자립성이 강하므로 후자의 두 경우가 대명사에 비하여 문법화가 더 진행된 단위로 간주할 수 있을 듯하다. 또 조사는 국어 품사 단위로 인정하고 어미는 그렇지 않은 이유가 전자는 명사와 분리성이 있으면서 독자적인 의미가 비교적 분명하지만 후자는 분리성이 없으면서 문법적 의미가 더 강하기 때문이라면 어미가 조사에 비하여 문법화가 더 진행된 단위로 이해함 직하다는 것이다. 그리고 이런 문법화를 반대 방향으로 해석하면 역문법화가 될 터이다. 가령 '의존명사〉 접두(미)사'로 문법화가 진행되었다면, '접두(미)사〉 의존명사'로의 역문법화가 진행된 것으로 이해할 수 있다는 것이다. 이상의 생각을 정리해 보이면 다음과 같다.

(6) 국어 역문법화의 범주별 세분화(2차)
① [어미〉 조사] 〉 ② [접두(미)사 〉 의존명사·보조동사 〉 대명사·관형사] 〉 ③ [부사 〉 동사·명사·형용사]

대 범주의 역문법화는 ①〉 ②〉 ③으로 진행되지만 ①은 '어미〉 조사'로 ②는 '접두(미)사〉 의존명사·보조동사〉 대명사·관형사'로 ③은 '부사〉 동사·명사·형용사'로 역문법화가 더 진행된다는 것이다. 위에서 언급했듯이 이러한 세분화는 시험적인 것으로 앞으로 더 많이 다듬을 필요가 있으며 그 과정에서 수정을 가해야 할 부분도 반드시 있을 터이다. 그러나 필자로서는 거칠게나마 생각을 정리해야 할 필요가 있었다. 그래야 현재 역문법화가 진행되었거나 진행 중인 것으로 파악되는 언어 형식을 나름대로의 기준으로 설명함으로써 서구 이론을 아무런 근거 없이 수용한 기존의 태도를 반성하는 한편으로 필자가 스스로에게 부여한 과제를 해결하는 실마리를 조금이라도 구할 수 있을 것으로 생각되었기 때문이다.

9.3 현대국어 역문법화의 유형

다음이 바로 고영근(1989), 노명희(2013), 시정곤(2010), 안주호(2002), 강희숙(2012), 이정복·양명희·박호관(2006) 등에서 역문법화가 진행 중이거나 진행이 완료된 언어 형식으로 규정한 예들이다.

(7) 역문법화의 예

때문에, 나름(대로), 딴(은), 뿐(만 아니라)/ 꾸러기, 투성이, 버거, 이즘/ 초-, 왕-, 개-/ 님, 씨

그러나 어떤 범주에서 어떤 과정을 거쳐서 역문법화에 이르렀는가라는 구체적인 설명은 없었다. 이 점을 반성하면서 여기서는 아래의 (8)을 근거로 하여 이들의 유형화를 시도하고자 한다.

(8) 국어 역문법화 유형화 기준

가. 1차(문법 범주별)

① [어미〉 조사] 〉 ② [접두(미)사 〉 의존명사·보조동사 〉 대명사·관형사] 〉 ③ [부사 〉 동사·명사·형용사]

나. 2차(기능별)

문법적 기능 〉 어휘적 기능/ 추상적 의미 〉 구체적 의미/ 의존적 요소 〉 자립적인 요소

(8. 가)는 우리가 앞서 거칠게나마 시도한 범주별 역문법화 과정을 보인 것이고, (8. 나)는 안주호(2002), 강희숙(2014) 등에서 역문법화 징표로 간주했던 의미 변화나 자립성 정도를 인용한 것이다. 여기서는 (8. 가)를 유형화의 1차 기준으로 삼고, (8. 나)를 2차 기준으로 삼기로 한다. 비록 의미의 추상성과 구체성, 의존성과 자립성 정도를 객관적으로 설명하기 어려워 (8. 나)를 1차적 기준으로 삼기에는 무리가 있을지라도 이러한 측면을 완전히 도외시할 수는 없기 때문이다.

9.3.1 의존명사 〉 명사

'나름(대로)·때문(에)·딴(은)' 등이 여기에 해당하는바, '~기 나름·~기 때문에·ㄴ(은) 딴'과 같이 연어적 구조로 사용되다가 의존명사의 기능을 획득한 후에 명사의 기능까지 보유하게 되었다는 점에서 역문법화로 간주할 만하다.

여기서는 '의존명사〉 명사'의 과정에만 논의의 초점을 두기로 한다. 연어와 의존명사는 '내용(용법)과 형식(문법 범주)의 관계'로 인식되므로 설명의 객관성을 위해서는 사전의 표제어를 유형화 대상으로 삼아야 할 것으로 판단되는 까닭이다. 즉 연어는 국어사전에 따로 표제항으로 처리되지 않고 의존명사의 용례로만 제시되어 있으며, 반면에 의존명사는 국어사전에 표제항으로 처리되어 있으나 그것의 용법은 연어의 형식을 통해서만 확인 가능하다. 그러므로 연어와 의존명사는 '내용과 형식'의 관계로 이해되는데, 이런 관계라면 '의존명사'라는 명칭을 사용하는 편이 설명의

수월성과 객관성을 보장해줄 것이라는 의미이다. 그 과정에서 연어는 자연스레 실례로 활용될 터이다. 이상의 취지에서 여기서는 연어가 아닌 의존명사에 초점을 두어 '의존명사〉 명사'형으로 명명하여 해당 용례를 살피고자 한다.

(9) 가. 책도 책 나름이지 그따위 책이 무슨 도움이 되겠니?/ 나는 내 나름대로 일을 하겠다. 〈표준〉[8]

가'. 이때 복수인 〈문화틀〉이란 사회 각 계급집단의 나름대로의 삶의 체험에 근거해서 다양한 의미 체계를 발전시킴을 가리킨다./ 인터넷 익스플로어 나름대로는 판단을 해야 되겠죠 〈세종〉

나. 그는 빚 때문에 고생을 했다./너 때문에 내가 얼마나 힘들었는지 아니? 〈표준〉

나'. 그러나 선거전이 막바지에 이르렀는데도 유권자들의 반응은 대체로 냉담한 듯하다. 때문에 돈이 없어 못한다는 이유가 될 수 없다. (안주호 2002: 35)/ 때문에 그러한 결과를 가져왔다.

다. 내 딴은 최선을 다했다./제 딴에는 잘하는 일이라고 여기고 한 일이다. 〈표준〉

다'. 딴에는 챙긴다고 길 한 번 안 튼 아이를 보낸 것인가?/ 딴에 장교라고 함부로 말해대는 꼴이라니 〈세종〉

위에서 언급했던 대로 (9)의 밑줄 친 어형은 '의존적 어형〉 자립적 어형'으로 진행 중이라는 점에서 역문법화에 해당한다고 할 수 있다. 예컨대 (9. 가~다)의 '나름·때문·딴' 등은 명사나 특정 어미 뒤에서만 제한적으로 쓰이다가 (9. 가'~다')에서는 이러한 제한 없이 자립적으로 쓰이기 시작했다

8) 〈표준〉은 국립국어원의 『표준국어대사전』의 약호이고, 〈세종〉은 『세종말뭉치』의 약호이며 〈고려〉는 『고려대 한국어 대사전』의 약호이다. 그리고 〈한글〉은 한글학회의 『우리말 큰사전』의 약호이며 〈연세〉는 『연세 한국어사전』의 약호이다.

는 점에서 역문법화의 예로 간주할 만하다는 것이다. 그런데 자립적 어형인 명사(9. 가'~다')로서의 자격은 아직까지 보편성을 획득하지 못한 것으로 이해된다. 일반 사전인 〈표준〉, 〈한글〉, 〈고려〉 등에서는 (9. 가~다)와 같은 연어적 형식만을 의존명사로 처리하고 이들은 고려하지 않았다는 점을 참조할 때 그러하다. 다만 말뭉치 프로그램인 〈세종〉이나 안주호(2002) 등에서만 이들을 일반명사로 처리하면서 위와 같은 예를 제시하였을 따름이다.

물론 〈표준〉 등과 같은 일반 사전에 등재되지 않았다고 해서 '일반적이지 않다거나 보편적으로 사용하지 않은 형식'으로 단정하기 어려운 면이 없지 않다. 그러나 일반적으로 어떤 어휘가 새로 생겼을 때에는 먼저 신어 혹은 속어로 존재하다가 그것의 사용이 일정 기간 지속되어 언중들에게 보편성을 인정받았을 때 비로소 사전에 표제어로 등재된다는 점을 고려하면 일반 사전에 표제어로 등재되었는가 그렇지 않는가가 특정 어휘의 '보편성과 일반성'을 구별해 주는 징표일 수 있다는 점 또한 부인하기 어려운 것도 사실이다.

이렇게 볼 때 현 단계에서 역문법화 과정에 있는 것으로 추정되는 (9. 가'~다')는 일반 명사의 자격을 획득해 가는 과도기에 있는 것으로 간주된다. 만약 이들이 일정 기간 지속적으로 사용되어 언중들에게 보편성을 획득할 경우에는 일반 사전류에 '의존명사'와 '명사'로 처리될 것이고 그렇지 않을 경우에는 구어적 사용으로 남을 가능성도 충분하다. 위에서 필자가 '진행 중'이라는 표현에 방점을 둔 이유도 여기에 있다.

관심을 달리 하여 (9)의 의미 면을 비교해 보면, 역문법화의 일반적인 견해처럼 '추상적〉 구체적'으로 변한 것으로 이해해야 하는가라는 의문을 제기하게 된다. 필자의 직관일 수 있으나 필자로서는 위 (9)의 명사와 의존명사의 의미가 같은 것으로 해석되는 까닭이다. 물론 〈표준〉 등의 일반 사전에서는 (9)의 의존명사(9. 가~다)만이 등재되어 있어서 명사 (9. 가'~다')의 의미를 객관적으로 검증할 수는 없다. 그러나 (9. 가')의 '나름'은 (9. 가)의 [각자가 가지고 있는 고유의 방식]으로 이해되고, (9. 나')의 '때문'은 (9. 나)의 [어떤 일의 원인이나 까닭]이라는 의미 그대로로 이해되며 (9. 다')의 '딴' 역시 (9. 다)의 [자기 나름대로의 생각이나 기준]이라는 의미 그대로 해석된다는 말이다.

주지하듯이 문법화는 '구체적인 의미 〉 추상적인 의미'로 변하는 과정으로 알려져 있다. 만약 역문법화가 문법화의 역방향으로 진행한다는, 이른바 '반대방향성'으로만 진행한다면 '추상적인 의미 〉 구체적인 의미'로 변해야 할 것이다. 그러나 최소한 위에서 예로 든 용례는 그렇지 못한 것이 사실이다. 그렇다고 해서 일반화된 가설을 부정하는 것은 현 단계에선 섣부른 태도임이 분명하다. 그러므로 (9)에서 살핀 '딴·나름·때문' 등은 '문법적 기능 〉 어휘적 기능'으로 '의존적 어형 〉 자립적 어형'으로 진행 중이지만 의미의 변화는 없다는, 객관적인 사실을 정리하는 차원에서 만족하기로 한다.

9.3.2 접두사 〉 부사

다음에 제시한 '초-, 왕-, 개-'등이 여기에 해당한다.

(10) 가. 초강대국, 초음속, 초만원 〈표준〉
가'. 초 강추, 초 감동, 초 암울 (이정복·양명희·박호관 2006: 75)
나. 왕개미, 왕게/ 왕겨, 왕모래/ 왕가뭄, 왕고집 〈표준〉
나'. 왕 변녀, 왕오랜만, 왕기분좋았다.(이정복·양명희·박호관 2006: 76~77)
다. 개살구, 개꿀, 개떡/ 개꿈, 개죽음/ 개망나니, 개잡놈. 〈표준〉
다'. 나이 한 살 많다고 개 깝치다 맞은 형이 있었지, 개 나대다, 개 썩었다. (강희숙 2012: 81)

(10. 가~다)는 〈표준〉에서, (10. 가'~다')는 이정복·양명희·박호관(2006)과 강희숙(2012)에서 가져온 것으로 (10. 가'~다')는 주로 인터넷 통신에서 사용하는 언어 형식이다. 여기서 (10. 가~다)는 뒷말과 붙여 써야 하는 '의존적인 요소'이지만 (10. 가'~다')는 '자립적 요소'인 바, 고로 역문법화가 진행 중이라는 생각으로 통한다. 이 점은 앞서 살핀 (9)의 유형과 일치한다.

여기에 더하여 새로운 기능이 일반화되지 못하였다는 점 또한 일치하는데 그 일반성이 (9)에 미치지 못한다는 면에서는 차이를 보인다. 다시 말하면 (9. 가'~다') 등은 비록 일반 사전인 〈표준〉, 〈한글〉 〈고려〉 등에 등재되지 않았지만 〈세종〉에서는 그 용례를 찾아볼 수 있었다. 그런데 위의 (9. 가'~다')의 용례는 〈세종〉에서조차도 찾아보기 어려운 점으로 미루어 짐작할 때 그것의 일반성이 (9. 가'~다')에 미치지 못한다는 것이다. 이에 대해서는 두 가지 해석이 가능하다. 하나는 사용 환경이 인터넷이나 청소년 등으로 제한적이므로 그러할 수 있다는 것이고[9], 다른 하나는 (9)에 비하여 역문법화가 진행된 시기가 최근이므로 그러할 수 있다는 것이다. 어쨌든 어휘의 자립도 측면에서는 역문법화 과정에 있는 것만은 확실하다.

한편 부사로 사용되기 시작한 (10. 가'~다')의 의미가 (10. 가~다)에 비하여 구체적이지 않다는 점은 다시 (9)와 일치한다. 요컨대 부사의 의미와 접두사의 의미가 같다는 것이다. 가령 위 (10. 가')의 '초 강추, 초 감동'은 (10. 가)의 [어떤 범위를 넘어선 또는 정도가 심한]의 의미 그대로이며, (10. 나')의 '왕 변녀, 왕 오랜만'은 (10. 나)의 의미 가운데 [매우 심한]에

9) 따라서 이러한 언어 형식이 통신 언어나 일정 세대 간에 사용하다가 사라지는 유행어에 그칠 수도 있고, 사용 대상이나 기간이 길어서 자립적 기능을 지닌 어휘로 자리매김할 수 있다. 이러한 결과는 일정 기간이 지나야 판정될 것이다. 우리 입장에서는 공시적인 관점에서의 역문법화가 진행 중인 언어 형식으로 인식될 따름이다.

해당한다. 또 (10. 다')의 '개 깝치다, 개 나대다' 등은 (10. 다)의 의미 가운데 [(부정적 뜻을 가진 일부 명사 앞에 붙어서) 정도가 심한]에 해당한다. 이 점은 (9)와 일치하는바, '추상적 의미〉 구체적 의미'로의 변화를 역문법화의 일반적인 현상으로 보아야 하는가라는 의문이 다시 제기되는 대목이다.[10)]

이쯤 되니 역문법화를 문법화의 반대 방향으로만 이해하는 것은 단편적인 태도일 수 있다는 생각과 함께, 이런 태도가 그것의 특징을 제대로 파악하기 어렵게 하는 방해 요소로 작용할 수 있다는 우려로 확대된다. 그러므로 현재 상태에서 가시화된 차이만이라도 비교·대조하여 역문법화의 특징을 보다 궁구하는 편이 좋지 않을까라는 결론적인 생각으로까지 이어지게 된다. 지금까지 지속적으로 언급했던 대로, 이에 대해서는 다른 기회를 기약하기로 한다. 두 변화의 특성과 차이를 규명하는 작업은 본고와 다른 관점에서 접근해야 할 의미 있는 또 다른 주제로 인식되는 만큼 여기서 깊이 있게 논할 수도 없으면서 종국에는 본 논지만 산만하게 할 가능성이 높다는 판단에서이다.

9.3.3 접미사 〉 명사

앞서 살핀 유형들이 접두사에서 부사로 변하였다면 지금부터 살필 '꾸러기·투성이·꺼리·이즘·버거'[11)]등은 접미사에서 명사로 변한 경우로, 구

---

10) 특기할 만한 사실은 (10. 다)의 '개'는 '캐'로 음운 변화하여 다음처럼 사용된다는 것이다.

말도 안되는거 이루어 주세요^^ 남자들 캐 감동합니다./ 캐 고생해서 님이 아니더라고 저 같은 문제로 고생하시는 분들을 위해 답변 올립니다.

강희숙(2012: 82)에서는 이러한 현상을 '자음의 음운론적 강도를 높임으로써 표현적 효과를 강화하려는 시도'로 풀이하였다.

11) 이즘과 버거를 Norde Muriel(2009, 김진수 외 2013), 백낙천(2007)에서는 역문법화가

체적인 용례는 다음과 같다.

(11) 가. 장난꾸러기, 욕심꾸러기, 잠꾸러기, 말썽꾸러기, 걱정꾸러기 〈표준〉

가'. 막돌이와 무돌이도 엄마 곁을 그다지 소중하게 여기지 않을 만큼 꾸러기들이 되어갔습니다, 어린이, 청소년을 위한 전문 오케스트라인 꾸러기 예술단은 13일 오후3시.6시〈세종〉/ 꾸러기 유치원, 꾸러기 어린이집, 꾸러기 천사들, 꾸러기 동요집(다음 포털 검색어)

나. 흙투성이, 피투성이 〈표준〉

나'. 그날 밤 꿈속은 조부희 투성이였다, 해에게는 부끄러움이 없는데 왜 한 여자에게는 부끄러움 투성이인가[12] 〈세종〉

다. 페미니즘, 마초이즘, 마르크시즘, 요다이즘 (노명희 2013: 158)

다'. 그건 염상진이라는 개인의 뜻이 아니라 정치 폭력화한 이즘의 충돌이었던 것이다, 죽음을 걸 만큼 그 이즘이라는 것이 그렇게 절대한 가치였었는지를 나는 회의하지 않을 수 없다. 〈표준〉

라. 햄버거, 치즈버거, 치킨버거 (노명희 2013: 157)[13]

라'. 버거 세트, 버거 & 커피 전문점, 버거와 콜라 등 13개 품목 가격 인상 (노명희 2013: 157)

마. 부업꺼리, 체험꺼리, 특보꺼리, 우리말꺼리 (노명희 2013: 154)

마'. 안 그래도 국가안전국을 몰아붙여 꺼리 하나 만들자는 놈들에게 나발을 갖다주는 격이지, 지금 제가 얘기도 이렇게 뭔가 꺼리가 없는 게, 꺼리를 사 와 가지고 〈세종〉

아닌 어휘화로 간주한바, 이는 어휘화를 역문법화로 인정하지 않은 관점에서 비롯한 견해이다. 어휘화와 역문법화의 관계에 대해서는 많은 이견이 있으나 어휘화를 역문법화의 한 유형으로 인정하는 입장도 적지 않다. 본고는 이에 근거하여 어휘화를 부분적으로 역문법화 유형으로 인정하기로 한다. 그러하여 이들을 역문법화의 한 용례로 제시한 것이다.

12) 투성이는 노명희(2013: 146)과 〈세종〉에서 자립 명사로 간주하였으나 고영근(1989: 595)에서는 의존명사로 처리하였다.

13) 〈세종〉에서는 (11.다)만을 명사로만 처리하고 (11.다')의 용례는 등재하지 않았다.

위의 용례 가운데 (11. 가, 나)는 〈표준〉을 비롯한 일반 사전에 표제어로 등재되어 있지만 (11. 다~마)는 그렇지 않다는 점이 주목된다. 우선 (11. 다)의 '이즘'은 〈표준〉과 〈고려〉에서만 명사로 규정하면서 (11. 다')의 용례를 포괄하였다.[14] 그런데 본고에서는 보다시피 접미사와 명사로 분류하였다. 이는 노명희(2013), 시정곤(2012) 등의 입장을 수용한 것으로, 필자에게 '이즘'은 항상 앞 명사에 연결하여 일정한 뜻을 더하는 (11. 다)와 자립적인 (11. 다')의 용법으로 나뉘어 인식되는 까닭이다.[15]

이에 비하여 '버거'와 '꺼리'는 위의 두 사전에서조차 배제되었는데, 아마 '버거'를 외래어로, '꺼리'는 '거리'의 속된 발음으로 간주한 때문인 듯하다. 본고는 노명희(2013), 시정곤(2012)과 〈세종〉의 관점을 수용하여 (11)의 유형으로 예시하였다. 일반 사전에서 '이즘'을 수용하였다면 '버거'도 그렇게 하지 않을 이유가 없다는 생각과 함께 일상에서 '꺼리'를 많이 사용하므로 앞으로의 변화 가능성을 참작하여 우선은 용례로 처리하자는 의도에서였다. 여기에는 위에서 언급한 바 있는, 이들의 사용이 '일반화와 보편성'을 획득하면 사전에 표제어로 등재될 수 있다는 생각이 내재해 있기도 하다.

이와 관련하여 정작 주목해야 할 바는 앞서 살핀 유형들과 달리 이들에 대한 문법 범주의 인식 차가 크다는 사실이다. 즉 투성이에 대한 연구자들

---

14) 〈세종〉에서도 다음과 같은 용례로써 '명사'로만 처리하였다.

가. 이러한 긴장으로부터 생성된 작품들의 가장 큰 특질은 에세이이즘이다.

나. 세상에는 주의니 이즘이니 하는 이름이 붙어 있어도 엄밀한 의미에서의 이념이 될 수 없는 것이 둘 있네.

15) 〈세종〉은 다음 용례까지를 포함하여 '꾸러기'를 명사로 처리하였다.

가. 덤벙대기만 하는 골목꾸러긴 줄로만 알았더니 글솜씨가 여간이 아니네.

나. 아니면 오갈 데 없는 지천꾸러기로 늙어감을 한탄하며 양로원 한 모퉁이에 앉아 있을까요?

의 의견이 다르고(각주 10), 이즘에 대한 사전 처리 기준이 다르며(각주 11, 12), 꾸러기에 대한 의견 역시 다르다(각주 13). 그 원인을 한 번쯤 생각할 필요가 있겠으나, 우리 논점에서는 이러한 대립 양상에서 이들의 기능 변천을 간접적으로나마 시사 받을 수 있다는 점을 확인하는 것만으로도 충분하다. 요컨대 본 논지로서는 '의존적 요소〉 자립적 요소'로, '문법적 기능〉 어휘적 기능'으로 변하는 과정에서는 문법 범주에 대한 혼란이 자연스럽게 수반된다는 사실을 이와 같은 견해 차이로써 간접적으로나마 확인할 수 있었다는 것만으로도 충분하다는 것이다.

다시 (11)을 보면, (11. 가'~마')의 의미는 (11. 가~마)의 의미를 그대로 사용한 것으로 이해되는 만큼 지금까지 살핀 유형들과 마찬가지로 '추상적〉 구체적'인 의미로는 진행하지 않은 것으로 결론할 수 있다. 예컨대 (11. 나')의 투성이는 (11. 나)의 [그것이 너무 많은 상태 또는 그런 상태의 사물, 사람]의 의미 그대로이며 (11. 마')의 꺼리도 [내용이 될 만한 요소]를 뜻하는 거리의 의미 그대로이다. 다만 (11. 가)의 꾸러기는 '일반적〉 구체적'으로 변한 것으로 보인다. (11. 가)에서는 [그것이 너무 많은 상태 또는 그런 상태의 사물, 사람]을 의미하지만 (11. 가')에서는 [아이]로만 한정되었기 때문이다. 〈고려〉에서는 꾸러기의 의미를 [장난이 심한 아이]로 풀이하였다는 점도 참조된다.

어떻든 우리 입장에서는 위 (11)은 공히 '문법적〉 어휘적'으로, '의존적 요소〉 자립적 요소'로 역문법화 하는 언어 형식으로 간주되고 이들이 일반적이거나 안정적으로 사용되지 않는다는 점에서 역문법화가 진행 중인 것으로 인식된다.

9.3.4 접미사·의존명사 〉 대명사

아래의 (13. 가)의 '님'은 시정곤(2010) 등을 비롯한 여러 연구자들에게 역문법화의 예로 널리 인정받고 있다. 그런데 다음에서 확인되다시피 '님'은 현재 접미사(13. 가)와 의존명사(13. 가')의 기능을 아우르다가 대명사(13. 가'')로 변하는 과정에 있다.

(13) 가. 사장님, 총장님/ 달님, 별님/ 공자님, 맹자님, 부처님 〈표준〉
가'. 홍길동 님/길동 님/홍 님 〈표준〉
가''. 님하... 개념 탑재하삼, 님 아즐드셈(이정복·양명희·박호관 2006: 77)[16]
나. 김씨, 이씨, 박씨 부인 〈표준〉
나'. 그 일은 김 씨가 맡기로 했네.〈표준〉
나''. 씨는 문단의 권위자이다. 〈표준〉

(13. 가'')의 '님'은 인터넷에서 매우 활발히 사용하여서 앞으로 일상에서도 사용할 가능성이 높다. 여기서 의존명사로서의 '님(13. 가')'은 불완전하나마 자립성을 보유하고 있다. 그런데 대명사로 변하면서 자립성을 강화시켜 종국에는 역문법화에 진입한 것으로 간주된다. 그러면서 그것이 지시하는 대상도 구체적으로 변한 것으로 보인다. 접미사와 의존명사로서의 '님'은 막연하게 [높임]의 뜻만을 더하였지만 의존명사로서의 '님'은 여기에 [2인칭]이라는 구체적인 대상을 더하게 되었다는 점을 참조할 때 그러하다. 여하튼 이것의 쓰임이 아직까지 일반적이거나 보편적이진 않아 보이지만 접미사나 의존명사에서 대명사의 기능을 더하게 되었다는 점에서

16) 사실 '님'은 현재 다음과 같이 [사모하는 사람]을 뜻하는 명사로도 사용된다.
님이시여, 파아란 하늘에 세월 넘어 가버린 그리운 님들로 가득했다네 〈세종〉
본문 (13)에서 이런 용례를 참조하지 않은 것은 (13)는 [사모하는 사람]이 아닌 [존칭]의 의미를 기본으로 하는 언어 형식들 간의 문제이기 때문이다. 같은 맥락에서 다음과 같은 '씨'의 용례도 본 논의에서는 참조하지 않기로 하였다.
씨는 김이고, 본관은 김해이다. 〈표준〉
즉 여기의 '씨'는 [성(姓)의 계통을 표시한] 말로 (13)의 [사람의 성이나 성명, 이름에 사용]된다는 점에서 구별되는 까닭이다.

역문법화의 과정에 있는 것으로 간주할 만하다.

동일 선상에서 살필 언어 형식이 바로 (13. 나)의 '씨'이다. 현재 [성이나 이름 뒤에 쓰여 존칭을 뜻하는] 접미사(13. 나)와 의존명사(13. 나')로 기능하다가 (13. 나'')의 명사로 역문법화 한 것이다. 그런데 '님'과 달리 그리 활발하게 사용되지는 않는다. 사실 (13. 나'')의 '씨'는 일상에서 거의 사용하지 않은 것으로 보아도 전혀 무리가 없을 정도이다. 이런 현상은 '님'의 사용 확대와 무관하지 않은 듯한데, 우리 관점에서는 공히 역문법화 단계로 인정되는 형식이다.

본 장에서는 현재 역문법화가 진행 중인 언어 형식들을 유형화하고자 하였다. 그 과정에서 필자가 놓친 예가 많을 수 있다는 우려가 제기되기도 한다. 그러나 주된 논의가 유형화의 체계를 구축하는 데 있었던 만큼 이런 우려가 논지 전개에 결정적인 단점으로 작용하지는 않을 것이다. 이런 위안에 의지해서 본고는 먼저 역문법화의 개념과 진행 과정을 나름대로 규명하고자 하였다. 그리하여 유형화의 기준을 (14)와 같이 책정하였다.

(14) 가. 방향:

가. 1차(문법 범주별)

① [어미〉 조사] 〉 ② [접두(미)사 〉 의존명사·보조동사 〉 대명사·관형사] 〉 ③ [부사 〉 동사·명사·형용사]

나. 2차(기능별)

① 문법적 기능 〉 어휘적 기능, ② 추상적 의미 〉 구체적 의미, 의존적 요소 〉 자립적인 요소

기존 논의들을 반성적으로 검토하여 얻은 결과로, (14. 가)를 형식적인 차원으로, (14. 나)를 내용적인 차원으로 간주하여 다음 [표 1]과 같은 유형화 체계를 구축하였다.

〈표 1〉 유형별 역문법화 정리

형식	예	문법〉어휘	추상〉구체	의존〉자립
의존명사 〉 명사	나름, 때문, 딴	○	X	○
접두사 〉 부사	초, 왕, 개	○	X	○
접미사 〉 명사	투성이, 이즘, 버거, 꺼리	○	X	○
	꾸러기	○	○	○
접미사·의존명사 〉 대명사	님, 씨	○	○	○

먼저 국어 역문법화는 주로 형식의 자립성을 추구하는 방향에서 진행되지, 의미의 구체성을 추구하는 방향으로는 진행되지 않는다는 사실을 확인하였다. 이러한 사실을 확인하면서 왜 국어 역문법화는 '추상적 의미〉 구체적 의미'로 진행하지 않는가라는 의문을 반복하였다. 일반적으로는 이러한 의미 차원에서의 변화를 역문법화의 한 특징으로 간주하는데 자료를 검토하는 과정에서 최소한 국어 역문법화에는 적용시키기 어렵다는 판단에 근거한 의문이었던 것이다. 이에 대한 필자의 추정을 간략하게 언급하면서 논의를 마치고자 한다.

추측건대 '구체적인 의미〉 추상적인 의미'로 진행하기는 쉬우나 그 반대로 진행하기는 쉽지 않을 듯하다. 전자처럼 변하는 문법화는 국어를 포함하여 범언어적 언어 현상임에 비하여 역문법화는 극히 드문 현상이라는 사실에서도 이러한 시사점은 찾아진다. 가령 '부터'와 '조차'는 구체적인 의미를 지닌 동사 '붙다'와 '좇다'에서 기원하여 문법적 기능인 조사로 진행하면서 애초 보유하였던 구체적인 의미가 문법적인 의미로 바뀌어서 [+추상]성을 보유하게 되었을 것이다. 그런데 역문법화는 이와 반대 방향으로 진행된다. 그러다 보니 그 대부분은 형식의 자립성만을 추구하고 애초의 의미는 그대로 사용하는 차원에서 마무리된 것이 아닌가 한다. '꾸러기'와 '님'은 그나마 [어린 아이]와 [2인칭]이라는 대상으로 구체화하였다는 점에서 다른 언어 형식과 차이를 보이고 있다.

사실 이처럼 문법화와 분명하게 차이를 보이는 역문법화의 몇 가지 측면을 본고에서 천착하여 보고자 하였다. 그러나 현재 필자의 능력으로서는 역부족임을 실감하면서, 위와 같은 단편적인 생각을 개진하는 데 그쳤다. 이후 해결해야 할 나름의 숙제로 생각하여 다른 기회를 기약하고자 한다. 그러나 논의를 진행하면서 국어 역문법화의 특징을 미약하나마 파악할 수 있었으며 미완의 상태로 남았지만 역문법화와 문법화의 차이를 인식할 수 있었다는 데 작은 위안을 얻고자 한다.

10

호칭어의 변천*

왕한석(2005: 17)은 호칭어(terms of address)를 “화자가 대화의 상대방과 말을 하는 동안에 그 상대방을 가리키기 위해 사용하는 단어(word), 어구(phrases), 또는 표현들(expressions)들”로 정의하고, Braun(1998: 7~14)에 근거하여 그것을 2인칭 대명사, 명사형 호칭((nouns of address), 동사형 호칭(verb forms of address), 접사형(affix) 호칭으로 분류하였다. 이 가운데 국어는 ‘2인칭대명사·명사형·접사형’ 호칭어를 사용하고 있다.

본 장은 이러한 기본 개념 아래 15세기부터 20세기의 호칭어 목록을 작성·유형화하여 그 구성 방식을 살피는 한편 그것의 기능과 의미 변화 유형을 사적으로 조감하여, 궁극적으로는 국어의 세기별 호칭어 체계를 구축해 보고자 한다. 요컨대 본고는 이러한 궁극적인 목적을 실현하기 위한 기초 단계라 할 수 있다. 사실 호칭어는 1960년대 이후 사회언어학의 발달과 함께 새롭게 떠오른 중요한 연구 대상 가운데 하나이다. 그것은 호칭어

* 이 장은 「한국언어문학 68」(2009)에 발표한 ‘국어 호칭어 체계 수립을 위한 사적 고찰’을 재정리한 것이다.

가 특정 언어 공동체에서의 언어구조와 사회구조 간의 관계를 밝히는 데 중요한 의미와 기능을 가질 뿐만 아니라, 특정 호칭어의 사용이 화자와 청자가 놓여 있는 사회적 상황 및 사회적 관계를 반영하고 강화함으로써 언어의 이차적 기능을 강하게 드러내는 것으로 보았기 때문이었다(Fasold 1990: 1).

최근 20세기 호칭어를 연구 대상으로 하는 업적들은 이러한 특성을 충분히 감안하여 호칭어에 반영된 화자와 청자 간의 사회적 관계나 그것이 사용된 시기의 사회 상황 등을 밝히기 위한 깊이 있는 논의가 진행되어 왔다[1]. 그러나 이 시기를 벗어나면 상황을 달리한다. 먼저 20세기 이전의 호칭어 목록 자체가 정리되어 있지 않은 관계로 세기별 호칭어의 유형화와 체계화는 생각할 수도 없는 형편이다. 그뿐 아니라 호칭어에 대한 이해가 충분치 않아서 명사형 호칭어인 직함형을 2인칭대명사 체계 안에서 다루면서도 같은 명사형 호칭어에 해당하는 '이름형'은 고려하지도 않았다는 점도 문제로 제기될 수 있다. 가령 15세기의 경우, 명사형 호칭에 해당하는 직함형(임금, 태자, 세존)을 '∅'형으로 규정하여 대명사형 호칭어의 체계 안에서 'ᄒᆞ쇼셔'체와 호응하는 양상으로 풀이하면서도 정작 '이름'형(아난, 실다다, 난타)은 전혀 고려하지 않고 있다[2]. 그래도 15세기는 이렇게나마 대명사형 호칭어 체계가 수립되어 있지만, 다른 시기는 그러한 시도마저도 없었던 것으로 확인된다.

1) 이에 대한 대표적인 업적으로는 강희숙(2002, 2008), 김희숙(2003), 박정운(1997), 신숙정(1986), 왕한석(2000, 2001, 2005), 조숙정(1997) 등을 들 수 있다.

2) 이런 관점은 안병희(1965/ 1992: 123)이 대표적으로 이외 모든 연구자들이 수용하고 있는 방식으로 다음과 같이 이해된다.

가. 대명사 안씀 ..... 'ᄒᆞ쇼셔'체
나. 그듸 .... 'ᄒᆞ야쎠'체(때로는 'ᄒᆞ쇼셔'체와 'ᄒᆞ라'체도 나타남)
다. 너 .... 'ᄒᆞ라'체

이에 더하여 연구 방법도 반성해야 할 부분이다. 대부분의 모국어 화자들은 상대에 알맞은 호칭어를 선택하려면 상대방의 사회적 위상이나 연령 등(power)을 참작해야 하고, 평소 자신과의 유대 관계(solidarity)나 대화가 오가는 장면의 격식성 등을 고려해야 한다는 사실을 잘 알고 있다. 그러므로 최근의 호칭어를 중심으로 하는 연구는 이런 조건들이 호칭어에 어떻게 반영되어 있는가를 규명하는 데 초점을 맞추었던 것이다. 그러나 호칭어를 대명사 체계 안에서 단편적으로 다루었던 과거 대부분의 연구들은 화자와 청자의 객관적 위상(power)만을 고려하여 그것을 당시에 존재했던 화계에 일 대 일로 대응시키는 방식을 취했을 뿐, 후자와 같은 조건들을 전혀 고려하지 않았다고 해도 과언이 아니다.

물론 그러한 시기는 문헌을 연구 대상으로 해야 하는 까닭에 화자와 청자 간의 친밀도나 대화의 격식성과 같은 조건들을 객관적으로 찾아내기가 쉽지는 않다. 더욱이 이들을 잘못 해석할 경우 연구자의 주관에 휩쓸려 결과 자체가 개인적인 해석에 머무를 성향도 높다. 그러나 문헌을 화석화된 자료로 간주하지 않고 서술자와 독자, 혹은 등장인물들 간의 대화가 살아 있는 역동적인 텍스트로 인정할 의향만 있다면 그러한 조건들은 충분히 찾아지리라 생각한다. 이제는 이와 같은 시도를 해야 할 시점이 아닌가 한다. 최근에 사용하는 호칭어에 대한 연구 업적이 충실히 노적(勞積)되어 있는 만큼, 그러한 결과를 얻게 한 시각을 사적(史的)으로 확대해도 좋을 듯하다. 이에 더하여 어떤 실체나 현상은 그것을 분석하고 해석하는 방법이 다양할수록 보다 객관적이고 사실적으로 드러난다는 일반론을 감안할 때, 과거 호칭어도 그동안과 다른 관점에서 접근하면 할수록 그 실체는 보다 정확하고 객관적으로 드러날 수 있을 것이라는 기대가 있는 것도 사실이다. 본 연구는 이런 취지에서 15세기부터 20세기에 사용되었던 호칭어를 사회언어학적 방법으로 분석하여 유형화하고자 한다.

10.1 국어 호칭어의 유형화

서두에서 언급했듯이 Braun(1998: 7~14)은 호칭어를 '대명사형'과 '명사형' 그리고 '접미사형'으로 분류하였다. 그러나 그에 대해 확실하게 정의하지는 않았다. 이점은 왕한석(2005)나 박정운(2005) 등도 마찬가지여서, 본고에서는 유형별 호칭어를 다음 (1)처럼 정의하는 한편, '이름 호칭어, 직함 호칭어, 친족어 호칭어, 대명사 호칭어, 통칭적 호칭어, 기타 호칭어' 등으로 분류한 박정운(1997)을 참조하여 다음과 같이 분류하고자 한다. 그럼으로써 앞으로 이루어질 논지에 객관성을 부여하려는 것이다.

(1) 국어 호칭 유형별 개념 정의와 용례

가. 명사형: 명사인 호칭어
이름호칭어(미진아, 미진이, 김미진),
직함호칭어(과장, 부장, 김 박사, 김 박사님)
통칭적 호칭어(아줌마, 사장님, 선생님)[3)]

나. 대명사형: 대명사인 호칭어
너, 그대, 당신, 자네, 자기, 이녁,

다. 접사형: 명사 뒤에 접사가 연결되어 호칭어로 사용되는 유형
－댁(금촌댁), －네(채린네), －가(이가야, 김가야)[4)]

---

3) 통칭적 호칭어는 청자에게 특별히 적용되는 직함이나 친족어가 아니라 일반적으로 적용될 수 있는 것으로 보이는 '아저씨, 아줌마, 형님'이나 '선생님, 사모님'등과 같은 호칭어를 일컫는다. (박정운 2005: 84)

4) '－댁'형은 택호(terms of household)로 불리는 여성호칭어로 [+존대]로 사용되며, '－네'는 자식의 이름 뒤에 붙어서 [－존대]로 사용된다. 그리고 '－가'는 '성(姓)' 뒤에 붙어서 [－존대]의 의미를 지닌 남성에 대한 호칭어로 사용되는바, 본 연구에서는 이들을 접사형 호칭어로 명명하고자 한다. 그것은 '－댁, －네, －가'와 같은 접사를 이용하여 호칭어를 만든다는 뜻에서이다.

미리 말하면 위의 분류에서는 친족호칭어는 언급되지 않았다. 익히 알다시피 그것의 유형은 매우 다양하여 그 자체만으로 하나의 독립된 연구 대상이 되기에 충분하여, 이들을 본고에서 아울러 다룰 경우 자칫하면 주객이 전도될 가능성이 높을 것으로 예측되는 까닭이다. 이에 더하여 이 분야의 연구는 조항범(1986), 왕한석(1995) 등에서 어느 정도 완성 단계에 이르렀다는 생각이 작용하기도 하였다[5]. 이 같은 전제를 출발점으로 하여 본격적으로 국어 호칭어의 유형과 구성 방식을 살펴보기로 한다.

10.2 국어 호칭어의 유형

먼저 필자가 조사한 세기별 호칭어 유형과 용례를 제시하면 다음과 같다.

〈표 1〉 세기별 호칭어 용례

세기	유 형		용 례
15	명 사	이름	瞿曇아, 佛子 文殊아/ 得大勢여
		직함	太子∅, 님금하, 世尊하/ 文殊師利여, 미륵보살하
		통칭	美男子ᄃᆞᆯ하, 善男子아, 佛子아, 聖女ㅣ여
	대명사		너, 네/ 그ᄃᆡ, 그듸, 그디

이런 맥락이라면 성 뒤에 붙는 '-씨'도 아울러 고려할 법하지만 여기서는 제외하기로 한다. 먼저 '가'는 오직 성(姓)과 연결하여 이를 제외하면 독립적으로 호칭어가 될 수 없음에 비하여, '씨'는 이름 뒤에도 연결되며, 그것을 제외하여도 충분히 독립적인 호칭어로 작용할 수 있어서 접미사형으로 간주하기에는 무리가 따를 수 있기 때문이다.

5) 이 외에도 강신항(1986), 정양완(1987), 정종호(1990), 이광규(1984) 등을 들 수 있는데, 현재 필자의 생각으로는 본 연구가 이루어진 후, 이를 바탕으로 친족호칭어에 대한 기존 연구들을 더하고자 한다. 그럴 때, 국어 호칭어 전반의 목록이 정리될 것이고, 그 체계도 보다 정밀하게 수립될 터이다.

세기	유형		용례
16	명 사	이름	홍새아
		직함	령공하, 八舍여, 指揮하, 스승님
		통칭	큰형아, 원판 형님하, 션븨 형님, 누의님하, ᄆᆞᆮ 아ᄌᆞ미∅, 나그내여, 쥬신 형님∅, 버다(벋+아), 얼우신하
	대명사		너, 네/ 그ᄃᆡ, 그듸/ 자내, 자ᄂᆡ
	접 사		손개여
17	명 사	이름	계화야
		직함	셰ᄌᆞ, 셰ᄌᆞ/ 대군, 봉님 대군/ 마마/ 쥬 상궁, 상궁/ 대 감, 정 대감/ 김 공/ 녕감, 송 녕감/ 스승님
		통칭	王가 형, 형아, 主人 형아, 청파 형님, 형님하/ 아ᄋᆞ님/ 누의님/ 아ᄋᆡ아/ 얼우신네, 얼우신, 어루신, 어르신
	대명사		너, 네/ 그ᄃᆡ, 그듸/ 자네
	접 사		張가야, 孫가야, 王가ㅣ아, 李개∅
18	명 사	이름	ᄉᆞᆨ∅
		직함	김 션븨, 박 션븨/ 듀당 전하, 대비 젼하/ 귀인, 장 나인 / 쟝군
		통칭	형님, 왕가 형님/ 누의님/ 얼우신, 어루신
	대명사		너, 네/ 그ᄃᆡ, 그듸/ 자네/ 당신
	접 사		손 가여/ 이 가여
19	명 사	이름	춘향아, 애랑이, 진숙∅
		직함	대감, ᄃᆡ감, 션 대감/ 상공/ 숀 장군, 마 장군, 장군/ 사또, 변 사또/ 방자야
		통칭	얼우신, 어루신/ 형 공/ 봉추 션ᄉᆡᆼ, 션ᄉᆡᆼ, 김 션ᄉᆡᆫ, 우 션ᄉᆡᆼ/ 낭자, 진낭자, 권낭자, ᄉᆞᆨ영 낭자/ 아주머니/ 아자씨/ 부 여사/ 학ᄉᆡᆼ
	대명사		너, 네/ 그대/ 자네/ 당신/ 이녁
	접 사		박 가, 이 가, 주가야
20	명 사	이름	영숙씨, 순례∅, 유순∅, 허 숭군
		직함	백 주사, 심 주사/ 박 선생, 선생님/ 이 박사/ ᄇᆡᆨ 학감/ 박진사/ 교장 선생님
		통칭	어르신/ 아자씨, 아저씨/ 아지머니, 아주머니/ 션ᄉᆡᆼ님이 여, 선생님, 박 선생님/ 학ᄉᆡᆼ, 학생
	대명사		너, 네/ 그듸, 그대/ 당신/ 자기/ 이녁
	접 사		박 가야, 송 가야, 이가 이 놈아/ 율촌댁, 전주댁/ 점순 네, 순영네

위 표에 제시된 언어적 사실을 정리하면 다음과 같다.

(2) 〈표 1〉의 언어적 사실

가. 명사형 호칭어

가) '이름'형은 20세기에 이르러서 활발하게 사용된다.

나) '직함'형은 17세기부터 다양한 구성 방식으로 활발하게 사용되었다.

다) 친족호칭이나 직함으로써 통칭호칭어를 사용하는 시기는 16세기부터이다.

나. 대명사형 호칭어

가) 15세기에는 '너, 그듸'만 존재하였다.

나) 16세기에 '자내'가 투입되어서, '너, 그듸, 자내'로써 18세기까지 지속되다가 '당신'이 합류한다.

다) 19세기부터 '이녁'이 사용되다가 최근에 '자기'가 합류한다.

다. 접사형 호칭어

가) 접사형 호칭어는 16세기부터 '성+가'형으로 사용되기 시작한다. 이런 현상은 최근까지 지속되다가 여기에 '-댁'형과 '-네'형이 합류한다.

이로써 국어 호칭어는 명사형 사용이 가장 활발하며, 대명사형은 세기별로 꾸준히 증가하는 양상을 보이고, 접사형은 최근에 이르러 사용되었음을 알 수 있다.

10.3 호칭어 구성 방식

그러면 이런 호칭어들은 어떻게 구성되는가? 논의를 구체적으로 전개해 가기 전에 몇 가지 점들을 밝히기로 한다. 호칭어 구성 방식에서는 먼저

'대명사'형과 '접사형'은 제외하기로 한다는 것이다. 전자의 경우 '이녁'을 제외한, '자내, 자기, 당신' 등은 단일형태소이므로 구성 방식을 논할 이유가 전혀 없고, 후자의 '성+가'형은 이 형식 그대로 현재까지 사용되고 있어서, 굳이 변천 양상을 살필 이유가 없기 때문이다. 이런 맥락에서라면 매우 다양한 형식으로 구성되는 '댁'형과 '네'형은 여기서 함께 다루어야 할 터이지만, 이 역시 잠시 보류하기로 한다. 이들에 대한 연구는 이미 충분히 이루어진 까닭에 기존 업적에 우리 작업을 연계하는 편이 국어 호칭어 전반을 체계화하는 데 훨씬 수월하다는 판단 때문이다. 이 같은 취지에서 필자가 정리한 세기별 구성 방식을 보이면 다음과 같다.

〈표 2〉 명사형 호칭어 구성 방식의 세게 별 사용 여부

방	식 세 기	15	16	17	18	19	20
이름	이름+호격조사(구담아, 문수사리여)	○	○	○	○	○	○
	이름+∅(슉)				○	○	○
	이름+씨(영숙씨)						○
	성+이름+군/양(허 숭군/김순례양)						○
	신분+이름+호격(불자 문수아)	○					
직함	직함+호격조사(대왕하/ 八숌여/방자야)	○	○				
	직함+∅(장군, 마마)			○	○	○	○
	성+직함(쥬 상궁, 정대감, 마 장군, 김 주사)			○	○	○	○
	직함+님(스승님, 션싱님)		○	○	○	○	○
	직함+선생님(교장 선생님)						○
통칭	신분+호격조사(佛子아, 얼우신하, 벋아)	○	○				
	신분(님)+∅(학싱, 션싱, 낭자/ 선생님)			○	○	○	○
	성+신분(진 낭자, 이 도령, 마 장군, 부 여사)			○	○	○	○
	이름+신분(슉영 낭자, 미진 아가씨)				○	○	○
	신분+친족호칭+님(원판 형님, 쥬신 형님)		○	○			
	친족호칭+호격(누의님하, 형아)	○	○				

방식	세기	15	16	17	18	19	20
통칭	친족호칭+∅(ᄆᆞᆮ 아ᄌᆞ미, 아자씨)		○	○	○	○	○
	친족호칭+님(형님, 아주머님, 아ᄋᆞ님)	○	○	○	○	○	○
	성+가+친족호칭+님(王가 형/왕가 형님)	○	○	○	○		
	직함+∅(션ᄉᆡᆼ, 박사)				○	○	○
	성+직함(이 션ᄉᆡᆼ, 이 주사, ᄇᆡᆨ 학감)				○	○	○
	성+직함+님(이 션ᄉᆡᆼ님, 박 선생님)				○	○	○
	호+직함(봉추 션ᄉᆡᆼ)					○	

위 표의 언어적 사실을 정리하면 다음과 같다.

(3) 〈표 2〉의 언어적 사실

가. 이름형

가) '이름+호격조사'의 형식이 국어의 일반적인 호칭인 듯하다.

나) '불자 문수아'와 같이 이름 앞에 신분을 표시한 형이 15세기에만 사용되었다.

다) '호격조사'를 생략한 이름형은 18세기 이후부터 사용되었다.

라) '이름+씨'나 '성+이름+군/양' 등은 20세기에 이르러서야 사용되기 시작하였다.

나. 직함형

가) 직함에 바로 호격조사를 연결하는 '대왕하, 八舍여'의 형식이 15·16세기에만 사용되었다.

나) 이후, 직함에는 호격조사를 생략하는 형식으로 대체되었다.

다) '직함'에 '님'을 결합한 형식은 16세기부터 사용되었다.

라) 그러나 '직함'에 '선생님'을 결합한 형식은 20세기에 이르러 사용되기 시작하였다.

다. 통칭형

가) 국어 호칭어 가운데 다양한 구성 방식으로 가장 많이 사용되는 형

식으로, 이 중에서도 '형님, 아주머님'과 같이 친족호칭에 '님'을 연결한 형식이 언중들의 전폭적인 지지를 받은 것으로 확인된다.

나) '불자, 벋'과 같은 신분을 나타내는 명사에 호격조사를 취한 형식이 15·16세기까지만 사용되었다. 이와 더불어 친족호칭에 호격조사를 결합한 형식도 이 두 시기에만 사용되었다.

다) 17세기부터 신분 등에 성(姓)을 덧붙인 호칭어가 사용하기 시작하였다.

라) '숙영 낭자'처럼 이름에 신분을 결합한 호칭어를 18세기부터 사용하였다.

마) 직함을 통칭형으로 사용하기 시작한 시기는 18세기부터로 추정된다.

10.4 구성 방식 분석

그러면 위와 같은 구성 방식을 취하게 된 이유는 무엇일까. 보다 깊은 성찰이 있어야겠지만, 현재로서는 다음과 같이 정리된다. 첫째, 18세기, 특히 19세기 이후부터 직함형 호칭어가 갑자기 많이 사용된 배경에는 반상의 계열이 붕괴되고 새로운 사회 계층이 형성되기 시작하였는데, 이 사회적 지위를 이용하여 상대방을 호칭하고자 하는 언중들의 심리가 작용한 결과가 아닌가 한다. 이 같은 심리적 배경에는 과거 양반들에게만 붙일 수 있었던 직함형을 어떤 사회적 신분을 획득할 경우, 평민 자신들에게도 사용할 수 있다는 만족감을 얻고자 한 것으로 풀이된다. 즉 평민들은 기존에 누리지 못했던 사회적 위상을 서로에게 부여하면서 양반층에 대한 상대적 박탈감을 충족시키는 수단으로 활용한 결과가 19세기 이후의 직함형 호칭을 활발히 사용하게 된 배경으로 풀이된다는 것이다.

둘째, 15·16세기에 활발히 사용되던 호격조사가 17세기 이후에는 '이름+호격(진희야)'의 형태로서만 사용되고 있다는 점이다. 다시 말하면 위 표에서 확인되다시피 15·16세기에는 호격조사가 '이름+호격'의 형식뿐 아니라, '신분+이름+호격(불자 문수아)', '직함+호격조사(대왕하, 八숌여, 방자야)' 형 등에서 두루 사용되었지만, 17세기 이후에는 전자를 제외한 후자의 두 경우는 전혀 활용되고 있지 않다는 뜻이다.

이런 현상은 15·16세기에 존재하던 [+존대=하] : [비칭=아]의 대립 구도가 소멸된 데에서 그 원인을 찾을 수 있다. 현대에도 '진희야'와 같은 '이름+호격'형은 상하 관계가 분명하거나, 그럴지라도 평소 유대 관계가 돈독하지 않은 사이에서는 사용하기를 주저한다. 통상 지도교수가 성인이 된 제자에게 '이름∅'와 같은 형식을 취하여 '진희 거기 있는 물건 좀 가져오지'로 말한다는 사실을 감안하면 쉽게 이해된다. 즉 현대로 올수록 아주 가까운 사이가 아니고서는 호격조사를 잘 사용하지 않는다는 것이다.

그럼에도 15·16세기의 경우에는 신분과 이름을 함께 사용하는 형에 호격조사를 사용하거나, 직함에 바로 호격조사를 사용하는 등 다양한 형식으로 사용되었는데, 이는 위에서 언급한 대로 '하: 아'의 대립으로써 존대해야 할 대상과 존대하지 않아도 될 대상에 대해 사용처가 분명했기 때문이 아닌가 한다. 그런데 17세기에 존대 대상에 사용했던 '하'가 소멸되고, 그 기능을 대신할 다른 조사가 없다보니 자연스레 호격 조사의 활용 역시 감소하면서 '아(야)'를 사용해야 할 환경 또한 극히 협소해진 것으로 풀이된다.

셋째, 통칭형은 현대로 오면서 가치가 하락한 경우가 많은데(대감, 영감, 부인) 이런 현상 역시 그 위상을 동경하던 화자들의 심리 상태가 반영된 결과로 해석된다. 익히 알다시피 '영감'은 정삼품과 종이품에 대한 직함형 호칭이었는데, 18세기 이후에 통칭어로 전환하였다가 급기야 '비칭'으로 가치가 하락한 경우이다. 이렇게 될 수밖에 없었던 이유는, 평소 그러한 직위의 위상을 동경하던 일반 상민들이 반상의 계열이 무너지는 사회가 되자 서로에게 그러한 호칭을 사용하면서 대리 만족을 취하다가 종국에는 누구에게나 사용되는 상황이 되어서, 그 가치마저도 하락한 것으로 추정된다.

10.5 국어 호칭어의 기능

이상의 결론을 바탕으로 여기서는 국어 호칭어의 기능 및 의미 변화 유형을 정리해 나가기로 한다. 그러기 위해서는 먼저 다음과 같은 개념들을 분명히 정리하는 편이 논지 전개를 하는 입장에서나 받아들이는 입장 모두에게 도움이 될 듯하다.

(4) 호칭어 연구를 위한 기본 개념 정리

가. 호칭어의 선택 조건

가) 호칭어의 실제 사용은 공유하는 규범(norms)에 의해서 뿐만 아니라 개인 화자의 전략 (strategy) 또는 조작(manipulation)에 의해서도 이루어진다.

나) 호칭어 사용은 사회적 관계를 반영할 뿐만 아니라 화자 자신의 개인적, 심리적 표현의 수단이기도 하다. (왕한석 2005: 39~40)

나. 존대법의 사용 요인

가) 경어법 사용에 작용하는 사회적 요인을 그 특성의 면에서 크게 둘로 묶으면 '힘(power)'과 '거리(solidarity)'라 할 수 있다. 나이, 지위, 계급 등의 요인은 '힘'과 관련되고, '친소 관계'는 '거리'와 관련 된다.

나) 화자가 특정한 목적을 이루기 위해 언어 공동체의 규범과 다르거나 그것에 의해 예측되지 않은 방향에서 청자에 대한 경어법 사용 방식을 의도적으로 조정하기도 한다. 이를 '전략적인 경어법 사용' 또는 '경어법의 전략적 용법'이라 한다. (이정복 2002: 25)

서두에서도 잠시 언급했지만, 요컨대 호칭어는 화자와 청자의 관계 정립에 관한 문법 범주인 만큼, 존대법과 무관하기 어려우므로 그 사용 양상을 제대로 밝히기 위해서는 화자와 청자 간의 객관적 위상이나 연령 등이 고려되어야 하고, 평소 유대 관계나 대화가 이루어지는 장면의 격식성도 고려되어야 한다는 것이다. 이 외에도 화자 자신의 전략(strategy)에 따라 규범에 부합하지 않은 호칭어를 사용하는 경우도 있으므로 호칭어 연구는 이점까지 고려해야 한다는 것이다. 그러나 최근 호칭어에 대한 연구를 제외한 대부분의 연구에서는 '힘(power)'의 조건만을 참조하여 '너=ᄒᆞ라: 그듸=ᄒᆞ야쎠체 이상: 대명사 안씀=ᄒᆞ쇼셔'체의 대립 체계로 이해해왔다. 그러다보니 설명하기 어려운 용례가 많았던 것도 사실이다[6].

본항에서는 이러한 연구 태도를 반성하면서, 전항에서 살핀 호칭어 구성 방식을 토대로, 그것의 기능과 의미 변화 유형을 정리해 보기로 한다.

10.5.1 기능 변화 유형과 원인 분석

'기능 변화'란 문법 범주를 바꾸어 호칭어가 된 경우를 일컫는 것으로,

---

6) 이를 예로써 보이면 다음과 같다.

(1) 가. (중국 상인이 여관주인에게) **네** 허믈 마ᄅᆞ쇼셔(번노하, 36ㄱ)

나. **우리 다티 살 흥졍**ᄀᆞᅀᆞᄆᆞᆯ **의논호**ᄃᆡ **엇더ᄒᆞ니오** (번노 하, 21ㄱ)

(2) 가. (정반왕이 백성들에게) **그듸내** 各各 ᄒᆞᆫ 아ᄃᆞᆯ옴 내야 내 孫子 조차 가게 ᄒᆞ라 (석상 6, 9ㄴ)

나. (가섭이 바라문에게) **그듸**ᄂᆞᆫ 어드러셔 오시ᄂᆞ니(석상23, 40ㄴ)

(3) 가. (책이 사에게) **仁者**ㅣ 得法ᄒᆞᆫ 스승은 누고(육조 중, 99ㄱ)

나. (부처가 대중에게) 諸 **佛子ᄃᆞᆯ하** 뉘 能히 護法ᄒᆞᇙ고 반ᄃᆞ기 큰 願 發ᄒᆞ야 시러 오래 住케 ᄒᆞᆯ띠니라(법화 4, 140ㄱ)

위에 대한 자세한 설명은 양영희(2005)로 미루고 여기서는 (1)은 '너'가 'ᄒᆞ쇼셔'체와 호응하며, (2)는 '그듸'가 '니'체나 'ᄒᆞ라'체와 호응하고, (3)은 대명사가 아닌 '인자'나 '불자'와 같은 상대의 사회적 위상을 반영하는, 소위 '대명사 안 씀'의 유형이 'ᄒᆞ쇼셔'체와 호응하고 있어 기존 대명사 체계로써는 설명할 수 없다는 사실만을 간략하게 제시하도록 한다.

대명사와 접미사형의 일부가 해당한다. 우선 본 항에서 다루어질 내용을 정리하여 보이기로 한다.

(5) 호칭어로의 기능 변화와 원인 분석 정리

기능변화 양상	원인 분석
• 3인칭 재귀대명사〉 2인칭 대명사 – 15세기〉 16세기: 자내(자네) – 16세기〉 18세기: 당신 – 16세기〉 20세기: 자기 • 대명사〉 재귀대명사〉 2인칭대명사 – 15세기〉 17세기〉 19세기: 이녁 • 명사〉 접미사형 – 15세기〉 20세기: 내(네) – 17세기〉 20세기: 댁	• 화계 분화에 따른 새로운 호칭어의 필요성 • 15세기국어 3인칭대명사의 수(數)적 우 세

지금부터 위의 사실들을 본격적으로 검증하기로 하는데, '네/댁'은 다음 항에서 다룰 '의미 변화'에도 해당하므로 이들에 대한 설명은 다음 항으로 미루기로 한다.

10.5.1.1 '3인칭 재귀대명사 〉 2인칭'화

여기에는 '자내, 자기, 당신' 등이 해당하는데, 그 가운데 '자내'는 15세기에 3인칭재귀대명사로 기능하다가 16세기 말에 2인칭으로 전환하고, '당신'과 '자기'는 16세기말에 3인칭재귀대명사로 처음 출현하였다가 전자는 18세기에 2인칭으로, 후자는 최근 들어 2인칭으로 전환하였다. 그 과정을 간략하게 보이면 다음과 같다.

(6) 가. 阿育王이 듣고 … 자냇긔 풍류ᄒᆞᄂᆞᆫ 각시를 다 善容ᄋᆡ그에 가 풍류ᄒᆞ라 ᄒᆞ고(석상 24, 26ㄴ-27ㄱ)

나. (남편이 아내에게) 나도 완ᄂᆞ니 타자기나 무ᄉᆞ히 ᄒᆞ여 가새 나ᄂᆞᆫ 됴히 완뇌마ᄂᆞᆫ 자내를 그리 셩티 몯ᄒᆞᆫ거ᄉᆞᆯ 두고 와 이시니 ᄒᆞᄅᆞ도 ᄆᆞᄋᆞᆷ 편ᄒᆞᆫ 저기 업세 (순천김씨 간찰 49, 256)

다. (장모가 사위에게) 자내나 도도니 ᄀᆞ올로사 아모 거시나 ᄒᆞ로쇠 (순천김씨 간찰 48, 253)

(7) 가. 당신과 아ᄃᆞᆯ 네희 녹이 각각 이쳔 셕식이모로 만셕군이라 ᄒᆞ니라(소학 6, 77ㄱ)

나. 져 당신은 ᄂᆞᆷ의 大事를 秋月春風으로 아ᄅᆞ시니 이런 답답ᄒᆞᆫ 일은 업ᄉᆞ외(인어대 3, 29ㄱ)

다. 춘우 씨! 저는 당신을 사랑합니다(어머니1, 84)

라. 나는 결코 당신의 사랑이 완전한 열매를 맺지 못할 것을 압니다.(어머니1, 85)

(8) 가. 靈利ᄒᆞᆫ 사ᄅᆞ미 바ᄅᆞ 드위텨 自己를 훤히 ᄇᆞᆯ겨 趙州를 자ᄇᆞ며 부텨와 祖師왜 사ᄅᆞᄆᆡ게 ᄆᆡ이샨 고ᄃᆞᆯ 긋 알면 … 저 ᄇᆞ론 죠히라 닐오ᄆᆞᆯ 올타 호리라(몽산법,고,47ㄱ)

나. 자기 언제 왔어(*냐)?

다. 자기가 해(라), 나는 못하겠어(다).

예문 (6)을 보면, 15세기의 자내는 '아육왕'이라는 3인칭을 지시하다가 (가) 16세기에 이르러 '남편이 아내'에게 혹은 '장모가 사위'에게 사용하는 2인칭대명사로 바뀌었음을 알게 된다. 그리고 (7)을 보면, 16세기의 당신은 '만석군' 등과 같은 3인칭을 지시하다가 18세기에 이르러 2인칭으로 전화하였음을 알게 되고, (8)을 보면 16세기의 '자기'는 '영리한 사람'과 같은 3인칭을 지시하다가 최근에 2인칭으로 바뀌었음을 깨닫게 된다.

여기서 우리는 '자내'를 제외한 '당신, 자기'가 3인칭〉 2인칭으로 전환하면서 그들의 위상도 함께 바뀌었다는 사실을 주목할 필요가 있다. 즉 이들이 3인칭대명사였을 때에는 'ᄒᆞ라'체에 해당하는 대상을 지시하다가(각 용례의 밑줄친 부분 참조), 2인칭으로 전환하면서 당신은 'ᄒᆞ오'체와 '합쇼'체의 대상을 지칭하고, '자기'는 '해체'의 대상을 지칭하였다는 것이다. 그러나 자내는 그러한 변화를 입지 않은 듯한데, 황문환(2001)에 의하면 그것은 3인칭재귀대명사로서도 'ᄌᆞ갸'보다 낮고 '저'보다 높은 대상을 지칭하였고, 2인칭으로 바뀌어서도 'ᄒᆞ쇼셔'체보다 낮고 'ᄒᆞ라'체보다 높은 'ᄒᆞᄂᆡ(하게)'체의 대상을 지칭한다고 한다.

10.5.1.2 지시대명사 〉 재귀대명사 〉 2인칭화

이녁은 15세기에는 '이쪽'을 나타내는 지시대명사였다(다음 9. 가). 그러다가 17세기에는 재귀대명사로 바뀌고(9. 나), 19세기에는 2인칭대명사형 호칭어(9. 다, 라)로 사용되었음이 다음에 제시한 용례에서 확인된다.

(9) 가. ᄯᅩ 어늬 브린동 어늬 지빈 동 어늬 왼동 몰라 이녁 뎌녁 ᄃᆞᆫ녀 노ᄅᆞᆺᄒᆞ고 (월석 12 :26)
  나. 뉴가의 집의 안쳐 두고 제 ᄠᅳᆮ 일울 … 이녁 ᄋᆡ운을 슬컷 황논ᄒᆞ여 뭇고 (서궁 1, 12ㄱ)
  다. ᄂᆡ가 ᄉᆢᆯ을 먹던지 마던지 이녁 엇던 ᄉᆞ람이완ᄃᆡ 먹어라 말아라 총집ᄒᆞᆷ노 (남원고사 4,30ㄱ)
  라. 이녁을 대할 낯이 없소.(표준 국어대사전 4906)

그런데 이 이녁 역시 2인칭대명사화하면서 자신의 위상을 높인 것으로 추정되는데, 재귀대명사로 사용될 때(9. 나)는 '뉴가'라는 비존대자를 지칭하다가 2인칭 대명사로 전환하면서(9. 다, 라)는 하오체를 사용할 대상을 지칭하였음이 위에서 확인되는 까닭이다. 그러면 왜 '자내, 당신, 자기, 이녁' 등은 2인칭대명사로 전환하였을까라는 의문이 제기되는바, 지금부터는 이에 대해 생각해 보기로 한다.

10.5.2 원인 분석

현재로서는 그 해답을, 자내를 제외한 모든 대명사들이 2인칭으로 전환하면서 화계가 높아졌다는 사실에서 찾을 수 있지 않을까 한다. 익히 알다시피 국어 화계는 15세기부터 20세기에 이르는 동안 미세하게 분화해왔다. 새로운 화계가 등장하면 거기에 합당한 호칭어가 필요함은 자명하다. 이럴 경우 언중들은 이미 존재하는 언어 형식에 의존함으로써 새로운 형식을 창안할 때의 번거로움을 피하려 하는 듯하다. 그런데 새로이 형성된 화계는 모두 'ᄒᆞ라'체보다 높기 때문에 이와 관련하여 사용될 호칭어 역시 그보다 높은 '존대'의 자질을 내포해야 할 것이다. 이 때, 언중들은 3인칭대명사를 2인칭대명사로 전환하는 방식으로써 그러한 요구를 충족시키지 않나 한다. 그리하면 상대와 심적 거리감이 형성되어 존대의 의미가 더해질 확률이 높기 때문이다. 예컨대 "너 어제 어디 갔었어?"로 묻는 대신 "순영이는 어제 어디 갔었어?"로 물으면 당사자인 순영이는 일반적으로 상대에게 심리적인 거리를 느끼는 한편, 상대가 자신을 존중한다는 느낌을 받게 되는데, 이는 2인칭을 2인칭대명사로 지칭하지 않고 3인칭으로 지칭한 데서 오는 효과라 할 수 있다. 2인칭 당사자를 3인칭으로 거론하면 화자와 무관한 제삼자로 인식되어 심적 거리가 생기기도 하지만, 한편으로는 그런 만큼 존대한다는 생각이 드는 것도 사실이다.

'ᄒᆞ라'체 이상의 대상을 지칭할 목적에서 3인칭대명사를 2인칭대명사로 전용한 맥락도 이와 같지 않을까 한다. 즉 당시 언중들도 2인칭을 3인칭대명사로 지시하면 위와 같은 효과가 있음을 알았던 까닭에 새로이 존대형화계가 생기면 3인칭대명사를 견인하여 사용함으로써 또 다른 언어 형식을 창출해야 하는 번거로움을 피했던 것으로 이해된다.

여하튼 이러한 방법이 가능했던 것은, 15·16세기에 3인칭대명사가 매우 다양했기 때문이었을 것으로 추정된다. 두 시기에는 '자내, 자기, 당신, 이녁' 이외에도 '이, 그, 뎌'와 같은 3인칭 대명사가 존재하고 있었다. 상식적으로, 만약 이들이 전부 2인칭으로 전이할 경우, 정작 3인칭을 지시할 문법 형식이 없다면 언중들은 그러한 전이를 감행하지 않았을 터이다. 그리되면 그들은 또 다시 3인칭을 지시할 형식을 창안해야 하는 수고를 감당해야 하는 까닭이다. 그런데 당시에는 이들 외에도 그러한 기능을 충당할 만한 대명사가 충분하였기에 별다른 우려 없이 2인칭으로 전환시킨 것은 아닌가 한다. 그럼으로써 2인칭대명사를 새로이 고안해야 하는 번거로움을 피하였을 터이다.

10.6 의미 변화 유형

'의미 변화'란 호칭어로 전환하는 과정에서 원래의 의미가 바뀐 유형을 뜻하는 것으로, '-네, -가, -댁'이 여기에 해당한다. 앞서와 마찬가지로 먼저 결론부터 요약해서 제시하기로 한다.

(10) 의미 변화와 원인 분석 정리

의미 변화 양상	원인 분석
• **가치하락** - 복수형 존칭〉 복수형 비칭〉 단수형 비칭 여성 호칭어: 네 - 유대형 평칭> 유대형 비칭: 가	• **'가'의 경우** - [성(姓)]을 뜻하는 한자 '씨(시)'의 유입으로 살아남기 위해 기존의 의미를 강화시킴.

의미 변화 양상	원인 분석
• **의미 축소** – 복수형 존칭〉 단수형 존칭 여성 호칭어: 댁	• **'댁/네'의 경우** – 반상의 계열이 무너지면서 양반가에서 자신의 과거 위상을 지키기 위한 전략으로 이들을 구별하여 사용함

10.6.1 가치 하락

일반적으로 알고 있듯이 15세기의 '내'는 '존칭을 의미하는 복수형'이었다. 그런데 17세기부터는 존칭의 의미는 약해지고, 복수형으로만 사용되다가 최근에 '자녀의 이름'에 연결하여 여성 호칭어로 굳어진 듯하다. 다음은 이를 문헌으로 증명해보인 것이다.

(11) 가. 아자바님내씌 다 안부ᄒᆞᄉᆞᆸ고 (석상 6, 1ㄱ)
나. 나그내네 ᄌᆞᆺ 시서다 음식 ᄑᆞᄂᆞᆫ ᄃᆡᆺ 사ᄅᆞᆷ아 상 스서라 (번노 상 55ㄱ)
다. 뎡유왜난의 두 녀편네 덕이 잇더니 (동신 열8, 14ㄴ)
라. 늘그신네 뜨ᄃᆞᆯ 구침이 어려옴으로 ᄎᆞᆷ노라 (어내훈 54ㄴ)
마. 평순네가 이쪽으로 고개를 돌렸다 (혼불 1, 101)
바. 옹구네나 평순네는 모두 매안의 아랫몰 건너, 한식경이나 벗어난 골짜기 거멍굴에 살고 있는 아낙네들로 (혼불, 101)

사실 현재도 '네'는 '같은 처지를 뜻하는 접미사'로 여전히 복수형으로 사용된다. 그러나 일부 방언(전남 방언)에서는 (11. 마, 바)처럼 '자식의 이름'에 이 접미사를 결합하여 거명된 자식의 엄마에 대한 호칭어로 사용하는데, 이 때는 비칭으로 사용된다는 점에 주의해야 한다. 이런 사실을 감안하면, '네'는 '[+존칭, +복수]〉 [−존칭, +복수]〉 [−존칭, −복수]'의 의미 변화 과정을 경험한 것으로 추정되어, 종국에는 '[존칭]〉 [비칭]'으로 가치가 하락하였다고 할 수 있다[7].

다음 용례를 보면 '성(姓)'을 뜻하는 접미사형 '가(哥)' 역시 위와 궤를 같이하였음을 깨닫는다.

(12) 가. 藥哥ᄂᆞᆫ 善山 사ᄅᆞ미니 趙乙生의 겨지비라 (속삼강, 열, 9ㄱ)
나. 張哥야 混湯에 목욕 ᄀᆞᆷ으라 가쟈 (박통 46ㄴ)
다. 뉴가의 집의 안쳐 두고 제 ᄯᅳᆺ 일울 수다 이녁 ᄋᆡᆨ운을 슬컷 황논ᄒᆞ여 뭇고 (서궁 1, 12ㄱ)
라. 오히려 저젓고 샹범이 김가놈으로 더브러 슈문통으로브터 뒤흘 ᄯᆞ라와오다가 (속명의 1, 7ㄴ)

보다시피 17세기 이전까지의 '가(哥)'는 대등한 관계나 친구간의 허물없는 사이에 통용되는 호칭어로 사용되다가, 그 후 '놈'이라는 비칭을 덧붙일 정도로 가치가 하락하였다. 일반적으로 본인의 성에는 '-가'를 붙이고 타성(他姓)에는 '씨'를 붙이는 현상도 이와 맥을 같이 하는 것으로 이해된다.

10.6.2 의미 축소

의미 축소란 호칭어로 전용하면서 그 사용 범위가 축소됨을 뜻하는바, '-댁'이 여기에 해당한다. 즉 이 형이 처음 사용되기 시작한 17세기에는 '남의 집'에 대한 존칭어였는데, 최근에 시집오기 전의 지명과 결합하여 그 여성만을 존칭하는 호칭어로 사용되고 있다. 물론 현재도 '댁'은 명사

7) 이는 다음에서 살필 '-댁'은 존칭의 의미를 그대로 지니면서 여성 개인에 대한 호칭어로 전환하였다는 사실과 비교하기 위함이다.

로서 집안을 뜻하기도 하지만, 앞서 살핀 '네'와 대조를 보이면서 반상의 구분이 심한 지역에서 양반집의 여자에 대한 호칭어로 사용되고 있어서[8], 이를 참조하면 '댁'은 '집단〉 여성 개인'으로 그 사용 범위가 축소되었다고 할 만하다.

(13) 가. 하인 술 머기다 박삼ᄌᆡᄃᆡᆨ 니졍ᄌᆞᄃᆡᆨ 연양군ᄃᆡᆨ 다 술 ᄒᆞᆫ 동히식 ᄒᆞ여 보내다 긔츄ᄂᆡ 모녀 공목 네 필 ᄒᆞ여 오다 (병자기, 360)
나. 초삼 쳥 유참의ᄃᆡᆨ 셩복의 가 ᄃᆞᆫ녀오시니 한원 부원군 모ᄃᆞᆫ 얼운 손님내 네 분 와 겨셔 (병자기, 414)
다. 후원 별당 업헤 이르러 승상댁 낭자를 보고 도라온 후로 오매불망하야 병이 되얏나이다. (권익중실기, 170)
라. 율촌댁은 목소리는 작고 낮았으나 조근조근 따지듯이 말하는 품이 (혼불 1, 244)
마. 들몰댁은 숟가락을 들지 않고 벽에 등을 기댔다 (태백산맥 1, 267)

10.7 원인 분석

먼저 '가(哥)'는 17세기에 등장한 '-시(씨: 姓)'와 갈등을 겪다가 비칭으로 가치를 하락시킨 경우로 이해된다. 예문 (12)에서 확인되듯이 이 '가'는 16세기부터 접미사형 호칭어로 사용되었다. 그런데 17세기에 같은 기능을 지닌 '시(씨)'가 새로 등장함으로써 생존하기 위해 서로 갈등을 빚었을 것으로 추정된다. 이 때 전자는 이미 친근한 사이에 사용되었던 관계로 새삼스레 존대의 기능을 갖기가 어려워 그러한 기능을 '씨'에 양보하고 자신은

8) 반상의 구열이 분명했던 지역에서는 이 '댁'이 '네'와 대조를 보이면서 전자는 양반집 여자에게, 후자는 상민이나 천민 집안의 여자에게 사용되었다는 사실은 이미 연구된 바 있다. 이에 대해서는 왕한석(1986), 장용걸(1988), 조숙정(1997), 박정운(2005) 등을 참조 바란다.

'낮춤'의 기능을 스스로 강화하지 않았나 한다.

그러나 그 반대일 수도 있다. 즉 16세기 화자들은 성을 이용하여 친밀한 대상을 호칭하는 형식은 이미 구비하였으므로 동일한 방법으로 존대 대상을 호칭할 방식을 찾다가 '–시(–씨)'라는 한자어를 견인하였을 수도 있다는 것이다. 그러나 '씨(시)'도 처음부터 존대 대상을 호칭하지는 않았음을 고려할 때, 앞서의 추정이 더 타당할 듯하지만, 속단할 문제는 아닌 듯하다. 다음으로 고려할 사항은 '네'와 '댁'이다. 이들은 처음에는 무리나 집안을 뜻하는 복수형에서 여성에만 적용되는 호칭어로 전환하면서 전자는 비칭으로 후자는 존칭으로 기능한다는 점에서 적지 않은 주목을 받아왔다. 여하튼 이들이 존칭과 비칭으로 나뉜다는 점에서 앞서 살핀 '가: 시(씨)'와 비슷한 양상으로 생각되지만, 사실은 서로 다른 관점에서 이해해야 할 듯하다. '내(네)'가 존칭의 기능을 잃은 17세기에 '댁'이 출현하였다는 사실로 미루어, 이들은 갈등의 관계가 아니라 상호 보완의 관계에 있었던 것으로 해석할 수 있기 때문이다.

이 '네'는 순전히 '집안'만을 뜻하는 '댁'과 달리 '같은 처지의 사람'을 뜻하기도 하지만, '이 첨지네, 동생네' 등처럼 '집안'을 지시했던 것도 사실이다. 그런데 이 접미사는 어떤 이유에선가 17세기에 이르러 존대의 기능을 상실하였다[9]. 그럼으로써 당시 언중들은 존대해야 할 대상의 집안을 지칭할 형식이 필요했을 것인데, 이 때 그들은 한자의 '댁'을 견인하여 그러한 요구를 충족시킨 듯하다. 사실이 이와 같다면, '네'와 '댁'은 여성호칭어로 사용되기 이전에 이미 '존칭(댁): 비칭(네)'의 기능으로 각자의 영역을 확보하고 있다가 최근에 여성 호칭어로 전환한 것으로 추정된다.

---

9) 이에 대해 이광호(2005: 166)에서는 '네'가 지니고 있던 존칭의 의미는 '님'이 대신한 것으로 풀이하고 있다.

그러면 이들은 어떤 이유에서 여성 호칭어로 전환하였을까. 여러 가지 관점으로 해석할 수 있지만, 사회 구조의 변화와 밀접하게 관련되어 있을 듯하다. 왕한석(2005: 107)도 언급했듯이 개화기 이후 여자의 사회 활동이 활발해지면서 여자에 대한 호칭어가 필요했을 것인데, 이 때 과거 상민층의 경우는 예와 다름없이 바로 호명(呼名)하거나 '○○ 엄마' 등처럼 불렀을 터이다. 그러나 양반층에서 자신들의 과거 위상을 생각하여 그리 할 수 없었을 것이다. 그리하여 고안한 방식이 시집오기 전의 지명에 존대 자질을 보유한 '댁'을 결합한 소위 '택호'의 형식이 아닌가 한다. 이런 맥락에서라면 '택호'는 양반 계층에서 먼저 사용하였다는 추정도 가능하고, 그렇다면 '네'와 '댁'이 여성호칭어로 바뀐 배경에는 자신의 위치를 보호하려는 기득권층의 의도가 내재하였다고도 풀이할 수 있겠다.

본 장에서는 15세기부터 20세기의 호칭어 목록을 작성·유형화하여 그 구성 방식을 살피는 한편 그것의 기능과 의미 변화 유형을 사적으로 조감하는 것을 목적으로 두었다. 그럼으로써 차후에 국어의 세기별 호칭어 체계를 구축하는 기초 자료로 삼고자 하는 것이다.

1) 호칭어의 세기별 사용 양상은 다음과 같이 요약된다.

첫째, 명사형 호칭어의 경우, '이름'형(순희야, 철수야)은 20세기에 이르러서 활발하게 사용하였으며, '직함형'(대군, 마마, 상궁, 영감) 등은 17세기부터 다양한 구성 방식으로 활발하게 사용되었고, 친족호칭이나 직함으로써 통칭호칭어(어르신, 아주머니, 선생님) 등을 사용하는 시기는 16세기부터이다. 둘째, 대명사형 호칭어의 경우, 15세기에는 '너, 그듸'만 존재하다가, 16세기에 '자내'가 투입되어, '너, 그듸, 자내'로써 18세기까지 지속되고, 여기에 '당신'이 합류한다. 그리고 19세기부터 '이녁'이 사용되자가 최근에 '자기'가 합류하였다. 셋째, 접사형 호칭어의 경우, 16세기부터 '성

+가'형으로 사용되어 현재에 이르고 있으며, 여기에 '-댁'형과 '-네'형이 합류하였다.

2) 국어 호칭어의 기능 변화는 다음과 같이 정리할 수 있다.

첫째 '자내, 자기, 당신' 등과 같이 재귀대명사에서 2인칭대명사 호칭어로 전환한 경우로, '자내'는 15세기에 3인칭재귀대명사로 기능하다가 16세기 말에 2인칭으로 전환하고, '당신'과 '자기'는 16세기말에 3인칭재귀대명사로 처음 출현하였다가 전자는 18세기에 2인칭으로, 후자는 최근 들어 2인칭으로 전환하였다. 둘째, 이녁은 15세기에는 '이쪽'을 나타내는 지시대명사였다가, 17세기에는 재귀대명사로 바뀌고, 19세기에는 2인칭대명사형 호칭어로 사용되었다.

3) 호칭어의 의미 변화 유형은 다음과 같이 정리된다.

첫째, 가치가 하락한 경우로, 여기에는 '네'와 '가'를 들 수 있다, 먼저 15세기의 '내'는 '존칭을 의미하는 복수형'이었는데, 17세기부터는 존칭의 의미는 약해지고, 복수형으로만 사용되다가 19세기부터 '자녀의 이름'에 연결하여 여성 호칭어로 사용되면서, '댁'과 대비되어 양반이 아닌 평민의 아낙에 대한 호칭어로 굳어진 듯하다. 요컨대 '네'형은 '[+존칭, +복수]〉[-존칭, +복수]〉[-존칭, -복수]'의 의미 변화 과정을 경험하다가 '[존칭]〉[비칭]'으로 가치가 하락하였다고 할 수 있다. '가(哥)'는 17세기 이전까지는 대등한 관계나 친구간의 허물없는 사이에 통용되는 호칭어로 사용되다가, 그 후 '놈'이라는 비칭을 덧붙일 정도로 가치가 하락하였다. 일반적으로 본인의 성에는 '-가'를 붙이고 타성(他姓)에는 '씨'를 붙이는 현상도 이와 맥을 같이 하는 것으로 이해된다. 둘째 의미가 축소된 경우로, '-댁'이 여기에 해당한다. 즉 이 형이 처음 사용되기 시작한 17세기에는 '남의 집'에 대한 존칭어였는데, 최근에 시집오기 전의 지명과 결합하여 그 여성만을 존칭하는 호칭어로 사용되고 있다. 물론 현재도 '댁'은 명사로서 집안을 뜻하기도 하지만, 앞서 살핀 '네'와 대조를 보이면서 반상의 구분이 심한 지역에서 양반집의 여자에 대한 호칭어로 사용되고 있어서, 이를 참조하면 '댁'은 '집단〉 여성 개인'으로 그 사용 범위가 축소되었다고 할 만하다.

11

호·지칭 접미사 '-님'과 의존명사 '님'*

'-님'과 '님'은 현재 호·지칭어를 만드는데 관여하는 언어 형식으로 이들에 대한 『표준국어대사전』의 정의는 다음과 같다.

(1) '-님'과 '님'의 사전 정의

가. 님1 명 의 〈사람의 성이나 이름 다음에 쓰여〉 그 사람을 높여 이르는 말. '씨'보다 높임의 뜻을 나타낸다. 홍길동 님/ 길동 님/ 홍 님.

나. -님4 접사 ① 〈직위나 신분을 나타내는 일부 명사 뒤에 붙어〉 '높임'의 뜻을 더하는 접미사. 사장님/ 총장님 ② 〈사람이 아닌 일부 명사 뒤에 붙어〉 '그 대상을 인격화하여 높임'의 뜻을 더하는 접미사. 달님/ 별님/ 해님

굳이 설명을 덧붙이지 않더라도 위의 정의에서 알 수 있듯이 '-님'과 '님'은 상대를 높여 부르거나 지칭하는 데 관여하는 문법소라는 공통점을

* 이 장은 「한국언어문학 81」(2012)에 발표한 '호·지칭 접미사 -님과 의존명사 님의 상관관계 고찰'을 재정리한 것이다.

근거로 하여 전자는 접미사로 후자는 의존 명사로 분류된다. 그런데 다음에 제시한 인용문 (2)를 보면, 연구자에 따라 이와 같은 분류 자체를 인정하지 않기도 하며, 이들의 구성 방식이 국어 조어 방식과 맞지 않은 것으로 생각하기도 한다는 사실을 깨닫게 된다.

(2) 가. 안병희 교수도 지적하였지만, '金님, 李某님'과 같은 용법은 비단 15세기뿐만 아니라, 역사적으로도 우리 고유의 조어법이 아님을 밝혀 둔다. 이는 어디까지나 '金氏, 李某氏'와 같은 종래의 慣用的 표현을 국어순화라는 미명 아래, '金님, 李某님'으로 대체한 것에 지나지 않는다. 김종훈(2000: 151)

나. '-님'은 사람의 이름이 자음이든 모음이든 음운론적(음성적) 환경과는 관련이 없이 주체를 높이는 표현으로 나타난다. 이광호(1999: 1~2)

다. 현재 '님'은 직함의 종류 여하 혹은 지위 고하에 상관 없이 그리고 두루 사람을 나타내는 어휘에 자연스럽게 연결되어 호칭어와 지칭어로 쓰임을 본다. …… 그러나 세대적 혹은 개인적 직관의 차이가 없지 않아, 입장에 따라서는 이들 가운데는 다소간 부자연스럽게 느껴지는 것도 없지 않다. …… '사회자님, 아나운서님, 기사님'도 아직은 완전히 자연스러운 표현으로 간주하지는 어려울 듯하다. 그리하여 '사회자분, 아나운서분, 기사분'의 표현이 병용되기도 한다. …… 오늘날 '님'은 이렇게 전통적 제약을 무시한 채 무분별하게 아무 말하고나 결합됨으로써 부자연스럽게 남용되고 있다. 김상대(1999: 128~129)

라. '님'은 고유명사 뒤에 바로 붙는 말이 아니지만 오늘날 안내장과 같은 공식적인 편지에서 '○○○ 님께'가 널리 쓰이고 있다. 조선일보사·국립국어원 편(1999: 36)

마. '-님'은 자립명사 '임'의 음운론적 변이형임을 들어 형식명사성을 논의하는 일이 없지 않으나(최현배, 1961: 652; 김계곤, 1969a: 108-109), 재고해야 할 것이다. '-님'이 형식명사일 수 없는 것은 관형사 아래에 쓰일 수 없음은 물론, 통합어근이 불규칙적일 수 있다는 사실을 미루어도

쉽게 짐작할 수 있다. …… '-님'은 보통명사에도 붙고, 나머지는 고유명사에 붙는 것이라고 기술할 수 있다. 고영근(1991: 516~517)

위에 인용한 (2. 가)와 (2. 나)[1], (2. 마)가 현재 의존 명사로 분류한 '님'을 접미사로 간주하는 입장이며 (2. 나), (2. 마)를 제외한 나머지가 접미사 '-님'이든 의존명사 '님'이든지 간에 이들이 선행 명사와 결합하는 양상이 국어 조어 방식과 맞지 않다고 생각하는 입장이다. 요컨대 학계 일부에서는 현재 '-님'과 '님'의 사용 양상을 매우 회의적으로 관망한다. 이러한 입장을 학계의 대표적인 것으로 확대 해석할 필요는 없지만, 그래도 동일 문법 현상에 대한 연구자 간의 이견이 있을 시에는 그럴 만한 충분한 이유가 있을 터이다.

본 논의는 이런 맥락에서 출발한다. 그리고 그 해답을 '-님'의 기능 변천 과정에서 구하고자 한다. 즉 위와 같은 혼란의 근본 요인을 '-님'의 기능 변화에서 찾으려는 것이다. 본격적인 논의가 있겠지만, 필자가 생각하는 한, 접미사 '-님'은 근대국어 시기에 중세국어와 다른 기능으로 변하였고, 현대국어 시기에 들어서는 형태는 같지만 조어 방식이 달라 의존 명사로 분류되는 '님'으로 사용되기 시작하였다. 그런데 현재 일부 연구자들은 접미사 '-님'의 중세국어 시기의 용법과 구성 방식을 그것의 표준으로 삼고서, 근대국어 시기부터 사용한 용법을 남용으로 간주하거나 현대국어 시기의 구성 방식을 국어 조어 방식과 부합하지 않은 것으로 판단한다. 그러면서 '-님'과 '님'의 문법 범주를 혼동하기도 한다.

1) 이광호(1999)는 "접미사 '-님/이'에 대하여"라는 제목으로 다음에 제시한 예문을 설명하면서 위와 같은 입장을 취하고 있다.

(1) 한결이가 학교에 간다./ (2) 한결님이 학교에 간다.

이로써 이광호(1999)는 『표준국어대사전』에서 의존명사로 규정한 '님'을 접미사로 간주하고 있음을 알게 된다.

그렇다면 '-님'의 기능은 어떻게 변하였고, '-님'과 '님'은 어떤 상관이 있는가가 의문시 되는바, 이러한 국어사적 사실들을 추적해 보는 것이 본 논의의 궁극적인 목적이다. 이러한 목적을 달성하기 위해서는 먼저 '-님'의 기본 기능이 무엇인가를 탐색하여서 무슨 이유에서 기능이 변하게 되었는가를 규명하는 한편, 현대에 들어 왜 '-님' 이외의 '님'의 형식이 부상하게 되었는가를 밝혀야 할 것이다[2]. 만약 이러한 궁금증을 보편·타당하게 해결할 수만 있다면, 우리는 '-님'의 역사적 기능 변천 과정을 정리하는 계기를 가지게 되는 한편 '-님'과 '님'의 상호 관계를 새로운 각도에서 조망하는 기회를 가질 것으로 기대한다[3].

11.1 '-님'의 기본 기능

주지하듯이 호·지칭접미사로서의 '-님'은 15세기 이전부터 사용되었다[4]. 그런데 문제는 그것의 구성 방식이 국어 조어법과 맞지 않아서, 일부

---

2) 사실 '-님'에 대한 관심은 적지 않게 있어왔고, 이것의 기능을 다른 호·지칭접미사와 비교하는 작업도 진행되어 왔다. 그러나 전자는 '-님'의 기능에 대한 변천 양상을 기술하는 데 중심을 두고 있으며, 후자는 '-님'과 '분', '씨'와의 사용 양상을 대비하는 데에 관심을 두고 있다. 전자의 관점은, 고영근(1989), 홍사만(1983), 기주연(1994), 김종훈(2000) 등이 대표적이며, 후자의 관점으로는 이광호(1999), 이희두(1998), 김상대(1999) 등이 대표적이다. 후자의 연구들은 '-님'을 '분', '-이' 등과 대비하여 와 대비하여 각각의 기능을 밝히고 있다.

3) 사실 본고의 목적을 보다 완변하게 달성하기 위해서는 비단 '-님'과 '님'만의 관계뿐 아라, 이들과 '-씨·씨' 및 '양, 군' 등과의 관련을 고려해야 할 것이다. 특히 '-씨, 씨'와는 매우 깊은 관련이 있다. 즉 이들은 본고의 관심 대상인 '-님, 님'과 조어 방식이나, 이들을 접미사로 간주할 것인가, 아니면 의존명사로 간주할 것인가에 대한 학자들의 의견이 일치하지 않은 점 등이 본고의 관심 대상인 '-분, 분'과 일치하기 때문이다. 그러나 이러한 문제에 대해서는 후일을 기약하기로 한다. 일단 본 저서의 논지가 어느 정도 개연성이 있음을 확인한 후에 그러한 논의를 해도 늦지 않을 터이기 때문이다.

4) 이에 대한 자세한 사항은 이희두(1998), 김종훈(2000)을 참조하기 바란다.

연구자들은 현재의 용법을 '남용'으로 간주한다는 데 있다. 그렇다면 애초에는 어떠하였는가? 지금부터는 이에 대해 살펴보기로 한다.

11.1.1 조어 방식

자료를 객관적으로 검증할 수 있는 중세국어 시기부터 '-님'의 용례를 살피기로 한다. 이에 해당하는 용례가 바로 다음이다.

(3) 가. 目連이 어민고ᄃᆞᆯ 알오고 함ᄒᆞ야 블로ᄃᆡ 어마님 어마님 사라겨싫 저긔 날ᄃᆞ려 니ᄅᆞ샤ᄃᆡ 날마다 五百僧齋ᄒᆞ야 香花飮食을 法마다 비ᄒᆞ다라 ᄒᆞ시더니 〈월석 23, 86ㄴ〉

나. 이런 일 듣거시니 父母님 ᄆᆞᅀᆞᆷ애 布施ᄅᆞᆯ 마ᄀᆞ시리잇가 〈월석 22, 5ㄱ〉

다. 山南의 한할마님 長孫夫人이 나히 만ᄒᆞ야 니 업거늘 할마님 唐夫人이 싀어미 셤굠ᄋᆞᆯ 효도로이 ᄒᆞ야 〈소언 6, 26ㄴ〉

라. 내 어마님 여희여 가아 주구려 ᄒᆞ노이다 〈삼강행 烈, 27〉

마. 나도 남촌 형님 싱일 디내라 왓다니 사ᄅᆞ미 가니 싱원도 ᄀᆞᆺ 가고 나도 나와시니 〈순천김씨간찰, 53〉

바. 셔방님 오ᄂᆞᆯ 아니 완ᄂᆞ냐 나ᄂᆞᆫ 밥 먹고 김홰 보라 가노라 〈순천김씨간찰, 121〉

사. 오라바님 이시니 아니 고덜가 〈순천김씨간찰, 82〉

위의 자료를 참조할 때, 이희두(1998), 김상대(1999), 김종훈(2000) 등에서 언급했던 대로 중세국어 시기의 '-님'은 '어머니, 아버지, 형' 등의 가족 혹은 친족어와 결합하여 그들에 대한 호칭·지칭어로 사용되었다. 요컨대 '-님'은 15세기에 현재처럼 '과장, 교수' 등의 직함이나 지위와 결합하지 않았다는 것인데, 이러한 사실은 다음 예에서 더욱 공고해진다.

(4) 가. 즉재 아바님 爲ᄒᆞ야 偈ᄅᆞᆯ ᄉᆞᆯ오ᄃᆡ 大王하 이제 반ᄃᆞ기 아ᄅᆞ쇼셔 〈법화

6, 147ㄱ〉

나. 太子ㅅ 자라시니 父母님 兩分을 하놀ㄱ티 셤기숩더시니 〈월석 20, 39ㄱ〉

다. ᄌᆞ로 부텻긔 비호ᄆᆞᆫ 스승님 尊ᄒᆞ논 고디오 나모 조쳐 供養호ᄆᆞᆫ 〈월석 14, 21ㄴ〉

라. 王ㅅ 아바니미시니라 〈월석 2, 4ㄴ〉

마. 舍利弗이 이긔여다 〈석상 6, 31ㄴ〉

바. 世尊하 내 業道衆生ᄋᆞᆯ 보아 布施ᄅᆞᆯ 혜아리건댄 輕ᄒᆞ니잇고 (월석 21, 138a)

사. 龍王ㅅ 中門 자ᄇᆞᆫ 죠이로라 〈월석 22, 44ㄱ〉

아. 比丘ᄃᆞᆯ하 뎌 부텨 滅度ᄒᆞ거신 디 甚히 오라 (월석 14, 8ㄱ)

자. 그듸 날 爲ᄒᆞ야 大海 龍王ᄭᅴ ᄉᆞᆯ보ᄃᆡ 〈월석 22, 44ㄴ〉

차. 사ᄅᆞ미 가니 ᄉᆡᆼ원도 ᄀᆞᆺ 가고 나도 나와시니 대되 겸ᄒᆞ노라 〈순천김씨 간찰, 53〉

보다시피 대왕(4. 가), 태자(4. 나) 혹은 부처(4. 바) 등의 지위를 나타내는 명사에는 '-님'을 결합시키지 않고 있다. 그뿐 아니라 존대자의 이름에도 '-님'을 결합시키지 않았음이 (4. 마)를 통해서 확인된다. 이러한 대비를 통해 볼 때, '-님'은 현대와 달리, 원래는 공적인 관계가 아닌 사적인 관계인 가족이나 친족어에 결합하여 그 대상을 호·지칭하는 접미사였다는 결론에 도달한다[5].

11.1.2 의미 자질

'-님'의 기능을 보다 정확히 파악하기 위해서는 조어 방식 이 외에 더 고려해야 할 사항이 있다. 이정복(2011: 152)에서 언급하였듯이 '호칭어는

5) '-님'이 가족이나 친족어에 결합하였다는 사실은 다음 항에 살필 (5)의 용례를 통해 분명해진다.

다른 사람을 단순히 부르거나 가리키는 말이 아니라 자신의 정체성을 밝히고, 그 대상에 대한 언어적 태도를 드러내며, 화자와 대상의 사회적 관계를 잘 보여 주는 것'이다. 따라서 호·지칭어를 구성하는 데 관여하는 '-님'의 기능 역시 이러한 관점에서의 해석이 중요하리라 생각한다.

무엇보다 '-님'에는 [+존대]의 자질이 있다는 사실부터 언급해야 한다. 그러나 이에 대해서는 주지하는 바이므로, 여기서는 여러 용례들을 살필 때 '-님'이 존대자에게 당연하게 사용되는 접미사가 아니라 그것을 연결함으로써 비로소 연결된 대상이 존대의 의미를 갖는다는 점만을 강조하기로 한다. 예컨대 '어미, 아비, 형' 등으로 지·호칭되는 대상이 존대자이므로 여기에 '-님'을 연결하여 '어머님, 아버님, 형님' 등의 형식을 갖춘 것이 아니라 '어미, 아비' 등은 평칭인데, 이들을 존대하여 지칭하거나 호칭하기 위해 '-님'을 연결한다는 것이다. 그러므로 '딸'이나 '아들' 등으로 지·호칭되는 비존대자에게도 화자가 존대할 의향이 있으면 '-님'을 연결하여 '따님, 아드님'과 같은 어형으로써 호·지칭어를 만드는 것이다.

위와 같은 맥락에서 살펴야 할 '-님'의 또 다른 기능이 바로 [+친밀]이다. '-님'의 이러한 기능은 앞서 (3)과 (4)를 검토하는 과정에서 어느 정도 암시되어 있었다. 거기서 우리는 '-님'은 관직이나 신분보다 가족이나 친족 등의 명칭에 연결된다는 사실을 확인한 바, 이는 곧 '-님'은 공적인 대상보다는 친밀한 대상에 대한 호·지칭어로 사용되었을 가능성이 높다는 사실을 암시하는 것으로 해석할 수 있기 때문이다. 요컨대 '-님'은 [+친밀]의 자질을 보유한 접미사였던 것이다[6] 그런데 이런 기능의 실현 역시 대상에 대한 화자의 개인 정서에 의해 좌우된다는 점에서 방금 살폈던 [+존대]

---

6) 이광호(1999)의 논지는 필자의 입장을 뒷받침해 준다. 이광호(1999:11)에서는 '-님'을 '님'에서 기원한 것으로 간주하고 그것의 자질을 [+높임]과 [+친밀도]로 규정하였다.

의 기능과 일맥상통하는 면이 있다. 우선 다음 용례를 주목하기로 하자.

(5) 가. 目連이 어민고ᄃᆞᆯ 알오고 함ᄒᆞ야 블로ᄃᆡ 어마님 어마님 사라겨싫 저긔 날ᄃᆞ려 니ᄅᆞ샤ᄃᆡ 날마다 五百僧齋ᄒᆞ야 香花飮食을 法마다 ᄇᆡᄒᆞ다라 ᄒᆞ시더니 〈월석 23, 86ㄴ〉

나. 黃仲起의 ᄯᆞ리 두립사리 어미 朱氏ᄃᆞ려 닐오ᄃᆡ 도ᄌᆞ기 오ᄂᆞ니 내 어마님 여희여 가아 주구려 ᄒᆞ노이다 〈삼강 烈, 27〉

다. 일후미 波羅ㅣ러니 나라해 ᄒᆞᆫ 婆羅門이 이쇼ᄃᆡ ᄒᆞᆫ ᄯᆞ님 나코 그 아비 죽거늘 그 어미 이 ᄯᆞ니ᄅᆞᆯ 기르더니 나히 ᄌᆞ라거시ᄂᆞᆯ 그 어미 이 ᄯᆞ니ᄅᆞᆯ 東山 ᄃᆡ희오고 〈석상 11, 40ㄴ〉

라. ᄇᆡᆨ시ᄂᆞᆫ 태원 사ᄅᆞᆷ이라 남진이 집을 ᄇᆞᆯ이고 즁이되여ᄂᆞᆯ ᄇᆡᆨ시이셔 싀엄이을 이밧고 나가디 아니ᄒᆞ야 브즐어니 질삼ᄒᆞ야 구실ᄃᆡ 답ᄒᆞ더니 〈속삼강 중 열, 1ㄱ〉

마. 世俗이 즁의 소기며 달애유믈 미더 믈읫 상ᄉᆞ애 부텨 공양ᄒᆞ며 즁을 이바드며 〈번소 7, 22ㄱ〉

(5. 가)와 (5. 나)의 강조한 부분과 밑줄친 부분을 대조해 보면, 동일 대상을 '-님'으로써 호·지칭하기도 하고 그렇지 않기도 한다. 즉 (5. 가)의 서술자는 어떤 대상을 '어미'로 지칭하지만, 목련은 '어머니'로 호칭하고 있다. 필자는 여기에서 '-님'에 대한 실현 여부는 대상에 대해 화자가 가지는 친밀의 여부와 관련이 있을 것으로 추정하였다. 다시말하면 (5. 가)의 서술자는 그녀에게 친근한 감정이 없으므로 '어미'로 지칭하지만, 목련은 자신의 어머니이므로 당연히 친밀하게 생각하여서 '어마님'으로 호칭하였다는 것이다. 사실 목련의 어머니는 죽기 전에 불교에서 금하는 살생을 빈번하게 한 인물이어서 서술자로서는 그녀를 존대하고 싶지도 않을 뿐 아니라 친밀한 정서를 갖기 어려울 터이다. (5. 나)의 서술자 역시 황중기의 부인에게 어떤 사적인 감정이 있을 수 없으므로 단순하게 '어미'로

지칭하지만, 황중기의 딸은 자신의 어머니이므로 친밀하게 '어마님'으로 지칭하고 있다. 그럼으로써 자신의 어머니에 대한 존대의 의사와 함께 친밀감을 표현한 것이다. 이처럼 '-님'은 어떤 대상에 대한 화자의 개인 정서에 따라 선택되어지는 접미사로 간주된다.

이러한 생각은 (5. 다)에서 더욱 강력해진다. 보다시피 여기의 서술자는 '딸'은 '-님'으로 지칭하면서 정작 그녀의 부모는 각각 '아비, 어미'로 지칭한다. '딸'을 '-님'으로써 존대했다면 그녀의 부모 역시 존대함이 상식에 더 부합한다. 그런데 위처럼 표현한 것은 '딸'에게는 우호적이지만, 그의 부모에게는 그렇지 않으므로 존대할 필요도 느끼지 못했다고 할 수 있다. 지금까지의 생각이 어느 정도 타당하다면, '-님'은 우호적인 관계에서 친밀하게 생각하는 대상을 호·지칭하는 데 관여한 접미사로 결론하여도 무방하다.

그런데 다음의 예문 (6)은 이러한 논리에 반하는 자료로 간주될 만하여서 설명을 필요로 한다.

(6) 가. 읍ᄒᆞ노이다 쥬신 형님 〈번노 상, 17ㄴ〉
나. 쥬신 형님하 小人ᄃᆞᆯ히 뒤헤 쥭쑤라 가고져 ᄒᆞ니 이ᄢᅢ 어두은 ᄃᆡ 나드리 쉽사디 아니며 …… 쥭쑤워 주ᄃᆡ 엇더ᄒᆞ뇨〈번노 상, 55ㄱ〉
다. 큰 형님 네 이제 어듸 가ᄂᆞᆫ다 〈15??번역노,상,007b〉
라. 고ᄌᆞ로 부텻긔 비호ᄆᆞᆫ 스승님 尊ᄒᆞ논 고디오 〈월석 14, 21ㄴ〉
마. 좁ᄂᆡ 섯 버므러 잇고 즁님낸 다 나가시고 갸ᄉᆞᄅᆞᆯ 몯 다설어젯더이다 〈월석 23, 75ㄱ〉
바. 또 ᄆᆡ양 칠월 초닐웻날 집 사ᄅᆞ미 대되 블근 ᄑᆞᆺ 두닐굽 나촐 ᄒᆡ님 향ᄒᆞ야 ᄉᆞᆷ씨라 〈온역이, 8ㄱ〉

우선 (6. 가~다)는 실제 가족이나 친족 관계가 아닌 대상을 '형'으로 호·지칭하면서 여기에 '-님'을 연결하였다는 점에서, (6. 라~마)는 친족 명칭이 아닌 '스승'과 '중'에 '-님'을 연결하였다는 점에서, 그리고 (6. 바)는 비인칭명사에 그것을 연결하였다는 점에서 지금까지의 논지와 상충하는 듯하다. 그러나 필자로서는 이 역시 '-님'이 [+친밀]의 자질을 보유한 접미사였음을 반증해주는 자료로 간주된다. 위의 화자가 타인을 '형'이라 호칭한 자체가 이미 화자는 그 대상을 친근하게 생각한다는 사실을 말해 주는 것으로 해석되는 까닭이다. '스승'과 '중' 혹은 비인칭 명사인 '해'에 '-님'을 연결한 이유 역시 화자가 이들을 친근하게 생각해서 '-님'을 연결한 것으로 이해된다. 물론 (6. 바)에서 비인칭대상을 '-님'으로 지칭한 데에는 '해'와 '달'을 경외하는 심리도 작용했겠지만, 인간을 보살피고 복을 주는 대상으로서 친밀하게 생각하는 정서도 내포되어 있지 않나 한다. 지금까지 언급한 내용을 표로 정리하면 다음과 같다.

(7) 〈표 1〉 '-님'의 기본 기능

의미 자질	조어 구성 방식
[+친밀, +존대, +사적]	[+친척, +가족]+님

요컨대 '-님'의 애초 기능은 주로 가족이나 친족 등과 같은 친밀한 대상을 존대하여 부르거나 지칭하기 위하여 사용되던 접미사였다. 그런데 간혹 타인이라도 그러한 친밀감을 가지고 있는 경우는 신분을 나타내는 '스승'이나 '중' 등을 호·지칭할 경우에도 사용하지만, 최소한 중세국어 시기에는 기본 기능은 아니었다.

11.2 '-님'과 '님'의 상관 고찰

그런데 문제는 위에서 정리한 (7)과 같은 기능으로 사용했던 '-님'이 현재는 다음처럼 직함이나 신분을 나타내는 명사 뒤에 결합하여 그 대상을 지칭하거나 호칭하는 데도 관여하기 시작하였다는 사실이다.

(8) 가. 과장님 어디 가세요?
나. 총장님께서 오십니다.
다. 간호사님 여기 환자 좀 보아 주십시오.
라. 김 교수님 빨리 들어오세요.

서두의 (1)에 제시했던 『표준국어대사전』은 이러한 용법을 인정하는 입장이고, (2)에서 소개한 일부 연구자들은 〈표 1〉의 기능을 지닌 중세국어 시기의 용법을 정석으로 간주하고서 여기서 벗어난 (8)과 같은 용법을 '남용'으로 간주하는 입장이다. 여하튼 필자로서는 이러한 견해 차이보다 위의 용법에서는 더 이상 '-님'의 본래 기능이었던 [+친밀]과 [+사적]의 의미가 인식되지 않고 다만 [+존대]의 의미만이 전달된다는 사실을 더 주목하고자 한다. 그것은, '-님'의 기능이 현대에 와서 변했다는 것인데, 그렇다면 왜, 언제 변했을까라는 의문과 함께 변함으로써 소멸된 기능은 어떻게 대체되었는가라는 의문이 동시에 제기되는 까닭이다. 이제부터 그러한 궁금증을 풀어보기로 한다.

11.2.1 '-님'의 기능 변화

어떤 한 문법소의 기능이 변한 이유를 밝혀내는 작업은 그리 간단치 않다. 특정 문법소는 개별적으로 존재하는 것이 아니라 그와 동일한 기능을 지닌 다른 문법소와 계열·통합의 관계 속에서 존재하므로 그 변화 또한 각 문법소 간의 유기적인 관련 속에서 살펴야 하기 때문이다. 이런 관점에 입각할 때, '-님'의 기능 변화는 중세국어시기에 존칭을 나타냈던 호격조사의 소멸을 우선적으로 고려해 볼 수 있다. 주지하다시피 중세국어 시기에는 존칭 호격 조사와 비존칭 호격 조사가 다음에 소개한 용례처럼 분리되어 있었다.

(9) 가. 世尊하 내 業道衆生ᄋᆞᆯ 보아 布施ᄅᆞᆯ 혜아리건댄 輕ᄒᆞ니잇고 〈월석 21, 138ㄱ〉
나. 世尊하 나도 法華經 닐그며 외오며 바다 디닐 사ᄅᆞᆷ 擁護호ᄆᆞᆯ 위ᄒᆞ야 … 富餓鬼ᄃᆞᆯ히 뎌른 ᄃᆡᄅᆞᆯ 救ᄒᆞ야도 便을 得디 몯ᄒᆞ리이다 〈석상 21, 25ㄴ〉
다. 샹공하 이제 다 됴ᄒᆞ야 겨신가 몯ᄒᆞ야 겨신가 〈번박 상 75〉
라. 님금하 아라쇼셔 (용비어천가, 125장)

(10) 가. 迦葉아 알라 … 音聲으로 世界 天人阿脩羅ᄋᆡ게 너비 ᄀᆞᄃᆞᆨ호미 뎌 큰 구루미 三千大千國土애 너비 둡듯 ᄒᆞ니라 〈월석 13, 48ㄱ〉
나. 阿難아 내 ᄒᆞᆫ 말 드러라 〈월석 10, 21ㄴ〉
다. 뎐피 ᄑᆞᆯ리야 됴ᄒᆞᆫ 뎐피 잇ᄂᆞ녀 〈번박 상 62〉
라. 더러운 노마 이바 뎌 눈 브싄 활와치 왕오를 블러 오라 〈번박 상 117〉

위에 제시한 (9)의 '하'가 존대자에 대한 호격 조사로 사용된 예이며 (10)의 '아'가 비존대자에 대한 호격 조사로 사용된 예이다. 그런데 17세기에 들어서면서 '하'가 소멸함으로써 이러한 대립이 분명치 않게 되었다. 따라서 이런 기능을 대체할 문법소가 필요할 수 있는데, 이때 언중들은 이미 존재하는 문법소 가운데 동일한 기능을 담당하는 어형을 견인하여 사용하는 방법을 택하였다. 새로운 어형을 창출하기보다 이미 존재하는 어형을 사용하는 편이 언중들로서는 경제적으로 판단되었을 터이기 때문이다.

필자는 이런 맥락에서 사용된 어형을 '-님으로 간주한다. 요컨대 소멸한 '하'의 기능을 대체할 문법소로 언중들은 '-님'을 선택하였다는 의미이다. 이렇게 추정하는 주된 이유 중 하나는 (9)와 (10)에서 각각의 호격조사가 결합한 선행 명사의 차이를 주목했기 때문이다. 보다시피 '하'는 '세존, 상공, 님금' 등과 같은 신분과 결합함에 비하여 '아'는 '가섭, 아난, 더러운 놈' 등과 같은 이름이나 별칭과 결합한다. 그런데 후자는 현재까지 유효하게 운용되지만 전자는 소멸되어 버렸다.

그럼으로써 '세존, 임금'과 같은 대상에 대한 호칭어의 필요성이 대두되는데, 이 때 언중들은 '하' 대신 '-님'을 선택한 것이다. '하'와 '-님'의 주요 기능은 [+존대]의 자질로써 호칭어에 관여한다는 점에서 일맥상통하므로, '하'에 대한 결손을 보충하기에는 그만한 문법소가 없었을 터이다. 물론 16세기부터 '-씨'라는 접미사가 존재했지만, 이 의존 명사는 성 뒤에 연결되었고 [+존대]의 의미도 없었다[7]. 그러므로 언중들은 '하'의 소멸로 인한 기능적 결손을 보충하기 위해서는 그에 상응하는 기능을 지닌 '-님'을 선택한 것이다. 이러한 추정은 17세기부터 직위나 신분에 '-님'이 연결된 지칭어가 관찰된다는 점에서도 그 개연성을 확보할 수 있다.

(11) 가. 초슌 ᄒᆞᄅᆞ 이틀 삼일ᄀᆞ지 음 닷뎃골 ᄉᆡᆼ원님 오다 〈병자기, 260〉

---

7) 다음의 (가~다)는 16세기 용례이고, (라, 마)는 17세기 용례인데, 보다시피 '-씨'는 성 뒤에 연결하여 주로 지칭어로 사용되면서 [+존대]의 기능은 없었던 것으로 확인된다.

가. 孫氏ᄂᆞᆫ 密陽 사ᄅᆞ미니 孫河의 ᄯᆞ리라 〈속삼강 열, 17ㄱ〉
나. 俞氏ᄂᆞᆫ 上海 사ᄅᆞ미니 永樂저긔 남진 張文通이 시드는 病을 어드니 藥으로 고티디 몯ᄒᆞ야 〈속삼강 열, 6ㄱ〉
다. 白氏 머리 버히고 盟誓ᄒᆞ야 ᄌᆞᆺ디 아니ᄒᆞ니라 싀어미 나히 아ᄒᆞ내 죽거ᄂᆞᆯ 〈속삼강 열, 2ㄱ〉
라. 劉氏 아니어든 諸侯ᄅᆞᆯ 封티 말라 ᄒᆞ니 이제 馬氏 나라해 功이 업스니 〈가례해1, 35ㄱ〉
마. 그러나 다 高氏의 말을 ᄌᆞᆺ고져 ᄒᆞ면 진실로 가난ᄒᆞᆫ 者의 能히 辨츌ᄒᆞᆯ 배 아니미 〈가례해 5, 19ㄴ〉

나. 임ᄉᆡᆼ원님 이ᄅᆞᆫ 그런 놀랍ᄉᆞ온 일 업ᄉᆞ오이다 〈현풍곽 119〉
다. 김진ᄉᆞ 임실 원님 파직ᄒᆞ다 듯고 밧바 새배 가다 〈병자기 156〉

(12) 가. 부텨님이 도리텬에 계사 〈지장 상, 1ㄱ〉
나. 훈장님이 괴오와 ᄒᆞ실가 ᄒᆞ옵ᄂᆡ 〈인어 3, 22ㄱ〉
다. 우리 국왕님과 부모와 〈염동 29ㄱ〉
라. 서가 셰존님은 삼계도 사시고 〈염동 40ㄴ〉

먼저 (11)은 17세기의 용례이고 (12)는 이희두(1998: 136)에서 재인용한 18세기의 용례인데, 이들은 앞서 살핀 대로 중세국어 시기대로라면 'ᄉᆡᆼ원, 국왕, 부텨, 셰존'과 같은 형식으로 '-님'을 사용하지 않았다. 그런데 여기서는 보다시피 'ᄉᆡᆼ원님, 국왕님, 부텨님' 등처럼 '-님'을 사용하고 있다. 이런 용법은 17세기보다 18세기에 더 활발하게 사용된 것으로 조사되는데, 여하튼 이렇게 관직명에 '-님'을 연결하기 시작한 시기가 호격조사 '하'가 소멸한 시기와 같다는 사실은 우리에게 시사하는 바가 적지 않다.

그런데 여기서 놓치지 않아야 할 사실은 위의 용례는 지칭어이지 호칭어는 아니어서 호격조사의 소멸과 무관하게 인식할 가능성이 있다는 점이다. 이에 대해 필자는, '-님'이 먼저 '하'를 대체하여 호칭어로 사용되다가 그러한 관습이 지칭어로 확대된 것으로 해석한다. 여기서 이희두(1998)이 참조된다. 이희두(1998: 135)에서는 '-님'의 일차 기능을 친족호칭어로 상정하고, 이차 기능을 지칭어로 상정하고 있다. 예컨대 [父]와 관련된 친족어휘는 '아비, 아바, 아바님' 등인데, 이 가운데 아비는 지칭어이고, 아바는 호칭어이다. 그런데 '-님'은 후자인 '아바'에 연결되는바, 이는 그것의 일차 기능이 '호칭'과 관련되기에 가능하다는 식의 논리이다.[8)]

8) 이와 같은 논리는 다른 친족어휘에서도 일관되게 적용된다. 즉 [母]와 관련된 친족

일반적으로 호칭어나 지칭어가 사회 관계를 언어로써 나타내는 기능을 한다면, 언중들로서는 지칭어보다 상대와 직접 대면하는 호칭어 사용에 민감할 수밖에 없다. 그런데 17세기에 존대자의 호칭어를 구성하는 호격 조사가 소멸되었다. 따라서 언중들은 무엇보다 이러한 기능을 보완할 필요가 우선하였을 것이고, 이런 취지에서 존대자를 호칭할 때 '-님'을 취한 듯하다. 그러다가 점차 위의 용례처럼 지칭어를 구성하는 요소로 자리매김한 것이 아닌가 한다.

이처럼 '-님'이 호격조사 '하'를 대신한다는 입장은 다음 두 용례의 비교에서 한층 개연성을 확보한다. 일반적으로 '-님'으로 연결된 호칭어는 다음처럼 호격조사가 생략되지만(13), '-님'이 연결되지 않은 경우에는 '하/아'의 호격 조사를 연결해야 한다(14). 그 이유 역시 '-님'이 '하'라는 호격 조사의 역할을 수행하기에 가능하리란 생각이다[9]

(13) 가. 읍ᄒᆞ노이다 큰 형님 이 뎜에 모시뵈 ᄑᆞᆯ 高麗ㅅ 나그내 李개 잇ᄂᆞ녀 〈번노 하, 1ㄱ〉
나. 쥬ᅀᅵᆫ 형님 허믈 마ᄅᆞ쇼셔 〈번노 상, 38ㄴ〉
다. 큰 형님 네 이제 어듸 가ᄂᆞᆫ다 〈번노, 상, 7b〉

(14) 가. 형아 날ᄃᆞ려 긔걸ᄒᆞ야라 (번노 상, 66ㄱ〉
나. 쥬ᅀᅵᆫ하 다ᄅᆞᆫ ᄃᆡ 드ᄂᆞᆫ 쟉도 ᄒᆞ나 비러 오고려 〈번노 상, 19ㄱ〉
다. 쥬ᅀᅵᆫ하 안직 가디 마ᄅᆞ쇼셔 〈번노 상, 31ㄱ〉

어휘는 '어미, 어마, 어마님'이고, [祖母]와 관련된 어휘는 '할미, 할마'이며, [조부]와 관련된 어휘는 '한아비, 한아바'인데 이들에서 '님'은 지칭어가 아니라 호칭어에 연결되어서 존대의 의미를 더하고 있다.

9) 이와 관련하여 안병희·이광호(1992: 187)의 견해가 참조된다. 여기서도 '존칭 호격 조사 '하'는 근대국어에 소멸되고, 존칭 체언의 호격은 조사 없이 접미사 '님'이 통합된 형태로 나타난다.'라는 언급을 하고 있다.

라. 됴ᄒᆞ실쎠 父母하 願ᄒᆞᅀᆞ오ᄃᆡ 이제 雲雷音宿王 華智佛ᄭᅦ 가샤 親近供養ᄒᆞ쇼셔 (법화 7, 137ㄴ)

이상의 논리가 성립한다면, '-님'은 근대국어 시기에 직함이나 신분 등에 연결되는 기능으로 변했다고 할 수 있다. 그 이유는 물론 존칭조사 '하'의 소멸로 인한 기능 결손을 보강하기 위함이다. 그 결과 '-님'에서 [+친밀, +사적]인 기능은 자연히 제거되고 그 자리에 [-사적, -친밀]의 기능이 대체되었다고 할 수 있다. 그러나 여전히 [+존대]의 의미를 유지함은 물론이다.

여기서 가족이나 친족과 같은 사적인 대상에게는 친밀감을 갖고, 직함을 내세워야 하는 대상에게는 친밀한 감정을 갖지 못하면서 격식을 차려 공적으로만 대한다고 생각해야 하는가라는 의문이 제기될 법하다. 그런데 일단 직함이라는 자체가 공적인 형식을 띠는 만큼 그와 결합하여 호칭어를 구성하는 기능으로 전환한 바에는 이 역시 친밀한 개인적 정서보다 공적이고 격식적인 정서를 나타내는 문법소로 보는 것이 타당하지 않을까 한다. 지금까지의 논지를 표로 정리하면 다음과 같다.

(15) 〈표 2〉 '-님'의 기능 변화 정리

기능 \ 시기	중세국어	근대국어
조어 방식	[+친족, +가족]+님	[+직위, +신분]+님
의미 자질	[+친밀, +존대, +사적]	[-친밀, +존대, -사적]

이렇게 정리하고 보니, '-님'의 가장 큰 기능 변화는 [+친밀]의 소멸로 귀결된다. 그렇게 되면 어떤 대상을 친근하게 호칭할 방법도 자연스레 없어질 가능성이 클 수밖에 없어 국어 호칭어 체계로서는 적지 않는 문법

결손을 입게 될 확률 또한 상대적으로 높아진다. 필자는 이러한 결손을 현재의 '님'이 보완한 것으로 풀이코자 한다.

11.3 '님'의 활발한 사용

지금까지 논의한 대로라면 중세국어 시기 이후 [+친밀]이면서 [+존대]의 의향을 동시에 표현할 수 있는 문법소는 존재하지 않는 것으로 인식된다. 그러한 용도로 사용되었던 '어머님, 아버님, 아주머님' 등과 같은 유형은 이미 한 단어로 인식되어서, 이들을 '-님'이 결합한 파생어로 간주하지 않게 되었다. 그러므로 접미사 '-님'은 근대국어 시기에 획득한 [-친밀, -사적, +존대]인 기능만이 남아 있게 된 셈이다.

물론 근대국어 시기에도 호칭어를 구축하는 데 관여하는 (의존)명사나, 접미사는 존재한바, 주지하는 대로 '씨, 분, 가' 등이 바로 이들이다. 그런데 전자의 두 경우는 대체적으로 [+공식, +격식]의 성격이 강하고, 후자는 '씨'의 비칭으로 애초에 위의 두 기능을 아우르기에는 무리이다[10]. 문제는 사회생활에서 [+친밀]과 [+존대], [-사적]의 정서를 모두 표현해야 할 상

10) 이러한 기능은 『표준국어대사전』의 정의에서도 충분히 관찰된다.

가. 씨: ① 명(주로 문집이나 비문 따위의 문어에 쓰여) 같은 성(姓)의 계통을 표시하는 말. 씨는 김씨이고 본관은 김해이다. ② (성년이 된 사람의 성이나 성명, 이름 아래에 쓰여) 그 사람을 높이거나 대접하여 부르거나 이르는 말. 공식적·사무적인 자리나 다수의 독자를 대상으로 하는 글에서가 아닌 한 윗사람에게 쓰기 어려운 말로, 대체로 동료나 아랫사람에게 쓴다.
나. 분: [의존명사] 사람을 가리킬 때 높이는 뜻으로 쓰는 말.
다. 가: [접미사] ① 성에 붙여 부르는 말. ② 성에 붙여 낮게 일컫는 말.

참고로 '분'에 대한 공적인 의미 기능은 김상대(1999: 137~138)에, '씨'에 대한 기능은 김종훈(2000: 151~152)에 자세히 제시되어 있다.

대가 있을 수 있다는 것이다. 이 때 언중들은 [+친밀]을 주요 기능으로 지닌 접미사 '-님'을 활용하여 다음과 같은 호칭어를 생산한 것으로 보인다. 이러한 사용은 최근의 일이다[11].

(16) 가. 이순영 님 지금 창구로 오세요.
나. 순영 님 들어오셨어요?
다. 이 님께서 그렇게 생각하시면 고맙고요.
라. 송채린 님께 알립니다.

『표준국어대사전』의 입장대로라면, 우선 위의 '님'은 접미사가 아닌 의존명사라는 점에서 '-님'과는 범주가 다르다. 그럼에도 불구하고 본고에서는 '님'과 '-님'이 서로 관련이 있다는 관점에서 논지를 펴는 까닭에 이에 대한 설명을 요한다. 실사에서 허사로의 진행은 간혹 있는 문법 현상이지만, 허사에서 실사로의 진행은 존재하지 않았다는 사실을 고려할 때 더욱 그러하다. 이에 대한 필자의 입장은 다음과 같다. 위의 '님'을 사용한 주체인 언중들은 이를 의존 명사로 활용하기보다 기존의 '-님'이 지닌 기능을 이용하기 위하여 활용하였을 터인데, 연구자들이 국어 조어의 특성을 고려하여 의존명사로 분류한 것이 아닌가 한다.

이 같은 추정은, 일단 언중들이 위의 '님'을 띄어 쓰기보다 붙여 쓰는 경우가 많고, 심지어 연구자들도 의존명사 '님'의 예로써 '김모님, 이님' 등처럼 접미사로 제시한 경우를 참작할 때[12], 또 이정복(2000)에서 이러한

11) 그런데 최현배(1929=1987, 672)에서도 '김 철도 님, 장 명희 님'과 같은 예문이 나온다. 이에 대해 김종훈(2000: 151)에서는 '氏'를 국어순화 차원에서 '님'으로 바꾼 것으로 이해하고 있다. 필자로서는 여기에 의견을 더할 능력이 없다. 다만 위와 같은 '님'의 용례는 최현배(1929) 당시에 존재했을지라도 현대에 이르러 활발하게 사용하는 형식으로 간주할 따름이다.

'님'의 형식을 통신 공간에서 접미사, 의존명사뿐 아니라 대명사로도 쓰이는 '대단히 성공을 거둔 새말'로 평가한 점을 고려할 때 어느 정도 개연성을 보장 받는다. 여기에 더하여 '님'을 '임'으로 실현시키지 않고 '님'으로 실현시킨 점 등도 참조할 필요가 있겠다. 이는 곧 언중들이 위의 '님'을 불완전하나마 자립할 수 있는 문법소로 인식하기보다 선행어기에 바로 첨가되는 접미사 '-님'과 동일시하고 있음을 반증하는 것으로 풀이되는 까닭이다.

그렇다고 해서 필자가 (16)의 '님'을 접미사로 인정하는 것은 아니다. 현재 필자로서는 어떤 의견이 더 정당한지를 판별할 능력이 없다. 다만 결과적으로 볼 때, 현대의 '님'은, 허사인 '-님'에서 실사인 '님'으로 발전한 결과물이 아니라 '-님'의 고유 기능에 이끌려 새로운 용도로 사용된 결과물일 가능성이 크다는 생각뿐이다. 이유는 물론 현재 호칭어 구성 방식으로는 [+존대, +친밀, -사적]의 정서를 표현할 수 없어 그러한 기능을 기본으로 가지고 있던 '-님'의 형식을 빌린 것이다. 비록 근대 이후 '-님'의 기능이 변하였을지라도 현재에도 '형님, 아버님, 오라버님'과 같은 친족어에 사용하는 만큼 그것의 기본 기능은 여전히 잠재한다고 해도 무방하다. 언중들 역시 이러한 기능을 잘 아는 까닭에 위와 같은 용도로써 '-님'을 다시 고유 명사 뒤에 차용했을 터이다.

지금까지 논의한 바가 어느 정도 타당함을 전제로, 이제는 위의 '님'에 [+친밀, +존대, -사적]의 자질이 내포되어 있음을 입증하기로 한다. 설명과 이해의 편의를 도모하기 위하여 해당 용례를 제시하면 다음과 같다.

12) 섣부른 판단일 수 있지만, 현재 의존명사 '님'은 훗날 접미사의 '-님'의 한 기능으로 통합할 가능성도 배재할 수 없다.

(17) 가. 송채린 님 창구로 오세요.
나. 순영 님께서 알아서 하세요.
다. 이 님, 나는 당신의 생각이 참 마음에 들어요.
라. 참나무 님, 어제는 왜 들어오지 않으셨어요.

(17. 가)는 은행 등의 서비스 업종에서 주로 사용하는 형식이며, (17. 나)는 한 교수가 조교에게 한 말을 그대로 인용한 내용이고, (17. 다, 라)는 포털의 어느 카페에서 인용한 형식이다. 여기서 인지되는 공통 정서는 [+친밀]과 [+존대], [−사적]이다. 우선 이와 같은 쓰임이 공공장소에서 고객과 상담원, 교수와 조교, 그리고 공개된 게시판과 같은 곳에서 사용된다는 점에서 다분히 [−사적]인 성격을 띠는 것으로 이해된다.

여기에 더하여 [+친밀]과 [+존대]의 정서가 인지되는데, 그 이유는 다음과 같다. 우선 (17. 가) 등의 서비스 업계에서는 고객에게 존대의 형식을 사용함은 기본이고, 가능한 친근하고 따뜻한 정서를 표현하고자 할 것이다. 이런 상황에서 이름 뒤에 '님'을 이용한바, 그것은 '님'에 이러한 속성이 있기 때문에 가능하다고 할 수 있다. 필자의 개인적인 정서일 수 있지만, (17. 나)의 말을 들었을 때, 필자는 그 교수가 조교를 존중하고 친근하게 대한다고 생각하였는데, 이 역시 이름에 '님'을 연결한 결과로 해석된다. 특히 (17. 다, 라)는 최근 트위터를 비롯한 포탈의 게시판에서 자주 접할 수 있는 표현으로 공동 관심사를 가지고 있는 만큼 서로에게 친근함을 느낄 수밖에 없고, 또 그러한 정서를 나타내주기 위하여 일부러 사용하기도 한다. (17. 라)의 참나무는 별칭으로 여기에도 '님'을 연결하고 있다. 여하튼 위에서 인지되는 [+친밀]의 정서는 '님'의 사용에서 비롯하는 것으로 이해되는데, 이런 생각은 위의 용례를 다음과 같이 '−씨'로 대체해 보면 보다 명쾌해진다.

(18) 가. 송채린 씨 창구로 오세요.
나. 순영 씨께서 알아서 하세요.
다. 이 씨, 나는 당신의 생각이 참 마음에 들어요.
라. 참나무 씨, 어제는 왜 들어오지 않으셨어요.

'씨'가 가지고 있는 의미 자질에서 비롯한 것인지 단정할 수 없지만, 필자의 직관으로는 위의 표현에서는 [+친밀]보다 [−사적, +격식]의 정서가 감지된다. 그럼에도 불구하고 '님'을 사용할 때보다 덜 존대한다는 생각까지 든다. 『표준국어대사전』에서도 '씨'를 ' 공식적·사무적인 자리나 다수의 독자를 대상으로 하는 글에서가 아닌 한 윗사람에게 쓰기 어려운 말로, 대체로 동료나 아랫사람에게' 쓰는 것으로 규정하고 있다. 이런 비교를 통해 볼 때, 상대에게 친밀하고 우호적인 정서를 표현하면서 존대를 표현하는 언어 형식은 바로 위의 '님'이 아닌가 한다. 그러므로 현재 이 형식이 호칭어로 활발하게 사용될 터이다.

여기서 우리는 왜 일부 연구자들이 현재 '−님'을 국어 조어 방식에 맞지 않은 '남용'으로 간주하는 지에 대한 답을 구할 수 있다. 즉 그들은 '−님'의 기본 기능만을 그것의 고유 기능으로 간주하여서, 이후 근대국어 시기에 변한 기능과, 그리고 변한 과정에서 생긴 문법적 결손을 보완하려는 의도에서 형성된 기능들을 미처 수용하지 못한 때문이 아닌가 한다. 그러나 언어는 변하고 또 그것을 사용하는 방식도 변한다는 진부한 사실을 고려한다면, 현재의 '님'과 '−님'은 서로의 기능을 보완해주는 상보적 관계에 있는 것으로 긍정적인 평가를 내릴 만하다. 지금까지 논의한 내용들을 표로 정리하면 다음과 같다.

(19) 〈표 3〉 '-님'과 '님'의 상관성

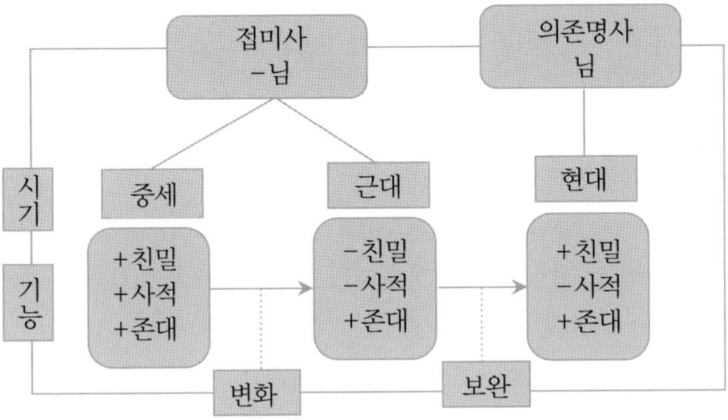

이렇게 정리하니, 현재 활발히 사용하는 의존명사 '님'은 중세국어 시기의 기능과 근대국어 시기의 기능을 아우르고 있음이 확연히 드러난다. 즉 중세국어 시기의 [+친밀]과 근대국어 시기의 [-사적]인 기능을 동시에 구축하고 있는 것으로 이해된다. 그러므로 현재 공공 장소에서 상대를 존대하면서 친밀한 정서를 표현하는 호칭어로 자주 사용할 터이다. 여기에 '님'이 중세국어 시기와 근대국어 시기의 '-님'에 대비되는 독자성이 존재한다.

본 장에서는 현재 활발히 사용하는 의존명사 '님'의 출현이 호칭 접미사 '-님'과 관련이 있음을 보이기 위해 출발하였다. 그 과정에서 논의한 내용을 정리하면 다음과 같다. 1) '-님'은 중세국어 시기에는 가족이나 친족 등과 같은 사적이고 개인적인 대상에게 친밀한 정서와 함께 존대를 표할 목적에서 사용됐던 호·지칭접미사였다. 그러므로 그 당시에는 아버님, 어머님, 오라버님, 형님 등처럼 사용되면서, [+친밀, +사적, +존대]의 기능을 보유하고 있었다. 2) 그런데 근대국어 시기에 들어 이 접미사는 [-친밀, −사적, +존대]의 기능으로 변하였다. 이러한 변화의 근본적인 원인은 존칭 호격 조사 '하'가 소멸되는 데에 따른 문법 결손을 최소화하기 위함이다. 즉 이 시기에 호격 조사 '하'가 소멸됨으로써 존대자를 호칭하기 위한 문법 장치가 없어지자, 이러한 결손을 보충할 목적에서 언중들은 [+존대]의 자질을 보유한 접미사 '−님'을 호격 조사 대신 사용하게 된 것이다.

그러다 보니, 자연스럽게 '하'가 선행하였던 '직위, 신분' 등의 명칭에 '−님'이 연결되는 양상을 취하게 되어, 현재의 '과장님, 교수님, 부처님' 등과 같은 용법으로 사용한 것이다. 3) 여하튼 위와 같은 변천을 겪는 과정에서 중세국어 시기에 '−님'에 존재하던 [+친밀]의 기능이 근대국어 시기 이후부터는 소멸된 결과를 낳게 되어, 결국 호칭어의 문법적 결손으로 이어지게 되었다. 본고에서는 이러한 결손을 보충할 목적에서 출현한 어형을 의존 명사 '님'으로 간주한바, 이 형식은 '송채린 님, 채린 님, 송 님, 참나무 님'과 같은 형태로 현재 공적인 상황에서 상대에게 친밀감을 주면서도 존대하는 기능으로 사용되고 있다. 요컨대 의존 명사 '님'은 [+친밀]을 보유한 접미사 '−님'의 기본 기능을 재활용한 결과물이라 할 수 있다.

12

'(-)씨'의 종류*

본 장은 '아저씨'의 '씨'와 '홍 길동 씨'의 '씨', 그리고 '홍 씨'의 '씨'와 '홍씨'의 '씨'는 같은 기능을 지닌 형태소인가라는 의문에서 출발한다. 이러한 의심은, 우선 현재 언중들이 '홍 길동'이라는 이름이나 '홍'이라는 성 뒤에 '씨'를 결합하면 띄어 써야 할지, 붙여 써야 할지를 고민하는 모습을 많이 목격한 데서 비롯하고[1], 다른 하나는 필자의 직관으로는 '아저씨'의

---

* 이 장은 「한글 299」(2013)에 발표한 "아저씨의 '-씨'와 홍길동 씨의 '씨'에 나타난 상호 관련성 연구'를 재정리한 것이다.

1) 국립국어원 누리집의 '질의응답'란을 보면 '씨'와 '님'에 대한 띄어쓰기 질문이 상당하다는 점이 이를 입증해준다. 여기서는 참고로 그 몇 예만을 제시하기로 한다. 작성자는 개인정보 보호 차원에서 밝히지 않기로 한다.

가. 민씨? 민 씨 / k기자? k 기자? 등록일 2012.10.24
띄어쓰기 좀 알려주세요 어이, 김씨! 이렇게 부를 때 김씨인지 김 씨인지 그리고 이니셜에 직함이 붙을 띄는지 붙이는지

나. 추 씨 부인/추씨 부인/추씨부인 등록일 2012.06.18.
(추 씨 부인/추씨 부인/추씨부인)은 장제 사후 장제의 조카인 장수가 모시게 되는데 조조가 장수를 공격할 때에 장수의 군사로 있던 가후가 조조에게 항복할 것을 권해서 장수는 그대로 실행에 옮겼었다.

'씨'도 '*아저(자)'에 '씨'가 결합한 듯한데[2], 그렇다면 여기의 '씨'와 앞의 두 '씨'는 전혀 무관한 것인가라는 다소 어설픈 생각에 연유한다. 설명과 이해의 편의를 도모할 요량에서 해당 용례를 『표준국어대사전』에서 찾아 그에 대한 정의를 보이면 다음과 같다.

(1) 가. 김 씨, 길동 씨, 홍길동 씨, 희빈 장 씨
    나. 의존명사 (성년이 된 사람의 성이나 성명, 이름 아래에 쓰여) 그 사람을 높이거나 대접하여 부르거나 이르는 말.
(2) 가. 김씨, 이씨, 박씨 부인, 최씨 문중
    나. 접사 (인명에서 성을 나타내는 명사 뒤에 붙어) '그 성씨 자체'의 뜻을 더하는 접미사.
(3) 가. 아저씨, 이웃집 ~/ 국군 ~/ 집배원 ~/ 기사 ~.
    나. 명사 ① 부모와 같은 항렬의 남자. 아버지의 친형제를 제외함.
    ② 친척 관계가 아닌 남자 어른을 정답게 부르는 말.

『한글맞춤법』에서는 '씨'가 호칭어로 사용되면 의존명사 자격으로 앞 성분과 띄어 쓰고, [성씨 그 자체]를 뜻하면 접미사이므로 붙여 써야 하는 것으로 규정하였다[3]. 그런데 언중들로서는 이 점을 쉽게 납득하기 어려운

국어사전에 '김씨 부인'을 찾아보니 (김 씨 부인/김씨 부인) 이렇게 두 가지가 있던데 어떤 게 맞는 건가요?

다. 김 씨/김씨 등록일 2012.02.28.

단음절 단어들은 붙여쓸 수 있다고 알고 있는데 김 씨(의존명사)도 붙여 쓸 수 있나요? 어문규정에 관형사와 명사. 부사와 부사는 붙여 쓸 수 있다고 나와 있는데 명사와 의존명사에 대한 언급은 없어 궁금합니다.

2) 이에 대해서는 조항범(1996: 234)의 다음과 같은 언급이 참조된다.
'아자씨'의 외적 구조는 형태소 결합 경계와 일부 구성 요소의 실체가 분명하다는 점에서 쉽게 드러난다. 일단 존칭 접미사 '-씨'를 포함하는 '아자+-씨'의 구조로 분석할 수 있다.

3) 참고로 『한글맞춤법』의 해당 규정을 보이면 다음과 같다.

듯하다. 일단 외견상의 형식이 동일하고, '성(姓)'에 결합한다는 사실 또한 동일한데, 어느 경우에는 접미사로 간주하고, 어느 경우에는 의존명사로 간주해야 하는가를 그들로서는 쉽게 판명할 수 없을 터이기 때문이다[4].

필자가 생각하기에 '씨'는 기원적으로 (1, 2)와 같이 성, 이름 혹은 '성+이름'과 결합한 형식과 (3)처럼 가족이나 친족어 등과 결합한 형식으로 구별된다. 그런데 이 기능은 현대로 오는 과정에서 서로 간섭하면서 각자의 고유 기능이 혼효되어 언중들은 (1·2)와 (3)의 '씨'를 동일시하는데, 어문 규정에서는 (3)에 결합한 '씨'는 접미사가 결합한 파생어로 간주하여 띄어쓰기의 규정에서 문제 삼지 않고, (1)과 (2)를 각각 의존명사와 접미사로 규정하여 띄어쓰기 적용을 달리하고 있는 듯하다. 그렇다 보니 언중들로서는 '씨'에 대한 띄어쓰기가 쉽지 않은 것이다.

요컨대 본 논의는 '씨'의 쓰임에 관한 한, 어문 규정과 언중들의 직관이 일치하지 않다는 가정 아래, 그러한 이유를 '씨'류[5]의 기능상 혼효로 간주하여 그 과정을 사적으로 접근해 보고자 한다.

12.1 '씨'류의 기본 기능

상식적인 말이지만, 언어는 변하고, 변할 수밖에 없다. 서두에서 언급했듯이 필자는 '씨' 역시 이러한 변화를 경험했고, 현재도 진행 중인 것으로

제48항 성과 이름, 성과 호 등은 붙여 쓰고, 이에 덧붙는 호칭어, 관직명 등은 띄어 쓴다.

김양수, 서화담, 채영신 씨, 최치원 선생, 박동식 박사, 충무공 이순신 장군

4) '씨'와 관련한 접미사류를 의존명사로 간주해야 할 것인가, 아니면 접미사로 간주해야 할 것인가는 형태론의 관점에서 꾸준히 논의의 대상이 되어 왔다. 그 가운데 대표적인 업적으로는 고영근(1991), 안주호(1997), 고영진(1997), 김석득(1992) 등을 들 수 있다.

5) '씨'류는 서두의 (1, 2, 3)에서 확인되는 '씨'를 총칭하여 일컫는 용어이다.

파악한다. 본 장에서는 ‘씨’를 가족·호칭어에 결합하는 ‘씨’와 ‘성’과만 결합하는 ‘씨’, 그리고 ‘성, 성+이름, 이름’에 결합하는 ‘씨’를 각각 ‘씨[1], 씨[2], 씨[3]’으로 명명하여 기본 기능을 파악해 보고자 한다.

12.1.1 ‘씨[1]: ‘아저씨’의 ‘씨’류

12.1.1.1 조어 방식

여기서의 ‘씨[1]’은 가족·친족어와 결합한 어형을 일컫는다. ‘씨’는 15세기에 다음 (4)와 같이 보통명사에 결합하는 방식으로 처음 등장하는데, 필자가 조사한 바에 의하면 당시 용례는 다음이 전부이다시피 한다. 여하튼 이 ‘아기씨’는 당시 ‘아기’가 (5)처럼 사용된 점으로 미루어 ‘아기’에 ‘씨’가 결합한 파생어로 인식된다.

(4) 가. 益利門 알ᄑᆡ 올ᄊᆡ 아기씨 오시ᄂᆞᆫᄃᆞᆯ 아노이다 〈월석 23, 74ㄱ〉
   나. 아기씨여 알ᄑᆡ 부텨 업스시고 뒤혜 즁님 업거늘 〈월석 23, 75ㄱ〉

(5) 가. 아기 ᄇᆡ여셔 ᄇᆡ욘 아기 샹ᄒᆞ야 피 얼의어 가ᄉᆞᆷ ᄇᆡ 알ᄑᆞ거든 〈구급간 7, 6ㄴ〉
   나. 두 아기 나ᄀᆡᆺ거신ᄂᆞᆯ 太子ㅅ 블러 니ᄅᆞ샤 〈월석 20, 48ㄱ〉
   다. 産生ᄋᆞᆫ 아기 나ᄒᆞᆯ 씨라 〈석상 11, 31ㄱ〉

이러한 ‘씨’는 19세기에 이르러 다음과 같은 용례로 사용되었는데,

(6) 가. 새아기씨, , 아씨 兒氏, 아자씨 叔父 〈한불자〉
   나. 아씨 阿氏, 새 아기씨 新婦, 아자씨 叔主 父之兄弟 , 시아자씨 媤三寸, 〈국한회〉
   다. 우리 아저씨 말이지요? 〈치숙, 261〉

라. 아자씨 족하니 ᄒᆞ며 ᄉᆡᆼ각도 아니ᄒᆞ엿던 슈작을 ᄒᆞ는지라 〈쌍옥적 39)

마. 아가씨 후원에 계십니다.〈흙1, 51〉

바. 아자씨 여긔가 어듸오닛가 〈목단화 34〉

사. ᄋᆞ기씨 신셰를 ᄉᆡᆼ각하여 크게 우든 못하고 체읍하여 우는 말리 엇지 할ᄭᅳᆫ아 엇지 할ᄭᅳᆫ아 〈춘향철종下, 32ㄱ〉

위 용례의 '아기씨'나 '아씨'는 '나이 어린 여자'를 지칭하기도 하지만 '손아래 시누'에 대한 명칭으로도 사용되었으며, 아자씨 역시 '숙부'의 명칭인 점을 고려하면 '씨'는 최소한 문헌 상으로는 19세기부터 주로 친족어에 결합하였던 것으로 이해된다. '아자씨'에 대한 조항범(1996: 234~235)의 다음과 같은 견해에 근거하면 여기의 '씨'는 '아기, 아자' 등의 어근에 결합하여 파생어를 형성하는 '접미사'라 할 수 있다.

(7) '아자씨'의 외적 구조는 형태소 결합 경계와 일부 구성 요소의 실체가 분명하다는 점에서 쉽게 드러난다. 일단 존칭성 접미사 '-씨'를 포함하는 '아자+-씨'의 구조로 분석할 수 있다. 그런데 선행 요소 '아자'의 정체는 분명히 드러나지 않는다. 이것이 접미사 '-씨'를 동반하여 새로운 단어 파생의 핵어로 참여하는 점에서 어근임에는 틀림없으나 분포가 상당히 제약되어 있다. …… '아자씨'는 바로 '어마, 아바'의 파생 형태 '어마씨, 아바씨'의 유추 형태로 볼 수 있다.

한편 위에 인용된 '어마씨', '아바씨'와 유사한 어형이 전남 방언에서도 관찰되어 우리의 관심을 유도하는바,

(8) 가. 아잡씨, 아짐씨, 한납씨, 압씨

나. 압씨, 엄씨, 할마씨, 할매씨,. 할압씨, 할배씨, 오랍씨

다. 어마씨, 아바씨, 할바씨

(8. 가)는 정성경(2011)에서 전남방언으로 소개한 친족어이며, (8. 나)는 전남방언을 모어로 하는 필자가 주위에서 들었던 친족어들이고, (8. 다)는 조항범(1996: 235)에서 경상도와 전라도에서 사용하는 방언으로 소개한 어휘들이다. '어마씨'와 '아바씨'에 대한 (7)의 입장이 타당하다면 (8)에서 관찰되는 '씨'의 기능 역시 접미사로 상정할 수 있겠다[6].

여기에 더하여 놓치지 않아야 할 점은 지금까지 살핀 용례의 '씨'는 대부분 가족이나 친족을 나타내는 고유어와 결합하였다는 사실이다. 가령 '아자씨, 아기씨, 시아자씨' 등이나 방언의 '압씨, 엄씨' 등에 연결된 '씨'의 어근(간)인 '아자, 아기, 엄' 등은 한자가 아닌 고유어이다. 그런데 다음에서는 가족·친족을 뜻하는 한자와 결합하여 새로운 단어를 파생함이 확인된다.

(9) 가. ᄌᆡ죵씨 再從氏, 이죵씨 姨從氏, 외죵씨 外從氏, 계씨 季氏, 함씨 咸氏 〈한불자〉
나. 백씨 伯氏 〈국한회〉,
다. 제수(弟嫂)씨, 형수(兄嫂)씨,

위의 '재종, 이종, 외종, 제수, 형수' 등은 한자의 가족·친족어인데, 여기에 '씨'를 결합하였다. 다만 '백씨'와 '계씨'는 일 어절에 '씨'가 결합되었다는 점에서 차이를 보이지만, 이들 역시 [맏이]와 [막내]를 뜻하는 친족어임을 고려할 때 여타의 용례와 동일 구조로 이해된다.

6) 정성경(2011: 14, 19)에서는 '아잡씨'를 '앚-압-씨'로, '아짐씨'는 '아짐-씨'로 분석하여서 '-씨'를 존칭 접미사로 규정하였다. 그리고 '압씨', '엄씨'의 경우 정선경(2011:14), 조항범(1996: 94), 이기문(1998: 158) 등이 각각 '아바, 어마'의 기원형인 '*압, *엄'에 접미사 '씨'가 결합한 어형으로 풀이하였다. 이와 같은 견해가 타당하다면 '씨'를 접미사로 규정해도 무방하리라 생각한다.

이상에서 살핀 '씨'는 한자와 고유어의 친족어에 접미사로써 결합하여 파생어를 형성하는 데 관여하는 것으로 간주된다[7]. 그런데 이 가운데 '아가씨, 아저씨, 아씨' 등은 『표준국어대사전』에서 파생어가 아닌 단일어로 규정하며 나머지 고유어 계열 역시 굳이 접미사 '씨'가 결합한 파생어로 간주하려 하지 않는다. 가령 '압씨, 엄씨, 오랍씨' 등과 같은 방언에서 그 방언권의 언중들이 이들의 '씨'를 굳이 접미사로 분석하려 하지 않는다는 것이다. 그만큼 앞 성분과의 결속력이 강하다는 뜻이다. 물론 한자 계열은 '재종, 이종, 제수'에 '씨'를 결합한 구조로 이해되지만, 그렇더라도 언중들은 이 역시도 여기서 '씨'를 분석하여 이해하지 않는다. 이점이 바로 이후에 살필 '씨'와 구별되는 바이다. 이런 맥락에서 본고에서는 지금까지 살핀 유형을 '씨[1]'로 규정하여 다음 항에서 설명할 형식과 차이를 두고자 한다.

12.1.2 기능

'씨[1]'의 기능은 두 가지로 요약되는데, [호·지칭]과 [준존대]가 바로 그것이다. 여기서 필자가 '준존대'로 명명한 까닭은 '-씨'로 존대한 정도가 '-님'으로 존대한 정도에 미치지 못함을 주목한 때문이고, 한편으로는 '-

---

7) 다음과 같이 일반 명사와 결합한 '씨'가 있어 우리의 주목을 끈다.

가. 여ᄅᆡ 보살씨 이실가 우리 션즁 벗님ᄂᆡ 도 닥가 가며 알아보ᄉᆡ …〈인과곡〉
나. 불씨 佛氏 〈한불자〉
다. 무명씨 無名氏, 함씨 咸氏 〈한불자〉

위는 19세기 용례로 여기서 '씨'는 가족·친족어가 아닌 '보살, 불, 무명'과 같은 일반 명사와 결합하였다. 그렇더라도 접미사로서의 '씨'는 위와 같은 용법보다 지금까지 살핀 용법이 비교할 수 없을 정도로 많다는 사실을 유념할 필요가 있다. 따라서 본고는 접미사로서의 '씨'는 가족이나 친족어에 결합하는 방식을 보편적인 것으로 간주하고자 한다.

씨'의 이러한 특성이 본 논지를 전개하는 데 자못 중요한 특성으로 간주되는 까닭이기도 하다. 주지하듯이 '씨'는 다음과 같이 지칭과 호칭에 사용되었다.

(10) 가. 아기씨여 알ᄑᆡ 부텨 업스시고 뒤헤 즁님 업거늘 〈월석 23, 75ㄱ〉
　　나. 그 어믜 그에 닐오ᄃᆡ 아기씨 오시ᄂᆞ이다 〈월석 23, 74ㄱ〉
　　다. 앗씨 앗씨 큰 앗씨 마오 마오 그리 마오 〈춘향철종下, 32a〉
　　라. 여바라 상단아 우지 마라 우지 마라 너의 아기씨가 셜마 살지 죽을소냐 〈춘향철종下, 32ㄱ〉
　　마. ᄒᆞᆫ ᄌᆞ 글월을 제동 아기씨 젼 올니옵나이다 〈계우사, 473〉
　　바. 건너가셔 아기씨 무덤의 우ᄂᆞᆫ 놈 난졍결치ᄒᆞ라 〈남원고사 4, 26ㄱ〉

(11) 가. 아씨 한 푼 주세요. 〈봄과따라, 170〉
　　나. 아자씨 여긔가 어듸오닛가 〈목단화 34〉
　　다. 아저씨 양반만 여전히 아랫목에 가서 드러누웠어요. 〈치숙, 270〉
　　라. 수영은 달려가서 '아저씨 어째 올라오셨어요?〈영원의미소, 150〉
　　마. 저 우리 아자씨가요 이거 갖다 디리래요 〈1생의반려, 244〉

(10)은 19세기 이전의 자료이고, (11)은 20세기의 자료인데, 씨[1]은 20세기에 오면서 그 쓰임이 조금 활발해지고 다양해진 듯하다. 조항범(1996: 235)에서는 '아저씨'의 일차적 기능을 호칭어로 간주하였지만, 다른 형식의 기능까지를 그렇게 단정 짓기 어려워, 본고에서는 (10. 가)의 용례를 참조하여, '씨[1]'은 그것이 출현하기 시작한 16세기부터 호·지칭어로 기능한 것으로 이해하기로 한다.

한편 최현배(1927=1987), 고영근(1991), 조항범(1996), 김종훈(2000), 이광호(2004), 양영희(2012ㄴ) 등을 참조할 때 '씨'는 일단 [비존대]에 대비되는 [존대]의 기능을 하는 것으로 이해된다. 지금까지 살핀 용례를 참조할 때 '씨[1)]' 역시 이와 맥을 같이한다고 할 수 있다.

그런데 이 '씨[1)]'은 같은 시대에 사용됐던 '님'과 비교해 보면, 존대의 정도가 이보다 낮다는 생각을 하게 된다. '님'은 15세기부터 가족·호칭어와 결합하여 현대까지 매우 활발하게 사용됨에 비하여 '씨[1)]'은 위에서 살폈던 대로 16세기에 문헌에 처음 등장하지만, 19세기에 이르러서야 한자와 결합하면서 다양한 형식으로 전보다는 조금 활발히 사용하였던 것으로 파악된다. 그러나 '님'은 달랐다. 다음을 보다시피 이 형식은 15세기부터 현대에 이르기까지 가족·친족의 다양한 어형과 결합하여 존대의 기능을 덧붙이고 있다.

(12) 가. 즉재 아바님 爲ᄒᆞ야 偈ᄅᆞᆯ ᄉᆞᆯ오ᄃᆡ 大王하 이제 반ᄃᆞ기 아ᄅᆞ쇼셔 〈법화 6, 147ㄱ〉
나. 太子ㅣ 자라시니 父母님 兩分을 하ᄂᆞᆯᄀᆞ티 셤기ᅀᆞᆸ더시니 〈월석 20, 39ㄱ〉
다. 目連이 어민고ᄃᆞᆯ 알오고 함ᄒᆞ야 블로ᄃᆡ 어마님 어마님 사라겨싫 저긔 날ᄃᆞ려 니ᄅᆞ샤ᄃᆡ 날마다 五百僧齋ᄒᆞ야 香花飮食을 法마다 ᄇᆡᄒᆞ다라 ᄒᆞ시더니 〈월석 23, 86ㄴ〉
라. 셔방님 오ᄂᆞᆯ 아니 완ᄂᆞ냐 나ᄂᆞᆫ 밥 먹고 김홰 보라 가노라 〈순천김씨간찰, 121〉
마. 오라바님 이시니 아니 고덜가 〈순천김씨간찰, 82〉
바. 읍ᄒᆞ노이다 쥬ᅀᅵᆫ 형님 〈번노 상, 17ㄴ〉
사. 쥬ᅀᅵᆫ 형님하 小人ᄃᆞᆯ히 뒤헤 쥭ᄡᅮ라 가고져 ᄒᆞ니 이ᄢᅢ 어두은 ᄃᆡ 나ᄃᆞ리 쉽사디 아니며 …… 쥭ᄡᅮ워 주ᄃᆡ 엇더ᄒᆞ뇨〈번노 상, 55ㄱ〉

보다시피 '님'은 15, 16세기부터 '아바, 부모, 어마, 형, 셔방' 등의 다양한 가족·친족어와 결합하여 존대의 뜻을 더하는 접미사로 사용되었다. 이는 양영희(2012ㄴ)에서 언급한 대로 '-씨'보다 '-님'이 존칭 접미사로서는 일반적으로 사용되었음을 의미함과 동시에 존대의 의미 역시 '님'이 더 강하였음을 시사한다. 그러므로 다음과 같이 '씨' 뒤에 '님'을 다시 연결하는 어형도 존재할 터이다.

(13) 가. 일이 났소. 아씨님 일이 났소. 〈옹고집 105)
나. 여보시오. 애기씨님 내 이렇게 되면 내가 죽어도 〈태인면, 82〉
다. 아씨님 안녕허셔요? 〈이평면, 121〉
라. 우리 아저씨 양반은 혹시 그 여편네가 오지 않았나 하고 사방을 휘휘 둘러 보던데요. 〈치숙, 264〉

위의 (13. 가~다)는 이희두(1998)에서 가져온 용례로 '아씨'를 '아기씨'의 준말로 간주한다는 가정 아래 보면, 이 유형들은 '-씨'에 다시 '님'을 결합한 것으로 이해된다. 물론 언중들이 '아기씨'나 '아씨'를 단일어로 간주해서 '-님'을 결합하였다고 할 수 있다. 그러나 그 이전에 '아기씨'와 '아씨'가 독자적으로 '아기'보다 존대의 기능으로 사용되었다는 사실을 상기한다면, 이는 '씨'를 결합한 형식만으로는 어떤 대상에 대한 화자(서술자) 자신의 존대 의지를 충분히 표현하기에 부족하다는 생각에서 유래한 결합 방식으로 해석할 만하다. (13. 라) 역시 같은 맥락으로 이해되는데, '님'이 아닌 '양반'을 덧붙였다는 점에서 방금 살핀 용례와 관점이 다르지만, '아저씨'에 굳이 '양반'을 더한 까닭은 '씨'만으로는 충분히 존칭하기 어렵다는 판단이 작용한 때문이 아닌가 한다. 이런 점들을 참조하면, '-씨'보다 '-님'의 존대 정도가 더 강한 것으로 이해된다. 이 같은 생각은 다음의 비교에서 분명해진다.

(14) 할머님: 할마씨/ 어마님: 어마씨, 아바님: 아바씨, 오라버님: 오랍씨/ 아우님: 아우씨

위에 제시한 (14)를 보면 같은 어근(간)에 '님'과 '씨'가 결합하여 단어

를 형성할지라도 '-님'이 연결된 '할머님, 어마님, 아바님, 오라버님'의 경우는 '할마-/ 어마-/ 아바-'의 어근만 사용할 때보다 [존대]의 의미가 충분히 전달됨에 비하여 '씨'를 사용한 '어마씨, 아바씨, 오랍씨' 등에서는 이와 같은 존대의 의미는 전달되지 않는다. 오히려 필자의 경우는 비칭으로까지 생각된다.

이는 전남방언에서 '엄씨, 압씨, 오랍씨'를 비칭으로 사용함에 이끌린 필자 개인적인 선입견일 수 있지만, 그렇더라도 이들이 한 방언권에서 비칭으로 사용된다는 것은 그것을 이룬 '씨'의 존대 의미가 그리 강하지 않았음을 시사하는 것으로 해석된다. 여기에 더하여 '아자씨'를 설명하면서 '완전한 존칭형은 아니나 존칭에 가까운 의미 가치를 띠고 있는 것'으로 추정한 조항범(1996: 235)의 견해까지를 참조하면 '씨^{1}'의 존대 정도가 '님'과 대등하지 않을 것이라는 결론에 도달한다. 이런 맥락에서 본고는 '-씨'의 기능을 '준존대'로 명명한바, '씨'의 이러한 기능은 다음 항에서 살필 '씨^{3}'에서 더욱 분명해질 터이다.

12.2 씨^{2} : '홍씨'의 '씨'류

12.2.1 조어 방식

'씨^{2}'는 '성(姓)'에 결합한 어형으로, 다음을 보면 이 형식은 16세기부터 목격된다.

(15) 가. 曹氏 알ᄑᆡ 盛ᄒᆞᆫ 시절의도 오히려 내죵을 보젼코져 ᄒᆞ거든 〈소언 6, 59ㄱ〉

나. 李氏 스스로 ᄆᆞ음알아 ᄒᆞ더니 이 ᄀᆞᆮ티 홈이 스므 남은 ᄒᆡ러라 〈소언 6, 88ㄱ〉

다. 宋氏 아기 업고 逃亡ᄒᆞ야 ᄉᆡ지븨 가 여러 ᄒᆡ를 도라오디 아니ᄒᆞ더니 〈속삼강, 열, 10ㄴ〉

라. 管氏 ᄯᅩᄒᆞᆫ 樹로 門을 塞ᄒᆞ며 邦君이사 兩君의 好를 홈애 反ᄒᆞᄂᆞᆫ 坫을 두거늘 〈논어초 1, 28ㄱ〉

마. 顏氏 가문 ᄀᆞᄅᆞ치ᄂᆞᆫ 글워릐 닐오ᄃᆡ 겨지븐 집 안해셔 음식ᄒᆞ기를 젼쥬ᄒᆞ야 〈번소 7, 36ㄱ〉

바. 송씨 닐오ᄃᆡ 우리 집 븍녁 이웃의 사ᄂᆞᆫ 안노슉이 ᄆᆡ일 이른 새배 셔를 향ᄒᆞ야 쉰 번 절ᄒᆞ고. 〈권념요, 2ㄴ〉

사. 셜씨 독셔록 가온대 쇼언 침묵ᄒᆞ란 ᄉᆞ직 간략ᄒᆞ고 〈자성해, 16ㄴ〉

아. 화셜 오씨 감사한 즁 쇼져를 살펴보니〈림화정연 6, 하5〉

보다시피 성(姓)에 한자 '氏'의 형식으로 결합하고 있는데, (15. 가~마)는 16세기 용례이고, (15. 사~차)는 이후의 용례들이다. 이러한 유형은 출현 당시부터 앞서 살핀 '씨1)'보다 훨씬 활발하게 사용되었음은 물론 현대까지 꾸준히 사용되고 있다[8]. 그리고 현재 『표준국어대사전』에서는 여기의 '씨2)'를 '형수씨, 제수씨'의 '씨'와 같이 접미사로 처리한다. 필자 역시 이 '씨'가 자립성이 없고, 관형어를 앞세울 수 없다는 점에서 일반적인 관점을 수용하여 접미사로 간주하기로 한다.

12.2.2 기능

현재 『한글맞춤법』에서 '씨2)'를 접미사로 처리하여 붙여 쓰게 규정한 이유는 [성씨 그 자체]만을 나타내기 때문이다. 이는 다음 항에서 살필 '씨3)'과 달리 호칭어로서가 아니라 지칭어로서 기능하기 때문으로 재해석할 수 있다. '씨'의 기원이 한자임을 감안할 때, '씨2)'는 앞서 살핀 '씨1)'보다 애초의

8) '씨1)'이 15세기에 드물게 사용되다가 19세기에 들어서 비교적 활발히 사용되었다는 사실을 우리는 전항에서 살핀 바 있다.

기능을 그대로 유지한 것으로 이해되는데, 이점은 『한한대자전(漢韓大字典)』의 '씨'에 대한 정의를 참조할 때 그러하다.

(16) [氏] ㉮ 씨 ㉠ 한 성(姓) 중에서 계통의 종별(種別)을 표시하는 칭호. ㉡ 후세에는 성과 구별하지 않고 혼용됨. ㉢ 왕조 또는 제후의 봉지(封地)에 붙여 쓰는 칭호 ㉣ 관직에 붙여 쓰는 칭호 ㉤ 사람을 지칭하는 데 붙여 쓰는 칭호 ㉥ 시집간 여자의 친가(親家)에 붙여 쓰는 칭호 ㉯ 나라이름 지

이로 볼 때, 본고가 주목하는 '씨[2]'는 ㉤항의 기능이 전수된 것으로 파악되는데, 그렇다면 그것은 [지칭]으로 기능한다. 그리고 이 '씨[2]'는 존대의 뜻을 더하는 기능은 없었던 듯하다. 만약 그러했더라면 앞서 살핀 용례 (15)의 밑줄친 부분에 존대 표지 '시'가 삽입됐어야 할 터인데, 보다시피 전혀 그렇지 않았다. 이로써 우리는 '씨[2]'를 [비존대]로 규정하기로 한다.

12.3 씨[3] : '홍 씨·홍길동 씨·길동 씨'의 '씨'류

12.3.1 조어 방식

'씨[3]'은 '성(姓), 성+이름, 이름' 등과 결합한 어형으로, 외형만 고려한다면 이 가운데 '성'에 결합한 유형은 앞서 살핀 '씨[2]'와 같은 시기인 16세기부터 사용했다고 할 수 있다. 그러나 나머지 '성+이름, 이름' 등과 결합하여 문헌에 등장한 시기는 19세기부터인 것으로 추정된다. 특히 전자의 경우는 『독립신문』 등의 언론 매체에서 주로 사용하였다.

(17) 가. 한셩부 공립 쇼학교 교원 최만쟝 씨가 교휵을 근실히 ᄒᆞᄂᆞᆫᄃᆡ 〈독립신 502, 2〉

나. 슈일젼에 리헌직씨 ᄋᆞ들 승규씨와 김명진씨 ᄋᆞ들 두한씨가 슈월루라 ᄒᆞᄂᆞᆫ 요리집에 기ᄉᆡᆼ을 다리고 가셔 슐을 먹을ᄉᆡ 〈매신문 914, 4〉

다. 웅천 군슈 김구현씨가 ᄂᆡ부에 소지 ᄒᆞ엿스되 히도 관찰ᄉᆞ 죠시영씨 가 ᄌᆞ긔를 ᄋᆡᄆᆡ히 폄하 썻다 ᄒᆞ야슐을 먹을ᄉᆡ 〈매신문 914, 4〉

라. 졔씨의 셩명 니츙구씨 이원 니홍직씨 이원 졍긔쥰씨 이원 신태졍씨 이원 졍익환씨 일원 니챵혁 김동표 박형모 니흥션 김면규 최셕우 니용션 김윤죠 김규환 현학녕 졔씨 각 팔십젼식 한응슌씨 일원 합 십팔원 이더라〈협성보 101,4〉

마. 길랑은 수영씨 말씀대로 근본 문제를 해결시킨 뒤에 계속하기루 하구요. 〈영원의미소, 131-132〉

바. 선용 씨 용서하여 주세요, 용서하여 주세요. 〈환희 2, 217〉

사. "혹시 영철 씨 못 만나셨세요?"하였다. 차숙자는 조금 고개를 기웃하고 생각을 하여보더니 "이영철 씨 말씀이지요?" 〈환희 2, 226〉

위와 같은 방식으로 결합한 '씨'를 현재는 의존명사로 처리하여 지금까지 살핀 '씨[1]', '씨[2]'와 다른 문법 범주로 설정한다. 고 영근(1991: 527)은 '가, 공, 군' 등과 함께 '씨[3]'의 경우는 국어 접미사와 동일시 할 수 있다는 입장을 보이고, '한글학회 편' 『우리말 큰사전』 등에서는 접미사로 처리한다[9]. 이 형식을 의존명사로 간주할 것인가, 아니면 접미사로 간주할 것인가의 문제가 사실 필자의 가장 기본 관심사이지만, 본 논의는 이와 같은 문제를 해결하기 위한 전단계로 생각하여, 일단 일반적인 경향을 받아들여 의존명사로 상정하기로 한다. 여기에 더하여 위의 예문을 보면, '씨'에 대한 띄어쓰기가 일정치 않은데, 이는 원본 그대로 옮겨놓았기 때문임을 밝혀둔다.

9) 김민수 외(1992), 『국어대사전』과 이희승(1979) 「국어대사전』에서도 '씨[2]'를 접미사로 처리한다.

12.3.2 기능

현재 『한글맞춤법』에서 ‘씨^{3}’을 띄어 쓰게 한 이유는 ‘호칭어’이기 때문인바, 이것의 주된 기능은 [호칭]이라 할 수 있다. 그런데 이와 같은 기능은 20세기에 들어서 확립되었고, 그 이전에는 ‘성+이름’에 결합한 형식으로 주로 [지칭]으로 사용되었음이 다음에 제시한 용례에서 확인된다.

(18) 가. 젼라도 어ᄉᆞ 리승욱씨가 슌창군에 가ᄃᆡ를 광뎜ᄒᆞ고 목포항에 ᄀᆡ쥬를 셜시ᄒᆞ고〈매신문 815, 4〉

나. 륙군 부장 안경슈씨 집에셔 ᄌᆡ작일에 일본 신ᄉᆞ 삼ᄐᆡᆨ영일군과 탁지부 대신 심상훈씨와 군부대신 민영긔씨와 외부 협판 류긔환씨 모든 신ᄉᆞ들을 청ᄒᆞ여 〈매신문 513, 3〉

다. 니도ᄌᆡ 씨 보고가 군부에 왓ᄂᆞᆫᄃᆡ 각쳐 비도들을 셜유ᄒᆞ야 ᄎᆞᄎᆞ 흣허지고〈독립신 502, 2〉

라. 유긔환 씨 집에 비도들이 드러 와셔 ᄀᆡ화ᄒᆞᆫ 사ᄅᆞᆷ 집이라고〈독립신 516, 2〉

마. 졔씨의 셩명 니츙구씨 이원 니홍직씨 이원 졍긔쥰씨 이원 신태졍씨 이원 졍익환씨 일원 니챵혁 김동표 박형모 니흥션 김면규 최셕우 니용션 김윤죠 김규환 현학녕 졔씨 각 팔십젼식 한응슌씨 일원 합 십팔원 이더라〈협성보 101, 4〉

필자의 조사가 부실해서일 수도 있지만, 필자가 확인한 ‘씨^{3}’은 20세기 이전까지는 위의 용례처럼 주로 신문 매체에서 어떤 대상을 지칭하는 데만 사용되었다[10]. 즉 ‘씨^{3}’의 기능도 ‘씨^{2}’와 같이 지칭어였다.

10) 사실 ‘씨^{2}’와 ‘씨^{3}’이 16~19세기까지는 주로 지칭어로 사용된 것으로 단정 짓기에는 무리가 있다. 호칭은 주로 대화에서 사용되는데, 자료 자체가 신문 매체나 『소학』과 같은 중국 문헌을 언해한 문헌이다 보니 지칭어로 기능할 가능성이 높은 까닭이다.
이런 이유 외에 필자가 고려한 생각은 다음과 같다. 본문에서 밝혔듯이 19세기 이전의 일상에서는 ‘씨’보다 ‘님’의 사용이 더 활발했던 듯하다. 그러므로 후자는 ‘호칭’으

그런데 '씨²'와 달리 '씨³'은 존대의 기능을 지닌 것으로 파악된다. 비록 위의 밑줄친 부분에서 '씨'로 지칭한 대상의 행위나 동작에 존대 표지 '시'를 삽입하지 않아서, 씨²와 같이 비존대의 기능을 지닌 것으로 이해할 수도 있다. 그러나 다음 용례까지를 참조할 때, 이는 『신문』이라는 특성상 어떤 대상에 대한 중립적인 태도를 표현하는 방식으로써 존대 표현을 하지 않은 것으로 이해함이 온당하다[11].

(19) 가. 설화야, 영철 씨 오셨다. 네가 날마다 부르던 영철 씨가 오셨다. 〈환희 2, 319〉
나. 춘우 씨의 마음이 괴로우신 것보다 몇 배 이상 저의 마음도 괴롭습니다.〈어머니1, 158〉
다. 상인 씨 마음에 달리신 것이 아녜요? 〈화염에싸인 2, 125〉

로도 사용되었지만, 전자는 위와 같은 상황에서 어떤 대상을 지칭하는 데로만 사용되지 않았나 한다. 사실 '성'을 평민들이 자연스럽게 사용하기 시작한 시기는 개화기부터이기 때문에 그 이전에는 이에 '씨'를 연결하여 호칭할 기회도 많지도 않았을 터이다. 그러다가 개화기에 이르러 성과 이름을 사용하기 시작하지만, 이 역시 일상 생활에서보다는 신문 매체에서 먼저 사용하다보니 지칭어로 기능하게 되지 않았나 한다. 그리고 이후 이런 현상이 보편화 되어 일상적인 대화에서 호칭어로 기능한 것이 아닌가 한다.

11) 가. **죠샹학이가** 올 여름에 쳥국셔 나와셔 란민을 모화 그 디방관 리홍릭 씨를 잡아 가두고 공젼을 쎅시며 춍슌을 씩린지라 **이놈**이 그젼에 삼남 비도를을 끼고 쳥병 흘 차고 쳥국에 들어 가셔 〈독립신1024,2〉

나. ㉠ 지나간 토요일 져역에 독립 신문샤쟝이 죠션 관인들을 쳥ᄒᆞ야 ……온 손님들은 닉부 대신 박졍양 씨 군부 대신 민영환 씨 농샹 공부 대신 리윤용 씨 외부 대신 리완용 씨……뎨공이 참셕ᄒᆞ엿더라

㉡ **김셕여 니보졍 김셕오**가 신문샤에 편지가 왓ᄂᆞᆫᄃᆡ 〈독립신 1201, 2〉

위 예문을 보다시피 동일한 신문에서도 존대 대상이 아닌 경우에는 강조한 부분처럼 '씨'를 연결하지 않는다. 그런데 지방 관리나 대신처럼 존대 대상인 경우는 밑줄친 부분처럼 '씨'를 연결시킨다. 이런 점들을 참작할 때, '씨'는 [존대]의 기능을 보유한 것으로 이해된다. 그러나 여기서 분명히 밝혀둘 점은 이러한 존대 정도가 현재의 '합쇼'체에 해당할 정도는 아니라는 것이다.

라. 창하 씨 생각에는 그렇게 하는 것이 어떻다고 생각하십니까.〈어머니2, 262〉
마. 춘우 씨가 나를 사랑하시는 마음을 다 내 버리시더라도〈어머니1, 82〉
바. 영신 씨 생각은 어떠세요? 〈상록수 1, 137〉
사. 영숙 씨 때문에 고민을 하신다는 것은 즉 저를 잊어 버리셨다는 증거니까요."〈어머니 2, 360〉
아. 그러지 않아도 아까 저 어른이 춘우 씨 말씀을 하시니까, 한 번 보고 싶다고 그러셨어요.〈어머니 1, 46〉
자. 건배 씨 내외분에게는 틈나는 대로 따로이 쓰겠읍니다〈상록수 1, 157〉

보다시피 '이름' 혹은 '성+이름' 등에 결합한 형식으로 존대의 의미를 더하고 있다. 먼저 (19. 가~바)의 밑줄친 부분을 보면 '씨'로써 지칭한 대상을 존대하였음이 확인된다. (19. 사, 아)의 경우는 '씨'로 지칭한 대상에 대한 존대 표지가 직접 실현되지 않았지만, 그 대상에게 '해요'체를 사용한 점으로 미루어 그를 '합쇼'체가 아닌 '해요'체에 준하는 존대를 한 것으로 짐작할 수 있다. 이에 대한 용례는 다음의 (21)에 더 많이 소개되어 있다. 여하튼 본고에서는 이러한 점들을 참작하여 '씨'의 존대 정도를 [준존대]로 규정하기로 한다. 현재 사전에도 '씨[3]'을 다음과 같이 정의한다.

(20) 가. 씨[3] 명 의존. 성(姓) 또는 이름 뒤에 쓰여 그 사람을 대접하여 가리키거나 부르는 말. 보통 아랫 사람에게 쓴다. (이 말은 '박 씨', '이 씨'처럼 성(姓) 뒤에 붙어 쓰이면 다소 낮춤의 경향이 있으며, '영숙 씨', '준태 씨'처럼 이름 뒤에 붙어 쓰이면, 친분은 있으나 아주 가깝지는 않은 느낌이 있다. 이 경우, 아랫사람이 윗사람에게 쓰지는 않는다. (고려대 2009, 『한국어대사전』)
나. 씨[7](氏) ②(성년이 된 사람의 성이나 성명, 이름 아래에 쓰여) 그 사람을 높이거나 대접하여 부르거나 이르는 말. 공식적·사무적인 자리나 다수의 독자를 대상으로 하는 글에서가 아닌 한 윗사람에게 쓰기 어려운 말로, 대체로 동료나 아랫사람에게 쓴다. (국립국어원 1999, 『표준국어대사전』

위는 필자가 본고의 ‘씨^{3}’에 해당하는 정의를 임의로 발췌한 것으로, 밑줄친 부분에서 ‘씨’에 대한 존대 정도를 확인할 수 있다. [존대] 기능에 관한 한, 그 기능을 전혀 발견할 수 없는 본고의 ‘씨^{2}’를 제외하더라도 ‘씨^{3}’이나 ‘씨^{1}’ 모두 그렇게 높지 않았음이 확인된 셈이다. 따라서 본고에서는 ‘씨^{3}’의 존대를 [준존대]로 규정한다. 이런 기능을 확보한 것도 최근의 일이다. 그에 비하여 앞서 살핀 ‘씨^{1}’은 처음부터 그 정도의 기능은 보유하였다. 이점이 ‘씨^{1}’과 ‘씨^{3}’의 차이이기도 하다. 한편 ‘씨^{3}’은 다음의 용례를 살필 때, 어떤 대상을 호칭할 경우에 사용되었음을 깨닫는다.

(21) 가. 선용 씨 용서하여 주세요, 용서하여 주세요. 〈환희 2, 217〉
　나. 영철 씨, 영철 씨 나를 죽여 주시오. 〈환희 2, 275〉
　다. 춘우 씨! 저도 벌서부터 그러한 생각을 먹지 않은 것이 아냐요.〈어머니 1, 158〉
　라. 선용 씨 용서하여 주세요, 용서하여 주세요."〈환희 2, 217〉
　마. 영치 씨, 아름다온 영치 씨 박 선싱의 싸님인 영치씨, 나는 영치씨를 ᄉᆞ랑홉니다,〈무정 1, 82〉
　바. 여보, 리형식 씨 내가 이젼부터 로형의 슈단을 알앗소〈무정 1, 109〉

곧 보다시피 ‘씨^{3}’은 ‘성+이름’, ‘이름’ 등과 결합하는 형식으로 어떤 대상을 호칭한다. 그러면서 앞서 언급했듯이 주로 ‘해요’체로 상대한다. 이로써 ‘씨^{3}’은 [호칭]과 [준존대]의 기능을 보유한 것으로 정리된다. 지금까지 살핀 ‘씨^{3}’의 기능을 요약하면 다음과 같다.

(22) ‘씨^{3}’의 변천 양상
　가. 조어방식: [성]+씨 → [성, 성+이름, 이름]+씨
　나. 기능: [지칭] → [지칭·호칭], [비존대] → [준존대]

이렇게 정리하고 보니, ‘씨’류 가운데서 유독 ‘씨^{3}’만이 조어 방식과 기능 면에서 변화를 경험하였음이 새삼스레 인지된다. 필자는 서두에서 언급한 현재 언중들의 ‘씨’류에 대한 띄어쓰기 혼란은 여기서 비롯한다고 생각한다. 이에 대해서는 다음 장에서 본격적으로 살피기로 하고, 우선은 지금까지 논의한 ‘씨’류의 조어 방식과 기능 변천을 정리함으로써 논지 전개에 도움을 주기로 한다.

(23) 〈표 1〉 ‘씨’류의 조어방식과 기능의 변천사12)

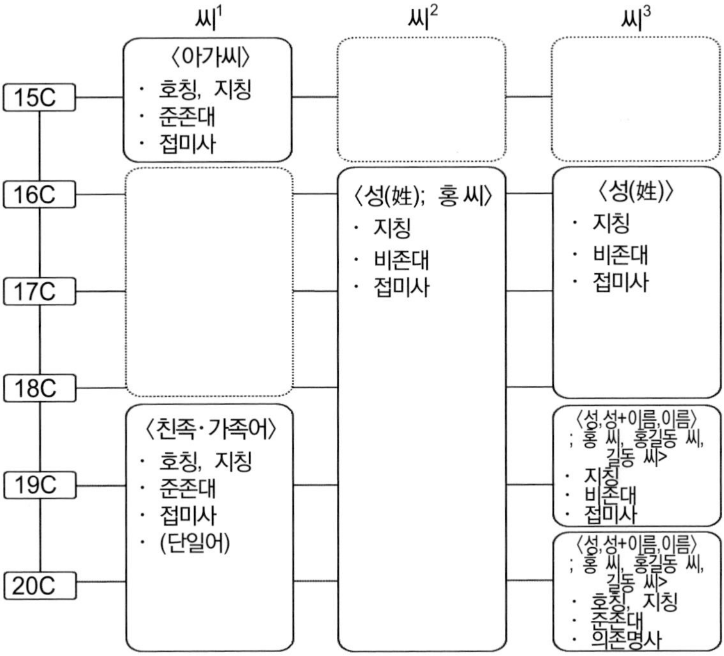

12) 다음의 도표 ‘씨^{3}’을 ‘의존명사’로 간주함은, 앞 장에서 밝힌 대로 현재의 관점을 수용한 결과이다. 즉 앞서 필자는 이 ‘씨^{3}’을 접미사로 간주해야 할지, 의존명사로 간주해야 할지를 아직까지 결정하지 못한 상태임을 밝히고, 이에 대해서는 차후를 기약하기로 하였다. 그러면서 지금으로써는 현재의 입장을 수용하여 본 논의에서는 이들 ‘의존명사’로 규정하기로 하였다.

위에서 점선으로 표시한 부분은 당시에 그러한 용법이 사용되지 않았음을 뜻한다. 여하튼 위의 표를 참조할 때, 우리는 '씨'류에 대하여 다음과 같이 정리하기에 이른다. 첫째 국어사에서 제일 먼저 출현한 '씨^{1}'은 '아기씨'의 형식으로 지·호칭어로 사용되었지만, 생산력이 없어 새로운 구조를 만들어내지 못하다가 19세기 이후에 가족·친족어와 결합하여 '아저씨·아짐씨·압씨', '제수씨·형수씨·백씨' 등의 형식으로 준존대 호·지칭어로 사용된다. 둘째 '씨^{1}'과 거의 비슷한 시기에 출현한 '씨^{2}'는 성에 결합하여 비존대의 지칭어로 현재까지 사용되는데, 이러한 구성 방식이 '씨^{3}'의 일부분과 일치된다. 그리고 '씨^{3}'의 다른 유형 즉 '성+이름, 이름' 등의 형식은 20세기부터 의존명사로 준존대의 호칭어로 기능한다.

12.4 '씨'류의 관계 양상

본 논의가 '씨'류에 대한 언중들의 띄어쓰기 혼란에 착안하였음을 새삼스레 상기할 때 '씨^{2}'와 '씨^{3}'은 '성'과 결합하여 비존대 지칭어로서 기능한다는 점은 공통되지만, 후자는 '이름' 혹은 '성+이름'의 형식으로서 준존대 호칭어로도 사용된다는 점에서 차이를 보인다는 사실이 우리에게 시사하는 바는 적지 않다. '씨^{3}'의 기능은 '씨^{1}'과 '씨^{2}'의 기능을 아울러 보유하는 것으로 파악되기 때문이다. 즉 '씨^{3}'은 '씨^{1}'의 [준존대]와 [호칭]의 기능을 보유하는 한편 '씨^{2}'의 [비존대]와 [지칭]의 기능을 보유한 것으로 이해된다. 본장에서는 이와 같은 점을 규명하고자 한다. 설명과 이해의 편의를 도모하기 위하여 이와 같은 생각을 먼저 다음과 같이 그림으로 제시한다.

(24) 〈그림 1〉 '씨^{1}·씨^{2}·씨^{3}'의 간섭 양상

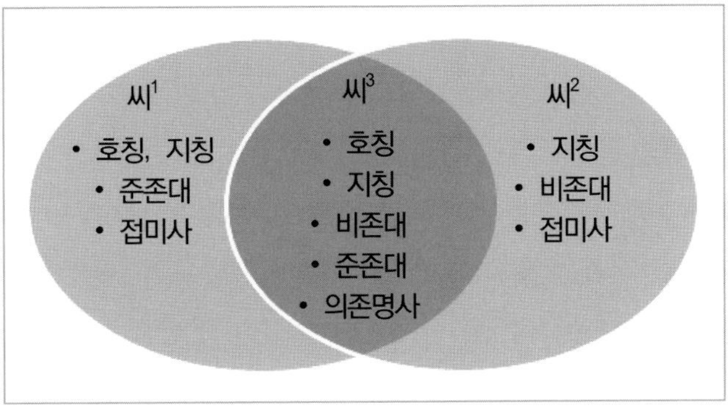

이렇게 정리하고 보니, 현재 비교적 활발히 사용하는 '씨^{3}'은 '씨^{1}'과 '씨^{2}'의 기능을 공유하면서, 의존명사라는 독립적인 기능으로서 두 형식과 구별됨을 새삼 깨닫는다.

12.4.1 계승

이상의 논의를 중심으로 여기서는 '씨'류의 계승 양상을 '구조 방식'과 '기능' 면으로 나누어 살피기로 한다.

12.4.1.1 구성 방식: 홍씨 ⇨ 홍 씨

이에 해당하는 용례를 시기별로 간략하게 보이면 다음과 같다.

(25) 씨^{2} ⇨ 씨^{3}

가. 16세기: 曹氏 알픠 盛ᄒᆞᆫ 시절의도 오히려 내죵을 보젼코져 ᄒᆞ거든 〈소언 6, 59ㄱ〉

나. 17세기: 송씨 닐오ᄃᆡ 우리 집 븍녁 이웃의 사ᄂᆞᆫ 안노숚이 ᄆᆡ일 이른 새배 셔를 향ᄒᆞ야 쉰 번 절ᄒᆞ고. 〈권념요, 2ㄴ〉

다. 18세기: 셜씨 독셔록 가온대 쇼언 침묵ᄒᆞ란 ᄉᆞ지 간략ᄒᆞ고 절지ᄒᆞ니

〈자성해, 16ㄴ〉

라. 19세기: 화셜 오씨 감사한 즁 쇼져를 살펴보니〈림화졍연 6, 하5〉

마. 20세기: 적어도 그 중의 삼분지 이는 김씨 부인이 가지고 온 것이었다. 김씨 부인에게 장가를 들으므로〈흙 1, 15〉

보다시피 '성'에 '씨'를 결합하는 구성 방식은 16세기부터 현대에 이르기까지 동일하게 관찰된다. 이들의 기능이 어떻든지 간에 구성면에서 보면 16세기에 출현한 '씨²'는 현재까지 동일한 양상으로 이어지고 있다.

12.4.1.2 기능: 씨²·씨³=[지칭·비존대]/ 씨²·씨¹=[지칭]/ 씨¹·씨³−[호칭]

'씨' 류의 계승은 기능면에서 더 다양하게 찾아진다. 먼저 '씨²'와 '씨³'의 관계부터 살피면, '씨²'의 [지칭]과 [비존대]의 기능은 '씨³'에 그대로 계승되는 것으로 파악된다.

(26) 씨² ⇨ 씨³

가. 16세기: 曹氏 알픠 盛ᄒᆞᆫ 시절의도 오히려 내죵을 보젼코져 ᄒᆞ거든〈소언 6, 59ㄱ〉

나. 17세기: 김씨의 남지니 ᄆᆞᆯ 타 디여 죽거늘 죵이 메여 오나ᄂᆞᆯ 김씨 밤낫 사ᄒᆞᆯᄂᆞᆯ 아나셔 우더니〈동국신, 삼강열, 6ㄴ〉

다. 18세기: 겨집 송씨 몬져 주근 열ᄒᆞᆫ힛만애 밤듕 삼경 ᄣᅢ애 창을 텨 닐오ᄃᆡ 〈염불문 1ㄴ〉

라. 19세기: 고등에ᄂᆞᆫ 신씨 일을 곡직간에 잘보아쥴 ᄂᆞᆫ지 알슈 업스되 〈매신문 521, 3〉

마. 20세기: 최 씨 부인은 그 동안, 어느 편을 편들고, 어느 편을 꺾누르고 할 수가 없는 사세여서〈1도야지, 22〉

16세기부터 20세기까지의 '성'에 연결된 씨는 어떤 대상을 지칭하는 데 관여하였으며 그 대상을 존대하지도 않았다. 그러므로 서술어에 존대표지

'시'를 삽입하거나 겸양어를 사용할 필요가 없었다. 요컨대 '성+씨'는 16세기에 사용되기 시작한 때부터 20세기까지 비존대자를 지칭하는 기능으로 계승되었다고 할 수 있다. 그러나 '씨^{1}'과의 관계에서는 [지칭]의 기능만을 계승한 것으로 이해된다.

(27) 씨^{2} ⇨ 씨^{1}

　가. 19세기: ᄋᆞ기씨 신셰를 ᄉᆡᆼ각하여 크게 우든 못하고 체읍하여 우는 말리 엇지 할ᄭᅳ아 엇지 할ᄭᅳ아 〈춘향철종下, 32ㄱ〉

　나. 20세기: 우리 아저씨 말이지요? 〈치숙, 261〉

먼저 언급했듯이 '씨^{2}'가 출현하기 전인 15세기에 '아기씨'의 형식으로 사용되었던 '씨^{1}'은 이후의 문헌에서는 목격되지 않다가 19세기 이후부터 위와 같은 형식으로 관찰된다. 그런데 보다시피 어떤 대상을 지칭하는데 관여한 것으로 이해되지만, [비존대]의 기능이 아닌 오히려 존대에 가까운 기능을 지녔던 것으로 보인다. 이에 대해서는 다음 항에서 설명하기로 하고, 일단 여기서는 '씨^{1}'은 어떤 대상을 지칭하기 위해 사용된 것으로만 해석하고, 그것은 '씨^{2}'의 기능을 계승한 것으로 간주하기로 한다. 그런데 다음을 보면 '씨^{3}'은 어떤 대상을 호칭하는 데에도 관여하였음을 알 수 있다. 이미 앞 장에서 살핀 바이지만, 이러한 기능은 '씨^{1}'에서 비롯한 것으로 이해된다.

(28) 씨^{1} ⇨ 씨^{3}

　가. 선용 씨 용서하여 주세요, 용서하여 주세요. 〈환희 2, 217〉

　나. 영철 씨, 영철 씨 나를 죽여 주시오. 〈환희2, 275〉

필자의 조사가 부족해서일 수 있지만, 19세기에 활발하게 사용했던 '성+씨'와 '이름+씨'의 구조로는 호칭보다는 지칭의 기능이 더 강했던 듯하다. 그러다가 20세기에 들어 (28. 가, 나)와 같은 형식으로 '씨^{3}'이 [호칭]의 기능을 한 것으로 이해된다. 그런데 이와 같은 호칭의 기능은 이미 씨^{1}이 보유함을 앞에서 살핀바[13], 이러한 기능이 씨^{3}에 계승한 것으로 이해된다. 반복하지만, 위에서 보다시피 '씨^{3}'은 주로 19세기까지 어떤 대상을 지칭하는 데 관여하였다. 그런데 언중들이 이 형식을 그대로 계승하면서 20세기에 호칭어로 사용할 수 있었던 것은 16세기에 이미 형성된 '씨^{1}'의 [호칭]으로서의 기능이 있었기에 가능한 것이다. 이런 맥락에서라면 씨^{3}의 [호칭]은 씨^{1}의 [호칭]의 기능을 계승하였다고 할 수 있다.

12.4.2 확대

지금까지 살핀 대로 '씨'류는 서로의 기능을 계승하면서 현대에 이르렀다. 그런데 이와 다르게 어떤 기능은 확대된 경우가 있어, 여기서는 이에 대해 '구성 방식'과 '기능' 면으로 나누어 살펴보기로 한다.

12.4.2.1 구성 방식: 홍씨 ⇨ 홍길동 씨, 길동 씨

이미 살폈듯이 '성+씨'는 19세기에 다음과 같이 '성+이름'과 '이름' 등에 결합하여 사용되기 시작하였다.

(29) 씨^{2}〉 씨^{3}

가. 19세기: 젼라도 어ᄉᆞ 리승욱씨가 슌창군에 가ᄃᆡ를 광덤ᄒᆞ고 목포항에 ᄀᆡᆨ쥬를 셜시ᄒᆞ고〈매신문 815, 4〉

나. 20세기: 설화야, 영철 씨 오셨다. 네가 날마다 부르던 영철 씨가 오셨다. 〈환희 2, 319〉

13) 이해의 편의를 위해 2.1항에서 제시한 용례를 다시 보이기로 한다.

(4) 가. 盆利門 알ᄑᆡ 올ᄊᆡ 아기씨 오시ᄂᆞᆫᄃᆞᆯ 아노이다 〈월석 23, 74ㄱ〉

나. 아기씨여 알ᄑᆡ 부텨 업스시고 뒤헤 즁님 업거늘 〈월석 23, 75ㄱ〉

(29. 가)의 방식은 『신문』에서 주로 사용하였고, (29. 나)는 신소설의 대화체에서 많이 사용하였다. 어떻든 (29. 가)의 구조는 16세기부터 사용하던 '성+씨'에 '이름'을 첨가한 방식으로, '성'과 '이름'이 함께 어울려 일상에서 '성명'이라는 단위로 기능한다는 점을 고려하면, 그렇게 어색한 결합은 아니다. 여기에 더 발전한 방식이 (29. 나)이다. 처음에는 '성'에만 '씨'를 결합하다가 여기에 '이름'을 덧붙여 (29. 가)처럼 사용하여 '리승욱씨'처럼 사용하기 시작하였을 터이다. 그러다가 '성'을 생략하고 이름에 바로 '씨'를 결합한 형식으로 발전한 구조가 (29. 나)로 간주된다. 한자 '씨'에 대한 정의 (16)을 상기할 때 사실 '이름'에는 '씨' 본래의 의미는 존재하지 않는다. 그런데 '성+이름'의 구조로 자주 사용하다 보니, '이름'에도 '성'의 의미가 전이되어 결국 '성'을 생략하고서 이름 다음에 바로 '씨'를 연결하는 방식으로 확대된 듯하다[14]. 이런 관점에 입각하면 '씨³'의 구조는 '씨²'의 확대로 규정된다.

---

14) 언어 사용에서 이러한 의미의 전이는 자주 목격되는데, 그 일례를 들어보면 다음과 같다.

(가) 아이구 내 강아지: [너는 강아지 같다]
(나) 저 싸가지: [싸가지가 없다]
(다) 그 사람은 참 왕재수이다: [재수가 없다]

일상에서 간혹 접하는 위의 표현의 '강아지', '싸가지'와 '왕재수'에는 사실 [~같다], [~없다]라는 의미는 존재하지 않는다. 그런데 위와 같은 표현으로 자주 쓰이다 보니 '같다'와 '없다'라는 의미가 '강아지'와 '싸가지', 왕재수'에 전이되어 그만으로도 각각 [강아지 같다], [싸가지가 없다], [재수가 없다]의 의미를 지니는 것으로 이해된다.

이런 맥락으로 이해되는 것이 '이름' 뒤에 결합하는 '씨'로 이해된다. 곧 '이름'에는 정작 [姓]의 의미가 존재하지 않는데 이름 뒤에 바로 '씨'를 결합해서 자주 사용하다 보니 '씨'의 의미가 '이름'에까지 전이되어 '이름+씨'의 결합으로 사용되기에 이르지 않았나 한다.

12.4.2.2 기능: [비존대〉 준존대]

'씨'류 간의 이러한 확대는 기능면에서도 찾아지는데, 우선 씨^{2}와 씨^{3}의 관계를 보면 다음과 같다.

(30) 씨^{2}의 확대

가. 유긔환 씨 집에 비도들이 드러 와셔 ᄀᆡ화ᄒᆞᆫ 사ᄅᆞᆷ 집이라고〈독립신 516, 2〉

나. 남정철씨가 벼ᄉᆞᆯ을 팔앗다 ᄒᆞ며 니병휘씨로 졔쥬 목ᄉᆞ를 낼ᄯᅢ에도 ᄉᆞ만량 밧앗다ᄂᆞᆫ 말도 풍셜이오 〈협성보 402, 2〉

다. 슈일젼에 리헌직씨 ᄋᆞ들 승규씨와 김명진씨 ᄋᆞ들 두한씨가 슈월루라 ᄒᆞᄂᆞᆫ 요리집에 기ᄉᆡᆼ을 다리고 가셔 슐을 먹을ᄉᆡ 리승규씨가 소쥬 두병을 혼자 다 마시고 〈매신문 0914, 4〉

앞서 우리는 위와 같은 구조에서의 '씨^3'의 존대 정도를 [준존대]로 규정하였다. 필자는 이러한 기능은 '씨^2'의 기본 기능인 [비존대]가 '씨^3'에 영향을 주어 완전한 [존대]의 기능을 보유하는 데 간섭을 한 것으로 해석하고자 한다. 곧 '씨^3'은 19세기에 '성+이름', '이름'으로 지·호칭할 대상에 대한 존대 형식으로 출현하였을 터인데, 16세기부터 19세기 당시까지 [비존대]로 기능하는 '씨^2'의 간섭으로 '합쇼'체에 해당하는 정도까지 올라가지 못하고, '해요'체의 존대 정도에 머무른 것이 아닌가 한다. 이 같은 추정이 타당하다면, [준존대]로서의 '씨^3'의 기능은 '씨^2'의 [비존대] 기능이 확대된 것으로 이해할 법하다15).

---

15) 필자는 이러한 '씨'의 결손을 보충하기 위해 출현한 언어 형식을 '-님'으로 간주한다. 즉 이 '-님'은 현재 성과 이름 혹은 '성+이름' 등과 결합하여 존대의 기능을 수행하는데, 이에 대해 학계에서는 전통적인 조어 방식이 아니라는 입장을 개진하기도 한다. 그런데 필자의 관점에서는 '씨'의 존대 정도가 아주 높지 않으므로, 언중들은 '님'으로써 이를 대체한 것으로 이해한다.

사실 이와 같은 [준존대]의 기능은 '씨^{1}'을 계승한 것으로 간주할 수 있다. 앞에서 살폈듯이 '아저씨, 아가씨, 형수씨' 등은 아주 높은 정도의 존대는 아닐지라도 어느 정도의 존대의 의미를 지닌 것으로 보아 우리는 그것의 기능을 [준존대]대로 규정하였다. 따라서 이런 기능이 그대로 '씨^{3}'에 전승된 것으로 해석할 수 있기 때문이다. 그런데 구성 방식이나 기능을 고려할 때 '씨^{3}'은 '씨^{1}'보다 '씨^{2}'와 더 밀접하게 관련되는 것으로 이해된다. 곧 언중들은 '아저씨, 아가씨'에서 '씨'를 적출하려 하지 않지만, '홍길동 씨, 길동 씨'에서는 '씨'를 분석하려 한다. 또 '씨^{1}'은 현재 '압씨, 엄씨'등으로 실현되는데, 이들의 존대 정도와 '홍길동 씨'의 존대 정도를 대등하게 보는 것은 무리이기도 하다. 이런 맥락에서 본고에서는 '씨^{3}'의 준존대는 '씨^{1}'의 [비존대]가 간섭한 결과로 파악하고자 한다. 지금까지 논의한 바를 그림으로 제시해 보면 다음과 같다.

(31) 씨류의 계승·확대 구조

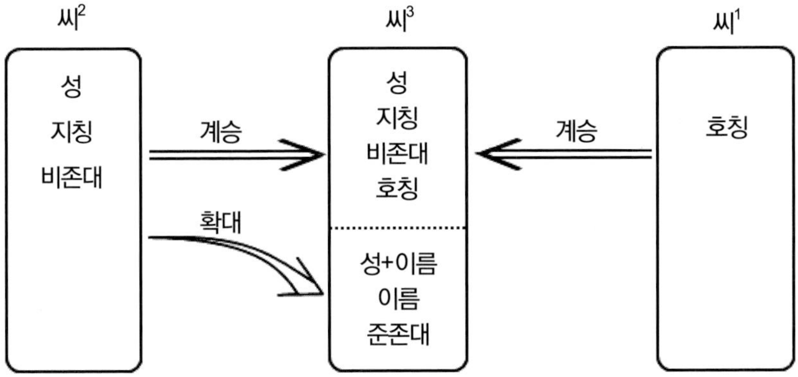

이로 볼 때, '씨^{2}'와 '씨^{3}'은 매우 밀접하게 관련된바, 이들에 대한 언중들의 띄어쓰기 혼란은 여기서 비롯한다. 지금까지 살핀 특성 때문에 언중들

은 '씨[2]'와 '씨[3]'을 같은 맥락으로 이해하는데, 『한글맞춤법』에서 '씨[2]'는 접미사로 붙여 쓰고, '씨[3]'은 의존명사로 띄어 쓰라고 규정하니 혼란스러울 수밖에 없다[16].

본 논의는 현재 언중들이 '홍길동 씨, 홍 씨, 길동 씨' 등의 '씨'에 대한 띄어쓰기를 혼란스러워 하는 데에 착안하여 이들의 기능을 국어사적으로 점검하여 그 원인을 규명해 보고자 하였다. 그리하여 다음과 같은 결론에 도달하였다. 먼저 외견상 같은 구조로 보이는 위의 '씨'들은 각각의 고유한 기능을 지니면서도 서로 간섭하면서 현대에 이른 것으로 추정된다. 그런데 언중들은 이러한 과정을 이해하지 못하므로 모두 같은 문법 범주로 간주하는데, 『한글맞춤법』에서는 '홍씨'의 '씨'를 접미사로서는 붙여 쓰고, 의존명사로서는 '홍 씨'와 같이 띄어 쓰라고 규정함에, 그들 입장에서는 혼란스러울 수밖에 없는 것이다. 이러한 추정을 입증하기 위해, 본고에서는 '씨'를 '아저씨·아가씨'류와 '홍씨'류, '홍길동 씨, 길동 씨' 류로 분류하여 각각의 고유한 기능을 밝히고, 그러한 기능들이 어떻게 상호 관련되는가를 사적으로 접근하였다.

먼저 '씨[1]'인 '아저씨'류의 '씨'는 15세기에 처음 사용하였다가 19세기에 이르러 가족·친족어와 결합하여 '아가씨, 아저씨, 형수씨, 제수씨'와 같은 형식으로 준존대 대상을 지칭하거나 호칭하는 기능을 수행하였다. 이러한 기능 가운데 [호칭]은 '씨[3]'인 '홍길동 씨'의 '씨'로 계승되었다. 한편 '씨[2]'인 '홍씨'류의 '씨'는 16세기에 등장하여 현대에 이르기까지 '성(姓)'과 결합함으로써 비존대의 대상을 지칭하는데 관여하는데, 이러한 기능은 '씨[3]'에 그대로 계승되었다. 그리하여 '씨[3]'인 '홍길동 씨, 길동 씨'의 '씨'는 19세기

16) 어문 규정이 언중들의 바른 언어생활을 돕고자 시행되는 규범이라 한다면, 이 규범은 가능한 언중들의 언어 직관에 부합해야 한다는 것이 필자의 평소 생각이다. 이런 맥락에서 '씨'의 띄어쓰기에 대해서도 한 번쯤 진지하게 고민하려 한 것이다.

부터 현재까지 사용되면서 준존대 대상을 호칭하거나 지칭하는 데 관여하고 있다.

마지막으로 '성(姓)'에 씨를 결합하는 '씨²'의 구조는 19세기에 '성+이름, 이름' 등과도 결합함으로써 구조 망식의 확대를 가져오고, 이에 따라 전자의 [비존대]의 기능 역시 [준존대]의 기능으로 확대하기에 이르렀다. 이처럼 '씨'류는 15세기부터 서로의 기능을 계승 또는 확대하는 과정을 거쳐 현대에 이른 것이다. 이와 같은 과정을 밝히려는 본 논의의 기본 목적은 사실 '씨²'와 '씨³'에 대한 언중들의 띄어쓰기 혼란을 어떻게 하면 최소화할 수 있는가를 타진해 보는 데 있다. 그러나 이러한 작업을 하기 위해서는 본고와 같은 작업에 선행되어야 한다는 판단이 서게 되었다. 그런 만큼 본고로서는 앞으로 해결해야 할 과제가 더 많이 남아 있는 셈이다. 즉 사람 등에 연결하여 호·지칭어를 구축한다는 점에서 '씨'와 유사한 기능을 하는 '가(哥)'나 '님', '군, 양' 등을 아울러 살피는 총체적인 연구가 있어야 한다. 그리고 만약 이들과 관련하여 새로운 띄어쓰기 규정을 제안해야 한다면, 그에 합당한 보편적이고 객관적인 기준 설정의 문제도 고려해야 할 것이다. 이에 대해서는 차후를 기약하기로 한다.

13

여성 호·지칭 접미사 '-네'와 '-댁'*

'-네'와 '-댁'은 전남·북 방언권에서 다음과 같이 여성 지칭어를 만드는 데 관여하는 접미사이다.

(1) 가. 성매떡, 절산떡, 미산떡
    나. 영희네, 콩심이네, 춘심이네

(2) 〈혼불〉 등장인물의 여성호칭 체계

… …

나. -댁형: 양반가의 안주인을 보통으로 부르는 말
    예: 인월댁, 율촌댁, 오류골댁

다. -네형: 평민 혹은 신분이 낮은 계층의 여성을 부르는 말
    예: 점봉이네, 콩심이네, 평순네 등

위에 소개한 예문 (1)은 필자가 거주하는 전남 방언권에서 확인되는 용

* 이 장은 「우리말글 52」(2011)에 발표한 "여성 지칭 접미사 '-네'와 '-댁'의 형성 과정과 기능 변천 고찰"을 재정리한 것이다.

례[1])로, (1. 가)는 시집오기 전에 살았던 지명에 '-댁'을 연결하여, (1. 나)는 자식의 이름에 '-네'를 연결하여 여성을 지칭하는 데 사용하는 방식이다. 그런데 이 방식은 (2)와 같은 형식으로 전북 방언권에서도 사용되는 것으로 조사되었다.[2]) 여기에 더하여 강희숙(2007·2009), 왕한석(2005), 조숙정(1997) 등을 참조하면, 이 유형들은 20세기에 전국을 단위로 사용되었음을 알 수 있다[3]).

어떻든 필자가 '-네'와 '-댁'에 관심을 갖는 첫 번째 이유는, 이들이 공히 여성을 지칭하는 데 관여하지만, 각각의 고유 기능은 서로 대조적이라는 사실을 주목하였기 때문이다. 즉 '-댁'은 양반가의 여성을 지칭할 때 사용되며, '-네'는 평민가의 여성을 지칭할 때 사용된다.[4])

그 두 번째 이유는, 국어사적으로 볼 때 이들의 기능 변화가 적지 않다는 사실을 확인하였기 때문이다. 차후에 논의하겠지만, '-네'와 '-댁'의 기원적 기능은 각각 복수 접미사와 명사였다. 그런데 현대로 오는 어느 시점에서 위와 같은 용도로 전환하였다가, 현재는 지역 방언권의 양반 집성촌에서 70대 이상의 여성 노인층을 중심으로 사용되고 있다. 그렇다면 이들은 과거에서 현대에 이르는 동안 적지 않은 기능 변화를 겪었다는 말이

1) 그런데 이들은 여성을 호칭하는 데도 관여하는바, (가)의 방식을 '종지명(從地名)' 호칭법이라 하고 (나)의 방식을 '종자명(從子名)' 호칭법이라 한다. 그러나 본고는 이들이 지칭어로 사용된 용법에만 관심을 두기로 한다. 문헌 자료를 중심으로 진행되는 본고의 성격상, 대화 상황에 사용되는 호칭어의 용례를 확보하기가 쉽지 않기 때문이다.

2) 이와 같은 분류와 예문은 강희숙 외 (2009: 170)에서 그대로 인용한 것이다.

3) 『혼불』은 주지하는 대로 채명희가 전북의 방언과 문화를 최대한 살려서 청암 부인 가족의 일대기를 그린 장편 소설로, 여기서 여성들을 위와 같은 방식으로 지칭하고 있다. 그러므로 이 소설의 배경이 되는 일제 시기의 전북 방언권에서도 이와 같은 지칭법이 성행했던 것으로 추정할 만하다.

4) 이에 대한 더 자세한 견해는 강희숙(2007·2009), 왕한석(2005), 조숙정(1997) 참조하기 바란다.

된다.

그러면 왜 이런 변화를 겪었으며 그 과정은 어떠한가? 본고는 이와 같은 궁금증을 풀어보고자 한다. 그러기 위해서는 '-네'와 '-댁'의 기원을 살펴 그것이 현대에 이르기까지 어떻게 변하였는가를 추적하면서, 그렇게 변한 이유를 객관적인 관점에서 해석해야 할 것이다. 만약 위와 같은 목표가 성공적으로 달성된다면 그 결과는 '-네'와 '-댁'의 변천사를 정리하는 데 도움을 주고, 또 그렇게 변한 원인을 규명하는 데 도움을 줌으로써 작게나마 국어사 연구에 기여할 것으로 기대한다.

13.1 여성 호·지칭 접미사로서의 변천 과정

'-네'와 '-댁'의 기능은 어떻게 변하여 왔는가. 국립국어원 편 『표준국어대사전』에서는 다음과 같이 정의하고 있다.

(3) '-네'와 '-댁'의 사전 정의 및 용례

가. '-네': ① (몇몇 명사 뒤에 붙어) '같은 처지의 사람'을 뜻하는 접미사. 동갑네/ 아낙네/ 여인네

② (사람을 지칭하는 대다수 명사 뒤에 붙어) '그 사람이 속한 무리'라는 뜻을 더하는 접미사. 철수네/ 김 서방네/ 아저씨네.

나. '-댁': ① (몇몇 명사 뒤에 붙어) '아내'의 뜻을 더하는 접미사. 오라버니댁/ 처남댁.

② (지명을 나타내는 대다수 명사 뒤에 붙어) '그 지역에서 시집온 여자'의 뜻을 더하는 접미사. 안성댁/ 상주댁.

보다시피 여기에는 여성 지칭어로서의 기능이 부각되어 있지 않다. 그래도 '-댁'의 경우는 '아내의 뜻'을 더한다거나 '시집온 여자'의 뜻을 더한다는 설명이 있어 여성 지칭어와 관련이 있어 보이지만, '-네'의 경우는

여성 지칭어로서보다 동질감을 가진 어떤 특정 무리를 지칭하는 기능으로 정의되어 있다. 그리고 일반적으로 복수표시 접미사로 이해되고 있다.

만약 우리가 관심을 갖는 '-네'와 '-댁'이 위에 정의된 그것들과 동음이의어적인 성격을 지닌 별개의 문법소가 아니라면[5] 이들은 현재에 이르는 동안 최소한 [+여성], [±존칭]의 자질이 제거되는 변화를 경험했다고 할 수 있다. 지금부터는 이러한 변화 과정을 추적해보기로 한다. 이런 목표를 달성하기 위해서는 '-네'와 '-댁'이 어느 시기에 여성 지칭 접미사로 전환하였는가를 확인하는 작업이 무엇보다 중요한바, 여기서는 이들의 기능을 15세기부터 점검해 보기로 한다.[6]

13.1.1. '-네'

'-네'의 전신으로 간주되는 '-내'의 15세기 기능은 존칭형 복수 접미사였음이 다음 자료에서 확인된다.

(4) 가. 그百千 衆生ᄋᆞᆯ 잘 濟渡ᄒᆞ시ᄂᆞᆫ 분내러시니 그 일후미 文殊師利菩薩와 觀世音菩薩와 〈석상 13, 5ㄱ〉

나. 閻浮提와 夫人과 婇女와 臣下와 이 아기 조쳐 다 내야 賢聖 즁님내씌 〈석상 24, 48ㄱ〉

다. 네 아ᄃᆞ리 各各 어마님내 뫼ᅀᆞᆸ고 누의님내 더브러 즉자히 나가니 〈월석 2,6ㄴ〉

5) 차츰 알겠지만, '-네'와 '-댁'은 기원적으로 본문 (3)과 같은 기능을 내포한 것으로 이해된다. 따라서 본고는 이들을 동음이의어적인 별개의 문법소로 간주하지 않고 기원에서 출발하여 기능 변천을 경험한 것으로 간주하고 논의를 시작한다.

6) 그러기 위해서는 그 기능을 고대국어부터 추적해야 할 수도 있다. 하지만 여기서는 15세기부터 추적하기로 한다. 무엇보다 필자로서는 고대국어 자료를 해독할 능력이 없다는 이유가 크지만, 본고의 논지 전개상, 굳이 고대국어까지 거슬러 올라갈 이유가 없다는 판단 때문이다.

위에서 '-내'로 연결된 대상이 존대해야 할 상대임은 이들의 행동이나 상태를 서술한 밑줄친 부분에 존대 표지 '-시-'가 연결되어 있다는 점을 통해서 알 수 있다. 곧 여기의 '보살(4. 가), 중님(4. 나), 어마님(4. 다)' 등은 화자가 존대해야 할 대상들이다. 이처럼 15세기에는 존대 대상에 대한 복수를 나타내고자 할 때 '-내'를 사용하였다.

요컨대 '-내'의 본래 기능은 '존칭형 복수 접미사'였던 것이다. 그런데 16세기에서 현대에 이르는 동안 다음과 같이 변한 것으로 추정된다.

(5) '-네'의 기능 변화 양상

가. 존칭형〉 비존칭형

나. 복수접미사〉 지칭접미사

곧 '-내〉 -네'는 기원적으로 존대 대상에게 사용되다가 차츰 존대하지 않아도 될 대상들에게 사용되었으며, 또 처음에는 복수형 접미사로 사용되다가 단수형 지칭접미사로 사용된 것으로 추정된다. 그러면 지금부터 그 과정을 추적해 보기로 한다.

13.1.1.1 존칭형 〉 비존칭형

16세기에 들어 '-내'와 '-네'는 다음과 같이 병행되면서 비존칭형 복수 접미사로 사용되었음을 알 수 있다[7].

(6) 가. 顔氏의 가문 ᄀᆞᄅᆞ치ᄂᆞᆫ 글워릐 닐오ᄃᆡ 우리 지븨 스승이며 화랑이며 부작ᄒᆞ기를 말ᄉᆞ매도 아 니ᄒᆞ요ᄆᆞᆫ 너희네 보ᄂᆞᆫ 이리니 요괴롭고 망녕도왼 이를 ᄒᆞ디 말라 〈번소 7, 23ㄱ〉

7) '-내〉 -네'로의 변천은 '자내〉 자네', '네〉 니'로 변하는 모음 상승 현상을 반영한 것으로 풀이된다.

나. 너희네는 吉훈 사름이 되고져 ᄒᆞᄂᆞ냐 凶훈 사름이 되고져 ᄒᆞᄂᆞ냐 〈소언 5, 29ㄴ〉
다. 졔왕네 쓰실 비단도 아니며 또 샹녜 ᄃᆞᆫ니는 비단 아니로소니 〈번박 상, 14ㄴ〉
라. 형님네 언제 길 나실고 〈번박 상, 8b〉
마. 동싱님네씌 대되 요ᄉᆞ이 엇디 겨신고 〈순천김, 53〉

(가6.)와 (6. 나)의 '-네'는 '너희'라는 비존칭 2인칭대명사 뒤에 연결됨으로써, 비존칭 복수접미사로서의 전환을 예고하고 있다. 그러나 나머지 예문들까지를 고려할 때, 존칭형 복수 접미사의 기능 또한 여전한 것으로 간주된다. 이와 같은 혼용은 18세기까지 유지된 것으로 보인다.8)

(7) 가. 모든 얼운 손님내 네 분 와 겨셔 더러는 훈 잔식 더러는 두 잔식 자시다 〈병자기, 414〉
나. 본겻 동싱님내 어린 ᄌᆞ손들 ᄃᆞ리오시고 의지 홀ᄃᆡ 업서 우흘 다시 만나보옵고져 〈계축일기 하, 20ㄱ〉
다. 자ᄂᆡ네 ᄒᆞ실대로 ᄒᆞ옵소 〈첩해 초, 4, 20ㄱ〉
라. 이러틋훈 일은 자ᄂᆡ네도 아ᄅᆞ심 계시리 〈개첩해 4, 17ㄴ〉
마. 자ᄂᆡ네 다ᄉᆞ리시고 또 우리게도 밧비 드려 쓸 ᄃᆡ도 이셔 이리 ᄉᆞᆲ오니 〈몽노중 6, 7 ㄴ〉

---

8) 여기서 '-네'가 비존칭형 복수접미사로 사용되었던 용례를 참조할 필요가 있겠다.

가. 나그ᄂᆡ네 집을 **사고져 ᄒᆞᄂᆞᆫ다** 〈개첩해 3, 38ㄱ〉
나. 나그ᄂᆡ네 네 블 찟기 **ᄒᆞᄂᆞᆫ다** 〈노걸언 상, 18ㄱ〉
다. 훈 아기네 **도ᄌᆞᆨᄒᆞ야** 뻐 도망호미 되여싸가 〈가례해 1 서, 4ㄴ〉

곧 '-네'는 16세기 이후 존칭형 복수접미사와 비존칭형 복수접미사로서의 기능을 아울러 수행한 것으로 이해된다.

위의 예문은 17세기와 18세기의 용례이다. 그런데 '-네'로 연결된 대상의 상태나 행위를 나타내는 강조한 부분을 보면 존대 표지 '-시-'가 연결되어 있음을 알 수 있다. 이는 곧, '-네'가 18세기까지 존대형 복수 표지로 사용되었음을 증명해 주고 있다. 그러다가 이 '-네'는 19세기 들어 비존칭형 복수접미사로서의 기능을 강화하기 시작한 것으로 확인된다. 이 시기에 들어 다음과 같이 대명사(8. 가·나·마), 명사(8. 라·바·사·아), 직함(8. 다) 등 다양한 성분에 연결되면서 사용 빈도가 전대에 비하여 눈에 띄게 많아졌다는 사실을 고려할 때 그러하다. 그런데 필자로서는 이 같은 현상보다 '-네'가 19세기부터 비존대자에게 활용되었다는 사실이 더 주목된다. 예문 (8)을 보다시피 '-네'로 연결된 대상의 행동이나 감정을 표현하면서 존대 표지 '-시-'를 더 이상 연결하지 않았던 것이다.

(8) 가. ᄌᆞ긔네가 ᄉᆡ달을 만ᄒᆞᆫ 것이 이스면 그것으로써 만족ᄒᆞ여 ᄒᆞ엿다. 〈무정2, 340〉
　나. ᄌᆞ긔네ᄂᆞᆫ 아모 죄도 업ᄂᆞᆫ 사ᄅᆞᆷ인 줄로 알 것이라. 〈무정1, 196〉
　다. 관인네들이 그 ᄇᆡᆨ셩의 ᄯᅳᆺᄃᆡ로 슌죵 ᄒᆞ려고 힘쓰고 시ᄒᆡᆼᄒᆞ여 〈매신문 510, 1〉
　라. 어화 벗님네야 빈쳔을 한치 말아. 이러틋 노닐 적에 슯흐도다. 〈약산동ᄃᆡ, 137〉
　마. 이네들은 독립ᄌᆞ쥬의 권을 알아 어ᄃᆡ를 가던지 〈매신문 511, 2〉
　바. 이보시오 벗님네야 통ᄌᆞ 운을 ᄃᆞ라 박을 혜리라 〈흥부젼, 14a〉
　사. 다리 없는 여편네 혼자 있으니. 〈흙3, 339〉
　아. 두 눈구녁만 남기고는 탈박아지처럼 분을 하얗게 뒤집어 쓴 새댁네도 섞였다.〈상록수2, 239〉
　자. 병식의 댁네는 어린애가 칭얼거려서 안방으로 건너갔다. 〈영원의미소, 109〉
　차. 옥이네는 이댁의 종도 아니요 작인도 아니다. 〈떡, 73〉

카. 건배는 영신을 돌려다 보며 "우리집 여편네요, 보통학교 하나는 명색 졸업이라구 해서, 아주 맹문이는 아니지요. 〈상록수 1,83〉

타. "압다, 퍽두 앙앙거리네. 식전부터 여편네가 왜 이 모양이야." 〈어머니 1, 129〉

파. 고모는 청상과부로 친정살이를 하는 불쌍한 여인네다. 〈영원의미소, 158〉

여기에 더하여 여성을 대상으로 한 경우에는 단순히 비존칭의 개념을 넘어 비칭으로 활용되었다는 사실도 필자로서는 주목되는 현상이다. 이런 맥락에서 다음 예문을 보면,

(9) 가. 먼저 개똥네 집이라 하엿스나 그런 것이 아니라 실상은 요 개울건너 도샛댁 소유이고 개똥 어머이는 말하자면 그댁의 대대로 나려오는 씨 종이엇다. 〈떡, 72〉

나. 옥이네는 이댁의 종도 아니요 작인도 아니다. 〈떡, 73〉

다. 납순네는 계집애가 못된 종수 녀석과 좋잖은 소문을 퍼트리고 다닌대저 걱정을 하던 판이라 미럭쇠네가 청혼을 하니까 얼시구나 좋다고 납채 삼십 원에 선뜻 혼인을 승낙했다. 〈쑥국새, 285〉

예컨대 (9. 가)의 '개똥네'는 양반가문의 종으로(강조한 부분 참조), 아들 이름인 '개똥'이에 '-네'를 연결하여 그녀를 지칭하고 있으며 (9. 나)의 '옥이네' 역시 평민에 해당하는 신분으로, 딸 이름인 '옥이'에 '-네'를 연결하여 그녀를 지칭하고 있다. 이와 같은 사실은 위의 예문 (9)를 앞서 살핀 예문 (10)과 비교해 보면 더욱 분명해진다. 즉 후자를 보면 거기서의 '-네'는 '관인, 자기, 벗' 등과 같은 대상에게 적용되었지, 위처럼 종이나 그에 해당하는 신분을 대상으로 적용되지는 않았다.

물론 예문 (8. 사~하)에서도 여성에게 '-네'를 활용하였지만, 이들은 (9)

에 등장하는 인물들과 달리 평민에 해당하는 신분이다. 여기서 잠시 노비 신분이든 평민 신분이든지 간에 남자를 지칭할 경우에는 일반적으로 '-네'를 사용하지 않는다는 사실도 참조할 필요가 있겠다. 확언하기는 어렵지만 이에 대응하는 남성 지칭어는 '-쇠'가 아닌가 한다[9]. 이상의 정황을 참조할 때, 우리는 '-네'가 여성을 상대로 훨씬 더 활발하게 사용되었다는 사실과 함께, 그로써 연결되는 여성의 신분은 결코 존대자가 아니었다는 사실을 깨닫게 된다. 요컨대 '-네'는, 15세기에는 존대형 복수접미사로 사용되다가 16세기부터 비존칭형 복수 접미사로 사용되기 시작하였고, 19세기에는 그러한 기능을 한층 강화한 것이다. 그러는 과정에서 여성에게 적용될 경우에는 비존대의 개념을 넘어서 비칭으로까지 확대되어 적용된 듯하다.

필자는 현재 전남 방언권을 중심으로 평민가의 여성을 지칭하는 데 관여하는 '-네'의 기원을 방금 살핀 예문 (8), (9)와 같은 기능에서 찾고자 한다. 그런데 현대로 오면서 반상의 구별이 없어짐에 따라 이러한 기능도 자연스럽게 소멸된 것으로 해석한다. 그러나 방언의 보수성으로 인하여 지방에서는 양반 집성촌을 중심으로 이러한 비칭의 기능이 여성 노인층을 중심으로 관습처럼 유지되고 있는 것으로 이해된다.

---

9) 보다 많은 논의가 있어야 하지만, 『표준국어대사전』의 다음과 같은 정의와 용례(가), 그리고 19세기부터 나타나기 시작한 용례(나)를 보면 일견 수긍되는 바가 없지 않다.
가. 쇠: 접미사, 일부 명사에 붙어서 사내아이의 이름을 나타냄.
돌~/ 마당~/ 먹~.
나. ① 돈 갓튼 <u>쟝쇠</u> 놈은 염나왕의 분부ㄴ 뫼온 듯 엇기춤을 추며 삼간 문을 쎄구ᄅ며 〈쟝화홍년뎐, 7ㄴ〉
② 옹좌수 성을 내어 종놈을 부르되 <u>돌쇠</u> 몽치 <u>깡쇠</u>야 저 중놈 잡아 내라 〈옹고집전, 102〉
③ 그 서사 첫 비두에 하였으되 제막 <u>걸덕쇠</u>는 돈수재배하옵고 〈배비장전, 69〉

13.1.1.2 복수형 〉 단수 지칭형

지금까지 살핀 '-네'의 '존칭〉 비존칭〉 비칭'으로의 기능 전환과 밀접히 관련되어 있는 현상이 바로 '복수 접미사〉 단수 지칭 접미사'로의 전환이다. 앞서 살폈듯이 그동안 존대할 대상을 복수형으로 지칭하는 데 사용됐던 '-네'가 19세기에 어떤 특정 여성을 지칭하는 데 사용되기 시작하였으므로 그에 따라 문법 기능도 복수 접미사에서 단수 접미사로 전환한 것으로 추정된다. 지극히 당연한 변화일 터이다.

이런 맥락에서 여기서는 변천 양상을 자세히 다루지 않고 시대별로 몇 개의 예만을 소개하기로 한다. 그럼으로써 논지 전개의 지루함과 반복을 피하기로 한다.

(10) 가. 그百千 衆生ᄋᆞᆯ 잘 濟渡ᄒᆞ시ᄂᆞᆫ 분내러시니 그 일후미 文殊師利菩薩와 觀世音菩薩와 〈석상 13, 5ㄱ〉

나. 閻浮提와 夫人과 婇女와 臣下와 이 아기 조쳐 다 내야 賢聖 즁님내ᄭᅴ 〈석상 24, 48ㄱ〉

다. 모ᄃᆞᆫ 얼운 손님내 네 분 와 겨셔 더러ᄂᆞᆫ ᄒᆞᆫ 잔식 더러ᄂᆞᆫ 두 잔식 자시다 〈병자기, 414〉

라. 본겻 동ᄉᆡᆼ님내 어린 ᄌᆞ손들 ᄃᆞ리오시고 의지 ᄒᆞᆯᄃᆡ 업서 우흘 다시 만나보ᄋᆞᆸ고져 〈계축일기 하, 20ㄱ〉

마. 이네들은 독립ᄌᆞ쥬의 권을 알아 어ᄃᆡ를 가던지〈 매신문 511, 2〉

바. 이보시오 벗님네야 통ᄌᆞ 운을 ᄃᆞ라 박을 헤리라 〈흥부전, 14a〉

사. 먼저 개똥네 집이라 하엿스나 그런 것이 아니라 실상은 요 개울건너 도삿댁 소유이고 개똥 어머이는 말하자면 그댁의 대대로 나려오는 씨종이엇다. 〈떡, 72〉

아. 옥이네는 이댁의 종도 아니요 작인도 아니다. 〈떡, 73〉

위 예문은 이미 전항에서 살폈던 용례들이다. 먼저 중세국어 자료인

(10. 가), (10. 나)의 밑줄친 부분의 '-네'를 보면 여기서는 여러 보살이나 여러 중들을 나타내는 복수 접미사로 사용되었다. 그런데 그 복수의 개념이 단순히 별개의 대상을 열거하는 데 그치지 않고 어떤 동질적인 집단 즉 같은 무리를 뜻한다. 이점이 바로 복수접미사 '-ᄃᆞᆶ〉 들'과 차별되는 '-네'의 고유 기능으로, 이러한 기능은 근대국어(다, 라)와 현대국어(마, 바)에 그대로 어이지고 있다.

그러다가 자식의 이름에 '-네'를 연결하여 신분이 낮은 여성 개인을 지칭하는 데 사용하기 시작하였고, 이 기능이 19세기에 시작하여 20세기에 꽤 활발히 작용하였던 것으로 보인다. 그런데 어찌하여 현대에 와서는 다시 복수 접미사로만 이해되는 것일까. 이에 대해서는 장을 달리하여 살펴보기로 하고, 여기서는 존칭형 복수 접미사가 어떤 과정을 거쳐 여성 지칭 접미사로 변천하였는가를 조감하였다는 데 의의를 두기로 한다.

13.1.2 '-댁'

'-댁'은 다음 용례에서 확인되듯이 16세기 『순천김씨묘출토 간찰』에서는 '-ᄯᆡᆨ'의 형태로, 『번역박통사』에서는 '-댁'의 형태로 사용되었는데, 전자의 경우는 관형격 'ㅅ'과 '댁'의 결합으로 추정된다.[10] 여하튼 다음 용례를 보면 그 당시의 '-댁'은 접미사가 아닌 어떤 특정인의 집을 나타내는

10) '-ᄯᆡᆨ'을 관형격 'ㅅ'과 'ᄃᆡᆨ'으로 분석할 경우, 이 'ᄯᆡᆨ'을 단일한 경음으로 발음해야 하는지, 아니면 'ㅅ'과 'ᄃᆡᆨ'으로 분리해서 발음해야 하는지의 문제가 제기된다. 이뿐 아니라 'ㅅ'을 어떻게 해석해야 하는가도 문제시된다. 현재 이에 대한 이견이 분분하기 때문이다.

그러나 본고에서는 위와 같은 문제들에 대해서는 관심을 두지 않기로 한다. 우리의 주요 관심사는 '댁'의 기능 변화를 살피고 그 변화 원인을 규명하는 데 있으므로, 이런 문제까지 관심을 두어야 할 필요는 없기 때문이다. 다만 'ㅅ'은 학계의 일반적인 관점을 취하여 관형격으로 규정하고자 한다.

명사로 사용되었음을 알 수 있다.

(11) 가. 채셔방씩 아긔게 〈순천김, 59〉
나. 흥덕골 김찰방 씩 아기내손딕 쳠장 〈순천김 65〉
다. 댱문슈 씩 사ᄅᆞ미 브딕 ᄒᆞᆫ 일로 당단 가니 〈순천김 107〉
라. 얼우신 씩 사ᄅᆞ미니 그지업시 졀ᄒᆞ여 ᄒᆞ노이다 〈순천김 107〉
마. 채민 씩 두 누님 샹장 〈순천김, 64〉
바. 형님하 소인이 어제 웃딕긔 ᄒᆞᆫ 며함 두ᅀᆞᆸ고 오니 〈번박 상 58〉

먼저 (11. 가, 나)는 신천 강 씨가 시집간 딸에게 보낸 편지로, 여기서 '-씩'이 연결된 '채 서방'은 사위이고, '감찰방'은 흥덕골에 사는 사돈의 직함이다. 그러므로 전자는 [채 서방 집의 아기에게]로 후자는 [흥덕골 감찰방의 집 아기에게 덧붙인다]를 의미하는바, 이들의 '씩'은 '○○의 집'이란 명사였던 것이다. 이러한 해석은 남편이 부인에게 보낸 편지인 (11. 다, 라)에서도 동일하게 적용되는데, 전자는 '장문수의 집'으로 후자는 '어르신의 집'으로 통한다. 그런데 다음을 보면 당시의 '딕'은 현대와 마찬가지로 '집'보다 존대의 의미를 지녔음을 알 수 있다.

(12) 가. 흥덕골 지븨 〈순천김 49〉/ 지븨〈순천김, 51·72〉
나. 흥덕골 채 싱원 씩 누의님 젼 샹사니 〈순천김 191〉/ 채 민 씩 두 누님 샹장 〈순천김 64〉
다. 채셔방 집 답 〈순천김 12· 13·14·15·32〉/ 수믹 집〈순천김 83〉 체셔방 집〈순천김 61〉

위의 (12. 가)는 채무이가 부인 순천 김 씨에게 보낸 편지로 보다시피 일관되게 수신자를 '집'으로 표현하고 있다. 이에 비하여 남동생이 누나에게 보낸 편지인 (12. 나)를 보면, 여기서는 '채 싱원 씩'으로 표현하고 있다.

이러한 두 사실을 비교해 보면, 16세기 당시에도 존대할 필요가 없는 대상에게는 '집'을 사용하였지만, 그 반대의 대상에게는 '댁'을 사용하였다는 추론이 가능하다. 그러므로 (12. 다)처럼 부모가 딸들에게 편지를 보낼 때에도 '집'으로 표현하였을 것이다. 결국 '댁'은 처음 출현한 16세기에 'ᄯᆡᆨ/ᄃᆡᆨ'의 형태로 존대자의 [집]을 뜻하는 명사였던 것이다.

그러면 '-댁'은 어느 때 현재와 같은 기능을 구축하게 되었을까. 즉 처음 출현했을 시에는 존대해야 하는 대상의 집을 뜻하던 명사였던 '댁'이 어느 때에 양반가의 여성을 지칭하는 접미사로 전환하였을까라는 의문이 제기된다. 여기서는 이에 대한 궁금증을 풀어보고자 한다.

13.1.2.1 명사 [집] 〉 여성지칭 접미사: [존칭]

먼저 '댁'은 17세기 이후에도 다음과 같이 존대해야 할 대상의 집을 나타내는 명사로 사용되었다.

(13) 가. ᄉᆡᆼ신 다례 형님ᄃᆡᆨ의 가 디내ᄋᆞᆸ고 인ᄒᆞ여 형님ᄃᆡᆨ의셔 듕명시 ᄉᆡᆼ일이라 〈병자기, 132〉

나. 큰ᄃᆡᆨ의 열여ᄃᆞᆲ 근 골안ᄃᆡᆨ 열두 근 다ᄅᆡ 어미 열닷 근 녈진이 열두 근 슈개 닷 근 무명을 나하 ᄑᆞ라 〈현풍곽, 102〉

다. 어제ᄂᆞᆫ ᄃᆡᆨ의 간ᄉᆞ오나 萊府의 가 계시기 몯뵈ᄋᆞᆸ고 空往空來ᄅᆞᆯ ᄒᆞ엳ᄉᆞᆸᄂᆞ이다 〈인어대 3, 24ㄱ〉

라. 오샹셔 ᄃᆡᆨ의셔 사ᄅᆞᆷ이 왓ᄂᆞ이다. 〈낙선이, 73〉

마. 소인의 다솔 식구가 댁에 가서 드난밥을 먹삽고 만일 저 기생에게 반하시오면 타신 말을 소인 주기로 하십시다 〈배비장전, 40〉

바. 저 강 도사 댁 자근 사랑 나으리가, 저녁 때 잠간 만나자구 허시는데요 〈상록수 2, 221〉

사. 당신 댁에도 남편이 죽은 뒤에 소상을 치르고는 뒷동산 밤나무 가지에 목을 달아 돌아가신 이가 있다 하나이다. 〈흙 1, 78〉

그런데 다음을 보면 '－댁'이 17세기부터 '○○의 아내'를 지칭하거나(예문 14) '○○에서 시집온 여자'(예문 15)를 지칭하는 경우로도 사용되었음을 알 수 있는데, 우리가 주목하는 용례는 바로 이들이다.

(14) 가. 홍판ᄉᆞᄃᆡᆨ 쇠일 와 겨시다가 월탄 가시노라 〈병자기, 210〉
나. 십뉵 됴 우 뉴좌슈ᄃᆡᆨ 송감ᄉᆞᄃᆡᆨ 편쥬ᄒᆞ여 와 보고 가시니 고맙다 〈병자기, 108〉
다. ᄂᆡ 아오와 동ᄉᆡᆼ의 ᄃᆡᆨ들 드러왓더니라 〈한중록, 216〉
라. 동생의 댁과 아침상을 차린다. 〈상록수 2 262〉
마. 병식의 댁네가 문을 열고 내다본다. 〈영원의 미소, 108〉

(15) 가. 안악ᄃᆡᆨ 와 겨신ᄃᆡ 보오라 가다 듕쇼 드러오니 반갑고 든든ᄒᆞ다 〈병자기, 200〉
나. 남원 부ᄉᆡ 셔울 가 ᄃᆞᆫ녀오시니 목디평ᄃᆡᆨ이 초열ᄒᆞᆫ날 주그신 긔별 드ᄅᆞ니 놀라 〈병자기, 108〉
다. 문 밧 속셩ᄃᆡᆨ으로 와 겨셔 나ᄒᆞᆫ날ᄒᆞᆫ 길 녜여 초사ᄒᆞᆫ날 들게 오시면 됴ᄒᆞᆯ가 시브오니 〈유시정언 11〉
라. 충쥐ᄃᆡᆨ 긔별은 내 니ᄌᆞᆯ샤 ᄒᆞᆫᄒᆞᄋᆞᆸ 〈유시정언간 26〉
마. 샹셔ᄃᆡᆨ 덕ᄐᆡᆨ이시며 부인 아ᄅᆞᆷ다온 긔질이신들 한궁곳 아니면 이위 낭쥐ᄅᆞᆯ 만나시리잇가 〈낙선이 77〉

(14)의 경우는 남편의 신분이나 이름 등에 '－댁'을 연결하여 특정 여성을 지칭하는 방식이어서 여성 개인에 대한 지칭이라기보다 '○○의 아내'라는 의미가 더 강하다. 따라서 남편의 신분에 '－댁'으로 연결된 여성을 존대하기도 하고 존대하지 않기도 한다. 예를 들어 (14. 가)의 홍판사는 화자가 존대해야 할 인물이므로 거기에 '－댁'을 연결한 그의 아내 역시 존대하고 있다. 그러나 (14. 다)의 '동ᄉᆡᆼ'은 존대하지 않아도 되는 인물이므로 '－ᄃᆡᆨ'을 연결한 그의 아내도 존대하지 않고 있는 것이다.

여하튼 예문 (13)의 '-댁'은 여성 개인보다 '가족' 또는 '집'이라는 단체의 개념이 강하지만 (14)의 그것은 여성만을 지칭한다는 점에서 차이를 보인다. 이와 같은 용도로 사용되면서 '-댁'은 여성지칭 접미사의 기능을 획득한 것으로 생각된다. 정작 우리가 관심을 갖는 방식은 예문 (15)인데, 이들에게서는 (14)의 '○○의 아내'라는 의미보다 '○○에서 시집 온 여성'이라는 의미가 더 강하게 인지된다. 곧 예문 (14)의 방식은 가족의 한 구성체로서의 여성을 표현하는 데 초점을 맞추었다고 한다면, 예문 (15)의 방식은 '어디 출신의 여성'이라는 여성 개인에 초점을 맞추었다고 할 수 있다.

이런 맥락에서 보면 예문 (14)의 '댁'은 가족 단위를 나타내는 (13)의 기능에서 여성 개인을 지칭하는 (15)의 기능으로 이행하는 중간 단계라 할 만하다. 예문 (14)와 같은 용법은 여성을 지칭한다는 의미에서 (15)와 궤를 같이 하지만, 그래도 여전히 '가족의 한 구성원'으로서 여성을 지칭한다는 점에서는 예문 (13)과 일맥상통하기 때문이다.

그런데 예문 (15)에서 강조한 부분을 보면, '-댁'을 취한 여성과 관련된 동작이나 상태에 존대표지 '-시-'가 연결되어 있음을 알 수 있다. 이는 '-댁'으로써 지칭한 여성이 화자의 존대 대상이라는 의미로 통한다. 바꾸어 말하면 '-댁'은 존대해야 할 여성을 지칭할 때 붙이는 접미사라는 것이다. '-댁'의 이와 같은 의미는 그것의 기원적 기능에서 유래한다고 해도 과언이 아닌데, 그 기원으로 간주되는 명사 '댁' 자체부터가 '집'의 존칭형으로 사용되었음을 상기할 때 그러하다.

필자는 현재 전남 방언권에서 양반가의 여성을 지칭하기 위해 사용하는 '-댁'의 기원은 여기서 유래하는 것으로 간주한다. 그런데 현대에 와서 반상의 구별이 없어졌으므로 굳이 존대의 의미를 부여하지 않고 '○○에서 시집 온 여자'를 뜻하는 일반적인 의미로 전환한 것으로 해석한다. 국립국어원 편 『표준국어대사전』은 이런 차원에서 정의된 것일 터이다.

13.2 여성지칭 접미사로서의 변천 원인

지금까지 우리는 '-네'와 '-댁'이 어떤 과정을 거쳐 여성접미사로서의 기능을 획득하게 되었는가를 국어사적으로 조감해 보았다. 그런데 왜 이들은 이런 기능 변화를 경험해야 했을까. 본 항에서는 이에 대해 생각해 보기로 한다.

13.2.1. 새로운 명칭 생성의 필요성

주지하는 대로 언어는 언중들의 일상생활과 매우 밀접하게 관련되어 있다. 그러므로 새로운 물건이 생기거나 사회의 변화로 말미암아 새로운 현상이 생겨서 그들을 표현해야 할 경우에 언중들은 반드시 그것을 명명할 만한 어휘를 창출하려 한다. 그래야 본인들의 의사소통에 장애가 없어 일상생활을 편하게 영위할 수 있기 때문이다. '-네'와 '-댁'의 기능 전환도 이와 맥을 같이 하지 않나 한다.

지금까지 살핀 바에 의하면, '-네'는 15세기에 존칭형 복수 접미사에서 출발하여 19세기에 이르러 비존칭형 여성 지칭 접미사로 자리매김하였다. 그러다가 현대에 와서는 '한 무리'나 '집단'을 뜻하는 복수 접미사로 재정립한 것으로 결론된다. 그러면 왜 이렇게 극심한 변화를 겪어야 했을까.

먼저, 위에서 언급했던 대로 새로운 사회 현상을 반영할 새로운 명명어가 필요했으리라는 추정이 가능하다. 이런 관점에서 '-네'가 여성비칭 지칭 접미사로 사용되기 시작했던 시기가 사회적 격변기에 해당하는 19세기라는 사실이 새삼 주목된다.

주지하다시피 당시는 반상의 신분 차이가 무너지기 시작하였고 사회 조직이 재편됨에 따라 그전까지 미천한 신분으로 간주했던 '노복'이나 '종'의 신분일지라도 바로 호명하거나 '너'로 지칭할 수는 없었을 것이다. 우리 사회에서 상대방의 이름을 곧바로 호명한다는 것은 그 상대를 아주 친밀하게 생각하든지 아니면 아주 하대한다는 뜻이기 때문이다. 이에 따라 사회 변화에 발맞추어 그들을 어느 정도 존중해 주고자 하는데, 당시에 이런 의도를 반영해줄 만한 개념어가 아직은 없었을 것으로 추정된다. 이때 언중들은 다음과 같이 자식의 이름을 이용하는 방식을 고안한 듯하다.

(17) 가. 먼저 개똥네 집이라 하엿스나 그런 것이 아니라 실상은 요 개울건너 도샷댁 소유이고 개똥 어머이는 말하자면 그댁의 대대로 나려오는 씨종이엇다. 〈떡, 72〉

나. 옥이네는 이댁의 종도 아니요 작인도 아니다. 〈떡, 73〉

다. 납순네는 계집애가 못된 종수 녀석과 좋잖은 소문을 퍼트리고 다닌대저 걱정을 하던 판이라 미럭쇠네가 청혼을 하니까 얼시구나 좋다고 납채 삼십 원에 선뜻 혼인을 승낙했다. 〈쑥국새, 285〉

그러나 자식의 이름에 바로 호격조사를 연결하거나 그것을 그대로 지칭어로 사용하면 당사자와 혼동할 수 있으므로 어떤 특정 집단의 무리를 뜻하는 '-네'를 연결하여 자식의 어머니인 여성에 대한 지칭어로 사용한 것으로 해석된다. 그 아이와 같은 무리라는 의미에서이다. 그럼으로써 상대를 함부로 하지 않고 격식을 갖추어 존중해 준다는 의미를 전달하고자 했을 것이다.

이처럼 상대를 2인칭으로 지칭하거나 혹은 이름을 곧바로 거명하는 것보다 3인칭으로 표현하는 것이 더 격식적이고 존대의 의미를 지니게 되는 것은 현재도 마찬가지이다.

(17) 가. (교수가 조교에게) 이 선생이 이쪽으로 오지.
　　나. (교수가 제자 교수에게) 조금 전에 김 선생이 그렇게 말하지 않았어.

곧 화자와 청자의 사회적 관계나 나이만을 고려한다면 위의 화자는 “네가 이쪽으로 오지.” 혹은 “조금 전에 네(미영이)가 그렇게 말하지 않았어.”라고 할 수 있다. 그러나 상대의 사회적 위상 또는 나이를 고려하여 그를 존중하고자 한다면 상대를 바로 2인칭 대명사나 이름으로 부르지 않고 위와 같이 직함을 이용하여 3인칭으로 간주하는 형식을 취한다. 그런데 근대국어 시기에는 여성의 사회적 직함이 그리 발달하지 않았으므로, 그것으로써 지칭할 방법이 마땅치 않았을 것이다. 이때 자녀의 이름에 ‘-네’를 연결하는 형식을 택한 것으로 보인다. 이 접미사는 15세기 이후 존칭의 의미를 상실하면서 한편으로는 꾸준히 비존칭의 기능을 강화하고 있었기 때문이다. 다음과 같이 출신지명에 ‘-댁’을 이용한 여성 지칭어 역시 위와 같은 사회적 맥락으로 이해된다.

(18) 가. 안악ᄃᆡᆨ 와 겨신ᄃᆡ 보오라 가다 듕쇼 드러오니 반갑고 든든ᄒᆞ다 〈병자기, 200〉
　　나. 남원 부ᄉᆡᆨ 셔울 가 ᄃᆞᆫ녀오시니 목디평ᄃᆡᆨ이 초열흔날 주그신 긔별 드ᄅᆞ니 놀라 〈병자기, 108〉
　　다. 문 밧 속셩ᄃᆡᆨ으로 와 겨셔 나흔날ᄒᆞᆫ 길 네여 초사흔날 들게 오시면 됴흘가 시브오니 〈유시정언 11〉

‘-댁’은 ‘-네’와 달리 17세기부터 존칭형 여성 지칭접미사로 사용되어 현대에 이른데, 이는 존중의 차원에서 사용된 지칭의 방식이 양반가의 여성에게 더 먼저 적용되었음을 시사한다. 그만큼 양반가의 여성은 일찍부터 존중 받았던 대상이었다는 의미로도 통한다. 게다가 ‘-댁’은 기원부터 존칭의 의미를 지니고 있었으므로 언중들은 이를 이용하여 자신의 생각을 쉽게 표현할 수 있었을 것이다.

그러나 현대에는 이러한 반상의 구별이 완전히 없어졌을 뿐 아니라 여성에 대한 지칭어가 많이 생성되어서 굳이 이런 방식을 사용할 필요가 없다. 그러다 보니 '-댁'과 '-네'는 현재 지방의 양반 집성촌을 중심으로 그 명맥만을 유지하게 되었다고 할 수 있다. 국립국어원 편 『표준국어대사전』의 정의는 이와 같은 사회상을 반영한 것으로 이해된다.

13.2.2. '-네' 기능의 재정립 결과

지금까지 살핀 대로 '-네'는 '-댁'에 비하여 상대적으로 그 기능 변화가 심했음을 알 수 있는데, 이점이 바로 '-네'로 하여금 비칭 여성 지칭 접미사로 전환하게 하는 동인으로 작용한 듯하다. 이해와 설명의 편의를 위해 '-네'와 '-댁'의 여성 지칭 접미사 과정을 먼저 표로 정리해 보면 다음과 같다.

(19) 〈표 1〉 '-네'와 '-댁'의 변천 과정 정리

유형 세기	-네	-댁
15	· 존칭형 복수 접미사	
16	〃	· 존칭형 명사
17~18	· 비존칭형 복수 접미사	· 존칭형 여성 지칭 접미사
19~20	· 비칭형 여성 지칭 접미사	〃
21	· 무리를 뜻하는 복수 접미사	· 여성 지칭 접미사

위 표를 보면, '-댁'은 명사에서 지칭접미사로의 변화만 있었을 뿐인데, '-네'는 존칭형 복수 접미사에서 비존칭형 복수 접미사로 변하고, 다시 비칭형 여성 지칭 단수 접미사로 변하였다. 필자는 이러한 변화 때문에 '-네'가 여성 지칭 접미사의 기능을 할 수 있었던 것으로 해석한다. 부언하

면, 이 접미사가 17세기에 들어서 '존칭형'에서 '비존칭형'으로 전환했기에 그러한 기능을 획득할 수 있었다는 말이다. 주지하다시피 15세기 복수 접미사로는 '-돓'과 '-네'가 있었고 이들은 다음과 같이 '비칭: 존칭'이라는 대조적 기능으로 작용하였다.

(20) 가. 百姓둘 一千 사ᄅᆞ미 〈월석 2, 76〉
나. 아히들로 ᄒᆡ여곰 〈소언 6, 6〉
다. 그百千 衆生ᄋᆞᆯ 잘 濟渡ᄒᆞ시ᄂᆞᆫ 분내러시니 그 일후미 文殊師利菩薩와 觀世音菩薩와 〈석상 13, 5ㄱ〉
라. 네 아ᄃᆞ리 各各 어마님내 뫼숩고 누의님내 더브러 즉자히 나가니 〈월석 2,6ㄴ〉

위의 용례처럼 '-돓'은 '백성, 아히'와 같은 비존대 대상의 복수형을 나타내는 데 관여하였고(20. 가·나), '-네'는 이와 반대로 존대 대상의 복수형을 나타내는 데 관여하였다(20. 다·라). 그런데 어떤 이유에서인지 16세기 들어 '-네'가 비존칭형으로 사용되다가 19세기에 그 기능을 강화하기 시작하였다. 그럼으로써 '-네'는 '-돓'과 변별력을 잃게 되었고, 그에 따라 '-돓'과 생존 경쟁을 벌여야 했을 것이다.

그러나 이미 본연의 기능을 상실한 '-네'가 변함없이 자신의 기능을 유지하고 있는 '-돓'과 경쟁해서 살아남기란 쉽지 않았을 터이다. 더욱이 '-돓'은 '-들'의 형식으로 변하면서 존대 대상과 비존대 대상을 구별하지 않고 복수 접미사로서의 역할을 확장시켜 가고 있는 상황이기도 했다[11]. 이때 '-네'는 개개의 복수를 나타내는 개념으로서보다 본래부터 가지고 있

11) 이는, '-들'이 복수 접미사의 대표격으로 인식되는 현재의 상황을 고려해 보면 충분히 이해할 수 있을 것이다.

었던 '무리' 또는 '집단'의 개념을 더욱 강화시킨 듯하다. 그럼으로써 자신의 존재감을 잃지 않기 위해서이다. 그러다가 19세기에 비칭 여성을 새롭게 지칭해야 할 필요성이 대두되자 그 기능을 부각시켜 비칭 여성 지칭 접미사로 전환한 것으로 결론된다.

만약 위와 같은 추정이 어느 정도 타당하다면 '-네'의 여성 지칭어로서의 기능은 자신의 본래 기능을 상실한 후에 스스로 생존하기 위해 선택한 전략이라 하겠다. 어떻든 국어사의 입장에서 보면, '-네'의 이러한 변화는 긍정적으로 평가된다. 그렇게 변함으로써 '-네'는 비칭의 여성을, '-댁'은 존칭의 여성을 지칭하는 대립적인 기능을 수행하는 데 기여한 것으로 평가되는 까닭이다.

본 항에서는 전남 방언권을 중심으로 여성을 지칭하는 데 관여했던 '-네'와 '-댁'의 기능 변천 양상과 그 원인을 밝혀보고자 하였다. 이에 관심을 보인 이유는 현재 이들의 기능이 과거 시대의 기능과 사뭇 다르다는 점을 주목하였기 때문이다. 이런 목적에서 15세기를 기점으로 하여 '-네'와 '-댁'의 변천 양상을 조감하고 변화 원인을 추정하여 다음과 같은 결론에 도달하였다.

먼저 '-네'는 15세기에 '-내'의 형식으로 존칭형 복수 접미사로 출발하여 17~18세기에 비존칭형 복수 접미사로 기능 전환을 시도하다가 19세기 들어 자식의 이름 뒤에 붙어 존대하지 않아도 되는 여성을 지칭하는 단수 접미사로 바뀌었다. 예컨대 '개똥네, 옥이네'와 같은 형식으로, 여기의 '개똥이'와 '옥이'는 자식의 이름이다. 그러다가 21세기에 들어서 이 '-네'는 비칭의 개념이 소멸된 '어떤 특정 무리'를 뜻하는 접미사로 굳어졌다. 다음으로 '-댁'은 16세기에 '-딕'의 형식으로써 [집]의 존칭형 명사로 출발하여 17~18세기에 존칭형 여성 지칭 접미사로 사용되기 시작하였다. 시집온 지역 이름에 그것을 붙이는 '안골댁, 충주댁' 등과 같은 형식이 바로 그 예이다. 그러나 21세기에 들어 이 역시 존칭의 개념은 소멸되고 단순히 '어떤 지역에서 시집온 여자'를 뜻하는 접미사가 되었다.

요컨대 '-네'는 「존칭형 복수 접미사〉 비존칭형 복수 접미사〉 비칭형 여성 지칭 접미사〉 무리를 뜻하는 접미사」로 그 기능이 변하였고, '-댁'은 「존칭형 명사〉 존칭형 여성 지칭 접미사〉 어떤 지역에서 시집온 여자를 뜻하는 접미사」로 변하였다. 이들이 이렇게 변한 이유를 본 논의에서는, '사회 변화에 따른 새로운 명칭 생성의 필요성'과 "-네' 기능의 재정립 결과'로 결론 지었다. 19세기 우리 사회는 격변기를 겪으면서 반상의 계열이 무너짐에 따라 종전에 평민이나 종의 신분에 해당하는 여성을 지칭하는 새로운 방식이 필요하게 되었다. 이 때 언중들은 비존칭 복수형으로 기능하고 있었던 '-네'를 자식의 이름에 붙여서 그러한 신분의 여성들에 대한 지칭어로 사용한 듯하다. 그러나 '-댁'은 이미 17세기부터 시집오기 전에 살았던 지명에 연결하여서 반가의 여성을 지칭하는 접미사로 사용되었으므로 19세기에도 변함없이 그 기능을 수반하였던 것으로 이해된다.

한편, '-네'의 기능 변화를 본 저서에서는 '-ᄃᆞᆶ'과의 경쟁에서 살아남기 위한 한 방편으로 이해하였다. 즉 15세기 복수접미사는 '-ᄃᆞᆶ:-내 = 비존칭:존칭'의 형식으로써 변별적으로 작용하였는데 '-내〉 -네'가 17세기에 비존칭형 복수접미사로 변하게 되어서 이들의 변별력이 상실될 수밖에 없었으므로 이때 '-네'가 비존칭으로 변한 기능을 부각시켜서 여성 지칭어를 만드는데 관여하였다는 것이다. 그럼으로써 자신의 생존력을 높인 것으로 해석하였다.

제3부

국어사 교육의 방향 설계

14

국어사 교육의 정당한 자리 매김*

현 국어 교육과정 체제에서 국어사 교육은 '문법 교육' 영역의 하위 범주로 간주된다. 그러나 주지하다시피 이러한 구성 방식에 대해 회의적인 입장이 적지 않으며, 여기에 더하여 국어사 교육의 당위성에 대한 부정적인 시각도 적지 않다. 이는 국어사를 국어 활동 영역인 '읽기'나 '쓰기' 등에서 다룰 수 없으므로 문법 교육 영역에 포함시켰지만, 그것을 문법 교육 영역에서 수용해야 할 이유가 없다는 관점에 터한 견해이다. 그러면서 7차 교육과정에 따른 『문법』 교과서에서 국어사를 부록으로 처리한 사실을 그 근거로 삼기도 한다.

이쯤 되면 현재 국어사 교육은 문법 교육 영역에서조차도 환영받지 못하는 위기 상황에 직면했다고 해도 과언이 아니다.[1] 본고는 이러한 사실을 직시하면서 국어사 교육은 과연 국어교육에서 담당해야 할 필요가 없

* 이 장은 「한글 306」(2014)에 발표한 '국어사 교육의 정당한 자리매김을 위하여'를 재정리한 것이다.

1) 국어사 교육이 국어교육에서 얼마나 소외되어 있는지에 대한 분석은 이관규(2004), 양정호(2012) 등에 제시되어 있다.

는 영역인가, 그럼에도 불구하고 김영욱(1998), 이도형(1999) 등에서 필요성을 주장한 이유는 그것을 전공으로 하는 입장이어서 그러한가라는 새삼스런 의문을 제기하는 데서 출발한다. 그동안 국어사 교육에 대한 연구는 문법 교육의 필요성을 논하면서 단편적으로 언급되었거나, 그것의 내용을 구축하는 방향에서 논의되어 왔다.[2] 양적으로 볼 때, 이러한 연구 성과는 국어교육의 여타 분야에 미치지 못하는 실정으로, 여기서 우리는 국어교육 내에서의 국어사 교육에 대한 위상을 짐작하게 된다. 필자는 상황이 이러할수록 국어사 교육에 대한 본원적인 질문부터 제기해야 한다고 생각한다. 그러할 때 합리적이고 객관적인 대안도 마련될 터이기 때문이다. 그런데 이에 대한 진지한 논의는 김영욱(1998)이 전부이다시피 한바,[3] 이도형(1999)은 이러한 점을 반성하기도 하였다.[4]

본 장에서는 이도형(1999)의 반성과 맥을 같이 하면서, 국어사 교육의 당위성에 대해 생각해 보고자 한다.[5] 그리고 그것의 당위성이 찾아진다면 국어사 교육은 어떠해야 하는가를 모색해 보고자 한다.

2) 전자는 김광해(1996), 권재일(1998)이 대표적이고 후자는 이도형(1999), 주세형(2005), 박형우(2004, 2006), 양정호(2012), 이승희(2012), 이관규(2004), 장윤희(2002), 양영희(2013) 등이 대표적이다.

3) 다만 여기서는 국어 교육과정에 근거한 국어사 교육의 필요성을 고려하지 않은바, 이 점이 아쉬움으로 남는다.

4) 이도형(1999 : 304)에서는 국어사 교육이 국어과 교육에서 관심 밖으로 밀려나는 이유 가운데 하나를 "국어사 교육이 국어과 교육과 어떤 관계에 있으며, 어떤 관련을 맺어야 하는지에 대한 심도 깊은 논의가 부족했기 때문"이라는 견해를 제시하였다.

5) 여기서의 논의는 김광해(1996)의 견해에 동의함을 전제로 한다. 김광해(1996 : 23)에서는, 만약 국어 지식이 국어교육에 기여하는 바가 없다면 '학문 이기주의와 같은 것은 과감히 떨쳐 버리고 국어교육에서 삭제해 버리는 결단을 내려야 할 것이다.'는 태도를 취하였다.

14.1 국어사 교육의 필요성 검토

국어사 교육이 필요한가? 이와 같은 기본적인 물음을 제기하면서 본격적인 논의를 시작하기로 한다. 그리고 그에 대한 답을, 국어사 교육의 궁극적인 상위 영역으로 간주되는 '국어교육'에서 가르쳐야 할 내용이 무엇인가를 원론적으로 되짚어 보고, 또 그것의 필요성을 제기한 연구자들의 견해를 참조하면서, 현 교육과정이 국어사 교육에 기대하는 바가 무엇인지를 분석·종합하는 과정에서 구하고자 한다.

14.1.1 국어교육의 원론적인 관점

위에서 제기한 의문을 해결하기 위해서는 국어 교과에서 가르쳐야 할 내용이 무엇인가를 먼저 알아야 한다. 만약 그 범주에 국어사가 포함된다면, 그에 대한 교육의 필요성을 강조할 수 있겠지만, 그렇지 않다면 그것의 필요성을 무조건 주장할 수는 없을 터이다. 이런 관점에 입각하여 국어교육에 대한 원론적인 입장들을 살펴보기로 하자.

(1) 국어 교과 교육 내용
  가. 국어 사용학, 국어학, 문학학
  나. 국어 활동 현상(표현·이해 활동: 듣기·말하기·읽기·쓰기), 지식 활동(언어, 문학, 국어 활동 지식)
  다. 언어 기능(말하기, 듣기, 읽기, 쓰기), 언어 지식, 문학
  라. 국어 활동(도구적 측면: 국어의 체계, 국어의 사용/ 문화적 측면: 국어의 생활 문화, 국어의 예술문화), 국어 활동의 교육

위의 (1)은 최현섭 외(2009)에서 발췌한 것으로, 국어교육이란 무엇이고 그것은 어떻게 나가야 하고, 그것에서 가르쳐야 할 내용은 무엇인가라는 등의 의문을 제기하면서 이에 대해 진지하게 논의했던, 국어교육 형성기

때의 견해들이다. 여기서는 국어교육의 내용을 위에 제시한 (1)과 같이 구축하였다. 본고는 이러한 견해가 우리의 논지에 객관적이고 균형 잡힌 시각을 부여해 줄 것으로 기대한다. 문법 교육이나 국어사 교육의 필요성을 주장하면서 교육 내용을 위와 같이 구축했다면 거기에는 국어사 교육의 필요성을 담보할 내용이 포함되었을 가능성이 높지만, 그러한 의도 없이 원론적인 관점에서 국어교육에서 담당해야 할 내용을 위처럼 구축하였다면 그 결과는 보편·타당할 것이기 때문이다.

이런 기대로써 위의 (1)을 검토할 때, 여기에 거론된 국어 사용학, 국어 활동, 언어 사용 등은 '말하기·듣기, 읽기, 쓰기'와 같은 국어 활동 영역에 해당하고, 필자가 진하게 강조한 '국어학, 지식 활동, 언어, 국어의 체계' 등은 소위 국어 지식 영역에 해당하는데, 국어사는 문법과 함께 여기에 포함될 가능성이 많다. 그런데 위의 원전에서는 이러한 범주에서 무엇을 가르쳐야 하는지에 대해서는 구체적으로 언급하지 않았다. 하지만 다음에 제시한 단편적인 기술에서 그것들을 추정할 수 있다.

(2) 가. 국어교육학에서는 국어의 현상으로 국어 사용 현상(듣기, 말하기, 읽기, 쓰기), 국어 지식 현상(국어의 문법), 국어예술 현상(국어의 문학적 측면)을 연구의 대상으로 삼는다. ('1-가'의 '국어학')
나. 국어교육에서 전통적으로 수용하여 온 문법 지식과 문학 지식을 국어 활동을 위한 지식 기반으로 생각하였으며 ('1-나'의 '지식 활동')
다. 국어교육 관련 분야의 학문이 제공하는 지식과 개념 ('1-다'의 '언어 지식')
라. 국어 연구는 국어가 가진 체계성과 규칙성의 연구를 말한다. 따라서 이 영역의 연구는 종래의 국어학 연구와 거의 일치한다고 할 수 있다. ('1-라'의 국어의 체계)

위의 (2)는 앞서 살핀 (1)의 각 견해에서 국어교육의 교육 내용을 제시한 부분으로, 강조한 부분에서 우리의 관심인 국어 지식에 대한 내용을 단편적으로 추정해 낼 수 있다. 일단 여기에 국어사가 포함되었다면 국어사 교육은 그 당위성을 확보하게 될 것이다. 그런데 보다시피 위에서는 국어 활동에 대비되는 국어 지식을 포괄적으로는 '국어학'으로 구체적으로는 '문법 지식'으로 명명하고 있다. 그렇다면 위의 입장들은 국어 지식을 곧바로 국어학의 하위 영역 가운데 하나인 '문법'만을 인정하는가라는 의문이 제기되면서, 이런 관점에서라면 국어사는 국어교과의 교육 내용에 포함될 수 없다는 생각에 도달한다. 그러나 더 관심을 가지고 보면, 여기서의 문법은 국어 지식과 같은 개념에 해당하지, '의미론·음운론' 등에 대응하는 '문법'을 뜻하지 않음을 깨닫게 된다. 위에서 강조한 '국어가 가진 체계성과 규칙성 연구', '국어교육 관련 분야의 학문이 제공하는 지식과 개념' 등을 고려할 때 그러하다.

요컨대 위 (1)에서의 '문법'은 '국어학'에서 다루는 전반적인 지식을 뜻하는 것이다. 이삼형 외(2007 : 43)에서도 언급하였고, 익히 잘 알려진 대로, 4차 교육과정에서 국어교육의 영역을 '표현·이해(언어 기능) 영역, 언어 영역, 문학 영역'으로 분류한 이후, '언어 영역'을 7차 교육과정에서는 '국어 지식'으로 2007 개정 교육과정에서는 '문법'으로 바꾸어 지칭하였는데, 위의 견해들은 이런 태도를 취하여 국어 지식과 문법을 동일한 개념으로 사용한 것이다. 그렇다면 국어 지식에서 다루어야 할 내용은 무엇인가라는 의문이 제기되는데, 이 점은 다음에 제시한 (3)을 통해서 확인이 가능하다.

(3) 국어(언어) 지식 내용

가. 언어의 이해, 국어의 역사와 문자, 현대 국어 구조, 국어의 올바른 사용 (권재일 1995)

나. 문법, 언어의 본질, 언어와 인간, 국어의 특질, 언어(국어)의 역사, 표준

어와 맞춤법, 국어에 대한 태도 (이성영 1995)

다. 국어와 우리 문화, 국어와 세계의 문화, 국어의 역사, 한글의 문화사적 가치, 우리말 가꾸기, 국어의 현재와 미래 (김광해 1996)

필자가 강조한 부분을 참조할 때 '국어 지식'의 내용에 국어사를 포함시키지 않은 경우는 없다. 결국 국어사를 국어교육 내용에서 배제시켜야 할 명분은 없다는 말이다. 물론 '음운·문법·의미'가 국어학의 주요 영역으로 간주되긴 하지만, 이런 영역을 통시적으로 접근하는 국어사를 국어학의 하위 범주로 인정하지 않는 연구자는 없을 것이다. 현재 사범대에서 국어사는 교직을 이수하기 위한 기본 과목에 해당된다. 이러한 점들을 고려하면 국어사를 국어 지식 영역에서 배제시켜야 할 이유가 전혀 없다. 이를 역으로 해석하면 국어교육에서 국어사를 가르쳐야 할 당위성은 충분하다는 뜻으로 통한다.

14.1.2 기존 입장의 관점에서

그러면 국어사 교육의 필요성을 주장해 왔던 연구자들이 내세운 근거는 무엇인가? 그에 대한 무용론이 제기되는 상황에서 반대 입장을 견지하려면 그만큼 탄탄한 근거와 논리로 무장되어야 할 것이다.[6] 따라서 본고에서 이를 잘 활용하면 필자의 주장은 더욱 견고해질 터이다. 이와 같은 기대로써 다음 (4)에 제시한 내용을 살펴보기로 한다.

6) 이에 관한 논의는 국어교육에서 문법 혹은 국어 지식의 필요성을 주장하면서 단편적으로 이루어졌거나 국어사의 내용을 설정하면서 서론 격으로 제시된 경우가 많았다. 여기서 국어사 교육의 당위성을 제대로 확보하지 않은 채 교육 내용이나 교수·학습법과 같은 세부적인 논의에 먼저 집중하지 않았나 하는 반성을 하게 된다. 물론 이와 같은 면들이 교육의 핵심에 해당하므로 지금까지 이에 대해 진지하게 논의한 것은 당연하다고 생각한다. 그러나 존재론적 당위성이 제대로 확보되어 있지 않은 상태라면 문제는 달라진다. 위상이 견고할 때 위와 같은 노력들도 제 몫을 다할 수 있을 터이다.

(4) 국어사 교육의 필요성에 대한 근거

가. 국어 지식으로서의 고유성(권재일 1998, 김영욱 1998, 이도형 1999, 이관규 2004)

나. 국어 지식의 기반 지식(이도형 1999, 김영욱 1998, 이관규 2004)

다. 국어 기능(능력)의 기반 지식(김영욱 1998)

라. (국어) 문화로서의 정체성(이성영 1995, 김광해 1996, 이관규 2004, 박형우 2004, 이도형 1999)

마. 국어 생활사에 대한 이해(이승희 2012), 장윤희(2004, 2009)

먼저 위 (4)는 국어사 교육이 독립적인 영역으로서 가치가 충분하다는 관점과 그것의 필요성은 다른 영역의 지식이나 기능을 향상시키는 데 있다는 관점으로 나누어진다. (4. 가)가 전자에 해당하고 (4나~마)는 은 후자에 해당한다. 그런데 후자는 다시 국어사의 정체성을 '국어 문화' 영역에서 구할 것인가, 아니면 국어 지식 혹은 국어 능력 향상에 기여하는 데서 찾을 것인가라는 점에서 의견 차이를 보인다. 먼저 국어사는 문법(국어 지식)의 능력을 향상시키는 기반 지식이라는 관점이 (4. 나)이며, '국어 기능'을 신장하는 데 기여한다는 입장이 (4. 다)이다.

한편 국어 문화와 관련하여 국어사 교육의 필요성을 강조하는 입장이 (4. 라)와 (4. 마)인데, '국어 문화'라는 개념의 불명확성, 국어(지식)와의 정확한 한계 설정 등이 문제시되어,[7] 그 대안으로 등장한 개념이 국어 생활사이다.[8] 어찌 됐든 이들은 국어 문화라는 개념에 터해 있다는 점에서 일맥상통한다고 할 수 있다. 그런데 위에서 언급한 연구자들은 복합적인 태

7) 이에 대해서는 장윤희(2004, 2009), 박형우(2004) 등에 자세히 제시되어 있다.

8) 장윤희(2009 : 305)에서는 "'국어'와 '국어 문화'가 국어의 정체성을 확보해 줄 수 있는 주요 요소이고 이 둘이 긴밀하게 결부될 수 있는 국어교육의 한 영역이 국어 생활사 교육"으로 규정하였다.

도를 취하는 경우가 많다. 가령 이도형(1999)은 국어사 교육의 당위성을 국어 지식 영역에서 구하면서도 국어 문화와의 연계적인 차원에서 찾기도 하며, 김영욱(1998)은 그것을 국어 기능의 능력을 신장시키는 측면에서 구하면서 한편으로 국어 지식으로서의 고유성도 존재한다는 입장을 취하기도 한다. 어떻든 위에서 (4가)를 제외한 입장들은 국어사 교육에 대한 존재론적 당위성을 국어 지식의 고유한 영역에서 구하기보다 다른 영역의 기반 지식 영역에서 구한다는 점에서 공통된다.

여기서 이러한 경향이 국어사 교육 내의 자생적인 생각에서 비롯하였는가 아니면 국어 활동 영역을 중시하는 현 교육의 흐름을 반영한 데서 비롯한 것인가라는 의문이 제기되는데, 이에 대한 답은 국어사 교육의 방향을 설정하는 데 중요한 관건이 될 터이다. 만약 전자의 경우라면, 국어사 교육 내용을 현 교육과정 체제처럼 '문법' 혹은 다른 영역과 통합해서 구성함이 타당하겠지만, 후자의 경우라면 이와 다른 차원에서 접근해야 할 것이기 때문이다. 이에 대해서는 다음 장에서 논하기로 하고, 여기서는 일단 국어사 교육의 필요성에 대한 기존 입장들을 살핌으로써 그것의 필요성을 보다 명확하게 인식할 수 있었다는 점과 다음 장에서 이루어질 국어사 교육의 방향을 설정하는 데 단초를 제공 받았다는 점에 만족하기로 하자.

14.1.3 교육과정의 측면에서

설령 지금까지 살핀 이유에서 국어사 교육의 당위성을 확보했을지라도 국어 교육과정 안에서 그것을 구하지 못한다면 교육적 실효성을 담보하기는 어렵다. 주지하듯이 교육은 철저하게 교육과정에 근거하여 실행되는 까닭이다. 그러므로 지금까지 이끌어 온 논지를 강화시키려면 최소한 최근의 교육과정 안에서라도 국어사를 가르쳐야 할 당위성을 찾아야 할 것이다. 이런 의미에서 「2011 국어과 교육과정」에서 국어사를 포함하는 '국

어Ⅱ'와 '독서와 문법'의 교육 목표를 정리해 보면 다음과 같다.[9)]

(5) 2011 국어과 교육과정의 '국어Ⅱ', '독서와 문법' 교육 목표

가. '국어 Ⅱ'

(가) 국어 활동과 국어와 문학에 대한 전문적이고 심화된 지식을 익혀 다양한 상황에서 국어를 창의적으로 사용한다.

(나) 다양한 유형의 담화와 글을 비판적이고 창의적으로 수용·생산함으로써 교양인이 갖추어야 할 심화된 국어 능력을 함양한다.

(다) 국어 문화에 대한 폭넓은 이해를 바탕으로 미래 지향적인 국어 문화를 창조하는 태도를 기른다.

나. '독서와 문법'

(가) 독서와 언어의 본질을 사회 문화적 소통 차원에서 체계적이고 전문적으로 이해한다.

(나) 국어 현상을 탐구하고 다양한 자료를 분석하며 비판적·창의적 문제 해결 능력을 기른다.

(다) 다양한 관점의 글을 비판적으로 읽고 논리적으로 의미를 재구성하며 사회 공동체의 독서 활동에 능동적으로 참여한다.

(라) 독서와 문법을 통하여 개인의 삶과 사회 현상을 성찰하며 국어 문화를 창의적으로 발전시키는 태도를 기른다.

먼저 '국어 Ⅱ'에서 국어사 교육과 관련되는 것으로는 ㉮의 '국어에 대한 전문적이고 심화된 지식'이라는 내용과 ㉰의 '국어 문화'에 대한 언급이고, '독서와 문법'에서는 ㉮, ㉯, ㉱에 강조한 부분이다. 이로써 「2011 국어과 교육과정」도 국어사 교육의 필요성을 도외시하지 않았음이 확인

9) 물론 「2011 개정 교육과정」의 근원이 「2007 개정 교육과정」임을 고려할 때나 국어교육의 본원적 기능을 고려할 때 그것의 목표가 크게 달라질 이유가 없을 터이지만 그래도 보편적이고 객관적인 논의를 진행하기 위해서는 이쯤에서 그러한 점들을 확인하는 작업이 필요하다는 생각이다.

된다. 이 점은 다음에 제시한 내용을 살필 때 더욱 명확해진다.

(6) 가. 국어의 변천을 이해하고 국어의 발전 방향을 탐구한다. ('국어 Ⅱ', [문법-10])
나. 언어가 갖는 특성인 기호성, 규칙성, 창조성, 사회성, 역사성을 탐구하고 이해한다. ('독서와 문법', [독서와 언어의 본질-3])
다. 국어 자료를 읽고 국어의 변천을 탐구한다. ('독서와 문법', [독서의 실제와 국어 자료의 탐구-26])

보다시피 '국어Ⅱ', '독서와 문법'의 세부 내용 가운데는 비교적 분명하게 국어사와 관련된 내용이 제시되어 있다. 물론 교육과정을 입안하기 전에 국어사 전공자들이 국어사 교육의 필요성을 강조하여, 이를 수용한 결과가 위의 (4)와 (5)이므로, 이를 통해서 국어사 교육의 당위성을 구하는 것은 본말을 전도시키는 태도라는 견해가 있을 수 있다. 그러나 역으로 교육과정이 국어교육에 대한 원론적인 입장을 먼저 수용하여 그것의 목표를 위와 같이 설정하였을 수 있다는 논리도 성립된다. 어떻든 본고는 이런 자가당착적인 모순을 피할 목적에서, 먼저 국어교육의 원론적인 입장을 확인하여, 그것의 당위성을 보장 받았던 것이다. 어떤 관점에 입각하든 우리 입장에서 국어사 교육의 당위성은 비교적 명확하다.

14.2 국어사 교육의 자리매김

현재 국어사 교육에 회의적인 관점은, 그것을 포괄하는 상위 영역인 문법 교육에 대한 시각에서 파생한 경향이 없지 않다. 국어 활동 영역을 중시하는 현 교육과정에서 문법 교육의 무용론이 적지 않게 대두되다보니, 그 영역에 포함된 국어사 교육에 대해서도 회의적일 수밖에 없지 않느냐는 것이다. 그러나 문법 교육에서조차 국어사 교육의 필요성에 의문을 제기하는 경우가 많다는 것이 문제이다. 이런 상황에서 국어사 교육의 위상을 확보하기는 쉽지 않다.

그런데 지금까지 논의한 바를 정리해 보면, 국어사 교육은 문법 교육과 무관하게 그 자체로서 당위성을 확보하고 있음을 깨닫게 된다. 전 항에서 우리는 국어사 교육의 필요성을 문법 교육과 관련지어 구하지 않고 국어과에서 다루어야 할 교육 내용이나 교육과정 안에서 독립적으로 구하였다. 그러한 논의가 타당하다면 국어사 교육이 국어교육의 한 영역으로서 정당하게 자리매김을 하지 못할 이유도 없다, 그러기 위해서 국어사는 어떤 방향으로 나가야 할까? 지금부터는 이 점을 생각해 보기로 한다.

14.2.1 고유 영역으로 독립

현 교육과정이나 국어과에 배정된 시수 등의 국어 정책적인 측면을 고려하지 않는다면 국어사 교육은 타 영역과 분리하여 국어 지식 영역으로서의 독립성을 추구해도 무방하지 않나 한다. 이런 생각은 다음에 제시한 국어교육의 목표를 살피는 과정에서 비교적 분명해질 것으로 기대한다.

(6) 가. 국어 활동과 국어와 문학을 총체적으로 이해하고, 건전한 교양인으로서 갖추어야 할 일반적인 국어 능력을 신장시켜 국어의 발전과 국어 문화 창조에 이바지할 수 있는 능력과 태도를 기른다. (국어Ⅰ)

나. 국어 활동과 국어와 문학을 심층적으로 이해하고, 성숙한 교양인으로서 갖추어야 할 전문적인 국어 능력을 신장시켜 국어의 발전과 국어 문화 창조에 이바지할 수 있는 능력과 태도를 기르는 것을 목표로 한다. (국어Ⅱ)

위의 내용을 살피면, 현 교육과정이 국어 활동을 중시하는 것이 사실이지만, 국어 지식과 국어 능력의 신장을 도외시하거나 소홀하게 간주하지 않는다는 사실도 확인할 수 있다. 이미 전항에서 논의한 대로 여기의 '국어'나 '국어 능력'은 국어 지식의 개념으로 이해되고, 그것은 국어에 대한 총체적 지식을 의미하므로 여기에는 국어사에 대한 지식도 당연히 포함된다. 그런데 유독 국어사 교육은 다른 영역에 비해 '지식'적인 성격이 강한 것이 사실이다. 이 점은 다음에 인용한 내용에서도 확인되기도 한다.

(7) 가. 국어 지식 영역들 가운데 현대어가 아닌 옛말의 문법이나 국어사 내용들은 도구적 기능 영역들에 별반 이바지하지 못하는 것들이다. 15세기, 17세기의 문법을 배웠다고 해서, 또 19세기 문법을 배웠다고 해서, 그런 것들이 실제 말하기, 읽기, 쓰기에 큰 영향을 끼치지 못하는 것이다. 한 예로 7차 문법 교과서에서는 국어사 내용이 '부록'으로 들어가 있을 뿐, 그것도 교수 학습 내용으로서가 아니라, 달랑 참고 자료 정도로 제시되어 있을 뿐이다. (이관규 2004 : 409)

나. 이는 국어사 지식이 단순한 지식에 그치지 않고 국어 생활이라는 큰 틀 속에서 이해되어야 한다는 인식의 전환을 드러낸 것이다. …… 다만 그러한 인식의 변화에도 불구하고 실제로 교과서에서 다루어져야 할 지식의 내용은 거의 달라지지 않고 7차 교육 과정 이후의 교육과정들에 그대로 이어졌다는 점 또한 정확히 이해되어야 할 것이다. (양정호 2012 : 161)

그렇다고 해서 이관규(2004)가 국어사 교육의 무용론을 주장하지는 않았다. 오히려 국어사 교육의 중요성을 피력하면서, 그것의 활성화 방안을 교수·학습법에서 찾아야 한다는 입장을 취하였다. 국어사가 지식적 성격이 강하다는 사실은 (나)의 내용에서도 드러나는데, 여기서 2007 개정 교육과정에서 국어사에 대한 인식 전환이 이루어졌음에도 교과서나 이후 교육 과정에서 그 내용들에 변화가 없다는 반성을 하고 있는데, 이는 일견 당연한 이치로 간주된다. '지식'을 가르치는 교수·학습법은 변할 수 있으나 내용 자체가 변하기는 어렵기 때문이다. 국어사의 이 같은 특성 때문에 그것을 다른 영역에 포함시키거나 연계하기가 쉽지 않다. 그런데 현재로서는 그것을 문법 교육에 포함시키고 있으니, 국어 활동 영역의 기반 지식으로 역할하려는 문법 교육의 입장에서는 부담스러울 수밖에 없는 존재일 터이고, 그러다 보니 국어사 교육의 무용론은 탄력을 받게 되지 않았나 한다.

전장을 마무리하면서, 국어사의 연계 혹은 통합의 필요성이 자생적인 데서 연유하는지, 아니면 시류를 반영하는 데서 비롯하는지를 다시 생각해야 하고, 이에 대한 결과에 따라 국어사 교육의 방향은 달리 설정되어야 한다는 입장을 밝히면서, 자세한 논의는 본 장으로 미루었다. 굳이 말하지 않더라도 후자에 해당한다는 사실을 우리는 잘 알고 있다. 즉 현 교육과정이 국어 활동의 능력에 대한 신장을 중요시하는 한편, 다소 무리하게 영역 혹은 과목 간의 통합을 추구하다보니, '문법'과 '독서'를 통합하고 전자에 국어사를 포함시켰다는 사실을 익히 알고 있다는 것이다.

이런 결과가 국어사 교육의 무용론으로 나타났다면, 그것의 독립성을 주장하는 의견이 한 번쯤은 개진될 필요가 있다고 생각한다. 잠시 교육의 시류에 거리를 두고서 국어교육에 대한 원론적인 관점을 견지한다면 국어사 교육은 다음과 같은 면에서 독자적인 영역으로 간주되기에 충분하기 때문이다.

(8) 가. 우리가 학교 교육에서 국사에 대한 이해를 필요로 하듯이, 국어에 대한 체계적인 지식은 단순히 국어학자의 몫만이 아닌 우리 민족 모두의 몫일 것이다. 언어 사용 능력에 직접적인 도움이 되지 않는다고 하여 국어에 대한 체계적인 지식을 학교 교육에서 배제할 수 없는 까닭이 여기에 있다. (권재일 1995 : 162)

나. 언어 사용 기능의 기초가 될 수 있는 언어 지식은 언어 사용 기능과

관련시켜 지도하고, 그렇지 않은 것들이 있다면 그 나름의 가치를 살려 가르친다는 관점이다. (이성영 1995 : 112)

다. 국어 지식의 교육을 국어 사용 기능 신장을 위한 보조 수단 정도로만 바라보는 한 그 내부가 제한된 수준 이상으로 확장되기를 기대하기는 어렵다. …… 국어 지식 영역의 내용 체계를 모색할 때 기능 신장이라는 제한된 목표를 세워놓고 그것만을 위하여 필요하다는 식으로 제한하는 시각을 불식시켜야 하는 이유가 여기에 있는 것이다. (김광해 1996 : 38)

라. 만일 문법 교육의 실재 그 자체에 대해 천착한다면 문법이 갖는 '지식'적 성격을 인정하는 것이 이를 애써 외면하면서 '적용'이나 '활동'과 관련시키는 것보다 문법 교육의 목표 설정에 더 도움이 될지도 모른다. (신명선 2006 : 256)

위의 내용은 영역 간 혹은 과목 간 통합의 움직임이 활발했던 시기의 견해들로, 보다시피 지식적 성격이 강한 영역이 국어 활동 영역의 보조 혹은 수단의 영역으로 간주되는 것에 우려를 표하면서, 그것을 독립적인 영역으로 인정해야 하는 근거를 제시하고 있다. 요컨대 국어교과가 반드시 국어 활동의 신장만을 위해 존재하지는 않는다는 것이다. 사실 이러한 입장은 앞 장에서 살핀 원론적인 관점(2, 3의 인용문)에 입각하여 구축한 국어교육 내용에도 내재되어 있었다. 거기의 내용에도 국어 지식은 독립 영역으로서 존재했었다. 이런 점을 고려하면 여타 영역보다 지식적 성격이 강한 국어사를 독립적인 영역으로 간주하여 국어에 대한 사적 이해를 체계적으로 전수함이 타당하지 않을까 한다. 국어사 지식이 국어 활동의 능력 신장에 직접적으로 기여하지 않더라도 그것을 국어교육에서 가르쳐야 할 명분은 이제 충분하기 때문이다.

이러한 제안은 국어사 교육을 원론적인 관점에서 접근하여 그것의 교육적 의의를 찾아보려는 본고로서는 이러한 의견을 개진해 보는 것도 의미

있는 시도로 간주된다.

14.2.2 타 영역과 통합 가능성 검토

이제 국어사 교육이 국어교육에서 위상을 확립할 수 있는 현실적인 방안을 모색해 보도록 하자. 이런 차원에서라면 타 영역 그것도 국어 활동 영역과의 통합 가능성을 궁구해야 할 터인데, 현재로서는 이 역시 이상에 머무를 수밖에 없는 실정이다. 위에서 언급하였듯이 국어사에 대한 지식이 '말하고, 듣고, 읽고, 쓰는 데' 기반 지식으로 기여할 가능성은 그리 높지 않은 까닭이다. 그러면 어떤 영역과 통합하여야 상호 기여하는 바가 있을까?

14.2.2.1 문법 교육 영역과의 관계 정립

이런 맥락에서라면 우선적으로 현재 그것의 상위 영역으로 간주되는 문법 교육과의 관계부터 정립해야 한다. 객관적인 입장에서 이러한 관계 설정이 타당하다면, 국어사는 문법 교육에 기여하는 방법을 모색해야 하고, 그렇지 않다는 판단이 서면 국어사는 문법 영역에서 독립하여 그것을 필요로 하는 영역과 통합을 시도해야 할 것이다.[10] 주지하듯이 국어사가 문법 교육 영역에 배당된 계기는 제4차 교육과정에서 국어과 영역을 "언어 사용 신장을 위한 '표현·이해' 영역과 언어와 국어에 관한 체계적 지식을 가르치기 위한 '언어 영역', 문학에 관한 체계적 지식을 가르치기 위한 '문학' 영역으로 나눈"(최미숙 외 2012 : 40) 3분법적 관점을 취한 데서 찾아진다. 이런 분류라면 지식적 성격이 강한 국어사는 당연히 '언어 영역'에

10) 그렇다고 해서 필자가 다른 영역과의 통합을 이상적으로 생각하는 것은 아니다. 이에 대한 필자의 생각은 바로 다음 항에서 제시될 것이다.

포함되어야 한다.

그러나 문법 교육 입장에서는 원치 않을 수 있다. 그것은 먼저 국어 활동과 무관하게 지식적 성격이 강하다는 이유로 문법 교육 자체의 필요성을 문제시 삼은 터에, 지식적 성격이 그보다 더 강한 국어사마저 포함되면 문법 교육의 지식적 측면은 더 두드러질 가능성이 많기 때문이다. 이에 더하여 '문법'에 대한 일반적인 개념은 좁은 의미로는 형태론과 통사론을 뜻하고, 넓은 의미로는 "형태론과 통사론뿐 아니라 음운론, 의미론, 용법 등도 포함되는 개념"을 의미한다(이성영 1995 : 100). 그것의 범주를 좁게 파악하든지 확대하든지 간에 국어사는 여기에 해당되지 않는다는 점을 고려할 때 그러하다.

사실 '문법'은 공시적 언어 구조를 이해하는 분야임에 비하여 국어사는 넓은 의미의 문법에 해당하는 모든 영역을 시대별로 연구하는 분야이다. 이런 맥락에서 보면 '문법'은 국어사의 한 시기에 해당하는 언어 구조에 대한 이해인 것이다[11]. 즉 국어사가 문법보다 상위 영역에 해당한다. 양정호(2012) 등이 국어사 교육의 활성화 방안을 논하면서, 국어사가 다루어야 할 범위와 대상이 현 교육과정에서는 광범위하게 설정되어 있음을 지적하였는데, 국어사의 위와 같은 특성을 고려한다면, 현 교육과정의 태도에 일견 이해되는 바가 있기도 하다.

이처럼 국어사 교육에서 다루어야 할 내용이 방대한데 교과서에는 소단원으로써 국어 현상을 시대에 따라 개략적으로 언급하는 차원에 그치다 보니, 국어사는 이해하기 어려우면서 그것의 상위 영역인 문법 교육과도 무관하게 인식될 수밖에 없을 것이다. 요컨대 국어사는 문법 영역과 분리

11) 여기서 언어 구조는 현재 문법 교육의 범주로 간주하고 있는 '음운, 형태·통사, 의미, 어문 규범'을 통괄하는 개념이다. 즉 현 교육과정에서의 문법 교육 영역에서 국어사를 제외한 모든 영역을 포괄하는 것이라 할 수 있다.

됨이 마땅하다. 필자는 국어사 교육이 국어교육에서 정당한 자리매김을 하지 못했던 주요 원인 가운데 하나를 문법 영역과의 잘못된 관계 설정으로 분석한다. 국어사 교육의 당위성을 충분히 담보한 입장이라서 더욱 그러하다.

이런 면을 중시한다면 전항에서 제안한 방향으로 국어사 영역은 재배정되어야 할 것이다. 그러나 현실에서 그것은 불가능하다. 그러면 국어사는 어떤 영역 혹은 과목과 통합하는 것이 합리적일까?

14.2.2.2 고전문학과의 통합 가능성

이때 고려해 볼 대상이 바로 '문학'과 '고전'이다. 특히 국어사 교육의 활로를 '국어 문화'에서 구하려는 움직임은 이러한 경향을 이끄는 원동력이 되었는데, 국어(문법)는 문화의 일종이며, 그것을 예술로 표현한 것이 문학이므로 이 두 영역은 국어교육의 두 축으로 간주해야 한다(김광해 1996)는 관점에 입각해 있다. 그러나 최근에는 그것을 국어 생활사의 측면에서 구하고 있는데, 이는 국어 문화라는 개념의 모호성을 인식하는 데서 시작하여 국어사 교육의 필요성을 다소 무리하게 그것에서 구하였다는 반성에서 비롯한 경향이다.

필자 역시 이런 관점에 터해 국어사 교육의 활성화 방안을 '고전'과의 연계에서 구하고자 하였다. 그리고 그러한 모색은 장윤희(2002, 2004, 2009) 이후 객관적인 근거로서 지속되고 있다. 그런데 필자는 최근 이 같은 연계가 과연 실용적인가 하는 자성을 하게 되었다. 우선 현실적으로 고전 영역에서 국어사와의 통합을 환영할 것인가라는 의문이 제기되었고, 최소한 우리의 관점에서 국어사는 지식적 성격이 강한 영역임에 비하여 문학은 국어로써 표현한 결과물이어서 이 두 영역에 대한 교수·학습 방식 또한 다를 것이라는 생각에 도달하였기 때문이다. 전자는 텍스트를 이용하든 그렇지 않든지 간에 지식에 대한 직접 교수법을 활용할 가능성이 크고 후자는 그것을 총체적으로 이해하고 수용하는 방식으로 접근할 가능성이 높다. 그런데 이 두 영역을 통합 혹은 연계한다면, 지금까지 감상과 해석 위주였던 고전 영역에서 국어 지식에 대한 이해까지를 도모해야 하는 부담을 안게 될 것이다. 이렇게 되면 결과적으로 현재의 국어 활동 영역과 문법 교육의 관계, 국어사와 문법 교육의 연계에서 보이는 부정적인 결과에 도달할 가능성이 크다.

고전과 국어사 교육의 연계를 적극적으로 검토한 장윤희(2004 : 464)에서 '국어사를 교과서의 한 단원에서 집약적으로 다루기보다 고전문학 작품이 등장할 때마다 정교하게 선정되고 조직된 국어사 지식을 교육하는 편이 더 나을 수 있다.'는 의견을 개진한 것도 위와 같은 우려를 최소화하기 대안으로 이해된다.

그러면 고전에서 국어사 지식은 전혀 도움이 되지 않는가? 그렇지 않다는 사실이 장윤희(2002, 2004), 김영욱(2007), 이관규(2004) 등에서 입증되었다. 특히 장윤희(2002)에서는 '청산별곡'을 예로 들어서 국어사 지식이 결여되었을 때 범할 수 있는 문학적 해석의 오류를 밀도 있게 검증하였다. 훈고주의식 교육이 될 가능성을 우려하여 고전과 국어사의 연계를 주저하는 입장에서도 고전의 바른 이해는 바른 국어사 지식에서 비롯한다는 사실까지를 도외시하지는 않을 터이다. 여기서 고전과 국어사의 상관성이 찾아진다.

그러나 그것은 현재와 같은 과목 간 통합의 차원에서가 아니라 고유 영역으로서의 연계 차원에서 이루어져야 할 것이다. 국어 지식으로서 국어사 교육을 체계적으로 전수하여, 그 결과가 고전을 감상할 때 기반 지식으로 작용되도록 하여야 한다는 의미이다. 국어사가 지식적 성격이 강하여 그것을 국어교육에서 수용하기가 쉽지 않다는 이유로 다른 과목과의 통합을 시도하는 것은 또 다른 왜곡된 통합 양상을 생산할 따름이다. 국어에 대한 전문적인 전수 또한 국어교육에서 담당해야 할 의무가 있음을 확인한 우리로서는 이러한 태도를 지양할 수밖에 없다. 그렇다면 필자의 입장은 어떠한가라는 의문이 제기된다. 지금까지의 논의를 종합해 본다면, 국어사 교육의 고유성을 주장하였지만, 현 체제에서 실현 불가능하다는 이유로, 다른 영역 혹은 과목과의 통합을 고려하면서 그것의 상위 영역인 문법 교육과도 분리하여야 한다는 입장을 보였다. 그리고서 고전과의 통합에 대해서도 회의적인 관점을 취한 까닭에 현재로서는 국어교육 안에서 국어사 교육을 자리매김하기보다 도리어 현재보다 그것의 위치를 더욱 불안정하게 하였다는 오해를 불러일으킬 수도 있기 때문이다. 이에 필자는 다음과 같은 그림으로써 국어사 교육에 대한 본고의 입장을 분명히 하고자 한다.

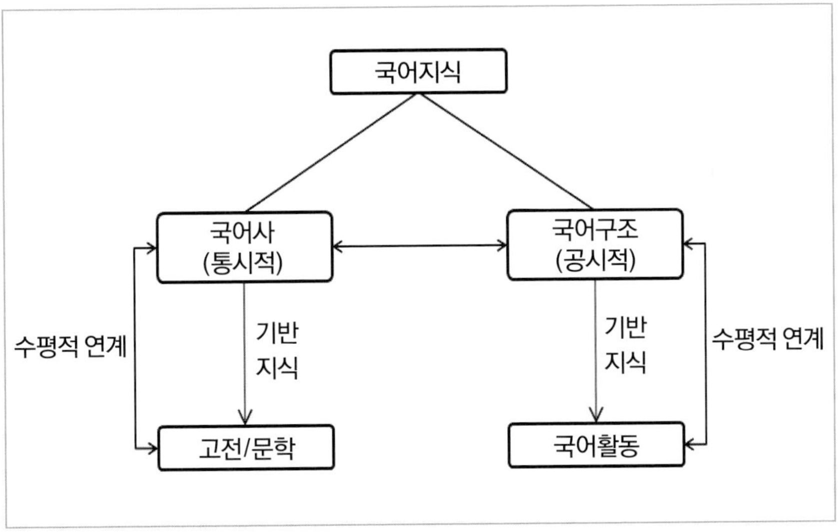

〈그림 1〉 국어교육의 영역 설정

현 교육과정에서 국어교육을 '국어(문법), 국어 활동, 문학'의 3영역으로 분류하는 점을 수용하지만, 국어사를 문법 영역의 하위 범주로 간주하는 점과 '음운·의미·통사' 등을 포괄하여 '문법 교육'으로 통칭하는 점을 반성하여, 국어사를 후자의 영역과 독립시켜 이들을 대등한 관계로 설정한 후, '국어 지식'이라는 명칭으로 포괄하기로 한다. 즉 지금의 '문법'이라는 용어를 '국어 지식'으로 대체한 것이다. 그러므로 3영역 체제는 그대로 유지되는 셈이다.

이 두 범주는 국어에 대한 체계적인 지식을 전수한다는 점에서는 공통되지만, '문법'은 공시적인 국어 현상을 대상으로 하고 '국어사'는 통시적인 국어 현상을 대상으로 한다는 점에서 구분된다. 물론 이들을 현 교육과정처럼 '문법'이라는 용어로 지칭하여도 무방하지만, 위와 같이 '국어 지식'으로 명명한 이유는 문법이란 개념으로는 국어사를 수용할 수 없다는 생각에서이다.

여기서는 용어 선택보다 현 교육과정 체제를 수용하면서 이들을 분리하고자 한 점에 주목할 것을 기대한다. 이런 체계 안에서 국어사는 주로 고전(문학)의 기반 지식으로, 문법은 국어 활동의 기반 지식으로 연계되는데, 그 방식은 독립적인 수평적 연계이다. 위와 같은 체계에서는 '국어사'와 '문법'의 교육 내용에 대한 비율 혹은 분할이 문제시 될 수 있다. 현 교육과정 체제를 수용한다는 전제 아래, 국어사의 위상을 위와 같이 정립하였는데, 이런 입장을 취하면 '문법'에 대등한 정도의 '국어사' 교육 내용을 구축해야 하고, 그렇게 하면 문법의 교육 내용이 상대적으로 줄어들 공산이 높아진다는 문제가 제기될 수도 있기 때문이다.

필자 또한 이러한 점을 예견하지 못한 바는 아니나, 〈그림 1〉과 같은 우리 입장이 어설프나마 어느 정도 의미가 있다는 평가를 받은 후에 두 영역의 교육 내용에 대해 궁구해도 늦지 않다는 생각에서 이 문제는 기회를 달리해서 논의하기로 한다. 익히 알고 있듯이 국어사 교육의 무용론이 제기된 것이 최근의 일은 아니다. 학계에서는 이를 극복하기 위해 국어사를 국어 활동 영역이나 국어 문화와 연계하는 방향을 생각하고, 그에 부응하는 교육 내용을 구축하고자 노력하여 왔다. 그리고 최근에는 국어 문화를 국어 생활사라는 개념으로 재해석하여 여기서 국어사 교육의 활로를 탐색하기도 하였다. 그런데 필자는 이러한 노력 이전에 '국어사 교육은 과연 필요한가?'라는 가장 기본적인 물음부터 진지하게 이루어져야 한다고 생각하였다. 이런 논의 없이는 위와 같은 노력도 무의미하다는 판단에서이다.

그래서 본 저서에서는 국어교육에 대한 원론적인 관점과 그것의 필요성을 강조한 기존 입장들이 제시한 근거, 교육과정에서 설정한 국어교육 목표 등을 분석하여 국어사 교육의 필요성을 확인하였고, 그것의 당위성을 '국어 지식'적 측면에서 구하였다. 요컨대 국어교육은 국어 활동의 능력을 신장시키는 것도 중요하지만 국어에 대한 체계적인 지식을 전수하는 국어 지식 영역의 능력을 신장시키는 것 또한 중시하였는데, 국어사는 이러한 능력 신장에 관여하므로 국어교육에서 그것을 가르치는 것은 당연하다는 논리이다.

이 같은 당위론적인 필요성이 존재함에도 불구하고 현재와 같은 상황에 처한 이유를 본고는 지식적 측면이 강한 국어사를 국어 활동의 영역과 의도적으로 연계하려 한다든지 개념이 모호한 국어 문화의 측면에서 그것의 필요성을 무리하게 구한 데에 있는 것으로 파악하였다. 그리고 그러한 문제를 해결하기 위해 국어사를 문법 교육 영역에서 독립시켜 이 두 영역을 '국어 지식'으로 아우르자는 방안을 제시하였다. 그것은 먼저 지식 전수의 측면이 강하다는 점에서 문법과 같은 영역으로 묶일 수 있으나 국어사가 문법에서 다루어야 할 내용보다 훨씬 포괄적이어서 전자를 후자의 하위 범주에 포함시키기는 무리가 있는 것으로 판단하였기 때문이다. 즉 현 교육과정에서 문법은 공시적인 국어현상을 체계적으로 전수하는 것을 목적으로 하는 데 비하여, 국어사는 문법에서 다루는 시기뿐 아니라 그 이외의 국어 현상까지를 통시적으로 전수하는 영역이어서 그것의 교육 내용이 문법 영역보다 광범위하므로 전자를 후자의 하위 범주로 간주하는 것은 무리라는 것이다.

이렇게 문법과 대등한 관계에서 국어 지식 영역에 해당하는 국어사는 고전과는 각 시대의 국어에 대한 지식을 전수하는 방법으로 연계하며, 문법은 국어 활동을 신장시키는 기반 지식으로 연계한다는 것이 본고의 입장이다. 이런 입장을 취할 때의 문제점은 현 교육과정 안에서 국어사 교육이 비대해지는 반면 현재 문법 교육의 교육 내용 등이 축소될 가능성이 있다는 것이고, 이에 따라 두 범주에서 다루어야 할 교육 내용도 재편성되어야 한다는 것이다.

15

국어사 교육 내용 설계*

「국어」 교과에서 차지하는 국어사 교육의 비율이 극히 낮다는 것은 주지의 사실이다.[1] 그럼에도 불구하고 그것의 필요성과 당위성은 김영욱(1998), 장윤희(2002), 이도영(1999), 김경훤(2005), 박형우(2004), 김유범(2013) 등을 비롯한 많은 연구에서 입증되었다.

이제 국어사 교육은 변화의 방향을 모색해야 할 시점에 와 있다. 그것의 상위 영역인 문법 교육에 변화가 감지되는 까닭이다. 그러한 변화는 「2015 교육과정」의 문법 영역 내용 체계에 '기능' 항목이 설정되었다는 데에서부터 찾아진다. 기존 교육과정과 달리 「2015 교육과정」은 모든 영역의 내용을 '핵심개념 – 일반화된 지식 – 학년군별 내용 요소 – 기능'으로 체계화한바, 이에 근거하여 문법 영역에도 '기능'이라는 항목이 설정되었겠지만 '지식'의 성격이 강한 것으로 간주해왔던 '문법 영역'에 '기능' 부문

---

* 이 장은 「한글 302」(2013)에 발표한 '문법교육에서의 국어사 내용 체계 구성'을 재정리한 것이다.

1) 국어 과목에서 국어사 비율은 양정호(2012, 2015), 박형우(2014), 김경훤(2005) 등에서 확인된다.

을 그대로 적용시킨 점은 지금까지 교육과정과 확실히 차이를 보인다. 이는 문법 교육이 국어의 내적 체계나 규칙 등을 가르치는 차원에 머무르지 않고 '문법을 사용할 줄 아는 능력'을 배양시켜야 한다는 이른바 '문법 사용하기'를 강조하는 문법 교육(학)계의 경향을 반영한 결과로 해석된다. 「2015 교육과정」에서 문법의 핵심 개념을 '국어의 본질, 국어 구조의 탐구와 활용, 국어 규범과 국어생활, 국어에 대한 태도'로 세분하여 '국어 규범과 국어생활'을 '발음과 표기, 어휘 사용, 문장·담화 사용' 등으로 규정하면서 '사용'이란 용어를 선택한 점이나 기존 교육과정에서 '탐구와 적용'으로 규정한 내용 체계를 '탐구와 활용'으로 바꾼 점 등을 감안할 때 그러하다.

국어사가 문법의 일부분으로 간주되는 만큼 국어사 교육은 마땅히 이러한 변화의 흐름을 수용해야 할 것이고, 변화는 교육 내용에서 시작되어야 할 것이다. 그에 따라 교수·학습 방법이 달라지고, 교육 목표의 실현 여부도 달라질 정도로 교육 내용은 교육의 중핵에 해당하는 까닭이다. 그러면 국어사 교육 내용은 어떻게 변해야 하는가. 본 장은 이러한 물음에서 출발한다.

15.1 '문법 사용하기'를 위한 국어사 교육 내용

국어사 교육의 당위성은 '학습자가 국어사 교육을 통하여 얻을 수 있는 능력이 무엇인지(주세형 2005: 326)'에 답할 수 있을 때 확보된다. 여기서의 능력이 비단 국어사에 대한 지적 확장만을 의미하지는 않을 것이고, 학습자 실제 언어생활에 도움을 주는 실리적인 '힘'까지를 포괄하는 개념일 것이다. 이러한 능력을 길러서 문법을 언어생활에 직접 활용하는 것은 '문법 사용하기'라고 한다. 다음에 제시한 〈표 1〉은, 「2015 교육과정」이 이러한 실리적 측면의 능력 신장에 무게를 두고 있음을 확인시켜 준다.

〈표 1〉「2015 교육과정」과 「2012 교육과정」의 교육 내용 변화

<table>
<tr><th>년도
범주</th><th>2012</th><th>2015</th></tr>
<tr><td rowspan="2">한글</td><td>한글의 가치</td><td>제자 원리에 대한 기초적 이해</td></tr>
<tr><td>제자 원리(상형, 가획, 병서 등)</td><td>한글이 소중한 이유, 독창적이고 과학적인 측면</td></tr>
<tr><td rowspan="3">국어 변천</td><td>고대, 중세, 근대 국어 시기를 거치면서 변한 국어 양상</td><td>중세국어와 현대국어에 대한 개략적인 이해</td></tr>
<tr><td>앞으로 어떻게 변화하고 발전할 것인지 탐구하고 모색</td><td rowspan="2">한글 창제 후의 중세국어 자료와 현대 국어 자료를 비교하며 국어의 역사성 이해</td></tr>
<tr><td>국어 속에 선인들의 사고가 어떻게 반영되어 왔는지에 대한 이해</td></tr>
<tr><td rowspan="3">남·북한 언어</td><td rowspan="3">남북한 언어 차이 파악(표기법, 어휘, 문장, 담화)</td><td>통일 시대의 국어에 관심을 가지는 이유</td></tr>
<tr><td>남북한 언어의 차이와 그것으로 인한 어려운 측면</td></tr>
<tr><td>남북한 언어 차이를 극복하기 위한 노력</td></tr>
</table>

「2012 교육과정」과 달리 「2015 교육과정」은 '국어의 변천' 부문을 중세국어와 현대국어로 한정시킴으로써 국어사 교육의 본질을 호도한 것은 아니냐는 의문을 제기하도록 한다. 우려되는 면이 없지 않은 변화이다. 그럼에도 불구하고 연구자는 다음의 생각을 견지하고자 한다. 교육 전반을 관장하는 「교육과정」에 제시된 문법 교육이 '기능'과 '사용'을 중시하는 방향으로 나가고 있는 이상, 국어사 범주 가운데에서도 지식의 성격이 강한 '국어 변천'을 「2015 교육과정」 이전과 동일하게 구성하기는 어렵지 않겠느냐는 것이다. 「교육과정」 자체를 재고할 수 없는 현재로서는 변화의 흐

름을 수용하면서, '국어 변천'을 제대로 구현할 방안을 모색하는 편이 효율적이고 실질적인 대처법이라고 생각한다. 이러한 판단의 근저에는 변화에 회의를 품는 것 자체가 지식의 면을 중시하는 시각에서 벗어나지 못하고 있음을 함의하지는 않는가라는 자문이 포함되어 있다.

이상의 생각에 터해, 〈표 1〉을 다시 점검하면, '남·북한 언어'의 경우 「2012 교육과정」에서는 남·북한의 표기나 어휘, 문장의 차이를 파악하는 데 중점을 두었지만 「2015 교육과정」에서는 그러한 차이를 극복하기 위해 어떤 노력을 해야 하는가에 중점을 두었으며, '한글'의 경우 「2012 교육과정」은 제자 원리인 상형, 가획, 병서 등을 구체적으로 다루도록 하였지만 「2015 교육과정」은 이러한 제자 원리의 기초만을 이해하도록 하고 한글의 우수성과 독창성을 깨달아서 그것을 소중하게 생각하는 태도 형성에 무게를 두었다.

위와 같은 변화는 앞에서도 언급한, 음영으로 강조한 '국어 변천'에서 뚜렷해진다. 「2012 교육과정」에서는 고대, 중세, 근대, 현대의 시대에 따라 변하는 국어 양상을 익히고 그것이 어떻게 변할 것인가를 생각해 보게 하고, 과거의 국어에 반영된 선인들의 사고를 이해하도록 하는 등의 다소 많은 분량을 학습하여 국어사 지식을 배양하도록 하였지만 「2015 교육과정」에서는 고대와 근대 국어 시기를 제외한 중세와 현대 국어의 양상만을 개략적으로 이해하여 국어 역사성을 파악하는 데 중점을 두었다.

여기서는 '국어 변천' 부문에 논의의 초점을 맞추고자 한다. '한글'과 '남·북한 언어'는 교육 내용이 개괄적이면서 수월해졌을 뿐 학습 요소가 변하지 않았지만 '국어 변천'은 범위를 중세국어와 현대국어 시기로 한정하였을 뿐 아니라, 두 시기의 국어 현상(음운, 문법, 의미 등)을 개략적으로만 이해하도록 함으로써 국어사 교육의 일대 변화를 가져온 계기로 파악되는 까닭이다.[2)]

15.2 현대국어 이해의 심화

현대 국어 문법을 보다 잘 이해하기 위해 국어사 지식이 필요하다는 논의는 이승희(2015), 김유범(2013), 주세형(2005) 등을 중심으로 그동안 꾸준히 개진되어 왔다. 이때 많이 언급되었던 부분은 어문규범과 관련한 국어사 지식으로, ① 현대 국어의 '사이 ㅅ' 규정(한글맞춤법 제30항), ② 'ㅂ·ㅎ 소리가 덧나는 소리(댑싸리, 멥쌀, 입때·수캐, 수컷, 암캐)'에 대한 규정(한글맞춤법 제31항), ③ '수컷'을 이르는 접두사 「수-」에 대한 규정(표준어 규정 제7항) 등이다. 여기에 더하여 다음과 같은 문법 요소도 주목할 필요가 있다.

(1) 현대 국어의 '나/내·너/네'
가. 나를 두고 가지 마라.
나. 내가 가고 싶다.
다. 너에게 나를 보낸다.
라. 네가 가면 나도 간다.

주지하듯이 현대 국어 1·2인칭 대명사는 '나, 너'인데 주격 조사가 실현

---

2) 이러한 범위 한정의 태도는 「2015 교육과정」의 다음과 같은 교수·학습 방법 및 유의 사항에서 연구자가 밑줄로써 강조한 부분에서 다시 확인하게 된다.
① 국어의 변화를 지도할 때에는 국어사의 세부 사항을 자세하게 학습하기보다는 학습자가 쉽게 이해할 수 있는 언어 자료를 사용하며, <u>시기는 중세국어와 현대국어로 한정하여</u> 학습 부담을 줄여 주도록 한다.

물론 위와 같은 취지는 중세국어와 현대국어의 차이를 비교하는 과정에서 국어 변화의 모습을 자연스럽게 파악하자는 것이었을 터이다. 그럼에도 불구하고 「교육과정」의 조항에서 인식되어지는 면은 과거의 교육과정에서 고대국어-중세국어-근대국어 등으로 시기를 분명히 밝히면서, 그것의 특성을 이해하도록 한 입장과 차이를 보이는 것은 사실인 듯하다.

될 경우에는 '내, 네'의 형식으로 바뀐다. 이에 대해 현대국어 문법에서는 "'너'와 '나'가 주격조사와 결합되면 '*너가, *나가' 대신 '네가, 내가'로 변하는 것(고영근·남기심 2002: 80)"으로 기술하고 있다. 공시적 관점에서는 최선의 설명이지만, 중세국어의 지식을 더하면 다른 설명이 가능하다.

(2) 중세국어의 '나/내'와 '너/네'(유창돈 1987: 「이조어 사전」)

가. 나ᄂᆞᆫ 어버ᅀᅵ 여희오 (「석상」6, 5〉)/ 涅槃得호ᄆᆞᆯ 나 ᄀᆞᆮ게 ᄒᆞ리라 (「석상」6, 1〉

나. 내 太子를 셤기ᅀᆞ보ᄃᆡ (「석상 12」, 32)/ 내 나아간ᄃᆞᆯ 아바님이 나ᄅᆞᆯ 올타ᄒᆞ시니 (「월천」 11)

다. 너를 노하 보내면 (「월석」 8, 98)/ 너와 ᄀᆞᆯ ᄫᆞ리 업스니라 (「월석」 18, 57)

라. 네 迦毗羅國에 가아 (「석상」 6, 1)/ 네 곧 道ㅣ라 (「월석」 9, 24)

중세국어 시기의 1·2인칭 대명사는 '나, 너(2.가, 다)'였는데 주격조사 '이'가 결합하면 하향 이중모음 '내, 네(2.나, 라)'가 된다(고영근 2006: 84, 나찬연 2009: 99 참조). 이런 결합이 '내/네'라는 단일한 형식으로 굳어지게 된바, 여기에 주격 조사를 연결한 형식이 현대 국어의 '내가/네가'로 추정된다. '내/네'에는 이미 주격조사 '-이'가 내포되어 있으므로 주어 이외의 다른 성분으로 기능할 수 없는 까닭에 항상 주격 조사 '가'만이 연결되는 것이다. 곧 통시적 관점에서 이들은 주격조사 중출형(내/네 ←나/너+이〉 내가/네가 ← 내/네+가)에 해당한다.[3] 이러한 국어사 지식을 갖춘 학

3) 중세국어 시기의 '(미지칭) 대명사+(보)조사'가 한 단어로 굳어진 또 다른 예는 '누구'이다. 이는 미지칭 대명사 '누'에 의문보조사 '고'가 연결된 형태인데(다음 예문 참조) 현재는 '누고〉 누구'가 의문대명사로 인식되고 있다. '나/내, 너/네'의 주격형을 설명하면서, '누구'의 변화를 아울러 제시해 주는 것도 학습자들의 국어사 지식에 대한 흥미를 유도하는 한 방법으로 간주된다.

습자가 그렇지 못한 학습자에 비하여 더 효율적이고 분석적으로 자신의 언어를 이해할 것임은 자명하다. 다음의 문법 요소도 같은 이유에서 국어사 교육 내용으로 선정할 만하다.

(3) 현대국어의 '재우다'(「표준국어대사전」)와 중세국어의 '재다'(「이조어사전」)[4]

가. 손님이 왔나 보다 생각하며 형주는 아이를 재우고 마루로 나섰다.

나. ᄒᆞᄅᆞᆺ밤 재게 홈이(「번노 상」 43)/ 지븨 드러 재더니(「석상」 6, 16)/ 나그내로 ᄒᆞ여 재엿더니 (「번노 상」 45)

현대국어 '재우다(3.가)'는 '자다'의 사동형인데 왜 '*자우다'가 아니라 '재우다'로 되는가라는 의문을 가질 법하다. 공시적인 접근으로는 설명하기 쉽지 않다. '내/네'처럼 '자다'의 사동형은 '자우다'가 아닌 '재우다'인 것으로 설명할 수밖에 없다. 그러나 통시적인 관점을 더하면 상황이 달라진다. 중세국어 시기에는 '자다'에 사동형 접미사 '이'를 결합한 '재다(3.나)'형을 사용하였는데, 여기에 다시 사동형 접미사 '오'를 더하여 '재오다'가 되었는데, 여기의 '오'가 '우'로 변하여 현재 '재우다'로 되었다는 점을 덧붙이면 설명의 개연성은 더 높아지기 마련이다. '재우다'를 '내/네'처럼 문법 기능이 중복된 '이중 사동형('재다←자+이다〉 재우다←재+우다')'으로 설명할 수 있기 때문이다. 이때 다음의 '태우다, 채우다' 등과 같은 다른 사동형을 아울러 제시하면 탐구학습의 좋은 자료가 될 것이다.

가. 이 사ᄅᆞ미 누고〈「월석」 17, 34〉
나. ᄆᆞᅀᆞ매 심히 ᄉᆞ랑ᄒᆞᄂᆞ닌 누고〈「두초」 16, 39〉

4) 현대국어 용례는 「표준국어대사전」에서, 중세국어의 용례는 「이조어사전」에서 인용하였다. 이후 별도의 출처 표기를 하지 않기로 한다.

(4) 현대국어의 '태우다'와 중세국어의 'ᄐᆡ오다'

가. 승객을 차에 태우다/ 저녁을 먹은 후 바람이 서늘해지면 아버지는 나를 목에 태우고 밖으로 나갔다.

나. 큰 象 ᄐᆡ오시고 百千 사ᄅᆞ미 侍衛ᄒᆞ야(「석상」 10, 29)/ 사ᄅᆞᆷ브려 팔천리 상ᄋᆞᆯ ᄐᆡ와 공양ᄒᆞᇙ 거슬 가져(「월석」 7, 52)

(5) 현대국어의 '채우다'와 중세국어의 '채오다'

가. 빈 자리를 채우다/ 이삿짐이 방안을 가득 채우고 있다.

나. 八十年을 ᄎᆡ오고 너교ᄃᆡ(「월석」 17, 47)/ 바ᄇᆞ로 이블 ᄎᆡ오ᄂᆞ니(「영가상」 22)

'태우다(4.가)'는 [탈 것이나 짐승의 등 따위에 몸을 얹다]를 뜻하는 '타다'의 사동형이고 '채우다(5.가)'는 [일정한 공간에 사람, 사물, 냄새 따위가 더 들어갈 수 없이 가득하게 되다]를 뜻하는 '차다'의 사동형이다. '재우다'의 형성 과정을 알게 된 학습자라면 각각 '타+이+오/ 차+이+우'로 분석할 가능성이 높다. 그런데 이들은 중세국어 시기부터 'ᄐᆡ오다(4.나)'와 'ᄎᆡ오다(5.나)'로만 사용되었지 '*ᄐᆡ다/ *ᄎᆡ다'로는 사용되지 않았다. 이점은 '재우다'와 비교되어서 '재우다: 태우다·채우다'의 사동형 형성 과정이 왜 다른가라는 의문을 제기시킨다.

이러한 의문은 학습자들의 좋은 탐구 대상이 되어서, 그들은 중세국어에서 현대국어로 이어지는 동안 '역동적으로 변화하게 된 기제가 무엇일지(주세형 2005: 341)'를 추정해 보는 과정에 능동적으로 참여할 것이다. 시기별 사동형 접미사를 나열하거나 사동형 구성 방식을 기술만하기보다 비교되는 언어 현상을 교육 내용으로 할 때, 학습자들의 호기심과 흥미는 높아질 것이기 때문이다. 수업이 이렇게 진행되면 국어사 지식은 과거의 언어 양상에 대한 '전문적인 지식'으로만 간주되지 않고, 학습자 자신의 언어를 보다 잘 이해하는 데 활용하는 '재료(도구)'로 인식될 가능성이 높다. 국어사 지식을 '재료'로 활용한다고 해서 국어사 교육의 고유성이나 독자성이 평가절하 되지는 않는다. 국어교과가 도구 교과로 인식된다고 해서 여타 다른 교과보다 덜 중요하게 평가되는 대신, 그러하므로 국어교과는 다른 교과에 필연적으로 중요한 과목으로 평가된다는 사실이 상기되는 지점이다.

현재 언어 현상을 이해하는 데 필요한 중세국어 지식이 위에서 논의한 바가 전부는 아니다. 과문한 연구자의 지식 범주 안에서 허용된 것일 뿐으로, 더 많은 문법 현상이 찾아지기를 기대한다.

15.3 현대 국어 운용의 원리 탐구

국어사 지식은, 학습자들이 자신의 언어생활을 운용하는 원리를 찾아내는 근거가 되기도 한다. 이러한 문법 요소를 교육 내용으로 설정하면 그들이 새로운 말을 생성하는 근거가 어디에 있는지를 깨닫는 계기가 되어서, 국어사 지식을 단순한 지식으로서가 아니라 실제 언어생활을 관장하는 원리로 인식할 가능성이 크다.

(6) 조(신)어
  가. 먹거리
  나. 놀토[등교를 하지 않고 쉬는 토요일, 매주 둘째 주와 넷째 주 토요일]

'먹거리(6.가)'는 동사 어간이 바로 의존명사와 결합할 수 없는 현대국어 조어 방식을 고려하여 '잘못된 표현'으로 간주되다가, 언중들의 빈번한 사용으로 2011년에 표준어로 인정되었음은 주지의 사실이다. '웃을 거리, 입을 거리, 쓸 거리'는 '*웃거리, *입거리, *쓰거리'로 사용하지 않으면서 유독 '먹을 거리'만 '먹거리'로 사용하는 언중들의 언어 습관을 규범에서 수용한 것이다.[5] '놀토(6.나)'도 같은 방식으로 만들어낸 단어로 간주할 만한데, 현재 〈표준국어대사전〉에 등재되어 있지 않았다. 그런데 국립국어원에서 개방형 사전으로 기획하여 최근(2016년 10월 경)에 개통한 〈우리말샘〉에는 등재되었다. 이 '놀토'는 다음에 살필 용례(7)들처럼 구의 줄임말로 분석할 수 있지만 '놀다'의 어간과 '토요일'을 바로 결합한 구성으로 해석해야 할 듯하다. 만약 '노는 토요일'을 줄였다면 '*논토'의 구성이 되어야 하기 때문이다. 어떻든 이 단어는 [등교나 출근을 하지 않고 쉬는 토요일이 되면 왠지 불안하고 초조해 지는 증상]을 뜻하는 '놀토 증후군'이라는 구까지 파생할 정도로 확실한 자리매김을 한 것으로 보인다.[6]

이와 같은 신어 생성 방식은 중세국어 시기의 그것에 근거한 것으로 추정된다. 주지하듯이 중세국어는 동사의 어간을 바로 연결하여 새로운 단어(빌먹[乞食], 딕먹[啄食], 듣보[聞見], 죽살[死生])를 생성하는 방식이 매우 활발하였다(이기문·이호권 2008: 158).[7] 이러한 현상을 이기문·이호권

5) '먹거리'를 표준어로 인정한 후에, 「표준국어대사전」은 '먹거리'와 '먹을 거리'의 뜻을 다음과 같이 구별하였다.

가. 먹거리: 사람이 살아가기 위하여 먹는 온갖 것.
나. 먹을 거리: 먹을 수 있거나 먹을 만한 음식 또는 식품.

'먹거리'를 현대국어 조어법을 어긴 것으로만 간주하면, 이를 학교 문법에서 다루기 어려운 점이 없지 않은 것으로 생각할 수 있다. 그러나 이미 표준어에서 인정하고, 학습자들이 자주 사용한다는 면을 중시한다면 '어간+명사'가 합성한 단어로 간주해도 무방하지 않나 생각한다. 우리의 논점은 학습자들이 사용하는 단어를 중시해야 한다는 데에 있기 때문이다.

6) 물론 '놀토'는 주 5일 근무제가 정착하기 전에 만들어진 형식이어서 '지속성'의 문제로 단어로 인정하기보다 유행어로 간주할 가능성도 있다. 여기서는 〈우리말샘〉에 등재된 사실에 주목하여 단어로 인정하는 입장을 취하였다.

7) 이러한 방식은 현재 '오가다, 설익다, 돌보다, 오르내리다' 등에만 남아있다(이기문·이호권 2008: 159 참조). 그것은 근대국어 시기로 오면서 부동사형 어미 '아, 어'를 선행 동사 어간에 적극적으로 연결하기 시작한 때문이 아닌가 한다.

(2008: 158)에서는 국어의 동사 어간이 어미와 유리될 수 있음을 암시하는 것으로 해석하고 중세국어에 동사 어간과 명사가 합성한 ‘뿟돌(礪, 현대어 숫돌)’을 그 예로 들었다. ‘뿟돌〉 숫돌’의 조어 방식이 먹거리, 놀토와 유사함은 물론이다.

이런 추정이 국어사 학계에 어느 정도 정설로 받아들여지고 있는 만큼 그것을 국어사 교육에 활용하면 공시적 관점에서 설명하기 어렵지만 표준어로 인정받은 ‘먹거리’, 아직은 인정받지 못한 ‘놀토’라는 단어의 생성 배경을 이해(설명)할 수 있다는 점에서 적지 않은 의미를 지닌다고 하겠다. 물론 이러한 조어 방식은 극히 일부에 해당하는 것이어서 이들을 교육 내용으로 삼기에는 부적절한 면이 없지 않다. 그런데 정작 이들의 가치는 과거의 조어 방식이 현재에도 유효하다는 사실을 인식시켜 주는 데 있다.

(7) 가. 먹방[먹으면서 하는 방송], 볼매[볼수록 매력 있음], 불금[불타는 금요일], 듣보잡[듣지도 보지도 못한 잡놈]
나. 먹자골목[식당이 밀집해 있는 골목]

‘먹방, 불금(7.가)’ 등은 ‘먹으면서 하는 방송, 불타는 금요일’을 줄여서 생성한 언어 형식으로, 결과적으로 동사 어간과 명사의 결합형으로 간주된다. 앞서 살핀 ‘놀토’와 근본적인 구성 방식은 다르지만 최종 결과물은 같다고 할 수 있다. 만약 이러한 결합 방식(어간+명사)이 학습자들에게 완전히 낯설게만 인식된다면 단어 생성 기제로 사용하지 않았을 터인데, 현재 활발히 사용하는 까닭은 그들의 언어 능력(competence)에 중세국어의 조어 방식이 구조화 되어 있기에 가능하지 않나 한다. 비유하자면 학습자의 언어 사용 DNA에 동사를 어간과 분리하여 다른 언어 형식과 결합하는 방식이 내재되어 있기에 공시적으로 용인되지 않은, ‘놀토, 먹방’ 등의 단어들을 생성할 수 있었다는 것이다.

학습자들에게 이러한 면을 깨우쳐 준다면, 국어사 교육은 비단 과거 국어에 대한 지식을 전수하는 단계에 머무르지 않고 그들에게 자신의 언어 사용을 관장하는 원리가 무엇인가를 해석해 내는 능력을 키워주는 단계로 진입함으로써 '문법 사용하기'의 부면과 접하게 된다. 자신의 언어를 통시적 안목으로 분석할 능력을 지닌 학습자는 그렇지 못한 학습자와 언어 사용 양상에서 차이를 보이고 언어를 대하는 태도에서도 차이를 보일 것이다. 국어사 교육이 이와 같은 방향으로 진행된다면 '언어 자체를 대상화할 수 있는 능력'을 지닌 '탐구적 인간(최미숙 외 306)'을 양성하게 됨으로써 상위 영역인 문법의 목표를 달성하는 데에도 기여할 것이다.

'먹자골목(7.나)'은 구(먹자 골목)로 분석할 가능성도 있지만 음식점이 모여 있는 구획을 지칭한다는 면을 고려하면 학습자들이 단일한 단위를 뜻하는 단어(합성어)로 생성하였을 가능성도 충분하다. 이렇게 해석하더라도 동사 어간과 명사의 결합이 아닌 '먹자'라는 구와 명사의 결합으로 분석된다. 이런 점에서 지금까지 살핀 용례와 차이를 보인다. 그러나 현재 활발히 사용되는 언어 형식이라는 점에서는 일치한다. 여하튼 이러한 구성 방식이 학습자들에게 용인되는 근거를 위와 같은 맥락에서 구할 수 있는바, 이들이 지닌 교육적 가치 또한 대등한 것으로 평가된다.

혹여 이런 방식으로 만들어진 단어가 적다는 이유에서 교육 대상으로 삼기에는 부적절하다는 우려가 있을 수 있지만, 비록 적은 용례일지라도 학습자들의 언어 운용 방식을 규명하는 기제로 활용될 수 있다면 그것의 교육적 가치는 충분하다고 생각한다.

15.4 현재 진행 중인 변화 파악

언어는 끊임없이 변한다. 변화는 현재 진행 중이기도 하다. 국어의 역사성을 이해하고자 하는 국어사 교육이 현재의 변화 양상에도 관심을 가져야 하는 이유가 여기에 있다. 범시적 시각에서 국어사 교육의 필요성을 주장한 주세형(2005), 김남미(2016) 등은 이런 맥락에서 타당하다. 또 이런 관점에 입각할 때, 현재 진행 중인 문법화와 역문법화 현상은 국어사 교육의 고려 대상이 된다. 박형우(2014: 133~135)에서도 문법화를 국어사 교육 내용으로 설정하기를 제언하면서 그것의 가치를 '① 국어교육적 관점이 고려된 국어사 교육, ② 학생들의 언어 직관이 개입할 수 있는 국어사 교육, ③ 공시적 관점과 통시적 관점을 포함한 범시적 관점의 국어사 교육, ④ 인지적 과정을 중심으로 탐구학습이 가능한 국어사 교육, ⑤ 언어적 변화의 원인을 고려하는 국어사 교육'으로 판단하였다. 연구자는 위와 같은 생각에 동의하면서, 현재 진행되고 있는 문법화까지 교육 내용에 포함시켜야 하며, 이때 역문법화도 함께 고려해야 한다는 입장을 견지하고자 한다.

문법화를 범박하게 정의하면 '어휘형태가 문법형태로 변하는 과정'이라 할 수 있다. 박형우(2014: 143)에서는 김유범(2003)의 문법화 유형을 전폭 수용하여 다음과 같이 유형화하였다.

(8) 문법화 관련 국어사 지식 교육 내용(박형우 2014: 143)
가. 조사: ᄀᆞ티/ 두고/ ᄃᆞ려, 의그에
나. 어미: -디/ -ᄃᆞᆯ/ -ᄉᆞᆸ-, -ㄴ다/ -ㄹᄊᆡ/ -었-/ -겠-, -사이다/ -게라
다. 보조용언: -어지다/ -고 싶다

위처럼 중세국어 시기의 문법화만을 교육 내용으로 한다면 박형우(2014)에서 제시한 문법화의 가치는 하락할 수밖에 없다. 먼저 범시적 시각에서의 국어사 교육을 기대하기 어렵고, 다음으로 학습자들의 언어 직관이 개입되기 어려우며, 그러므로 탐구 학습을 유도하기가 쉽지 않기 때

문이다. 국어사 교육이 학습자에게 어떤 능력을 길러줄 것인가라는 물음에서 출발한 본고는, 학습자들이 '띄어쓰기'에 혼란스러워 하는 언어 형식들을 교육 내용으로 선정하기로 한다. 다음에서 확인되듯이 띄어쓰기 혼란은 현재 문법화와 역문법화 과정에 있는 언어 형식들이 중심을 이룬다는 판단에서이고, 이런 현상을 교육 내용으로 하면 학습자들의 능동적인 참여를 유도할 수 있으리라는 기대에서이다. 여기에 입각점을 둘 때, 국어사 교육에 포함시킬 만한 일차적인 문법화 형식은 대략 다음과 같다.8)

(9) 현대국어 시기의 문법화
　가. (의존)명사〉 조사: 만, 대로, 만큼, 밖(에) 등
　나. 의존명사〉 어미: 바, 데, 지

이들은 현재 문법화 과정에 있으면서(양영희 2016ㄱ, 안주호 1997, 고영진 1997 참조), 학습자들이 띄어쓰기에 혼란을 느끼는 언어 형식들로 구체적인 용례는 다음과 같다.

(10) 의존명사〉 조사
　가. 하루 종일 잠만 잤더니 머리가 띵했다.: 듣고 보니 좋아할 만은 한 이야기이다.
　나. 틈나는 대로 찾아보다.: 처벌하려면 법대로 해라.
　다. 주는 만큼 받아오다.: 명주는 무명만큼 질기지 못하다.

8) 물론 이러한 문법화와 역문법화를 학습자들에게 이해시키기 위해서는 문법적 지식이 상당해야 한다는 한계를 지니고 있다. 이러한 면을 인지하면서도 연구자가 (역)문법화를 국어사 교육 내용으로 제언하는 까닭은 본문에서도 언급하였지만 현대 국어 시기에 진행하고 있는 국어 변화 양상을 학습자들에게 보여줌으로써 국어사가 학습자 자신들과 무관한 옛날의 언어를 대상으로 한다는 인식을 바로 잡기 위함이다. 이런 점을 고려하면 (역)문법화는 국어 변화의 모습을 파악하는 교육 내용으로 상정해도 무방하리라 생각한다.

라. 동구 밖에까지 우리를 따라 나오며 배웅하셨다./ 공부밖에 모르는 학생

(11) 의존명사〉 어미

가. 어찌 할 바를 모르다.: 서류를 검토한바, 몇 가지 미비한 사항이 발견되었다.

나. 머리가 아픈 데 먹는 약: 날씨가 추운데 외투를 입고 나가거라.

다. 강아지가 집을 나간 지 사흘 만에 돌아왔다.: 건강은 좋은지

'의존명사: 조사·어미'의 기능(뜻)은 구별 된다. 가령 '만'의 경우 의존명사는 [앞 말이 뜻하는 동작이나 행동에 타당한 이유가 있음]을 뜻하지만 조사는 [어떤 것을 한정함]을 뜻한다. 그러나 학습자들은 동일한 형식에 이끌리어 기능이 같을 것으로 추정하여 띄어쓰기도 같으리라는 판단을 하게 되는데, 어문 규범에서는 기능에 따라 띄어쓰기를 달리 하라고 하니, 그들로서는 혼란스러운 것이다. 이러한 이유를 공시적인 관점만으로는 설명하기 어려운 면이 없지 않다. 그러나 범시적 관점에 입각하면, 기능이 변해 가는 과정에서 오는 혼란으로 설명할 가능성이 열린다. 가령 '바(11.가)'는 현행 맞춤법 시행 이전에는 '의존 명사'로만 기능하였으므로 언제나 띄어 썼는데, 여기에 조사의 기능이 첨가되어 현행 맞춤법부터는 붙여 써야 하는 경우가 발생하여 학습자들이 혼란스럽게 생각한다는 설명을 더할 수 있다. 요컨대 기능 변화에 따른 혼란이다.

그동안 많은 연구자들이 문법화의 변화 원인을 규명하였지만(고영진 1997, 안주호 1997, 시정곤 2010, 양영희 2016ㄱ 등), 문법화를 국어사 교육의 대상으로 간주하고자 하는 입장에서는 변화의 원인을 분석하는 데 집중하기보다 ① 그러한 변화가 현재 일어나고 있으며, ② 그 변화의 주체는 바로 학습자 자신들이라는 사실을 깨닫도록 하는 데 집중해야 할 것이다. 의존명사는 관형어를 선행하므로 일반적으로 '관형사형 어미+ 의존

명사'로 많이 구현되는데, 이러한 구성에 익숙해진 학습자들이 이를 한 단위로 인식하게 되면서 결국에는 (연결)어미의 기능을 획득하게 된 것으로 추정되는 까닭이다.[9] 위와 같은 인식이 형성될 때, 학습자들은 ① 언어 변화가 비단 역사의 산물만이 아니며 ② 현재에도 변화하는 실체이면서 ③ 학습자 자신들이 그러한 변화를 주도하는 주체임을 확인하게 됨으로써 ④ 궁극적으로 현재 일어나는 변화가 이후에는 국어사 지식의 일부가 되리라는 예측력을 확보하게 된다.[10] 여기에 더하여 이러한 문법화가 국어의 역사와 함께 진행되어왔음을 인식시켜 주어야 한다. 다음에 제시한 문법화는 중세국어 시기에 완료된 것으로 추정된다.

(12) 중세국어 시기의 문법화

가. 중세국어시기 이전=동사〉 중세국어=조사〉 현대국어시기=조사: -더러, -부터, -조차,

나. ᄃᆞ리(率)〉 ᄃᆞ려〉 더러/ 븥(着)〉 브터〉 부터/ 좇(隨)〉 조차/ 두(置)〉 두고

다. 目連이ᄃᆞ려 니ᄅᆞ샤ᄃᆡ (「석상」 6, 1)/ 녀름브터 겨스레 가니 (「능엄」 1. 17)/불휘조차 쓰니라(「금삼」 2, 50)/ 웃사ᄅᆞᆷ두고 더은 양ᄒᆞ야 (「석상」 9, 14)

위의 용례들은 국어사 학계에서 중세국어 이전 시기에 동사였다가 중세국어 시기에 '조사'로 변한 것(이기문·이호권 2010, 안주호 1997 참조)으로 간주한 언어 형식으로, 앞서 살핀 (8)에서 국어사 교육 내용으로 선정한 부류들이기도 하다. 이러한 유형을 현재 진행 중인 문법화와 함께 다루

9) 그동안 안주호(1997), (양영희 2016ㄱ), 고영진(2005) 등에서 문법화의 원인을 규명하려는 노력을 해왔다. 여기서 인용한 연접에 의한 문법화는 그 가운데 하나이다.

10) 이와 같은 면은, 「2015 교육과정」에서 국어사 교육 내용을 시기별 국어의 특징을 일일이 제시하기보다 '국어가 변하는 실체임을 이해하도록 하는 데 ([10-국04-01]' 중심을 둔다는 면과도 상통한다.

면 학습자들에게 문법화가 비단 당대에만 존재하는 언어 현상이 아니라 중세국어 시기 이전부터 진행되어서 그 때 이미 완료되기도 하였음을 인식시켜 줌으로써 국어의 역사성을 확실히 깨닫게 하는 계기가 될 것이다. 다음에 제시한 역문법화도 이런 맥락에서 국어사 교육 내용으로 고려해 볼 만하다.

(13) 역문법화
　가. 접미사·의존명사〉 대명사: 님
　나. 접미사〉 명사: 꾸러기
　다. 접두사〉 부사: 개

역문법화는 문법화의 반대 방향으로 진행하는 언어 현상으로, '문법적 기능을 하던 언어 형식이 어휘적 의미를 지닌 자립어로 변하는 과정(양영희 2016ㄴ)'으로 정의된다. 중세국어 시기부터 있었던 문법화와 달리 역문법화는 현대국어 시기에 위의 용례를 중심으로 비교적 활발히 진행되고 있지만, 연구자에 따라 의견을 달리 하기도 한다.[11] 따라서 여기서는 노명희(2013), 강희숙(2012), 김유범(2006), 시정곤(2010), 양영희(2016ㄴ) 등에 공통된 언어 형식만을 취하기로 한다.

(14) 역문법화 용례
　가. 송채린 님, 이리 오세요, 과장님 안녕하세요?〉 님아 그 강을 건너지 마소.
　나. 장난꾸러기, 욕심꾸러기〉 꾸러기 삼형제, 꾸러기 동산
　다. 개고생, 개망나니〉 개 나대다, 개 썩었다.

---

11) 본문 (13, 14)와 같은 변화를 역문법화로 간주할 것인가, 아니면 어휘화로 간주할 것인가에 대한 이견도 상당하다(노명희 2013, 안주호 2002, 구본관 1993). 이에 대한 자세한 사항은 위의 논문들로 미루고, 여기서는 문법화와 반대되는 현상이라는 의미에서 역문법화라는 용어를 선택하기로 한다.

'님(14.가)'은 가장 대표적인 역문법화 형식으로, 접미사와 의존명사였던 '님'이 2인칭 대명사로 사용되기 시작하였으며, '꾸러기(14.나)'는 [그것이 심하거나 많은 사람]을 뜻하던 접미사가 [장난이 심한 아이]를 뜻하는 명사로 인정받기 시작하였고 '개(14.다)'는 [정도가 심한]을 뜻하는 접두사가 동사 앞에 선행하는 부사로 변하기 시작한 경우이다. 이 외에도 접두사 '초-, 왕-' 등을 역문법화 과정에 있는 언어 형식으로 간주하는 연구자들도 있다. 이러한 현상이 국어사 교육에 갖는 의의는 첫째, 학습자들 스스로가 언어 변화의 추동체임을 인식하게 되는 한편, 국어가 (현재) 변화하는 실체임을 깨닫게 할 수 있으며, 둘째 학습자 자신들이 만들어 가는 국어의 앞날을 생각해 봄으로써 국어 발전에 대한 태도를 형성할 수 있다는 것이다. 국어사 교육의 목표 가운데 하나가, 국어의 발전 방향을 생각해 보는 것임을 상기할 때, 역문법화는 국어사 교육의 내용 선정에 적지 않은 의미를 지닌 것으로 평가할 만하다. 셋째, 자신들의 언어를 교육 내용으로 하므로 학습자들이 능동적으로 수업에 참여할 수 있다는 점이다. 그리하여 국어사 교육은 학습자의 언어생활을 운용하는 원리를 찾아보게 하고 반성하는 계기가 되어서, 결국에는 '문법 사용하기'라는 문법 교육의 목표 지점과 통하게 될 것이다.[12)]

본장은 「2015 교육과정」에 나타난 '문법' 영역의 변화에 방점을 두어서,

12) 부언할 점은, 혹여 현대국어 시기에 진행하고 있는 (역)문법화는 '현대'의 문제이므로 공시적 관점의 현대 문법에서 다루어야 할 대상이 아닌가 하는 의문이 제기 될 수 있으며, 다루더라도 중세국어 시기에 완료한 현상만을 대상으로 해야 하는 것 아닌가 하는 의문이 제기될 수 있다는 것이다. 연구자가 확인한 바로는 현대 문법의 교육 내용에 이들은 포함되어 있지 않다. 그것은 '변화'의 현상이므로 공시적 관점에서 취할 문법 현상이 아닌 것으로 판단한 때문으로 추정된다. 또 중세국어 시기에 완료된 문법화만이 아닌 현대국어 시기에 진행되는 문법화를 교육 내용으로 해야 하는 당위성에 대해서는 본문에서 언급한 대로이다. 이런 맥락에서 본 논의에서는, (역)문법화를 국어사 교육 내용에 포함하였다.

그것의 한 부분으로 인정되는 국어사 교육이 이러한 경향에 부응하기 위해서는 어떻게 변해야 하는가라는 의문을 제기하는 데서 출발하였다. 변화는 교육 내용으로부터 시작되어야 한다는 생각 아래, 국어사 교육의 내용을 구성해 보는 데 논의의 초점을 모으고자 하였다. 그리하여 국어사 교육 내용은 다음 〈표 2〉처럼 구성되어야 한다는 결론에 도달하였다.

〈표 2〉 국어사 교육 내용

<table>
<tr><th rowspan="2">내용
범주</th><th colspan="2">교육 내용</th></tr>
<tr><th>「2015 교육과정」</th><th>학습 요소</th></tr>
<tr><td rowspan="2">한글</td><td>제자 원리에 대한 기초적 이해</td><td rowspan="2"></td></tr>
<tr><td>한글이 소중한 이유, 독창적이고 과학적인 측면</td></tr>
<tr><td rowspan="2">국어 변천</td><td>중세국어와 현대국어에 대한 개략적인 이해</td><td rowspan="2">• 현대 국어 이해의 심화:
– 중세국어 '내/네': 현대국어 '내가/네가'
– 중세국어 '재다/*태다': 현대국어 '재우다/태우다'
• 현대 국어 운용의 원리 탐구
– 중세국어 '뽓돌': 현대국어 '먹거리, 놀토, 먹방' 등
• 현재 진행 중인 문법 현상
– (의존)명사〉 조사: 만, 대로, 만큼, 밖(에) 등
– 의존명사〉 어미: 바, 데, 지
– 접미사〉 명사: 꾸러기
– 접두사〉 부사: 개</td></tr>
<tr><td>한글 창제 후의 중세국어 자료와 현대 국어 자료를 비교하며 국어의 역사성 이해</td></tr>
<tr><td rowspan="3">남·북한 언어</td><td>통일 시대의 국어에 관심을 가지는 이유</td><td rowspan="3"></td></tr>
<tr><td>남북한 언어의 차이와 그것으로 인한 어려운 측면</td></tr>
<tr><td>남북한 언어 차이를 극복하기 위한 노력</td></tr>
</table>

〈표 2〉의 범주는 「2015 교육과정」에서 국어사 교육 내용으로 제시한 것으로, 교과서 집필 시나 실제 교육의 준거가 될 것이다. 본 논의에서는 음영으로 강조한 '국어 변천'에 초점을 두었다. 이 범주가 기존의 교육과정과 가장 많은 차이를 보인다는 판단에서이다. 그리하여 다음과 같은 두 가지 면을 교육 내용의 준거로 설정하였다. 첫째, 국어사 교육이 학습자에게 어떤 능력을 길러줄 것인가이다. 둘째, 국어사 교육이 비단 과거의 언어에 대한 지식을 축적하는 데 그치지 않고 학습자들이 사용하는 언어의 근간이며, 그것을 운용하는 원리로 작동되고 있음을 깨닫게 하기 위해서는 교육 내용을 어떻게 구성해야 하는가이다.

본 논의는 이에 대해 ① 현대 국어에 대한 이해의 심화, ② 현대 국어 운용의 기제 탐구, ③ 현재 진행 중인 변화 파악이라는 세 가지 관점으로 접근하였다. 첫째와 관련해서는, 현대 국어 1·2인칭 대명사의 주격형이 '*나가/*너가'가 아닌 '내가/네가'로 실현되는 이유, '재우다: 채우다, 태우다'의 사동형 생성 방식이 다른 이유 등을 학습 요소로 구성하기를 제언하였고, 두 번째와 관련해서는 공시적 태도로서는 인정하기 어려운 '먹거리'를 학습자들이 꾸준히 사용하여 결국 표준어로 인정받을 수 있었던 이유를 중세국어 시기의 조어 방식에서 구할 것을 제언하였다.

마지막으로 세 번째와 관련해서는 학습자들이 띄어쓰기에 혼란을 보이는 형식이 문법화와 역문법화 과정에 있는 형식이고, 그러한 변화의 주체가 현재의 그들임을 인식하도록 함으로써 앞으로의 국어 변화 모습을 예측할 수 있는 능력까지 확보하도록 해야 함을 제언하였다. 여기서 분명히 밝혀 두고 싶은 것은, 연구자의 제언이 새로운 교과서에 이대로 반영되어야 함을 주장하고자 하는 것은 아니라는 점이다. 다만 변화된 국어사 교육의 내용을 구성하는 데에 연구자의 지엽적인 생각을 피력해 본 것이라 할 수 있다.

16

국어사 교육의 효율적인 교수·학습법*

주지하다시피 중세국어[1] 시기는 한글로 기록된 문헌을 고증할 수 있는 출발점으로 인정되는 만큼, 그동안 국어사 연구에서 중핵을 담당해왔다고 해도 과언이 아니다. 90년대 초반까지 학부 과목으로 국어사와 중세국어 문법을 독자적인 영역으로 인정하면서 후자를 다시 중세국어 강독과 문법으로 나누어 개설한 학교가 많았음이 이를 입증해준다.

그러나 이후 국어사와 중세국어를 국어사로 통합하는 경향이 우세하고[2] 중세국어를 따로 설강하더라도 강독과 문법[3]을 통합하는 추세이다.

---

* 이 장은 「국어교육학연구 51-4」(2016)에 발표한 '「2015 국어과 교육과정」에 근거한 국어사 교육내용 설계'를 재정리한 것이다.

1) 중세국어를 다시 전기와 후기로 나누어서 고려시대부터 훈민정음이 창제된 이전을 전자로, 훈민정음이 창제된 이후부터 17세기 이전까지를 후자로 규정하기도 한다. 이러한 구분을 적용한다면 본고가 지칭하는 중세국어는 후기중세에 해당한다고 할 수 있다.

2) 서울대, 연세대, 한양대, 경희대, 부산대, 충북대, 전북대, 강원대 등이 여기에 해당한다.

3) 성균관, 경남대학교, 경상대학교, 전남대, 목포대, 조선대 등이 여기에 해당하는데, 이 경우는 '훈민정음 연구' 등으로 과목명을 특수화하기도 한다.

이런 경향은 학과 전체 교과 과정을 고려하거나 현재 학문 풍토를 감안할 때 자연스럽게 받아들여야 할 측면이 없지는 않다[4]. 비단 국어학 중심으로 학과를 운영할 수도 없겠거니와 국어학 가운데에서도 취업이나 임용고시에 크게 반영되지 않는 교과를 우월한 위치에 놓을 형편도 아님이 엄연한 현실이기 때문이다. 그러나 학습자 수가 적어서, 소위 비인기 과목으로 전락함으로 이런 입장을 취하게 된 경우라면 그 원인을 찾아 방안을 모색하는 것이 교육자로서의 바람직한 자세가 아닐까 한다.

여기서는 이런 취지에서, 대학 내 중세국어 교육의 활성화 방안을 모색해 보고자 한다. 김유범(2006)은, 주제가 쉽게 파악되는 자료를 선정하여 그것을 분석하는 과정에서 얻어진 편린적인 문법 지식을 학생들 스스로 체계화할 수 있도록 방향을 잡아주는 식으로 수업이 진행되어야 학생들의 흥미를 유발할 수 있을 것이라는 의견을 제시했다.

필자는 이런 관점에 기본적으로 동의하면서, 여기에 덧붙여 다음을 제안하고자 한다. 첫째 학습자가 주도적으로 교육에 참여할 수 있는 창의적인 교육 모델을 구축할 필요가 있다는 것이고, 둘째 다른 교과와의 효율적 연계 및 독립성 보장 전략이 있어야 한다는 것이다. 그리하여 중세국어 교육을 받으면 다른 분야를 교과를 교육 받기가 수월하다든지, 다른 분야의 교육 내용을 제대로 이해하려면 중세국어에 대한 지식이 있어야 한다든지와 같은 인식이 학습자에게 형성되면 지금의 우려는 어느 정도 해소되지 않을까 한다. 본 논의는 이러한 기대로 출발한다.

---

4) 이렇게 된 데에는 현행 중·고등학교 국어과 교육의 책임도 없지 않다. 학습자들이 중세국어를 또 다른 외국어로 인식하고 어려워하게 된 저변에는 중·고등학교에서 중세국어나 국어사를 소홀히 한 책임도 어느 정도 있기 때문이다. 김영욱(1988), 이관규(2004), 김경훤(2005), 박형우(2006ㄱ, ㄴ), 이도영(1999) 등은 이런 점을 간과하지 않고 중세국어와 국어사 교육의 활성화 방안을 진지하게 검토하고 있다.

16.1 창의적인 교육 설계

현재 대부분의 중세국어 교육은 강독 시간에 문법을 설명하는 방향으로 진행되고 있다. 그러다 보니 교육이, 교육자들은 발췌된 자료에 나타난 문법·음운 현상을 열심히 설명하고, 학습자들은 이를 열심히 기록하는 이른바 주입식 형태로 진행되는 실정이다. 조어 방식이나 문장 구조 등이 현대국어와 같지 않은 까닭에 설명식 교육이 전혀 불필요한 것은 아니다.

그러나 이런 방식으로는 학습에 대한 학습자들의 동기 유발을 이끌어 내기가 쉽지 않다는 데 문제가 있다. 교육 과정 일체가 흥미 위주로 진행되어서는 안 되겠지만, 그래도 일단 학습자들의 흥미를 이끌어 낼 때, 의도한 교육 목표도 달성할 수 있을 것이다. 상식적인 언급이지만, 그러기 위해서는 학습자들의 지적 호기심을 자극할 수 있는 교육 방식이 절대적으로 필요하다. 인문학의 한 분야인 중세국어 교육에서 학습자의 흥미를 유발하려면, 학습자 스스로 어떤 사안에 대해 문제의식을 가지고 그것을 해결하는 과정에서 지적 희열을 경험할 수 있도록 하는 장치가 마련되어야 할 것이다. 필자는 이런 맥락에서 우선적으로 고려되어야 할 사안이 바로 교육 자료의 선택이라 생각하는바, 이에 대해 생각해 보기로 한다.

16.1.1 완결된 텍스트의 자료 선정

필자의 조사에 따르면, 지금까지는 중세국어 자료를 가능한 많이 다양하게 학습자들에게 소개하는 데 초점을 두어 교재를 제작한 것으로 이해된다. 참고로 현재 유통되는 강독 교재의 공통 목록을 보이면 다음과 같다.

(1) 『중세국어 강독』 교재 구성

가. 훈민정음언해

나. 용비어천가, 월인천강지곡

다. 석보상절, 월인석보, 능엄경언해, 금강경언해
라. 번역소학, 내훈, 여씨향약언해
마. 번역노걸대, 번역박통사
바. 두시언해

실제에서는 대부분 기본 자료에 해당하는 (1. 가, 나)를 중심으로 하여, (1. 다~바)를 선별적으로 강독할 것이다[5]. 어떻든 형식상으로는 해설서(1. 가)부터 운문(1. 나), 불경(1. 다), 경서(1. 라), 회화(1. 마), 시(1. 바)에 이르기까지 다양한 장르를 포괄하고 있다. 학습자들에게 생소한 중세국어 문헌을 친절하게 소개하는 것은 중세국어 교육의 기본 과정에 해당한다고 할 수 있다. 그런 점에서 지금까지의 학습 자료 선정 태도는 정당하게 간주된다.

그러나 해당 자료의 어느 부분을 왜 소개하였는가에 대해서는 재고의 여지가 있는 듯하다[6]. 필자의 선부른 판단이겠지만, 지금까지는 문장 구조를 포함한 문법 형식이 현대국어와 차이가 있는 부분을 자료 선정의 우선 조건으로 하지 않았나 한다. 그럼으로써 현대국어와 차별화된 중세국어의 문법을 선명하게 부각시킬 요량이었을 것이다. 중세국어 자료를 가능한 많이 소개하고, 거기에 드러난 문법 현상을 가능한 자세히 설명하는 데에 교육의 일차적 목표를 둔다면 이의를 제기할 생각이 없다. 그러나 해당 자료의 주제를 정확히 파악하고, 당시 생활상이나 문화 등을 이해하는 것도 중세국어 강독의 주요 목표 가운데 하나라는 사실도 감안함이 좋을 듯하다. 글쓴이가 전달하고자 하는 주제는 무엇이고, 어떤 장치를 이용해서 그 주제를 전개하고 있는가를 학습자들이 정확하게 파악

5) 강독의 교재는 교육자가 개인의 강의 목적에 따라 선별, 편집하여 사용하기도 한다.
6) 김유범(2006: 141-143)에서도 필자와 같은 우려를 하고 있다.

할 수 있도록 교육하는 것이 중세국어가 포함된 국어과 교육의 중요한 목표라는 점을 상기한다면 이 같은 필자의 생각에 일견 동의한 바가 있을 것이다.

여하튼 이상과 같은 목표를 달성하기 위해서는 강독의 자료 선택에 신중을 기해야 한다고 생각한다. 대부분의 강독 순서는 (1. 가, 나)를 우선으로 하고, 그 다음 (1. 다)의 『불경언해』 류로 이어질 터인데, 이 때 후자의 경우 『월인석보』나 『석보상절』이 주요 자료로 활용된다. 그런데 여기서 어느 부분을 발췌하느냐가 중세국어 교육의 성패를 결정짓는 관건이라 할 수 있다. 익히 알려져 있듯이 이 두 문헌을 포함한 『불경언해』 류는 불교 교리를 소개하는 데 주안점을 두는 까닭에 내용을 제대로 이해하기가 쉽지 않다. 그러나 핵심 내용이 단순히 설명형으로 전개되지 않고 다음과 같은 에피소드 형으로 전개된다는 사실을 주목해야 한다.

(2) 가. 『석보상절 6』의 구성 내용
① 나후라를 출가하게 함(1ㄱ~11ㄴ)
② 가섭이 출가하여 부처의 제자가 됨(11ㄴ~13ㄱ)
③ 수달 장자의 염원으로 부처의 설법이 이루어짐(13ㄱ~47ㄴ).

『석보상절 6』은 위와 같이 세 편의 에피소드로 구성되어 있다. 그 안에 각각 다른 등장인물들이 있고, 이들이 사건을 진행시켜 가면서 불교의 교리에 대해 설명하거나 석가의 일대기를 설명하는 식으로 전개된다. 예컨대 ①은 석가가 자신의 아들인 나후라를 출가시키기 위해 제자인 목련에게 야수다라(석가의 속세 부인)로부터 나후라를 데려 오라는 명령을 하였다. 이에 목련이 야수다라를 만나 석가의 명을 전달하는 과정에서 서로 갈등을 빚게 되는데, 여기서 야수다라는 석가가 자신과 결혼한 후, 득도하기까지의 과정을 목련에게 이야기한다. 석가의 10대 제자인 목련이 이러한 사실을 모를 리 없다. 결국 이 에피소드는 석가의 출가 과정을 독자에게 들려주기 위한 하나의 장치로 해석된다.

③의 에피소드에는 다음 (3)에 서술한 바와 같이 'ᄒᆞ야쎠'체로 유명한 수달과 호미의 일화, 수달과 사위국 태자의 일화, 그리고 부처가 수달의 청원으로 사위국에 와서 「승만경」을 설법하는 일화 등이 들어있다. 이런 작은 일화들 역시 등장인물들 간의 대화를 통해 결국은 불교의 교리와 범상치 않은 부처의 일대기를 독자들에게 알리기 위한 장치로 이해된다.

(3) 가. 「나후라 출가」
① 부처의 출가 과정 – ② 야수다라와 부처가 부부의 인연을 맺게 된 전생의 과업
나. 「가섭의 출가」
① 부처의 업적 – ② 속세인의 출가 과정
다. 「수달 장자 일화」
① 부처의 업적 – ②부처에 대한 예법 – ③ 부처의 설법

결국 『불경언해』 류가 부처를 찬양하거나 불교의 교리를 소개할 목적에서 편찬되었음을 감안할 때 어쩌면 위와 같은 내용 전개는 당연한 것일 수 있다. 그러나 그런 내용을 서술식으로 풀어가지 않고 소설 형식을 빌려 전개하므로 불교에 대한 이해가 전혀 없더라도 해당 중심 내용을 파악하는 데에는 하등 문제가 되지 않는다. 필자의 경험으로 미루어 볼 때, 학습자들에게 에피소드의 대략을 이야기하고 그들에게 해석할 시간을 주면, 직접 사전을 찾아가면서 어느 정도 내용 파악을 하는 것으로 보인다. 그러면서 학습자들은 스스로 중세국어 문장을 해석하여 이야기 구조를 파악했다는 데에 적지 않은 지적 희열을 느끼는 듯하다.

이 같은 과정을 몇 번 경험하면 학습자들은 해당 시간에 주어진 자료의 이야기 내용을 이해하기 위해서 형태소 분석에 관심을 가지는 한편, 스스로 그것을 분석하기 위해 문법에 관심을 보이게 된다. 이런 맥락에서 보면 예문 (1. 라)에서 소개한『경서』류나 (1. 마)의『대화』류를 중세국어 학습 자료로 적극 고려해볼 만하다. 김유범(2006: 148~149)에서 언급했다시피『경서』류는 짧은 텍스트 분량으로 군자의 도리, 충, 효, 열과 같은 비교적 쉬운 내용을 전달하므로 학습자들이 주제를 파악하기가 쉽고,『번역박통사』나『번역노걸대』등은 중국 상인과 고려인들이 나눈 대화가 주제를 중심으로 에피소드 형식으로 구성되어서 그 맥락을 따르다 보면, 당시 유행했던 수수께끼, 민간요법 등을 알게 되므로, 학습자들의 흥미를 유도하기에 충분하기 때문이다. 여기서 이해를 돕기 위해『번역소학』과『번역박통사』의 한 부분을 보이면 다음과 같다.

(4) 가.『번역소학 6』16ㄱ

諸葛武侯ㅣ 아ᄃᆞᆯ 경계ᄒᆞ욘 그레 ᄀᆞ로ᄃᆡ 君子ᄋᆡ 힝뎍ᄋᆞᆫ 안졍호ᄆᆞ로 모ᄆᆞᆯ 닷고 검박호ᄆᆞ로 德을 길을디니 ᄆᆞᆰ고 조티 아니면 ᄠᅳ들 ᄇᆞᆯ골 주리 업고 안졍티 아니면 먼 ᄃᆡ 닐위욜 주리 업ᄉᆞ니라

나.『번역 박통사』26-27

A : 네 그 ᄡᅢᆷ 우희 므슴 현듸오.

B : 아ᄆᆞ란 헌ᄃᆡᆫ동 몰래라

A : 언제 우터 나뇨

B : 그제우터 나니

A : ᄇᆞ라와 견듸디 몯ᄒᆞ얘라

B : 이러면 므던ᄒᆞ니 쉬이 져를 고틸거시니 구의여 골브티기 말라 ᄒᆞᆫ 법이 닛ᄂᆞ니 즉재 됴ᄒᆞ리라

A : 의원 형님라 네 이됴ᄒᆞᆫ 법을 날ᄃᆞ려 ᄀᆞᄅᆞ치고려

C : 손ᄶᅡ라고로다가 그 헐므슨 부리 우ᄒᆡ 추모로 나져 바며 머므디 말오 ᄇᆞᄅᆞ라 그리면 즉재 스러디리라.

A : 진실로 됴ᄒᆞᆫ 법이로다 의원형님이 니ᄅᆞ디 아니ᄒᆞ면 ᄯᅩ 엇디 알리잇고 샹녯말소매 닐오ᄃᆡ 말ᄉᆞ믈 아니 니ᄅᆞ면 아디 몯ᄒᆞ고 남글 듧디 아니면 ᄉᆞᄆᆞᆺ디 몯ᄒᆞᄂᆞ니라.

(4. 가)는 군자가 취해야 할 행동거지에 대해 말하는 내용으로 짧은 단위로써 명확한 주제를 전달하고 있으며 (4. 나)는 부스럼이 난 친구를 염려해주며 그것을 치료할 방법을 역시 짧은 분량으로 전달하고 있다. 따라서 이들을 교육 자료로 활용하면 학습자로서는 응축된 단위에서 주제를 쉽게 파악할 수 있으므로 중세국어를 생각보다 어렵지 않은 수업으로 인식하게 될 뿐 아니라, 문헌을 스스로 해석하고 이해하였다는 자족감까지 느끼게 된다. 이런 경험들 속에서 학습자는 지적 호기심을 충족시키는 한편, 어려운 것을 해냈다는 성취감을 얻는 듯하다.

요컨대 중세국어 자료는 형태소 분석이나 음운 변화가 잘 드러난 부분보다 완결된 이야기 구조를 담고 있는 부분을 선정해야 한다는 것이다. 그래서 학습자들이 중세국어 자료를 단순히 문법을 설명하고 형태소를 분석하기 위한 딱딱한 자료로 간주하는 대신 재미있는 옛날이야기 책을 대하듯 어렵지 않게 접근하도록 해야 한다. 그럴 때 그들은 중세국어에서 흥미와 재미를 찾을 것이기 때문이다.

16.1.2 학생 주도적 수업 진행

토의나 토론 식 모둠 수업은 으레 문학 수업에서나 가능하고, 문법 시간은 설명 위주의 주입식 교육으로 진행할 수밖에 없다는 생각을 하기 쉽다. 그러나 중세국어 문법 시간도 충분히 토의식으로 진행할 수 있다. 전항에서 중시한 점들을 고려하여 자료를 잘만 선정하면 개개의 학습자들에게 먼저 이야기 맥락을 나름대로 추정하도록 한 후, 그 내용을 모둠별로 토의하여 한 편의 이야기를 재구성하도록 할 수 있기 때문이다.

이런 과정에서 학습자들은 자신이 구성한 내용과 다른 학습자가 구성한 내용을 비교하게 되는데, 이 때 만약 차이 나는 부분이 있으면 누구의 것이 더 정확한지, 그리고 그런 차이는 어디서 비롯되는지와 같은 매우 생산적인 의문을 던지게 된다. 일단 분위기가 이렇게 형성되면, 교육자는 의문을 풀 수 있는 실마리를 제공하여 다시 한 번 학습자 스스로 탐구하는 기회를 마련해 줄 필요가 있다. 그러면 대부분의 학습자들은 그 차이의 원인이 형태소 분석 방식의 차이에 있음을 깨닫게 된다. 예컨대

(5) 도ᄌᆞᆨ五百이그윗거슬일버ᅀᅥ精舍겨ᄐᆞ로디나가니그도ᄌᆞ기菩薩ㅅ前世生ㅅ怨讐ㅣ러라　이틄나래나라해이셔도ᄌᆞ기자최바다가아그菩薩ᄋᆞᆯ자바남ᄀᆡ모ᄆᆞᆯᄢᅦᅀᆞ바뒷더니 (『월석 1』 6ㄱ-ㄴ)

(6) 가. 도ᄌᆞᆨ 五百이 그 윗 거슬 일버ᅀᅥ 精舍 겨ᄐᆞ로 디나가니 그 도ᄌᆞ기 菩薩ㅅ 前世生ㅅ怨讐ㅣ러라 이틄 나래 나라해 이셔 도ᄌᆞ기 자최 바다 가아 그 菩薩ᄋᆞᆯ 자바 남ᄀᆡ 모ᄆᆞᆯ ᄢᅦᅀᆞ바뒷더니 (『월석 1』 6ㄱ-ㄴ)

나. 도ᄌᆞᆨ 五百이 그윗 거슬 일버ᅀᅥ 精舍 겨ᄐᆞ로 디나가니 그 도ᄌᆞ기 菩薩ㅅ 前世生ㅅ怨讐ㅣ러라 이틄 나래 나라 해 이셔 도ᄌᆞ기 자최 바다 가아 그 菩薩ᄋᆞᆯ 자바 남ᄀᆡ 모ᄆᆞᆯ ᄢᅦᅀᆞ바뒷더니 (『월석 1』 6ㄱ-ㄴ)

위에 소개한 원본 (5)를 (6. 가)로 분석하는 학습자도 있고, (6. 나)로 분석하는 학습자도 있다. 어떤 입장을 취하느냐에 따라 전체 내용이 전혀 달라지는데, (5)의 '그윗거슬'을 전자처럼 '그 윗 거슬'로 분석하면 '그 윗사람 것을 훔쳐서'로 해석되고, 후자처럼 '그윗 거슬'로 분석하면 '그위(官廳)의 것을 훔쳐서'로 해석된다. 또 '나라해이셔'를 전자처럼 '나라해 이셔'로 분석하면 '나라(관청)에서'의 의미가 되고, 후자처럼 '나라 해 이셔'로 분석하

면 '나라에 해가 있어'의 의미가 된다. 그런데 이런 사소한 차이가 종국에는 다음과 같은 전혀 다른 두 이야기를 구성하도록 하는 결정적인 단서로 작용하게 된다.

(7) 가. 도적 500명이 그 윗 사람 것을 훔쳐 정사 옆으로 지나가니 그 도적들은 전생에 보살의 원수이다. 이튿날에 나라에서 도적의 자취를 밟아가다가 (도적 대신에) 그 보살을 잡아 나무에 몸을 꿰어 두었다.
나. 도적 500명이 관청의 것을 훔쳐 정사 곁을 지나가니 그 도적이 전생에 보살의 원수이었다. 이튿날이 되어 해가 떠오르니 도적을 쫓아가다가 그 보살을 잡아 나무에 몸을 꿰어 두었다.

『월인석보』 전체 이야기 구조를 생각한다면 (7. 가)의 해석이 정당하다. 익히 알려졌듯이 예문 (5)는 도적 500명과 석가의 이야기로, 전생에 석가 원수였던 도적 500명이 이생에서도 다시 원수로 태어나서 의도하지 않았지만 석가에게 자신들의 죄를 덮어 씌워 죽게 하는 내용이다. 이런 내용이 (7. 가)에는 잘 드러났지만 (7. 나)에서는 전혀 드러나지 않고 있다. 도리어 완전히 다른 내용으로 재구성되어 있다. 여기서 (7. 가)처럼 해석하려면 원본 (5)의 '그윗거슬'과 '나라해이셔'를 (6. 가)처럼 분석했어야 한다.

교육자는 이런 점들을 학습자에게 비교해 보이면서 형태소 분석과 같은 문법 지식이 왜 중요한가를 강조함으로써 학습에 대한 바람직한 동기 유발을 형성해야 한다. 그런 후라면 '그윗'과 관련하여 중세국어 대명사 체계를 설명하거나, 혹은 '나라ㅎ'과 관련하여 'ㅎ종속 체언'과 'ㄱ곡용' 등을 설명하더라도 학습자들은 이를 어렵게 생각하지 않고 능동적으로 빠르게 수용할 것이다. 그들은 자신이 분석한 내용 어디를 어떻게 수정해야 하는가를 고민하면서 그에 대한 실마리를 교육자의 문법 설명에서 구하는 중이기 때문이다.

결국 이야기 읽기로 시작한 수업은 형태소 분석과 함께 음운 변화의 설명으로 귀착된다. 이를 반복하는 과정에서 중세국어 교육의 소기 목적은 비교적 쉽게 달성 것으로 기대한다. 다음 역시 이야기를 제대로 파악하기 위해서는 정확한 문법 지식이 필수적임을 잘 보여주는 자료로 이해된다.

(8) A : ᄆᆞᄉᆞᆷ 됴ᄒᆞ신 얼우신하 어듸 브리여 겨신고?
B : 小人이 뎌 동녁 져제 모욕탕ᄌᆞ 잇ᄂᆞᆫ 집ᄇᆞ롬 ᄉᆞ싄 지븨 와 브리여 잇노이다.
? : 녈 문인가 므슴 문인고?
? : 남녁 향ᄒᆡ야 ᄒᆞᆫ 죠고맷 일각문 낸 ᄃᆡ 긔라.
A : 브리여 겨신ᄃᆡ 몰라 보ᅀᆞ오라 가디 몯ᄒᆡ야 잇대이다. 얼우신하 허믈 마ᄅᆞ쇼셔.
B : 엇던 마리어시뇨?
A : 형님하 小人이 어제 웃ᄃᆡ긔 ᄒᆞᆫ 며함 두ᅀᆞᆸ고 오니 보신가?
B : 올ᄒᆞ니 小人이 보이다. 소인이 ᄆᆡ실 지븨 잇디 아니ᄒᆞ다니 얼우시니 어제 ᄒᆞᆫ 디위 쇽졀업시 ᄃᆞᆫ니시도쇠이다. 날고텨 얼우신ᄭᅴ 답례ᄒᆞ라 보ᅀᆞ오라 가ᅀᅡ 날회여 말호리이다. (『번박』 상, 115-116, [29])

『번역 박통사』 류는 문면만을 해석해서는 이해하지 못할 상황이 존재한다. 예컨대 위의 대화를 단순히 A와 B로 보면 수긍하기 어려운 부분이 없지 않다. 강조한 부분에서 확인되듯이 이들의 존대형이 일관되지 않은 까닭이다. 처음 말을 시작한 A는 B를 '신고'형인 예사 높임으로 대하고 이에 B는 'ᄂᆞ이다'체로써 아주 높임으로 대하고 있다. 그런데 그 다음 '?'을 한 부분을 보면 서로 '인고'와 같은 낮춤형으로 대하고 다시 그 뒤 부분에서 A는 예사 높임형을 B는 아주 높임형을 취하고 있다.

이에 대해 양영희(2003)에서는 위의 처음 '?'는 A, B가 아닌 제삼의 인물이 등장하여 "녈문이냐 아니면 무슨 문이냐"라는 낮춤형으로 묻고 이에 B

역시 낮춤형으로 "남녁으로 향한 문이다"라고 대답한 것으로 보아야 한다는 의견을 제시했다. 곧 A는 B를 예사 높임으로, B는 A에를 아주 높임으로 대해야 할 관계이며, '?'로 표시된 제삼의 인물과 B는 서로 낮춤형으로 대하는 관계라는 것이다.

(8)의 문면에서는 이런 관계를 파악할 만한 단서를 전혀 찾을 수 없다. 다만 상대존대의 화계와 각 등급과 호응하는 종결어미를 정확하게 파악한 경우만이 위와 같은 관계 설정을 할 수 있는 것이다. 따라서 위 자료에 관한 한, 상대존대법은 매우 중요하게 다루어야 할 문법 현상으로 인지된다. 그런데 만약 교육자가 이런 사실을 먼저 강조하고 상대존대법을 설명하면, 학습자들은 수동적인 자세로 그것을 이해하는 차원에 만족할 터이다. 그러나 먼저 학생들에게 해석할 기회를 주고 서로 의견 교환을 하게 하면 (8)의 자료가 존대법이 일관되지 않다는 사실을 인식하고 그 점을 궁금해 하면서 어떻게 해석해야 하는지에 대해 토의하게 된다. 그러는 과정에 간혹 새로운 인물이 등장했을 것이라는 바람직한 해석을 내리는 경우도 있다[7].

상황이 이렇게 정리되면, 교육자는 중세국어에서 차지하는 존대법에 대한 중요성을 인식시키고 존대법의 종류와 그것을 표지하는 형태소 등을 설명하면 된다. 그러면 학습자들은 그 설명을 빠르게 수용하면서 이에 대해 관심과 주의를 보이게 될 터이다.[8] 그들은 이미 (8)을 바르게 이해하려면 존대법에 대한 정확한 이해가 있어야 한다는 사실을 직접 체험했기 때

7) 이는 필자의 교육 과정에서 직접 경험한 사실이기도 하다.

8) 박형우(2006ㄴ: 89)에서는 중세국어 문법은 소위 통일 문법이 존재하지 않는다는 문제가 있는데, 이를 역으로 활용하면 탐구학습을 통해 학습자의 탐구력을 신장할 수 있는 교과가 될 수 있다는 제언을 하였다. 우리 입장에서 진지하게 고려해 볼 만한 제언이 아닌가 한다.

문이다. 이 같은 교육 과정을 모형으로 제시해 보이면 다음과 같다.

(9) 중세국어 수업 모형

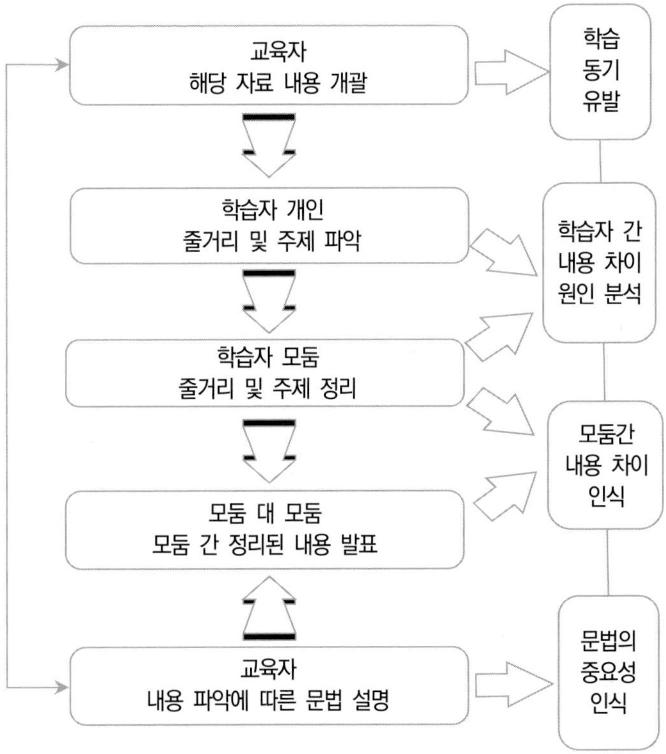

16.2 관련 교과와의 연계 및 독립성 보장

이상으로 중세국어 교육의 효율화 방안을, 교육 자료 선정 방식과 수업 진행 방식의 문제점을 점검하고 그 대안을 마련하는 차원에서 고려해 보았다. 그러나 이 외에도 다른 교과와의 효율적인 연계 및 독립성을 보장할 방안도 신중하게 검토해야 하는바, 지금부터 이에 대해 논의하기로 한다.

16.2.1 관련 교과와의 연계

고전문학·현대국어문법은 중세국어 교육과 밀접히 관련되어 있다. 비록 고전문학강독 시간에 주로 다루는 고소설은 17세기 후반부터 쓰여지기 시작하여 중세국어와 직접적인 관련이 없다하더라도 『용비어천가』나 『두시언해』, 『월인석보』 등은 고전 시가에서 다루어도 손색이 없을 것으로 판단되는 까닭이다. 이에 비해 현대국어문법은 조어론과 관련한 부분부터 문장 구조에 이르기까지 관련되지 않은 부분이 없다. 따라서 이들과 연계할 방안을 구상해 보는 것도 중세국어 교육의 활성화에 기여하는 한 방식으로 풀이된다.

16.2.1.1 고전문학

고전문학과 중세국어 교육이 담당해야 할 고유 영역은 다를 수밖에 없고, 그에 따라 교육 목표도 다를 수밖에 없다. 그러나 고전문학 교육의 궁극적 목표가 문학에 나타난 선인들의 사상과 정서를 제대로 이해하는 것이라 한다면, 그 출발점은 텍스트를 현대어로 정확하게 이해하고 해석하는 데(박형우ㄱ 2006: 134) 있다고 해도 과언이 아니다. 이런 맥락에서라면 중세국어에 대한 기초 지식이 우선되어야 함은 자명한 이치이다[9]. 더욱이 전 항에서 우리는 중세국어 교육을 형태소 분석이나 음운 변화를 이해하고, 자구(字句)를 해석하는 데에만 만족해서는 안 되고 당시 자료를

9) 김영욱(1988: 102)는 교과의 '분업 체제'를 주장하면서 문학교육 고유한 목표를 '문학작품에 나타난 다양한 표현 방법들을 학생들에게 일깨워 줌으로써 학생들의 국어 능력 향상에 기여하는 것'으로 규정하고 있다. 이 점만을 고려하면 김영욱(1988)은 문학교육과 중세국어(국어사)교육이 별개로 운영되어야 한다고 생각할 수 있다.
그러나 김영욱(1988)의 보다 중요한 논지는 문학과 국어사교육이 국어지식의 일부이므로 이들을 연계할 방안을 찾아야 한다는 것이어서, 그의 기본 입장은 우리와 다르지 않은 것으로 판단된다.

일정한 줄거리가 있는 텍스트로 간주하여 거기에 담긴 내용과 주제를 파악하는 데까지 진전시켜야 한다는 입장을 밝힌 바 있다. 이런 관점에 입각하여 고전문학과의 연계 방안을 모색하려 한다면, 중세국어 교육이 고전문학 교육에 도움이 될지언정 방해는 되지 않으리라 생각한다.

그렇다면 실제적인 연계 방안은 무엇인가. 앞서도 강조했듯이 자료 선정에 신중해야 한다. 예컨대 「훈민정음」이 중세국어 자료로서는 중요하지만 문학 자료로서는 적당치 않을 수도 있기 때문이다. 이런 맥락에서 운문의 경우 용비어천가나 두시언해를 고려해 볼 만하고, 산문의 경우는 『월인석보 8』의 「안락국태자전」과 같은 전기(傳記)성을 가지고 있는 부분을 고려해볼 만하다[10]. 이 외에 『대화』 류는 당시 시대상과 문화를 이해하기에 더 없이 좋은 자료로 평가된다.

그러나 실제 교육 현장에서는 주로 고전소설을 교육 자료로 활용하고 있는 실정이다. 여기에는, 고전 소설은 비교적 현대국어의 모습에 근사하므로 그것을 교육 자료로 활용할 경우 교육자나 학습자가 형태소 분석 등과 같은 문법 현상으로부터 자유로울 수 생각이 어느 정도 내재해 있지 않나 한다. 물론 고전문학 전공자에게 중세국어 문법 지식까지를 갖추도록 요구할 수도 없으며, 역으로 중세국어 전공자에게 당시의 문화나 문학 전반을 해석할 수 있는 능력까지를 기대하기도 어렵다. 이때 중세국어와 고전문학의 '연계 수업'을 생각해 봄직하다.

예컨대 위에 언급한 「안락국태자전」을 강독해야 한다면 먼저 문법 교육자가 (9)에서 제시한 모형대로 교육한 후에, 문학 전공자는 이 텍스트가 갖는 시대적 의미와 문화 현상들을 학습자에게 설명하는 방식을 취할 수

10) 이 외에도 『불경언해』 류에는 등장인물과 배경, 그리고 사건이 존재하여 단편 소설로 규정해도 손색이 없는 에피소드들이 삽입되어 있다.

있다. 특히 『두시언해』와 같은 「시가」 류는 정확한 문법 지식이 필요할 뿐 아니라, 중국의 역사적 배경과 이를 수용한 조선 시대 역사적 배경 등을 전제로 학습자의 감성을 이끌어내야 하는 장르여서, 문법과 문학의 긴밀한 연계가 있을 때 소기의 목적을 달성할 수 있을 것이다.

요컨대 고전문학과 중세국어 교육을 별개의 교과로 운영할 때보다 위와 같이 연계 방식을 취할 때 더 높은 교육 효과를 기대할 수 있다는 것이다. 이 같은 수업 모형을 제시하면 다음과 같다.

(10) 중세국어·고전문학 연계 수업 모형

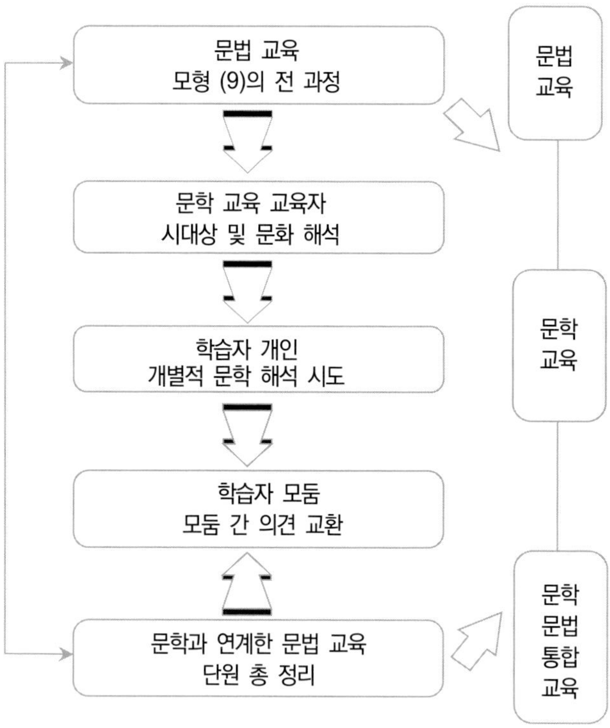

모형 (9)에서 제시한 문법 교육이 끝나면 이후 문학 교육이 진행되는데, 이때 학습자 개개인에게 자료를 해석하도록 하여, 이를 모둠별로 비교 검토하는 기회를 충분히 주어야 한다. 그래야 학습자들은 동일한 자료를 해석하는 관점이 개인마다 다를 수 있음을 확인하는 계기를 갖게 됨으로써 사고의 폭을 신장시키는 교육적 효과를 기대할 수 있기 때문이다.

16.2.1.2 현대국어문법

이도영(1999), 김경훤(2005) 등을 비롯한 많은 연구자들이 중세국어 교육의 침체 원인을 '실용성' 부재로 간주하고[11], 그 대안으로 현대국어문법과의 연계를 제안하고 있다. 취직 시험과 직결되는 맞춤법·표준어·정확한 문장을 구사하는 방법 등은 현대국어 문법에서 다루어야 할 영역으로, 이를 보다 정확히 이해하려면 중세국어 문법에 대한 지식이 있어야 함을 분명하게 파악한 맥락에서 이루어진 제안일 터이다. 사실 왜 '수·암'에 '개·닭'을 결합하면 '수캐·수탉·암캐·암탉'이 되는지를 설명하기 위해서는 'ㅎ' 종속 체언에 대한 언급이 있어야 한다. 물론 '수·암'에 '개·닭' 등을 연결하기 위해서는 뒤의 자음을 거센소리로 바꾸어야 한다는 식의 공시적 설명만으로도 만족할 수 있겠지만, 보다 논리적인 설명을 위해서는 이들이 중세국어 시대에는 'ㅎ'을 가지고 있었는데, 그 잔재가 현재까지 이어진 형태라는 언급이 수반되어야 할 것이다. 예컨대,

(11) 가. 늦더위, 늦잠, 검붉다
나. 지붕
다. 자기 당신

---

11) 이 외에도 박형우(2006ㄱ·ㄴ), 주세형(2005) 등이 있다. 그런데 이들은 모두 중등교과 과정으로서의 중세국어문법교육 활성화 방안에 대해 논의하고 있다는 점에서 차이를 보인다.

(11. 가)는 통사적 규칙으로는 설명하기 어려운 비통사적 합성어임을 (11. 나)는 연구자에 따라 한 단어로 보기도 하고 파생어로 보기도 한다는 사실을, 그리고 (11. 다)는 2인칭과 3인칭의 시지시적 기능을 공유하고 있음을 설명해야 할 문법 현상이다. 여기서 교육자는 위처럼 단순하게 설명할 수도 있다. 그러나 좀더 자세하고 친절하게 설명하고자 하면 중세국어의 지식을 빌려야 한다. 예컨대 (11. 가)는 현재로 보면 어근과 어근이 바로 결합하여 비통사적 합성어가 되었지만, 중세국어에서는 이러한 조어 방식이 매우 활발하여서, 그 관습이 현재까지 남아 있는 것으로 설명하고, (11. 나) 역시 현재 관점에서는 한 단어로 볼 수 있지만, 중세국어에서는 '집+붕'의 형식을 취하고 있었으므로 이를 고려하는 입장에서는 파생어로 보기도 한다는 식으로 설명해야 한다. (11. 다)의 '자기, 당신' 역시 중세국어에서 3인칭대명사였던 것이 20세기에 들어 2인칭대명사의 기능을 보유하게 되어 현재 두 가지 역할을 함께하는 대명사로 설명해야 한다. 더불어서 다음의 예를 제시하면 학습자는 보다 쉽게 (11)의 문법 현상을 이해할 것이다.

(12) 가. 빌머거 王舍城의 가니 (『석상 6』 14ㄱ) 됴쿠주믈 묻그리ᄒᆞ야 (『석상 9』 36ㄴ)
나. 집웅 ᄆᆞ르 가쵸(『物譜 第宅)
다. 萬石君[당신과 아ᄃᆞᆯ 네희 녹이 각각 이쳔 셕식이모로 만셕군이라 ᄒᆞ니라](『소학 6』, 77ㄱ)
라. 靈利ᄒᆞᆫ 사ᄅᆞ미 바ᄅᆞ 드위텨 自己ᄅᆞᆯ 훤히 ᄇᆞᆯ겨 趙州ᄅᆞᆯ 자ᄇᆞ며 (『몽산법, 고』 47ㄱ)

이런 설명 방식을 취하면 교육 내용은 훨씬 풍부해짐에 따라 학습자들의 만족도도 동반 상승하지 않을까 한다. 여기에 중세국어와 현대국어 문법 교육이 연계해야 할 필요성이 존재한다. 그런데 문제는, 대부분 『문법서』를 설명하는 방식으로 진행되고 있는 현재의 현대국어 문법 교육에 모둠별 토의 교육 방식을 어떻게 접목시킬 것인가인데, 그 방안이 전혀 없지는 않다. 주세형(2005), 김경훤(2005) 등에서 문법교육도 충분히 탐구식, 학습자 중심의 교육이 될 수 있음을 구체적인 예로써 증명하고 있는 만큼[12] 앞서 (9)에서 제시한 중세국어 교육 방식을 활용하여 다음과 같이 진행할 가능성이 있기 때문이다.

(13) 현대국어문법과 중세국어 연계 수업 모형

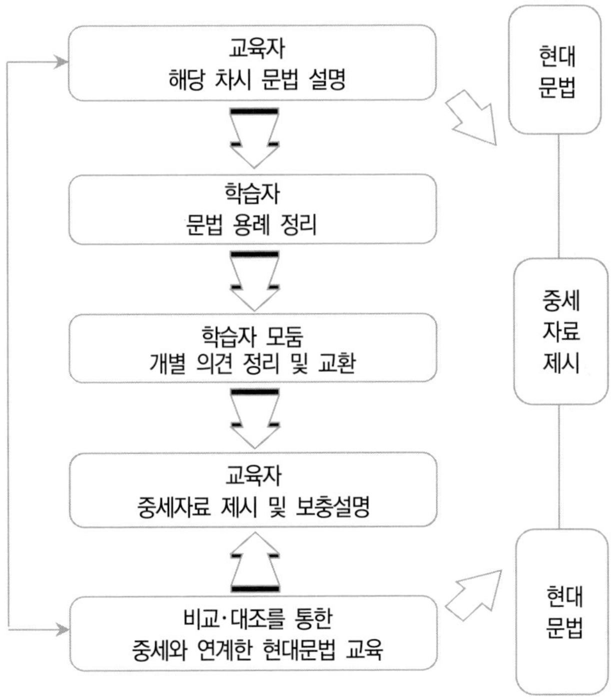

12) 이에 대한 구체적인 방안은 위의 두 논문을 참조하기 바란다.

현대국어라는 특성상 구체적인 자료를 제시할 필요는 없겠다. 학습자나 교육자의 언어가 바로 자료로 활용될 수 있기 때문이다[13]. 따라서 이 경우는 곧바로 학습자간 모둠 수업을 통해서 해당 시차에 학습해야 할 문법과 관련한 용례를 찾아 정리하는 기회를 제공하고, 이후 교육자가 현대국어 문법을 설명하면서 필요한 중세국어 문법을 설명하는 방식을 취하면 되기 때문이다.

16.2.2 관련 교과에 대한 독립성 확보

지금까지 중세국어 교육의 효율적 방안으로, 상호보완적인 교과와의 연계를 생각하였다. 그러나 이와 반대로 중세국어 교육이 바람직한 방향으로 가기 위해서는 국어사와의 역할 분담이 정확하게 이루어져야 할 듯하다. 서두에서 잠시 언급했듯이 현재 중세국어 교육을 국어사 교육으로 통합·운영하는 대학이 상당하다. 중세국어가 국어사의 한 흐름임은 자명하므로 국어사 범주 안에서 중세국어 교육이 충실히 이루질 수 있다면, 굳이 문제 삼을 필요는 없다. 그러나 그 이유가 중세국어 학습자의 감소나 필요성에 대한 인식의 부재에 있다면 재고의 여지가 있지 않을까 한다.

사실 고대국어부터 현대국어까지의 사적 흐름을 다른 교육과 대등한 일정 안에서 세밀하게 살피기는 쉽지 않다. 국어사 교육이 대부분 4학년에 편성되어 있는 이유는 각 시기별 강독이나 문법 교육이 선행된 후에야 비로소 그것을 제대로 이해할 수 있다는 시각이 내재해 있는 것으로 이해된다.

전체와 부분은 밀접히 관련되어 있을 수밖에 없다. 그러므로 부분을 제

13) 그러나 학습자의 흥미를 도모하기 위해서는 현대 소설이나 말뭉치 등을 자료로 제시하여 학습자들이 해당 차시에 해결해야 할 문법과 관련한 예문들을 먼저 찾아보는 방식도 고려할 만하다.

대로 이해하려면 전체에 대한 정확한 조망이 필요하다. 마찬가지로 전체를 정확하게 조망하려면 부분에 대한 체계적인 이해가 있어야 한다. 국어사와 중세국어의 관계는 이러하다고 생각한다. 그런 만큼 비단 중세국어뿐 아니라 근대국어나 고대국어 교육은 국어사 교육과 독립적인 영역으로 인정하는 시각이 전제될 때 소기의 목적은 달성될 것이다. 지금까지 논의한 중세국어 교육의 활성화 방안은 근본적으로 이런 태도를 전제로 해야 하지 않을까 한다.

본 장은 현재 중세국어 교육이 침체되어 있음을 전제로 이에 대한 효율적인 방안을 모색하는 데 목적을 두었던 바, 그 과정에서 논의한 내용을 정리하면 다음과 같다. 중세국어교육을 효율적으로 운영하기 위해서는 교육자의 창의적인 교육 설계와 함께 다른 교육과의 효율적인 연계 및 독립성 보장 전략이 필요하다. 여기서 창의적 교육 설계란 교육자 중심의 주입식 교육이 아니라 학습자 중심의 탐구식 모둠 교육을 의미하는 것으로 이를 성공적으로 진행시키기 위해서는 자료 선정에 신중을 기해야 한다. 즉 이야기 거리가 구조적으로 조직된 부분을 자료로 선택해야 거기서 줄거리를 파악하고 내용을 재구성하는 식의 학습이 진행될 수 있기 때문이다.

본격적인 수업에 임해서는 교육자가 중세국어의 음운 현상이나 문법 구조 등을 일방적으로 설명하는 대신, 학습자들로 하여금 선정된 자료를 완결된 텍스트로 간주해서 내용을 재구성하게 한 후, 다른 학습자와 토의하는 시간을 갖도록 해야 한다. 그러면 학습자들은 해석에 있어 서로 차이를 보이는 부분에 관심가지고서 그 원인을 찾고자 하는데, 결국에는 문장 단위와 형태소 분석에 기인한다는 결론에 도달하게 된다. 이 때 교육자가 차이를 유발한 단위를 중심으로 중세국어 문법을 설명하면 학습자들은 능동적이고 주체적인 자세로 문법 현상들을 수용하게 된다. 자신의 어떤 분석이 다른 학습자와 차이가 있고, 어떤 부분을 잘못 해석했는가라는 자발적인 의문을 가지고서 교육자의 설명에 임하기 때문이다.

중세국어 교육을 효율적으로 운영하기 위해서는 고전문학 및 현대국어 문법과의 효율적인 연계 방안도 적극 검토할 필요가 있다. 고전문학의 내용을 정확하게 파악하기 위해서는 중세국어의 문법 지식이 선행되어야 하고, 현대국어 문법의 맞춤법이나 문장 쓰기 등을 보다 정확하게 이해하기 위해서는 중세국어 문법의 도움이 필요하기 때문이다. 따라서 중세국어와 두 교과를 효율적으로 연계하면 각각 독립적으로 운영할 경우보다 훨씬 풍부하고 만족도 높은 교육이 이루어질 것으로 기대한다.

이상의 방안은 중세국어 교육을 국어사 교육과 다른 고유 영역으로 간주할 때 의미가 있다. 고대부터 현대에 이르는 국어 현상을 조감하는 국어사 교육은 각 시기별 체계적 교육이 전제될 때 그 또한 소기의 목적을 달성할 수 있을 것이기 때문이다.

17

국어사 교육 자료 구성*

대학에서 중세국어나 국어사를 강의해 본 연구자라면, 학생들이 이들을 비인기 과목의 하나로 인식하고 있음을 굳이 부인하지는 못할 것이다[1]. 이러한 현상을 우려하면서 그동안 학계에서는 김유범(2006), 김영욱(1988), 양영희(2009ㄱ, ㄴ) 등을 중심으로 중세국어를 포함한 국어사 교육의 활성화 방안을 마련하기 위해 노력해 왔다[2]. 특히 김유범(2006)

* 이 장은 「학습자중심교과교육연구 12-1」(2012)에 발표한 '중세국어 강독 교재 구성에 대한 일 제언'을 재정리한 것이다.

1) 이러한 현상은 학부의 교과 과정에 그대로 반영되어 있다. 양영희(2009ㄱ: 292)에서 언급하고 있듯이, 90년대 초반까지 중세국어와 국어사 과목은 대부분의 학부에서 필수로 지정할 만큼 주요 과목으로 인식해 왔었다. 중세국어를 중세국어강독과 중세국어 문법으로 구분하여 독자적으로 운영할 정도였다. 그러나 최근에는 이들을 중세국어강독으로 통합하여 한 과목으로 운영하거나 아니면 국어사 과목으로 흡수하는 추세이다.

2) 한편 이관규(2004), 박형우(2006), 이도영(1999) 등은 중·고등학생을 대상으로 국어사 및 중세국어 교육의 활성화 방안을 논의하고 있는데, 이러한 노력 역시 본고와 같은 입장에서는 주목해야 할 연구들이다. 양영희(2009ㄱ: 293)에서 지적하였듯이 현재 대학생들이 중세국어, 국어사 등의 과목을 기피하는 이유 중 하나는 중·고등학교에서 이들에 대한 선행 학습이 없어서 그 내용을 파악하는데 어려움을 느끼고 있기 때문이다.

은 학생들에게 주제가 쉽게 파악되는 자료를 선정하여 거기에 나타난 문법 지식을 학생들 스스로가 체계화 할 수 있는 교수법을 개발해야 한다는 의견을 제시했다. 양영희(2010)은 이러한 취지를 수용하여, 강의자가 학생들로 하여금 『월인석보』와 『석보상절』을 단순히 중세 문법을 학습하는 자료로 인식하게 하기보다 일정한 주제가 있는 이야기책으로 인식하게 함으로써, 중세국어강독에 대해 흥미를 가질 수 있도록 하자는 제안을 하기도 하였다. 요컨대 위에 언급한 연구들의 요지는 학습자가 주도하는 수업이 전개되어야 한다는 것이고, 그러기 위해서는 읽기 쉽고 흥미 있는 내용으로 이루어진 문헌을 수업 자료로 선택해야 한다는 것이다.

위와 같은 노력이 결실을 맺기 위해서는 강의 현장에서 그러한 의도를 잘 발현할 수 있도록 하는 좋은 도구가 마련되어 있어야 한다. 즉 좋은 강독 교재가 있어야 한다는 의미이다. 그런데 필자는 오랫동안 중세국어강독을 강의하면서, 강독 시간에 사용할 만한 교재가 마땅치 않다는 생각을 자주 하곤 하였다. 먼저는 현재 대부분의 대학이 중세국어 문법과 강독을 통합하는 추세이어서, 중세국어 자료를 강독하면서 문법을 설명해야 하는데, 이러한 요구를 수용할 만한 교재가 아직은 없다고 생각하기 때문이다. 그리고 다음으로는 그 동안의 교재가 가능한 많은 중세국어 자료를 소개하려는 취지에 입각하여 구성되다 보니, 학생들에게 일정한 주제가 있는 이야기책으로써 접근하도록 하기가 쉽지 않다고 생각하기 때문이다.

본 장에서는 이와 같은 맥락에서 출발하여 중세국어강독을 활성화하기 위해 뒷받침되어야 할 교재를 구성하기 위한 재고점을 탐색하는 데 목적을 둔다. 그러기 위해서는 먼저 기존 교재의 구성의 개략을 살펴 그들에 나타나는 문제점들부터 점검해야 할 것이다.

17.1 기존 중세국어강독 교재 구성 검토 및 반성

필자가 조사한 대로라면 현재 출판되어 있는 중세국어강독 교재와 그것의 내용은 다음과 같다.

(1) 기존 중세국어강독 교재의 구성 내용

가. 고영근·남기심 공편(1997), 『중세국어 자료 강해』, 집문당.
훈민정음언해, 용비어천가, 월인석보 권 1, 석보상절 권 9, 월인천강지곡(상), 삼강행실도, 내훈, 두시언해 권 6, 번역박통사 권 상, 번역소학 권 9, 소학언해 권 6, 순천김씨간찰

나. 한국어문학회 편(1993), 『중세국어문선』, 형설출판사.
훈민정음언해, 용비어천가, 석보상절 서, 석보상절 권 6, 월인천강지곡 아미타경언해, 두시언해 권 7, 내훈 서

다. 이돈주 편(1994), 『중세국어문선』, 전남대 출판부.
훈민정음언해서, 용비어천가, 석보상절, 월인천강지곡, 능엄경언해, 두시언해, 금강경삼가해, 육조법보단경언해, 번역노걸대, 번역박통사, 번역소학, 여씨향약언해

라. 나찬연(2008), 『중세국어 문법의 이해- 강독 편』, 교학연구사.
용비어천가, 세종어제훈민정음, 석보상절 권6, 권11, 월인천강지곡, 월인석보, 구급방언해, 삼강행실도, 내훈, 두시언해, 악학괘범, 번역노걸대, 번역박통사, 속삼강행실도, 번역소학, 시용향악보, 소학언해, 순천김씨간찰, 선가귀감언해, 악장가사

우선 중세국어강독 교재는 다른 국어학 서적보다 매우 적게 출판되었다는 점과 그마저 2000년대에 들어서 (1. 라)만이 출판되었다는 사실을 확인할 수 있다[3]. 그만큼 수요자가 많지 않다는 의미이고, 현재 학부에서 차지

3) 이러한 현상은 필자의 조사가 부족한 데서 기인하는 결과일 수 있다. 그러나 본고의 초점이 중세국어강독 교재의 출판 현황을 파악하는 데 있지 않고 교재의 내용 구성에

하는 중세국어강독의 위상이 그리 높지 않음을 시사한다고 하겠다.

여하튼 본고의 관점에서는 (1)에 소개한 교재의 내용 구성에 더 관심을 보이는바, 보다시피 기존 교재들은 가능한 다양한 중세국어 자료를 소개하는 데 역점을 두고 있다. 즉 지금까지의 중세국어강독 교재의 주요 목적은 '다양한 자료 제공'에 있었던 것이다. 이는 이들의 서문을 통해서도 확인된다[4]. 문법이 아닌 강독 시간에 사용되는 교재라는 점을 고려한다면 다양한 자료를 소개하는 데 역점을 둔 기존 태도들은 일견 정당할 수 있다[5]. 그런데 문제는 다음에서 알 수 있듯이 교재 자료로써 선정한 장면의 내용을 알기가 쉽지 않다는 데 있다.

(2) 기존 중세국어강독 자료 내용 구성 일례

가. 고영근·남기심 공편 『중세국어자료 강해』 176~226

있다는 점에 주목하고자 한다. 그러면 위의 결과가 논의를 펴 나가는 데 그렇게 심각한 무리를 주지는 않는다고 생각한다.

여기에 더하여, 많지는 않지만 여전히 학부에서 중세국어강독이 이루어지고 있음에도 불구하고 위와 같은 현상이 보이는 것은, 필자의 경험에 비추어 볼 때, 아마도 강독을 담당하는 강의자가 자신의 수업 목표에 따라 나름대로 자료를 선정하여 출판하지 않은 유인물의 형식을 교재로 사용하기 때문이 아닌가 한다.

4) (다)의 경우는 서문에서 "그 동안 출간된 몇 종의 중세국어 자료를 교재로 사용하면서 늘 문헌의 종류가 다양하지 못하고 분량 면에서도 균형이 잡히지 않은 점을 내심 아쉽게 여겨왔다."는 내용을 언급하고 있다. (가) 역시 같은 맥락의 내용이 서술되어 있는데, "『중세국어 자료 강해』는 주로 15세기의 한글자료를 주축으로 하되 16세기 후반의 자료까지를 덧붙여 글자 그대로 150여 년에 걸친 중세어의 실상과 한글 사용의 역사를 파악하는 데 부족함이 없도록 하였다."라는 편성 동기를 밝히고 있다. (나)의 경우는 서문이 제시되지 않아서 어떤 의도로 자료를 편집했는지를 알 수 없고, (다)는 고등학교 문법의 '국어의 옛모습' 단원에 실려 있는 문법에 대한 보강 자료로 집필하였다는 내용을 담고 있다.

5) 그렇다고 해서 필자가 이와 같은 태도를 전적으로 찬성하는 것은 아니다. 필자는 다양한 자료를 소개하기보다 한정된 자료로써 중세국어 특성을 정확하게 이해하는 편이 정당하다는 입장이다. 이에 대해서는 다음 항에서 보다 심도 있게 다루고자 한다.

부톄 도녀 諸國ᄋᆞᆯ 敎化ᄒᆞ샤 廣嚴城에 가샤 樂音樹 아래 겨샤 굴근 比丘 八千人과 ᄒᆞᆫᄃᆡ 잇더시니 菩薩摩訶薩 三萬六千과 國王과 大臣과 婆羅門과 居士와 天龍夜叉非人等 無量大衆이 恭敬ᄒᆞ야 圍繞ᄒᆞᅀᆞᄫᆡᆺ거늘 위ᄒᆞ야 說法ᄒᆞ더시니 그 ᄢᅴ 文殊師利 世尊ᄭᅴ ᄉᆞᆯᄫᅡ샤ᄃᆡ 부텻 일훔과 本來ㅅ 큰 願과 ᄀᆞ장 됴ᄒᆞ신 功德을 물어 니르샤 듣ᄌᆞᄫᆞᇙ 사ᄅᆞ미 業障이 스러디여 像法이 轉ᄒᆞᇙ 時節에 …… (『석보상절 권 9』, 1ㄱ~26ㄱ)

나. 이돈주 편『중세국어문선』159~226

眞實ㅅ 根源이 뷔여 괴외ᄒᆞ고 性智 ᄆᆞᆰ고 괴외ᄒᆞ며 靈ᄒᆞᆫ 光明이 ᄒᆞ오ᅀᅡ 빗나고 法身이 샹녜 이셔 色相이 ᄒᆞᆫ 가지로 업스며 能所ㅣ 다 업스니 ᄒᆞ마 나며 업수미 업거니 엇뎨 가며 오미 이시리오 오직 妄量앳 ᄆᆞᅀᆞ미 믄득 니러나ᄆᆞᆯ 브트면 識境이 난겻 뷔여 나거든 緣ᄋᆞᆯ 브ᄐᆞ기야 가져 著ᄒᆞ야 長常 業報애 ᄆᆡᅇᅧ 眞實ㅅ 覺ᄋᆞᆯ 긴 바ᄆᆡ 어듭게 ᄒᆞ며 知慧ㅅ 누늘 긴 法에 멀워 여슷 길헤 횟도녀 잢간도 머므디 몯ᄒᆞ며 여듧 受苦애 봇겨 能히 벋디 몯ᄒᆞᆯᄊᆡ…… (『월인석보』 권1, 30ㄱ~33ㄴ)

이해의 편의를 도모하기 위하여 위의 내용은 협주를 인용하지 않았으며 필자가 임의로 띄어쓰기를 하였다. 중·고등학교에서 중세국어 문법을 체계적으로 배우지 않은 현재의 학부생들 입장으로서는 문자 자체가 생소하므로 그 내용을 파악하기는 더욱 어려울 수밖에 없다. 이렇다 보니 학생들이 중세국어 시간의 최종 목표를 '형태소를 분석하고 문장을 해석하는 능력을 배양'하는 것(양영희: 2010 참조)으로 인식하게 되고 그에 따라 중세국어강독에 대한 흥미마저도 하락하게 된 것으로 해석된다.

위의 (가)는 부처가 열반에 들기 전에 문수사리 등 8대 제자와 대중들에게 불교의 교리를 설법하는 장면으로 중세국어 글자를 해독할 수 있을지라도 불교의 교리를 정확하게 알지 못하면 그 내용을 파악하기가 쉽지 않다. 그러므로 중세국어 자료로써『석보상절』을 선택했을지라도 굳이 위와 같은 장면을 인용할 필요는 없는 것이다. 차후에 논의하겠지만 이 문헌에는 학생들이 관심을 보일 만한 재미있는 이야기 거리가 있는 장면도 있기 때문이다. 왜 이 장면을 선택했는지에 대한 언급이 없으므로 무리한 추정은 금물이지만 수요자인 학생의 입장을 생각한다면 그들이 이해하기 쉬운 내용을 담고 있는 장면을 선택하는 편이 좋지 않을까 한다.

이와 같은 반성은 (2. 나)에도 그대로 적용된다. 여기서는 월인석보 서문을 자료로써 소개하고 있는데, 이 서문은 먼저 한문으로 구성한 후에 이를 중세국어로 언해하는 형식을 취하고 있어 그 내용을 파악하기가 쉽지 않다. 그뿐 아니라 중세국어를 전공으로 하는 석·박사 과정이 아닌 학부생들로서는 자료로써 서문을 소개받기보다 그것의 특성을 잘 나타내 주는 재미있는 본문의 내용을 소개받는 편이 좋을 수 있다.

논지 전개의 지루함과 지면 제약의 어려움을 피하기 위하여 위에서 짧게 인용한 부분만을 보더라도 우리는 기존 중세국어강독 교재의 구성이 가능한 다양한 자료를 소개하는 데 많은 비중을 두었다는 생각에 도달한다. 이렇게 생각한 저변에는 중세국어 자료를 학생들에게 소개하는데, 어떤 문헌을 선택해야 하며, 그 문헌 가운데 어떤 장면을 소개해야 하는가와 같은 근본적인 물음이 부재하지 않았나 하는 자성적인 반성이 존재한다.

17.2 바람직한 중세국어 강독 교재 구성

그러면 필자가 생각하는 바람직한 중세국어강독 교재 구성은 무엇인가? 무엇보다 수요자 입장인 학생들의 요구를 적극적으로 반영하는 것이 바람직하다고 본다. 그러나 교수자의 입장에서의 강의 목표 또한 도외시해서는 곤란하다고 생각한다. 다시말하면 학생들로서는 따분하고 이해하기 어려운 중세국어 문법에 대한 이해를 피하려 하겠지만, 그렇다고 해서 강독 시간에 문법을 설명하지 않고 단순히 문장만을 읽어갈 수는 없다는 말이다. 더욱이 강독과 문법을 통합하는 현재의 경향에서는 강독 시간에 학생들에게 중세국어 문법에 대한 최소한의 설명은 반드시 있어야 할 것이다. 다른 과목 즉 국어사와 현대국어문법과의 연계성을 도모한다는 차원을 고려할 때도 그러하다. 또 그러기 위해서는 강독을 하면서 문법을 설명할 수 있도록 교재가 구성되어야 할 것이다. 강독과 문법을 통합하여 운영하는 현재 동향을 감안할 때 이러한 필요성은 절실하다[6].

17.2.1 문법과 강독의 통합

사실 기존의 교재 가운데에도 장면에 따른 문법 설명이 각주 형식으로 처리된 것도 있다. 예컨대 고영근·남기심 공편의 『중세국어 자료 강해』와 같은 경우이다. 그러나 이는 각각의 장면을 해석하는 데 도움을 줄 목적에서 문법이 단편적으로 설명되어 있어서 그것을 통해서 중세국어 전반의 문법을 체계적으로 이해하는 데에는 어려움이 있다. 김유범(2006)에서 언급하였듯이 중세국어 교육이 효율적으로 운용되려면 학생들에게 단편적인 문법적 지식을 주입하기보다 그들 스스로가 자료를 읽고 거기에 나타난 문법들을 체계적으로 재구성할 수 있는 능력을 길러주어야 할 것이다.

이를 위해서는 우선 강의자가 중세국어 문법에서 반드시 알아야 할 문법 지식을 선정하여, 그것을 잘 설명하기 위해서는 중세국어 문헌 가운데 어떤 장면을 선택해야 할 것인가를 결정해야 한다[7]. 필자는 다음 표와 같

6) 그렇다고 해서 본 논의가 중세국어문법을 위한 도구로서 중세국어강독이 필요함을 주장하는 것은 아니다. 서론에서도 언급했듯이 중세국어강독은 독립적인 학문으로 인정받을 만한 당위성과 필요성이 있다. 그런데 중세국어문법과 강독을 통합하는 추세인바, 필자는 이러한 경향을 인정하고 그 안에서 해결책을 찾는 것이 어떤 면에서는 합리적이라는 소박한 생각에 도달하였다. 이런 관점에 입각하면, 중세국어 강독을 하면서, 반드시 알아야 할 소수의 문법을 설명하는 편이 중세국어 강독을 활성화하는 한 방안이 될 수 있지 않겠느냐는 것이 필자의 소박한 생각이다.

은 문법 항목이 여기에 해당하는 것으로 간주한다.

(3) 〈표 1〉 중세국어강독에서 설명해야 할 중세국어 지식

전반적 지식	세부 사항
문자와 표기법	중세국어 제자 원리, 초성·중성·종성의 음운 현상
	동국정운식 한자음 표기, 연철·분철표기
음운론	'ㄹㆆ'의 기능, 음운 현상(음운동화, 설측음화, 구개음화 등)
형태론	문장 요소, 대명사 체계, 조사와 어미 체계, 단어 구성 원리
통사론	문장 구성의 종류, 종결표현, 의문법, 존대법, 사동·피동표현, 부정표현

중세국어강독과 문법을 통합해서 운용되어야 함을 전제할 때, 중세국어의 모든 문법 현상을 가르칠 수는 없다. 그러므로 필자 생각에는 위와 같이 중세국어의 지식을 일반적인 국어학의 하위 분류에 근거하여 정한 후에, 그 범주 안에서 현대국어와 다른 현상을 보이는 지식 등을 중심으로 선별적으로 가르쳐야 할 것이다.

위의 표에서 중세국어의 제자 원리와 같은 지식은 중세국어를 이해하는 근간이 되므로 당연히 언급해야 하며, 표기법에서는 현재와 다른 표음식 표기와 동국정운식 한자음 표기에 대해 설명해야 할 것이다. 그리고 음운론에서는 현대 음운에는 전혀 없는 'ㄹㆆ'의 기능과 구개음화가 아직 일어나지 않은 현상 등을 중심으로 설명을 하고, 형태론에서는 대명사 체계와

7) 이에 대해서는 김유범(2008), 양영희(2009ㄴ, 2010) 등이 참조되는데, 전자는 『삼강행실도』를 자료로 할 때 설명할 수 있는 문법 지식을 상세히 제시하고 있으며 후자는 『번역박통사』와 『번역노걸대』, 『월인석보』와 『석보상절』 등을 이용하여 설명할 수 있는 문법 지식 등을 정리하고 있다.

단어 구성의 원리를 중점적으로 설명해야 할 것이다. 이 두 현상은 현대와 사뭇 다른 특징을 지니고 있기 때문이다[8].

통사론에서는 '-ᄒᆞ라'체의 의문법의 다양한 발달[9]과 함께 객체존대(겸양법)를 비롯한 존대법의 특징과 청자존대법의 등급 설정에 대해 중점적으로 설명해야 할 것이다. 이미 언급했듯이 이러한 지식은 현대 국어와 차이를 보이는 중세국어의 특징을 이해하는 데 주요한 기능으로 간주되는 까닭이다.

그런데 여기서 우리 강의자가 유념해야 할 점은 강의가 이러한 국어 지식을 주입식으로 설명하는 양상을 취해서는 안 된다는 것이다. 가능한 강의자들은 중세국어 자료를 바르게 이해하도록 도와주는 입장을 취해야만 할 것이다. 그리고 잘 선정된 자료를 학생들이 바르게 읽어가면서 그들 나름대로 문법 지식 등을 체계화할 수 있도록 도와주어야 한다. 그러기 위해서는 위와 같이 강독 시간에 가르쳐야 할 문법 지식을 정리하고, 이러한 지식들을 가능한 많이 반영하고 있는 자료를 선정해야 한다는 것이 본고의 기본 입장이다. 이런 맥락에서 〈표 1〉에 제시한 중세국어 지식들이 잘 구현되어 있는 장면을 다시 표로 제시하면 다음과 같다.

---

8) 예컨대 중세국어의 'ᄌᆞ갸, 자내' 등은 현대 국어와 다른 용법으로 사용될 뿐 아니라, 중세국어에서는 '이, 그, 저' 등이 바로 곡용하면서 3인칭 대명사로 많이 사용되어 현대 국어와 차이를 보인다. 그리고 주지하듯이 중세국어는 어근(간)과 어근(간)을 바로 결합하여 '죽살다, 둏궂다'와 같은 단어를 형성하는 것이 일반적인 현상으로 이 역시 현대 국어의 조어법과 차이를 보인다.

9) 중세국어 'ᄒᆞ라'체 의문형에는 '-ㄴ다, -랴/-료/-녀/-뇨, 명사+가/고, ㄴ가' 등의 다양한 유형이 존재하여 현대 국어의 '하라'체 의문형과 차이를 보인다.

(4) 〈표 2〉 중세국어 국어 지식을 잘 구현한 장면 설정

<table>
<tr><th>국어 지식</th><th>중세국어 지식</th><th>장면</th></tr>
<tr><td rowspan="2">문자와 표기법</td><td>중세국어 제자 원리, 초성·중성·종성의 음운 현상</td><td>훈민정음 언해본</td></tr>
<tr><td>동국정운식 한자음 표기, 연철·분철표기</td><td>모든 문헌</td></tr>
<tr><td>음운론</td><td>'ㄹㆆ'의 기능, 음운 현상(음운동화, 설측음화, 구개음화 등)</td><td>모든 문헌</td></tr>
<tr><td rowspan="2">형태론</td><td>문장 요소, 조사와 어미 체계</td><td>모든 문헌</td></tr>
<tr><td>대명사(호칭) 체계, 단어구성 원리</td><td>『월인석보 1』, 『월인석보 8』, 『번역박통사 상』, 『번역노걸대 상·하』, 『삼강행실도』</td></tr>
<tr><td rowspan="4">통사론</td><td>문장 구성의 종류</td><td>모든 문헌</td></tr>
<tr><td>의문법</td><td>『순천김씨 간찰』, 『석보상절 24』, 『월인석보 1』, 『번역박통사 상』, 「능엄경언해 2」</td></tr>
<tr><td>청자존대법, 종결법</td><td>『석보상절 6』, 『순천김씨간찰』, 『월인석보 1』, 『번역박통사』, 『번역노걸대 상·하』, 『월인석보 8』</td></tr>
<tr><td>사동·피동·부정 표현</td><td>『월인석보 1』, 『석보상절 6』, 『번역소학』</td></tr>
</table>

위 표에서 확인되다시피 중세국어 문법 전반을 이해하기 위해서는 기존의 교재에서 보이는 것처럼, 백화점 식으로 나열된 여러 문헌의 단편적인 장면들을 섭렵하지 않아도 가능하다. 그러기보다 하나의 이야기가 존재하는 장면에서 여러 문법 현상들을 접할 수 있는 문헌을 선택하여 집중적으

로 그 내용을 제대로 이해시키는 것이 교육의 효과가 높다고 생각한다. 그래야 또 중세국어 강독의 목표에 부합하는 수업이 진행될 것이다. 다시말하면 학생들에게 문법을 위해 중세 국어를 강독해야 한다는 인식을 배제하고, 강독을 제대로 하기 위해서는 문법을 알아야 한다는 사실을 인식시켜 줄 필요가 있는데, 그러기 위해서는 〈표 2〉에 소개한 자료가 적당하다는 것이다.

이런 관점에서 〈표 2〉를 보도록 하자. 우선 표기와 음운 현상, 문장 구성 방식과 구성 요소 등은 모든 문헌을 통해서 확인할 수 있으므로 굳이 이들을 위해 특정 문헌을 선택하려 고심하지 않아도 된다. 이에 비하여 대명사 체계나 의문법, 특히 청자존대법 등에 대해서는 그러한 문법 현상들을 잘 반영하고 있는 장면을 선정하고자 노력해야 할 것이다. 위에 제시한 표는 필자의 경험으로 이들의 특성이 잘 나타나 있다고 판단되는 장면이 들어 있는 문헌을 소개한 것이다. 이러한 장면들을 어떻게 활용할 것인가는 이후에 논의하기로 하고, 여기서는 다음 예로써만 교재를 구성할 때 장면 설정이 얼마나 중요한가만을 확인하는 데 만족하기로 하자.

(5) 舍衛國 大臣 須達이 가ᅀᆞ며러 쳔랴ᇰ이 그지 업고 布施ᄒᆞ기ᄅᆞᆯ 즐겨 艱難ᄒᆞ며 어엿븐 사ᄅᆞᄆᆞᆯ 쥐주어 거리칠ᄊᆡ …… 給孤獨 長者ㅣ 닐굽 아ᄃᆞ리러니 여ᄉᆺ 아ᄃᆞᆯ란 ᄒᆞ마 갓 얼이고 婆羅門ᄋᆞᆯ ᄃᆞ려 닐오ᄃᆡ 어듸ᅀᅡ 됴ᄒᆞᆫ ᄯᆞ리 양ᄌᆞ ᄀᆞᄌᆞ니 잇거뇨 내 아기 위ᄒᆞ야 어더 보고려…… 婆羅門이 그 말 듣고 고ᄫᆞᆫ ᄯᆞᆯ 얻니노라 ᄒᆞ야 빌머거 …… 그 ᄯᆞᆯᄃᆞ려 무로ᄃᆡ 그딋 아바니미 잇ᄂᆞ닛가 對答호ᄃᆡ 잇ᄂᆞ니이다 婆羅門이 닐오ᄃᆡ 내 보아져 ᄒᆞᄂᆞ다 ᄉᆞᆯ바쎠 …… (『석보상절』 권6, 13ㄱ~19ㄴ)

위는『석보상절 6』의 장면으로 여기서는 중세국어 청자존대 등급을 모두 확인할 수 있다. 즉 밑줄친 부분을 통해서 'ᄒᆞ라'체(잇거뇨)와 'ᄒᆞ야쎠'

체(잇ᄂᆞ닛가, ᄉᆞᆯᄫᅡ쎠), ‘ᄒᆞ쇼셔’체(잇ᄂᆞ이다) 모두를 확인할 수 있는 것이다. 그러므로 〈표 1〉에 근거하여 청자존대법을 설명하고자 한다면 당연히 위의 장면을 교재 내용으로 구성하는 것이 효율적일 터이다. 이러한 체제를 따른다면 중세국어 교재는 다음과 같은 체제로 구성될 것이다.

(6) 중세국어강독 교재 구성 예시

<u>제7장 청자존대법</u>

舍衛國 大臣 須達이 가ᅀᆞ며러 쳔랴ᇰ이 그지 업고 布施ᄒᆞ기ᄅᆞᆯ 즐겨 艱難ᄒᆞ며 어엿븐 사ᄅᆞᄆᆞᆯ 쥐주어 거리칠ᄊᆡ …… 給孤獨 長者ㅣ 닐굽 아ᄃᆞ리러니 여ᄉᆺ 아ᄃᆞᆯ란 ᄒᆞ마 갓 얼이고 婆羅門ᄋᆞᆯ ᄃᆞ려 닐오ᄃᆡ 어듸ᅀᅡ 됴ᄒᆞᆫ ᄯᆞ리 양ᄌᆞ <u>ᄀᆞᄌᆞ니 잇거뇨</u> 내 아기 위ᄒᆞ야 어더 보고려…… 婆羅門이 그 말 듣고 고ᄫᆞᆫ ᄯᆞᆯ 얻니노라 ᄒᆞ야 빌머거 …… 그 ᄯᆞᆯᄃᆞ려 무로ᄃᆡ 그딋 아바니미 <u>잇ᄂᆞ닛가</u> 對答호ᄃᆡ <u>잇ᄂᆞ니이다</u> 婆羅門이 닐오ᄃᆡ 내 보아져 ᄒᆞᄂᆞ다 ᄉᆞᆯᄫᅡ쎠 …… ((『석보상절』권 6, 13ㄱ~19ㄴ)

☞ 중세국어 청자 존대법 설명

중세국어 청자 존대법은 ‘ᄒᆞ라’체: ᄒᆞ야쎠체: ᄒᆞ쇼셔‘체로 나뉜다. 먼저 ‘ᄒᆞ라 ‘체는 ……

이러한 구성이 기존 교재와 다른 점은 기존 교재는 다음 (7)을 보다시피 소개하고자 하는 문헌의 전면을 제시하고 그 장면에 등장하는 문법 설명을 단편적으로 각주 형식을 통해서 제시하거나 아예 문헌만을 제시하는 입장을 취하고 있다.

(7) 가. 고영근·남기심(1997) 나. 이돈주(1995)

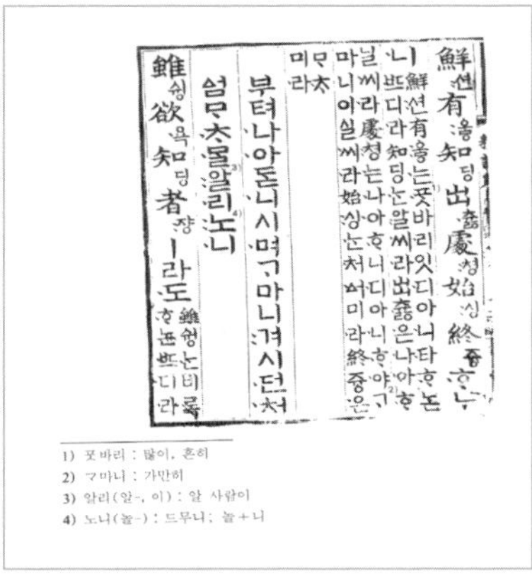

그런데 위 (6)에서 제안한 체제는 설명해야 할 문법적 지식을 염두하고서 그것을 가장 잘 설명할 수 있는 장면을 선정하여 제시한 후에, 중세국어 청자존대법에 대한 문법적인 설명을 하고 있다. 이런 체제를 취했을 경우의 장점은 먼저 강의자 입장에서는 강독 시간에 문법 현상을 체계적으로 설명할 수 있으며 학생들 입장에서는 자료를 강독해 가는 동안 스스로 청자존대법 체계를 이해할 수 있다는 것이다. 중세국어 문법을 포함한 국어교육의 목표가 탐구력 신장에 있다는 사실을 고려한다면 본고에서 제안한 방식으로의 교재 구성도 긍정적으로 고려해봄직하다.

17.2.2 수요자 중심의 내용 구성

중세국어강독의 활성화를 위해서라면 무엇보다 수요자인 학습자들이 이 과목에 바라는 바를 정확히 파악해야 할 것이다. 양영희(2010: 32, 2009ㄴ: 61)에 의하면 학생들에게 "중세국어 교육이 옛날 이야기를 읽어가는 방식으로 이루어진다면 지금보다 관심 있게 수업에 임할 수 있느냐?"라는 질문에 90%에 해당하는 학생이 "그렇다."로 응답했다고 한다. 그리고 88%에 달하는 학생들이 중세국어 교육의 필요성을 인정하고 있다고 한다. 요컨대 중세국어강독 교재만 잘 구성한다면 중세국어 교육은 학생들에게 얼마든지 긍정적인 방향으로 수용될 수 있을 것으로 기대한다. 강의의 기초 도구는 교재이므로 그것이 학생들의 요구에 부합하도록 구성되었다면 수업 또한 그러한 방향으로 운영될 것이기 때문이다.

이런 맥락에 입각할 때, 본고의 입장에서는 이제 앞서 살핀 중세국어 지식을 어떻게 해야 이야기 방식으로 전달할 수 있을까를 놓고 고민해야 할 차례이다. 설명해야 할 문법 항은 이미 정해져 있으므로 그것을 나타내는 장면 선택이 학생들의 흥미와 호기심을 유발하는 성패를 좌우하는 관건이 될 것이다. 다시말하면 강의자가 얼마나 재미있는 이야기를 통해 중세국어 문법 현상을 이해시킬 수 있는가가 수업의 성패를 좌우한다는 의미이다.

이런 측면을 고려한다면 문헌의 선택은 『능엄경 언해』, 『법화경 언해』와 같은 불경 언해류보다 『월인석보』와 『석보상절』 등의 문헌과 함께 『번역박통사』, 『번역노걸대』 혹은 『순천김씨묘출토 간찰』, 『번역소학』, 『삼강행실도』 등이 더 적합한 것으로 간주된다. 불경언해류는 불교의 교리를 설명한 경전이어서 불교에 대한 상당한 지식이 있지 않고서는 석사과정 이상의 전공자도 그 내용을 파악하기가 쉽지 않다.

이에 비하여 『월인석보』와 『석보상절』은 석가의 일대기를 가족사 중심으로 엮어 가고 있어서 나름대로 일상의 이야기가 전개되어 있으므로 내용 자체가 흥미롭고 이해하기가 쉽다. 이 외 『번역박통사』, 『번역노걸대』 등은 주지하는 대로 일상의 이야기나 상인들이 같은 목적으로 장삿길에 올라서 서로가 이야기하는 대화체로 구성되어 그 내용이 평이 하면서도 흥미롭다. 그러므로 이러한 문헌들을 강의 자료로 활용하면 강의를 하는 입장에서나 강의를 받는 입장에서 훨씬 수월하게 내용을 전달하고 파악할 수 있을 것이다. 그러면 지금부터는 다음에 소개한 예들로써, 이러한 장면들을 강독해 가는 과정에서 자연스레 중세국어 문법을 설명할 수 있다는 사실을 보이기로 한다.

(8) 가. 舍衛國 大臣 須達이 가ᅀᆞ며러 쳔랴ᇰ이 그지 업고 布施ᄒᆞ기ᄅᆞᆯ 즐겨 艱難ᄒᆞ며 어엿븐 사ᄅᆞᄆᆞᆯ 쥐주어 거리칠ᄊᆡ …… 給孤獨 長者ㅣ 닐굽 아ᄃᆞ리러니 여ᄉᆞᆺ 아ᄃᆞᆯ란 ᄒᆞ마 갓 얼이고 婆羅門ᄋᆞᆯ ᄃᆞ려 닐오ᄃᆡ 어ᄃᆡ사 됴ᄒᆞᆫ ᄯᆞ리 양ᄌᆞ ᄀᆞᄌᆞ니 잇거뇨 내 아기 위ᄒᆞ야 어더 보고려…… 婆羅門이 그 말 듣고 고ᄫᆞᆫ ᄯᆞᆯ 얻니노라 ᄒᆞ야 빌머거 …… 그 ᄯᆞᆯᄃᆞ려 무로ᄃᆡ 그듸 아바니미 잇ᄂᆞ닛가 對答호ᄃᆡ 잇ᄂᆞ니이다 婆羅門이 닐오ᄃᆡ 내 보아져 ᄒᆞᄂᆞ다 ᄉᆞᆯ바쎠 ……(『석보상절』 권6, 13ㄱ~19ㄴ)

나. 편티 아니ᄒᆞᆫ ᄃᆡ 엇던고 바ᄇᆞᆯ 예서 지으려 ᄒᆞ니 양식과 자바니나 보내소 힝긔 슈져 보내소 강셔방손ᄃᆡ 가ᄂᆞᆫ ᄌᆞᆫ 디히ᄅᆞᆯ 엇디 그리 차망되게 ᄒᆞ여 보내시ᄂᆞᆫ고 샹ᄇᆡᆨ지 밧망의 잇더니 그ᄅᆞᆯ 보내소 이 글희ᄂᆞᆫ ᄡᅳ려 ᄒᆞ엿더니 보내시도 쇠 강복셩이도 ᄒᆞ연ᄂᆡ(『순천김씨간찰』 2)

다. ᄆᆞᆮ형은 뫼우히셔 붐티고 둘잿 형은 오락가락ᄒᆞ고 세잿 형은 헤혀고져 ᄒᆞ고 넷잿 형은 ᄒᆞᆫ ᄃᆡ 모도고져 ᄒᆞᄂᆞ니? … 비 오나든 곳 퓌오 ᄇᆞᄅᆞᆷ ᄀᆞᆯ겨든 여름 ᄆᆡᆺᄂᆞᆫ 거셔? … ᄒᆞᆫ 킈큰 노미 큰 신 ᄭᅳᅀᅳ고 나지어든 갓다가 바미어든 오ᄂᆞᆫ 거셔? (『번역박통사』 18)

라. 뎜 쥬ᅀᅵᆫ 형님 뒤헤 ᄯᅩ 여러 버디 여러 ᄆᆞᄅᆞᆯ 모라 오ᄂᆞ니 네 이 뎜에 우리를 브리울가? 너희 대꾀 몃 ᄉᆞᄅᆞ매 몃 ᄆᆞᆯ오? 열ᄆᆞ리라. 술위 잇ᄂᆞ녀? 술위 업다. … 네 언멋 공부를 머믈우료 게 가 방이 뻠즉ᄒᆞᆫ디 몯 뻠즉ᄒᆞᆫ디 보고사 내 ᄒᆞᆫ 마ᄅᆞᆯ 니ᄅᆞ고져 ᄒᆞ노라. 네 이 지븨 우리를 브리우거니와 차자ᄂᆞᆫ 엇디 ᄒᆞ려뇨? … 너희 둘히 예 오난디 언머 오라니오? (『번역노걸대』 상, 16)

먼저 (8. 가)는 중세국어 청자존대 등급을 일목 요연하게 설명할 수 있는 장면으로 이미 소개한 예문이다. 이러한 문법적 설명이 호미와 수달이라는 두 인물이 사돈을 맺게 되는 이야기 과정 속에 존재한다는 사실을 알리기 위해 다시 인용하였다. 더욱이 강조한 부분에서는 어근과 어근을 바로 결합시켜 단어를 만드는 중세국어 조어적 특성까지를 설명할 수 있어 매우 좋은 장면으로 간주된다.

필자는 강독 시간에 이 두 인물이 어떻게 사위가 되었는가를 먼저 이야기해 준 후에 모둠별로 정해진 장면을 해석하는 시간을 주는데, 학생들의 반응은 매우 긍정적이다. 먼저 이야기 맥락을 들은 터여서 그리 어렵지 않게 문장을 해석하면서 자신들이 중세국어 문장을 해석했다는 지적 희열을 느끼는 한편, 어떤 대상에게 어느 말씨를 사용하는지를 스스로 가늠하여 중세국어의 청자 존대 체계를 세우게 됨으로써 나름대로의 지적 성취감을 얻는 것으로 보이기 때문이다.

(8. 나)는 'ᄒᆞ소'체의 등장을 설명하기 위한 자료로, 여기서 밑줄친 부분이 바로 그러한 말씨이다. 그런데 이 부분은 남편이 부인에게 집안일을 당부하는 장면인데, 그가 부인에게 'ᄒᆞ소'체를 사용하고 있다. 이를 통해 강의자는 학생들이 'ᄒᆞ소'체가 어떤 대상에게 사용되었는지를 추정할 수 있도록 유도할 수 있다. 그런데 이 서간문에는 남편이 소실을 얻어 이에 대한 원망을 딸에게 하는 장면도 있어, 이러한 점들을 학생들에게 정보로 제공함으로써 학생들의 흥미를 유발할 수도 있다.

(8. 다)는 『번역박통사』의 구어적 속성을 여실히 보여주는 자료로, 이 장면은 한 사람이 그의 친구에게 수수께끼를 제시하면서, 밑줄 친 부분과 같이 '반말'체를 사용하고 있다. 『번역박통사』는 구어체로 잘 알려져 있는데, 거기에는 위의 장면처럼 수수께끼 풀기와 같은 흥미로운 대화로 구성된 것도 있어서 이를 수업 자료로 활용하면 학생들의 흥미를 유발하기에

충분하다.

마지막으로 (8. 라)는 중세국어 'ᄒᆞ라'체의 의문법에 대한 설명의 장면으로 매우 훌륭한 자료로 간주된다. 보다시피 'ᄒᆞ라'체의 다양한 의문 형식이 위와 같은 한 장면에 집약적으로 나타나 있는데, 이처럼 한 장면에 모든 문법 현상들이 나타나기가 쉽지 않기 때문이다. 이는 『번역노걸대』 역시 당시의 구어를 반영하고 있어서 가능한 현상으로 풀이되는데, 어찌 되었든 이 문헌은 중국 상인과 고려 상인이 만나서 일정을 함께 하면서 서로 주고받은 대화로 구성되어서 당시의 일상을 살필 수 있다는 점에서 학생들에게 또 다른 흥미를 제공해 줄 수 있다.

요컨대 필자는 중세국어강독의 자료만을 잘 선정한다면 학생들의 흥미를 충분히 유발하면서 그들 스스로가 당시의 문법을 체계적으로 구축할 수 있는 기회까지를 제공할 수 있다는 기대를 가지고 있다. 그러면 중세국어강독을 충실히 하면서 문법을 부수적으로 깨닫게 되는 결과를 가지게 될 것이다[10].

17.2.3 다양한 장르 소개

필자가 아무리 다양하게 자료를 제시하기보다 이야기를 통해 문법 현상을 설명하는데 역점을 둔다고 할지라도, 당시의 다양한 장르를 소개하는 데까지 소홀하지는 않다. 중세국어강독을 수강한 학생들이라면 최소한 당시의 문헌에 대한 기본적인 이해는 있어야 한다는 것을 필자 또한 잘 알

---

10) 그렇다고 해서, 수업 자체가 학생들의 흥미만을 중시하는 식으로 흘러가서는 안 될 것이다. 중세국어문법 과목과는 달리 강독 시간에는 학생들에게 당시의 시대상이나 고전으로서의 가치를 충분히 인식하는 계기를 만들어 주어야 하는 것 또한 교사의 몫이기 때문이다. 이러한 목적을 수업 시간에 어떻게 달성할 것인가는 앞 장에서 살핀 바 있다.

고 있기 때문이다. 이런 맥락에서 필자가 생각하는 중세국어 문헌 류는 다음과 같다.

(9) 중세국어 문헌 류[11)]

가. 『불경언해』 류: 「능엄경언해」, 「법화경언해」, 「아미타경언해」, 「원각경언해」 등

나. 『월인석보』류: 「석보상절」, 「월인석보」

다. 『유교 경전』류: 「논어」, 「맹자」, 「중용」, 「번역 소학」, 「소학언해」, 「삼강행실도」, 「여사서」 등

라. 『훈민정음』류: 「훈민정음 언해본」, 「훈민정음 해례본」

마. 『운문』류: 「용비어천가」, 「월인천강지곡」, 「중간 두시언해」 등

바. 『구어체』류: 「번역박통사 상」, 「번역노걸대 상·하」

사. 『서간문』류: 「순천김씨 묘 출토 간찰」 등

가능하면 다양한 장르로써 핵심적인 문법 현상을 소개하면서 학생들에게 지적 호기심과 함께 탐구력을 신장시켜주는 수업이라면 더할 나위 없이 좋은 수업으로 평가될 것이다. 여기에 더하여 중세국어강독이 국어사, 현대국어문법, 고전문학 등과 같은 다른 수업을 이해하는 데 도움을 줄 수 있어서 학생들에게는 재미있으면서 유익한 수업으로 인식되지 않을까 한다. 앞서 제시한 〈표 1〉, 〈표 2〉 그리고 예문 (8) 등은 이러한 목적을 달성하기 위해서 선정된 자료들이다. 이들을 위의 (9)와 비교해 보면 앞서 선정된 자료들에는 『운문』류와 『불경언해』류가 포함되어 있지 않는데, 이는 이들은 수업 중의 자료로 제시하기보다 부록의 개념으로서 따로 장을 할애하여 소개하는 편이 수업의 효율성에서 더 좋을 듯하다고 생각한 결

11) 주지하는 대로 중세국어 시기에 간행된 문헌은 이 외에도 상당하다. 그러나 여기서는 대표적인 문헌만을 제시하고 일일이 열거하지 않기로 한다.

과이다.

우선 『불경언해』 류는 이미 언급했던 대로 내용 자체가 난해하여서 학생들이 그것을 통해 문법을 이해하기가 쉽지 않아서 자칫하면 문장이나 형태소를 분석하는 차원으로 전락할 수 있다. 그러므로 부록 편에 편성하여 『법화경』이라는 한문 원전을 중세국어로 어떻게 언해했는가를 보여주는 것으로 만족하면 될 듯하다. 그리고 『운문』 류에서는 「용비어천가」나 「중간두시언해」 한 구절을 소개하면서 이들을 문학 작품으로 감상하는 시간을 갖는 기회로 활용하는 편이 바람직하다. 필자는 「중간 두시언해」를 수업 중간에 쉬어가는 차원으로 활용함으로써 결국 중세국어 문헌은 당시 사람들이 그들의 생각이나 삶을 당시의 문자로 기록한 산물이므로 그것들을 강독하는 시간 역시 이러한 태도로 접근해야 함을 강조한다. 그러면서 그러한 내용을 보다 잘 이해하기 위해서 우리는 문장 구조나 형태소를 분석하는 것이지 중세국어 문법을 배우기 위해 당시 자료를 분석하는 것이 아니라는 사실을 재차 강조한다. 그럼으로써 학생들에게 자료를 대하는 바른 태도를 길러주려는 것이다[12]. 지금까지 논의를 정리하면 중세국어강독 교재 구성은 다음처럼 예상된다.

---

12) 순전히 필자만의 개인적인 생각일 수 있지만, 이에 대한 학생들의 반응은 긍정적으로 평가된다. 수업의 중반부에 이르면 학생들이 주어진 자료를 접하면서 먼저 형태소나 문장을 분석하기보다 전체의 내용을 파악하여 대강의 줄거리를 찾고자 하는 모습을 보이기 때문이다.

(10) 중세국어강독 예상 목차

1. 우리 문자에 대한 바른 이해
   『훈민정음 언해본』[13]
2. 너와 '그듸', 'ᄌᆞ갸'와 '자기'
   『월인석보』 권1, 60ㄴ~71ㄴ대구담과 소구담의 대화, 선혜와 구이의 대화〉
3. 다양했던 'ᄒᆞ라'체의 의문법
   『번역노걸대』 상, 16장
4. 'ᄒᆞ야쎠'체와 'ᄒᆞᆫ가'체는 누구를 존대하는 말씨인가?
   『석보상절』 권6, 13ㄱ~16ㄴ, 『순천김씨묘출토간찰』 2장
5. 주체와 객체를 존대하는 방식
   『언해본 삼강행실도』, '효자도 왕천익수' 장
6. 중세국어의 흥미로운 종결어미
   『번역박통사』 상, 18장

□ 부록
   1. 〈법화경 언해〉
   2. 〈중간 두시언해〉
   3. 〈용비어천가〉

이렇게 구성된다면, 중세국어의 모든 장르를 수용하면서 본문에서 7개의 문헌을 소개할 수 있고, 부록까지를 더한다면 총 10개의 문헌을 소개할

13) 우리의 문자에 대한 이해의 폭을 넓히기 위해서는 「훈민정음」 언해본보다 해례본을 소개하는 것이 더 적합하다. 주지하는 대로 후자에 제자 원리나 초성, 중성해 등이 실려 있기 때문이다. 그러나 강독의 교재로서는 언해본을 소개하는 편이 더 좋을 듯하다. 우선 해례본은 한자로 되어 있어서 이것을 많지 않은 시간에 학생들의 이해를 구하기 쉽지 않다는 판단을 전제로, 강독 시간에는 훈민정음의 창제 동기나 기본 문자에 대한 이해 폭을 넓히데 중점을 두어서 부족함이 없을 듯하기 때문이다.

수 있다. 앞서 살핀 (1)에 제시한 기존 교재들이 대개 10~12개의 문헌을 제시하였음을 고려할 때 위의 구성이 단조롭지 않다는 사실을 깨닫게 된다. 그러나 필자가 강조하고 싶은 바는, 각 문헌을 소개하는 장면 선정이다. 기존에는 그것을 선정해야 하는 어떤 당위성이나 근거를 마련하지 않은 채로 특정 문헌의 '서문'이나 시작 부분을 제시하였다면 위의 구성은 중세국어의 국어 지식을 배양하기 위해 알아야 할 분야를 먼저 책정하고, 그것을 잘 반영하고 있는 장면들을 자료로써 제시하고 있다는 것이다. 그리고 본문에 들어가서는 앞서 살핀 (6)의 구성처럼 먼저 해당 장면을 소개하고 그 다음에 그 장면에서 알아야 할 지식을 간략하게 소개하고 있다.

이와 같은 체제에 따라 중세국어강독을 수강하였다면 반드시 알아야 할 주요 문법이나 음운 현상을 대략적으로나마 파악할 수 있을 것으로 기대한다. 〈표 2〉와 비교할 때 위의 목차에 없는 '음운 현상'이나 '단어 조어법' 혹은 '사동·피동문'과 같은 현상들은 위에 소개한 문헌들에도 반영되어 있으므로 굳이 이들을 위해 새로운 문헌을 소개하는 것보다 위의 문헌들을 통해 함께 이해하는 편이 합리적이라 생각한다.

본 장에서는 중세국어 교육의 활성화 방안으로 중세국어강독 교재의 구성에 대해 논의하였다. 이는 중세국어 문법과 강독을 통합 운영하는 대학들의 현재 동향을 반영하는 차원에서 이루어진 것으로 그 결과를 정리하면 다음과 같다.

먼저 기존 교재를 검토한바, 그들은 일정한 기준이나 목적 없이 중세국어 문헌들을 가능한 다양하게 소개하는 차원에서 자료들을 선정하였다는 자성적인 반성을 하게 되었다. 이러한 반성을 토대로 하여, 본고에서는 중세국어강독의 선정 기준을 크게 학생들이 중세국어강독이라는 과목에 기대하는 바와 교수가 강의에서 달성하고자 하는 목적을 동시에 충족시키는 관점에서 정하였다. 그럼으로써 수요자 중심의 교재를 구성하자는 것이다. 그리고 본고에서는 이를 위해서 그리하여 재미있는 옛날이야기를 통해서 당시의 문법 현상들을 이해하는 방향으로 접근할 수 있도록 교재를 구성하자는 생각에 도달하였다. 그러기 위해서는 여기에 합당한 문헌을 먼저 정한 후에 그 문헌 가운데에서 강의자가 목표하는 문법을 설명하기에 가장 적당한 장면을 선정하기로 하였다.

그 결과, 문자와 표기, 대명사 체계, 'ᄒᆞ라'체 의문법 양상, 청자 존대와 주체·객체존대 방식 등의 문법 항목을 설정하고 여기에 가장 합당한 장면들을 선정하여 총 6개의 문헌을 소개하는 방식으로 구성하였다. 그럼으로써 중세국어 문법과 강독을 통합하자는 것이다. 여기서 '음운 현상'이나 '사동·피동' 등에 대한 설명은 이미 선정된 자료로써도 설명할 수 있으므로 굳이 이들을 위해 새로운 문헌을 소개하지 않기로 하였다. 이는 강의 시수 등을 고려할 때 선정된 자료를 정확히 이해하는 편이 다양한 문헌을 피상적으로 접근하는 편이 수업의 효율성 측면을 고려할 때 합리적이라는 판단에 근거한 것이다. 이에 더하여 본고는 '문법'이 아니라 '강독' 교재를 구상하는 것이므로 문법의 모든 영역을 문법 시간에서처럼 상세하게 다룰 필요도 없다는 생각에도 근거한 것이다.

그러나 수요자의 입장을 고려하여 다양한 장르의 문헌을 소개해야 한다는 점 또한 본고가 간과하지 않은 부분이다. 이런 맥락에서 산문과 운문, 그리고 대화체 문헌 등을 고루 선정해야 한다는 결론에 도달하였다.

18

국어사 자료 활용의 실제*

본 논의는 16세기 국어 자료인 『번역박통사』, 『번역노걸대』, 『순천김씨묘출토간찰』을 『대화체』 류로 통칭하여 중세국어 교육에서 이들을 효율적으로 이용할 방안에 대해 생각해보고자 한다[1]. 전자의 두 자료는 전문이 등장인물들의 대화로 구성되었다는 점에서, 후자는 가족 간의 대화를 담고 있는 편지글이라는 점에서 다른 국어사 자료와 구별되는 특징을 지닌 것으로 평가된다. 그런 만큼 이들은 국정 교과서인 고등학교 『국어』에도 소개되어 있을 뿐 아니라, 대학교 중세국어 강독 시간에도 거의 대부분 다루는 것으로 알고 있다.

그런데 필자는 이런 고유한 가치들을 교육 현장에서 어느 정도 활용하

---

* 이 장은 「우리말글 29」(2003)에 발표한 '「번역박통사」와 「번역노걸대」 바로 읽기를 위한 제언'을 재정리한 것이다.

1) 『번역노걸대』와 『번역박통사』는 주지하는 대로 등장 인물들의 대화로만 구성된 까닭에 『대화체』로 명명하기에 충분하다. 이에 비하여 『순천김씨묘출토간찰』은 편지 글이어서 바로 '대화'체로 규정하기에는 어려움이 있다. 하지만 편지 역시 문자로써 특정인과 대화하는 형식이라는 점에 주목하면 넓은 의미의 '대화'로 간주해도 무리는 없을 듯하다. 이런 취지에서 본 논의에서는 후자 역시 『대화체』류로 간주하기로 한다.

는가라는 자문을 하곤 한다. 그것은 중세국어를 포함한 국어사 교육이 학생들에게 비인기과목으로 전락한 원인을 교수·학습법에 찾고자 하는 반성에서 비롯한 물음이다. 이도영(1999), 김유범(2006), 김경훤(2005) 등에서 중세국어를 포함한 국어사 교육의 활성화 방안이 논의된 것으로 미루어 이런 자성적 물음이 비단 필자만의 것은 아닌 듯하다[2]. 이들에서 공통적으로 거론된 문제점은 수업 방식이다. 즉 중세국어 강독 시간에 교사들은 해당 자료의 음운 현상을 설명하고 형태소를 분석하여 문장 구조를 해석하면 학생들은 이를 일방적으로 받아 적는, 이른바 전형인 주입식 교육방식을 취한다는 것이다. 그러다 보니 학생들은 중세국어 강독 시간을 생소한 문자들로 구성된 문장을 어려운 문법 용어로 분석하고 풀이하는 수업으로 간주하여, 결국에는 수업 자체에 흥미를 잃게 된다는 것이다. 교육자의 입장에서는, 국어학 그 가운데에서도 문법에 대한 이해도가 그리 높지 않은 학생들에게 중세국어 문장을 이해시키려면 위와 같은 방식을 취할 수밖에 없었을 터이다. 일종의 중세국어교육에 대한 당위성이라 할 수 있다. 그러나 최근 필자가 실시한 설문 조사를 통해서 이런 당위성은 순전히 교사의 입장에서 정해진 것임을 깨닫게 되었다. 곧바로 설문의 내용과 그에 따른 결과가 밝혀지겠지만, 학생들이 중세국어에 바라는 기대는 의외로 단순하였다. 그들은 중세국어 자료를 읽어서 내용을 파악할 수 있으며, 이를 수강하여 국어사와 근대국어 및 현대국어 문법을 조금이라도 쉽게 이해할 수 있기를 바랐다.

학생들의 이런 기대를 충족시키면서 중세국어에 대한 국어학적 지식을 전수할 수만 있다면 그 수업은 매우 이상적이라 하겠다. 본 논의에서는 그러한 방안을 『대화체』 류에서 구하고자 한다. 위에서도 언급했듯이 대부

2) 이 외에도 양영희(2009), 박형우(2006), 이관규(2004) 등이 있다.

분의 강독 시간에 이들을 자료로 선택하는 것으로 알고 있는데, 그러나 정작 이들의 가치를 충분히 활용하고 있는가를 자문할 필요가 있을 듯하다. 필자에게만 해당되겠지만, 그동안 필자는 수업 시간에 전자의 두 자료는 대화체로 쓰여 당시 구어를 가장 잘 반영하는 자료로 소개하고, 후자는 1970년대 순천김씨 묘를 이장하다가 발견된 서간문으로 이 역시 당시 구어를 반영하고 있다는 정도로 언급한 후에는 위에서 문제시했던 방식으로 수업을 진행해왔다.

그런데 이 『구어체』 류의 가장 큰 장점은 다른 문헌과 달리 학생들의 호기심을 자극할 만한 내용으로 구성되어 있다는 것이다. 주지하는 대로 『번역박통사』에는 수수께끼를 풀어가는 과정이나 중매하는 과정 등과 같은 일상이 에피소드 형식을 빌려 구어체로 소개되어 있고, 『번역노걸대』 역시 상인들 간에 흥정하면서 오가는 시비나 음식을 잘 못 먹어 의원에게 치료를 받는 일상들이 대화체로 서술되어 있다. 그리고 『순천김씨묘출토간찰』[3]에는 엄마가 딸에게 자신을 돌보지 않은 남편을 원망하는 심정이 그대로 드러난 경우도 있으며, 딸의 건강을 염려하는 모정이 절절이 반영된 내용도 있다. 이런 내용들은 불교나 유교의 정신을 설명하는 『불경』 언해류나 『경전』 언해류의 것과 달리 학생들이 알기 쉬울 뿐 아니라 선대의 일상을 짐작케 해주는 것들이어서 학생들의 호기심을 유도할 수도 있다.

이런 점에 초점을 맞추어 학생들에게 이들을 분석 자료가 아닌 일정한 주제를 담고 있는 이야기책으로 접근하도록 하면서 그 과정에서 중세국어의 문법 현상을 설명할 수만 있다면 그들의 요구와 교사의 의무 모두를

3) 이후 『번역박통사』는 『번박』으로, 『번역노걸대』는 『번노』로, 『순천김씨묘출토간찰』은 『순천김씨간찰』로 요약하여 명명하기로 한다.

충족시키는 수업이 되지 않을까 한다. 그러기 위해 우리 교사들은 어떤 노력을 해야 하는가? 이점이 본 논의의 출발점이다.

18.1 교재 자료 선정을 위한 설문 조사 및 결과

서두에서 언급했듯이 필자는 중세국어교육에 대한 학생들의 기대를 파악할 목적에서 설문조사를 실시하였다. 그동안 중세국어교육을 활성화하기 위한 노력은 있어왔지만, 정작 학생들이 바라는 바가 무엇인지를 구체적으로 파악한 논의가 없었음을 깨달았기 때문이다. 이제 그 결과를 참조하여 우리의 나아갈 바를 모색하기로 하자. 설문 조사의 개요를 보이면 다음과 같다.

(1) 설문조사 개요

가. 목　　적: 중세국어교육 수강생들의 수업에 대한 기대를 정확하게 파악하여서 중세국어교육의 활성화 방안을 모색한다.

나. 대　　상: 광주, 전남 지역 소재 대학에서 2008년에 중세국어강독 및 문법을 수강한 학생

다. 인　　원: 102명

라. 조사기간: 2009.09.10.~10.15.

현재 중세국어강독이나 문법을 수강하는 학생보다 이미 수강한 학생들이 수업의 문제점을 정확하게 파악하고 있으리라는 생각에서 2008년에 중세국어 문법 및 강독을 수강한 학생을 대상으로 하여 다음과 같이 설문조사를 실시하였다.

(2) 〈표 1〉 설문 내용

설　문　지

중세국어 강독 및 문법을 효율적으로 교육하고자 마련한 설문지입니다. 성실히 답해주시면 감사하겠습니다.

1. 중세국어 교육을 수강한 이유는 무엇입니까?
   1) 강의 시간대가 좋아서.
   2) 중세국어를 읽고 이해하고 싶어서.
   3) 중세국어 문법을 알고 싶어서.
   4) 다른 과목을 수강할 것이 없어서.

2. 2)로 답한 학생에 한해서, 중세국어를 읽고 이해한다는 의미는 무엇입니까?
   1) 중세국어 글자를 알고 읽을 수 있다.
   2) 해당 자료의 전체 뜻을 파악할 수 있다.

3. 중세국어교육은 필요하다고 생각하십니까?
   1) 필요하다.
   2) 필요하지 않다.

4. 1)로 답한 경우에 한해서, 왜 필요하다고 생각하십니까?
   1) 현대 문법이나 국어사를 이해하려면 중세국어 문법에 대한 이해가 있어야 하므로.
   2) 우리의 글이어서, 국문학과 학생이라면 당연히 읽고 해석할 수 있어야 하므로.
   3) 임용고시에 대비해서.

5. 2)로 답한 경우에 한해서, 왜 필요하지 않다고 생각하십니까?

1) 중세국어 문법 등을 알아도 현재 다른 과목을 이해하는 데 전혀 도움이 되지 않으므로.
2) 임용고시에서 비중 있게 출제되지 않으므로.

6. 중세국어교육 내용이 어렵다고 생각하십니까?
1) 어렵다.
2) 어렵지 않다.

7. 왜 어렵다고 생각하십니까?
1) 글자를 해석하기가 어려워서.
2) 문법 설명이 어려워서.

8. 중세국어교육시간에 대하는 자료가 일정한 주제가 있는 이야기책으로 생각되십니까?
1) 생각되지 않는다.
2) 그렇다고 생각한다.

9. 왜 위의 1)번처럼 생각하십니까?
1) 형태소를 분석하고 문장을 해석하는 단위로 생각되니까.
2) 어느 한 부분만 발췌되어서 전체 내용을 전혀 파악하기 어려우므로.
3) 교수님이 그런 이야기를 해 주지 않아서.

10. 중세국어 교육이 옛날이야기를 읽어가는 방식으로 이루어진다면 지금보다 관심 있게 수업에 임할 것 같습니까?
1) 그렇다.
2) 아니다.

성실하게 응해주셔서 감사합니다.

중세국어교육에 대한 학생들의 요구 사항을 파악할 목적에서 실시한 설문 조사인 만큼 가능한 문항 수를 적게 하고 질문 형식을 간단히 하여, 학생들이 설문에 쉽게 응할 수 있도록 하였다. 이에 대한 결과는 논지를 전개하는 과정에서 해당 항목 별로 제시함으로써 설명과 이해의 편의를 돕기로 한다.

18.2 『대화체』류 선택의 당위성

필자가 중세국어교육의 활성화를 위한 방안으로 『대화체』 류를 수업 자료로 선택했던 이유는 다음과 같은 설문 조사의 결과에 주목했기 때문이다.

(3) 〈표 2〉 중세국어교육에 대한 학생들의 기대를 파악하기 위한 설문 조사

번호	질 문		응답자수
1	중세국어 교육을 수강한 이유는 무엇입니까?	강의 시간대가 좋아서.	5명(4.9%)
		중세국어를 읽고 이해하고 싶어서.	51명(50%)
		중세국어 문법을 알고 싶어서.	42명(41%)
		다른 과목을 수강할 것이 없어서.	4명(3.9%)
2	2)로 답한 학생에 한해서, 중세국어를 읽고 이해한다는 의미는 무엇입니까?	중세국어 글자를 알고 읽을 수 있다.	5명(9.8%)
		해당 자료의 전체 뜻을 파악할 수 있다.	46명(90%)
8	중세국어교육시간에 대하는 자료가 일정한 주제가 있는 이야기책으로 생각되십니까?	생각되지 않는다.	98명(96%)
		그렇다고 생각한다.	4명(3.9%)

<table>
<tr><th>번호</th><th colspan="2">질 문</th><th>응답자수</th></tr>
<tr><td rowspan="3">9</td><td rowspan="3">왜 위의 1)번처럼 생각하십니까?</td><td>형태소를 분석하고 문장을 해석하는 단위로 생각되니까.</td><td>52명(53%)</td></tr>
<tr><td>어느 한 부분만 발췌되어서 전체 내용을 전혀 파악하기 어려우므로.</td><td>42명(42%)</td></tr>
<tr><td>교수님이 그런 이야기를 해 주지 않아서.</td><td>4명(4%)</td></tr>
<tr><td rowspan="2">10</td><td rowspan="2">중세국어 교육이 옛날이야기를 읽어가는 방식으로 이루어진다면 지금보다 관심 있게 수업에 임할 것 같습니까?</td><td>그렇다</td><td>92명(90%)</td></tr>
<tr><td>아니다</td><td>10명(9.8%)</td></tr>
</table>

중세국어 수강 동기로는 '당시의 문헌을 읽고 이해하고 싶어서'와 '문법을 알고 싶어서'가 거의 비슷한 비율로 조사되었다(설문 1참조). 그리고 학생들은 단순히 글자만을 해독하는 것이 아니라 해당 자료를 텍스트로 간주하여 주제를 정확하게 이해할 수 있기를 기대하지만(설문 2참조), 현실에서는 대부분 수업 자료를 텍스트로 인식하지 못하는 것으로 조사되었다(설문 2, 3참조). 그 원인을 학생들은, 교사가 중세 문헌 가운데 어느 한 부분을 발췌하여 해당 문장의 형태소를 분석하는 방식으로 수업을 진행하기 때문으로 간주하고 있다.(설문 9 참조)

이로 볼 때, 중세국어 교육의 가장 큰 문제점은 발췌된 자료의 형태소를 분석하고 음운 현상을 검토하는 정형화된 수업 방식에 있다고 할 수 있다. 새삼스럽지도 않지만, 객관적인 사실로 드러난 만큼 교사의 반성이 뒤따라야 할 것이다. 요컨대 학생들은 중세국어자료들을 이야기로 간주하여, 그것을 제대로 파악하기 위해 문법적 설명을 기대하는 것이다.

필자는 학생들의 이러한 요구를 충족시켜 줄 수 있는 자료로 이미 『구어체』류를 선택한다고 밝힌바, 그것은 다음과 같은 이유에서이다. 『번박』은 38개의 이야기가 에피소드 형식으로 전개되어 있고, 「번노」도 상권은 16개의 이야기가, 하권은 22개의 이야기가 전개되어서, 비교적 그 분량이 많지 않아 어느 한 부분을 수업 자료로 책정하더라도 학생들이 지루하지 않게 읽어내려 갈 수 있다는 것이다. 그리고 『순천김씨간찰』도 특정 대상에게 보낸 편지를 수업 자료로 삼으면 위와 동일한 효과를 기대할 수 있다는 것이다. 그러면서 일상적인 내용으로 구성되어서 불교나 유교의 난해한 철학을 담고 있는 여타 자료와 구별된다는 점 또한 주요한 매력으로 간주된다. 예컨대,

(4) 가. 번ᄃᆞᆯ하 닐어라 ᄃᆞᆯ기 우런디 세홰어다 ᄒᆞ마 하ᄂᆞᆯ도 ᄇᆞᆯᄀᆞ리로다 우리 ᄲᆞᆯ리 짐ᄃᆞᆯ 설어즈라 ᄆᆞᆯ 기ᄅᆞ마 진노라 ᄒᆞ면 하ᄂᆞᆯ히 ᄇᆞᆯ그리로다 쥬ᅀᅵᆫ손ᄃᆡ 하딕ᄒᆞ라 가져 쥬ᅀᅵᆫ 형님 허믈 마라쇼셔 우리 가노이다 네 허믈말오 이대 가쇼셔 도라오실제 ᄯᅩ와 우리 뎜에 브리쇼셔 (『번노』 상, 38ㄴ)

가'. 친구들 일어나라 닭이 세 번 울었다. 곧 날도 밝을 것이다. 우리 빨리 짐들을 챙기려고 말에게 길마를 얹다 보면 날이 밝을 것이다. 주인에게 작별하러 가자. 주인 형님 우리를 너무 나무라지 마십시오. 우리 갑니다. 너희들도 나를 나무라지 말고 잘 사십시오. 돌아오실 때 또 우리 점에 쉬고 가십시오.

나. 편티 아니ᄒᆞᆫ ᄃᆡ 엇던고 바ᄇᆞᆯ 예서 지으려 ᄒᆞ니 양식과 자바니나 보내소 힝긔 슈져 보내소 머글 것 어더 둣다가 나죄 보내소. 강셔방손ᄃᆡ 가ᄂᆞᆫ ᄌᆞᆫ 디히ᄅᆞᆯ 엇디 그리 차망되게 ᄒᆞ여 보내시ᄂᆞᆫ고 샹ᄇᆡᆨ지 밧망의 잇더니 그ᄅᆞᆯ 보내소 이 글히ᄂᆞᆫ 쓰려 ᄒᆞ엿더니 보내시도 쇠 강복셩이도 ᄒᆞ연ᄂᆡ(『순천김씨간찰』 2)

나'. 불편한 데는 어떠한가? 밥을 여기서 지으려 하니 양식과 자반이나 보내소, 행기의 수저 보내소. 먹을 것 얻어 두었다가 저녁에 보내소. 강서

방에게 가는 잔 김치를 어찌 그리 소홀하게(?) 하여 보내시는가? 보통 백지가 바깥 망태기에 있었는데 그것을 보내소. 이 편지에는 사용하려 하였는데 보내셨네. 강복엇이도 하였네.

(4. 가)는 『번노』의 한 이야기 단위이다. 주지하는 대로 이 자료는 고려 상인들과 중국 상인들이 만나 북경으로 가는 동안 서로 나눈 대화를 중심으로, 중간에 쉬어 가는 여관 주인 혹은 다른 상인들과의 대화가 한 편의 소설처럼 구성되어 있다. (4. 가)는 그 가운데 상인들이 며칠 쉬어간 여관을 떠나면서 주인과 인사를 나누는 장면이다. (4. 나)는 가족 간에 오간 편지글로, 위에 소개한 전문은 남편이 부인에게 안부를 물으며 반찬을 보내라는 부탁을 하는 장면이다. 이처럼 『대화체』류는 비교적 짧은 글로 구성되어서 학생들이 한 시간 내에 전체 내용을 쉽게 파악할 수 있다. 그러면서 글의 내용도 다음 자료보다는 흥미를 가질 수 있다.

(5) 가. … 그 ᄢᅴ 十方 無量世界에 몯내 니를 一切 諸佛와 菩薩摩訶薩ᄃᆞᆯ히 다 와 讚嘆ᄒᆞ샤ᄃᆡ 釋迦牟尼佛이 能히 五濁惡世예 큰 智慧 神通力으로 에구든 모딘 衆生ᄋᆞᆯ 降服ᄒᆡ시ᄂᆞ다 ᄒᆞ시고 각각 뫼ᅀᆞᄫᆞ니 브리샤 安否ᄒᆞ시더니 娑婆세계와 녀느 國土앳 그지업슨 天龍 鬼神이 忉利天에 다 모다 오나ᄂᆞᆯ … (『석상』 11, 3ㄴ~4ㄴ)

가'. … 그 때에 시방 무량세계에 이루 다 이르지 못할 일체 여러 부처와 보살마하살들이 다 와서 찬탄하시되, 서가모니부처님이 능히 오탁 악세에 큰 지혜와 신통력으로 매우 굳은 모진 중생을 항복시킨다 하기고 각각 모신 사람을 부리어 안부하시더나 사바세계와 여느 국토의 그지없는 천룡 귀신들이 도리천에 다 모여 오거늘 …

『석보상절』에서 석가모니불의 신통력을 이야기하는 장면으로 이후에는 미륵보살과 석가모니불이 극락정토에 대해 이야기하는 내용으로 이어진다. 학생들이 중세국어자료를 주제 파악이 안 되는 어려운 글로 이해한 데에는 수업 시간에 다루는 대부분의 자료가 위와 같기 때문이다[4]. 이런 구성과 내용을 위의 (4)와 비교할 때, 수업 자료로서의 『구어체』 류가 지니는 가치는 자명해진다. 물론 이들만을 수업 자료로 활용할 수는 없다. 교과의 특성상 중세국어 문헌 전반에 대한 이해도 있어야 하고, 한글에 대한 제자 원리에 대한 이해도 중시되어야 하는 까닭이다. 따라서 필자가 생각하기에는 『불경』 언해류나 『경전』 언해류의 경우는 문헌 해제를 비교적 상세히 다루고, 「훈민정음」은 제자 원리를 상세하게 설명하는 방식을 취하면서, 이 외 시간에는 위와 같은 자료를 중심으로, 이들의 고유한 특성이 부각될 수 있도록 수업을 진행하면 학생들의 기대를 어느 정도 충족시키지 않을까 한다.

18.3 『대화체』류의 활용 방안

학생들은 단순히 쉽고 편하면서 재미있는 수업 방식만을 요구하지는 않는다. 앞서 살핀 설문 결과를 참조할 때, 그들은 중세국어 자료를 바르게 이해하기 위해, 혹은 당시의 문법 현상을 정확하게 알기 위해 쉬운 교수법을 요구하는 것으로 이해된다. 그 수단으로 우리는 『대화체』 류를 선택한

4) 『불경』 언해류라 할지라도 다음과 같은 부분은 일상적인 대화를 중심으로 구성되어서 학생들이 비교적 쉽게 내용을 파악할 수 있다.

善慧 니ᄅᆞ샤ᄃᆡ 五百 銀도ᄂᆞ로 다ᄉᆞᆺ 줄기ᄅᆞᆯ 사아지라 俱夷 묻ᄌᆞᄫᆞ샤ᄃᆡ 므스게 ᄡᅳ시리 善慧 對答ᄒᆞ샤ᄃᆡ 부텻긔 받ᄌᆞ보리라 俱夷 ᄯᅩ 묻ᄌᆞᄫᆞ샤ᄃᆡ 부텻긔 받ᄌᆞᄫᅡ 므슴 호려 ᄒᆞ시ᄂᆞ니 (『월석』 1, 10ㄴ)

따라서 수업 자료 선정시 우선은 교육자가 학생들의 요구에 합당한 자료를 선정하려는 노력이 있어야 할 것이다. 이에 대한 논의가 김유범(2006), 양영희(2009) 등에서 이루어졌다.

바, 이제는 이들을 효율적으로 활용할 방안에 대해 숙고해야 할 차례이다. 이 때 교육의 연계성을 고려해야 한다. 바로 설문 조사 결과가 제시되겠지만, 학생들은 중세국어 교육을 받음으로써 국어사나 현대국어문법 등과 같은 과목을 수월하게 수강할 수 있기를 기대하는 까닭이다.

학생들의 이런 바람은, "국어교육이'살아있는' 교육과정이 되기 위해서는 같은 영역 내에서의 연계와 다른 영역이나 교과와의 연계가 필요하다는"신호철(2009: 194)의 생각과 일정 부분 통한다고 할 수 있다. 이에 본장에서는 『대화체』류를 자료로 하여, 신호철(2009)이 제시한 연계적 수업 방안을 모색하는 데 주력하고자 한다[5].

18.3.1 내적 연계

신호철(2009: 189)은 "한 대상의 내부를 구성하는 요소들끼리 일정한 계속성과 계열성 관계[6]를 맺고 작용하게 하는 요소"를 내적 연계성으로 규정하면서 국어교육이 지향해야 할 방향으로 간주하고 있다. 중세국어 과목이 내적 연계를 구축할 수 있는 것은 위에서 언급한 '현대국어문법'과 '국어사'일 것이며, 중세국어강독과 중세국어문법이 분리되어 운영된

5) 원래 연계성은 학년간 학교급간 교육 내용의 연계나 교육 행정상의 연계와 관련되는 개념으로 주로 교육학계에서 사용하는 개념이다. 그런데 신호철(2009)에서 국어교육에 도입하여 바람직한 국어 교수법의 한 방법으로 제시하였다. '연계'로 분명히 명명하지 않았지만, 국어교육의 활성화를 모색하는 차원에서 이지호(1998), 박형우(2008) 등도 이와 유사한 견해를 제시한 바 있다.

6) 신호철(2009: 189)은 연계성을 "어떤 한 대상이나 또는 둘 이상의 대상이 내적인 구성요소들끼리 또는 어떤 외적 연결체를 통하여 상호 관계를 맺고 하나의 구성체처럼 작용할 수 있게 만드는 요소"로 규정한 바, 본고에서도 같은 개념으로 사용하기로 한다. 이런 맥락에서 '계속성'은 중요한 학습 내용을 반복적으로 수행하는 것을 일컬으며, '계열성'은 학습 내용을 반복적으로 수행하되 동일한 내용을 반복하는 것이 아니라 심화된 내용을 반복하여 수행함을 의미한다.

경우라면, 상호 간의 연계도 고려해 봄직하다. 학생들 역시 이런 교수법을 기대하고 있음이 다음 설문 조사에서 밝혀진바, 우선 이부터 확인하기로 하자.

(6) 〈표 3〉 중세국어 교육과 다른 과목의 연계 필요성을 위한 설문 조사

번호	질 문		응답자수
3	중세국어교육은 필요하다고 생각하십니까?	필요하다.	90명(88%)
		필요하지 않다.	12명(11%)
4	1)로 답한 경우에 한해서, 왜 필요하다고 생각하십니까?	현대 문법이나 국어사를 이해하려면 중세국어 문법에 대한 이해가 있어야 하므로.	65명(72%)
		우리의 글이어서, 국문학과 학생이라면 당연히 읽고 해석할 수 있어야 하므로.	20명(22%)
		임용고시에 대비해서.	5명(5.5%)
5	2)로 답한 경우에 한해서, 왜 필요하지 않다고 생각하십니까?	중세국어 문법 등을 알아도 현재 다른 과목을 이해하는 데 전혀 도움이 되지 않으므로.	8명(67%)
		임용고시에서 비중 있게 출제되지 않으므로.	4명(33%)

다행히 다른 과목을 이해하기 위해 중세국어교육이 필요하다는 입장이 우세하다. 필요하지 않다고 생각하는 이유는 그만큼 중세국어에 거는 기대가 컸음을 역설적으로 시사하는 것으로 풀이된다. 즉 그것을 수강함으로써 다른 과목을 수강하는 데 도움을 얻고자 했음에도 그리 하지 못했기에 '필요 없다.'는 반응을 보인 것으로 해석되는 까닭이다. 따라서 만약 중

세국어교육 시간에 『구어체』 류로써 학생들의 이런 요구를 충족시킬 수 만 있다면 중세국어 교육은 현재와 다른 국면을 맞이하게 될 가능성도 없지 않다.

그러나 아무리 좋은 재료를 구비했을지라도 그것을 제대로 활용하려는 노력이 뒤따르지 않으면 그것의 진가는 발휘되기 어려울 터이다. 같은 이치에서, 『구어체』 류를 학생들의 요구에 부합하는 수업 자료로 활용하기 위해서는 먼저 교사가 거기에 담겨진 문법적 사실을 통찰하여, 국어사와 현대국어 문법에 연계될 만한 문법 분야가 무엇인지를 정확하게 파악하고 있어야 한다. 그래야 그 장면을 수업 자료로 적절하게 활용하여 교육의 효과를 높일 터이기 때문이다. 이런 취지에서 『구어체』 류의 각 장면에 반영된 문법 특성을 검토할 필요가 있겠다.

(7) 〈표 4〉 『구어체』류의 내적 연계 문법

내적 연계 문법		장 면[7]		
청자 대우법	대우 체계	『번박』	2, 6, 11, 16, 18, 21, 22, 23, 29, 30, 37	
		『번노』	상	1, 2, 3, 5, 8, 11
			하	1, 2, 10, 15
		『순천김씨간찰』	1, 2, 3 , 4, 8, 16, 17, 24, 33, 44, 53, 58, 64, 77, 96, 104, 120, 152, 163, 191	

7) 본고가 참고한 『구어체』류의 서지 자료는 다음과 같다.

가. 『번박』: 경북대학교 대학원 국어국문학 연구실 간(4292) 『박통사 상』, 경북 인쇄소.
나. 『번노』 :정광(1995), 『역주 번역노걸대』, 태학사.
다. 『순천김씨간찰』: 조항범(1998), 『주해 순천김씨묘출토간찰』, 태학사.

언급했듯이, 위의 자료들은 에피소드 형식으로 구성되어서, 출처를 밝힐 때, 쪽수가 아닌 장면의 번호를 사용하는 경우가 많다. 특히 다)와 같은 경우에는 쪽수가 있을 수 없기 때문이다. 본고도 이 방식을 취하기로 한다. 요컨대 〈표 4〉에 제시된 번호는 쪽수가 아니라 장면1, 장면2 등을 나타내는 부호인 것이다.

내적 연계 문법		장 면[7]		
청자 대우법	새로운 청자 대우법 등장	『번박』		2, 6, 11, 12, 18, 22, 29
		『번노』	상	2, 15
			하	2, 4, 10
		『순천김씨간찰』		1, 2, 3, 4, 13, 17, 33, 44, 53, 58, 64, 155. 163, 191, 192
지칭·호칭어	지칭어와 호칭 유형	『번박』		1, 2, 4, 5, 12, 16, 23, 26, 29, 30, 31, 33, 35, 37
		『번노』	상	1, 2, 3, 4, 15
			하	1, 2, 3, 5, 7, 10, 15, 17, 21
		『순천김씨간찰』		1, 2, 6, 8, 9, 12, 17, 18, 21, 29, 34, 44, 49, 58, 61, 64, 70, 97, 121, 146, 152, 163, 191
	지칭어와 종결어미 호응 양상	『번박』		2, 4, 6, 9, 22, 23, 26, 29, 33, 35, 36, 38
		『번노』	상	1, 2, 3, 4, 10, 14, 15
			하	1, 5, 10, 15, 17, 22
		『순천김씨간찰』		1, 5, 13, 17, 52, 53, 64, 97, 120, 152, 163, 191
ᄒᆞ라체 의문형	의문형 종결어미 유형	『번박』		1, 4, 5, 7, 11, 12, 14, 15, 17, 18, 19, 20, 21, 23, 28, 37, 38
		『번노』	상	1, 3, 4, 8, 11, 14, 16
			하	1, 2, 4, 5, 10, 18
		『순천김씨간찰』		1, 2, 4, 17, 24, 32, 33, 37, 52, 53, 55, 57, 64, 77, 97, 104, 133, 152, 155, 173, 191, 192
	등급의 변동	『번박』		2, 4, 6, 11, 12, 17, 19, 21, 23, 30, 32
		『번노』	상	2, 3, 8, 10, 15
			하	1, 2, 4
		『순천김씨간찰』		1, 2, 3, 15, 24, 32, 33, 52, 53, 57, 58, 64, 77, 97, 104, 120, 191, 192

정리한 대로『구어체』류 자료의 특징으로 간주할 만한 문법 유형은 청자대우법과 호·지칭 체계 그리고 'ᄒᆞ라체'의문형 등으로 먼저 청자대우법과 관련한 문법 사실부터 점검하기로 하자.

(8) 가. ᄆᆞᄉᆞᆷ됴ᄒᆞ신 원판 형님하 어듸 가시ᄂᆞᆫ고? 쇼ᄉᆡᆫ이 려부에 가노이다 므슴 이리 잇ᄂᆞᆫ고? 내 브리여 나갈 일이셔 당샹ᄭᅴ 취품ᄒᆞ라 가노라. 므슴 브리샨 이리신고? 죠셔 ᄀᆡ독 ᄒᆞ라 가노라. (『번박』 2)

나. ᄆᆞ른 예 인ᄂᆞᆫ ᄆᆞᄅᆞᆯ 모ᄅᆡ 줄 거시니 모ᄅᆡ 가라 ᄒᆞᄂᆡ 나죄 가 필죵이ᄃᆞ려 모ᄅᆡ 갈 양으로 일오라 ᄒᆞ소 어ᄃᆡ가 바ᄃᆞᆯ고 숙소ᄂᆡ 집 근체 가 바ᄃᆞᆯ가 은지니ᄅᆞᆯ 브리디 아닐디라도 자바다가 쇼슈ᄒᆞ고 공이나 메워 보낼 거시로쇠 (『순천김씨 간찰』 1)

위는, 짧은 텍스트 안에서 청자에 대한 종결어미 대부분을 확인할 수 있다는 점에서 청자대우체계를 설명하기에 적합한 자료로 평가된다. (8. 가)에서는 16세기 청자 대우 등급의 모든 유형을 확인할 수 있다. 즉 '하소'체의 의문형'-ㄴ가/고'형이 확인되고, 'ᄒᆞ쇼셔'체의 평서형 '노이다'형이 확인되며, 'ᄒᆞ라'체의 평서형'노라'형 등도 확인된다.[8] (8. 나)에서는 'ᄒᆞᄂᆡ'체의 평서형인 'ᄂᆡ/쇠'체와 명령형 '-소'체 등을 확인된다. 주지하는 대로 16세기에는 15세기의 'ᄒᆞ야쎠'체가 소멸하면서 (8. 나)에서 집중적으로 확인되는 'ᄒᆞᄂᆡ'체가 사용되기 시작하였는데, 이런 일련의 사적 변화를 위의 두 자료가 모두 보여주고 있는 것이다. 거기에 더하여 'ᄒᆞ라'체의 '-ㄴ가/고'형이 16세기에는 'ᄒᆞᄂᆡ'체의 의문형으로 등급이 상향 조정되었는데, 위

8) 동일대상에게'ᄒᆞᄂᆡ'체와 'ᄒᆞ라'체를 동시에 사용한 점이 주목되는데, 이에 대한 해석은 황문환(2002), 양영희(2007)등으로 미루기로 한다. 이 문제까지를 다루다 보면, 논지 전개가 다른 방향으로 흐를 우려가 다분한 때문이다. 따라서 여기서는 짧은 텍스트 안에서 청자대우 종결어미 체계를 모두 확인할 수 있다는 점만 주목하기로 하자.

자료에서는 이런 쓰임까지를 확인할 수 있다.

따라서 위의 자료들은, 짧은 단위로써 청자대우 체계와 그것의 변화 양상을 설명하기에는 더 없이 좋은 자료로 평가되는바, 이는 이들이 당시의 구어를 반영한 대화체로 구성되었기에 가능했던 것으로 판단된다. 청자대우법은 상대에 대한 태도를 규정하는 분야이어서 그것이 다양하게 실현되는 장면은 대화일 터인데, 위의 자료들은 서술자의 직접적인 개입 없이 계속 등장인물들의 대화만을 기술하고 있으므로 위처럼 짧은 장면에서 다양한 유형들이 확인될 수 있다는 것이다. 그러므로 위와 같은 장면은, 설명해야 하는 교사 입장에서는 다른 자료를 별도로 제공하지 않아도 되는 친절한 자료로 평가되는 한편, 배우는 학생 입장에서도 어떤 문법 현상을 일목요연하게 정리해 주는 체계적인 자료로 간주될 만하다.

이런 자료로써 16세기 청자대우 체계를 확실하게 정리했다면, 15세기의 대우 체계 및 근대 국어의 그것과도 쉽게 비교할 수 있어, 이후 학생들이 국어사 과목을 수강할 시는 대우 체계의 변천 양상에 관한 한 많은 도움을 받게 될 것이다. 그러면, 중세국어교육을 중심으로 한 국어사 교육과의 연계 체제를 확립할 것으로 기대한다.[9]

한편, 대화가 중심이 되는 『구어체』 류는 어느 문헌보다 상대에 대한 지칭어나 호칭어가 다양하게 출현할 수밖에 없어 짧은 구조로써 중세국어의 호·지칭어 체계를 설명하기에도 좋은 자료로 간주된다. 예컨대 중국 상인이 친척을 초대하여 즐거운 시간을 보내는 다음 장면에서는 친척 호칭어가 매우 다양하게 제시되어 있다.

9) 『번노』에 등장한 다음 예문의 ‘소/조’형은 16세기 ‘ᄒᆞ야써’체의 명령형을 상정할 수 있도록 해준 귀중한 자료라는 점도 더불어 인식할 필요가 있다.: 큰 형님 몬져 ᄒᆞᆫ 잔 자소 큰 형님 몬져 례 받조 (『번노』 상, 15)

(9) 가. 오ᄂᆞᆯ 차반 여투워 우리 모ᄃᆞᆫ 아ᅀᆞᆷ돌 쳥ᄒᆞ야 안자셔 말ᄒᆞ져 하나비, 할미, 아비, 어비, 아ᄇᆡ 동ᄉᆡᆼ ᄆᆞᆮ형, 아ᄇᆡ 동ᄉᆡᆼ 아ᅀᆞ, 동ᄉᆡᆼ 형, 동ᄉᆡᆼ 아ᅀᆞ, 동ᄉᆡᆼ ᄆᆞᆮ누의, 동ᄉᆡᆼ 아ᅀᆞ 누의, 누의게 난 아ᄃᆞᆯ, 동ᄉᆡᆼ 형뎨의 난 아ᄃᆞᆯ, 동ᄉᆡᆼ 형뎨게 난 아ᄎᆞᆫ ᄯᆞᆯ, 어믜 오라비, 사회, 어믜 오라븨 겨집, 어믜 겨집 동ᄉᆡᆼ, … 사돈 짓 아비, 사돈 짓 어미, 사돈 짓 아자비, 사돈짓 어믜 오라비, 사돈 짓 아ᄌᆞ미, ᄇᆞ리는 죵ᄃᆞᆯ 다 쳥ᄒᆞ야 오라 (『번노』 하, 10)

위로 볼 때, 16세기 호칭어는 매형이나, 매부, 혹은 손위시누와 같은 어형은 생성되지 않고, 그대로 '동생의 맏형, 동생의 아우, 누님에게 난 아들' 들과 같은 단어 나열식 형태로 존재했었음을 알 수 있다. 이런 형태의 호칭어는 한자를 본격적으로 수용하면서 '매형, 매부' 등과 같은 형식을 취한 것으로 보이는데, 여하튼 이와 같은 자료를 통해서 중세국어의 호·지칭어 유형을 한 장면에서 확인할 수 있다는 것만으로도 교사나 학생 입장에서는 고마운 자료가 아닐 수 없다. 여기에 더하여 호·지칭어의 조어 방식까지를 짐작케 해준다는 점에서 형태론 분야와의 연계를 고려해봄 직하며, 국어사와 어휘론 분야와의 연계도 충분히 타진해 볼 만하다. 그런데 『구어체』 류에는 다음과 같은 사용 양상이 자주 목격되어 지칭·호칭어에 대한 기존 입장을 재검토해야 하는가라는 의문을 제기토록 한다.

(10) 가. 너를 ᄒᆞ야 ᄒᆞᆯᄅᆞᆯ 내내 슈고ᄒᆞ게 ᄒᆞ과이다 우리ᄂᆞᆫ 수을도 취ᄒᆞ며 차만도 ᄇᆡ브르과이다 네 허믈 마ᄅᆞ쇼셔 (『번노』 하 10)

나. 령공하 므슴 마리 겨신고 … 네 몃히 멧화를 ᄆᆡᆼ글이고져ᄒᆞ시ᄂᆞᆫ고 (『번박』 30)

다. 큰 형님 南京치ᄂᆞᆫ ᄆᆞ리 됴코 ᄯᅩ 빗나고 ᄀᆞᄂᆞᆯ어니와 다믄 오래 닙디 몯ᄒᆞᆯ거시오 杭州치는 ᄂᆞᆯ씨 ᄒᆞᆫ 가지오 蘇州치ᄂᆞᆫ ᄀᆞ장 엷고 ᄯᅩ 픈자 머겻고 굳이 아니ᄒᆞ니라 (『번노』 7)

라. ᄆᆞᅀᆞᆷ 됴ᄒᆞ신 누의님하 네 나ᄅᆞᆯ 후시 ᄒᆞᆫ ᄇᆞᆯ ᄆᆡᆼᄀᆞ라다고려 (『번막』 22)

일반적으로 '너'는 'ᄒᆞ라'체와 호응하고, '그듸'는 'ᄒᆞ야쎠'와 그리고 'ᄒᆞ쇼셔'체는 지칭어가 아닌 신분과 호응하는 것으로 이해해왔지만[10], 위에서 보다시피 『구어체』 류에는 이런 규칙이 종종 지켜지지 않고 있다. 이런 현상을 단순히 구어에서 사용되는 비규범적인 용례로 처리할 수도 있겠지만, 대명사와 종결어미의 호응에 대한 기존 입장을 유연하게 해석할 방안을 마련하는 것도 좋지 않을까 한다. 이와 같은 가능성을 학생들에게 열어 준다면 주입식·일방적 교육 방식에서 탈피하여 그들에게 창의력을 부여해주는 계기가 될 듯도 하다. 기존 입장을 반박하기 위해서는 위의 유형들을 보다 많이 확보해야 하므로, 이를 과제로 제시하면 학생들은 그것을 찾으면서 중세국어 자료를 분석하는 능력과 함께 탐구력도 배양될 것이기 때문이다. 그러면 호·지칭어에 관한 한, 나름의 관점이 생겨서 이후 현대국어문법 시간이나 국어사 시간에도 다른 문법 사실보다 관심을 가지고 집중할 것으로 생각된다.

'ᄒᆞ라'체 의문형은 '명사+고/가'의 형에서부터 'ㄴ가/고'형, '려/류'형 등 매우 다양한 형식을 지닌다는 점에서 일찍부터 연구자들의 관심 대상이었다. 그런데 이런 다양한 어형은 『구어체』 류에서 확인하기가 용이할 뿐 아니라, 그것의 변천 양상도 쉽게 확인할 수 있다.

(11) 가. 뎜 쥬신 형님 뒤헤 ᄯᅩ 여러 버디 여러 ᄆᆞᄅᆞᆯ 모라 오ᄂᆞ니 네 이 뎜에 우리를 ᄇᆞ리울가? 너희 대긔 몃 ᄉᆞᄅᆞ매 몃 ᄆᆞᆯ오? 열ᄆᆞ리라. 술위 잇ᄂᆞ

---

10) 이런 입장은 고영근(1988, 65~66), 안병희(1965/1992) 김정아(1984), 김미형(1990), 김송룡(1985) 등이 대표적이다. 여기서는 안병희(1965=1992, 123)의 견해만을 소개하기로 한다.

가. 대명사 안씀 …'ᄒᆞ쇼셔'체
나. 그듸 ……'ᄒᆞ야쎠'체(때로는 'ᄒᆞ쇼셔'체와 'ᄒᆞ라'체도 나타남)
다. 너 ……'ᄒᆞ라'체

녀? 술위 업다. … 네 언멋 공부를 머믈우료 게 가 방이 쎰즉ᄒᆞᆫ디 몯 쎰즉ᄒᆞᆫ디 보고ᅀᅡ 내 ᄒᆞᆫ 마를 니ᄅᆞ고져 ᄒᆞ노라. 네 이 지븨 우리를 브리우거니와 차자는 엇디 ᄒᆞ려뇨? … 너희 둘히 예 오난디 언머 오라니오? (『번노』 상, 16)

나. ᄆᆞᆮ형은 뫼우히셔 붐티고 둘잿 형은 오락가락ᄒᆞ고 세잿 형은 헤혀고져 ᄒᆞ고 넷잿 형은 ᄒᆞᆫ ᄃᆡ 모도고져 ᄒᆞᄂᆞ니? … 비 오나든 곳 퓌오 ᄇᆞᄅᆞᆷ ᄀᆞᆯ겨든 여름 ᄆᆡᆺᄂᆞᆫ 거셔? … ᄒᆞᆫ 킈큰 노미 큰 신 ᄭᅳ스고 나지어든 갓다가 바미어든 오ᄂᆞᆫ 거셔? (『번박』 18)

다. ᄂᆡ가 ᄒᆞᆫ ᄌᆞ식 ᄀᆞᆫ이 아녀 내 쳐/ᄅᆞᆯ 몯홀 거시라 사ᄅᆞᄆᆞᆯ 다 헤텨 ᄇᆞ리과라 너옷 져그나 ᄒᆞ린 거시면 내 이리 근심하랴 …셔방니ᄆᆞᆫ 학개 방이나 설고 잇게 너기다니 그러면 엇디리 … 아바니미라 어듸셔 노ᄒᆡ여 ᄒᆞ료 ᄉᆞ시리 그러타 ᄒᆞ여 ᄌᆞ세 셔방님과 의논ᄒᆞ나 // 오ᄉᆞᆫ 겻 두ᄃᆡ 소옴/ 니 와시니 오면 호리라 (『순천김씨간찰』 96)

(11. 가)는 여관에 들러 쉬어가려는 상인들과 주인의 대화로, 위처럼 짧은 대화 장면에서 'ᄒᆞ라'체 대부분의 의문형을 관찰할 수 있다. 보다시피 'ᄒᆞ라'체 의문형 종결어미가 다양하여 그것을 설명하려면 교사 입장에서는 예문을 일일이 소개해야 하는 번거로움이 있고, 학생들로서는 단편적으로 제시된 예문만으로는 그 전모를 정확하게 파악하기 어려운 면이 있는데, 위의 자료를 활용하면 교사와 학생들의 애로 사항이 모두 해결될 수 있다.

여기에 더하여 (11. 나)는 현재의 '반말' 형태를 취하는 의문형이 등장하여 흥미롭다. 위는 상대에게 수수께끼를 풀도록 하면서, '넷째 형은 함께 모으고자 하는 것은?' 혹은 '비 오면 꽃이 피고 바람 불면 열매가 맺는 것은?'과 같은 형식을 취하고 있는데, 이는 현대의 반말에 해당하는 의문형으로 짐작되는 만큼 청자 대우법이나 의문형 변천사에 귀중한 자료로 평가된다. 이와 관련하여 (11. 다)의 '–리' 역시 16세기에 들어 15세기의 '–시리' 의문형 종결어미가 완전히 존대의 기능을 상실하여 'ᄒᆞ라'체 등급으로 하향 조정되었음을 보여 주고 있어 청자 대우법은 물론이고 'ᄒᆞ라'체 종결어미의 변천사에도 중요한 자료로 간주되기에 충분하다. 학생들은 이런 변천 과정을 추적하면서 현대국어 문법의 '하라'체 의문형 '–냐/니'의 형성 배경을 알게 될 것이다. 여하튼 이처럼 다양한 종결어미가 사용될 수 있었던 것도 결국은 이들이 『대화체』 류라는 점에서 찾아지는 만큼 『대화체』 류가 지니는 교육적 가치는 적지 않다고 할 것이다.

요컨대 교사가 『대화체』 류의 교육적 가치를 충분히 파악하고 있다면, 거기에 나타난 문법 현상을 국어사나 현대국어와 연계할 방안을 찾아서 그에 합당한 장면을 제시해 주어야 한다는 것이다. 그럴 때 중세국어 교육은 다른 과목과 단단한 연결 고리를 형성할 수 있을 것이며, 학생들은 거기서 비롯되는 부가가치를 인정하여 중세국어 교육에 관심을 보이게 될 터이다.

18.3.2 외적 연계

『구어체』 류가 지니는 또 다른 가치는 국어학적 지식을 전수하는 과목 이외의 과목과 연계할 수 있다는 것이다. 이를 본 논의에서는 신호철(2009: 189)의 외적 연계성이라는 개념을 이용하여 『구어체』가 지니는 그러한 연계성의 가치를 검증해 보고자 한다[11]. 우리는 국어교육에 대한 학생들의 기대가 단지 '쉽고 재미를 주는 교과'에 한정되지 않고 다른 과목과 연계하여 학습의 효과를 보려는 다소 실리적인 면에도 있다는 사실을

11) 신호철(2009: 189)에서는 외적 연계성을 "한 대상과 다른 대상이 외적 연결체를 통하여 공통된 관계를 가지고 함께 작용할 수 있게 하는 요소"로 규정하였다.

확인하였다. 그리하여 지금까지는 국어학 분야와의 연계 방안을 생각해 보았다.

그러나 『구어체』 류를 중세국어교육 자료로 적극 활용하면, 문학과의 연계를 도모할 수 있으므로, 문법 위주의 수업이어서 어렵다는 학생들의 다음과 같은 인식을 어느 정도 불식시키지 않을까 한다.

(12) 〈표 4〉 문법 설명 위주의 교수 방식에 대한 학생들의 반응

번호	질 문		응답자수
6	중세국어교육 내용이 어렵다고 생각하십니까?	어렵다.	98명(96%)
		어렵지 않다.	4명(4%)
7	왜 어렵다고 생각하십니까?	글자를 해석하기가 어려워서.	18명(18%)
		문법 설명이 어려워서.	84명(82%)

학생들이, 문법 설명이 어려워 중세국어 교육을 어렵게 생각한다는 것은 이제 분명한 사실로 드러났다. 물론 필자의 설명 방식이 어렵다는 것이겠지만, 여기에는 수업 자료의 내용 자체가 어려워서 그렇게 생각한 경우도 없지 않을 듯하다. 그러나 우리는 이미 그 대안으로써 『구어체』 류를 상정하였고, 2.2.2항에서 그 당위성을 검증한 바 있다. 그러므로 이제는 이러한 자료를 어떻게 활용하여 학생들에게 어렵지 않게 다가가면서 그들의 실리적 욕구를 충족시킬 것인가를 놓고 숙고해야 할 차례이다. 즉 『구어체』 류가 지닌 특성과 장점을 최대한 살려 학생들에게 전달해 줄 수 있는 교수법이 무엇인가를 놓고 진지하게 고민해야 할 차례인 것이다. 아무리 탄탄한 구조를 지닌 이야기일지라도 교사가 해당 면의 음운 현상이나 문법 규칙들을 설명하는 차원에 그친다면 학생들로서는 그것을 분석 자료로 간주하지 주제가 있는 이야기로 받아들이기 쉽지 않을 것이다.

『구어체』류는 충분히 재미있게 읽을 수 있는 이야기 거리임은 틀림없다. 거기에는 이미 살핀 예문 (11. 다)와 같은 수수께끼가 있고, 다음처럼 친구와 함께 목욕탕을 가는 소소한 일상의 재미가 소개되어 있다(12. 가). 그리고 자신을 돌보지 않고 소실에게 더 많은 관심을 두는 남편에 대한 원망을 딸에게 하소연하는 이야기도 있고(12. 나), 상인들과 흥정이 끝나서 계약서를 쓰는 당시의 일상적인 장면도 존재한다(12. 다).

(12) 가. A : 손개여 모욕탕ᄌᆞ애 모욕ᄒᆞ라 가져

손가 : 내 새로 온 향삼이 탕ᄌᆞᆺ 갑시 언메나 ᄒᆞᆫ 동 몰래라

A : 탕ᄌᆞᆺ 갑시 다ᄉᆞᆺ 낫 돈이오 등민 ᄃᆡ 두 낫 돈이오 머리 빗긴 ᄃᆡ 다ᄉᆞᆺ 낫 돈이오 머리 갓근 ᄃᆡ 두 낫 돈이오 밧돕 다ᄃᆞ믄 ᄃᆡ 다ᄉᆞᆺ 낫 돈이니 모도아ᄒᆞ니 다ᄆᆞᆫ 열아홉 낫 돈을 ᄡᅳ리니 탕ᄌᆞᆺ 삽스란 내 아라 가져 … 안 ᄶᅡᆫ 탕ᄌᆞ애 드러가 ᄒᆞᆫ 디위 ᄀᆞᆷ고 둘잿 간의 와 ᄒᆞᆫ 숨 자고 ᄯᅩ 드러가 ᄀᆞᆷ고 ᄒᆞᆫ 디위 쉬오 머리 긁빗고 밧돕 다ᄃᆞᆷ고 ᄯᅩ 옷 닙고 여러 잔 ᄇᆞᄅᆞᆷ 마글 술 머그면 졍신도 각벼리 잇ᄂᆞ니라 (『번박』 25)

나. … 아바니미 간ᄉᆞᄒᆞ고라 지그기 ᄒᆞ면 ᄇᆞ릴 법도 잇거니와 그리타 풍뉴ᄒᆞ고 술 혀ᄂᆞᆫ 녀니 〃ᄃᆞ리고셔 술과 풍뉴와 ᄒᆞ고 듀일 화리므로 이시니 나리사 ᄒᆞ마 박졀히 되니 죽다 혜랴 다만 ᄌᆞ식 ᄃᆞ릴 재기면 그리ᄒᆡ여 볼 거시라 녜도 ᄉᆡ앗ᄃᆞᄅᆞᆯ 디내ᄃᆡ 이제는 하 내 몹ᄢᅵ 되니 이리 셜오니 다 몯 스로다 (『순천김씨 간찰』 24)

다. 중개인 : 네 어듸셔 사ᄂᆞᆫ다? 셩이 므스기신고?

상인 A : 내 遼東 잣 안해셔 사노라 셩이 王개로니 王 아뫼라 ᄒᆞ야 ᄡᅳ과라.

중개인 : 내 닐고마 네 드르라 遼東 자새셔 사ᄂᆞᆫ 사ᄅᆞᆷ 王 아뫼 이제 돈 ᄡᅳ고져 ᄒᆞ야ᄐᆞᆰ 내 본 ᄃᆡ 사온 졀다악대ᄆᆞᆯ ᄒᆞᆫ 피리 쉬 다ᄉᆞᆺ 서리오 왼 뒷 다리 우희 인 마ᄌᆞᆫ 보라미 잇ᄂᆞ니 셔울 즈름ᄒᆞ

ᄂᆞᆫ 양시 제게 거릿 븍녁으셔 사ᄂᆞᆫ 장삼을 의빙ᄒᆞ야 듕신 사마산동제남부엣 나그내 이오의게 ᄑᆞ라 주워 니르리 님자 도의여 두녁 말로 의뎡ᄒᆞ야 시딕 갑스로 시푼은 열 두랭에 하야 그 을을 글월 ᄒᆞᆫ 나래 ᄒᆞᆷᄢᅴ 주믈 ᄎᆞ게 ᄒᆞ고 … (『번노』 하 165)

학생들이 고전 문학 작품을 읽음으로써 당시 생활상을 이해하는 것도 고전문학 교과의 주요 목표인 점을 고려한다면, 위에 소개한 자료들도 고전 문학으로서 손색이 없다고 할 수 있다. 미리 언급했듯이 (12. 가)에서는 당시에 목욕하는 풍습을 알 수 있으며, (12. 나)에서는 자신이 병들어 있음에도 불구하고 남편이 풍류를 즐기면서 기생들과 즐거워 하는 모습을 보며 자신의 서러움을 딸에게 한탄하는 내용으로 충분히 서정적이다. (12. 다)는 양을 산 상인과 판 상인이 중개인에게 공증을 받는 과정으로 이 역시 당시 생활상을 엿볼 수 있다. 그런데 지금까지는 이런 대의보다는 해당 문면에 제시된 문장들을 분석하려다 보니, 학생들이 이들을 서사 구조를 지닌 텍스트로 인식하지 못하고 문법 형태를 분석하기 위한 자료로만 간주했던 것이다. 그 결과 수업 자체를 문법을 위한 수업으로 오인한 듯하다. 그러나 일단 학생들에게 위의 자료들을 이야기 거리로 인식하여 대의를 파악하도록 함으로써, 흥미를 진작시킨 후에 파악하는 과정에서 의미 파악이 쉽지 않은 문장이나 단어들을 교사에게 질문하도록 하는 방식을 취하면 위와 같은 오해는 있을 수 없을 터이다. 자신들이 직접 의문시 했던 내용인 만큼, 교사의 설명을 주의 깊게 경청할 것이고, 그러면서 스스로가 수업에 능동적으로 참여한다는 바람직한 생각을 하게 될 것이기 때문이다. 그 과정에서 다음처럼 해당 장면에 제시된 서술자를 찾아내지 못할 경우, 전체 내용을 파악하기가 쉽지 않다는 사실도 유념해야 한다.

(13) 가. 상 인 : 우리 밥 머기 ᄆᆞ차든 여긔 둘흘 머믈워 짐ᄃᆞᆯ 보게 ᄒᆞ고 몬져

둘흘 ᄒᆞ야 ᄆᆞᆯ 노하라 보내오 밤ᄯᅮᆼ만 다ᄃᆞ거든 ᄯᅩ 옛 둘흘ᄒᆞ야 ᄀᆞ라 도라오게 ᄒᆞ야 대가ᄒᆞᆫ디 져그나 ᄌᆞᆷ곳 자면 ᄅᆡ실 ᄌᆞᆷ 난브디 아니 ᄒᆞ리라 이 블 혀니 오나다.

집주인 : 쥭 잇ᄂᆞ니 가져오라 (『번노』 상 11)

나. 상 인 : 이러면 형님 닐우미 올타 내 술윗방의 가거니와 아ᄆᆞ란 브리 업스니 아ᄒᆡ ᄒᆞ야 등잔ᄲᅳᆯ 가져오게 하고라.

집주인 : 이러면 이제 ᄒᆡ여곰 가져오게 호마 (『번노』 상 10)

주지하는 대로 『번노』는 고려 상인과 중국 상인이 처음 만나서 서로 인사하고 북경에 가는 동안 겪은 일상들이 에피소드 형식으로 구성되어 있는 까닭에 일정한 주제를 지닌 이야기로 보아도 무리가 없다. 다만 '닐오ᄃᆡ, 무로ᄃᆡ'와 같은 인용 표지가 전혀 없이 등장 인물들의 대화만 나열된 것이 특징이다. 따라서 이점에만 초점을 맞추다 보면, 위의 장면에 서술자의 설명이 존재한다는 사실을 놓치기 쉽다. 그렇게 되면 전체 내용을 전혀 다르게 해석할 우려가 적지 않다.

예컨대 (13. 가)는 민가에서 하룻밤을 신세지게 된 상인들이 교대로 말을 돌보자는 이야기를 하고 있는데, 그들 가운데 누군가가 '불을 켜는 사람이 오다'(위에서 강조된 부분)라는 말을 한다. 전체 맥락으로 보면 현재 대화와 전혀 상관없는 이야기를 하고 있는 것이다. 그런데 이는 상인 가운데 누군가의 이야기가 아니라 바로 서술자의 설명이다. 즉 서술자가 상인들이 대화를 하는데, 불을 들고 오는 사람을 보고 그 상황을 그대로 진술한 것이다. 이는 다분히 서술자의 의도적 서술로, 그래야 앞선 「에피소드 10」과 유기적인 서술 구조를 구축할 수 있기 때문으로 풀이된다. 위의 (13. 나)에서 소개한 앞선 장면을 보면, 상인들이 집주인에게 헛간에 잠을 자도 괜찮으니, 다만 하인에게 등잔불만 가져오게 하라는 부탁을 하고 있음이 확인된다. 그런 후에 상인들은 잠자리를 정하고 (13. 가)와 같은 대화를 하는데, 이 때 그 하인이 불을 들고 나타난 것이다. 서술자는 이런 상황을 위와 같이 '현재형'으로 표현하여 독자에게 알려주고 있는 것이다. 여기서 우리는 『번노』의 치밀한 서사 구조를 새삼 깨닫게 된다. 그런데 이런 서사적 특성을 교사가 제대로 인식하지 못하면, '이 블 혀니 오나다'를 상인 가운데 누군가의 이야기로 해석하게 되고, 그리하여 결국에는 전혀 엉뚱한 방향으로 대의를 이끌어 가게 된다. 수업이 이렇게 진행되면, 학생들로서는 전체 맥락을 잘 파악하기 어려워 종국에는 문장만을 분석하는 수업으로 오인할 가능성이 크다.

그나마 위의 상황은 서술자의 개입이 분명히 제시되어 있어 조금만 주의를 기울이면 그의 존재를 인식할 수 있지만, 다음 장면에서는 독자 스스로가 서술자의 개입을 유추·해석해야만 한다.

(14) 가. A : 갈 잘 ᄆᆡᆼ글 쟝ᄉᆡᆫ이 어듸 잇ᄂᆞ뇨? 내 갈 ᄒᆞᆫ 부를 ᄆᆡᆼᄀᆞᆯ요리라.
B : 일훔난 張黑子이라 ᄒᆞᆯ 쟝ᄉᆡᆫ이 ᄆᆡᆼᄀᆞ론 갈히 됴ᄒᆞ니 뎌ᄒᆞ야 ᄆᆡᆼᄀᆞ론 갈히 됴ᄒᆞ니라
A : 뎌 ᄒᆞ야 ᄆᆡᆼᄀᆞᆯ이디 몯ᄒᆞᆯ가?
B : 네 ᄆᆡᆼᄀᆞᆯ이면 엇디 ᄆᆡᆼᄀᆞᆯ일다?
A : 실도 티고 화류가프레 록각 부리예 약대쌔로 마기ᄒᆞ고… 수스 사다가 초리라.
B : 이리 ᄆᆡᆼᄀᆞ로ᄆᆞᆯ 곰고 조케ᄒᆞ면 은 세돈애 ᄆᆡᆼᄀᆞᆯ로다 이제 張黑子의 지븨 가져. [둘이 장흑자의 집으로 간다.] 댱개여 이바 우리 官人이 ᄒᆞᆫ 붓 갈ᄒᆞᆯ ᄆᆡᆼᄀᆞᆯ오져 ᄒᆞᄂᆞ니 … 네 용심ᄒᆞ야 공부드려 ᄆᆡᆼᄀᆞᆯ라. (『번박』 상, 7)

나. A : 손개여 모욕탕ᄌᆞ애 모욕ᄒᆞ라가져.
B : 내 새로 온 향ᄉᆞᆷ이 탕ᄌᆞᆺ 갑시 언메나ᄒᆞᆫ 동 몰래라.
A : 내 너ᄃᆞ려 닐오마. 갑시 다ᄉᆞᆺ 낫돈이오 ᄃᆞᆼ민ᄃᆡ 두 낫돈이오. 머리 갓근ᄃᆡ 두 낫돈이오. 밧돕 다ᄃᆞᄆᆞᆫᄃᆡ 다ᄉᆞᆺ 낫돈이니 모도아ᄒᆞ니 다

ᄆᆞᆫ 열아홉 낫돈을 ᄡᅳ리니 탕ᄌᆞᆺ 갑스란 내 아라 가져. [둘이 목욕탕에 간다] 옷 고의 감토 훠ᄃᆞᄒᆞ란 다 이 궤 안해 노하 두워 탕ᄌᆞ 맛ᄃᆞᆫ 사ᄅᆞᆷ 맛뎌 보라ᄒᆞ고 안 ᄧᆞᆫ 탕ᄌᆞ애 드러 가자. (『번박』 상, 25)

위는 강조된 부분을 독자 스스로가 설정해야 이야기 맥락을 제대로 이해할 수 있음을 보여주기 위해 마련된 예문이다. 예컨대 (14. 가)의 강조된 [ ] 부분은 해당 자료에 제시되어 있지 않다. 그런데 이런 설정을 하지 않으면 위의 B가 A에게 '장가의 집에 가서 칼을 만들어 달라고 부탁하자'라는 말을 하고 바로 그 자리에서 장가에게 '장가야 A에게 칼을 만들어 주라'는 말을 한 것으로 해석해야 하는데, 이는 문맥의 흐름상 맞지 않다. 독자 스스로가 [ ]처럼 어떤 상황을 설정해야 비로소 그 흐름이 자연스럽게 파악된다. (14. 나) 역시 A와 손가인 B의 대화를 제대로 파악하려면 장면에 서술되지 않은 강조된 [ ]을 설정해서 이해해야 한다는 것이다.

결국 『대화체』류가 서사구조를 지닌 텍스트임을 입증하는 것으로, 중세국어교육 시간에 학생들에게 이런 상황들을 추정하여 하나의 이야기를 만들어가도록 한다면, 나름대로 창의적인 사고를 발휘할 수 있을 듯하다. 그럼으로써 소소하나마 문학적 상상력을 키울 수 있으리라 생각한다.

이런 특성들을 수업 시간에 잘 활용하면, 학생들은 지금까지 문법 분석서로 인지했던 교재들을 줄거리가 있는 이야기로 새롭게 인식하면서 그것에 흥미를 보일 것이고, 서술자가 개입된 상황을 찾으려 노력할 것이다. 그러다 보면 그들은 최종적으로는 문장 구조에 관심을 가질 수밖에 없다. 대의를 제대로 파악하기 위해서는 그것을 이루는 문장을 먼저 제대로 분석해야 하기 때문이다. 수업이 이렇게 진행된다면, 중세국어 교육은 고전문학과의 연계까지도 고려해 볼 수 있다. 요컨대 『구어체』류가 지니는 장점을 교사가 정확히 파악하여 그것을 최대한 활용한다면, 중세국어에 대한 학생들의 기대에 충분히 부응할 수 있다는 것이다.

이와 관련하여 『번박』은 계절 별 놀이(장면 8 12)나 말을 조습하는 과정(장면 10, 11, 13, 19), 옷을 꾸미는 방법(장면 9, 14), 중매 과정(장면 21), 산후 조리 과정(장면 28), 혹은 관인들을 초대하여 잔치를 벌이는 과정(장면 1)들이 소개되어서, 중국의 고대 민속을 짐작하게 하는바, 이 역시 외부와의 연계로 간주할 만하다. 이러한 점들을 충분히 부각한다면 중세국어교육은 문법만을 위한 교육에서 탈피하여 문학 혹은 민속학은 물론이고 중국민속학과의 연대를 도모할 수 있을 듯하다.

마지막으로, 『구어체』 류에는 다음처럼 요리나 채소, 과일, 말과 같은 일상 어휘가 다양하게 수록되어 있다는 사실도 주목해야 한다. 그것은 당시의 일상을 짐작케 하는 민속어휘로서의 가치를 지닌 것으로 평가되는 까닭이다.

(15) 가. 개암(榛子), 잣(松子), 밤(栗子), ᄆᆞᄅᆞᆫ 보도(乾葡萄), 룡안(龍眼), 당츄ᄌᆞ(核桃), 례지(荔支), 간자(柑子), 셕류(石榴), 뎡향ᄇᆡ(香水李), 이ᄉᆞ랏(樱桃), ᄉᆞᆯ고(杏子), 굴근 ᄅᆡᆼ금(蘋婆果), 유황ᄉᆞᆯ고(玉黃子), 유황외엿(虎剌賓) (『번박』 1)/ ᄭᅮ레 조린 밤(密栗子), 외(黃瓜), 가지(茄子), 파(生葱), 부ᄎᆡ(薤), 마ᄂᆞᆯ(蒜), 댓무수(蘿蔔), 동화(冬瓜), 박(葫蘆), 계ᄌᆞ(芥子), 쉿무수(蔓菁), 시근ᄎᆡ(赤根), 다ᄉᆞ마(海帶) (『번노』 하 3)

나. 게유구으니(燒鵝), 므레 ᄉᆞᆯ믄 ᄃᆞᆰ(白煠雞), 제므레 쵸ᄒᆞᆫ 도ᄐᆡ 고기(川炒猪肉), 비두리를 구워 사ᄒᆞ니(燌鴿子彈), 발므르 고우니(爊爛蹄蹄), ᄉᆡᆼ션 ᄧᅵ니(蒸鮮魚), 쇠고기 구으니(燜牛肉), 도ᄐᆡ 챵ᄌᆞ 봇그니(炮炒猪肚), (『번박』 1)/ ᄉᆡᆼ션탕(鮮魚湯), ᄃᆞᆰ탕(雞兒湯), 증편(蒸餅), 투투멋(脫脫麻食), 스면(粉湯), 상화(饅頭), 양의 챵ᄌᆞ(羊雙腸), 믓고기 젼ᄒᆞ니(煎魚) (『박노』 13)

다. 이아질게ᄆᆞᆯ(這兒馬), 악대ᄆᆞᆯ(騸馬), 졀다ᄆᆞᆯ(赤馬), 공골ᄆᆞᆯ(黃馬), 오류

마(驁色馬), 구렁말(栗色馬), 가리운ᄆᆞᆯ(黑鬃馬), 셜아ᄆᆞᆯ(白馬), 가라ᄆᆞᆯ(黑馬), 츄마ᄆᆞᆯ(鎖羅青馬), 고라ᄆᆞᆯ(土黃馬), 쇠ᄂᆞ래브튼ᄆᆞᆯ(繡膊馬), 간쟈ᄆᆞᆯ(破臉馬), 가라간다ᄉᆞ죡ᄇᆡᆨ(五明馬), 도화잠불ᄆᆞᆯ(桃花馬), 털청총이(青白馬), 고ᄇᆡᆫᄆᆞᆯ(豁鼻馬), 아ᄆᆞᆯ(騍馬), 삿기 ᄇᆡᆫ ᄆᆞᆯ(懷駒馬), 골회눈이(環眼馬), ᄀᆞ외ᄂᆞᆫ ᄆᆞᆯ(劣馬) (『번노』 하 3)

예컨대 (15. 가)에서는 중국의 과일이나 채소의 명칭이 우리 국어로 어떻게 번역되는 지를 알 수 있으며, (15. 나)에서는 요리와 그 조리 방법이 중국과 우리나라가 어떻게 다른지, 그리고 현대와는 어떻게 다른 지를 알 수 있다. 그리고 (15. 다)에서는 말의 총칭이 다양하다는 사실을 통해서, 그 당시 말의 중요성을 엿볼 수 있는 반면, 그것을 명명하는 과정 등을 통해서 당시 색체어를 추정해 볼 수 있다. 이러한 것들은 순수 국어학과 거리가 먼 것일 수 있지만, 이를 통해서 중국과 중세국어 시기의 민속 상을 알 수 있다는 점에서는 학생들에게 또 다른 흥미를 유발할 수 있을 것이며, 그리고 다른 학문과의 외적 연계를 도모할 기회를 마련할 수 있다고 본다.

본 장에서는 16세기 국어 자료인 『번역박통사』, 『번역노걸대』, 『순천김씨묘출토간찰』을 『대화체』 류로 통칭하여 중세국어 교육에서 이들을 효율적으로 이용할 방안에 대해 생각해보고자 하였다. 이는 중세국어 교육이 학생들로부터 외면당하는 현실을 직시하여 그 원인을 밝혀 바람직한 대안을 마련하려는 취지에서 시작되었다. 이런 맥락에서 필자는 중세국어 교육을 수강했던 학생들을 대상으로 설문 조사를 실시한 결과, 학생들은 중세국어자료를 흥미 있는 이야기책으로 접근하는 과정에서 당시의 문법 현상을 이해하기를 기대한다는 사실을 확인하였다. 이에 필자는 이런 기대를 충족시켜 줄 만한 자료로 『대화체』 류를 선택하기에 이르렀는데, 그 이유는 다음과 같다.

먼저 이 자료들은 에피소드식의 형식으로 비교적 짧은 단위 안에 구체적인 이야기 거리가 내재해 있어 학생들이 그 내용을 쉽게 파악할 수 있다는 것이다. 예컨대 『번역박통사』에는 계절별 놀이를 즐기는 대화가 등장하고 『번역노걸대』에는 상인들이 물건 값을 흥정하는 장면이 등장하며, 『순천김씨묘출토간찰』에는 남편이 아내의 건강을 걱정하는 내용이 등장한다. 이는 『불경』 언해류나 『경전』 언해류 등의 철학적 내용과 구별되는 것으로, 학생들의 흥미를 유발할 수 있다는 이점이 있다. 그러면서도 이야기 단위가 길지 않아서 짧은 시간 내에 그 내용을 완전히 파악할 수 있다는 이점도 있다.

이와 같은 장점을 기반으로 해서, 거기에 실현된 다양한 청자 대우 방식과 상대에 대한 호·지칭어 등을 수업 자료로 활용하면 학생들은 여러 가지 문법 현상들을 비교적 짧은 단위 안에서 일목요연하게 정리할 수 있을 것으로 기대한다. 수업이 이처럼 진행되다보면 같은 문법 현상을 반복하는 효과를 거두게 되어, 국어사나 현대국어문법 시간의 설명을 보다 확실하면서도 쉽게 이해할 수도 있을 것이다.

『대화체』 류는 이러한 장점 외에도 문학작품에 비견될 만한 서정적인 내용이 있어서 고전문학으로서의 자격을 부여하기에도 부족함이 없는 까닭에, 문법 교육을 문학 작품과 연계하는 효과를 기대할 수도 있다. 더욱이 『번역박통사』와 『번역노걸대』 등은 순전히 등장인물들 간의 대화로만 구성되어서, 해당 장면에 드러나지 않은 서술자를 새로 상정해야 전체 대화 내용을 이해하는 경우도 있어서, 학생들의 창의력을 상당히 요하는바, 이를 잘 이용하면 학생들의 창의력과 탐구력을 길러 줄 수 있다는 점도 매우 주요한 장점으로 인식될 만하다.

19

『대화체』류 바르게 읽기*

『번역 박통사』와 『번역 노걸대』[1]는, 중세문헌으로는 유일하게 대화체로 구성되었다는 점에서 학계의 많은 관심을 받아왔다. 그럼에도 불구하고 이들에 대한 대부분의 연구는 음운론적 성격을 구명하거나, 각각을 『박통사 언해』나 『노걸대 언해』와 비교하는 데 역점을 두었던 것이 사실이다[2]. 그러나 정작 우리가 이들을 주목하는 이유를 생각한다면, 지금까지와는 다른 차원에서 접근해야 하지 않을까 한다. 즉 이 문헌들이 대화체라는 점에서 여타의 문헌과 차별된다면, 거기서 우리는 당시의 구어체적 특성을 밝혀야 할 것이고, 대화 참여자들이 어떻게 화제를 전개시켜 나가는가를 주목해야 할 것이다[3]. 그런데 이 같은 특성은 문장이나 음운을 연

---

* 이 장은 「인문과학 연구 23」(2009)에 발표한 "중세국어 '대화체' 류의 교육적 활용 방안 검토"을 재정리한 것이다.

1) 이하 이들을 『번박』과 『번노』로 칭하기로 한다.

2) 이에 대한 대표적인 업적으로는, 양오진(1998), 이돈주(1989ㄱ-ㄴ, 1988ㄱ-ㄴ), 박태권(1981), 남광우(1972), 김영신(1966), 유창돈(1960) 등을 들 수 있다.

3) 조규와(1984)에서는 『번박』에 나타난 담화성을 고구해 보려는 시도가 있었다. 그래서 이 문헌의 담화적 성격을 '짧은 문장, 정제되지 않은 표현, 지시어가 많은 점' 등으로

구 단위로 하는 기존 시각으로는 찾아내기 어려운 것으로 생각된다. 결국 대화의 중심 핵이라 할 수 있는 화제는 최소한 한 문장 이상의 단위에서 찾아지는 까닭이다. 본 장은 이러한 생각에서 출발한다. 그래서 기존 시각과 달리 『번박』과 『번노』를 완결된 텍스트로서 이해해야 한다는 점과, 이들을 보다 잘 이해하기 위해서는 독자 스스로가 대화 장면에 적극 가담하여 생략된 상황을 복원해서 설정할 필요가 있음을 제언하고자 한다.

19.1 완결된 텍스트로서의 이해

『번노』와 『번박』이 대화체로 구성되어 있고, 그것이 여러 개의 장으로 분절되어 있음은 익히 아는 바이다[4]. 그런데 그 분절 단위가 주제의 다름에 있음을 주목해야 한다. 그것은, 이 문헌들이 처음부터 생산자가 의도하고 계획한 바에 따라 이루어졌음을 시사하기 때문이다.

고영근(1999, 141)에 의하면, 어떤 대상이 텍스트다움을 보장받기 위해서는 언어적인 결속 장치가 제대로 갖추어져야 하고 의의의 연속에 걸림이 있어서는 안된다. 여기서 '결속장치가 제대로 갖추어져야 함'은 통사론적인 정당성이 있어야 함을, '의의의 연속에 걸림이 있어서는 안된다 함'은 모국어 화자가 용인할 만한 의미망으로 구축되어야 함을 뜻하는바, 일반적으로 전자를 응결성(cohesion), 후자를 응집성(coherence)으로 일컫는다.

규정하였다. 이와 같은 시도는 기존의 연구와 사뭇 다르다는 점에서 본고와 맥을 같이 한다고 볼 수 있지만, 이 역시 대화제로서의 『번박』이 가지고 있는 특징을 심도 있게 다루지 못했다는 아쉬움이 있다.

4) 주지하다시피 『번노』는, '상'의 경우 16장으로, '하'의 경우는 22장으로, 『번박』 '상'은 38장으로 분류되어 있다.

전자를 실현시키기 위한 가장 대표적인 방법은 어떤 대상을 명명하고 그것을 반복하거나 '이, 그, 저'와 같은 대용어를 적절하게 사용하는 것이고, 이에 비해 후자는 내용을 일관되게 진술하여 단일한 주제를 획득하는 것이다. 그러나 이러한 장치는 동전의 양면과 같아서 문장의 응결성은 투철한 주제 의식에서 비롯되며, 의미의 응집성은 탄탄한 응결성을 전제로 할 때 가능하다. 만약 필자의 주장처럼 『번노』와 『번박』이 완결된 텍스트로 인정받을 만하다면, 여기에는 이러한 조건들이 갖추어져 있어야 할 터인데, 우선 다음을 주목해보자.

(1) 가. A : 손개여, 모욕탕ᄌᆞ애 모욕ᄒᆞ라 가져.
B : 내 새로 온 향삼이 탕ᄌᆞᆺ갑시 언메나ᄒᆞᆫ동 몰래라.
A : 내 너ᄃᆞ려 닐오마 탕ᄌᆞᆺ갑시 다ᄉᆞᆺ낫 돈이오 ᄃᆞᆼ민ᄃᆡ 두낫 돈이오 머리 빗긴ᄃᆡ 다ᄉᆞᆺ낫 돈이오 머리 갓근ᄃᆡ 두 낫 돈이오 밧돕 다ᄃᆞ믄ᄃᆡ 다ᄉᆞᆺ낫 돈이니 모도아 ᄒᆞ니 다ᄆᆞᆫ 열 아홉 갑스란 내 아라 가져. (『번박』 상, 103-104, [25])[5]

나. A : 첫 ᄒᆞᆫ 도ᄂᆞᆫ 團攛湯, 둘재ᄂᆞᆫ ᄉᆡᆼ션탕, 셋제ᄂᆞᆫ ᄃᆞᆰ탕, 다ᄉᆞᆺ재ᄂᆞᆫ ᄆᆞ른 안주, 여ᄉᆞᆺ재ᄂᆞᆫ 납폐 권ᄒᆞ니 ᄌᆞᆼ편, 투투멋, 닐굽재ᄂᆞᆫ 스면, 상화 각 산ᄒᆞᆯ 거시라. 우리 이 과실와 ᄎᆡ소를 뎜고ᄒᆞ야 보져. 이 녓ᄀᆞᆫ, 외, 가지, 파, 부ᄎᆡ, ... 다ᄉᆞ마.
B : 탕쇠와 차반이 다 ᄀᆞᆺ거다. ᄒᆡ 디ᄂᆞ다. 쌜리 대육 받ᄌᆞ와든 각산ᄒᆞᆯ 거시라. (『번노』 하, 37ㄴ-39ㄱ, [13])

다. A : 읍ᄒᆞ노이다, 큰 형님. 이 뎜에 모시뵈 ᄑᆞᆯ 高麗ㅅ 나그내 李개 잇ᄂᆞ녀?

5) 이후부터 인용문의 출처는 (『책명』, 페이지, [장])의 순서를 따르기로 한다. 그런데 본고의 경우 『번박』은 경북대학교에서 영인한 것을 참조하였으므로, 인용 페이지 역시 이 책의 체제를 따라 '1ㄱ'이나 '1ㄴ'과 형식 대신 '1'이나 '2'와 같은 형식을 취하기로 한다.

B : 네 뎌를 ᄎᆞ자 므슴 ᄒᆞᆯ다?

A : 내 뎌 소ᄂᆡ 아ᅀᆞ미라니 앗가 高麗ㅅ ᄡᅡ호로셔 오라.

B : 앗가 ᄀᆞᆺ 나가니 羊져제 가니라. 제 닐오ᄃᆡ 즉재 오려 ᄒᆞ더니 네 안직 나갓다가 ᄒᆞᆫ 디위 기드려 다시 오나라.

A : ᄒᆞ마 제 羊져제 니거니 ᄯᅩ 머디 아니커니 내 그저 예셔 기들오리라.

B : 네 ᄆᆞᅀᆞ모로 기들워라 (『번노』 하, 1ㄱ-ㄴ, [1])[6]

위 예문의 화자들은, (1. 가)에서는 '목욕탕 값'에 대해서, (1. 나)에서는 잔칫날 본인들이 먹은 '음식'에 대해서, (1. 다)에서는 '이씨'의 행방에 대해서 이야기하고 있다. 그런데 이러한 내용은 직접 주제로 연결되는바, 그것은 위에서 살폈다시피 문장간의 응결성이 잘 갖추어져 있기 때문이다. 예컨대 (1. 가)와 (1. 나)는 어떤 대상을 지속적으로 열거함으로써, (1. 다)는 그것을 대용어로 대치함으로써 각 문장들을 유기적으로 연결시키고 있다는 말이다. 이를 알기 쉽게 보이면 다음과 같다.

(1') 가. 모욕탕ᄌᆞ - 탕ᄌᆞᆺ갑시 - 탕ᄌᆞᆺ갑시 [다ᄉᆞᆺ낫 돈이오 등민ᄃᆡ 두낫 돈이오 머리 빗긴ᄃᆡ 다ᄉᆞᆺ낫 돈이오 머리 갓근ᄃᆡ 두 낫 돈이오 밧돕 다ᄃᆞᄆᆞᆫᄃᆡ 다ᄉᆞᆺ낫 돈이니] 모도아 ᄒᆞ니 다ᄆᆞᆫ 열 아홉 갑스란 내 아라 가져. (『번박』, 103-104, [25])

나. [첫 ᄒᆞᆫ 도ᄂᆞᆫ 團攛湯, 둘재ᄂᆞᆫ ᄉᆡᆼ션탕, 셋제ᄂᆞᆫ ᄃᆞᆰ탕, 다ᄉᆞᆺ재ᄂᆞᆫ ᄆᆞᄅᆞᆫ 안주, 여ᄉᆞᆺ재ᄂᆞᆫ 납폐 권ᄒᆞ니 증편, 투투멋, 닐굽재ᄂᆞᆫ 스면, 상화 ...] 탕쇠와 차반이 다 ᄀᆞᆺ거다. (『번노』 하, 37ㄴ-39ㄱ, [13])

다. 高麗ㅅ 나그내 李개 - 뎌- 뎌 소ᄂᆡ - 제 (『번노』 하, 1ㄱ-ㄴ, [1])

6) 『번박』과 『번노』의 원문에는 본문처럼 등장 인물을 A나 B와 같은 기호로 구별하지 않았다. 본문과 같은 구별은 필자가 설명의 편의를 위해 설정한 것으로, 원문의 서술 태도는 차후에 소개받을 자리가 있을 것이다.

즉 (1'가, 나')는 '목욕탕 값'과 '잔칫상의 음식'을 계속 반복함으로써 문장간의 응결성을 확보하여 결국 하나의 주제로 응집시키고 있으며, (1' 다)는 '고려인 이가'를 '나그내, 이가, 져, 뎌 손, 제' 등으로 대용함으로써 각각의 문장을 '이가'에 대한 유기적인 정보로 응집시키고 있다는 말이다.

여기서 주목할 점은, 위 예문에는 주제를 일탈할 만한 군말이 전혀 없다는 것이다. 일상적인 대화에서 웬만한 집중력을 갖지 않고는 이처럼 주제와 관련된 이야기(문장)만을 진술하기가 쉽지 않음을 우리는 잘 안다. 그것은, 그만큼 『번박』과 『번노』의 생산자가 처음부터 하나의 주제를 설정해 놓고 이를 제대로 전개시키기 위해 체계적이고도 의식적인 노력을 기울여 문장들을 진술했음을 뜻한다. 이를 인정한다면, 『번박』과 『번노』를 일상적인 대화를 기록해 놓은 평범한 자료로 간주하기보다 생산자가 자신이 의도한 주제를 구현하기 위해 고도의 문법 장치를 활용한 완결된 텍스트로 간주함이 옳을 것이다.

문헌적 가치를 인정받은 자료라면 거기에는 이런 장치들이 자연스럽게 융합되어 있을 터여서, 굳이 그것을 드러내는 자체가 군더더기일 수 있다. 그럼에도 우리가 그런 점들을 주목하는 이유는 정작 다음에 있다. 『번노』의 경우, 이 같은 조건들이 일정한 장에만 국한되지 않는다는 것이다. 주지하다시피 이 문헌은 고려 상인들과 중국 상인이 처음 만나 '북경'까지 동행하면서 이야기한 내용을 기록한 것이다. 이 과정에서 주인공들은 '여관'이나 '민간인 집'에 머물며, 각자가 가지고 온 물건을 두고 사려는 사람과 흥정도 하고 시세에 대한 정보를 교환하기도 한다. 이처럼 사건을 전개시켜 가는 인물들이 동일한 까닭에 그들을 지칭하는 대용어나 명칭이 장을 넘나들며 출현하는 경우가 허다하다. 예컨대,

(2) 가. 이 ᄃᆞ리는 곧 내 어제 니ᄅᆞ던 ᄃᆞ리니 아ᄅᆡ두곤 ᄀᆞ장 됴타. (『번노』 상,

38ㄴ, [7])

나. 네 이 人蔘과 뵛필들홀 일즉 디쳐 아니ᄒᆞ야 잇ᄂᆞ녀?(『번노』 하, 20ㄴ, [6])

다. 상모 일빅근, 구운 구슬 갇긴 오빅목, 호박 갇긴 일빅목, 향쥬 간 긴 일빅목…(『번노』 하, 67ㄱ, [20])

위 예문은 각 장의 처음에 서술된 대목인데, (2. 가)와 (2. 나)의 밑줄친 부분을 보면, 처음부터 '이'라는 대용어를 사용하고 있음이 확인된다. 물론 뒤에 오는 '다리'나 '인삼' 등을 지시하는 것으로 해석할 수 있지만, 이들의 앞장을 보면, 정작 그들이 지시하는 대상은 거기에 존재함을 알게 된다. 즉 가)에 앞서는 [6]장은, 위에서 필자가 강조한 '내가 어제 말했던 다리'에 대한 내용이 대화의 핵심을 이루고 있으며, 나)에 앞서는 [5]장에서는 고려 상인이 가져온 인삼과 모시 베에 대한 값이 주요 내용으로 다루어지고 있다는 말이다.

여기서 우리는 『번노』의 각 장은 개별적으로 존재하지 않고 유기적인 관계를 형성하고 있음을 알게 되는데, 이점은 다)에서 더욱 선명해진다. 우선 다)는 대화의 서두로 보기에 어색한 감이 있음을 인정해야 할 것 같다. 이야기를 시작하면서 곧바로 '상모, 갓끈, 호박' 등과 같은 물건을 계속 나열하는 화자는 흔치 않을 듯한데, 다)가 이런 장면을 연출하고 있기 때문이다. 그러나 이 역시 앞장인 [19]와 관련지어 생각하면 이해할 만한 상황이다. 즉 거기서는 중국 상인이 고려 상인에게 일상 생활에 소용되는 자잘한 물건들을 사러 가자는 제안만 하고, 다음 장인 다)에 이르러 자신들이 사야 할 품목과 수량을 가늠하는 것으로 보이기 때문이다.

결국 위에서 제시한 예문 (2)는, 『번노』의 장들은 강한 응집력과 응결성을 기반으로 연결되어 있음을 입증해 준다. 따라서 각 장을 제대로 이해하기 위해서는 해당 장뿐만 아니라 그것에 전후한 장들까지를 참조해야 한다는 결론에 도달한다. 이런 생각은 다음에서 제시한 예를 통해 한결 견고해지는데, 우선 설명의 편의를 위해 원문을 그대로 소개하기로 한다.

(3) [번돌하 닐어라. 돌기 우런 디 세 홰어다. ᄒᆞ마 하놀도 볼ᄀᆞ리로다. 우리 섈리 짐돌 설어즈라. 믈 기ᄅᆞ마 진노라 ᄒᆞ면 하놀히 볼그리로다. 쥬싄손ᄃᆡ 하딕ᄀᆞ라 가져]1. [쥬싄 형님 허믈 마라쇼셔. 우리 가노이다]2. [네 허믈 말오. 이대 가쇼셔. 도라 오실 제 ᄯᅩ 와 우리 뎜에 브리쇼셔]3. (『번노』 상, 38ㄱ-ㄴ, [6])

위는, 상인 일행이 여관 주인에게 작별을 고하는 내용이다. 그런데 앞서 언급했다시피, 여기에는 다른 중세 문헌에서 보이는 '~ᄃᆞ려 닐오ᄃᆡ, ~ᄭᅴ ᄉᆞᆲ보ᄃᆡ'나 '~이 무로ᄃᆡ' 같은 인용구 표지가 전혀 없어, 어디서부터 어디까지가 누가 이야기한 내용인지를 분간할 방도가 없다. 따라서 이를 대하는 독자(청자)는 전체적인 이야기 흐름에 의지하여 그것을 구별할 수밖에 없는데, 예문 3)의 경우는, 화제의 측면에서 보면 [ ]1, [ ]2, [ ]3의 3부분으로 나뉘고, 대화자의 입장에서 보면 '[ ]1·[ ]2', [ ]3과 같은 2부분으로 나뉠 수 있다. 곧 '[ ]1·[ ]2'는 중국 상인의 말로, [ ]3은 여관 주인의 말로 간주된다. 정광(1995, 84)도 이런 입장을 취하여 예문 (3)을 다음처럼 나누었다.

(3') 중국 상인 : 번돌하 닐어라. 돌기 우런 디 세 홰어다. ᄒᆞ마 하놀도 볼ᄀᆞ리로다. 우리 섈리 짐돌 설어즈라. 믈 기ᄅᆞ마 진노라 ᄒᆞ면 하놀히 볼그리로다. 쥬싄손ᄃᆡ 하딕ᄀᆞ라 가져. 쥬싄 형님 허믈 마라쇼셔. 우리 가노이다.

여관 주인 : 네 허믈 말오. 이대 가쇼셔. 도라 오실 제 ᄯᅩ 와 우리 뎜에 브리쇼셔 (『번노』 상, 38ㄱ-ㄴ, [6])

그러면 여기의 중국 상인은 자신의 벗들인 고려 상인에게는 'ᄒᆞ라'체를,

여관 주인에게는 'ᄒᆞ쇼셔'체를 사용한 것으로 정리된다(밑줄친 부분과 강조한 부분 참조). 그러나 그 전 장을 보면 달리 생각해야 함을 알 수 있다. 곧 전 장에는 위에 거론된 상인 일행이 여관에 처음 당도하여 주인과 주고받은 대화 내용이 서술되어 있는데, 거기서는 중국 상인과 여관 주인이 서로에게 'ᄒᆞ라'체를 사용하는 것으로 되어 있기 때문이다.

(4) 중국 상인 : 쥬ᅀᅵᆫ하 블 혀 가져 오고려. 우리 잘 ᄃᆡ 서러 보아지라. (이 블 오나다) ᄇᆞᄅᆞ매 걸라. 이런 ᄆᆡᆫ ᄒᆞᆰ 구드레 엇디 자료. 아ᄆᆞ란 딥 지즑 잇거든 두ᅀᅥ 닙 가져오라.
여관 주인 : 돗근 업거니와 이 세 지즑을 너 주어든 ᄭᆞ라ᄉᆞ라
? : 쥬ᅀᅵᆫ하 네 불 무드쇼셔. 우리 ᄂᆡ실 오경두에 나가리라[7].
여관 주인 : 그리호마 나그내네 쉬라. …
중국 상인 : 오나라, 오나라. 안직 가디 말라. 내 너ᄃᆞ려 말솜 무러지라. 내 몬젓 버늬 北京의 녀러 올 제 … ᄒᆞᆫ 곧 ᄃᆞ리 믈어디여 잇더니 이제 고텨 잇ᄂᆞᆫ가 몯 ᄒᆞ얏ᄂᆞᆫ가?
여관 주인 : ᄇᆞᆯ셔 고텨 잇ᄂᆞ니 … 법다이 ᄆᆡᆼᄀᆞ로믈 됴히 ᄒᆞ엿ᄂᆞ니라.… 이대 이대 나그내네 됴히 자쇼셔.
? : 안직 가디 마ᄅᆞ쇼셔. 내 ᄯᅩ ᄒᆞᆫ 일 니젓다이다. (『번노』상, 25ㄱ–31ㄱ, [4])

위에서 '?'로 상정한 부분들을 제외하면, 중국 상인은 여관 주인에게 'ᄇᆞ라매 걸라', '가져오라'와 같은 'ᄒᆞ라'체를 사용함이 확실하다. 따라서 앞서

7) 여기서 잠시 생각해야 할 점은 '가리라'와 같은 종결형이다. 바로 앞에 이어진 '쇼셔'를 생각한다면, 이 역시 '가리이다'처럼 표현해야 합당할 것으로 보이기 때문이다. 이는 굳이 상대인 여관 주인에게 말했다기보다 자신의 의지를 밝힌 것으로 해석함이 좋을 듯하다. 그것은 동일한 예문인 바로 다음 줄에서 ?로 상정한 인물이 여관 주인에게 말한 태도를 참조할 때도 그러하다. 즉 여기서는 일관되게 '쇼셔'와 '이다'체를 구사하고 있기 때문이다.

제기한 우리 주장은 여기서 일단 개연성을 확보하게 된다. 그러나 이렇게 단정짓기 전에 '?'로 상정한 인물이 누구이냐를 밝혀야 할 것이다. 위에서 보다시피 그는 여관 주인에게 '무드쇼셔', '니젓다이다'처럼 'ᄒᆞ쇼셔'체를 사용하는 까닭이다. 문제는 그를 중국 상인으로 보느냐, 아니면 그와 동행인 고려 상인으로 보느냐인데, 만약 전자의 입장을 취하면, 중국 상인은 여관 주인에게 'ᄒᆞ쇼셔'와 'ᄒᆞ라'체를 혼용한 것으로 해석해야 하고, 반면에 후자의 입장을 취하면, 고려 상인은 여관 주인에게 'ᄒᆞ쇼셔'체만을 사용한 것으로 해석해야 한다.

여기서 어떤 관점을 선택하느냐가 우리에게는 중요한 의미를 지닌다. 그것은 전자를 취하여 중국 상인이 여관 주인에게 'ᄒᆞ쇼셔'와 'ᄒᆞ라'체를 번갈아 사용한 것으로 간주하면 예문 (3)을 (3')처럼 이해한 정광(1995, 84)를 지지할 수 있지만, 후자를 취하여 고려 상인만이 여관 주인에게 'ᄒᆞ쇼셔'체를 사용한 것으로 보면, 예문 (3)을 새로운 방향에서 해석해야 하기 때문이다. 이미 예견했을 터이지만, 우리는 후자를 선택하기로 한다. 이제 남은 문제는 이를 어떻게 논리적으로 설명해낼 것인가인데, 그 해결 방안 역시 앞장과의 응집성에서 찾아진다. 즉,

(5) 가. 고려 상인 : 우리 가면 어듸 브리여ᅀᅡ 됴ᄒᆞᆯ고
　　중국 상인 : 우리 順城門읫 뎜에 가 브리엿져 … 나도 젼 년희 뎨 므리엿다니 ᄀᆞ장 편안ᄒᆞ더라. (『번노』 상, 11ㄱ-ㄴ, [2])

　　나. 중국 상인 : 콩은 언머의 ᄒᆞᆫ 마리며 딥픈 언머의 ᄒᆞᆫ 뭇고?
　　여관 주인 : 콩은 쉰 낫 돈애 ᄒᆞᆫ 마리오 딥픈 열 낫돈애 ᄒᆞᆫ 무시라.
　　중국 상인 : 이 올ᄒᆞ녀? 네 또 날 소기디 말오려.
　　여관 주인 : 이 형님 므슴 말오 너는 니기 ᄃᆞ니는 나그내니 우리 곧 내 집 ᄒᆞᆫ 가지니 내어듸ᄯᆞᆫ 간대옛 말ᄒᆞ리오. (『번노』 상, 18ㄱ, [3]

다. 고려 상인 : 큰 형님 네 이제 어듸 가ᄂᆞᆫ다?
중국 상인 : 나도 북경 향ᄒᆞ야 가노라.
고려 상인 : 네 ᄒᆞ마 북경 향ᄒᆞ야 가거니 나ᄂᆞᆫ 고려ㅅ 사ᄅᆞ미라 한ᄯᅡ해 니기 ᄃᆞᆫ니디 몯ᄒᆞ야 잇노니 네 모로매 나를 ᄃᆞ려 벋 지ᅀᅥ 가고려. (『번노』 상, 7ㄴ, [1])

위(5. 가, 나)를 보면, 중국 상인은 예문 3)과 4)에 등장하는 여관에 자주 묵어서 그 주인과 막역한 사이가 되어, 서로에게 'ᄒᆞ라'체를 사용함을 알 수 있다. 이에 비해 (5. 가)와 (5. 다)에서는, 고려 상인은 북경까지의 행상 경험이 많지 않고, 더욱이 그 여관에 머문 적이 없음이 확인된다. 그러므로 여관 주인 역시 예문 (4)에서 처음 만났을 공산이 크다. 이러한 정황들을 살피면, 예문 (4)에서 여관 주인에게 'ᄒᆞ쇼셔'체를 사용할 인물은 중국 상인이 아니라 고려 상인이라는 생각에 이르게 된다. 처음 만난 상대에게 'ᄒᆞ라'체를 사용하지는 않을 것이기 때문이다.

이상의 생각이 타당하다면, 예문 3)은 앞서 살핀 3')가 아닌 다음처럼 분할해야 할 것이다.

(3'') 중국 상인 : 번ᄃᆞᆯ하 닐어라. ᄃᆞᆯ기 우런 디 세 홰어다. ᄒᆞ마 하ᄂᆞᆯ도 ᄇᆞᆯᄀᆞ리로다. 우리 ᄲᆞᆯ리 짐ᄃᆞᆯ 설어즈라. ᄆᆞᆯ 기ᄅᆞ마 진노라 ᄒᆞ면 하ᄂᆞᆯ히 ᄇᆞᆯ그리로다. 쥬ᅀᅵᆫ손ᄃᆡ 하딕ᄀᆞ라 가져.
고려 상인 : 쥬ᅀᅵᆫ 형님 허믈 마라쇼셔. 우리 가노이다.
여관 주인 : 네 허믈 말오. 이대 가쇼셔. 도라 오실 제 ᄯᅩ 와 우리 뎜에 브리쇼셔 (『번노』 상, 38ㄱ-ㄴ, [6])

즉, 중국 상인은 '더 늦기 전에 일어나 길을 떠나자'고 고려 상인들을 재촉하여 깨웠지만 정작 여관 주인에게 작별 인사를 고한 이는 중국 상인이 아니라 고려 상인이고, 이 장에 참여한 대화자 역시 2명이 아니라 3명으로 해석해야 한다는 말이다. 이렇게 해석해야 여관 주인을 대하는 중국 상인과 고려 상인의 태도를 일관되게 설명할 수 있을 것이다.

여하튼 지금까지 논의에서 놓치지 않아야 할 점은, 예문 3)처럼 간단한 내용일지라도 해당 장면을 제대로 이해하려면 그 전에 선행된 모든 장들을 살펴야 한다는 것이다. 이는 무엇을 말하는가? 그것은, 여기에 등장하는 각 장들은 서로 간에 응결성과 응집성을 구축하고 있음을 의미하고, 그런 까닭에 『번박』과 『번노』를 제대로 이해하기 위해서는 이와 같은 선행 지식이 전제되어야 함을 시사한다. 예문 3')와 같은 정광의 잘못된 역주[8]는 두 문헌에 존재하는 이러한 특성을 제대로 파악하지 못한 때문으로 풀이되는바, 여기서 다시 한번 지금까지 살핀 바 있는 사전 지식의 필요성을 인식하게 된다.

19.2 상황 설정의 필요성에 대한 이해

앞서 언급했다시피 『번박』과 『번노』는 등장인물들의 대화만을 진술한 까닭에, 대부분 그것이 이루어지는 상황이 생략되어 있기 마련이다. 따라서 이들의 내용을 보다 정확히 파악하려면 독자가 적극적으로 그러한 상황을 설정할 필요가 있는데, 우선 다음을 보자.

(6) 가. A : 갈 잘 ᄆᆡᆼ글 쟝신이 어듸 잇ᄂᆞ뇨? 내 갈 ᄒᆞᆫ 부를 ᄆᆡᆼᄀᆞᆯ요리라.

---

8) 그렇다고 해서 본고가 정광(1995)의 업적을 폄하할 의도는 전혀 없다. 그의 자세하고 정확한 역주에 힘입어 졸고가 완성될 수 있었던 만큼, 필자로서는 감사를 드려야 할 형편이다. 그럼에도 불구하고 필자의 관점에서 보았을 때, 오역이라 할 만한 점들을 지적해야 하는 이유는, 그 외에는 『번노』를 역주한 바가 없기 때문이다. 앞으로의 논의에서도 이 같은 비교는 종종 있을 터여서 여기서 필자의 입장을 분명히 밝히고자 한다.

B : 일훔난 張黑子이라 홀 쟝ᅀᅵᆫ이 ᄆᆡᆼᄀᆞ론 갈히 됴ᄒᆞ니 뎌ᄒᆞ야 ᄆᆡᆼᄀᆞ론 갈히 됴ᄒᆞ니라

A : 뎌 ᄒᆞ야 ᄆᆡᆼᄀᆞᆯ이디 몯ᄒᆞᆯ가?

B : 네 ᄆᆡᆼᄀᆞᆯ이면 엇디 ᄆᆡᆼᄀᆞᆯ일다?

A : 실도 티고 화류가프레 록각 부리예 약대쌔로 마기ᄒᆞ고… 수ᅀᅳ 사다가 초리라.

B : 이리 ᄆᆡᆼᄀᆞ로ᄆᆞᆯ 곰고 조케ᄒᆞ면 은 세돈애 ᄆᆡᆼᄀᆞᆯ로다 이제 張黑子의 지븨 가져. [둘이 장흑자의 집으로 간다.] 댱개여 이바 우리 官人이 ᄒᆞᆫ 붓 갈ᄒᆞᆯ ᄆᆡᆼᄀᆞᆯ오져 ᄒᆞᄂᆞ니 … 네 용심ᄒᆞ야 공부드려 ᄆᆡᆼᄀᆞᆯ라. (『번박』 상, 29–33, [7])

나. A : 손개여 모욕탕ᄌᆞ애 모욕ᄒᆞ라가져.

B : 내 새로 온 향삼이 탕ᄌᆞᆺ 갑시 언메나ᄒᆞᆫ 동 몰래라.

A : 내 너ᄃᆞ려 닐오마. 갑시 다ᄉᆞᆺ 낫돈이오 ᄃᆞᆼ민ᄃᆡ 두 낫돈이오. 머리 갓근ᄃᆡ 두 낫돈이오. 밧돕 다ᄃᆞᄆᆞᆫᄃᆡ 다ᄉᆞᆺ 낫돈이니 모도아ᄒᆞ니 다ᄆᆞᆫ 열아홉 낫돈을 ᄡᅳ리니 탕ᄌᆞᆺ 갑스란 내 아라 가져. [둘이 목욕탕에 간다] 옷 고의 감토 훠ᄃᆞᄒᆞ란 다 이 궤 안해 노하 두워 탕ᄌᆞ 맛ᄃᆞᆫ 사ᄅᆞᆷ 맛뎌 보라ᄒᆞ고 안 ᄶᅡᆫ 탕ᄌᆞ애 드러 가자. (『번박』 상, 103–104, [25])

(6. 가)에서 강조된 [ ] 부분 전까지는, 칼을 새로 만들고 싶어하는 자(A)가 그의 친구(B)에게 칼 잘 만드는 장인을 소개시켜 달라하자, B가 장흑자를 추천하면서 밑줄친 부분처럼 '이제 장흑자의 집에 가자'라는 말을 한다. 그리고 곧바로 '장가여 네 공을 들여 칼을 만들어라'라는 대화가 이어진다. 이야기 흐름상, 여기에는 'A와 B가 장흑자의 집에 갔다'는 상황이 설정되어야 자연스럽다. 그래야 사건의 흐름을 제대로 파악할 수 있기 때문이다. 결국 (가)에는 강조된 [ ] 부분이 생략되었다는 말인데, 『번박』과 『번노』에서는 흔한 현상이다. 다음에서 살필 (나)도 그러하다.

(6. 나)의 강조된 [ ] 부분 전까지는, A가 자신의 친구 '손가'에게 목욕탕에 함께 갈 것을 제안하였는데, 손가가 '목욕탕 값을 모른다'하므로 이를 자세히 설명하는 장면이다. 그 다음 곧바로 '옷, 겉옷, 감투, 신발은 다 이 상자 안에 넣고, 탕 속에 들어가자'는 A의 말이 이어지는데, 이는 손가가 목욕탕에 갈 것을 동의하여 그들이 거기에 도착해야 비로소 나눌 만한 대화이다. 그런데 예문 나)에는 이 같은 등장인물의 행동은 드러나지 않고 있다. 따라서 사건의 흐름을 정확히 이해하려면 우리처럼 [ ] 부분을 첨가하여야 할 것이다.

그러나 이 정도의 생략은 어느 문헌에나 있기 마련이어서, 굳이 그것을 두 문헌만의 특성으로 간주하려는 시도 자체가 무의미하게 생각될 수 있다. 그럼에도 불구하고 우리가 이들을 주목하는 이유는, 다음과 같은 경우 때문이다.

(7) A : ᄆᆞᄉᆞᆷ 됴ᄒᆞ신 얼우신하 어듸 브리여 겨신고?
B : 小人이 뎌 동녁 져제 모욕탕ᄌᆞ 잇ᄂᆞᆫ 집ᄇᆞᄅᆞᆷ ᄉᆞ싄 지븨 와 브리여 잇노이다.
A : 녈 문인가 므슴 문인고?
B : 남녁 향ᄒᆡ야 ᄒᆞᆫ 죠고맷 일각문 낸 ᄃᆡ 그라.
A : 브리여 겨신ᄃᆡ 몰라 보ᅀᆞ오라 가디 몯ᄒᆡ야 잇대이다. 얼우신하 허믈 마ᄅᆞ쇼셔.
B : 엇던 마리어시뇨? [새로운 제 삼의 인물이 등장함]
? : 형님하 小人이 어제 웃ᄃᆡ긔 ᄒᆞᆫ 며함 두ᅀᆞᆸ고 오니 보신가?
B : 올ᄒᆞ니 小人이 보이다. 소인이 ᄆᆡ실 지븨 잇디 아니ᄒᆞ다니 얼우시니 어제 ᄒᆞᆫ 디위 쇽졀업시 ᄃᆞᆫ니시도쇠이다. 날고텨 얼우신ᄭᅴ 답례ᄒᆞ라 보ᅀᆞ오라 가ᅀᅡ 날회여 말호리이다. (『번박』 상, 115–116, [29])

위에 강조된 [ ] 부분 역시 필자가 인위적으로 상황을 설정한 부분이다.

그런데 이는 앞서 살핀 예문과 달리, 청자의 적극적인 개입이 반드시 필요한 경우이다. 그렇지 않으면 대화 흐름을 전혀 이해하지 못하거나, 오역하기가 쉬운 까닭이다.

먼저 강조된 [ ] 부분 이전은, A라는 사람이 B가 머물고 있는 거처를 알지 못하여 그에게 문안드리지 못했음을 사과하는 장면이다. 그리고 곧바로 '제가 어제 형님의 윗집에 명함을 두고 왔으니 보았습니까?'라는 질문이 이어진다. 여기서 우리는 선뜻 이해하기 어려운 점을 발견하는데, 그것은 바로 전 문장에서는 '형님의 거처를 알지 못해 문안드리지 못했으니 저를 너무 허물하지 말으십시오'라며 사과했던 사람이 어떻게 곧바로 '어제 형님의 윗집에 명함을 두고 왔다'고 말할 수 있느냐는 것이다. 이를 어떻게 받아들여야 할까?

분명한 사실은, 예문 (7)만으로써는 해결의 실마리를 구하기가 어렵다는 것이다. 이쯤에서 우리는 위 장면에는, 드러나지 않은 상황이 존재할 가능성이 있음을 생각하게 된다. 즉 문제의 소지를 안고 있는 '제가 어제 윗집에 명함을 두고 왔는데 보았습니까?'는 위 대화 장면에 드러나지 않은 새로운 인물 C의 이야기로 추정해 볼 수 있다는 것이다. 예문 (7)의 [ ] 부분은 필자의 이러한 생각을 반영한 것으로, 이를 다시 정리하면 다음과 같다.

7' A와 B가 길거리에서 우연히 만남 – [① A가 B에게 거처하는 곳을 물음 : ② B가 자신의 거처를 알려줌 : ③ A가 그 거처를 알지 못하여 찾아뵙지 못했음을 B에게 사죄함]1 – C가 이들의 대화에 개입함 – [④ C가 어제 B의 집에 찾아갔는데 없어서 명함만을 윗집에 남겨놓았음을 말함 : ⑤ B가 그것을 보았지만 바빠서 답례하지 못했음을 사죄함]2

이렇게 이해할 때, 예문 (7)의 맥락은 자연스럽게 이어진다. 즉 A와 B가

서로 이야기를 나눌 때 C도 그 장면에 있었는데, 이들의 대화를 방해하기 어려워 잠자코 있다가 대화가 마무리되자 비로소 그가 B에게 말을 걸었다는 것이다. 결국 예문 (7)은 『번박』과 『번노』를 제대로 이해하기 위해서는 독자도 이야기 장면에 적극 가담하여 생략된 장면들을 복원하려는 노력이 있어야 함을 시사한다. 그럴 수밖에 없는 이유는, 이들이 다른 문헌과 달리 '~ᄃᆞ려 닐오ᄃᆡ'나 '~이 무로ᄃᆡ'와 같은 인용구를 전혀 사용하지 않고 등장 인물들의 대화만을 서술한 결과로 짐작되지만, 어찌됐던 이상의 점들을 간과하고 이들을 대하다 보면, 해당 장면의 등장 인물들을 습관적으로 A와 B로만 나누게 되어, 내용 자체를 잘못 이해할 소지가 많음이 사실이다. 『번박』과 『번노』를 대해본 연구자라면 공감하는 바가 있을 것이다.

다음 예문도 예문 (7)과 같은 과정을 거쳐야 비로소 제대로 된 해석을 얻게 되는 경우이다.

(8) 중국 상인 : 네 이 뎜에 콩 딥 다 잇ᄂᆞᆫ가? 업슨가?
여관 주인 : 콩 딥 다 잇다. 콩은 거믄 콩이오 딥픈 조ᄎᆞ딥히라. …
중국 상인 : 콩은 언머의 ᄒᆞᆫ 마리며 딥픈 언머의 ᄒᆞᆫ 뭇고?
여관 주인 : 콩은 쉰 낫돈애 ᄒᆞᆫ 마리오. 딥픈 열 낫돈애 ᄒᆞᆫ 무시라.
중국 상인 : 이 올ᄒᆞ녀 네 ᄯᅩ 날 소기디 말오려
여관 주인 : 이 형님 므슴 말오. 너ᄂᆞᆫ 니기 ᄃᆞ니ᄂᆞᆫ 나그내니 우리 곧 내 집 ᄒᆞᆫ 가지니 내 어듸ᄯᆞᆫ 간대옛 말ᄒᆞ리오. 너옷 믿디 몯ᄒᆞ야 ᄒᆞ거든 다ᄅᆞᆫ 뎜에 의론ᄒᆞ야 보라 가듸여.
중국 상인 : 나ᄂᆞᆫ 그저 이리 닐오리라 우리 대되 열ᄒᆞᆫ낫 ᄆᆞ리니 헤어든 엿맔 콩과 열ᄒᆞᆫ 뭇 디피로다. [주인이 콩잎과 짚을 가지고 와서 중국상인이 이를 썰다] 이 작되 드디 아니 ᄒᆞᄂᆞ다. 하ᄂᆞᄒᆞᆫ 디플 어느제 사홀료. 쥬싄하 다ᄅᆞᆫ ᄃᆡ 드ᄂᆞᆫ 작도 ᄒᆞ나 비러 오고려.

여관 주인 : 이러면 내 빌라 가마. 이 쟉도는 이 우리 아ᄉᆞ믜 짓 거시니 … 네 조심ᄒᆞ야 ᄡᅳ고 ᄂᆞᄆᆡ 것 ᄒᆞ야ᄇᆞ리디 말라. [고려상인과 중국 상인이 작두로 짚을 썰다]

? : 이 버다 네 사ᄒᆞ논 딥피 너므 굵다. 즘승둘히 엇디 머그료. ᄀᆞ장 ᄀᆞᄂᆞ리 사흘라. (『번노』 상, 17ㄴ-20ㄱ, [2])

위에서 필자가 첨가한 [ ] 부분 이전의 내용은 다음처럼 요약된다. ① 중국 상인과 여관 주인이 말에게 먹일 '콩잎'과 '짚' 값을 흥정하는데, ② 그 과정에서 중국 상인이 여관 주인에게 '자신을 속일 생각을 하지 말라'고 하니, ③ 여관 주인이 '그렇게 생각하면 서운하다'는 심정을 고한다. ④ 이에 중국 상인이 '미안하다'는 말을 하면서 '콩잎'과 '짚' 값에 대한 흥정을 마친다. 그런 다음 곧바로 중국 상인의 '작두가 잘 들지 않는다'는 불만이 이어지고 있다. 이는 여관 주인이 콩잎과 짚을 가져오고 자신이 그것을 썰기 시작했을 때에야 제기할 만한 불만으로, 여기서 우리는 이 장면 역시 위에서 [ ]으로 설정한 상황이 생략되었음을 깨닫게 된다. 하지만 이 정도는 쉽게 짐작되는 상황이다.

그러나 이후의 장면은 주의해서 살필 필요가 있다. 그것은, '이 벗아 네가 썰어 놓은 짚이 너무 굵다 … 잘게 썰어라'를 말한 주체를 누구로 보느냐에 따라 해석이 달라질 수 있기 때문이다. 우선 이에 대한 정광(1995, 61-62)의 분석을 살펴보기로 하자.

(8') 여관 주인 : 이러면 내 빌라 가마. 이 쟉도는 이 우리 아ᄉᆞ믜 짓 거시니 … 네 조심ᄒᆞ야 ᄡᅳ고 ᄂᆞᄆᆡ 것 ᄒᆞ야ᄇᆞ리디 말라. 이 버다 네 사ᄒᆞ논 딥피 너므 굵다. 즘승둘히 엇디 머그료. ᄀᆞ장 ᄀᆞᄂᆞ리 사흘라. (정광, 1995: 62)

(8')는 정광의 입장으로, 이는 필자가 구별한 예문 8)과 분명한 차이를

보인다. 즉 필자는 '작두를 조심히 사용하라'는 당부까지를 여관 주인의 말로 간주하고, 이에 연이어지는 '이 벗아 짚을 잘게 썰어라(위에서 강조된 부분)'를 다른 사람의 말로 간주하였음에 비하여, 정광은 여기까지를 여관 주인이 중국 상인에게 한 말로 간주하였기 때문이다. 어떻게 보는 편이 정당한가는, 평소 여관 주인이 중국 상인을 '벗'으로 호칭하였는지를 점검해보면 자연히 판명될 터이다. 이점은 해당 장면인 예문 8)만을 보아도 알 수 있는데, 여기서 여관 주인은 중국 상인을 '나그내'로 호칭하고 있다(너ᄂᆞᆫ 니기 ᄃᆞᆫ니ᄂᆞᆫ 나그내니- 본문에서 강조된 부분 참조). 다음에 제시한 예문 9)에서도 그러함을 알 수 있다.

(9) 여관 주인이 아주머니에게 : ᄆᆞᆮ 아ᄌᆞ미, 지즑과 돗 가져다가 나그네내 주워 ᄭᆞᆯ에 ᄒᆞ라 (『번노』 상, 25ㄴ[3])

위 장면은, 여관 주인이 자신이 부리는 아주머니에게 '중국 상인에게 돗자리와 기직자리를 가져다 주라'는 요구를 하는 대목인데 여기서도 그는 중국 상인을 '나그내'로 지칭하고 있다. 이상을 역으로 해석하면, 여관 주인은 중국 상인을 '벗'으로 호칭하지 않음을 유추해 낼 수 있다. 그렇다면 예문 (8)은 정광보다 우리 관점으로 분석함이 정당하다는 결론에 도달하는바, 즉 '짚을 잘게 썰어라'는 여관 주인이 아닌 중국 상인의 말로 간주하고, 대화 내용 역시 예문 (8')가 아닌 (8)처럼 나누어야 한다는 것이다.

이제 남은 문제는, 중국 상인이 충고한 대상이 누구인가이다. 지금까지 살핀 장면에서 등장하는 인물은 중국 상인과 여관 주인이 전부인데, 그 대상이 여관 주인이 아님은 분명하므로 그렇다면 중국 상인은 누구에게 충고했는가가 의문시되는 까닭이다. 이런 이유에서 정광(1995)도 (5')처럼 해석한 듯한데, 우리는 예문 (7)을 통해서 반드시 해당 자료에 제시된 장면만이 전체가 아님을 이미 경험하였기 때문에 이 장면 역시 같은 맥락으로 풀 여지가 없는지를 가늠하게 된다. 즉 예문 (8)의 장면에는, 이들 외에 고려 상인이 존재할 가능성도 배제할 수 없다는 말이다. 전후 상황을 고려할 때, 그 개연성은 충분하다. 서두에서 언급했다시피, 『번노』는 중국 상인과 고려 상인들이 함께 동행하면서 나눈 대화를 모아 놓은 것이므로 이 장면에도 이들이 함께 있을 가능성은 다분하고, 또 그들이라면 서로를 '벗'으로 호칭할 여지도 충분하다는 생각이 들기 때문이다[9].

이상을 참작하여 본고는, '짚을 잘게 썰어라'를 중국 상인이 고려 상인에게 한 충고로 간주하여 예문 (8)을 다음처럼 분석한다.

(8'') 여관 마당 – [① 중국 상인이 여관 주인에게 콩잎과 짚이 있는지를 물음 : ② 여관 주인이 좋은 것들이 갖추어져 있음을 말함 : ③ 중국 상인이 그 값을 물음 : ④ 여관 주인이 이에 대해 답을 함 : ⑤ 중국 상인이 값을 속이지 말라고 힐난함 : ⑥ 여관 주인이 그런 중국 상인에게 서운하다고 말을 함 "⑦ 이에 대해 중국 상인이 사과함]1 – 여관 주인이 콩잎과 짚을 가져오고 중국 상인이 이를 썰음 – [⑧ 중국 상인이 여관 주인에게 작두가 들지 않음을 불평함 : ⑨ 여관 주인이 작두를 빌려 옴]2 – 고려 상인과 중국 상인이 작두로 짚을 썰기 시작함 – [⑩ 중국 상인이 고려 상인에게 짚을 그렇게 썰어서는 말이 먹지 못하기 때문에 잘게 썰 것을 충고함]3

그러면 예문 8)은 다음과 같은 세 장면으로 정리된다. 즉 상인 일행이

9) 이점은 앞서 살핀 예문 3)에서도 드러나는데, 이해의 편의를 도모하기 위해, 이를 다시 인용하면 다음과 같다.
중국 상인 : 벋ᄃᆞᆯ하 닐어라. ᄃᆞᆯ기 우런 디 세 홰어다. ᄒᆞ마 하ᄂᆞᆯ도 ᄇᆞᆯᄀᆞ리로다. 우리 ᄲᆞᆯ리 짐ᄃᆞᆯ 설어즈라. ᄆᆞᆯ 기ᄅᆞ마 진노라 ᄒᆞ면 하ᄂᆞᆯ히 ᄇᆞᆯ그리로다. 쥬인손ᄃᆡ 하딕ᄀᆞ라 가져. (『번노』 상, 38ㄱ–ㄴ, [6])
여기서 중국 상인이 '어서 일어나 길을 떠나자'로 말할 상대는 그와 동행하는 고려 상인늘 뿐임은 재론의 여지가 없다.

여관에 도착하여, '콩잎'과 '짚' 값을 두고 여관 주인과 흥정함이 첫 장면이고, 이들이 작두로 '콩잎'과 '짚'을 썰기 시작함이 두 번째 장면이고, 중국 상인이 고려 상인에게 그것을 잘게 썰 것을 충고함이 세 번째 장면이다. 이렇게 이해할 때, 예문 8)의 맥락은 자연스럽게 이어진다.

본 장에서는 『번역 박통사』와 『번역 노걸대』를 제대로 이해하기 위해 갖추어야 할 선행 지식을 살피고자 하였다. 이 과정에서 우리는, 이들을 완결된 텍스트로 간주해야 한다는 점과, 독자 스스로가 등장 인물간의 대화 장면에 적극 가담하여 생략된 상황을 복원할 필요가 있음을 강조하였다.

먼저 『번박』과 『번노』를 완결된 텍스트로 이해해야 하는 이유를, 구성 방식에서 찾고자 하였다. 주지하다시피 이들은 몇 개의 주제를 중심으로 한, 작은 단위(장)가 모여 하나의 텍스트를 이루는데, 각 문장들은 어떤 대상을 지속적으로 반복하거나 그것을 '이, 그, 저'와 같은 대용어로 대치하여 결국 하나의 정보를 전달하는 양상을 보인다. 우리는 이런 현상을 텍스트 생산자가 치밀한 주제 의식을 가지고 각 장의 문장들을 엮어간 것으로 해석하여, 결국 두 문헌을 '응결성'과 '응집성'을 갖춘 완결된 텍스트로 간주하기에 이르렀다.

이렇게 결론한 주된 이유는, 『번박』과 『번노』의 각 장은 독립적인 형식을 취하지만, 대용어의 지시 범위나 내용 전개 면에서는 서로 유기적인 결합 양상을 보이는 까닭에, 두 문헌을 대하기 전에 이와 같은 특성이 있음을 인지하고 있어야만 올바른 해석을 할 수 있다는 생각을 하였기 때문이다.

둘째, 『번노』와 『번박』에서 생략된 상황을 설정해야 하는 이유 역시, 구성방식에서 찾고자 하였다. 즉 이들은 '~ᄃᆞ려 닐오ᄃᆡ'나 '~이 무로ᄃᆡ'와 같은 인용구를 사용하지 않고, 대화만을 기술하는 형식을 취하고 있어, 거기에 생략되었음직한 사건이나 시간의 흐름 등을 추정하여 설정하지 않으면 전체적인 맥락을 제대로 파악하지 못하는 경우가 많다. 따라서 이들을 올바로 이해하기 위해서는 독자 스스로 대화 장면에 적극 가담하여 생략된 상황을 인위적으로 설정할 필요가 있다는 결론에 도달한 것이다.

■ 참고문헌

감형철(1981), 3인칭대명사에 대하여, 『문학과 언어』 2, 문학과 언어연구회.

강규선(1997), 『국어의 경어법 연구』, 보고사.

강신항(1967), 「현대국어의 가족명칭에 대하여」, 『대동문화연구』 4, 성균관대 대동문화연구원.

강희숙 외(2007), 전남방언 여성호칭어의 유형과 분포, 『호남문화연구』 40, 전남대 호남학연구원.

______(2002), 「호칭어 사용에 대한 사회언어학적 분석」, 『사회언어학』 12-2, 한국 사회언어학회.

______(2012), 「통신언어에 나타난 역문법화 현상 고찰」, 『한민족어문학』 26, 한민족어문학회.

고영근(1974), 「현대국어의 존비법에 대한 연구」, 『어학연구』 10-2, 서울대 언어교육원.

______(1989), 『국어형태론 연구』, 서울대출판부.

______(1991), 『국어형태론 연구』, 서울대출판부.

______(1999), 『텍스트 이론』, 아르케.

______(2006), 『개정판 표준중세국어문법론』, 집문당.

고영근·구본관(2008), 『우리말 문법론』, 집문당.

고영근·남기심(2000), 『표준국어문법론』, 탑출판사.

____________(1997), 『중세국어자료 강해』, 집문당.

고영진(1997), 『한국어의 문법화 과정』, 국학자료원.

교육과학기술부(2011), 『국어과 교육과정』, 교육과학기술부.

교육인적자원부(2005), 『고등학교 문법』, 교학사.

구본관 외(2015), 『한국어 문법 총론 I 』, 집문당.

______(1993), 「국어 파생접미사의 통사적 성격에 대하여」, 『관악어문연구」 18, 서울대 국어국문학과.

______(2008), 「문법 교육에서는 무엇을 가르쳐야 하는가?」, 『선청어문』 36, 서울대 국어교육과.

______(2009), 「국어생활사 교육 내용」, 『문법교육』 10, 한국문법교육학회.

구현정(2009), 「경어법의 표준 화법 실태와 개선 방안」, 『화법연구』 15, 한국화법학회.

국립국어원 편(1999), 『표준국어대사전』, 두산동아.

국어교육미래열기 편(2009), 『국어교육학 개론』, 삼지원.

권재일 외(2014), 『허웅 선생 학문 새롭게 읽기』, 박이정.

______(1995), 「국어학적 관점에서 본 언어 지식 영역 지도의 내용」, 『국어교육연구』 2, 서울대 국어교육연구소.

______(2003), 『한국어 통사론』, 민음사.

______(2005), 『허웅 선생의 우리말 연구』, 태학사

기주연(1994), 『근대국어 조어론 연구(1)』, 태학사.
김경훤(2005), 「국어사 교육의 문제점과 앞으로의 방향」, 『새국어교육』 70, 한국국어교육학회.
김광해 외(1999), 『국어지식탐구』, 박이정.
______(1996), 「국어지식 교육의 위상」, 『국어교육연구』 3, 서울대 국어교육연구소.
김광희(1990), 『국어변항범주 연구』, 한신문화사.
김남미(2016), 「지식 구조 발견 절차로서의 국어사 수업 방안」, 『한말연구』 39, 한말연구학회.
김무림(2004), 『국어의 역사』, 한국문화사.
김문기, 「매인풀이씨의 문법화 양상」, 『우리말 연구』 20.
김미형(1990), 국어 대명사의 발달과 체계에 관한 연구, 『한양대학교 대학원 박사학위논문』, 한양대학교.
김민수 외(1992), 『국어대사전』, 금성출판사.
김상대(1999), 「국어 대우법의 변화 양상에 대하여-'님, 분'의 쓰임을 중심으로-」, 『국어교육』 99, 한국어교육학회.
김석득(1977), 「더낮춤법과 더높임법」, 『언어와 언어학』 5, 한국외대 언어연구소.
______(1992), 『우리말의 형태론-말본론』, 탑출판사.
김송룡(1985), 『16세기 국어의 인칭법에 관한 연구』, 건국대학교 석사학위논문.
김영신(1966), 「박통사 상의 정리」, 『한글』 136집, 한글학회.
김영욱(1988), 「국어사 교육은 과연 필요한가?」, 『선청어문』 26, 서울대 국어교육과.
______(1997), 『문법 형태의 연구 방법』, 박이정.
______(1997), 『형태 범주론-문법형태의 연구방법』, 박이정.
김영일(2016), 「청자 존대 '-시-'의 종합적 검토」, 언어과학. 한국언어과학회 23.
김용경(2002), 「문법화의 단계성에 대한 고찰」, 『한글』 256.
김유범(2003), 「15세기 국어 문법 형태소의 문법화」, 「어문논집」 48, 민족어문학회.
______(2006), 「중세국어 문법의 효과적 교육을 위한 모색」, 「청람어문교육」 33, 청람어문교육학회.
______(2006), 「형용사 '지다'의 형성과 역문법화」, 『우리말연구』 18, 우리말학회.
______(2008), 「언해본 『삼강행실도』의 텍스트에 나타난 문법적 특징의 활용가치 분석(2)」, 『우리어문연구』.
______(2013), 「중세국어 교육 내용의 선정」, 『국어사 연구』 16, 국어사학회.
김유범·김부연(2012), 「국어 문법 교과서 개선을 위한 방향 모색」, 『한국어문교육』 11, 고려대 한국어문연구소.
김윤신(2014), 『허웅 선생 학문 새롭게 읽기』, 박이정.
김은성(2007), 「이야기를 활용한 문법교육 가능성 탐색」, 『국어교육』 122, 한국어교육학회.

______(2010), 「문법교육과 매체 언어 문화」, 『국어교육학연구』 37, 국어교육학회.
______(2012), 「문법교육 내용의 표상체로서의 담화」, 『문법교육』 16, 한국문법교육학회.
김일근(1991), 『언간의 연구』, 건국대학교출판부.
김재민(1998), 「경어법 사용의 세대간 차이에 대한 사회언어학적 연구」, 『언어학』 6-2, 대한언어학회.
김재민(2004), 「압존법을 통하여 본 경어법의 변화 연구」, 『언어학』 12-1, 대한언어학회.
김정대(1983), 「'요' 청자 존대법에 대하여」, 가라문화(경남대) 2.
김정수(1984), 『17세기 한국말의 높임법과 그 15세기로부터의 변천』, 정음사.
김정아(1984), 『15세기 국어의 대명사에 관한 연구』, 국어연구회.
______(1985), 「15세기 국어의 '-ㄴ가' 의문문에 대하여」, 『국어국문학』 94, 국어국문학회.
김종훈(2000), 「존칭사 '-님'에 대하여」, 『국어화법과 대화분석』, 한국화법학회.
김진형(1995), 「중세국어 보조사에 대한 연구」, 『국어연구』 136, 국어연구회, 서울대학교 국어국문학과.
______(1995), 「중세국어 보조사에 대한 연구」, 『국어연구』 136, 국어학회.
김진희(2012), 「2009 개정 교육과정에 따른 『독서와 문법』 교과서의 중세 국어 단원 고찰」, 『문법교육』 17, 한국문법교육학회.
김차균 외(2005), 『허웅 선생의 우리말 연구』, 태학사.
김형규(1960), 「경양사와 [가] 주격토 문제」, 『한글』 126, 한글학회.
______(1962), 「경양사 문제의 제론」, 『한글』 129, 한글학회.
김형철(1981), 「3인칭대명사에 대하여」, 문학과 언어』 2, 문학과 언어연구회.
김혜숙(1987), 「현대 국어의 대우 체계 연구」, 『최세화 회갑기념논문집』.
김희숙(2003), 「현대 한국어 호칭의 역설: 2차 사회 내 늘어나는 친족어 사용」, 『사회언어학』 12-2, 한국 사회언어학회.
나찬연(2008), 『중세국어 문법의 이해- 강독 편』, 교학연구사.
______(2009), 『중세국어 문법의 이해』, 교학연구사.
남가영(2007), 「문법교육의 '지식의 구조' 체계화 방향」, 『국어교육』 123, 한국어교육학회.
______(2012), 「문법교육과 교과서」, 『한국어학』 57, 한국어학회.
남광우(1972), 「신발견인 '번역 노걸대' 권 상을 보고」, 『국어국문학』 55·57 합병호.
남기심·고영근(2002), 『표준국어문법론 개정판』, 탑출판사.
__________(2002), 『표준국어문법론』, 탑출판사.
남미정(2007), 「근대국어 청자경어법의 형태 원리와 체계」, 『시학과 언어학』 14, 시학과 언어학회.
노명완 외(1994), 『국어과 교육론』, 갑을출판사.
노명희(2013), 「접미사 부류의 탈문법화 양상」, 『반교어문연구』 35, 반교어문학회.

민현식(1984),「개화기 국어의 경어법에 대하여」,『관악어문연구』 9, 서울대 국문과.
박근영(2001),『한국어 지시 대용어의 문법화』, 한국외국어대학교 박사학위논문.
박병채(1989),『국어발달사』, 세영사.
박보현(2011),「중세 국어 의문문 교육 방법에 대한 연구」,『문법교육』 15, 한국문법교육학회.
박석준(2004),「선어말어미 "-시-"의 문법외적 용법에 관하여」, 한말연구 14, 한말연구학회.
박양규(1993),『국어 경어법의 변천』, 새국어생활 1-3.
박영목 외(1997),『국어교육학 원론』, 교학사.
________(2012),『독서와 문법』, 천재교육.
박영순(1976),「국어 경어법의 사회언어학적 연구」,『국어국문학』 72·73합.
______(2008),『한국어의 사회언어학』, 한국문화사.
박영준(1994),『명령문의 국어사적 연구』, 국학자료원.
______(1996),「국어 반말 종결어미의 역사성」,『어문논집』 35, 민족어문학회.
박용익(1998),『대화 분석론』, 한국문화사.
박재연(1998),「현대국어 반말체 종결어미 연구」,『국어연구』 152, 국어연구회.
박정운(1997),「한국어 호칭어 체계」, 사회언어학』 5(2), 사회언어학회.
박태권(1981),「번역 노걸대의 물음법에 대하여」,『한글』 173·174집, 한글학회.
박형우(1996),「후기 중세국어의 의문법에 대하여」,『육사논문집』 51, 육군사관학교,
______(2004),「국어사 교육의 내용 선정에 대한 연구」,『국어교육』 114, 한국국어교육학회.
______(2006ㄱ), 국어교육에서의 중세국어 문법 교육, 문법교육 4, 한국문법교육학회.
______(2006ㄴ), 중세국어 문법과 국어사 단원의 구성에 대한 연구, 문법교육 5, 한국문법교육학회.
______(2009),「국어생활사 교육의 평가 방법에 대한 시고」,『문법교육』 10, 한국문법교육학회.
______(2014),「문법화에 기반한 국어사 교육 내용에 대한 연구」,『청람어문교육』 50, 청람어문교육학회.
백낙천(2007),「국어 문법화 연구의 이론적 배경과 특징」,『한국사상과 문화』 39, 한국사상문화학회.
서덕현(1996),『경어법과 국어교육 연구』. 서울: 국학자료원.
서울대학교 국어교육연구소, 1999,『국어교육학 사전』, 대교출판사.
서정목(1983), 명령법 어미와 공손법의 등급,『관악어문 연구』 8.
서정수(1989),『존대법의 연구』, 한신문화사.
______(1996),『국어문법』. 한양대학교출판부.
서태룡(2006),「국어 조사와 어미의 관련성」,『국어학』 47, 국어학회.
성광수(1975),「국어 대명사에 대하여」,『어문 논집 16』

성기철(1970), 「존비법의 한 고찰」, 『어문학』 23.
송병학(1982), 「이인칭 대명사의 의미 분석」, 『언어』 3, 충남대 어학연구소.
시정곤(2010), 「국어 명사의 문법화 과정에 나타난 특이 유형에 대하여」, 『언어연구』 26(1), 한국현대언어학회.
신명선(2006), 「통합적 문법 교육에 관한 담론 분석」, 『한국어학』 31, 한국어학회.
신숙정(1986), 「한국전통사회 부녀의 호칭어와 존비어」, 『국어교육』 55·56, 한국국어교육연구회.
신창순(1984), 『국어문법연구』, 박영사.
신호철(2009), 「국어교육에서 연계성의 개념과 양상」, 『새국어교육』 81.
신희성(2016), 「고등학교 문법 영역에서 상대 높임 교육 내용에 대한 연구 : 상대 높임 체계표 개선을 중심으로」, 문법 교육 27.
심영택(1992), 「학문중심 국어과 교육과정의 문제점 연구」, 『국어교육학 연구』 2, 국어교육학회.
______(1994), 「문법적 일탈문과 문법교육」, 『선청어문』 22, 서울대 국어교육과.
안명철(1995), 「'이'의 문법적 성격 재고찰」, 『국어학』 25, 국어학회.
안병희(1961), 주체겸양법의 접미사 '-숩-'에 대하여」, 『진단학보』 22, 진단학회.
______(1992), 『국어사 연구』, 문학과 지성사.
______(1992), 「'ᄌᆞ갸'어고」, 『국어사 연구』, 문학과 지성사.
안병희·이광호(1992), 『중세국어문법론』, 학연사.
안정아(2000), 「현대 국어의 문법화 현상」, 『현대국어의 형성과 변천 1』, 박이정.
안주호(1997), 『한국어 명사의 문법화 현상 연구』, 한국문화사.
______(2002), 「한국어에서의 역문법화 현상에 대하여」, 『언어학』 10-4, 대한언어학회.
양영희(2000), 『15세기 국어 존대 체계 연구』, 전남대학교 박사학위논문.
______(2002), 「'시'의 존대 대상에 대하여」, 『한국어학』 15, 한국어학회.
______(2003), 「『번역노걸대』와 『번역박통사』 제대로 읽기를 위한 제언」, 『우리말글』 29, 우리말글학회.
______(2004ㄱ), 「15세기 국어 'ᄌᆞ갸' 기능에 대한 새로운 해석」, 『한글』 263, 한글학회.
______(2004ㄴ), 「중세국어 '자내'에 대하여」, 『한글』 266, 한글학회.
______(2004ㄷ), 「중세국어 '제'의 기능에 대하여」, 『한국언어문학』 52, 한국언어문학회.
______(2005ㄱ), 「중세국어 3인칭대명사의 존재와 기능 검증」, 『우리말글』 33, 우리말글학회.
______(2005ㄴ), 「16세기 2인칭대명사 '그듸'와 '자내'의 기능 비교」, 『한글』 269.
______(2006ㄱ), 「인칭대명사의 기능 변화 유형과 원인」, 『우리말글』 28, 우리말글학회.
______(2006ㄴ), 「중세국어 호칭어와 종결어미에 대한 재고」, 『사회언어학』 14-2, 한국사회언어학회.
______(2006ㄷ), 「16세기 2인칭대명사 체계」, 『국어국문학』 142, 국어국문학회.

______(2006ㄹ), 「15세기 호칭어 체계 구축을 위한 시론」, 『한국언어문학』 57, 한국언어문학회.
______(2006ㅁ), 「15세기 2인칭대명사 '너'와 '그듸'의 비교」, 『우리말글』 55, 우리말글학회.
______(2007), 「15세기국어 'ᄒᆞ라'체 의문어미의 기능 분류」, 『한국언어문학』 61, 한국언어문학회.
______(2009ㄱ), 「국어 호칭 체계 수립을 위한 사적 고찰」, 『한국언어문학』 68, 한국언어문학회.
______(2009ㄴ), 「중세국어 교육의 효율적 방안 모색」, 『배달말』 44, 배달말학회.
______(2009ㄷ), 「중세국어 『대화체』류의 교육적 활용 방안 검토」, 인문과학연구 23, 강원대학교 인문과학연구소.
______(2010ㄱ), 「『월석』과 『석상』을 이용한 바람직한 중세국어 수업 모형 제안」, 『배달말』 46, 배달말학회.
______(2010ㄴ), 「국어높임법의 올바른 교육을 위한 몇 가지 제언」, 『학습자 중심교과교육연구』, 학습자중심교과교육연구회.
______(2012ㄱ), 「국어교육에서의 바람직한 통합 방안 제시」, 『우리말글』 56, 우리말글학회.
______(2012ㄴ), 「호·지칭접미사 '-님'과 의존명사 '님'의 상관 고찰」, 『한국언어문학』 81, 한국언어문학회.
______(2012ㄷ), 「호·지칭어 형성 형태소 '님, 씨'의 기능 변별을 위한 시론」, 『한글』 297, 한글학회.
______(2013ㄱ), 「문법교육에서의 국어사 내용 체계 구성」, 『한글』 302, 한글학회.
______(2013ㄴ), 「2011 국어과 교육과정에 근거한 국어사 단원 구성」, 『우리말글』, 우리말글학회.
______(2016ㄱ), 「현대 국어 문법화와 역문법화의 비교 고찰」, 『국어문학』 62, 국어문학회.
______(2016ㄴ), 「현대국어 역문법화 양상 고찰」, 『우리말글』 68, 우리말글학회.
양오진(1998), 『노걸대·박통사 연구』, 태학사.
양정호(2012), 「국어과 교육 과정과 교과서의 국어사 지식 교육」, 『한국어학』 57, 한국어학회.
______2014), 「〈독서와 문법〉 교과서의 국어사 지식 및 자료 텍스트에 대한 분석」, 『텍스트언어학』 38.
연세대(2007), 『한국어 대사전』, 두산동아.
연재훈(2005), 『허웅 선생의 우리말 연구』, 태학사.
오현아(2014), 「선어말어미 -시-의 문법 교육 내용 검토: -시-의 청자 높임 기능을 중심으로」, 인문과학연구 40. 강원대학교 인문과학연구소.
왕문용(1989), 「'번박'과 '박언'의 사이시옷」, 『이용주 회갑기념논총』.
왕한석 외(2005), 『한국사회와 호칭어』, 역락.
______(1989), 「택호와 종자명호칭」, 『先淸語文』 제18집, 서울대학교 국어교육과.
______(2000), 「언어생활의 특성과 변화: 신분지위 호칭과 의사 친척 호칭의 사용을 중심으로」, 『사회언어학』 8-1, 사회언어학회.

______(2005), 「호칭어의 주요 이론과 연구 시각」, 『한국 사회와 호칭어』, 역락.

유창돈(1960), 「박통사 고구」, 『인문과학』 5, 연세대 인문과학 연구소.

______(1978), 『어휘사 연구』, 이우출판사.

______(1987), 『이조어사전』, 연세대학교출판부.

윤천탁(2004), 「학교 문법의 상대 높임법 기술 내용 재고」, 청람어문교육 29, 청람어문교육학회.

이경우(1998), 「19세기 후기 경어법 연구」, 국어교육 96, 한국어교육학회.

______(1998), 『최근세 국어 경어법 연구』, 태학사.

이관규(1998), 「'-시-'의 의미와 통사」, 『추상과 의미의 실재』, 박이정.

______(1999), 「문법의 위상과 문법 교과서」, 「우리어문연구」 10, 우리어문학회.

______(2004), 「국어사 교수 학습 내용의 체계성과 위계성에 대한 연구」, 『국어교육학 연구』 20, 국어교육학회.

______(2011), 「문법 교육의 인식 변화와 문법 교재의 양상」, 『새국어교육』 89, 한국국어교육학회.

이광호(1999), 「접미사 '-님/이'에 대하여」, 『수련어문논집』 25, 수련어문학회.

______(2005), 『근대국어문법론』, 태학사.

이기갑(1978), 『우리말 상대높임 등급체계의 변천연구』, 서울대 대학원 석사학위 논문.

이기문(1961/1998), 『국어사 개설』, 태학사.

______(1991), 『국어 어휘사 연구』, 동아출판사.

______(1998), 『신정판 국어사 개설』, 태학사.

이기문·이호권(2010), 『국어사』, 한국방송통신대학교 출판사.

이남호 외(2012), 『독서와 문법』, 비상교육.

이도영(1999), 「국어과 교육 내용으로서의 국어사」, 『선청어문』 27, 서울대 국어교육과.

이돈주 편(1995), 『중세국어문선』, 전남대학교출판부.

이돈주(1988ㄱ), 번역노걸대 박통사의 범례고(1), 『어문논총』, 전남대.

______(1988ㄴ), 번역노걸대 박통사의 범례고(2), 『호남문화연구』 18집, 호남학연구원.

이동석(2014), 「국어사 기술 문법과 학교 문법」, 『국어학』 69, 국어학회.

이래호(2012), 「선어말 어미 '-시-'의 청자 존대 기능에 대한 고찰」, 『언어학연구』 23, 한국중원언어학회.

이삼형 외(2000), 『국어교육학』, 소명출판사.

_________(2007), 『국어교육학과 사고』, 도서출판 역락.

_________(2012), 『독서와 문법』, 지학사.

이상복(1984), 「국어의 상대 존대법 연구」, 『배달말』 9, 배달말학회.

이성영(1991), 「국어교육의 내용 설정 및 그 구조화 가능성 탐색」, 『국어교육연구』 1, 국어교육학회.

______(1995),「언어 지식 영역 지도의 필요성과 방향」,『국어교육연구』 2, 서울대 국어교육연구소.

이성하(1998),『문법화의 이해』, 한국문화사.

이숭녕(1962),「겸양법 연구」,『아세아연구』 5, 고려대학교 아세아문제연구소.

이승연(2010),「특수조사 '-(이)나마'의 문법화 연구」,『한국어학』 49, 한국어학회.

이승욱(1963),「음운첨사고」,『국어국문학』 26, 국어국문학회.

이승희(1996),「중세국어 의문법 '-ㄴ다'계 어미의 소멸 원인」,『관악어문연구』 21, 서울대 국어국문학과.

______(2004),『국어의 청자높임법에 대한 통시적 연구』, 서울대학교 박사학위논문.

______(2011),「조선시대 한글편지를 활용한 국어사 교육」,『정신문화연구』 34-2, 한국정신문화연구소.

______(2012),「고등학교 국어 교과서의 국어사 단원 내용 연구」,『국어교육』 138, 한국어교육학회.

______(2015),「어문 규범 교육과 연계한 국어사 교육 연구」,『한민족문화연구』 49, 한민족문화학회.

이영경(1992),「17세기 국어의 종결어미에 대한 연구」,『국어연구』 108, 국어연구회.

이유기(2006),「근대국어의 청자대우법」,『한국사상과 문화』 32, 한국사상문화학회.

______(2011),「반말의 성격과 청자대우체계의 실상」,『동악어문학』 57, 한국어문학연구학회.

이윤하(1999),「문말 첨사의 통사·의미적 특성에 대하여」,『국어학』 34, 국어학회.

______(2001),『현대 국어의 대우법 연구』, 역락.

이은희(2009),『국어 높임법 표현의 발달』, 박문사.

이익섭(1974),「국어 경어법의 체계화 문제」, 국어학 2, 국어학회.

______(1994=2004),『사회언어학』, 민음사.

이익섭·임홍빈(1983),『국어 문법론』, 학연사.

이정민(2011),「보조사 '마저', '조차'의 문법화 연구」,『문창어문논집』 48.

이정복(2000),「통신 언어로서의 호칭어 '님'에 대한 분석」,『사회언어학』 8-1, 한국사회언어학회.

______(2002),『국어 경어법과 사회언어학』, 월인.

______(2004),「인터넷 통신 언어 경어법의 특성과 사용 전략」,『언어과학연구』 30, 언어과학회.

______(2010),「상황 주체 높임 '-시-'의 확산과 배경」,『언어과학연구』 55, 언어과학회.

______(2011),「트위터 누리꾼들의 호칭어 사용에 대한 사회언어학적 접근」,『어문학』 114, 한국어문학회.

이정복·양명희·박호관(2006),『인터넷 통신 언어과 청소년 언어문화』, 한국문화사.

이정택(2015),「우리말 높임법의 본질과 상대 높임법 체계」,『문법 교육』 24, 한국문법교육학회.

이태영(1993), 『국어동사의 문법화 연구』, 한신문화사..

_____(1999), 「근대국어 '-ᄂᆡ'형 종결어미의 변화 과정과 '-이-'의 상관성」, 『한국언어문학』 43, 한국언어문학회.

이필영(1987), 「현대국어의 1·2인칭 표현에 대하여」, 『관악어문 연구』 12, 서울대 국어국문학과.

이현규(1978), 「국어 물음법의 변천」, 『한글』 162, 한글학회.

이현희(1982), 『국어의 의문법에 대한 통시적 연구』, 서울대학교 석사학위논문.

_____(1994), 『중세국어 구문연구』, 신구문화사.

_____(2002), 「국어 문법형태 기술의 연속성에 대한 연구」, 『한민족어문학』 41, 한민족어문학회.

_____(2009), 「보조용언의 범주 분화와 접미사로의 이동」, 『국어학』 54, 국어학회.

이호권(1998), 『석보상절의 국어학적 연구』, 서울대학교 박사학위논문.

이희두(1998), 「존칭접미사 '-님'과 '-분'에 대한 연구」, 『언어학』 6-1, 대한언어학회.

임경순(2003), 『국어교육학과 서사교육론』, 한국문화사.

임규홍(2012), 「탐구학습을 통한 담화문법지도 방법」, 『문법교육』 16, 한국문법교육학회.

임동훈(2004), 「한국어 조사의 하위 부류와 결합 유형」, 『국어학』 43, 국어학회.

_____(2005), 「현대국어 경어법의 체계」, 『국어학』 47, 국어학회.

_____(2006), 「'만큼, 처럼, 보다'가 격조사인가」, 『국어학』 48, 국어학회.

임지룡(2015), 「청자대우법의 화계와 해석」, 『언어과학연구』 72, 언어과학회.

임홍빈(1986), 「청자대우 등급의 명명법에 대하여」, 『국어학 신연구』, 탑출판사.

_____(1987), 『국어 재귀사 연구』, 신구문화사.

임홍빈·장소원(1995), 『국어문법론Ⅰ』, 한국방송통신대학교출판부.

장경희(1977), 「17세기 국어의 종결어미 연구」, 『사대논총』 16, 서울대 사범대학.

장용걸(1988), 「택호의 고찰: 계층성과 여성의 양의성을 중심으로」, 『비교민속학』 3, 한국비교민속학회.

장윤희(1998), 『중세국어 종결어미에 대한 통시적 연구』, 서울대학교 박사학위논문.

_____(2002), 「국어사 지식과 고전문학 교육의 상관성」, 『국어교육』 8, 한국어교육학회.

_____(2004), 「7차 국어과 교과서의 국어사 지식 내용 구성 연구」, 『어문연구』 32, 한국어문교육연구회.

_____(2006), 「문법 내용의 국어 교과서 구현 방안 연구」, 『국어교육』 120, 한국어교육학회.

_____(2009), 「국어 생활사 교육의 성격과 목표」, 문법교육 10. 한국문법교육학회.

전은주(2010), 「화법과 문법의 통합 교육 내용 구성」, 『문법교육』 12, 한국문법교육학회.

정 광(1995), 『역주 번역노걸대』, 태학사.

정선경(2011), 「전남 완도 약산면의 친족어 연구」, 『배달말』 49, 배달말학회.

정재영(1995), 「전기중세국어의 의문법」, 『국어학』 25, 국어학회.

정준영(1995), 「〈춘향전〉에 나타난 19세기의 청자 존대법」, 『한국학보』 80, 일지사.
제민경(2012), 「내러티브적 앎을 위한 문법 설명 텍스트 구성 방향」, 『국어교육』 139, 한국어교육학회.
조규와(1984), 「번역 박통사에 나타난 담화성」, 『목천 유창균박사 환갑기념논문집』, 간행위원회.
조선일보사·국립국어연구원 편(1996), 『우리말의 예절 상』, 조선일보사.
조숙정(1997), 『비친척관계에서의 호칭어의 구조와 사용방식 - 전남 나주 한 반촌의 사례를 중심으로 -』, 서울대학교 대학원 석사학위논문.
조항범(1996), 『국어 친족 어휘의 통시적 연구』, 태학사.
______(1998), 『주해 순천김씨묘 출토 간찰』, 태학사.
주세형(2005), 「학습자 중심의 국어사 교육 내용 설계 방향」, 『국어교육학 연구』 22, 극어교육학회.
최규일(2003), 「'-요'에 관한 총체적 연구」, 『한국어 의미학』 12, 한국어 의미학회.
최대희, 「'것' 구조의 문법화」, 『겨레어문학』 48, 겨레어문학회.
최동주(1997), 「현대국어의 특수조사에 대한 통사적 고찰」, 『국어학』 30, 국어학회.
최명옥(1976), 「현대국어의 의문법 연구」, 『학술원 논문집』 15, 대한민국학술원.
______(1997), 「16세기 한국어의 존비법 연구」, 『조선학보』, 조선어학회.
최미숙 외(2008=2016), 「국어교육의 이해」, 사회평론.
최현배(1929/1987), 『우리말본』, 정음문화사.
최현섭 외(1997), 『국어교육학 개론』, 삼지원.
최형용(1997ㄱ), 「'형식명사·보조사·접미사의 상관관계」, 『국어학』 148, 국어학회.
______(1997ㄴ), 「문법화의 한 양상에 대하여」, 『관악어문연구』 22, 관악어문학회.
최혜실(1994), 「'용비어천가' 무엇을 가르칠 것인가」, 『고전문학 어떻게 가르칠 것인가』, 집문당
하귀녀(2005), 『국어보조사의 역사적 연구』 서울대 박사학위논문, 서울대학교.
한국어문학회 편(1993), 『중세어문선』, 형설출판사.
한글학회(1998), 『우리말큰사전』, 어문각.
한동완(1988), 「청자 경어법의 형태 원리」, 『말』 13, 연세대학교 한국어학당.
허 웅(1954), 「존대법사」, 『성균학보』 1, 성균관대학교.
______(1961), 「서기 15세기 국어의 '존대법'과 그 변천」, 『한글』 128, 한글학회.
______(1962), 「존대법 문제를 다시 논함」, 『한글』 130, 한글학회.
______(1963), 「또 다시 "존대법"의 문제를 논함 - 이숭녕 박사에 대하여 -」, 『한글』 131, 학글학회.
______(1975), 『우리옛말본』, 샘문화사.
______(1983), 『국어학』, 샘문화사.
______(1989), 『16세기 우리 옛말본』 서울: 샘문화사.

______(1995), 『우리옛말본』, 샘문화사.

______(1995=2000), 『20세기 우리말의 형태론』, 샘문화사.

______(1999), 『20세기 우리말의 통어론』, 샘문화사.

허재영(2000), 의문문의 통시적 연구,『인문과학논총』 35, 161-191. 건국대학교 인문과학연구소.

______(2000), 「한국어 보조사의 문법화」, 『한민족문화연구』 22, 한만족연구회.

______(2002), 「문법화와 띄어쓰기 교육」, 『교육 한글』 14, 한글학회.

______(2008), 「높임의 조사 '요'의 문법화」, 『한말연구』 23, 한말연구학회.

홍사만(1983), 『국어 특수 조사론』, 학문사.

홍윤표 외(1995), 『17세기국어 대사전』, 태학사.

______(1994), 『근대국어 연구(Ⅰ)』, 태학사.

홍종선·김서형(2016), 「국어과 교재의 상대 높임 화계 설정과, 구어 현실」, 『국어교육학연구』 51, 국어교육학회.

황문환(2001), 이인칭 대명사 '자네'의 기원, 『국어학』 37, 국어학회.

황문환(2002), 『16, 17세기 언간의 상대경어법』, 태학사.

황적륜(1976), 「한국어 대우법의 사회언어학적 기술」, 『언어와 언어학』 4, 한국외국어대학교 외국어 종합연구센터 언어연구소.

Braun(1998), "Terms of Adress", in Handbook of Pragmatics John Benjaminss Publish Co. pp.1-18

Brown, Roger & Albert Gilman(1960), The Pronouns of Power and Solidarity, in Style in Language, ed.(1960) by T.A. Sebeok, pp.253-276.

Brown, Roger & Marguetie Ford(1964), "Address in American English" in Language in Culture and Society: A Reader in Linguistics and Anthropology, ed.(1964) by Dell hymes, pp.234-244, N.Y.: Harper & Row.

Ervin-Tripp, Susan(1972), On Socioliguistic, Rules: Alternation and Co-occurrence, in Directions in Socioliguistics: The Ethnography of Communication, eds.(1972) by J.J. Gumperz & D.H.Hymes, pp.213-250, N.Y.: Holt, Rinehart & Winston, Inc.

Fasold, Ralph W.(1990), The Socioliguistics of Language, Cambridge: Basil Blackwell, Inc.

Hopper & Traugott(1993), Grammaticalization, Cambridge University Press.

Norde Muriel(2009), Degrammaticalization, Oxford University, 김진수 외(2013), 『탈문법화』, 역락.

저자 약력

2010년부터 전남대학교 사범대학 국어교육과에서 재직 중이며, 문법교육과 국어사, 중세국어 등을 강의하고 있다. 2000년 「15세기 존대법 연구」로 박사학위를 받은 저자는 이후 중세국어시기를 포함한 국어사 교육에 관심의 폭을 넓혀, 학습자 중심의 국어사 교육 내용을 설계하고 교수・학습하는 방향에 주목하고 있다. 저서로는 「중세국어 존대법 연구(2010), 「사회언어학 관점에서의 국어 호칭어 연구」 등이 있다.

학습자 중심의
국어사 교육

인　쇄　2019년 12월 10일
발　행　2019년 12월 17일

저　자　양영희
발행인　정병석
발행처　전남대학교출판문화원
등　록　1981. 5. 21. 제53호
주　소　61186 광주광역시 북구 용봉로 77
전　화　(062) 530-0571~2
영업부　(062) 530-0573
팩　스　(062) 530-0579
홈페이지　http://www.cnup.co.kr
이메일　cnup0571@hanmail.net

값 25,000 원

ISBN　978-89-6849-676-9 (93700)

이 도서의 국립중앙도서관 출판예정도서목록(CIP)은 e-CIP홈페이지(http://www.nl.go.kr/ecip)와 국가자료공동목록시스템(http://www.nl.go.kr/kolisnet)에서 이용하실 수 있습니다.
(CIP제어번호: CIP2019051941)